Deutsches Sprachgut im Französischen

Aspekte lexikalischer Transferenz im 17. und 18. Jahrhundert

von

Moritz Burgmann

Tectum Verlag
Marburg 2004

Burgmann, Moritz:
Deutsches Sprachgut im Französischen.
Aspekte lexikalischer Transferenz im 17. und 18. Jahrhundert.
/ von Moritz Burgmann
- Marburg : Tectum Verlag, 2004
Zugl.: Bonn, Univ. Diss. 2004
ISBN 978-3-8288-8725-1

© Tectum Verlag

Tectum Verlag
Marburg 2004

Vorwort

Schon in meiner Magisterarbeit habe ich mich mit den deutschen Entlehnungen im Französischen beschäftigt und bald festgestellt, dass diese eine eingehendere Betrachtung verdienten. Daraus resultiert die vorliegende Arbeit, die im Januar 2004 als Inaugural-Dissertation von der Philosophischen Fakultät der Rheinischen Friedrich-Wilhelms-Universität zu Bonn angenommen wurde.

Für zahlreiche Anregungen und kritische Nachfragen bin ich meinem Lehrer und Doktorvater, Herrn Prof. Dr. Heinz Jürgen Wolf, aufrichtig dankbar.

Weiterhin bin ich Herrn Prof. Dr. Wolf-Dieter Lange für die Übernahme des Korreferats zu Dank verpflichtet.

Herzlich bedanke ich mich schließlich bei allen, die mich während der Arbeit an meiner Dissertation unterstützt haben, und insbesondere denen, die mich ermutigt haben, dieselbe in Angriff zu nehmen. Hilfreich waren Gedanken meiner romanistischen Kollegen Philipp Burdy und María García Romero ebenso wie manche Kommentare aus Familie und Freundeskreis, die aus einem nicht-romanistischen Blickwinkel heraus erfolgten.

Inhaltsverzeichnis

1. Vorbemerkungen 9
   1.1. Der sprachliche Rahmen 9
      1.1.1. Das Korpus 9
      1.1.2. Die Quellsprache 10
      1.1.3. Die Nehmersprache 12
   1.2. Der zeitliche Rahmen 14
   1.3. Forschungsbericht 14
2. Methodisches 17
   2.1. Zum sprachlichen Lehngut 17
      2.1.1. Die Umstände des Entlehnungsvorgangs 17
      2.1.2. Die Gründe der Wortentlehnung 20
      2.1.3. Die Integration des sprachlichen Lehnguts 23
      2.1.4. Die Struktur des sprachlichen Lehnguts 30
   2.2. Datierungsfragen 39
   2.3. Zur Methodik der vorliegenden Untersuchung 43
      2.3.1. Lexikalische Einbettung 43
      2.3.2. Untergliederung der Kategorie „Erstbeleg" 46
      2.3.3. Fortleben der Entlehnung 51
   2.4. Zur Präsentation des Materials 52
      2.4.1. Artikelaufbau 52
      2.4.2. Materialgliederung 53
      2.4.3. Xenismen 54
      2.4.4. Deonomastika 55
3. Wortkorpus 57
   3.1. Menschliche Grundbedürfnisse 57
      3.1.1. Nahrung 57
         3.1.1.1. Essen 57
         3.1.1.2. Getränke 69
      3.1.2. Kleidung 74
      3.1.3. Vergnügung und Geselligkeit 75
      3.1.4. Medizin und Krankheit 81
   3.2. Öffentliches Leben 85
      3.2.1. Politik, Ämter und Verwaltung 85
      3.2.2. Militär 91
         3.2.2.1. Personenbezeichnungen 91
         3.2.2.2. Ausrüstung und Technik 97
         3.2.2.3. Sonstiges 105
   3.3. Handel 107
      3.3.1. Hohlmaße und Behältnisse 107
      3.3.2. Gewichte 116
      3.3.3. Münzen und Rechenmünzen 118
      [Gebühren] 137
      3.3.4. Handelsgüter 138
   3.4. Industrie und Handwerk 142
      3.4.1. Bergbau 142

  3.4.1.1. Grubenarbeit 146
  3.4.1.2. Fels- und Bodenbeschaffenheit 151
  3.4.1.3. Verwaltung 163
 3.4.2. Erzbearbeitung 164
  3.4.2.1. Scheiden, Pochen und Waschen 165
  3.4.2.2. Der Hochofen 171
  3.4.2.3. Verhüttung und Probierkunst 176
  3.4.2.4. Schmiede 185
 3.4.3. Glaserei 187
 [Porzellankunst] 188
 3.4.4. Salzgewinnung 189
 3.4.5. Holzwirtschaft 190
 3.4.6. Instrumentenbau 191
 3.4.7. Pergamentherstellung 192
 3.4.8. Kutschenbau 193
 3.4.9. Malerei 195
 3.4.10. Kammherstellung 196
 [Fischzucht] 197
 [Goldschmiedekunst] 197
 3.4.11. Seewesen 197
 3.4.12. Zieglerei 198
 3.4.13. Architektur 199
 [Verschiedenes] 200
3.5. Naturwissenschaften 201
 3.5.1. Biologie 201
  3.5.1.1. Zoologie 201
   3.5.1.1.1. Ichthyologie 201
   3.5.1.1.2. Ornithologie 206
   [Entomologie] 210
   3.5.1.1.3. Säugetierkunde 210
  3.5.1.2. Botanik 214
 3.5.2. Geowissenschaften 217
  3.5.2.1. Mineralogie und Gesteinskunde 217
  3.5.2.2. Kristallographie 292
  3.5.2.3. Geologische Theorie 295
  3.5.2.4. Geländeform 297
 3.5.3. Meteorologie 298
 3.5.4. Chemie 298
3.6. Geisteswissenschaften 302
 3.6.1. Geschichtswissenschaft und Heraldik 302
 3.6.2. Literatur und Musik 304
 3.6.3. Religionswissenschaft 306
 3.6.4. Philosophie, Rechtswissenschaft, Staatswissenschaft 309
 3.6.5. Mythologie 315
3.7. Verschiedenes 317
4. Sprachliche Analyse 325
 4.1. Auf der Ebene von Lautung und Graphie 325

4.1.1. Der Akzent 325
4.1.2. Die Behandlung der einzelnen Laute 326
4.1.3. Graphie 328
4.1.4. Zum Grad der Umgestaltung 330
4.2. Auf der Ebene von Morphologie und Wortbildung 331
4.2.1. Verben 331
4.2.2. Substantive 332
4.2.3. Wortbildung 333
4.2.4. Genusfragen 333
4.3. Semantische Integration 334
5. Statistisches 337
5.1. Zeitpunkt der Entlehnung 337
5.2. Lebensdauer 340
5.3. Frequenz und Zentralität im französischen Wortschatz 341
Anhang 1:Übersicht zur Lebensdauer 343
Anhang 2: Mineralsystem nach WERNER 1817 359
Bibliographie 365
  1. Konsultierte Quellen 365
  2. Forschungsliteratur und lexikologische Hilfswerke 394
Wort- und Variantenindex 407
  1. Französisch 407
  2. Deutsche und in Deutschland geprägte Einheiten 435
  3. Andere Sprachen 444
    Lateinisch 444
    Griechisch 444
    Germanische Sprachen 445
      Voreinzelsprachlich 445
      Friesisch 445
      Englisch 445
      Niederländisch 445
      Altnordisch 446
      Schwedisch 446
      Norwegisch 446
      Dänisch 446
    Romanische Sprachen 446
      Okzitanisch 446
      Italienisch 446
      Spanisch 447
      Portugiesisch 447
      Katalanisch 447
      Rumänisch 447
    Slawische Sprachen 447
      Russisch 447
      Polnisch 447
      Tschechisch 447
      Serbokroatisch 447
    Andere Sprachen 447

Arabisch..447
Türkisch..447
Tamil 447

"Die Gewalt einer Sprache ist nicht, daß sie Fremdes abweist, sondern daß sie es verschlingt."

(Goethe, *Maximen und Reflexionen*)

1. Vorbemerkungen

1.1. Der sprachliche Rahmen

1.1.1. Das Korpus

An ausführlichen und unterschiedlichen Gliederungsvorschlägen für das sprachliche Lehngut hat es in den letzten gut fünf Jahrzehnten nicht gemangelt[1]. Allen Darstellungen gemein ist dabei die Übernahme der von BETZ 1949:28 schematisierten Scheidung in äußeres Lehngut (Lehnwörter) und inneres Lehngut (Lehnprägungen); teilweise wird dem so genannten Teillehnwort eine eigene Kategorie zugestanden[2]. Das entscheidende Charakteristikum der Lehnprägung ist die Nachbildung eines fremdsprachlichen Vorbildes mit Hilfe sprachlicher Mittel der Nehmersprache[3]. Diese Arbeit versucht, die zwischen 1600 und 1798 aus dem Deutschen getätigten Entlehnungsvorgänge des Französischen in ihrer Gänze nachzuzeichnen; es soll mithin das äußere wie auch das innere Lehngut behandelt werden. Der zweite Bereich liefert dabei nur einen kleinen Teil (19,6 %) der hier untersuchten lexikalischen Einheiten, wofür dreierlei Gründe zu nennen sind. Zum einen ist ein ähnliches Zahlenverhältnis bei dem größten Teil aller sprachlichen Lehnbeziehungen festzustellen, da die Übernahme eines fremdsprachlichen Lexems, die ohne die einer Lehnprägung unweigerlich vorangehende Analyse erfolgt, den unkompliziertesten Fall einer Entlehnung darstellt, zu dem es schon bei nur oberflächlicher Berührung zweier Sprachen kommen kann. Zum anderen haben die romanischen Sprachen im Allgemeinen weitaus weniger Lehnprägungen aus dem Deutschen vorgenommen, als dies in umgekehrter Richtung, insbesondere was das Französische anbelangt, geschehen ist[4]. Schließlich birgt die Definition der Lehnprägung als der Nachbildung eines fremdsprachigen Wortvorbildes mit eigensprachlichen Mitteln die offensichtliche Frage in sich, wie dann überhaupt eine solche Lehnprägung nachgewiesen und von einer von fremdsprachlichen Vorbildern unabhängigen Neubildung unterschieden werden kann. BÄCKER 1975 hat 18 Kriterien zusammengestellt[5], anhand derer die Erkennung inneren Lehnguts möglich sein kann, und auf diese Weise Anglizismen in der französischen Sportsprache nachgespürt. Für das im Rahmen dieser Arbeit untersuchte Korpus bietet sich die deutsche und französische bergbaukundliche, metallurgische und mineralogische Literatur des 17. und 18. Jahrhunderts in besonderem Maße für entsprechende Untersuchungen an, denn hier finden sich in großer Anzahl Bezeichnungen, deren Parallelität auffällig ist und

---

[1] Siehe etwa BETZ 1949 (s. dort zur älteren Forschung), SCHUMANN 1965, SCHELER 1973, BÄCKER 1975, HASENKAMP 1998.
[2] So etwa durch BÄCKER 1975:73, SCHUMANN 1965:81.
[3] Zur Gliederung des Lehngutes, die in dieser Arbeit zu Grunde gelegt wird, siehe unter 2.1.4.
[4] HAUBRICHS/PFISTER 1998:260.
[5] Zu finden auf den Seiten 90 bis 104.

die sich als Lehnprägungen herausstellen. Da dieselben Werke auch bezüglich des äußeren Lehnguts das meiste Material zu liefern vermögen, ergibt sich die aus der Bibliographie leicht ersichtliche „Schieflage" zugunsten der die o.g. Fachbereiche betreffenden exzerpierten Literatur; deren überproportionale Berücksichtigung rechtfertigt sich jedoch durch den überproportionalen Beitrag, den das Deutsche zu den jeweiligen Fachsprachen geliefert hat.

1.1.2. Die Quellsprache

Als Ausgangspunkt der untersuchten Entlehnungsvorgänge gilt der deutschsprachige Raum des 17. und 18. Jahrhunderts mit allen seinen Varietäten, folglich nicht nur das heute im Wesentlichen von Deutschland, der Schweiz und Österreich abgedeckte Gebiet. Bspw. ist in zahlreichen französischen Texten des 18. Jahrhunderts von ungarischen Bergleuten („mineurs Hongrois") die Rede; die in diesem Zusammenhang erwähnten und teilweise dann auch entlehnten Termini sind jedoch ausnahmslos deutsch, da in den Gruben deutscher Gründung im damaligen Königreich Ungarn (v.a. Schemnitz und Kremnitz, in der heutigen Slowakei gelegen) zu dieser Zeit deutsch gesprochen wurde. Es werden dialektale Etyma ebenso berücksichtigt wie die allgemeinsprachlichen – dies ist auch für die Fachsprachen von Bedeutung.
Berücksichtigt wird hier auch das Niederdeutsche, da es im behandelten Zeitraum – obwohl ursprünglich in Form des Altsächsischen eine eigene germanische Sprache – im 17. und 18. Jh. längst unter den Einfluss des übermächtigen Hochdeutschen geraten ist und nicht mehr aus dem deutschen Sprach- und Kulturverband ausgeklammert werden kann. In manchen Fällen entstehen daraus Unsicherheiten bezüglich der Etymologie, da niederdeutsche – und auch zahlreiche mittelfränkische – Wörter von niederländischen in vielen Fällen nur geringfügig oder gar nicht unterschieden sind[6]. In diesem Fall erweisen sich kulturhistorische Überlegungen als ein relativ sicherer Leitfaden; bspw. werden in Anbetracht der bedeutenden Rolle der niederländischen Seefahrt – nicht zuletzt auch für das französische Seefahrtsvokabular – entsprechende Termini in diesem Rahmen nicht angeführt, sondern als niederländische Lehnwörter erachtet[7]. In anderen Bereichen muss von Fall zu Fall eine Entscheidung getroffen oder offengelassen werden.
Weiterhin behandelt werden alle gelehrten, also aus lateinischem oder griechischem Wortmaterial bestehenden Bildungen, die von deutschsprachigen Forschern bzw. Sprechern geschaffen worden sind. Begreiflicherweise ist auch hier die Entlehnung aus dem Deutschen nicht immer leicht nachzuweisen. Da es sich jedoch ausnahmslos um wissenschaftliche Termini handelt, finden sich in einer Vielzahl von Fällen metasprachliche Hinweise in der wissenschaftlichen Literatur, die auf den Präger der jeweiligen Bildung verweisen[8]. Ohne beweiskräftig zu sein, kann außerdem der

---

[6] Zahlreiche Beispiele bei VALKHOFF 1931, so etwa *pinque* < nl. *pink* oder nd. *Pinke* (200), *timbre* < nl. oder nd. *timmer, timber* (229); niederländische statt deutscher Etyma setzt er an für *bouterame* (72, dagegen BOULAN 1934:168), *havresac* (164, dagegen *FEW* 16,107a) oder *quartier-maître* (205, dagegen *FEW* 16,428b).
[7] Vgl. VALKHOFF 1931:40.
[8] So z.B. bei HAÜY 1809:7: „la substance nommée *igloit*, par les minéralogistes allemands", oder HAÜY 1822:2,28f.: „La baryte carbonatée a été découverte à Anglesarck [...] par le docteur Withering,

Vergleich der (bislang bekannten) Erstbelege die Annahme eines deutschen Etymons stützen oder auch in Frage stellen[9].

Aus der Betrachtung des wissenschaftlichen Vokabulars heraus erwächst ein weiteres Problem, welches die Abgrenzung der Herkunftssprache betrifft: die Konkurrenz mit dem Latein als der bis ins 18. Jahrhundert hinein vorherrschenden Wissenschaftssprache. Noch um die Mitte des 18. Jahrhunderts sind weder das Deutsche noch das Französische in allen Bereichen vom Latein emanzipiert – in medizinischen und philosophischen Fragen schreibt man ohnehin noch vornehmlich lateinisch.. Bspw. enthalten französische Texte, die sich mit der Probierkunst (chemische Laboruntersuchungen in oft noch alchimistischer Tradition) beschäftigen, weitaus öfter den Terminus *caput mortuum* 'Rückstand beim Einsieden der Vitriollauge' als das ebenfalls schon existierende, daraus lehnübersetzte *tête-morte* (seit CORNEILLE 1694, dort *teste-morte*); in Deutschland schreibt POTT 1757:45 „Um aber wieder auf unsere reinere [sic] *Terras vitrescibiles* zu kommen [...]" und erwähnt *farina fossilis* statt *Bergmehl* (10), *lac lunae* statt *Mond(en)milch* (12). Deutsches *monmilch* nennt schon BOECE DE BOOT 1644:532, ohne jedoch *lac lunae* anzuführen, wobei er ansonsten die gebräuchlichen lateinischen Termini sämtlich angibt, so dass das deutsche Wort als Ausgangspunkt erscheint. Wie erklärt sich nun fr. *lait de lune*, zumal der Präger des lateinischen Ausdruckes unbekannt ist? Sofern man nicht eine Lehnübersetzung aus *Mondmilch* annimmt, liegt dann überhaupt eine Entlehnung aus dem Deutschen vor? Ist desgleichen *nase* s.m. (eine Karpfenart) eine Entlehnung aus d. *Nase* s.f. oder aus *Cyprinus nasus*, geschaffen von Carl von Linné – einem Schweden! – und somit eine Entlehnung aus dem Schwedischen oder dem „schwedischen Latein"? Es wird mehr als deutlich, dass man aufgrund des übernationalen Charakters des Gelehrtenlateins hier nicht beliebig Sprachgrenzen postulieren darf, die de facto nicht existiert haben. Entlehnungen wie die oben

---

ce qui lui a fait donner le nom de *witherite* par Werner" (zu A.G. Werner s. insbesondere unter 3.5.2.1.).

[9] In jedem Fall darf die Beleglage nicht die einzige Entscheidungsgrundlage sein, wie Beispiele aus HÖFLER 1989:120 zeigen. Wir berühren hier das grundsätzliche Problem, das den so genannten Internationalismen zu eigen ist. Fragen zu ihrer Etymologie können aufgrund des zumeist gelehrten, übereinzelsprachlichen Charakters ihrer Morpheme oft nicht ohne Weiteres beantwortet werden; andererseits ist angesichts des ständig wachsenden Informationsaustausches – schon im 18. Jahrhundert! – eine polygenetische Erklärung selten wahrscheinlich (GREIVE 1976:616). Wesentlich leichter hat es der Etymologe auch nicht bei solchen Internationalismen, die aus volkssprachlichem Material bestehen wie etwa *Feldspat*, *Kobalt*, *Nickel*, da auch hier nur die ursprüngliche Herkunftssprache feststellbar ist, oft jedoch nicht die weiteren Wege des Wortes. Das äußert sich auch in den Einträgen der Wörterbücher, die der Einfachheit halber gerne griechisch-lateinische Morpheme als Bausteine eines Lemmas angeben, bei dem es sich tatsächlich um eine Entlehnung handelt (s. z.B. TLF 10,431b zu →*graphite*, 10,1047a zu →*lazulite*, GRAND ROBERT 2001:4,748b zu →*lépidolithe*). Einigen Interlexemen deutsche Etyma zuzuordnen, wird im Laufe dieser Arbeit unter Zuhilfenahme metasprachlicher Äußerungen und anhand von Untersuchungen des deutschen Wortschatzes möglich sein. Die Wichtigkeit dieses Vorgehens hebt RETTIG 1990:217 hervor:
„Im Sinne einer nahen Etymologie aber, die die Herkunft eines Lexems nach den einzelnen Entwicklungsschritten zurückverfolgt, macht es einen Unterschied, ob das Lexem in der Sprache selbst gebildet worden ist oder ob es entlehnt wurde. Nur durch die nahe Etymologie jedoch wird man über die unmittelbaren kulturellen Wechselbeziehungen informiert, über Aufnahme sprachlicher Ausdrücke als Manifestation der Aufnahme kultureller Konzepte [...]."

genannten sollen daher als Lehngut aus dem Deutschen gewertet werden, auch wenn sie möglicherweise ein internationales lateinisches Zwischenstadium durchlaufen haben.
Anders hingegen verhält es sich mit Wörtern, die aus dem Deutschen über den Umweg einer weiteren Volkssprache ins Französische gelangt sind: diese finden keine Aufnahme in das Korpus[10]. Hingegen finden sich dort all diejenigen Wörter, die das Deutsche v.a. aus den slawischen Sprachen übernommen und dem Französischen weitervermittelt hat wie etwa →*cravache*, →*calèche*, →*traban*.

1.1.3. Die Nehmersprache

Soweit möglich soll dem Charakter der Sprache als Diasystem von Varietäten Rechnung getragen werden. Auf der diastratischen Ebene erfolgt dies vor allen Dingen durch die Berücksichtigung des Argot; auf der diatopischen Ebene finden sich zumindest vereinzelte Hinweise auf den vornehmlichen Gebrauch bestimmter Formen in bestimmten Regionen[11] – die nicht zwangsläufig an die deutsch-französische Sprachgrenze anschließen –, denen im Einzelfall nachzugehen sein wird[12]. Die diachrone Ebene wird weiterverfolgt, indem das Fortleben jedes Wortes in Augenschein genommen wird. Über diaphasische Varietäten fehlen verständlicherweise Angaben, was den behandelten Zeitraum anbelangt. Zielsprache ist folglich das Französische in all seinen Varietäten, aus denen allein auf vereinzelte Orte begrenzte ausgenommen werden.

Angesichts der Zusammensetzung des Wortkorpus muss in dieser Studie besonderes Augenmerk auf die Fachsprachen gelegt werden[13]. Diese werden mit MÜLLER 1975:149 verstanden als

„Register [...], das durch fachliche Vertiefung des Wissens/Könnens (Spezialisierung) auf einem bestimmten Gebiet menschlicher Aktivität ausgebildet worden ist und das von Sprechern, die das Wissen/Können ganz oder partiell besitzen, in der darauf bezogenen Kommunikation gebraucht wird."

Erst aus den Fachsprachen wandern viele Wörter sekundär ins *français commun*, wie etwa →*cravache*, →*bivouac*, →*zinc*[14]. Interessante Aspekte bieten die Fachsprachen ebenfalls hinsichtlich diasystemischer Fragestellungen: diachrone Aspekte lassen sich hier innerhalb kürzester Zeiträume untersuchen, da viele Bezeichnungen nur

---

[10] Mithin findet sich hier z.B. nicht *nickel*, das von dem Schweden A. F. Cronstedt – ausgehend von d. *Kupfernickel* – erstmals benannt wurde. Dagegen behandelt SARCHER 2001:657f. das deutsche Wortmaterial als absolute Quelle und ordnet quasi per *etimologia remota* auch bspw. *quark*, das das Französische aus dem Englischen und dieses wiederum – nicht in der modernen physikalischen Bedeutung! – aus dem Deutschen entlehnt hat, dem „deutschen Lehngut im Französischen" zu.
[11] S. etwa *bocambre, stolle, velte*.
[12] Es ist anzunehmen, dass viele Lehnwörter zu Beginn dem Regionalfranzösischen angehört haben, bevor sie von der Allgemeinsprache aufgenommen worden sind, ohne dass dies immer anhand von Belegen nachweisbar wäre.
[13] Genau genommen gilt dies beinahe für die Gesamtheit der deutschen Lehnwörter im Französischen, vgl. KRATZ 1968:473.
[14] Vgl. GEBHARDT 1974:184.

„momentane Arbeitsbildungen" (MÜLLER 1975:169) sind und rasch neuen Konkurrenten weichen[15]. Auch diastratische Differenzen lassen sich anhand der Fachsprachen aufzeigen. Auch wenn systematische Untersuchungen zu dieser Fragestellung noch fehlen (CORBEIL 1974:65), lässt sich die von Corbeil geäußerte Unsicherheit bezüglich der Existenz derartiger Differenzen innerhalb einer Fachsprache anhand von Textbeispielen zerstreuen. Während z.B. in der Sprache der französischen Bergleute →*stockwerck* zur Bezeichnung bestimmter Erzvorkommen geläufig gewesen ist, sprechen ihre Vorgesetzten auf offizieller Ebene von *minerais en amas* (s. LEFEBVRE 1801:892). Desgleichen finden sich in den (von Fachsprachensprechern verfassten!) entsprechenden Texten zur Bezeichnung der oberen bzw. unteren Seite eines Mineralgangs fast ausschließlich *toit* und *mur*, wohingegen die Bergleute hierfür an vielen Orten andere Bezeichnungen verwenden, so etwa *couverture* und *chevet*. Anhand desselben Beispiels lassen sich auch diatopische fachsprachliche Varietäten aufzeigen: mancherorts werden nämlich auch die Lehnwörter →*hang* und →*ligeht* bevorzugt (DE GENSSANE 1776:21). Bis etwa zur Mitte des 18. Jahrhunderts sind derartige Varietäten in den Fachsprachen nicht etwa Sonderfälle, sondern die Regel (QUEMADA 1978:1150f.). Dass überdies in verschiedenen Fachsprachen verschiedene Bezeichnungen für ein und denselben Begriff anzutreffen sind, überrascht nicht[16].
Eine Besonderheit der hier definierten Zielsprache liegt in der Beschaffenheit des übernationalen Gelehrtenzirkels begründet – der sich ursprünglich des oben beschriebenen Lateins zur grenzübergreifenden Kommunikation bediente –, denn im 18. Jahrhundert besaß auch das Französische in Teilbereichen eine solche Rolle. In Russland, Schweden, Deutschland und anderswo konnte, wer etwas auf sich hielt, auch auf Französisch mitteilen, was er zu sagen hatte. An dieser Stelle soll freilich nicht die kulturelle Rolle Frankreichs und des Französischen in dieser Zeit dargestellt werden, sondern die daraus resultierende Konsequenz für die Definition der Zielsprache: auch Deutsche schrieben auf Französisch. Dies gilt z.B. ohne Ausnahme für die in der *Histoire de l'Académie Royale des Sciences et Belles Lettres [de Berlin]* abgedruckten *Mémoires*. Dürfen nun hier auftauchende Formen als „französisch" gewertet werden, gegebenenfalls sogar als französische Erstbelege? Wären die entsprechenden Publikationen dem genuin französischsprachigen Publikum gar nicht zugänglich geworden, müsste man diese Frage verneinen. Da die französischen Gelehrten diese *Mémoires* jedoch nachgewiesenermaßen ebenso rezipierten wie die deutschen die *Histoire de l'Académie Royale des Sciences et des Arts de Paris*, beide die Londoner *Philosophical Transactions* usf., können entsprechende Formen durchaus als französische (Erst-)Belege gewertet werden, sofern sie sich dann auch in Texten französischer Muttersprachler wiederfinden. Diese sozusagen deutsch-französischen Texte muss die Definition der Zielsprache folglich umfassen.

---

[15] Siehe z. B. unter *lilalite*.
[16] Schon DE LUCHET 1779:78n weist auf diesen Umstand hin:
„Les ouvriers donnent ordinairement le nom de mines d'argent, à des mines de cuivre ou de plomb, parce que le bénéfice qu'elles fournissent en argent, est plus grand que celui qu'elles rendent en cuivre ou en plomb; mais ce sont des fausses dénominations, auxquelles les Chymistes n'ont point égard."

1.2. Der zeitliche Rahmen

Die vorliegende Untersuchung umfasst den gesamten Zeitraum des 17. und 18. Jahrhunderts. Das Hauptanliegen der Arbeit ist es, den von FISCHER 1991 und SARCHER 2001 vorgelegten Aufarbeitungen der deutschen Entlehnungen im Französischen im 19. bzw. 20. Jh. eine Analyse derselben Vorgänge bezüglich der beiden vorangehenden Jahrhunderte zur Seite zu stellen. Endpunkt meiner Untersuchungen ist folglich das Jahr 1798, da Fischer seine Studie mit dem Jahr 1799 beginnen lässt. Er wägt dabei zwischen verschiedenen, allerdings vornehmlich politisch-geschichtlich begründeten Periodisierungsmöglichkeiten ab und wählt 1799 als Ausgangspunkt, da das in diesem Jahr beginnende Konsulat Napoleons einen Einschnitt in der europäischen Geschichte zur Folge hat. Derartige politischen Hintergründe haben für *sprachliche* Lehnbeziehungen kaum Konsequenzen; für verstärkte sprachliche Impulse sind vielmehr weitestgehend sprachliche und kulturelle Entwicklungen verantwortlich; so steigt z.B. die Zahl der deutschen Lehnwörter im Französischen im letzten Jahrzehnt des 18. Jahrhunderts nahezu sprunghaft an, indem ein Großteil der kurz zuvor von A. G. Werner geprägten neuen mineralogischen Terminologie per Lehnwort oder -prägung übernommen wird. Vergleichbare Erscheinungen zeigen sich vornehmlich im Bereich einzelner Fachsprachen. Da nun aber in den deutsch-französischen Sprachbeziehungen keine markanten Einschnitte um die Jahrhundertwende vorliegen, wird der Einfachheit halber Fischers zeitliche Abgrenzung übernommen. Da es ebenso keine zu Beginn des 17. Jahrhunderts angesiedelten konkreten Anhaltspunkte für grundlegende Änderungen der deutsch-französischen Lehnbeziehungen gibt, wird das Jahr 1600 als Ausgangspunkt gewählt.

Die beiden genannten Jahrhunderte in einer Studie gemeinsam zu behandeln, ist meines Erachtens statthaft. In der Behandlung der deutschen Lehnwörter bezüglich lautlicher und graphischer Umgestaltung und anderer Integrationsvorgänge unterscheiden sie sich nicht; bspw. ist das 18. Jahrhundert von der Übernahme von Lehnwörtern *tels quels* sowohl in phonetischer als auch in graphischer Hinsicht, wie sie das Französische des 20. Jahrhunderts kennt – z.B. bei *biedermeier*, *weltanschauung*, *alpenglühen* –, – von Einzelfällen und gelehrten Bildungen abgesehen – nicht weniger weit entfernt als das 17. Lediglich auf der Ebene der onomasiologischen Zugehörigkeit ist eine Veränderung von vornehmlich militärischen und handwerklich-gewerblichen Einheiten im 17. Jh. hin zu größtenteils wissenschaftlichen im 18. Jh. festzustellen.

1.3. Forschungsbericht

Monographien über deutsche Lehnwörter im in der vorliegenden Studie behandelten Zeitraum liegen bislang nicht vor. Abgesehen von den bereits genannten Arbeiten von FISCHER 1991, HASENKAMP 1998 und SARCHER 2001 befasst sich keine Untersuchung mit ausschließlich deutschen Lehnwörtern in eng abgegrenzten Zeitabschnitten.
Den *Kultureinfluss Deutschlands auf Frankreich* behandelt SÜPFLE 1882 noch ohne jegliche Berücksichtigung des Wortschatzes. Erstmals separat aufgelistet werden Lehnwörter aus dem Deutschen im *Dictionnaire général* (*DG*) 1890:16f. Für den

Zeitraum von 1600 bis 1800 werden hier 58 Einträge vorgenommen, denen jedoch keine weitere Analyse zuteil wird[17].

Deutschen Lehnwörtern der Zeit von 1740 bis 1789 widmet GOHIN 1903 die Seiten 330-333 seiner Studie und nimmt hier 11 deutsche und 4 schweizerdeutsche Lexeme auf, sämtlich mit der Angabe von Belegstellen.

Einen entscheidenden Fortschritt bedeutet das Werk Pfeiffers, *Die neugermanischen Bestandteile der französischen Sprache*, von 1902. Neben einer detaillierten Analyse der lautlichen Integration der betroffenen Lexeme enthält es auf den Seiten 66-82 eine umfangreiche Liste deutscher Lehnwörter, die von sorgfältiger Prüfung der Primärliteratur zeugt. Es ist überraschend, dass einige der von mir aufgenommenen Lemmata bei Pfeiffer bereits zu finden sind, in ausführlicheren Untersuchungen wie BEHRENS 1923 und einem grundlegenden Nachschlagewerk wie dem *FEW* jedoch vergeblich gesucht werden, so z.B. *kopfstuck, sinter, corallenertz*.

Noch umfassender ist Behrens' Monographie *Über deutsches Sprachgut im Französischen* von 1923. Wie Pfeiffer gibt auch Behrens nur selten Belegstellen an, was die systematische Auswertung erheblich erschwert. Eine methodologische Schwäche des Werkes liegt zudem in der relativ undifferenzierten Betrachtung deutscher bzw. niederländischer Herkunft. Auch hier finden sich lexikalische Einheiten, die unerklärlicherweise in späteren Standardwerken fehlen, jedoch gut belegt sind, wie etwa *zechstein, wispel, statmeistre*.

COLOMBANI 1952 stellt zwar die bis dahin umfangreichste Untersuchung des äußeren deutschen Lehnguts dar – betrachtet von 1500 bis um 1950 –, beschränkt sich dabei jedoch beinahe ausnahmslos auf die Durchsicht etymologischer Wörterbücher, insbesondere desjenigen von Dauzat, weitgehend ohne Primärquellen erneut zu sichten. Überdies leidet das Werk unter einer unverkennbar germanophoben Einstellung des Autors, die die Wissenschaftlichkeit der Studie in mancher Hinsicht fragwürdig erscheinen lässt.

Das *FEW* behandelt die deutschen Lehnwörter systematisch in Band 15 bis 17, nachdem die einzelnen Artikel teilweise bereits alphabetisch in die vorherigen Bände eingeordnet gewesen waren. Unter Zugrundelegung der unter 1.1.2 und 1.1.3 formulierten Definitionen von Quell- und Nehmersprache im Kontext dieser Studie liefert das *FEW* etwa 500 Lemmata, für den hier behandelten Zeitraum 140 (unter Abzug derer, die nicht als Entlehnung aus dem Deutschen aufgeführt werden), und beschreibt mit den vielfach in ausführlicher Form vorliegenden Artikeln, die zu jedem Lemma gestellt werden, neue Wege in der etymologischen Forschung.

Ernst Gamillschegs *EWFS* in der zweiten Auflage von 1969 enthält schon allein wegen des geringeren Umfangs nur einen Teil der im *FEW* verzeichneten deutschen Lehnwörter, liefert jedoch selbst etwa 75 weitere, mit einer starken Tendenz zur Postulierung niederdeutscher Etyma.

Jüngere Publikationen zum französischen Lehnwortschatz wie GUIRAUD ²1971 oder Henriette Walter, *L'aventure des mots venus d'ailleurs*, Paris 1997, behandeln das aus dem Deutschen stammende Lehngut nur sehr oberflächlich und unvollständig. Umfassende Analysen mit dem angemessenen Bestreben nach Vollständigkeit stellen

---

[17] Davon finden sich im Korpus dieser Arbeit nur 39 wieder, teils wegen abweichender Datierung, teils wegen neuerer Erkenntnisse in der etymologischen Forschung.

schließlich erst FISCHER 1991, SARCHER 2001 und, mit der Beschränkung auf eine bestimmte Fachsprache, HASENKAMP 1998 dar.

Bis in die 70er Jahre des letzten Jahrhunderts beschränkt sich die Korpuszusammenstellung der entsprechenden romanistischen Publikationen – zumindest soweit sie systematisch erfolgt und die Lehnbeziehungen zweier Sprachen darstellt – auf das äußere Lehngut; Lehnprägungen werden zwar methodisch detailliert strukturiert, jedoch an keiner Stelle systematisch aufgelistet. Erst BÄCKER 1975 gibt den Anstoß zu systematischen Auswertungen des inneren Lehnguts, wie sie z.B. auch SCHMITT 1982 vorlegt. Des aus dem Deutschen bezogenen äußeren und inneren Lehnguts nimmt sich erstmals HASENKAMP 1998 an, gefolgt von SARCHER 2001.

Ein methodologisches Desideratum bleibt für lange Zeit die Betrachtung des lexikalischen Umfeldes entlehnter Bezeichnungen, d.h. die Konkurrenz mit schon bestehenden Bezeichnungen für denselben oder einen ähnlichen Begriff, ebenso wie mit späteren Bezeichnungsvorschlägen[18]. Besonders dezidiert macht HOPE 1971:741 auf dieses grundlegende Problem aufmerksam:

> „It is necessary also to prepare as complete an account as possible of the loan-word's homoionymic environment, the near-synonyms which encompass each borrowing [...]. Antecedent and subsequent sign patterns in the same semantic area are as important as the lexical field itself [...].[19]"

Auf deutsches Lehngut im Französischen, in diesem Fall bestimmte Lehnprägungen, wendet erstmals Bäcker eine Hopes Postulat entsprechende Methode an und beschränkt sich dabei noch auf gleichzeitige Konkurrenten der jeweiligen Bildung (1975:105). Gleichwohl bleibt die systematische Umsetzung dieser vergleichenden Methode bis heute weitgehend unerfüllt. Zur Methodik der vorliegenden Studie s. unter 2.3.

---

[18] Zum Themenbereich der Synonymie s. unter 2.3.1.
[19] Schon in HOPE 1965:153 wird diese Aufgabe als „travail préliminaire indispensable" bezeichnet.

2. Methodisches

2.1. Zum sprachlichen Lehngut

2.1.1. Die Umstände des Entlehnungsvorgangs

Ohne einen Mindestgrad an Bilingualität ist die Entlehnung eines fremdsprachlichen Wortes, geschweige denn seine Nachbildung in Form einer Lehnprägung, nicht denkbar. Bilingualität bedeutet – das ist wenig überraschend – nicht nur die Kenntnis von Wörtern einer anderen Sprache, sondern auch das Wissen um ihre Bedeutung. In Unkenntnis derselben bzw. ohne dass diese eine Rolle spielt, kann mithin nur ein bloßer Wortkörper, ein Signifiant ohne das ihm ursprünglich zugeordnete Signifié, von einer anderen Sprache übernommen werden. Dies gilt bspw. für Fälle wie *vasistas* – im Deutschen bedeutet „*Was ist das?*" nicht 'Guckfenster' – oder *fridolin* – im Deutschen nur Personenname, nicht spöttische Bezeichnung eines Deutschen[20]. Für die in der vorliegenden Studie behandelten Lehnbeziehungen von großer Bedeutung ist v.a. die Bilingualität innerhalb bestimmter Gruppen von Fachsprachensprechern. Ein Musterbeispiel liefert die Sprache des Bergbaus in Frankreich im 18. Jahrhundert – und, aufgrund der Beleglage nur zu erahnen, auch in den Jahrhunderten zuvor. Inwiefern in diesem bilingualen Milieu Wörter zuerst von Deutschen franzisiert oder direkt erstmals von Franzosen gebraucht wurden, wo also der exakte Ausgangspunkt der Ausdehnung eines Wortgebrauchs vom Deutschen hin zum Französischen zu situieren ist, lässt sich nicht feststellen[21]. Dass viele Entlehnungen aus einem solchen „bilinguisme prolongé" (QUEMADA 1978:1224) heraus zustande gekommen sind – die Präsenz deutscher Bergleute in Frankreich ist seit 1273 nachgewiesen[22] –, steht außer Frage. Man vergleiche etwa den Bericht, den DE GENSSANE 1763:142 über den Bergbau im Elsass und in der Grafschaft Burgund vorlegt:

> „[...] il est bien d'être prévenu que ces travaux ont été suivis successivement, tantôt par des Allemands, tantôt par des François, & le plus souvent par les uns & les autres ensemble, & que la plupart des termes dont on y fait usage, sont un mélange de françois & d'allemand dont il convient d'être préalablement au fait"[23].

Offensichtlich ist in jedem Fall, dass dem bilingualen Sprecher gegenüber einsprachigen hinsichtlich der Neologie eine grundlegende Quelle mehr zur Verfügung steht.
Bei der Frage, wer eine Entlehnung vornimmt, gilt es zunächst, die Rolle der Subjekte und Objekte dieser Handlung ins rechte Licht zu rücken. „Das Deutsche hat dem Französischen vermittelt", „das Wort ist ins Französische gewandert", sind oft gebrauchte Formulierungen, die zwar auf stilistischer Ebene eine größere

---

[20] Zu dieser Kategorie sprachlicher Entlehnung siehe unter 2.1.4.
[21] Vgl. zu dieser Fragestellung VIDOS 1960:6 und 18. Anders liegt der Fall in gelehrten (schriftlichen) bilingualen Umfeldern, wo der tatsächliche Präger einer französischen Form anhand schriftlicher Quellen möglicherweise ermittelt werden kann; vgl . das unter 1.1.2. zu *lait de lune* Gesagte.
[22] S. unter 3.4.1.
[23] Im Süden Frankreichs hat ein solches Sprachgemisch sicherlich auch zwischen Deutsch und Okzitanisch bestanden.

Ausdrucksvielfalt erlauben, jedoch die Tatsachen auf den Kopf stellen: das Französische, genauer noch: Sprecher des Französischen haben die jeweiligen sprachlichen Vorgänge bewirkt und vorgenommen. Damit der tatsächliche Aktant, der Mensch und Sprecher, den ihm gebührenden Platz einnimmt, soll die „schiefe Metapher" (MUNSKE 1983:562), die durch o.g. und ähnliche Ausdrucksweisen hervorgerufen wird, zugunsten des Sprechers unterdrückt werden[24]. Der gleiche Einwand gilt im Übrigen für außersprachliche kulturelle Phänomene – die sich möglicherweise in Form von sprachlichen Entlehnungen in der Sprache widerspiegeln:

> „Linguistically (and probably historically) it would be sounder practice to think in terms of human beings welcoming or accepting new ideals, sources of inspiration or forms of behaviour from outside rather than external cultures bestowing them" (HOPE 1962:121).

Wie die Sprecher früherer Jahrhunderte überhaupt die Bekanntschaft mit fremdem Wortgut machen konnten, ist eine um vieles komplexere Fragestellung als dieselbe bezüglich heutiger Sprecher[25]. Während in unserer Zeit fremdsprachige Texte – ob in geschriebener oder in gesprochener Form – beinahe beliebig zugänglich sind und somit nahezu jedem Sprecher die Möglichkeit zuteil wird, Ausgangspunkt für eine Wortentlehnung zu sein, ist der Bevölkerungsanteil derer, die in früheren Jahrhunderten eine solche auszulösen vermochten, weitaus geringer. Dies gilt sowohl für schriftliche als auch für mündliche Entlehnungsvorgänge[26]. Da erstere – sofern sich die beiden Kategorien strikt scheiden lassen – auf der Lektüre fremdsprachiger Texte beruhen, sind sie in früheren Jahrhunderten aufgrund der geringen Anzahl des Lesens Kundiger von relativ begrenzter Zahl und erfolgen, je weiter die Zeitachse zurückverfolgt wird, desto eher aus den dann zahlenmäßig überwiegenden (mittel-)lateinischen Texten. Namentlich wissenschaftliches Vokabular ist auf schriftlichem Wege entlehnt worden.

Entscheidend für mündliche Entlehnungsvorgänge sind dagegen persönliche Kontakte von Sprechern der rezipierenden und der Wortgut zur Verfügung stellenden Sprache. Diese Kontaktsituation liegt zum einen entlang von Sprachgrenzen vor[27]; eine gemeinsprachliche Entlehnung, die auf einen solchen lokal bedingten Sprachkontakt zurückgeht, hat folglich ihren Ausgangspunkt auf dialektaler Basis und breitet sich von dort aus entweder flächengreifend aus oder wird von der Gemeinsprache ihrerseits wieder entlehnt. Zum anderen erfolgt Sprachkontakt, der zu Entlehnungen führt, durch den Aufenthalt von Gruppen oder Individuen auf anderssprachigem Territorium, im hier behandelten Fall also von Franzosen in deutschem Sprachgebiet oder Deutschsprachigen in Frankreich. Im ersten Fall resultieren aus dem Auslandsaufenthalt v.a. Reiseberichte, die namentlich – aber nicht nur – (Erst-)Belege für Entlehnungen liefern, die sich auf besondere Gegebenheiten – administrative Institutionen, kulinarische Spezialitäten, Handelsgüter usf. – des bereisten Gebietes beziehen und gemeinhin als Xenismen bezeichnet werden (s. unter 2.4.3.); aus dem

---

[24] Vgl. hierzu auch RETTIG 1974:200.
[25] Vgl. hierzu COLOMBANI 1952:36.
[26] Zu den graphischen und phonetischen Implikationen, die schriftliche bzw. mündliche Entlehnungen mit sich bringen, siehe unter 4.1.
[27] Das Standardwerk zu allgemeinen Fragen des limitrophen Sprachkontakts, WEINREICH 1977, liefert zu lexikalischen Entlehnungsfragen nur wenige Hinweise.

hier behandelten Korpus sind in solcher Form bspw. *schnick, zunftmester* und *choucroute* bezeugt.
Auf manchen Gebieten lässt sich nicht klar unterscheiden, bei welcher Art von Auslandsreisen der Anstoß zu Wortentlehnungen gegeben worden ist; oft können auch beide Varianten zusammenspielen. Bezeichnungen für fremdländische Maßeinheiten und Handelsgüter können französische Händler z.b. anlässlich eigener Handelsreisen ebenso wie durch solche ihrer deutschsprachigen Kollegen nach Frankreich kennengelernt und unter Umständen von diesen übernommen haben. Auch auf handwerklichem und technischem Gebiet hat es Bildungsreisen nach Deutschland gegeben, Wortentlehnungen in diesem Bereich beruhen jedoch weitaus häufiger auf dem umgekehrten Fall des Landeswechsels:

> „Nous pouvons même préciser que la majeure partie des termes étrangers introduits en français sont dus à des spécialistes venant s'établir en France pour y exercer ou enseigner leur savoir-faire, non à des Français ayant séjourné hors de leur pays" (QUEMADA 1978:1224).

In einem der Spezialgebiete deutsch-französischer Lehnbeziehungen des 17. und 18. Jahrhunderts, dem Bergbau, verhält es sich genau wie von Quemada dargestellt. Die zahlreichen nach Frankreich gewanderten deutschen Bergleute machen den französischen ihr Fachvokabular vor Ort vertraut; dagegen enthalten z.B. die Werke Jean François Daubuisson de Voisins, der mehrere Bildungsreisen in deutsche Bergbaugebiete unternommen hat, keinerlei neuen Belege für aus dem Deutschen entlehntes Sprachgut. Desgleichen sind Lehnwörter im militärischen Bereich zum großen Teil durch den Aufenthalt ausländischer Regimenter, in früheren Zeiten ausländischer Söldner in loseren Verbünden, in der französischen Armee vermittelt worden, wenn nicht durch plündernde (*branscatter*), trinkfeste (*trinquer*) und fluchende (*dasticot*) Soldaten direkt der allgemeinen Bevölkerung[28].
Bei aller Verschiedenartigkeit möglicher Entlehnungswege bleibt eine Kernaussage festzuhalten:

> „Il est, en principe, évident que l'emploi d'un mot ou d'un tour étranger, comme l'introduction de n'importe quel néologisme, est d'abord une initiative individuelle" (DEROY 1980:191).

HOPE 1971:609 vergleicht den Anfangsstatus eines Lehnwortes treffend mit einem einzelnen Atom, von dem aus es bis hin zum Stoff und den daraus hergestellten Produkten ein weiter Weg ist. Der Weg der Integration des Lehnwortes in das neue Sprachsystem wird unter 2.1.3. eingehender beleuchtet.

---

[28] Die Fragestellung, wer an Entlehnungen beteiligt oder für sie verantwortlich sein kann, behandelt besonders detailliert DEROY 1980:191-213.

2.1.2. Die Gründe der Wortentlehnung

Dass es sich bei einem Lexem um ein Lehnwort aus einer eindeutig zu bestimmenden Sprache handelt, ist in sehr vielen Fällen – je jünger, desto sicherer – ohne Weiteres festzustellen. Die bedeutend wichtigere linguistische Fragestellung ist also, sofern die Etymologie nicht selber Probleme aufwirft, die Suche nach möglichen Gründen der Entlehnung (WIND 1928:1).

Grundsätzlich gilt: ein bewusster Entlehnungsvorgang wird nur vollzogen, wenn das zu entlehnende Element über einen in irgendeiner Weise gearteten Mehrwert verfügt, so dass die aufnehmende Sprache mit Hilfe dieses Elements in irgendeinem Bereich funktionstüchtiger wird. Die Evaluierung dieses Mehrwerts kann auf sehr subjektiver und individueller Basis erfolgen – wie es im Übrigen auch für jede andere Form des Neologismus gilt[29] – und bei fehlender Akzeptanz durch andere Sprecher sehr bald der Vergessenheit anheimfallen. Erst wenn der betreffende Mehrwert von einer größeren Anzahl von Sprechern anerkannt wird, hat die entsprechende lexikalische Einheit Aussichten darauf, sich weitergreifend durchzusetzen.

Grundsätzlich gilt auch: die Evaluierung eines eventuellen Mehrwerts erfolgt aus einem sprachlichen Bedürfnis heraus; sie erfolgt, weil aus der Sicht eines oder mehrerer Sprecher gewisse sprachliche Umstände die Einführung neuer Bezeichnungen erfordern, und keineswegs, im speziellen Fall der Wortentlehnung, weil gewisse Bezeichnungen infolge eines durch eine fremde Sprache vermittelten kulturellen Einflusses oder gar einer kulturellen Überlegenheit den Sprechern der Nehmersprache aufgezwungen würden[30].

Angesichts dieses grundsätzlichen sprachlichen Bedürfnisses, auf dem Entlehnungen beruhen, ist die klassische, von TAPPOLET 1914 geprägte und seitdem weitgehend übernommene Scheidung der Lehnwörter in „Bedürfnis-" und „Luxuslehnwörter"[31] in dieser Form nicht aufrechtzuerhalten[32]. Allenfalls unter rein pragmatischen Gesichtspunkten mag die Bezeichnung bspw. eines neuen Stoffes von größerer Dringlichkeit erscheinen als die Substitution z.B. von *se promener* durch den Italianismus *spaceger*, die Henri Estienne in seinen *Deux dialogues du nouveau langage françois italianizé* von 1578 parodiert. Dem französischen Höfling des

---

[29] HOPE 1965:152 betont den folgenden Unterschied zwischen Lehnwörtern und anderen Optionen des Neologismus: „[...] c'est une forme de néologisme qui ne comporte pas la création d'un symbole *ex nihilo*. Le signe lexical existe déjà; il s'est déjà avéré viable et efficace dans un autre milieu linguistique". Dieser Unterschied ist jedoch theoretischer Natur; denn das Funktionieren des Zeichens in einem anderen Sprachsystem – was auch Hope ausdrücklich nennt – sagt über die endgültige Effizienz und Akzeptanz des Lehnwortes in einem neuen Sprachsystem nicht das Geringste aus, da für weitere Sprecher, die mit dem Lehnwort-Neologismus zum ersten Mal in Kontakt treten, der Zusammenhang von Signifiant und Signifié willkürlicher erscheinen muss als bei Neubildungen mit Mitteln der eigenen Sprache, aus deren Komponenten sich ihre Bedeutung häufig zumindest herleiten lässt. Etymologische Isoliertheit hingegen kann ein Kriterium für die geringe Stabilität oder sogar den Untergang eines Wortes sein (vgl. unten). Ein genereller Vorteil kann mithin darin, dass sich das Wort bereits in einer anderen Sprache bewiesen hat, nicht gesehen werden.

[30] Vgl. zu dieser grundsätzlichen Überlegung auch HOPE 1971:723 und MUNSKE 1983:562.

[31] In der französischen Literatur sind diese zumeist als *emprunts de nécessité* oder *nécessaires* und *emprunts de luxe* wiederzufinden.

[32] So schreibt auch HOPE 1971:721: „A 'necessity versus luxury' formulation has no place in objective loan-word analysis".

späteren 16. Jahrhunderts mag es ein ebenso starkes Bedürfnis gewesen sein, seine Sprache mit Italianismen zu schmücken und – in seiner Perspektive – dadurch zu veredeln, wie den Wissenschaftlern des späten 18. Jahrhunderts daran gelegen war, die zahlreichen neuentdeckten Mineralien, chemischen Stoffe usf. mit ebenso neuen Bezeichnungen zu versehen.

Die möglichen Motive sprachlicher Neubezeichnung durch Neologismen im Allgemeinen und Entlehnungen im Besonderen sind namentlich die Bezeichnungsnotwendigkeit eines bisher unbekannten Begriffs, der Wunsch nach Bezeichnungsgenauigkeit, der als notwendig empfundene Ersatz einer affektiv abgeschliffenen oder belasteten Bezeichnung, der Ersatz einer durch systemische Gegebenheiten geschwächten Bezeichnung – etwa durch Homonymenkollision, etymologische Isoliertheit, ungewohnte Form[33] – und das Bestreben nach dem Ersatz einer Bezeichnung aus Prestigegründen[34].

Die Kategorien 1. bis 3. finden sich bereits bei SALVERDA DE GRAVE 1907:151f[35]. Zusätzlich nennt er als möglichen Grund, in diesem Falle von Entlehnungen: „c. la langue étrangère emploie un seul mot là où celle qui emprunte se sert d'une périphrase". Diese u.a. auch bei SCHMITT 1982:58f. anzutreffende Konzeption der Sprach- bzw. Bezeichnungsökonomie ist jedoch nur ein relativer Faktor, der in zahlreichen Fällen mit dem Kriterium der Bezeichnungsgenauigkeit in Widerspruch gerät. Zugegebenermaßen mag es angenehmer sein, *hold-up* zu sagen statt *attaque à main armée* oder *fok* statt *perroquet de beaupré* (QUEMADA 1978:1231), zumal wenn ein offizieller Ausdruck geradezu gewollt kompliziert erscheint wie etwa bei *utilisateur d'ordinateurs non-professionnel gagnant accès non-autorisé aux données* statt einfachem *hacker*. In bestimmten Bereichen, bspw. in der juristischen und wissenschaftlichen Terminologie, ist jedoch die Bezeichnungsgenauigkeit oberstes Prinzip und Sprachökonomie kein Kriterium. Je nach sprachlicher Konzeption der betroffenen Sprechergruppen kann einer sprachlich „ökonomischeren" Form die Bezeichnungsgenauigkeit entweder zugestanden werden – *fok* wird dann genau als 'dreieckiges Vordersegel' verstanden –, oder der Wert wird auf die explizite ausdrucksseitige Darstellung der einzelnen Seme gelegt; so etwa, wenn *pisolithe* durch *chaux carbonatée globuliforme testacée* ersetzt werden soll (HAÜY 1822:1,369).

Beim Streben nach Bezeichnungsgenauigkeit bieten sich Entlehnungen aus fremden Sprachen in besonderer Weise als Form des Neologismus an. Dies ist namentlich dann der Fall, wenn Ressourcen der semantischen Differenzierung in einer Sprache stärker ausgeschöpft worden sind als in einer anderen. Sobald in dieser, etwa aufgrund wissenschaftlichen oder technischen Fortschritts, durch eine differenziertere Sichtweise bestimmter Sachverhalte das Bedürfnis verspürt wird, diese Sachverhalte genauer zu benennen, liegt der Rekurs auf die bereits existierenden ausdrucksseitigen Realisationen einer anderen Sprache nahe[36], zumal wenn mit dieser bzw. deren betreffenden Varietäten ein enger Sprachkontakt vorliegt. Bspw. entwickelt sich im

---

[33] Siehe zu diesen Kategorien z.B. SCHMITT 1982:54-60, WEINREICH 1977:80ff. und GEBHARDT 1974:193.
[34] Begreiflicherweise kann ein Neologismus durch ein Zusammenspiel mehrerer dieser Motive zustandekommen.
[35] Kategorie 2 entspricht bei ihm „d. le mot est introduit par euphémisme."
[36] Vgl. HOPE 1965:153: „Une langue tire profit d'une habitude d'association sémiologique établie au préalable par un idiome étranger."

Frankreich des 18. Jahrhunderts auf bergbaukundlichem Gebiet, durchaus auch ohne deutsche Anleitung, eine profunde Kenntnis der Verschiedenartigkeit der Boden- und Gesteinsbeschaffenheit. Genaue Bezeichnungen für die entsprechenden Entdeckungen fehlen jedoch zunächst. Da die behelfsmäßigen Umschreibungen wie „*sorte d'argile* ....", „*espèce de roche* ...." weder präzise sind noch einheitlich gebraucht werden, drängt sich der Rückgriff auf die deutsche Terminologie, die in diesen Bereichen seit Jahrhunderten differenziert ausgeprägt ist, geradezu auf, und man verwendet daraufhin Termini wie →*gneiss*, →*besteg*, →*mispickel* auch im Französischen. Entlehnungsmotiv ist mithin nicht etwa Sprachökonomie wegen der eventuellen Länge der zuvor verwendeten Paraphrasen, sondern der Wunsch nach Eindeutigkeit in der Zuordnung von neuem Begriff und angemessener Bezeichnung[37].

Im affektiven Bereich bedarf Neologie in Form von Entlehnungen eines Sprachkontaktes, der von besonderer Intensität ist und sich auf einer nicht nur materiellen Ebene abspielt. Als Quelle für Neologismen in diesem Bereich scheidet das Deutsche folglich zumindest im hier behandelten Zeitraum nahezu gänzlich aus, da die aus ihm bezogenen Lehnwörter, wenn sie nicht gleichzeitig mit der Sache aufgenommen worden sind, so doch größtenteils Konkreta ohne affektive Nuancen bezeichnen[38].

Der Entlehnung aus Prestigegründen entspricht Tappolets Kategorie des Luxuslehnworts. Wie bereits dargelegt, wird die Konzeption des Luxuslehnworts hier verworfen, weil für den jeweils entlehnenden Sprecher grundsätzlich ein bestimmtes – möglicherweise sehr subjektives und individuelles – Bedürfnis anzunehmen ist, den eigenen Diskurs mit diesem oder jenem Fremdelement aufzuwerten, d.h. bestimmte Funktionen besser erfüllen zu können. Dieses Bedürfnis bildet den Hintergrund für Italianismen im Französischen des 16. Jahrhunderts (s.o.), Gallizismen im Deutschen insbesondere im 12./13. und 17./18. Jahrhundert, Anglizismen in den europäischen Sprachen seit dem 19. Jahrhundert und zahllose weitere Lehnbeziehungen dieser Art, bei denen das Prestige einer Kultur oder auch nur einer Sprache die entscheidende Rolle spielt[39].

---

[37] Bei Entlehnungen dieser Art werden somit auf neu entstandenen Konzepten beruhende „lacunes interlinguales" (GECKELER 1974:34) gefüllt, da den entlehnten Bezeichnungen eine größere relative Effizienz zugestanden wird als den zuvor gebrauchten Umschreibungen (HOPE 1971:709). Dass deutsche Lehnwörter eine solche größere Effizienz auch im Vergleich mit französischen Bezeichnungen besitzen, die ganz fundamentalen Konzepten zugeordnet sind, ist allenfalls in Einzelfällen festzustellen (→*chic*), während dieser Fall bei Entlehnung von „mots non-historiques" (HOPE 1965:151) bspw. in den französisch-italienischen (*dettaglio*, *mangiare*, *villaggio*) und italienisch-französischen Lehnbeziehungen (*manquer*, *race*, *risque*) häufiger aufgetreten ist.

[38] Vgl. hierzu schon BEHRENS 1923:3:
„Die in das Französische eingedrungenen deutschen Wörter sind fast ausnahmslos Kulturwörter, d.h. mit dem betreffenden deutschen Wort wurden auch die bezeichnete Sache oder der bezeichnete Begriff übernommen."

[39] Meines Erachtens sind Wörter wie d., fr. *cool* oder *easy* in der Jugendsprache nicht entlehnt worden, weil die englisch(sprachig)e (Jugend-)Kultur ein besonders nachahmenswertes Vorbild abgegeben hätte, sondern weil es einfach *in* oder eben *cool* ist, englische Ausdrücke zu gebrauchen. Dass die englische Sprache diesen Kultstatus erreicht hat, liegt sicherlich in einer Vorbildfunktion des englischen Sprachraums bezüglich verschiedener medialer, unterhaltungstechnischer u.a. Kulturbereiche begründet, doch stellt diese für die betreffenden modernen Entlehner allenfalls ein

Wenn, wie gesehen, der Vorbildcharakter einer Sprache oder Kultur – oder eines Teilbereiches derselben – in vielen Fällen den Grund dafür darstellt, dass anderssprachige Sprecher aus der betreffenden Sprache entlehnen, darf daraus indes nicht der Schluss gezogen werden, dass sich jede kulturelle Berührung oder Überlegenheit sprachlich niederschlüge. Die Nachahmung bspw. von Literaturgattungen oder Denkmodellen kann ohne jeglichen sprachlichen Widerhall erfolgen[40]. Desgleichen wäre es ein Trugschluss, anzunehmen, dass sich sprachliche Entlehnung – vom Fall der gleichzeitigen Übernahme von Wort und Sache ohnehin abgesehen – nur aufgrund einer appreziativen Haltung gegenüber der betreffenden Kultur oder Sprache vollzieht[41]. Vielmehr kann gerade der umgekehrte Fall für Entlehnungsvorgänge verantwortlich sein. Die Entlehnung von Bezeichnungen wie →*paour* < *Bauer*, im Französischen ausschließlich abschätzig gebraucht, aus dem Deutschen mag gerade damit zusammenhängen, dass die geistigen Fähigkeiten der Deutschen bis ins 19. Jahrhundert hinein allgemein als recht bescheiden eingeschätzt wurden und vielmehr Träg- und Plumpheit mit deutschem Denken gleichgesetzt wurden[42].

„[...] vom meisten bewahrt" also „in irgendeiner Form die Sprache einen Abdruck als Denkzeichen der erfolgten Berührung" (VON WARTBURG 1930:324) – wie gesehen jedoch nicht von allem. In jedem Fall stellt die Einführung eines Lehnwortes ungeachtet jeglicher Form von Sprachpurismus eine Belebung des Lexikons dar; über sein weiteres Schicksal muss dann die Sprachgemeinschaft entscheiden, die es entweder verwirft oder ihm den Effekt der sprachlichen Bereicherung zugesteht[43] und es in das hierarchische System des Wortschatzes integriert (MATORÉ 1953:62).

2.1.3. Die Integration des sprachlichen Lehnguts

Der Terminus „Integration" wird in der Forschungsdiskussion in uneinheitlicher Weise verwendet, so dass zu Beginn geklärt werden muss, was im Folgenden darunter verstanden wird.
MUNSKE 1983:563 stellt der Integration, der „Interferenz der Empfängersprache gegenüber den transferierten Elementen, Merkmalen und Regeln", die Transferenz gegenüber, die „Übernahme von Elementen, Merkmalen und Regeln einer Sprache A

---

sekundäres Motiv dar. Dagegen sind z.B. französische Italianismen des 16. Jahrhunderts die konkreten Vermittler der für ganz Europa prägenden italienischen Renaissancekultur.
[40] FISCHER 1991:197 und HOPE 1962:117: „Literary influences proper fail to show up in purely lexical analysis, as do many other activities and phenomena which go to make up the comprehensive appellation «culture»"; ähnlich MIGLIORINI 1957:13: „Non si deve credere tuttavia che le correnti linguistiche siano in dipendenza immediata e per così dire proporzionale alle correnti di scambio culturale [...]".
[41] Bei der von COLOMBANI 1957:187 aufgestellten „loi la plus élémentaire qui veut que l'on emprunte aux amis et jamais aux ennemis" handelt es sich daher um eine völlige Fehleinschätzung.
[42] Vgl. auch 4.3. Zum lexikalischen Niederschlag, den z.B. die Rivalitäten von Deutsch- und Welschschweizern gefunden haben, siehe JABERG 1937:55-69.
[43] In etwas verklärender Form, doch gänzlich frei von sprachpuristischen Zwängen, wie sie die heutige französische Sprachpolitik kennt, formuliert schon WIND 1928:1 den für sie ausnehmend positiven Charakter von Entlehnungen: „Une langue ne saurait vivre, croître et se développer dans un état d'isolement, il faut qu'elle puise dans l'atmosphère ambiante des forces qui la revivifient".

in eine Sprache B"[44]. Innerhalb einer gänzlich unterschiedlichen Dichotomie verwendet hingegen HUMBLEY 1974:64 den Terminus: „[...] par intégration nous entendons le processus qui vise une conformité au système de la langue I. L'assimilation est le résultat de ce processus." Eine solche relativ willkürliche Zuordnung eines Vorgangscharakters der Integration und eines ausschließlich resultativen Verständnisses von „Assimilation" soll in dieser Studie vermieden werden. Vielmehr soll von Integration als Vorgang und vollzogener Integration als Abschluss dieses Prozesses die Rede sein. Diese Integration erfolgt bspw. im graphischen und phonetischen Bereich in Form von Assimilation. Transferenz soll, wie etwa bei WERNER 1981:220, als die bewusste Übernahme von Lehngut verstanden werden und somit als Gegenstück zur unbewussten Übernahme, der Interferenz. „Transferenz" und „Integration" im Sinne Munskes entsprechen in dieser Untersuchung verschiedene Abstufungen der vollzogenen Integration.

Wie vollzieht sich nun die Integration einer sprachlichen Entlehnung, ungeachtet eventueller außersprachlicher Hemmnisse? Naheliegend ist es, drei Etappen anzunehmen, die das Lehnwort auf seinem Weg zur vollständigen Integration in das neue Sprachsystem durchschreitet. Diese drei Etappen finden sich in verschiedenen linguistischen Beschreibungsmodellen wieder, so etwa bei CLYNE 1967[45] und WERNER 1981:222 („Rezeption" – „Stabilisierung" – „Integration"), ohne zwangsläufig vollständig kongruent zu sein.

Den ersten Schritt stellt die Aufnahme des zukünftigen entlehnten Elements bzw. seine Umformung in Form einer Lehnprägung durch einen bestimmten Sprecher 1 dar; es handelt sich mithin um eine mehr oder weniger punktuelle Etappe. Sobald weitere Sprecher diesem Sprecher 1 in der von diesem eingeführten neuen Wortverwendung folgen, initiieren sie die zweite Phase des Integrationsvorganges.

Auf welchen sprachlichen Ebenen dieser Vorgang erfolgt, wird im Folgenden näher zu durchleuchten sein. Bezüglich all dieser Ebenen gilt jedoch für den Beginn der zweiten Phase:

> „This preliminary stage is one of fluctuation and experiment, qualified success and temporary rejection, during which the incoming word is subjected to the environment of the recipient language and measured against the template of formal conventions in the new idiom" (HOPE 1971:610).

Die zweite Phase enthält folglich auch die Reaktionen der Sprecher auf den Bezeichnungsvorschlag, den Sprecher 1 und seine unmittelbaren Nachahmer vorgelegt haben.

---

[44] Für MUNSKE liegt z.B. „graphetische Transferenz" vor in der Übernahme einer Graphem-Phonem-Korrespondenzregel der Herkunftssprache – bei interlingual identischem Phonem – , so in d. *Guillotine*, „graphetische Integration" dagegen bei der Substitution einer solchen Regel wie in d. *Depesche* (589).
[45] Clyne benennt das entlehnte Element während der drei wesentlichen Etappen als Transfer bzw. Fremdelement bzw. Lehnelement (220) und lässt mit diesen Bezeichnungen die in der germanistischen Linguistik traditionelle Scheidung von Fremd- und Lehnwörtern anklingen. Da die Abgrenzung von „Fremd-" und „Lehnwort" anhand formaler Kriterien zwangsläufig willkürlich bleibt, wird in der vorliegenden Untersuchung auf den Terminus „Fremdwort" verzichtet und von unterschiedlichen Graden der Integration des Lehnwortes gesprochen. Zum Versuch einer von formalen Kriterien unabhängigen Definition von Fremd- und Lehnwort siehe VON POLENZ 1967.

Erst im dritten Schritt erlangt die Entlehnung den Höchstwert ihrer Stabilität. Entscheidend ist, dass sie nun selbst gestärkt genug ist, um durch Konventionen der inzwischen nicht mehr neuen Sprache geschützt werden zu können (HOPE 1971:610f.), so dass sie keinen weiteren Schwankungen bezüglich ihrer Form, ihres Anwendungskontextes und dergleichen mehr unterliegt. Für CLYNE 1967:223f. ist das entscheidende Kriterium dieser dritten und letzten Etappe, dass die Entlehnungen „keineswegs mit einem bodenständigen Wort auswechselbar sind." Namentlich am Beispiel wissenschaftlicher Nomenklaturen wird sich allerdings zeigen lassen, dass bestimmte Bezeichnungen trotz dauerhafter lexikalischer Konkurrenz als vollständig integriert betrachtet werden können.

Dass der Integrationsprozess eine gewisse Zeit in Anspruch nimmt, ist selbstverständlich. Ebenso natürlich ist es, dass diese Zeitspanne nicht von Regelhaftigkeiten abhängt und dass nicht alle Entlehnungen den gleichen Grad an Integration erlangen. Kriterien für den Integrationsgrad sind die folgenden:

1. Gewisse Sprecherzahl innerhalb der jeweiligen Varietät, die die betreffende lexikalische Einheit verwendet;
2. Semantische Einbettung der lexikalischen Einheit;
3. Morphologische Assimilation:
    a) Grammatik,
    b) Wortbildung;
4. Phonetische Assimilation;
5. Graphische Assimilation;
6. Vollständige Funktionsfähigkeit und das Fehlen von Restriktionen.

Da sich die Integration einer entlehnten lexikalischen Einheit – wie die jedes anderen Neologismus – nicht in festen Abschnitten, sondern stufenlos vollzieht, die Übergänge der oben genannten drei Schritte also fließend sind, kann der jeweilige Grad der Integration nicht an konkreten Prozentsätzen der Sprachteilhaber festgemacht werden, die die entsprechende Einheit verwenden. Fest steht nur, dass von vollzogener Integration auf dieser Ebene erst die Rede sein kann, wenn einer ausreichend großen Zahl von Sprechern der jeweiligen Varietät oder der gesamten Sprache die betreffende Entlehnung bekannt ist (HUMBLEY 1974:66, CLYNE 1967:222ff.); deren Integrationsgrad steigt begreiflicherweise noch beim Übergang vom passiven in den aktiven Wortschatz.
In puncto semantischer Einbettung erfolgt der Integrationsvorgang durch die genaue Abgrenzung der Bedeutung und den daraus resultierenden Bezug zu anderen Bezeichnungen des gleichen semantischen Feldes. Unter diesem Gesichtspunkt spielt die Frage des allgemeinen Bekanntheitsgrades des Wortes nur eine untergeordnete Rolle. In vielen Fällen ist bspw. die fragliche lexikalische Einheit innerhalb einer bestimmten Sprachvarietät schon vollständig integriert, was ihre Bekanntheit und Genauigkeit der semantischen Definition anbelangt, doch verliert sich diese Genauigkeit bei der Ausbreitung der Bezeichnung in einen allgemeineren Sprachgebrauch. Die betreffenden Bezeichnungen werden aufgrund der Unkenntnis ihrer genauen Bedeutung unkorrekt verwendet („Mein Mann hat schwer Prostata"), oder ihre Bedeutung wird sogar in das Gegenteil verkehrt („Der ist mir irgendwie nicht suspekt"); sie sind folglich innerhalb weiterer Sprachvarietäten nicht vollständig bzw.

korrekt integriert – sofern sich der ursprünglich „falsche" Sprachgebrauch in diesen Varietäten nicht seinerseits verfestigt[46].
Die Ebenen 3 bis 5 sind nur für Lehnwörter, nicht jedoch für Lehnprägungen von Belang, da das eigensprachliche Wortmaterial keiner formalen Assimilation bedarf. Auf der morphologischen Ebene ist zunächst der Frage nach der grammatischen Einbettung nachzugehen, die je nach Wortart unterschiedliche Aspekte berührt. Im Rahmen des hier untersuchten Korpus sind lediglich Substantive, Verben und vereinzelt Adjektive von Bedeutung. In Ermangelung einer neufranzösischen Nominalflexion ist, anders als etwa im Deutschen, nur die Kennzeichnung des Plurals von Interesse. Bei der Übernahme fremdsprachlicher Lexeme stehen dem Französischen dabei drei Möglichkeiten zur Verfügung:

1. Einreihung in das Standardsystem durch Markierung des Plurals durch -*s*;
2. Verzicht auf Kennzeichnung des Plurals[47];
3. Übernahme der Pluralform der Herkunftssprache[48].

In formaler Hinsicht ist die Integration als im stärksten Maße vollzogen zu erachten, wenn das betreffende Lehnwort im Plural mit einem -*s* versehen wird, da diese Art der Markierung als die im französischen Sprachsystem zentralste zu gelten hat. In funktionaler Hinsicht kann die Integration nichtsdestoweniger auch dann vollständig erfolgt sein, wenn eine periphere Markierungsmöglichkeit verwendet wird, denn „die Häufigkeit des Vorkommens eines Merkmals kann [...] nicht als Gradmesser auf einer Fremdheitsskala angenommen werden" (WERNER 1981:223). Was Werner im Deutschen am Beispiel *Lemmata* zeigt, gilt im Französischen bspw. für *le lied – les lieder*: die formal ungewöhnliche, im Sprachsystem periphere Pluralform behindert die pluralische Verwendung des Wortes zumindest in bestimmten Sprachvarietäten nicht. In anderen Fällen allerdings erfolgt – insbesondere im umgangssprachlichen Gebrauch – eine Einreihung in zentralere Pluralbildungsschemata – im Deutschen z.B. bei *Kommas*, ähnlich *Atlasse* usw. –, oder eine der beiden Formen wird generalisiert, so z.B. in dem von RETTIG 1974:196 behandelten Beispiel *un duplicata – des duplicata*. Die morphologische Integration von Verben ist gemeinhin unproblematisch: die Lehnwörter werden in die erste Konjugationsklasse, d.h. die Verben auf -*er*, übernommen. Die Einreihung germanischer Verben in eine andere Verbklasse ist zuletzt in altfranzösischer Zeit nachweisbar (-*jan* > -*ir*). Der grundlegende

---

[46] Derartige Erscheinungen sind begreiflicherweise nicht auf den Lehnwortgebrauch beschränkt, sondern können auch autochthone lexikalische Einheiten erfassen.
[47] Diese Möglichkeit besteht bekanntlich auch bei autochthonen Formen, insbesondere bei Epitheta, die diachronisch gesehen adjektivierte Substantive sind, so etwa – namentlich bei Farbbezeichnungen – *rose*, *orange* (als Substantiv eine Entlehnung), aber auch *chic* oder *nouille* (als Substantiv ebenfalls Entlehnungen). In gleicher Weise im Plural unmarkiert bleiben u.a. adjektivisch gebrauchte Syntagmen wie – auch hier v.a. Farbbezeichnungen – *gorge de pigeon*, *merde d'oie*.
[48] Vgl. auch *touareg* sg. < arab. *tawāriq* pl. (in maghrebinischer Aussprache [twarəg]) zum Singular *tarqī* und Beispiele bei RETTIG 1974:198. Werden Lexeme ausschließlich pluralischer Form entlehnt, ist die o.g. dritte zunächst die einzige Möglichkeit: *les macaroni*. Wird das Wort auch im Französischen als Plural aufgefasst – Gegenbeispiele sind *l'errata* 'Fehlerliste', *le visa* –, kann sekundäres -*s* diesen Umstand einreihend verdeutlichen (*les macaronis*, s. RETTIG 1974:196), *les drusens* (VALMONT DE BOMARE 1791:4,860 s.v. *mercure*, s. *druse*), *les médias*.

Funktionsgrad des Verbs im Satz bringt es mit sich, dass in diesem Zusammenhang die Übernahme fremdsprachlicher grammatikalischer Morpheme oder das gänzliche Fehlen derselben, wie bei der Pluralbildung zu sehen, nicht akzeptiert werden können. In flexivischer Hinsicht unterscheiden sich entlehnte Verben daher in keiner Weise von autochthonen.

Entlehnte Adjektive werden zumeist wie einheimische behandelt, können jedoch im Plural (*des mecs cool*) und auch bei der Bildung des Femininums (*une fille cool*) unmarkiert bleiben. Der Funktionalität tut diese formale Restriktion bspw. im hier genannten Fall keinen Abbruch.

Die morphologische Ebene berührt schließlich auch die Wortbildung, d.h. in diesem Fall die Frage, inwieweit Lehnwörter mit v.a. grammatischen Morphemen der rezipierenden Sprache verbunden werden können[49]. In der heutigen Forschung ist es *communis opinio*, dass die Tatsache, dass auf der Basis eines Lehnwortes eigensprachliche Ableitungen vorgenommen worden sind, ein aussagekräftiger Gradmesser für die weit fortgeschrittene Integration des jeweiligen Wortes ist[50]. Untrüglich – im Gegensatz zur Auffassung GEBHARDTS 1974:183 – ist dieser Gradmesser indes nicht, da er zwar über die Integration eines Lehnwortes Aufschluss gibt, das Fehlen solcher Ableitungen jedoch aus zwei Gründen nicht zwangsläufig bedeutet, dass ein Wort weniger gut integriert ist. Zum einen bildet, ganz banal, auch nicht jedes einheimische Lexem Ableitungen; zum anderen können bestimmte Zufälligkeiten des Entlehnungsvorganges einer eigensprachlichen Ableitung hinderlich sein. Bspw. hat das Deutsche aus dem Englischen sowohl *fair* als auch *Fairness* entlehnt, jedoch *smart* ohne dazugehöriges **Smartness*. Daraus resultiert im Deutschen ein Nebeneinander von *Fairness* als Lehnwort und *Smartheit* als deutscher Bildung. Da *Fairness* im Deutschen gut integriert ist, besteht für die Sprecher keine Notwendigkeit, dieses durch ein neues **Fairheit* zu substituieren. Wie CLYNE 1967:222 aus den vorliegenden Formen zu folgern, *smart* sei im Deutschen besser integriert als *fair*, heißt jedoch, formale Kriterien in stärkerem Maße zu berücksichtigen als pragmatische, also tatsächliche sprachliche Zusammenhänge und Bedürfnisse.

Ein weiteres formales Kriterium ist die Assimilation, also die Annäherung an sprachliche Gepflogenheiten der rezipierenden Sprache, auf der graphischen Ebene. Sie erfolgt zwangsläufig, wenn die Entlehnung ausschließlich auf auditivem Wege vollzogen worden ist und folglich der neuen französischen *image acoustique* eine

---

[49] Im hier behandelten Korpus sind ausschließlich lexikalische Morpheme von Bedeutung. Auf die Problematik der Entlehnung grammatischer Morpheme, namentlich von Suffixen, wird daher in diesem Rahmen nicht eingegangen.

[50] Siehe hierzu etwa WERNER 1981:229, CLYNE 1967:219 oder DUBOIS 1963:15, der beim Vorliegen einer Mehrzahl von Ableitungen auf der gleichen Basis deren „intégration [...] définitivement achevée" annimmt. Dass GEBHARDT 1974:133 sich noch vehement für die Aufnahme des Kriteriums des Ableitungsfähigkeit in den Katalog der Integrationsfaktoren einsetzen muss, erstaunt angesichts bspw. der genannten Aussagen von Dubois und Clyne, wird jedoch umso verständlicher, wenn man noch bei CATACH 1971:127 über deutsche Lehnwörter die zur Hälfte unzutreffende Aussage liest: „[...] ces mots ne paraissent ni dérivés, ni suffixes français vivants." Überdies ist diese Fehleinschätzung insofern verwunderlich, als Catach in ihrem Korpus zahlreiche deutsche Lehnwörter anführt, die über Ableitungen verfügen – die keineswegs alle nur einem Marginalwortschatz zu eigen sind –, so etwa *gneiss, calèche, bivouac, feldspath, schlitte*. Zu den Ableitungen im Einzelnen siehe unter 3.

französischen Graphem-Phonem-Korrepondenzregeln entsprechende graphische Realisation zur Seite gestellt wird. Im Zuge von Tendenzen, die die Vereinheitlichung der französischen Orthographie zum Ziel haben, kann graphische Assimilation auch sekundär befürwortet werden, nachdem das betreffende Lehnwort zuvor schon lange Zeit in äußerlich unveränderter Gestalt bestanden hat[51]. Eine fehlende Assimilation der Schreibweise an im Französischen gültige Schreibnormen indes bedeutet nicht, dass ein Lehnwort nicht gut integriert sein kann; vgl. z.B. *schnaps*, nicht **ch(e)napse*. Oftmals korrelieren jedoch solche Fälle mit einer Assimilation auf phonetischer Ebene, so z.B. bei *feldspath* ([fɛltspat]), das bei ausschließlich mündlicher Entlehnung wahrscheinlich **felchpat(e)* ergeben hätte. Die graphische und phonetische Assimilation der Korpuswörter wird unter 4.1. eingehender zu untersuchen sein; es kann an dieser Stelle jedoch schon vorweggenommen werden, dass alle deutschen Lehnwörter im Französischen in phonetischer Sicht insofern integriert sind, als phonemische Transferenzen nicht stattgefunden haben. Wenn die Aussprache von Wörtern wie *schlich* ([šlik]), *pechblende* ([pɛkblãd]) oder *wurst* ([vuRs(t)]) auch nicht standardlichen französischen Graphem-Phonem-Korrespondenzregeln entspricht und die *graphische Assimilation* der betreffenden Einheiten mithin nicht vollzogen worden ist, so stellen sie doch jeweils ausschließlich genuin französische Phonemketten dar. Die Übernahme fremdsprachlicher Phoneme wie etwa des auf der Basis des Suffixes -*ing* vermittelten [ŋ] ist im vorliegenden Kontext ohne Belang.

Nicht unterschlagen werden soll in diesem Zusammenhang ein weiterer Aspekt, der die graphische Assimilation betrifft, nämlich die Markierung eines verschriftlichten Wortes durch (typo-)graphische Verfahren, insbesondere die Setzung von Anführungszeichen und die Kursivierung. Dass diese Signale neben anderen, hier nicht zu erläuternden Funktionen diejenige erfüllen *können*, den eingeschränkten Verkehrswert einer Form zu kennzeichnen, wird aus Textstellen aller Art ohne Weiteres deutlich. Es ist auch eine durchaus vernünftige Methode, anhand möglichst vieler Textbeispiele das Vorhandensein oder Fehlen solcher Signale nachzuverfolgen, wie GILBERT 1973:40 bemerkt: „Si l'on peut dater, au moins approximativement, leur disparition, on pourra évaluer la vitesse d'acclimatation du mot." Ebenso ist es nicht unangebracht, etwa durch Anführungszeichen gekennzeichnete Wörter fremden Ursprungs in einer „zone de transition [...] entre les xénismes momentanés (expressions étrangères) et les emprunts entièrement intégrés au système lexical de la langue receveuse" anzusiedeln (KOCOUREK ²1991:152). Bei weitem zu rigoros ist indes die Position, die SCHMITT 1982:25 vertritt: „Wo derartige Signale aber vorliegen, sollte das fremde Lexem auf keinen Fall als Bestandteil der Empfängersprache betrachtet werden." Insbesondere hinsichtlich des 18. Jahrhunderts lässt sich nämlich eine solche These, was die Kursivierung anbelangt[52], nicht aufrechterhalten. Dies kann an zahlreichen Beispielen demonstriert werden; an dieser Stelle sei etwa darauf hingewiesen, dass Lehnwörter wie *quartz*, *spath*, *blende*, die zu den frequentesten deutschen Entlehnungen zählen, noch gegen Ende des 18. Jahrhunderts in einer Vielzahl von Texten ausnahmslos kursiv erscheinen – im Gegensatz zum Großteil autochthoner Fachausdrücke von vergleichbarem

---

[51] Siehe z.B. Catachs Orthographievorschläge *blocaus* statt *blockhaus* (1971:250), *kirch* statt *kirsch* (271), *chlam* statt *schlamm* (297), *talveg* statt *thalweg* (308) usf. Um Eindeutigkeit zu erlangen, wären *blocausse*, *kirche*, *chlame*, *talvègue* sinnvollere Schreibungen.

[52] Anführungszeichen spielen in den Texten dieser Zeit bei der Markierung keine Rolle.

Spezialisierungsgrad –, obwohl sie bereits in unzähligen Dokumenten seit der Mitte des Jahrhunderts zu finden, ohne jeglichen Zweifel jedem fachsprachlichen Leser bekannt und keinerlei funktionalen Restriktionen unterworfen sind. Letzteres gilt auch für zahlreiche andere Lehnwörter, die trotz durchgängiger Kursivierung in den jeweiligen Texten ohne erkennbare Einschränkungen – sehr oft z.B. ohne Erklärungen etwa durch Paraphrasen – verwendet werden. Selbst LANDRIN 1829 setzt *stock* 'Sockel des Ambosses' < d. *Stock* durchweg kursiv (z.B. 2,158), obwohl das Wort in der metallurgischen Fachsprache bereits seit beinahe zweieinhalb Jahrhunderten gut belegt ist[53]. Die Markierung erklärt sich in all diesen Fällen keineswegs dadurch, dass ein nicht integriertes „Fremdwort immer wieder aktualisiert werden kann" (RIEDERER 1955:122), da die betreffenden Wörter, wie gesehen, seit langem integriert sind. Vielmehr dürfte das Wissen der jeweiligen Schreiber um die fremdsprachige – in bestimmten Bereichen vornehmlich deutsche – Etymologie der Wörter dazu veranlasst haben, den kursiven Druck zu wählen. Keineswegs wollten sie dadurch Restriktionen im Gebrauch, geschweige denn ihre Ablehnung der Termini zum Ausdruck bringen. Die Markierung hat in diesen Fällen folglich keine Symptomfunktion im Bühlerschen Sinne und darf demnach auch nicht in eine entsprechende Richtung interpretiert werden. Zu beachten ist, dass die Kursivierung in Texten des 17. Jahrhunderts ein noch kaum zur Hervorhebung bzw. Markierung einzelner Wörter verwendetes Mittel ist. Erst im Laufe der ersten Hälfte des 18. Jahrhunderts etabliert es sich in dieser Funktion. Dies wiederum bedeutet, dass die fehlende Kursivierung eines Wortes in früheren Texten nicht zwangsläufig aussagt, dass es bereits vollständig integriert ist. Erst in dem Moment, in dem fehlende Markierung als ein Aspekt graphischer Assimilation betrachtet werden kann, gilt auf graphischer Ebene, was Roland Éluerd (brieflich) schreibt:

> „Si un mot est employé à une certaine date d'une manière telle que rien n'indique que l'auteur a une inquiétude ou une incertitude sur la compréhension de ce qu'il écrit, il y a toutes les chances que ce mot soit en usage depuis déjà longtemps"[54].

Aus dem bisher Gesagten ergibt sich für das letzte Kriterium des Integrationsvorganges, dass die Funktionsfähigkeit der betroffenen lexikalischen Einheit im neuen Sprachsystem das entscheidende sprachliche Kriterium ist, anhand dessen die vollzogene Integration bestimmt werden kann. Ein Wort kann z.B. gänzlich ohne eigene Wortfamilie dastehen und graphisch bei der Entlehnung unverändert geblieben, also nicht assimiliert worden sein und dennoch als zweifellos vollständig integriert betrachtet werden, so etwa *schnaps, corallen-ertz, fahlerz*. Vollkommene Funktionsfähigkeit bedeutet aber überdies, dass das jeweilige Element nicht an bestimmte Syntagmen gebunden ist, sondern frei verwendet werden kann. Wenn bspw. in einer niederländischen Lehnwendung *faire bonne chère* mit *goede sier maken* wiedergegeben wird (SCHUMANN 1965:84), so ist *sier* nur in diesem Kontext anwendbar – wie auch schon *chère* als französisches Substantiv nur noch in der genannten Wendung auftritt – und folglich als selbständiges Lexem im

---

[53] Erstbeleg 1591, Visite de la forge de Villereux, abgedruckt in: *Revue d'histoire de la sidérurgie* 1960/3, 34ff; das *FEW* (17,241a) gibt als Erstbeleg ENCYCLOPÉDIE 1757 (7,158b) an.
[54] Zur Untergliederung der Erstbelege und der Kategorie „Erstbeleg 2b", die eine ebensolche Verwendung zu Grunde legt, siehe unter 2.3.2.

Niederländischen nicht integriert; das Gleiche gilt etwa für russ. *стро́итъ куры кому* < *faire la cour à quelqu'un*: *куры* lebt nur in dieser Verbindung (83f.). Vergleichbar ist das Anfangsstadium des Wortes →*stross*, das zunächst überwiegend gebunden im Syntagma *par* oder *en stross* erscheint, bevor es sich sozusagen als freies französisches Lexem etabliert.

Trotz der großen Zahl von Faktoren, die bei der Integration des sprachlichen Lehnguts eine Rolle spielen – sich jedoch schwerlich anhand eines Punktesystems beschreiben lassen – erscheint es möglich, unter Berücksichtigung des Stellenwerts der einzelnen Kriterien, den Integrationsgrad relativ genau zu bestimmen. Wie zu sehen sein wird, stellt bei dieser Aufgabe wie so oft die zuweilen sehr fragmentarische Beleglage das größte Hindernis dar[55].

2.1.4. Die Struktur des sprachlichen Lehnguts

Auf der Basis der grundsätzlichen Scheidung in inneres und äußeres Lehngut sind seit Beginn des letzten Jhs. zahlreiche formale Gliederungsvorschläge für das sprachliche Lehngut vorgelegt worden, die sich im Wesentlichen aus den Komponenten zusammensetzen, die das folgende synoptische Schema darstellt:

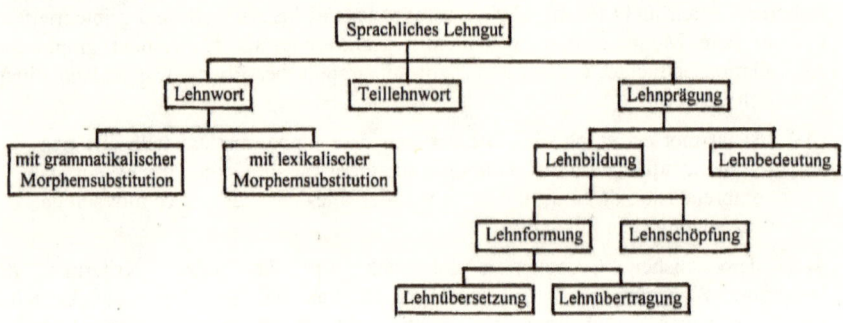

Dass auch nur zwei Arbeiten auf einem identischen Schema basieren, ist indes ein seltener Fall. In Ermangelung eines allgemeingültigen Konsens ist es daher auch in diesem Rahmen unerlässlich, ein dieser Untersuchung zu Grunde liegendes Schema zu erstellen und zu diesem Zwecke die bislang vorgeschlagenen Kategorien zu diskutieren.

---

[55] Dennoch ist die Untersuchung des Integrationsgrades deutscher Lehnwörter kein so aussichtsloses Unterfangen, wie es Behrens noch annahm: „Im Einzelnen ihre Verbreitung und, etwa auf Grund sprachlicher Kriterien, den Grad ihrer Einbürgerung anzugeben, ist nicht wohl möglich […]" (1923:99).

Uneinigkeit herrscht bereits auf der obersten Gliederungsebene, da die Kategorie des Teillehnworts nur in einer Minderzahl von Studien Aufnahme findet, insbesondere bei BÄCKER 1975:73f. und SCHUMANN 1965:81. In den anderen Fällen wird es unter die Kategorie *Lehnwort* subsumiert. Dort treffen die Teillehnwörter mit den oft als „assimilierte Lehnwörter" (BÄCKER 1975:74) bezeichneten Lehnwörtern zusammen, in denen ebenfalls ein Morphem eines zwangsläufig polymorphemischen Etymons durch ein eigensprachliches Morphem ersetzt worden ist. In „assimilierten Lehnwörtern" – im Folgenden noch genauer zu charakterisieren – werden die genannten Substitutionen nur unter zwei Bedingungen vorgenommen:

1. Bei einer definierten, regelhaften Entsprechung eines (hier) deutschen und eines französischen Morphems, z.B. bei *Apat_it_* > *apat_ite_* – fr. *-it* ist in der wissenschaftlichen Terminologie nicht zugelassen – oder *Piet_ist_* > *piét_iste_*.

2. Bei ausdrucksseitiger Ähnlichkeit eines lexikalischen Morphems der Quellsprache mit einem entsprechenden Morphem der Nehmersprache, z.B. bei *Feld_marschall_* > *feld_maréchal_* oder *Quartier_meister_* > *quartier-_maître_*.

Daher unterscheidet sich diese Art von Lehnwörtern von den tatsächlichen Teillehnwörtern bzw. Teillehnbildungen[56]. Bei diesen wird ein Morphem durch eines der Nehmersprache ersetzt, welches mit ihm lediglich in semantischer, nicht jedoch in formaler (ausdrucksseitiger) Hinsicht korreliert. Einen vergleichbaren Fall stellt im Französischen *tête de holz* 'Deutscher' < d. *Holzkopf*[57] dar, auch wenn es sich dabei vielleicht nur um eine scherzhafte momentane Bildung handelt. Die Substitution erfolgt im Gegensatz zu der des „assimilierten Lehnworts" willkürlich: *Holz* ist dem Französischen genauso fremd wie *Kopf*, wohingegen es bspw. bei der Entlehnung von *Feldmarschall* einer – und nur einer – Komponente des Wortes eine eigensprachliche formale Entsprechung zuordnen kann. Das Wort wird im Ganzen entlehnt, und aufgrund der Ähnlichkeit bestimmter Morpheme erfolgt daraufhin – höchstwahrscheinlich sehr bald – die Anpassung an die autochthone Entsprechung[58]. Bei der Teillehnbildung dagegen wird schon während des Entlehnungsvorgangs eines der lexikalischen Morpheme des Etymons ersetzt. Bei der Unterscheidung von Teil- und tatsächlicher Lehnbildung muss beachtet werden, ob das scheinbar entlehnte lexikalische Element dem Französischen eventuell bereits vertraut ist; so handelt es sich bspw. bei →*spath fluor* (Erstbeleg 1768) < d. *Flussspat* um eine genuin französische (Lehn-)Bildung, da *spath* im Französischen zu diesem Zeitpunkt bereits bekannt ist (Erstbeleg 1739). Dagegen ist →*guhr d'argent* < *Silbergur* (1753) eine

---

[56] S. SCHUMANN 1965:81 zu Beispielen aus dem Slawischen.
[57] S. DELVAU 1889:459b, „dans l'argot des marbriers de cimetière qui croient que les braves Teutons ont la tête dure comme du *bois*."
[58] Diese Reihenfolge der Gegebenheiten lässt sich anhand zahlreicher früher französischer Belege wie *sienit, tremolith* statt wenig später assimilierten *syénite, trémolit(h)e* belegen. In Form so gearteter Belege verfügt man im Übrigen durchaus über methodologische Hilfsmittel, die es dem Forscher erlauben, die Entlehnung eines Wortes als Einheit zu postulieren und nicht die als erster Schritt erfolgte „substitution lexématique" mit Hilfe französischer Formantien. Nichtsdestoweniger fehlt bislang das methodologische Rüstzeug, um in allen Fällen HÖFLERS Frage beantworten zu können, „s'il s'agit […] de substitution lexématique ou d'importation lexématique avec adaptation phonétique et morphologique secondaires" (1989:117).

Teillehnbildung, da →*guhr* < *Gur* ebenfalls erst 1753 belegt ist und die beiden Einheiten zudem zunächst nur von denselben beiden Autoren verwendet werden; *guhr* kann also zu diesem Zeitpunkt noch nicht als vollständig integrierte französische Einheit betrachtet werden und somit nicht Bestandteil einer reinen Lehnbildung sein. Wenden wir uns nun zunächst dem reinen Lehnwort zu, das in seiner Gesamtheit eine Materialentlehnung aus einer fremden Sprache darstellt. Wie bereits dargelegt, lassen sich Lehnwörter untergliedern in solche, die *tels quels* übernommen werden – unbeschadet späterer lautlicher und graphischer Assimilation –, und solche, die ganz (*lépidolit(h)e* < *Lepidolith*) oder in Teilen an konkrete französische Entsprechungen angeglichen werden.. Handelt es sich hierbei um grammatische Morpheme, steht der Lexikologe nicht selten vor der Aufgabe, zu prüfen, ob es sich bei der vorliegenden lexikalischen Einheit tatsächlich um eine Entlehnung oder um eine innerfranzösische Ableitung handelt[59]. Dieses Problem erübrigt sich nur dann, wenn die jeweilige Morphemsubstitution Wörter betrifft, die keinen im Französischen existierenden oder denkbaren Wortstamm enthalten, da in diesen Fällen der reanalysierte Wortkern nicht als Basis für eine französische Ableitung hat dienen können, so z.B. bei →*lécrelet* < schweizerd. *Leckerli*, →*rollier* < d. *Roller*. Handelt es sich dagegen bei den substituierten Morphemen um Interlexeme, muss sich der Lexikologe mit der bereits unter 1.1.2. angesprochenen Frage auseinandersetzen, in welcher Sprache – angesichts zumeist unwahrscheinlicher Polygenese – die Bildung zuerst vorgenommen worden ist. Dieses bspw. von HÖFLER 1989:125 geäußerte Desiderat ist bis zum heutigen Tag in vielerlei Hinsicht eines geblieben, wie man anhand von Einträgen der großen Sprachwörterbücher feststellen kann; nähere Erläuterungen folgen bei der Behandlung des Wortkorpus.

Auch das Lehnwort, das unbeeinflusst von ausdrucksseitig korrespondierenden französischen Morphemen übernommen wird, hat zwei gänzlich verschiedene Spielarten. Zum einen gibt es das Lehnwort, das in beiden Bestandteilen – Signifiant und Signifié – von einer neuen Sprache aufgenommen wird. Dass sich die Bedeutung etwa aufgrund von Missverständnissen während des Entlehnungsvorganges (vgl. *kiste¹*) modifizieren und im Laufe der weiteren Wortgeschichte ohnehin den bekannten Veränderungen unterworfen sein kann, ist in Hinsicht auf die Kategorie ohne Belang. Zum anderen haben wir es indes mit einer Kategorie des Lehnwortes zu tun, die die Marke von einem Prozent bei weitem nicht erreicht, deren Existenz mir aber unbestreitbar erscheint, obwohl sie bisher an keiner Stelle gesondert aufgeführt worden ist. Innerhalb dieser Kategorie wird lediglich die Ausdrucksseite entlehnt, ihr jedoch innerhalb der Nehmersprache bewusst eine Bedeutung zugewiesen, die sie in der Herkunftssprache niemals gehabt hat. In diese Kategorie fallen namentlich die Bezeichnungen für Ausländer, die – auf der Ausdrucksseite – aus deren eigener Sprache bezogen worden sind, so etwa *fritz, fridolin, pfannkuchen* 'Deutscher'[60]. Unter assoziativem Blickwinkel stehen derartige Bezeichnungen solchen wie *choucrouteman* 'Deutscher' sehr nahe: hier wird der Deutsche über ein für ihn typisches Gericht, dort

---

[59] Vgl. hierzu BÄCKER 1975:75 zur Herkunft von fr. *boxeur*. KOCOUREK ²1991:155 bezeichnet das angesprochene Phänomen als „intégration lexico-morphologique".
[60] Diese Beispiele stammen aus SARCHER 2001 und NOLL 1991. Sie finden sich zu großer Zahl im Argot. Bei anderen Beispielen wie *chmoutz* < *Schmutz*, *nep* < *Nepper*, beide 'Jude', wäre zu untersuchen, ob die französische Bedeutung auch in Varietäten des Deutschen nachgewiesen werden kann.

über bei ihm häufig anzutreffende Namen definiert. Ähnlich verhält es sich z.B. bei schweizerfr. *lanchebroter* 'stammeln' zu schweizerd. *Landsprache* 'Dialekt' (*FEW* 16,444b) oder fr. *hâbler* 'großschwätzen' < span. *hablar* 'sprechen'. Wie bereits angesprochen, bedeutet auch *Was ist das?* im Deutschen keineswegs 'Guckfenster'. Da in dieser Kategorie sozusagen nur halb entlehnt und die ursprüngliche Bedeutung gänzlich außer Acht gelassen wird, ist es nicht angebracht, diese Einheiten länger unter die „normalen" Lehnwörter zu subsumieren.

Wie bereits erwähnt, ist es das Charakteristikum der Lehnprägung, dass sie in der Nachbildung eines fremdsprachlichen Vorbildes durch Mittel der eigenen Sprache besteht. Die Veränderung findet also im Gegensatz zur letztgenannten Kategorie auf der Ebene des Signifiants statt. Die Lehnprägung beinhaltet in all ihren Spielarten einen Übersetzungsvorgang. Das fremdsprachliche Vorbild muss analysiert und in seinen Bestandteilen erkannt werden, so dass die Möglichkeit der Nachbildung überhaupt erst entsteht (HOPE 1971:617)[61].
HUMBLEY 1974:62 erweitert die Definition der Lehnprägung – im Französischen *le calque* – um einen semantischen Aspekt:

„[...] on peut le définir comme la reproduction d'une structure lexicale étrangère avec des éléments de la langue I, qui a un sens différent de celui de la somme des élements [...]."

Diese Einschränkung trifft tatsächlich für sehr viele Fälle zu. So ist *tête vitrée* < *Glaskopf* kein gläserner Kopf, sondern ein rotes Eisenerz und ein *coureur de gazon* < *Wasenläufer* niemand, der über den Rasen läuft, sondern ein Mineralgang, der bis an die Erdoberfläche reicht (regional *Wasen* 'Rasen'). Im Bereich namentlich gelehrter Wissenschaftsterminologie kann jedoch zwischen der Bedeutung der Einzelbestandteile des Wortes und seiner Gesamtbedeutung eine regelhafte, gleichmäßige Beziehung bestehen. Z.B. ist *stalactiforme* eine Lehnbildung zu d. *tropfsteinartig*; aus der Summe der Elemente *stalact[it]-* und *-iforme* ergibt sich keinerlei davon abweichende Bedeutung. In die Definition der Lehnprägung kann dieser semantische Aspekt folglich nicht einfließen.
Aus dem Nebeneinander von Lehnwort und Lehnprägung ergibt sich die Frage, ob es Tendenzen gibt, gemäß denen in bestimmten Zusammenhängen eher eine Wortentlehnung und in anderen eher eine Nachbildung mit eigenen sprachlichen Mitteln bevorzugt wird[62]. Nur wenige Untersuchungen haben sich bislang – immer nur am Rande – mit dieser Fragestellung beschäftigt. KOCOUREK ²1991:156 schreibt (über die *langue française de la technique et de la science*):

„Si l'emprunt ne paraît pas acceptable, la francisation prend une forme plus drastique [...]. On remplace l'emprunt par sa traduction littérale ou par l'imitation autochtone de son type de formation et de motivation."

---

[61] Die Analyse des potentiellen Etymons schließt dabei assoziative Vorgänge, die auf lautlichen Ähnlichkeiten beruhen, nicht aus; sie liegt jedoch auch Lehnprägungen, die von solchen Assoziationen betroffen sind, stets zu Grunde. Denn auch wenn in Beispielen wie engl. *let ball* > fr. *balle nette* (BÄCKER 1975:78) die lautliche Assoziation im Vordergrund steht, ist das französische Resultat ohne Analyse der grammatischen Zusammenhänge (*let* als Determinans usf.) nicht möglich.
[62] Formale Voraussetzung für die Möglichkeit einer Lehnprägung – ausgenommen die Lehnbedeutung – ist natürlich die Mehrgliedrigkeit des quellsprachlichen Wortes.

Zutreffend ist diese Begründung für viele Lehnprägungen, die auf Etyma zurückgehen, die nicht-internationale grammatikalische Morpheme enthalten. Als Lehnwort nicht akzeptabel sind bspw. die kristallographischen Fachtermini *Abfärben*, *Zuschärfung*, *tropfsteinartig*, die durch die französischen Lehnprägungen *tachure*, *bisellement* und *stalactiforme* wiedergegeben werden. Kocoureks Vorschlag erklärt jedoch nicht, warum bspw. *Stangenspat(h)* durch *spath en barres* wiedergegeben wird, *Bitterspat(h)* jedoch durch *bitter-spath* oder *Beilstein* durch *pierre de hache*, aber *Grünstein* durch *grunstein*. Daneben liegen zahlreiche Dubletten vor, wie *Hornstein* > *pierre de corne*, *pierre cornée* / *hornstein*, *Pechstein* > *pierre de poix*, *poilite* / *pechstein*, *Feldspat(h)* > *spath des champs* / *feldspath*. Die Wahl der jeweiligen Kategorie hat dabei keinen feststellbaren regelhaften Einfluss auf die Vitalität des sprachlichen Resultates; *pierre de corne* ist sehr viel frequenter als *hornstein*, *feldspath* dagegen wird gegenüber *spath des champs* deutlich bevorzugt. Die Entscheidung für die Lehnprägung fällt naturgemäß leichter, wenn ein Element des Etymons mit einem der Nehmersprache identifiziert werden kann (d. *-stein*, aufgrund der zahlreichen so gebildeten Wörter, mit *pierre*) oder gar identisch ist (*-spat(h)*). Diese Analyse bleibt bei für den jeweils entlehnenden Sprecher eventuell undurchsichtigen Einheiten aus, so dass *Säbeltasche* nicht **poche(tte) de/du sabre*, sondern *sabretache* und *Falltrank* nicht *potion de chute, sondern *falltran(c)k* ergibt. Es darf jedoch andererseits keineswegs geschlussfolgert werden, dass der betreffende Sprecher dem Lehnwort, hätte er es analysieren können, eine Lehnprägung vorgezogen hätte.

Auch QUEMADA 1978:1214 nennt ein Kriterium für die Bevorzugung von Lehnprägungen: „L'emprunt est plus délicat lorsqu'il y a référence à une notion abstraite; en ce cas, on lui a presque toujours préféré la traduction, apparamment plus explicite." Der Aspekt der Abstraktheit mündet schließlich wieder in die bereits geschilderte Situation, dass manche lexikalische Einheiten als Lehnwörter schwerlich akzeptabel sind. Sofern die Bezeichnungen mehr oder weniger abstrakter Einheiten – wie etwa philosophischer Begriffe – nicht aus gelehrten Morphemen bestehen und folglich ohne Weiteres als „assimilierte Lehnwörter" übertragbar sind, enthalten sie oftmals die oben angesprochenen grammatikalischen Morpheme, die sie als Lehnwort ungeeignet erscheinen lassen[63]. Ohnehin sinkt mit steigendem Abstraktionsgrad die Wahrscheinlichkeit einer Entlehnung beträchtlich. Die Wahl von Lehnprägungen in den oben genannten mineralogischen Beispielen erklärt auch der Ansatz Quemadas nicht. Sofern die Entscheidung zwischen Lehnwort und -prägung von objektiven, beschreibbaren Faktoren abhängen sollte, gilt es diese noch zu erforschen. Meines Erachtens spielen jedoch subjektive, unter Umständen ästhetische Empfindungen des entlehnenden Sprechers angesichts der gänzlich unregelmäßigen Verteilung der beiden Kategorien die entscheidende Rolle.

Dass die Herkunftsfrage bei Lehnprägungen lange Zeit gänzlich vernachlässigt wurde, ist bereits deutlich gemacht worden. Noch vor anderthalb Jahrzehnten hat Höfler moniert, dass bis dahin nur ein winziger Teil des französischen Vokabulars auf fremde Herkunft hin untersucht worden sei, und daher festgestellt (1989:125):

> „Mais tant que ce travail n'est pas entrepris [...], toute tentative d'une présentation générale de l'influence d'une langue donnée sur le lexique

---

[63] Ausnahmen gibt es auch hier – was Quemada nicht bestreitet – , so z.B. *la weltanschauung*.

français en y incluant les mots empruntés par substitution lexématique ne peut avoir qu'un caractère fragmentaire."

Es sei an dieser Stelle jedoch darauf hingewiesen, dass die Suche nach fremden Vorbildern bei mehrgliedrigen und bildhaften Ausdrücken mit großem Bedacht durchgeführt werden muss. Zwar finden sich zahlreiche Beispiele, bei denen eine Polygenese als unwahrscheinlich gelten kann, so etwa bei engl. *blue-stocking*, fr. *bas bleu*, d. *Blaustrumpf* (veraltet scherzhaft für 'intellektuelle Frau') (HÖFLER 1989:122f.); nicht jede noch so auffällige Übereinstimmung indes deutet zwangsläufig auf Lehnbeziehungen hin. Ein Beispiel liefert die Terminologie des Hochofens im 17. und 18. Jahrhundert. Sie enthält zahlreiche

> „métaphores du corps humain: *poitrine, ventre, bouche, œil, nez, abdomen, gueulard, pilier de cœur*. Plusieurs de ces termes existaient aussi dans les vocabulaires des fondeurs allemands et suédois. Sont attestés *poitrine, ventre, œil*." Jedoch: „Le mode de formation est celui d'une expérience humaine identique, hypothèse à notre sens plus satisfaisante que celle de l'emprunt d'un mot" (ÉLUERD 1993:204).

Der letztgenannte Einwand sollte daher stets berücksichtigt werden.

Die zwei grundlegenden Kategorien der Lehnprägung sind die Lehnbildung und die Lehnbedeutung. Letztere lässt sich folgendermaßen beschreiben: Ein Wort A der Sprache 1 und ein Wort B der Sprache 2 haben eine gemeinsame Grundbedeutung S, was einem Sprecher der Sprache 2 bekannt ist. Überträgt dieser eine sekundäre Bedeutung S' des Wortes A auch auf das Wort B seiner eigenen Sprache 2, spricht man von Lehnbedeutung[64]. Beispiele für diesen Vorgang sind etwa die Übertragungen der sekundären Bedeutung 'Heeresflügel' von lat. *ala* auf fr. *aile*, d. *Flügel* etc., der Bedeutung 'Zeitungsente' von fr. *canard* auf d. *Ente*[65], der Bedeutung 'mit Daten versorgen' von engl. *to feed (a computer)* auf d. *(einen Computer) füttern*, der Bedeutung 'sich eine Sache bewusst machen' von engl. *to realize* auf fr. *réaliser*, d. *realisieren* etc. oder, aus dem vorliegenden Korpus, der Bedeutung 'oberer (konvexer) Teil der Form zur Herstellung von Kupellen' von d. *Mönch* auf fr. *moine*. Für den Vollzug einer Bedeutungsentlehnung ist es, wie diese Beispiele zeigen, unerheblich, ob auf der Ausdrucksseite eine Berührung vorliegt oder nicht. Dieser Typus der Lehnbedeutung entspricht der „synonymen Lehnbedeutung" Schumanns (1965:67) und der „loan synonymy" Hopes (1971:642).

Weitere Kategorien der Lehnbedeutung sind mehrfach vorgeschlagen worden. Bei der „homophonen" oder „homonymen Lehnbedeutung" wird u.a. nach HAUGEN 1950, SCHUMANN 1965:69 und HOPE 1971:641 die Bedeutung eines gleich- oder ähnlich lautenden Wortes einer fremden Sprache auf ein Signifiant der eigenen Sprache übertragen, wodurch eine Homonymie zweier gleichlautender, jedoch in semantischer Hinsicht in keinem Abhängigkeitsverhältnis stehender Wörter zustande kommt, so

---

[64] HUMBLEY 1974:58 nimmt bezüglich der Lehnbedeutung Folgendes an: „Il suffit qu'un mot dans la langue source ait un sème commun avec un mot de la langue I: il est alors possible de transférer un autre sème du mot étranger au mot de la langue I." Meines Erachtens handelt es sich bei diesem schon ursprünglich gemeinsamen Sem jedoch in den allermeisten Fällen um die Grundbedeutung eines Wortes, nicht um irgendeine beliebige, eventuell gänzlich sekundäre.
[65] Auch dän. *and*, tschech. *kachna*, russ. *утка*.

etwa bei den a.a.O. zu findenden Beispielen ital. *buffetto* 1. 'Nasenstüber' 2. 'Buffet' nach fr. *buffet*, amer. norw. *fil* 1. 'Feile' 2. 'Acker' nach engl. *field*, fr. *esclavage* 1. 'Sklaverei' 2. 'bestimmter Zoll' nach engl. *scavage* (BÄCKER 1975:79, *FEW* 18,108b). Da diese besonderen Fälle nur auf ausdrucksseitiger Ähnlichkeit beruhen, fallen sie für Bäcker 1975:78 unter die „assoziativen Lehnbildungen". Da jedoch eine semantische Gemeinsamkeit – oben als Bedingung für die Möglichkeit einer Bedeutungsentlehnung postuliert – bei diesen Vorgängen keine Rolle spielt, möchte ich die betreffenden Einheiten als Lehnwörter betrachten, die infolge des Versuches der Remotivation („Volksetymologie") innerhalb der rezipierenden Sprache an bekanntere Signifiants angeglichen worden sind. Es erübrigt sich, nach eventuellen semantischen Anknüpfungspunkten an die diesen Signifiants gewöhnlicherweise zugeordneten Signifiés zu suchen; dass die Bedeutung für derartige Vorgänge der Reanalyse nicht zwangsläufig von Belang ist, zeigen ausreichend viele Beispiele (*nerf asiatique* statt *nerf sciatique*, *souffrette* statt *soufrette*, *cancerlin* statt →*crancelin*, *schéeling* statt →*schéelin*).

Ein letztes Charakteristikum der Lehnbedeutung soll an dieser Stelle nicht außer Acht gelassen werden: je stärker Lehnbeziehungen durch die Übernahme von Bezeichnungen für konkrete, zumeist neue Objekte geprägt sind, desto unwahrscheinlicher ist es, Bedeutungsentlehnungen anzutreffen. Z.B. zitiert HOPE 1971:649 aus aus dem Korpus VALKHOFFS 1931 nur zwei Bedeutungsentlehnungen (*accise*, *élingue*), in seinem eigenen Korpus der französischen Entlehnungen im Italienischen machen diese hingegen 8,9% aus (weniger als 2% bei Valkhoff). Dieser zahlenmäßige Unterschied beruht im Wesentlichen nicht auf der größeren Ähnlichkeit der beiden Sprachen – wenn diese einer Bedeutungsentlehnung auch förderlich sein kann –, sondern auf der Art der Entlehnungen, die sich in diesem Fall in weiten Teilen auf sehr viel abstrakteren Ebenen abspielen. Es wird also nicht verwundern, dass im vorliegenden Korpus nur wenige Lehnbedeutungen zu finden sind.

Die zweite Klasse der Lehnprägungen bilden die Lehnbildungen. Aus ihnen besteht der weitaus größte Teil des inneren Lehnguts. Die Lehnbildungen werden in allen linguistischen Beschreibungsmodellen in Lehnübersetzungen und Lehnübertragungen untergliedert. Das Unterscheidungskriterium bildet hierbei grundsätzlich die Genauigkeit der Nachahmung unter morphologischen und semantischen Gesichtspunkten. Wird das fremde Vorbild Glied für Glied genau wiedergegeben, wird gemeinhin von Lehnübersetzungen gesprochen (*Fußball* < *football*, *Dampfmaschine* < *steam engine*); erfolgt die Nachahmung in freierer Form, so dass die einzelnen Glieder sich morphologisch oder semantisch nicht zu hundert Prozent entsprechen, werden die betreffenden Lehnbildungen Lehnübertragungen genannt (*Wolkenkratzer* < *skyscraper*; *Vaterland* < *patria*). Die Definition des Kriteriums der Glied-für-Glied-Wiedergabe ist jedoch nicht einheitlich; z.B. bezeichnet SCHELER 1973:21 fr. *gratteciel* als morphologisch nicht vollständig kongruente Wiedergabe von engl. *skyscraper*; eine solche müsste für ihn wohl *cielgratteur* lauten[66]. Die dem englischen Wort eigenen Seme 'Himmel', 'kratzen' und 'nomen agentis' werden jedoch durch das französische Abbild exakt ausgedrückt, weil das Wortbildungsmuster „Verb-

---

[66] Selbst *gratteur de ciel* wäre für Scheler nicht völlig kongruent, da er auch *Handstreich* < *coup de main* als formal inkongruent betrachtet (21).

Ergänzung-Kompositum" diese Aufgabe in zahllosen Fällen erfüllt. „Es ist jedoch nicht immer leicht, die Grenze zwischen Lehnübertragung und Lehnübersetzung zu ziehen", schreibt schon BÄCKER 1975:81; vgl. →*cobalt testacé* < *Scherbenkobalt* (wäre **cobalt en tessons* näher am Vorbild?); wäre →*mine de foie* eine Lehnübersetzung, →*mine hépatique* eine Lehnübertragung aus *Lebererz*? Nach meiner Auffassung ist es nicht nur nicht leicht, die beiden Phänomene voneinander abzugrenzen, sondern zu oft schlechthin unmöglich, ohne willkürlich zu verfahren. Daher soll in dieser Untersuchung auf die Termini *Lehnübertragung* und *Lehnübersetzung* verzichtet und von verschiedenen Graden der Vorbildgebundenheit bzw. Freiheit der Lehnbildung gesprochen werden.

Innerhalb der traditionellen Kategorie der Lehnübersetzung weist BÄCKER 1975:83 auf eine weitere Untergliederungsmöglichkeit anhand der Wortbildungsstruktur hin. In den Beispielen *centre-demi* 'Mittelläufer' < *centre-half* und *médecine-ball* < *medicine-ball* betont sie die für das Französische untypische Wortbildungsstruktur Determinans-Determinatum und postuliert, auch unter Bezugnahme auf →*quartier-maître*, ein synchrones, wenn auch peripheres Wortbildungsmuster Determinans-Determinatum im Französischen (84), das ausschließlich in Lehnübersetzungen vorliege. Nimmt man ein solches Wortbildungsmuster an, zeigt jedoch ein Beispiel wie *auto-école*, bei dem es sich um eine genuin französische Wortschöpfung handelt[67], dass diese Bildungsweise nicht auf Lehnübersetzungen beschränkt ist. Dazu kommt, dass es den Beispielen Bäckers teilweise an Aussagekraft bezüglich der von ihr vorgenommenen Interpretation gebricht; sowohl *quartier-maître* als auch *médecine-ball* (nicht etwa *médecine-ballon, was eine Lehnbildung wäre) sind als mehrgliedrige Lehnwörter zu betrachten, deren Komponenten teilweise an ausdrucksseitig ähnliche französische Entsprechungen angeglichen worden sind. Anders verhält es sich tatsächlich mit *centre-demi* und Beispielen wie mfr. *vimpierre* 'Weinstein', das in *FEW* 17,595b überzeugend auf mhd. *wînstein* zurückgeführt wird. Aufgrund der geringen Anzahl der Fälle, die im Französischen die Folge Determinans-Determinatum aufweisen, scheint es jedoch angebrachter, bei den letztgenannten Beispielen von Lehnbildungen unter Beibehaltung der fremdsprachlichen Wort(bildungs)struktur zu sprechen, als die genannten Fälle einem französischen Wortbildungsmuster Determinans-Determinatum zuzuschlagen.

Die letzte traditionelle Kategorie des inneren Lehnguts, die zumeist als der Lehnübersetzung und -übertragung entgegengesetzter Unterpunkt der Lehnbildung dargestellt wird, ist die so genannte Lehnschöpfung. Sie wird von SCHELER 1973:22, weitgehend repräsentativ für andere Arbeiten, folgendermaßen definiert:

> „Die *Lehnschöpfung* [...] ist eine durch ein fremdes Wort ausgelöste, im Gegensatz zur Lehnübersetzung und Lehnübertragung formal jedoch von diesem unabhängige Neuschöpfung, bei der sich auch semantisch keines der Einzelglieder mit denen des fremdsprachlichen Gegenstücks deckt."

Oft zitierte deutsche Beispiele sind etwa *Nietenhosen* < *blue jeans*, *Weinbrand* < *cognac*, *Umwelt* < *milieu*. Wegen ihres vagen Charakters und weil es fraglich ist, ob es sich hier tatsächlich um einen sprachlichen Entlehnungsvorgang handelt, ist die

---

[67] Zu vergleichbaren Bildungen s. *TLF* 3,977a s.v. *auto-*[2] und schon DAUZAT 1946:200.

Konzeption der Lehnschöpfung schon frühzeitig häufig kritisiert und verworfen worden, so etwa von SCHUMANN 1965:66. Das grundlegende Gegenargument hat schließlich HÖFLER 1981:152 so pertinent formuliert, dass es hier ausführlich wiedergegeben werden soll. Er stellt fest,

„daß die Kategorie der sogenannten Lehnschöpfung von jedem Fall inneren Lehnguts unterschieden ist. Voraussetzung jeder Art sprachlicher Entlehnung ist eine mehr oder weniger stark ausgeprägte Form der Zweisprachigkeit [...]. So ist der historische Akt der Lehnübersetzung nur demjenigen möglich, der das fremdsprachliche Vorbild innerhalb der Ausgangssprache analysieren kann und entsprechend nachbildet. Ebenso kann der Vorgang der Lehnbedeutung bzw. der Bedeutungsentlehnung nur von demjenigen durchgeführt werden, der die semantische Struktur des Ausgangswortes durchschaut und analog eine semantische Ausweitung des entsprechenden Wortes seiner eigenen Sprache nachvollzieht. Im Gegensatz zu diesen bilingualen Situationen haben wir es bei der sogenannten Lehnschöpfung mit einer rein monolingualen Situation zu tun [...], ohne daß dazu auch nur die geringste Form von Zweisprachigkeit notwendig ist."

Denn die Lehnschöpfung wird gerade nicht, wie Scheler es formuliert, durch ein fremdes Wort ausgelöst, sondern vielmehr durch das Kennenlernen eines aus einer anderen Kultur importierten Objektes, seltener eines abstrakten Begriffes. Sprachliche Entlehnung spielt bei diesem Vorgang keine Rolle; für die Bildung von *Nietenhosen* ist allein die Kenntnis der Jeans vonnöten, keineswegs die der englischen Bezeichnung dafür. Daher entkräftet sich auch das Argument SARCHERS 2001:646, die sich zuletzt für die Beibehaltung der Kategorie Lehnschöpfung ausgesprochen hat; Höflers Argument, diese auszuklammern, begegnet sie mit dem Einwand, als Lehnwörter gälten auch Wörter wie fr. *fridolin*, *pfannkuchen* 'Deutscher', bei denen nur die Ausdrucksseite von der Entlehnung betroffen ist. Doch handelt es sich hierbei um lexikalische Einheiten, also ureigene Elemente der Sprache, deren Entlehnung mit der eigensprachlichen Neubezeichnung eines fremden Dings oder Konzepts – nicht der Nachahmung einer fremden Bezeichnung dafür! – nichts gemein hat. Folglich wird auch in dieser Untersuchung keine Kategorie „Lehnschöpfung" aufgenommen. Für die Gliederung des sprachlichen Lehnguts ergibt sich mithin folgendes Bild:

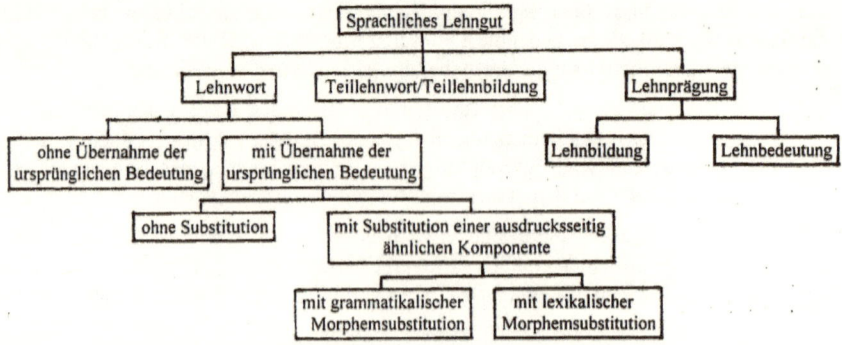

2.2. Datierungsfragen

Der provisorische Charakter jeglicher Art von Erstbelegsdaten ist jedem Lexikographen und -logen ein Dorn im Auge; und wenn er selbst solche Daten veröffentlicht, ist ihm, wie BALDINGER 1989:12 es treffend formuliert, doch Folgendes stets klar:

„«[...] nach meiner Kenntnis kommt das Wort in folgendem Text, der so oder so ungefähr zu datieren ist, zum ersten Mal schriftlich vor; ich weiß, daß dies nur solange gilt, bis ein früherer Beleg gefunden wird [...]»".

Fortschritte in der Erstdatenforschung lassen sich in gewissem Maße durch eine Verfeinerung der Methoden (s. 2.3.2.), vornehmlich jedoch nur durch ein gründliches Quellenstudium erzielen. Angesichts der bisher erst fragmentarisch erfolgten Auswertung der Gesamtheit der vorliegenden schriftlichen Quellen, die somit noch ein kaum abzusehendes Desiderat darstellt, verwundern z.B. abweichende Datierungsangaben in aufeinander folgenden Wörterbüchern kaum[68]. Es ist also stets zu beachten:

„Les dictionnaires ne sont pas toujours des témoins fidèles de la langue vivante" (BALDINGER 1951:371).

Das gilt sowohl für die Ermittlung von Letztbelegen (s. 2.2.2.) als auch für die Aufnahme neuer Lemmata, die oft, insbesondere im fachsprachlichen Bereich, mit erheblicher Verspätung erfolgt; vgl. aus diesem Korpus etwa *mispickel* (Erstbeleg 1751), erstmals in MOZIN 1812 oder *quenelle* (Erstbeleg 1750), erstmals in BOISTE 1841. Wie bereits angesprochen, wirft die Datierung von Internationalismen angesichts ihres oft mehr oder weniger gleichzeitigen Auftretens in verschiedenen Sprachen (GREIVE 1976:620) ein besonderes Problem auf, dem von den gängigen Wörterbüchern nur lückenhaft Rechnung getragen wird: HÖFLER 1996:202 weist auf mehrere Fälle hin, in denen französische mit absoluten Erstbelegen gleichgesetzt worden sind. Wie gesehen, wird bei Internationalismen zudem – sicherlich auch mangels genaueren Wissens – oft darauf verzichtet, die Herkunftssprache angegeben. Dass die historische Erstbelegforschung aufgrund der unabänderlichen Beschränkung auf schriftliche Dokumente immer nur relative Daten wird liefern können, ist offensichtlich. Es gibt weitere Hemmnisse, die das Auftauchen von Erstbelegen *innerhalb* der schriftlichen Kommunikation erschweren und damit hinauszögern. Dies gilt nicht zuletzt für Wörterbücher. Abgesehen von der unterschiedlichen Korpusgröße, die man – insbesondere bei der Letztdatenforschung – immer ins Kalkül miteinbeziehen muss, zeichnen sie sich auch durch unterschiedliche Konzeptionen bei

---

[68] Verwunderlich ist allerdings, wenn vorliegende wissenschaftliche Ergebnisse in jüngeren Publikationen standhaft ignoriert werden. Ein abschreckendes Beispiel liefert in dieser Hinsicht die jüngste Auflage von Albert Dauzats etymologischem Wörterbuch (*DMD* 2001), in dem allein aus dem vorliegenden Korpus über ein Dutzend Lemmata – Ableitungen nicht mitgerechnet – teilweise mit erheblichen Abweichungen falsch, d.h. zu spät datiert sind, obwohl die Lexikologie schon lange vorher frühere Belege geliefert hat. Es werden z.B. angegeben *kirsch* 1843, *hautboïste* 1834, *valse* 1800, *valser* 1798, *loustic* 1762, *panne* 1680, *rotengle* 1768, *sandre* 1839, *fœhn* 1859, *ontologie* 1696, *téléologie* 1812, *kantien* 1812. Die z.T. mehr als ein halbes Jh. betragenden Abweichungen können im Vergleich mit den jeweiligen Lemmata des hier behandelten Korpus leicht nachvollzogen werden.

der Darstellung des Materials aus. Besonders augenfällig wird dieser Umstand z.B. anhand der Behandlung fremdländischer Münz- oder Maßbezeichnungen. Die zweisprachigen Wörterbücher bis zum 17. Jahrhundert und noch in weiten Teilen des 18. Jahrhunderts glossieren fast immer in folgender Weise: [d.] *plappart* 'piece à vn sol & demy' (MOSCHEROSCH 1655:417), oder führen derartige Bezeichnungen gar nicht auf. Erst gegen Ende des 18. Jahrhunderts geschieht es, dass solche Bezeichnungen überhaupt als Lemma im in diesem Fall französisch-deutschen Teil von Wörterbüchern akzeptiert werden, so etwa „*Aam*, (Handl.) ein Ahm oder Ohm, ein Amsterdamer oder Rheinländisches Maas zu flüssigen Sachen" (NOUVEAU DICTIONNAIRE 1790:2,4a). Wenn sich vergleichbare Bezeichnungen (*richedale*, *batz*, *crutz*) in einsprachigen französischen Texten bereits viel früher finden und somit als Bestandteil der französischen (Handels-)Sprache nachgewiesen sind, stellt sich die Frage, ob bspw. *plappart* oder *plapper* nicht auch schon im 17. Jahrhundert von französischen Händlern und Kaufleuten verwendet wurde und das Fehlen eines französischen Beleges nur auf der Darstellungsweise der zeitgenössischen Wörterbücher beruht.

Ein Beispiel für vergleichbare Restriktionen, die die Darstellung des tatsächlichen Sprachgebrauchs betreffen, liefern die seit etwa 1700 in der *Histoire de l'Académie Royale des Sciences et des Arts de Paris* abgedruckten Texte, sofern sie sich auf technische und handwerkliche Bereiche beziehen. Dass zahlreiche angesichts des Titels des jeweiligen Textes zu erwartende, nicht nur entlehnte Termini hier gänzlich fehlen, hat zweierlei Gründe: zum einen mag das fachsprachliche Vokabular des gemeinen Bergarbeiters oder Eisengießers den Autoren noch als zu vulgär, als nicht *honnête* genug erschienen sein, zum anderen haben diese akademischen Verfasser die beschriebenen Vorgänge aus einer (zu) hohen Warte betrachtet, selbst zwar ausgestattet mit profunden chemischen bzw. alchimistischen Kenntnissen, doch ohne die Sprache der tatsächlich in den jeweiligen Bereichen Arbeitenden zu berücksichtigen[69]. Zahlreiche *Mémoires* betreffen die Minenarbeit, die Verhüttung und die Probierkunst, doch von den Bezeichnungen aus dem hier untersuchten Korpus, die aller Wahrscheinlichkeit nach zu der entsprechenden Zeit schon bekannt waren (v.a. im Bergbau), finden sich nur vereinzelte, so etwa →*bocambre* (DE COURTIVRON 1747:293). Der Sprachstil der *Mémoires* ändert sich erst um die Mitte des 18. Jahrhunderts; vorher sind sie für Erstbelege von weitaus geringerer Bedeutung, als ihre jeweiligen Titel versprechen. Gleiches gilt im Übrigen für Publikationen, die sich in irgendeiner Form mit dem Hochofen und dem Pochwerk beschäftigen. Obwohl die entsprechenden Bezeichnungen, so etwa →*tympe*, →*varme*, sehr wahrscheinlich schon im 17. Jh. – wenn nicht noch früher – entlehnt worden sind (ÉLUERD 1993:368), erscheinen sie in diesen Texten nur sehr zögerlich[70].

Der Verweis auf Roland Éluerds *Les mots du fer et des lumières* führt uns zu der Frage, wie man trotz fehlender schriftlicher Belege Informationen über oder zumindest Anhaltspunkte für eine weiter zurück reichende Wortgeschichte erhalten kann. Steht

---

[69] In noch stärkerem Maße gilt dies für Texte des 17. Jahrhunderts, deren Beschreibungsweise in diesem Bereich zumeist weitaus weniger präzise ist als die der Texte des 18. Jahrhunderts; in dessen Verlauf steigt die Präzision kontinuierlich.

[70] Z.B. enthält de Réaumurs *L'Art de convertir le fer forgé en acier* von 1722, grundlegend für die Metallurgie bis hinein ins 19. Jahrhundert, kein einziges der in diesem Rahmen interessierenden Wörter – obwohl des Autors exakte Kenntnisse in diesem Bereich unbestreitbar sind.

ein Wort ohne weitergehendes Wortfeld mehr oder weniger isoliert im Raum, fallen derartige Aussagen naturgemäß besonders schwer. Relativ leicht lässt sich lediglich ein *terminus post quem* bestimmen; wenn z.B. der Kutschentyp der Berline erst um 1670 in Berlin entwickelt worden ist, kann fr. *berline*, Erstbeleg 1718, maximal 48 Jahre früher trotz fehlender Belege existiert haben. Sind dagegen bestimmte Bezeichnungen im Rahmen einer ganzen Technik anzusiedeln, verspricht die vergleichende Betrachtung des betreffenden Wortfeldes Hinweise auf eine eventuelle früher anzunehmende Datierung eines einzelnen Wortes dieses Feldes. Im Bereich der Hochofen-, Poch- und Industrieschmiedetechnik sind mehrere solcher Wortfelder aus dem Deutschen ins Französische entlehnt worden. Wenn im Rahmen einer Studie wie der Éluerds die Existenz bestimmter importierter Techniken für bestimmte Zeitpunkte nachgewiesen werden kann und überdies für einzelne der zugehörigen Bezeichnungen frühe Belege aufgespürt werden können, ist diese Arbeit von größtem Wert für die Lexikologie im Allgemeinen und die Belegdatenforschung im Besonderen. Denn wenn aus der industriellen Schmiede *stoc(k)*/*estocq* (s.o.), *drume* (später *drome*) 'Tragebalken des industriellen Hammers' < d. *Drom* und *dame* 'Schlackendamm' < d. *Damm* für 1591 nachgewiesen sind, wird es unwahrscheinlich, dass andere Bezeichnungen aus ähnlichen Bereichen wie *varme*, *tympe*, *hameselack* – die sich keineswegs auf modernere Techniken beziehen – erst mehr als 150 Jahre später entlehnt worden sind. Ohne dass von derartigen auf kulturellen Untersuchungen basierenden Überlegungen Beweiskraft ausginge, liefern sie der Lexikologie doch Denkanstöße, die zu berücksichtigen lohnend sein kann.

Formale Kriterien wie von COLOMBANI 1952:26 vorgeschlagen taugen dagegen wenig bei der approximativen Rückdatierung von Wörtern. Da ein Wort erst lange Zeit nach seiner eigentlichen Entlehnung eine wirklich französische Form erhalte, könne man das tatsächliche Eintrittsdatum vom schriftlich vorliegenden Erstbeleg aus grundsätzlich um mehrere Jahre zurückdatieren. Es kann zwar durchaus zutreffen, dass ein Lehnwort seine Gestalt im Laufe der Jahre beträchtlich verändert (s. z.B. unter *choucroute* oder *quis*), so dass Colombanis Hinweis auf die Bedeutung im Vergleich mit dem Endergebnis wenig umgestalteter Formen (27) berechtigt ist, doch kann eine solche Umformung bspw. aufgrund ungenauer auditiver Erfassung oder bestimmter phonetischer Restriktionen im System der rezipierenden Sprache auch direkt bei der Entlehnung erfolgen (s. *quenèfe*, *quenelle*, *postophe* usf.). Der Beleg einer sozusagen gut französischen Form ist folglich kein Beweis dafür, dass ein Wort schon lange vor dem Belegdatum derselben entlehnt worden ist[71].

Der Versuch, eine methodische Grundlage für die Beschreibung des Fortlebens eines Wortes zu schaffen, wird in 2.3.3. unternommen. An dieser Stelle sei jedoch bereits auf die Problematik hingewiesen, die dem Letztbeleg eines Wortes, der den Endpunkt dieses Fortlebens markiert, innewohnt. Die Letztdatenforschung steht weitaus weniger im Vordergrund des wissenschaftlichen Diskurses als die Erstdatenforschung, obwohl sie von keineswegs geringerer Bedeutung ist. Daher fühlt sich bspw. noch BALDINGER 1989:11 verpflichtet, ihre Wichtigkeit zu betonen. Indes hat schon VON WARTBURG 1929:53 kritisiert, dass zwar häufig die in einem bestimmten Zeitraum erstmalig belegten Wörter zusammengestellt werden, höchst selten aber die Letztbelege, die in

---

[71] Ein beweiskräftiges formales Kriterium für Rückdatierung ist dagegen das Vorliegen von Ableitungen, bevor die Ableitungsbasis selbst zum ersten Mal belegt ist. Einen solchen Fall stellt bspw. *sabre* dar (*FEW* 17,1a), vgl. aus diesem Korpus *syénite* und *bocquer*.

eine bestimmte Zeitspanne fallen. Das grundsätzliche Problem einer solchen postulierten Untersuchung ist die geringe Verlässlichkeit, die die bislang vorliegenden Letztbelege bieten. Dass solche, die aus Wörterbuchangaben bezogen werden, nur approximativ dem tatsächlichen Sprachgebrauch entsprechen können, ist verständlich. Ihre Aussagekraft wird aber noch weiter geschwächt aufgrund der „üblen Gewohnheit der Lexikographen, einander zu kopieren" (VON WARTBURG 1929:53)[72], so dass nach VON WARTBURG 1950:VI davon auszugehen ist, „daß die wörterbücher nur in wenigen fällen durchgehends die sprache ihrer entstehungszeit repräsentieren"[73]. Ein apodiktisches Urteil fällt deshalb GOOSSE 1973:67: „Bref, une fois entré dans les dictionnaires, un mot n'en sort plus!"

Auf der anderen Seite bedeutet die Tatsache, dass ein Wort doch aus den Wörterbüchern verschwindet, keineswegs zwangsläufig, dass es nicht mehr benutzt wird. Z.B. fehlt erstmals bei VALMONT DE BOMARE 1791 belegtes →nase in allen allgemeinen Wörterbüchern nach LAROUSSE 1949, doch findet sich die Bezeichnung durchaus noch in aktuellen Fachtexten. Gleiches gilt etwa für →orfe (Wörterbuch-Letztbeleg LAROUSSE 1874), →pechstein (Wörterbuch-Letztbeleg LAROUSSE 1963) oder →stockwerk (Wörterbuch-Letztbeleg LAROUSSE 1964). Was hier anhand von fachsprachlichen Beispielen gezeigt worden ist, gilt für alle Wörter des Lexikons: tatsächliche schriftliche Letztbelege lassen sich nur dadurch ermitteln, dass auf primäre, nicht lexikographische Texte zurückgegriffen wird. Wenn sich auch der letztmalige *mündliche* Gebrauch des jeweiligen Elements nur in Einzelfällen wird nachweisen lassen, sind derartige schriftliche Belege doch von einer weitaus größeren Genauigkeit als die aus Wörterbüchern bezogenen.

Wenn im Zuge der dieser Studie zu Grunde liegenden lexikologischen Untersuchungen bei der Ermittlung von Letztbelegen auch das Internet zu Rate gezogen worden ist, ist dies stets mit der angemessenen Vorsicht geschehen. Suchergebnisse, die sich auf im Internet konsultierbare Texte ältere Perioden beziehen, wurden ebenso wenig berücksichtigt wie Fälle, in denen das gesuchte Wort bspw. ausschließlich als Suchergebnis auf Scrabble-Seiten, die hinsichtlich des aktuellen Sprachgebrauchs ohne Aussagekraft sind, erschien, so z.B. bei *fahlerz, flinquer*. Rezenten Texten dagegen, die ein gesuchtes Wort unmarkiert enthalten, darf der gleiche Stellenwert beigemessen werden wie in gedruckter Form vorliegenden aktuellen Quellen[74].

Während sich das Internet also einerseits als eine Hilfe bei der Suche nach Wörtern darstellt, die nach Wörterbuchauskunft nicht mehr benutzt werden, erweist es sich andererseits auch im umgekehrten Fall, in dem Lemmata mitgeschleppt werden, als nützliches Korrektiv. So ist z.B. *schlott* noch im GRAND ROBERT 2001 verzeichnet,

---

[72] Diese Angewohnheit betrifft natürlich auch den hier behandelten Zeitraum. Von zahllosen Beispielen sei hier nur eines genannt: SAVARY DES BRUSLONS 1723:15 schreibt unter *achteling* „(Commerce.) mesure de liqueur dont on se sert en Allemagne: il faut 32 achtelings pour un heémer. Quatre schiltems sont un achteling." Der identische Text findet sich in ENCYCLOPÉDIE 1751:1,97b.

[73] Für LAROUSSE 1928-33, der auch einige Letztbelege des vorliegenden Korpus stellt, weist VON WARTBURG 1950:XII z.B. nach, dass es gegenüber vorherigen Larousse-Ausgaben einen Rückschritt bedeutet, da sogar bereits verworfene Lemmata und Bedeutungsangaben wieder aufgenommen werden, so dass „sich der benutzer bei diesem Lar auf nichts mehr verlassen kann."

[74] Der genaue Wortlaut der zitierten Internet-Dokumente kann auf Anfrage vom Verfasser zur Verfügung gestellt werden.

doch findet sich im Internet kein einziger aktueller Verwendungsbeleg des Wortes. Das beweist zwar nicht, dass *schlott* gar nicht mehr gebräuchlich ist, deutet jedoch angesichts der enormen im Internet verfügbaren Textgrundlage zumindest an, dass die Vitalität des Wortes eine heute sehr begrenzte ist.

2.3. Zur Methodik der vorliegenden Untersuchung
2.3.1. Lexikalische Einbettung

Ziel dieser Arbeit ist es neben der Präsentation bisher zu großen Teilen nicht behandelten Wortmaterials, den Status zu bestimmen, den die lexikalischen Einheiten innerhalb der rezipierenden Sprache erreicht haben. Über die Kriterien, anhand derer der Integrationsgrad solcher Einheiten festgestellt werden kann, ist bereits gesprochen worden, ebenso aber auch darüber, dass die Beleglage es oft nur teilweise erlaubt, unmittelbare Resultate zu erzielen. Lediglich über die graphische und zumeist auch über die lautliche Assimilation vermag der bloße Wortkörper Aufschluss zu geben. Der fragmentarischen Beleglage fallen v.a. genaue Angaben zur morphologischen Assimilation zum Opfer; z.B. fehlen oft – insbesondere bei heute nicht mehr lebendigen Wörtern – Belege für Pluralformen und sind zahlreiche Ableitungen aus diesem Korpus (*schlammoir, bleinduleux, pinitifère*) – bislang – nur an einer einzigen Stelle zu belegen, so dass es sehr wahrscheinlich ist, dass sich weitere, zufällig gar nicht belegte Ableitungen der lexikographischen Erfassung entziehen. Namentlich bei heute aufgegebenen Wörtern erweist es sich als schwierig, die auch nur ungefähre, verhältnisbezogene Zahl der Sprachteilhaber festzustellen, denen die entsprechende lexikalische Einheit in einem bestimmten Zeitraum bekannt gewesen ist. Die gleichen Wörter sind es, deren Funktionsfähigkeit nur schwerlich bestimmt werden kann. Ein weiteres Problem ist das folgende:

> „Im Gegensatz zu Urteilen der Fremdheit sind solche der Vertrautheit von Fremdwörtern weniger häufig. Dies ist nur natürlich, da das Vertraute in der Sprache wenig Anlaß zu Reflexionen gibt" (MUNSKE 1983:561).

Eine Ausnahme bildet in dieser Hinsicht die wissenschaftliche Literatur, in der das Kontra *und* das Pro neuer Bezeichnungsvorschläge oft ausführlich diskutiert werden, was der Genauigkeit der lexikologischen Beschreibung zahlreicher Korpuswörter in erheblichem Maße zugute kommt.

Angesichts der beschriebenen Probleme wird in dieser Studie, um dem tatsächlichen Sprachgebrauch der behandelten Epoche auf die Spur zu kommen, die folgende Methode zu Grunde gelegt. Als unerlässlich erachtet wird der Rekurs auf primäre Quellen, da Wörterbuchangaben allzu oft ungenau bzw. verallgemeinernd sind. Um Aussagen über die zumindest schriftliche Verbreitung eines Wortes treffen und daraus eventuelle Rückschlüsse auch auf den mündlichen Sprachgebrauch ziehen zu können, beschränkt sich die Sichtung der Primärtexte nicht auf die Suche nach Erstbelegen, sondern hat die Sammlung möglichst vieler Belege für den Gebrauch eines Wortes zum Ziel, anhand derer schließlich auch Unterschiede in Form und Anwendung nachvollzogen werden können. Soweit als möglich wird überdies versucht, mit Hilfe der nach Möglichkeit exhaustiven Ermittlung von Bezeichnungskonkurrenten Aussagen über das numerische und semantische Verhältnis der jeweiligen Entlehnung

zu diesen Konkurrenten zu treffen und vermittels dessen ihre Einbettung in das lexikalische System des Französischen näher zu bestimmen[75].
Ich bevorzuge hier den Terminus *Bezeichnungs-* oder *lexikalischer Konkurrent* gegenüber *Synonym*, weil Synonymie im häufigen Verständnis von vollkommener Bedeutungsidentität nicht existiert, s. etwa HEGER 1963 und SÖLL 1966. Als Leitsatz kann Sölls Wiedergabe der Ergebnisse Hegers gelten (SÖLL 1966:91n10): „Bedeutungsgleichheit für zwei Wortkörper gibt es nicht, wohl aber Begriffsgleichheit." Das bedeutet, dass verschiedene Signifiants zwar einem gleichen Begriff zugeordnet sein können, ihre jeweilige Verwendung aber nicht beliebig ist, weil jedes von ihnen unterschiedliche Nuancen beinhaltet[76]. Das vorliegende Korpus liefert keine Beispiele für Bezeichnungen, deren konzeptuelle Synonymie sich nicht durch eines oder mehrere Unterscheidungskriterien einschränken ließe; in den zahlreichen Fällen, in denen Alternativen gleichberechtigt nebeneinander verwendet werden wie bei *liège de montagne* und *liège fossile*, *feldspath* und *spath des champs* oder *pechstein* und *pierre de poix* ist zumindest immer eine unterschiedliche Motiviertheit zu erkennen.
Es wird in diesem Rahmen keineswegs der Anspruch erhoben, in Form des gewählten Vorgehens eine grundlegende methodologische Innovation einzuführen. Namentlich die Zusammenschau der lexikalischen Konkurrenten wird, wie bereits angedeutet, schon von HOPE 1971:741 – in synchronischer und diachronischer Perspektive – postuliert und von BÄCKER 1975 in Angriff genommen[77]. *In extenso* praktiziert worden ist diese vergleichende Methode indes bislang nicht.

Exkurs: Synonymie und Polysemie in zeitgenössischen Urteilen

Die mineralogische und chemische Nomenklatur insbesondere des späten 18. und frühen 19. Jahrhunderts ist von großer Bezeichnungsvielfalt geprägt; nicht selten stehen gleich mehrere mehr oder weniger langlebige lexikalische Konkurrenten nebeneinander (s. etwa *moelle de pierre*, *hornblende*). Einige ausgewählte Zitate sollen verdeutlichen, dass auch die Gelehrten der damaligen Zeit sich dieser oft verwirrenden Vielfalt bewusst waren und sie nicht selten als störend empfanden. In diesen Passagen kommen auch einige Aspekte der Unterscheidung von vordergründigen Synonymen zur Sprache; gleichzeitig offenbaren sie Beispiele für das der Synonymie entgegengesetzte Phänomen der Polysemie, die innerhalb dieser sich erst definitiv konstituierenden Nomenklaturen ebenfalls häufig vertreten ist.
PANSNER 1802:IX begründet die Publikation seines Wörterbuches mit den folgenden Worten:

„Ein französisch-deutsches mineralogisches Wörterbuch ist jetzt ein wahres Bedürfniß, da in Deutschland und Frankreich die Mineralogie mit gleichem Eifer betrieben wird und durch die Menge von alten und neuen in die Mineralogie aufgenommenen Nahmen, oft Verwirrung entsteht."

---

[75] Nur in wenigen Fällen konnten die einschlägigen Synonymenwörterbücher bei dieser Suche Hilfe leisten. Da die meisten der hier behandelten lexikalischen Einheiten nicht dem dort erfassten erweiterten Grundwortschatz angehören, ließen sich ihre Konkurrenten nur durch die Auswertung von Primärquellen ermitteln.
[76] Zu den wichtigsten Unterschieden, die vordergründig synonyme Wörter voneinander trennen, s. insbesondere BALDINGER 1984:180-203.
[77] Auf die Wichtigkeit des jeweiligen Belegkontextes hat u.a. SCHMITT 1982:24 hingewiesen.

Unter dem Gesichtspunkt dieser Menge der im Schwange befindlichen Bezeichnungen hält es VON BORN 1790:1,205 für erlässlich, etwaigen Polysemien durch die Schaffung immer neuer Bezeichnungen beizukommen:

„M. Klaproth croit qu'il faudroit séparer la *Prehnite* de la Zéolite, à cause de sa dureté, et parce qu'elle contient moins de Silice, plus d'Alumine, et sur-tout plus de chaux que la Zéolite ordinaire; mais en ce cas, on multiplieroit à l'infini les genres de pierres."

Den Grund für die kontinuierlich steigende Anzahl neuer Denominationen nennt DE SAUSSURE 1787:4,469:

„On ne sauroit trop répéter qu'on doit trouver dans le regne minéral, & qu'on y trouve en effet tous les mêlanges dans toutes les proportions imaginables; d'où résulte une infinité d'especes mixtes & indéterminées."

Polysemie und Synonymie gehen innerhalb der diversen Nomenklaturen miteinander Hand in Hand:

„[...] quelquefois aussi un Minéralogiste donne plusieurs noms à un même caractère, & réciproquement se sert de la même expression pour indiquer divers caractères" (WERNER 1790:64).

Da die Geologie im Allgemeinen in der Mitte des 18. Jahrhunderts erst im Begriff ist, zu einer Naturwissenschaft modernen Verständnisses zu werden, haben verschiedene Gelehrte z.T. noch sehr unterschiedliche Konzeptionen, denen zufolge sie Dinge benennen:

„La multitude des Auteurs & la difference des langues ne forment pas la seule difficulté. Comme il y a souvent peu d'accord dans les idées sur la nature & l'origine des corps fossiles, de-là vient encore une étonnante diversité dans leurs dénominations" (BERTRAND 1763:1,viii).

Im Zuge des Fortschreitens dieser Wissenschaft werden allzu oft voreilige Schlüsse gezogen und Erkenntnisse generalisiert, was zumeist zu unpräziser Polysemie führt, wo differenziertere Bezeichnungen angebracht wären:

„Souvent les Naturalistes, & plus souvent encore les Chimistes, lorsqu'ils ont observé quelques rapports entre deux ou plusieurs substances, n'hésitent pas de les rapporter à la même dénomination; c'est là l'erreur majeure de tous les méthodistes, ils veulent traiter la Nature par genres, même dans les minéraux où il n'y a que sortes & point d'espèces; & ces sortes plus ou moins différentes entr'elles, ne peuvent par conséquent être indiquées par la même dénomination; aussi les méthodes ont-elles mis plus de confusion dans l'Histoire de la Nature, que les observations n'y ont apporté de connoissances; un seul trait de ressemblance suffit souvent pour faire classer dans le même genre des matières dont l'origine, la formation, la texture, & même la substance sont très-différentes [...]" (BUFFON 1783:1,74f.).

Für MONNET 1772:2 ist die Konfusion der konkurrierenden Bezeichnungen nur allzu verständlich:

„Mais comment cela pouvait-il arriver autrement, puisque ces Auteurs de minéralogie n'ont fait que copier les uns & les autres, sans attacher souvent les mêmes idées aux mêmes dénominations, &, ce qui est encore plus mal, sans être familiers avec les choses qu'ils écrivaient."

In der mineralogischen Fachsprache finden sich bis heute nur wenige Stoffbezeichnungen ohne lexikalische Konkurrenten.
Die chemische Fachsprache des Französischen, zu der das Deutsche ebenso einen gewissen Teil beigetragen hat, darf ebenfalls nicht außer Acht gelassen werden. Hier legte Antoine-Laurent Lavoisier die Grundlagen für die moderne internationale Nomenklatur (vgl. 3.5.4.). Doch hat es auch auf diesem Gebiet gegolten, ältere lexikalische Konkurrenten jeweils aus dem Weg zu räumen. Den Grundstein für diese Bemühungen bilden u.a. die Bemühungen Guyton de Morveaus. Lavoisier schreibt über ihn:

„Destiné a porter, en quelque façon, la parole, au nom des chimistes françois, & dans un ouvrage national, il ne s'étoit pas dissimulé qu'il ne suffisoit pas de créer une langue, qu'il falloit encore qu'elle fût adoptée, & qu'il n'y avoit que la convention qui pût fixer la valeur des termes" (METHODE DE NOMENCLATURE 1787:3).

Die Chemiker betonen die Wichtigkeit der Motiviertheit und den Vorteil der systematischen Beschreibung:

„On conçoit que nous n'avons pu remplir ces différents objets, sans blesser souvent les usages reçus, & sans adopter des dénominations qui paroîtront dures & barbares dans le premier moment, mais nous avons observé que l'oreille s'accoutumoit promptement aux mots nouveaux; sur-tout lorsqu'ils se trouvent liés à un système général & raisonné" (ebda. 23f.).

Indes bleibt die neue Nomenklatur nicht ohne Widerspruch. FAUJAS DE SAINT-FOND 1797:2,413 spricht von der

„maladie néologique, qui nous tourmente depuis quelque temps, [qui] est renouvelée des Grecs plutôt que des Romains [...]. Espérons [...] que le plomb carbonaté, le fer carburé, l'argent citraté, et l'or boraté, des nouvelles nomenclatures minéralogiques [zurückgehend auf die chemische Lavoisiers], reparoîtront dans la circulation avec des dénominations plus douces et moins rébutantes."

Einige der von Lavoisier eingeführten Fachtermini haben sich bis heute ihrer älteren lexikalischen Konkurrenten nicht entledigen können. So existieren bspw. weiterhin *spath calcaire* neben *carbonate de chaux* oder *spath pesant* neben *sulfate de baryte*.

2.3.2. Untergliederung der Kategorie „Erstbeleg"

Dass die in Wörterbüchern angegebenen Erstbelege hinsichtlich der reinen Datierung durch die fortschreitende Auswertung von Primärtexten kontinuierlich korrigiert werden, ist wie gesagt keine Neuigkeit und darf den jeweiligen Lexikographen – sofern nicht vorliegende wissenschaftliche Ergebnisse missachtet werden – nicht zum Vorwurf gemacht werden. Eine andere nicht selten zu beobachtende Ungenauigkeit ist jedoch die, nicht zwischen der erstmaligen Verwendung eines Wortes in einem französischen Text und seiner erstmaligen Verwendung als Bestandteil der französischen Sprache zu unterscheiden. Bspw. findet sich im GRAND ROBERT 2001:3,1148b der Erstbeleg „1778" für *gabbro* 'augithaltiges Eruptivgestein' mit folgendem Belegzitat Buffons: „La pierre, appelée *gabbro* par les Florentins, est une sorte de serpentine." Das Wort ist hier offensichtlich kein französisches[78]. Zwischen Belegen dieser Art und wirklichen Erstbelegen können jedoch erhebliche Zeitspannen liegen, was bei ungenauen Angaben das Bild, das vom französischen Wortschatz entsteht, stark verfälscht.

Um eine differenziertere Sichtweise des Entlehnungs- und Integrationsvorganges zu ermöglichen, wird die Kategorie „Erstbeleg" daher untergliedert:

1. Erstmaliger Beleg des deutschen Wortes in einem französischen Text (EB1);
2. Erstmaliger Beleg des Wortes als französischen Wortes mit Erläuterung durch eine andere Bezeichnung (EB2a);

---

[78] S. auch unter *hornblende* und *pechblende*.

3. Erstmaliger selbständiger Beleg, in dem eventuelle gleichzeitig genannte Konkurrenten nicht zum Verständnis des Wortes vonnöten sind (EB2b).

Begreiflicherweise ist nicht für alle Korpuswörter eine Darstellung möglich, die diesem System in allen Etappen entspricht. Zudem erlauben die vorliegenden Belege nicht immer eine exakte Zuordnung zu den einzelnen Etappen. Wo diese Untergliederung nicht praktikabel ist, werden die Belege nicht in die jeweiligen Rubriken gezwängt; doch erweist sie sich in der Mehrzahl der Fälle als hilfreiches Gerüst, um die Integrationschritte nachzuvollziehen. Indes besteht zwischen Schritt 1 und Schritt 2 verständlicherweise keine notwendige Beziehung. Ist ein Wort bspw. hundert Jahre oder mehr vor seinem französischen Erstbeleg bereits in einem französischen Text anzutreffen, bildet dieser Beleg sehr wahrscheinlich nicht die Vorstufe zum Entlehnungsschritt. Vor allen Dingen im fachsprachlichen Bereich lässt sich aber die Folge von Schritt 1 bis 3 innerhalb weniger Jahrzehnte oder Jahre anhand sehr zahlreicher Beispiele nachverfolgen, so dass der EB1 in allen Fällen – sofern er vorliegt – genannt wird, auch wenn seine unmittelbare Beziehung zum EB2a ungewiss ist. Des weiteren kann es geschehen, dass die Schritte in umgekehrter Reihenfolge auftauchen; selbst der Beleg eines EB2b vor einem Beleg, in dem das betreffende Wort ausdrücklich als deutsch gekennzeichnet wird, ist möglich. Gegebenenfalls muss die Untersuchung der jeweiligen Textstelle, der Schreibgewohnheit des jeweiligen Autors usf. Klarheit darüber bringen, wie derartige Verhältnisse im Einzelnen zu interpretieren sind.

Innerhalb der Rubrik EB1 haben die jeweiligen Lehnwörter Zitatcharakter, „der vielfach eine Vorstufe vor der eigentlichen Entlehnung kennzeichnet" (HÖFLER 1980:76). Die erste Phase des der Entlehnung vorangehenden Schrittes nennt REY-DEBOVE 1973:112-116 „phase métalinguistique autonymique", in der es um die Bezeichnung selbst, nicht um das bezeichnete Objekt gehe. Das von ihr für diese Phase angeführte Beispiel „*Bourgeois* appartient au vocabulaire social" erweist sich jedoch für die Lehnwortfrage als unangebracht: da die metasprachliche Erwähnung eines fremden Wortes ohne die Nennung seiner Bedeutung sinnlos ist, kann ein potentielles Lehnwort nicht in dieser Weise seinen EB1 erfahren. Die Bedeutung spielt bei der erstmaligen Nennung eines fremdsprachlichen Wortes notwendigerweise eine Rolle.

Zum einen erscheinen EB1 in Form von Xenismen (s. 2.4.3.) und beziehen sich unmittelbar auf den Sprachgebrauch in einer fremdsprachigen Gegend. Zahlreich sind in der bergbaukundlichen Literatur bspw. Formulierungen wie „La mine appellée *Kupferhieken* à Mansfeld" (HENCKEL 1756:1,110)" oder „Une brouette nommée *Barre* [...] en Hongrie & au Tirol" (HELLOT 1753:2,16). Zum anderen finden sich derartige Belege in Texten, die sich nicht auf fremde Verhältnisse beziehen, z.B. „la mine de cuivre grise, (en Allemand *fahl-ertz*)" (HENCKEL 1756:1,116) oder „on les appelle blocs ou masses, en Allemand *Stockwerck*" (HENCKEL 1760:1,96): wozu dient in solchen Fällen das deutsche Wort? BRAY 1999:36 sieht zu Recht in vergleichbaren Verwendungen „un essai de valorisation du texte français", da die ausdrucksseitige Doppelung inhaltlich keine weiteren Informationen liefert. EB1 dieser zweiten Art haben folglich keine Symbol-, sondern ausschließlich Symptomfunktion, da sie auf das Bestreben des Autors schließen lassen, seinen Text durch die Nennung deutscher Fachausdrücke aufzuwerten. Insbesondere im geologischen Bereich ist dieses

Vorgehen aufgrund der deutschen Vorbildfunktion verständlich und hundertfach belegt. In sehr vielen Fällen bleibt es dabei bei diesem ornamentativen Charkter des deutschen Wortes, ohne dass die Nennung eine tatsächliche Entlehnung nach sich zöge. Auf der anderen Seite sind zahlreiche spätere Entlehnungen zum ersten Mal in genau dieser Weise belegt[79].

Formulierungen, anhand derer ein EB1 festgestellt werden kann, sind v.a. „l'*x*, en allemand *y*"; „les Allemands nomment *y* un *x* qui ..."; „ils mangent leur *sauerkraut* (potage aux choux)"; „l'*y*, comme les Allemands appellent x"[80] und dergleichen. Im Prinzip erlauben diese Formulierungen den Schluss, dass das betreffende Wort im Französischen (noch) nicht heimisch ist. In Einzelfällen ist aber Vorsicht geboten. Angesichts der Omnipräsenz deutscher Wörter, Texte und Sprecher im Bergbau und in der Mineralogie kann es geschehen, dass Textstellen wie „cette espece de fossiles qu'on appelle vulgairement *Drusen*" in MARGGRAF 1749:67 bedeuten: „Les *Allemands* l'appellent *Drusen*...", wie aus dem Kontext des Beleges hervorgeht, dass also *on* nicht die allgemeine zu erwartende Bedeutung 'man' bzw. 'die französischen Sprecher' hat. Der Kontext muss folglich stets besonders detailliert untersucht werden. In anderen Fällen können Formulierungen wie die o.g. anhand der Beleglage falsifiziert werden; z.B. findet sich bei HENCKEL 1760:1,173n1 „la substance que les Allemands nomment *Blende*", obwohl fr. *blende* zu diesem Zeitpunkt bereits vielfach als gut integriertes Lehnwort bezeugt ist; das Gleiche gilt etwa für „le minéral appelé *kupfernickel* par les Allemands" (ROMÉ DE L'ISLE [2]1783:3,136), seit 1750 als französisches Wort belegt. Auf der einen Seite ist zu berücksichtigen, dass nicht jeder Autor immer auf dem gleichen Kenntnisstand sein muss – was bei *blende* (s.o.) allerdings auszuschließen ist –, auf der anderen aber, dass die genannten Formulierungen gelegentlich floskelhaft wiederkehren und auch für das zeitgenössische Publikum lediglich etymologischen Informationsgehalt haben. Sofern jedoch die Beleglage sie nicht als überholt enttarnt, spricht nichts dagegen, sie als Kriterien für das Vorliegen eines EB1 zu akzeptieren.

EB1 können sich schließlich nicht nur in Bezug auf ihren Verwendungszusammenhang unterscheiden, sondern auch in ihrer Form. Gemeinhin erscheinen sie in nicht assimilierter Gestalt, allenfalls – was eher auf Setzfehler als auf Schreibfehler zurückzuführen ist – in etwas entstellter Form (z.B. in DE GENSSANE 1776:2,199 *Kissel-steim* statt *Kiesel-Stein*, 2,352 *eschet* statt *Eschel*, GOBET 1779:2,608 *Shentegang* statt *stehender Gang*). Es finden sich aber auch EB1, die zwar deutlich als deutsches Wort gekennzeichnet sind, deren Form aber schon Züge der graphischen Assimilation trägt (s. *sinople*, *chlorite*, *syénite*). Noch ohne entlehnt worden zu sein, tragen in dieser Form belegte Wörter Ansätze zur Integration auf der

---

[79] Erwähnenswert ist, dass diese Doppelungen nie französische Wörter betreffen, die selbst gut integriert sind wie *étain*, *calamine*; *enclume*, *tuyère* etc., sondern zumeist Syntagmen, die einen labileren Charakter besitzen und sich daher eher dazu anbieten, durch eine Entlehnung ersetzt zu werden.

[80] Diese Formulierung steht einem Gebrauch als französisches Wort am nächsten, da das Wort hier zwar noch als deutsche Bezeichnung gekennzeichnet wird, jedoch schon syntaktisch gesehen Subjekt des französischen Satzes ist. Vgl. hierzu REY-DEBOVE 1973:117, die ein Wort in dieser Verwendung jedoch schon als entlehnt ansieht. Dies ist aber verständlicherweise nicht, solange der Verweis auf das Deutsche unerlässlich ist.

formalen Ebene in sich, indem sie dem französischen Schriftbild bereits angepasst worden sind.
Die bisherigen Aussagen zur Phase EB1 beziehen sich auf das äußere Lehngut. Bei der Betrachtung der Lehnprägungen stellt man begreiflicherweise fest, dass eine aus französischem Wortmaterial bestehende Bildung prinzipiell nicht als „deutsch" gekennzeichnet werden kann; EB1 zu einer Bildung wie *bleu de montagne* ist also die Nennung von d. *Bergblau* in einem französischen Text. Es gibt allerdings doch den Fall, dass eine aus französischem Wortmaterial gebildete Nachahmung als „deutsch" bezeichnet wird, z.B. im folgenden Beispiel:

„Talc schisteux, gris verdâtre [...]. Quelques Minéralogues allemands [...] ont donné à la terre talqueuse verdâtre le nom de *Chlorite*, et à ce Talc schisteux celui de *Chlorite schisteuse*" (VON BORN 1790:1,247).

Beim Wort genommen sagt von Born damit aus, dass es die entsprechende Bezeichnung im Französischen nicht gibt und schafft doch gleichzeitig eine spontane französische (Lehn-)Bildung nach d. *Chloritschiefer*. Wird in vergleichbaren Fällen jedoch wie hier explizit auf das Deutsche verwiesen, werden solche (Lehn-)Bildungen als Ad-hoc-Übersetzungen verstanden, die das Verständnis erleichtern sollen[81], aber nicht als französische Einheiten gelten können. Lediglich in formaler Sicht ist für eine eventuelle spätere tatsächliche Entlehnung im jeweiligen Fall ein – hier von Borns Äußerung zufolge ungewollter – Vorschlag für eine Lehnbildung gemacht worden.

Der Schritt EB2a ist erreicht, wenn das betreffende Wort nicht (mehr) als „fremdsprachig", d.h. hier „deutsch" markiert in einem französischen Text erscheint, folglich Lehnwort bzw. Lehnprägung ist, jedoch noch durch Paraphrasen oder autochthone (Fach-)Termini erläutert werden muss, so z.B. „le *Schlich* d'or, c'est-à-dire la mine d'or pillée [sic] & lavée" (SCHINDLER 1759:123) oder „espèce de minéral ferrugineux arsenical, qu'on nomme *Schirl*" (HENCKEL 1756:1,126) etc. Dabei ist es durchaus relevant, ob die Erklärung in Form eines Fachterminus oder in Form einer nicht lexikalisierten Umschreibung erfolgt, denn im zweiten Fall zeigt sich, dass die betreffende Entlehnung zwar noch nicht so gut integriert ist, dass sie von allen (Fach-)Sprachteilnehmern verstanden würde, doch zugleich die „intraduisibilité sur le même niveau de structuration linguistique" des Französischen (GECKELER 1974:34), da eine gleichermaßen präzise bzw. prägnante autochthone Bezeichnung fehlt. Beispiele wie *varme* = „*la plaque de fonte qui porte la thuyere*" (DE COURTIVRON/BOUCHU 1762:4,47) oder „*kupfernikkel* (ou mine d'Arsenic d'un rouge de cuivre)" (ROMÉ DE L'ISLE 1767:2,349) machen deutlich, dass vergleichbare Entlehnungen besonders gute Aussichten haben, auf lange Zeit akzeptiert zu werden[82].

---

[81] Für dieses Vorgehen der spontanen Übersetzung finden sich zahlreiche Beispiele (etwa *poudre aux mouches* für d. *Fliegenpulver* (WALLERIUS 1753:1,407), *mine de paysan* für d. *Bauererz* (ebda. 1,557), *plomb frais* für d. *Frischblei* (ebda. 2,225)), die keine tatsächliche französische Lehnbildung nach sich gezogen haben. Anders verhält es sich bspw. bei *vautour des agneaux*, *lait de lune*, *spath des champs*, *spath en barres*, die zunächst als spontane Übersetzungen auftauchen, dann aber als französische Einheiten aufgenommen werden.
[82] Zu schematisch verfährt hier REY-DEBOVE 1973:118f, die den Grad der Integration davon abhängig machen will, ob das Lehnwort (M2) in vergleichbaren Formulierungen an erster oder an zweiter Stelle gebraucht wird: „La marche de l'emprunt va de /M1 ou M2/ vers /M2 ou M1/, l'emploi en second lieu étant perçu comme «secondaire» par son air d'information facultative". Ebenso gut könnte

Auch innerhalb der Etappe EB2 ist Vorsicht angebracht, was die absolute Aussagekraft der Formulierungen anbelangt. Wenn DE LUC 1779:3,196 „d'énormes pilons mus par l'eau que l'on nomme *bocards*" schreibt oder MORAND 1768:26 *guhr* erklärt – beide Bezeichnungen sind zum jeweiligen Zeitpunkt bereits innerhalb der jeweiligen Fachsprache allgemein bekannt –, geschieht dies nur, weil im ersten Fall die Adressatin die englische Königin ist und im zweiten Fall die in der Reihe „Descriptions des Arts et Métiers" erschienenen Werke sich nicht ausschließlich an das eingeweihte Fachpublikum wenden. Hat man es mit EB2 zu tun, wo diese der gesamten Beleglage nach nicht mehr zu erwarten stehen, ist folglich die Frage nach dem Adressaten von besonderer Bedeutung.

Weiterhin ist immer darauf zu achten, ob die als Erläuterung angegebenen Fachausdrücke ihrerseits auch tatsächlich gebräuchlich sind. Bspw. findet sich in einigen Texten die Formulierung „zinc, ou marcassite d'or" (BERTRAND 1763:2,8, BUCQUET 1771:2,132), wiewohl *zinc* im 18. Jahrhundert keiner Erläuterung mehr bedarf und *marcassite d'or* in keiner Weise eindeutiger oder funktionsfähiger ist; vielmehr taucht dieser Ausdruck selbständig kaum auf. Als EB2a sind folglich nur solche Fälle zu werten, in denen die Paraphrase auch tatsächlich dem besseren Verständnis dient, nicht jedoch solche, in denen sie nur floskelhaft erscheint.

Ein weiteres, besonderes Problem stellt die dem Anschein nach progressive Integration eines deutschen Wortes im Verlauf eines einzigen Textes dar. Nicht selten finden sich EB1 am Anfang des Textes, bevor das betreffende Wort daraufhin, allenfalls durch Kursivierung markiert, ohne Einschränkung im französischen Textfluss verwendet wird, gelegentlich sogar bereits in Form von französischen Pluralformen mit morphologischer Assimilation. DE LUC 1779:4,585 schreibt über eine bestimmte Bodengestalt: „Ils ont même un mot en *Allemand* pour exprimer ce phénomène; c'est celui d'*Erdfall*, ou chute de terre [...]." Im Folgenden schreibt er „Outre les *Erdfelle*" (586 und öfter) – morphologisch nicht assimiliert –, verständlicherweise ohne das Wort bei jedem Mal wieder als „deutsch" zu kennzeichnen. Es wird deutlich, dass lediglich die vollständige Lektüre der zu durchsuchenden Quellen präzise Aussagen über den wirklichen Status vergleichbarer Textstellen zu liefern vermag. In wie oben beschriebener Form begegnende deutsche Wörter werden nicht als Entlehnungen aufgenommen.

Beim Schritt EB2b ist man schließlich anglangt, wenn das entlehnte Wort innerhalb eines französischen Textes erscheint, ohne dass ihm eine Erkärung zur Seite gestellt wird, und daraus der Schluss gezogen werden kann, dass eine solche für das allgemeine Verständnis nicht mehr notwendig ist. Zwar können verschiedene Formulierungen darauf hindeuten, dass eine Bezeichnung als unterschiedlich gut integriert bzw. allgemein verbreitet angesehen wird – „le minéral que l'on nomme (depuis peu) *apatite*" gegenüber „l'*apatite*" –, doch machen derartige Formulierungsnuancen keinen Unterschied hinsichtlich des Status als innerhalb einer ausreichend großen Sprechergruppe ohne Erläuterung verständlicher Bezeichnung aus. Im Rahmen des lexikalischen Gefüges kann es dabei durchaus sein, dass

---

argumentiert werden, dass die Zweitstellung des Lehnworts seine fortgeschrittene Rolle im Wortschatz der rezipierenden Sprache unterstreicht, da es selbst zur Erläuterung einer anderen Bezeichnung dienen kann. In jedem Fall ist die Formel „Wortstellung ≅ Informationsgehalt" nicht aufrecht zu erhalten, zumal auch in diesen Fällen nicht jeder Autor in der gleichen Weise verfährt.

Bezeichnungen, die vorher als Erläuterung des Lehnwortes verwendet wurden, wie etwa *pyrite arsénicale* für *mispickel*, als Konkurrenten weiterhin bestehen.

2.3.3. Fortleben der Entlehnung

Will man die Einbettung einer entlehnten lexikalischen Einheit in das Bezeichnungsgefüge der Nehmersprache untersuchen, d.h. die „Triebkräfte" ergründen,

> „die bewirken, daß ein einmal in die Empfängersprache gelangtes Lexem von der Sprachgemeinschaft akzeptiert und am Ende eines mehr oder weniger langen Eingliederungsprozesses integrierter Bestandteil ihres Wortschatzes wird" (SCHMITT 1982:2),

darf man sich nicht auf die Ermittlung des Erstbeleges und lexikalischer Konkurrenten beschränken, sondern muss auch das Fortleben des Wortes so genau wie möglich nachzuverfolgen versuchen. Bereits BECKER 1970 listet auf den Erstbeleg folgende Textstellen auf, ausführlich sind die Folgebelege bei FISCHER 1991 (allerdings nur für das 19. Jh.) aufgereiht. In der vorliegenden Untersuchung sollen jedoch nicht wie bei Fischer nur Wörterbuchbelege berücksichtigt werden, sondern auch solche insbesondere aus fachsprachlichen Quellen und – unter dem angemessenen Vorbehalt – solche aus dem Internet.

Natürlich lässt sich eine ausführliche Aufstellung von Folgebelegen nur dann bewerkstelligen, wenn die vorliegenden Dokumente dies zulassen. Die unter 2.2. dargelegten Probleme betreffen schließlich nicht nur die Erst-, sondern auch die eventuellen weiteren Belege. Hiervon betroffen ist z.B. *gangue* 'erzführendes Gestein', das zum ersten Mal 1552, dann jedoch erst wieder in FURETIÈRE 1701 anzutreffen ist. Auf die aus den geschilderten Problemen resultierende Relevanz seltener insbesondere fachsprachlicher Belege hat bereits MÜLLER 1975:150 hingewiesen. Auch aus einem anderen Grund sind in den Fachsprachen vereinzelte Belege von besonderer Bedeutung; oft handelt es sich nämlich um „momentane Arbeitsbildungen" (MÜLLER 1975:169) – als die durchaus auch Lehnwörter dienen können (vgl. *lilalite*) –, die nach kurzer Zeit verworfen werden, zuvor aber für eine gewisse Weile zweifellos gelebt haben[83]. Inwiefern schließlich eine dünne Beleglage als fragmentarisch interpretiert werden darf (vgl. *trusslock*) oder ob sie die tatsächliche geringe Verbreitung eines Wortes widerspiegelt (vgl. *starostine*), muss von Fall zu Fall erörtert werden.

---

[83] Vgl. etwa den von Haüy nur für kurze Zeit statt *corindon* gebrauchten Terminus *leïaste*, s. FAUJAS DE SAINT-FOND 1797:2,143.

2.4. Zur Präsentation des Materials

2.4.1. Artikelaufbau

Die dargelegte in dieser Untersuchung angewandte lexikologische Methode kommt in den einzelnen Artikeln wie folgt zum Tragen:

1. Artikelkopf; dieser enthält
- das französische Wort mit Genus- und Bedeutungsangabe[84] und gegebenenfalls dem Hinweis auf regionale Beschränktheit oder Zugehörigkeit zu bestimmten Registern[85];
- das deutsche Etymon mit Bedeutungsangabe bei abweichender Bedeutung und gegebenenfalls dem Hinweis auf dialektalen Ursprung;
- den Verweis auf etymologische Standardwerke (*FEW, TLF, EWFS, BW, DMD*)[86] bzw. auf andere lexikographische oder -logische Arbeiten, sofern in den o.g. Werken Angaben zum genannten Wort fehlen;

2. Angabe der verschiedenen Etappen (sofern belegt) der Kategorie „Erstbeleg";

3. Angaben zu Varianten[87]
- in der äußeren Form
- auf der morphologischen Ebene
- in der Bedeutung;

4. Angabe konkurrierender Bezeichnungen[88];

5. Auflistung der Ableitungen und anderer Mitglieder der Wortfamilie[89];

---

[84] Hier wird die ursprüngliche Bedeutung des Wortes angegeben, auch wenn sie mit der Zeit aufgegeben worden ist. Jüngere Bedeutungen finden sich unter den semantischen Varianten.
[85] Bei in verschiedenen graphischen Varianten vorliegenden Einträgen wird die heute gültige gewählt, wenn das Wort heute noch verwendet wird, sonst die am häufigsten belegte. Gleiches gilt für die Aussprache.
[86] Ist ein Wort hier verzeichnet, die deutsche Herkunft aber nicht angegeben, wird der Verweis in Klammern gesetzt.
[87] Mit „2002" und „2003" werden Varianten und Mitglieder der Wortfamilie gekennzeichnet bzw. datiert, die bisher nicht lexikographisch erfasst, jedoch im Internet als aktuelle französische Einheiten anzutreffen sind.
[88] Auf die Überprüfung von Datierungen dieser lexikalischen Konkurrenten konnte in diesem Rahmen nicht die gleiche Sorgfalt verwendet werden, die den entlehnten Einheiten selbst zuteil geworden ist. Da viele der konkurrierenden Einheiten hier zum ersten Mal lexikographisch erfasst werden, besteht hinsichtlich ihrer exakten Datierung noch weiterer Forschungsbedarf. Sofern es sich nicht um monolexematische Einheiten handelt, muss bisweilen ganz auf eine Datierung verzichtet werden, da Syntagmen in Wörterbüchern bekanntermaßen nur unzureichend erfasst werden.
[89] Um die Gesamtheit der Wortfamilie darzustellen, die die jeweilige Entlehnung letztendlich hervorgebracht hat, werden an dieser Stelle Ableitungen, die das Lehnwort als Basis haben (*schloter*), und solche, deren Basis wiederum eine Ableitung ist (*schlotage*, zu *schloter*), zusammengefasst. Dieses unterschiedlichen Charakters der beiden Ableitungstypen muss sich jedoch stets erinnert werden: nur der erste ist aussagekräftig hinsichtlich des Integrationsschrittes, als Ableitungsbasis

6. Verweis auf Belegstellen[90];

7. Angabe des Letztbeleges;

8. Kommentar zur Wortgeschichte, zu eventuellen etymologischen Streitfragen und zeitgenössischen Etymologievorschlägen[91], Besonderheiten in Form und Beleglage, metasprachlichen Urteilen über das Lehnwort bzw. die Lehnprägung usf.[92].

Wie es im *FEW* in vorbildlicher Weise vorgeführt worden ist, sollen die Artikel – soweit es die Beleglage zulässt – in der dargestellten Form die Biographie jedes einzelnen Wortes erzählen. In diesem Rahmen geht es somit um die Besonderheiten, die das jeweilige Wort auszeichnen; zur Auswertung allgemeinerer Sachverhalte sei verwiesen auf Kapitel 4.

2.4.2. Materialgliederung

Das in der vorliegenden Studie untersuchte Wortkorpus zum 17. und 18. Jh. wird in onomasiologischer Gliederungsweise dargestellt. Nicht unberücksichtigt bleibt die Kritik, die u.a. HUMBLEY 1974:56 oder HOPE 1971:19ff. geäußert haben, der zufolge die linguistischen Fragestellungen im Rahmen einer solchen kulturell orientierten Gliederung leicht im Dunkeln blieben. Diesen wird indes durch die Form der Artikel und die abschließende Auswertung zur Genüge Rechnung getragen. Das Hope leitende Anliegen, eine Darstellungsmethode zu finden, die Aufnahmekategorien für die zahlreichen „mots non-historiques" (1965:151) bietet, ist überdies, wie bereits dargelegt, in dieser Studie von gänzlich peripherer Relevanz, da Lehnwörter vom Typ *manquer, arnese, villaggio*, also Einheiten von hoher Frequenz im allgemeinen

---

dienen zu können. Desgleichen erscheinen hier Wörter, die zwar zu der fraglichen Wortfamilie gehören, ihrerseits aber entlehnt worden sind.

[90] Hier werden die frühesten auf den EB2 folgenden Belege aufgeführt, zudem solche in maßgeblichen Publikationen der jeweiligen Fachsprache sowie in bedeutenden Werken wie der *Encyclopédie*; überdies finden sich hier die ersten Belege in wichtigen Wörterbuchserien wie ACADÉMIE, BOISTE, MOZIN oder LAROUSSE.

[91] Derartige Kommentare werden mit gebührender Vorsicht behandelt, da Urteile über die Sprachzugehörigkeit eines fremden Wortes nicht selten unzutreffend sind. Vgl. z.B. DAUBENTON 1787:86: „une pierre mélangée qui vient des volcans, comme celles que les Allemands nomment appelée *gaesten*" – ein schwedisches Wort –, DIEDERICK-WESSEL-LINDEN 1752:122: „une marcassite cuivreuse [...] assez semblable à ce qu'on appelle en Allemagne *Copper-hog*", tatsächlich aber offensichtlich ein englisches Wort.

[92] Es muss in diesem Rahmen darauf verzichtet werden, die hier behandelten deutsch-französischen Lehnbeziehungen in einen panromanischen Zusammenhang stellen, was sprachgeschichtlich höchst interessant wäre. Es zeigt sich nämlich eine bedeutende Rolle des Französischen bei der Vermittlung deutschen Vokabulars. Während in zahlreichen Fällen eine direkte Entlehnung aus dem Deutschen recht sicher ist (ital. *schnaps* < *Schnaps*, *scorlo* < *Schörl*, *slicco* < *Schlich*, *fahlerz* < *Fahlerz*, *blenda cornea* < *Hornblende*, rumän. *halde* < *Halde*, span. *feldespato* < *Feldspat*), liegt in anderen Fällen offensichtlich eine französische Form zu Grunde wie bei ital. *chenella* < *quenelle* < *Knedel/Knedle*, *bivacco* < *bivac* < nd. *bîwacht(e)*, *vasistas* < *vasistas* < *Was ist das?*, span. *chucruta* < *choucroute* < *Sürkrüt*, *timpa* < *tympe* < *Tümpel*, *obús* < *obus* < *Haubitz(e)*.

Sprachgebrauch, in den hier beschriebenen deutsch-französischen Lehnbeziehungen kaum eine Rolle spielen. Den thematischen Bereichen wird gegebenenfalls ein kurzer Abschnitt vorangestellt, der eventuelle besonders für die jeweiligen Gebiete relevante Fragestellungen und kulturelle Hintergründe umreißen soll. Es wird darauf verzichtet, einen Abriss der deutsch-französischen politischen und kulturellen Beziehungen im 17. und 18. Jahrhundert in ihrer Gesamtheit zu versuchen. Für die Art und Intensität sprachlicher Lehnbeziehungen spielen politische Geschehnisse wie gesagt ohnehin nur eine geringe Rolle. Nicht für die Intensität, wohl aber für die Art dieser Entlehnungen von Bedeutung sind vielmehr Fragen von Prestige bzw. geringem Ansehen einer Kultur in den Augen einer anderen. Angesichts der Geringschätzung, die man in Frankreich dem deutschen Geistesleben im 17. und bis auf wenige Ausnahmen auch im 18. Jahrhundert entgegenbrachte und von der zahlreiche Zitate prominenter Autoren zeugen[93], verwundert es nicht, dass aus dem intellektuellen Bereich nur sehr wenige deutsche Lehnwörter in dieser Epoche Eingang ins Französische gefunden haben. Auf der anderen Seite gingen vom durch den Dreißigjährigen Krieg gebeutelten Deutschland verständlicherweise auch erst allmählich wieder bedeutende geistige Impulse aus[94]. Die meisten der im gesetzten Rahmen interessanten Lehnbeziehungen haben sich indes auf Ebenen abgespielt, auf denen kulturelles Prestige von untergeordneter Bedeutung war. Maßgeblich für diese Lehnbeziehungen ist der konkrete Kontakt von Personen und die Verbreitung durch sie vermittelter Techniken, Produkte usw., die sich weitgehend unabhängig von politischen und geistigen Strömungen haben abspielen können.

2.4.3. Xenismen

In das Korpus wurden auch all diejenigen Einheiten aufgenommen, die sich auf Objekte oder Sachverhalte beziehen, die ausschließlich in fremden Kulturen zu Hause sind und die im Allgemeinen als *xénismes*, *pérégrinismes* oder *mots exotiques*, im deutschen Sprachraum zumeist als Xenismen bezeichnet werden[95]. JUNG 1999:54 hat Recht, wenn er konstatiert, dass beim Gebrauch von Xenismen stets ein Fremdheitsbewusstsein mitschwingt. Wichtig ist jedoch zu betonen, dass diese Einschränkung der Anwendbarkeit einer Bezeichnung keine Konsequenzen für ihre Akzeptanz, Integration und Frequenz im Wortschatz haben muss, wie sich an besonders geläufigen Wörtern wie *bourgmestre* oder *rixdale* zeigt[96]. „Zitatcharakter"

---

[93] S. etwa DE MONTESQUIEU 1729:2,140, JOURNAL ÉTRANGER Okt. 1755:28 und zu weiteren Beispielen VON WALDBERG 1930:89ff. und TROUILLET 1981:47.
[94] Weiteres z.B. in J.G. Robertson / Edna Purdie, *Geschichte der deutschen Literatur*, Göttingen 1968:206ff.
[95] Nach der Definition VON POLENZ' 1967:75 sind dies die „Fremdwörter" im Gegensatz zum Lehnwort. Anders MOSER 1996:13, der Xenismus als „Phänomene, die durch Imitation von Fremdem (Pseudo-)Fremdheit ausdrücken oder andeuten", definiert, was ich entsprechend JUNG 1999 „Alterismus" nennen möchte.
[96] Der Xenismus wird hier folglich anhand semantischer Kriterien definiert, nicht anhand solcher der Gebrauchsfrequenz („l'emploi éphémère des expressions étrangères, dites xénismes", KOCOUREK ²1991:152) oder der fehlenden Assimilation („Ils conservent d'ailleurs leur forme d'origine et, autant

(FISCHER 1991:313) mögen Xenismen oft haben, doch sind sie nichtdestoweniger in den meisten Fällen nicht durch französische Entsprechungen ersetzbar und somit integrierter Bestandteil der französischen (Fach-)Sprache. Für Xenismen ist überdies prinzipiell möglich, was JUNG 1999:66 über „Germanismen" schreibt:

„[...] sie enthistorisieren bzw. deonymisieren sich und werden außerhalb eines deutschen Kontextes verwendet. Damit verlieren sie auch tendenziell ihren Xenismuscharakter."

Beispiele für eine vergleichbare Entwicklung lassen sich auch aus dem vorliegenden Korpus anführen, so etwa *schnaps, schnick, quenelle* oder *chenapan*[97]. In gewissem Sinne kann sich eine solche Entwicklung auch in Form von Ableitungsvorgängen abspielen: während z.B. bei *hussard* 'Husar' der Gedanke an einen ausländischen Soldaten mitschwingt, kann *hussarder* 'forsch, stürmisch vorgehen' gänzlich ohne diese Assoziation gebraucht werden.

2.4.4. Deonomastika

Auch die im 17. und 18. Jh. im Französischen von deutschen Eigennamen abgeleiteten Wörter werden in diesem Rahmen berücksichtigt. Da diese – wenngleich in zahlreichen Arbeiten unter diese subsumiert (FISCHER 1991, SARCHER 2001 u.a.) – keine Entlehnungen darstellen, werden sie in Auswertung und statistischer Aufbereitung nicht berücksichtigt und im Korpusteil in kleinerer Schriftart präsentiert. Sie sollen hier Aufnahme finden, da sich an ihnen die kulturellen Beziehungen zum deutschsprachigen Raum ebenso zeigen wie an entlehnten lexikalischen Einheiten.

---

que faire se peut, leur prononciation," QUEMADA 1978:1214). Natürlich ist der Gebrauch in vielen Fällen zeitlich beschränkt. Insbesondere der Grad der formalen Assimilation aber kann nicht maßgeblich für die Klassifizierung als Xenismus sein. Nach Quemadas Definition wären etwa *fenin* < *Pfenning*, *fetmen* < *Fettmännchen*, *konigsdallre* < *Königstaler* keine Xenismen, obwohl fremdländische Münzbezeichnungen in geradezu klassischer Weise zu diesen gezählt werden.

[97] In je stärkerem Maße dagegen Institutionen etc. betroffen sind, die sich nicht importieren lassen, desto sicherer ist es, dass der Status als Xenismus gewahrt bleibt.

3. Wortkorpus
3.1. Menschliche Grundbedürfnisse
3.1.1. Nahrung
3.1.1.1. Essen

Die meisten hier behandelten Einheiten bezeichnen kulinarische Spezialitäten des deutschsprachigen Raumes. Zum größten Teil stammen diese aus grenznahen Gebieten, doch sind andere auch als Importartikel (*mumme*) oder durch Reisen in weiter entfernte deutsche Gebiete (*pumpernickel*) bekannt geworden.

morguesoupe s.f. 'morgendliche Suppe' < *Morgensuppe*
FEW 16,565a
(E)B2a: COTGRAVE 1611
Lexikalische Konkurrenten: *brouet* (seit 13. Jh.), *bouillon* (seit 13. Jh.), *potage* (in dieser Verwendung seit 1530)

Wahrscheinlich ist diese Entlehnung älter, wird aber mangels entsprechender Belege hier aufgeführt. Cotgrave übersetzt *à la morguesoupe* mit „whilest they were eating their broweße, or fat pottage." Eine spezifische Bezeichnung der morgendlichen Suppe war dem Französischen offenbar fremd. Der im *FEW* als Übersetzung angegebene *brouet* kann zu jeder Tageszeit verzehrt werden. Bei der Morgensuppe handelte es sich anscheinend um eine spezifisch deutsche Gewohnheit, vgl. ERNST 1949:17, der aus der *Dissertatio medica de ΝΟΣΤΑΛΓΙΑ oder Heimwehe* Johannes Hofers (1678) übersetzend den „Mangel der zum Frühstück gewöhnlichen Suppe" zitiert. Die bestehenden Bezeichnungen wie – je nach Konsistenz – *brouet*, *potage* oder *bouillon* haben für die französischen Sprecher letzten Endes genügende Präzision enthalten.

Cran s.m. 'wilder Meerrettich' < südd. *Kren* 'Meerrettich' (*FEW* 16,384b, *EWFS* 279a) ist bislang mit Barbier auf 1624 (Van Waesberghe, *Grand Dictionaire françois-flamen*, *cren*) datiert worden. Das Wort findet sich indes bereits im *Dictionaire françois-flamen* des gleichen Autors, das 1599 in Rotterdam erschienen ist.

orgeran s.m. 'eine Apfelart' < lat.-d. *orgelingum* aus frnhd. *ougeling* 'weiße, wässrige Apfelart'
FEW 16,606a
EB2b: *Catalogue des arbres cultivés dans le jardin du sieur Le Lectier* 1628
Belegstellen: DE LA QUINTINIE 1690[1999]:411, NOUVEAU DICTIONNAIRE 1790:2,1253a, BOISTE 1800:306c, LAROUSSE 1874:11,1455b, SACHS/VILLATTE 1894:1082a
LB: ROLLAND FLORE 1904:5,104

Orgeran bietet ein typisches Beispiel dafür, wie die bruchstückhafte Beleglage – um eine solche handelt es sich zweifellos – verlässliche Aussagen über den Wortgebrauch ungemein erschwert. Denn dass dieser Gebrauch vorgelegen hat und die im *FEW* allein genannten 1628 und ROLLAND FLORE nicht zwei isolierte Belege darstellen, zeigen die o.g. Einträge. Überdies ist überliefert, dass Jean de la Quintinie diese

Apfelsorte im *Potager du Roi* in Versailles um 1680 anpflanzen ließ[98]. LEROY 1873 führt den *orgeran* nicht auf, obwohl er Dutzende von Apfelsorten beschreibt. Die Herleitung von *orgeran* aus d.-lat. *orgelingum* ist durchaus plausibel, zumal eine Ableitung zu anklingendem fr. *orge* weder formal noch semantisch einleuchtend wäre. Die starke Umgestaltung lässt es nicht unwahrscheinlich erscheinen, dass das Wort bereits im 16. Jahrhundert oder früher – *orgelingum* ist laut *FEW* 1482 belegt – entlehnt worden ist. Zu trennen ist diese Entlehnung aber wohl von altflandr. *ogelent* (einziger Beleg 1346, s. Rolland), das unmittelbar aus dem deutschen Wort entlehnt worden ist.

BEHRENS 1910:218ff. und BOULAN 1934:151 führen fr. *ramequin* 'Käsegebackenes', belegt seit 1656 (Quinault, *L'amant indiscret* I,3, S.7) auf mnd. *ramken bzw. d. *Ramchen zurück. Während Behrens das ndl. *rammeken* offenbar noch unbekannt war, verwirft Boulan dieses als Etymon, da es nur ein geröstetes Brot bezeichnet, jedoch nicht der französischen Bedeutung 'pâtisserie faite avec du fromage' entspricht (die heutige Bedeutung 'kleine Schüssel' erst seit 1957, s. *TLF* 14,328b). Das Sem 'Käse' findet er hingegen in einem angeblich von *Rahm* abgeleiteten fiktiven d. *Ramchen. Da dieses aber im DEUTSCHEN WÖRTERBUCH fehlt, ndl. *rammeken* seit 1544 belegt ist (*FEW* 16,657b) und die Bedeutungsentwicklung keine außergewöhnliche ist, wird hier wie in *FEW*, *EWFS* 747a, *TLF* für *ramequin* kein deutsches, sondern ein niederländisches Etymon angenommen.

rocambole s.f. 'eine Knoblauchart (Schlangenlauch, Allium ophioscorodon)' < *Rockenbolle*?
FEW 16,732b, *TLF* 14,1191b, *EWFS* 776b, *DMD* 672b, *BW* 557b
EB2: RICHELET 1680:2,322a
Varianten:
- äußere Form: *rocambolle* (MENON 1755:240), *roquambole* (VALMONT DE BOMARE 1765:5,20)
- semantisch: pop. 'reichhaltige Kost' (RICHELET 1693:2,282a – 1759), 'die Würze an einer Sache' (Leven de Templery, *Le Génie et la politesse de la langue françoise* 1705:130 – LAROUSSE 1875:13,1271a), 'wertloses Ding' (seit Flaubert, *Correspondance* 1850, laut *TLF* veraltet), 'altmodischer Scherz' (seit Villars, *Les Précieuses du jour* 1866:36)

Lexikalische Konkurrenten: *ail d'Espagne* (seit Richelet, *Dictionnaire de la langue françoise* 1759), *ail rouge des Provençaux* (s. LAROUSSE GASTRONOMIQUE 1984:849a)[99]
Belegstellen: ENCYCLOPÉDIE 1765:14,311b, FÉRAUD 1787:3,489b, LAROUSSE 1875:13,1270d, LAROUSSE GASTRONOMIQUE 1984:849a, GRAND ROBERT 2001:5,2202b

Das Substantiv *rocambole* ist gleichsam der Held der „Geschichte von dem Wort, das keiner haben wollte". Während die französische Forschung *rocambole* einmütig als Lehnwort aus dem Deutschen bezeichnet – nur im *FEW* wird der umgekehrte Entlehnungsweg nicht ausgeschlossen –, wird in Deutschland fr. *rocambole* als primär aufgefasst und das deutsche *Rockenbolle* als volksetymologische Umdeutung interpretiert (u.a. DEUTSCHES WÖRTERBUCH 8,1112, MARZELL 1,202). Diese Streitfrage wird auch hier nicht entschieden werden können.

---

[98] Siehe *www.pommiers.com/pomme/pommier.htm*.
[99] In *FEW* 24,334a s.v. *ail* wird *ail poireau* (1572-1842, béarnesisch *alh porrou*) als Synonym von *rocambole* aufgeführt. Es wird aber auch mit 'Allium scorodoprasum' glossiert; laut MARZELL 1,210 handelt es sich hierbei nicht um das Schlangenlauch, sondern das diesem sehr ähnliche Graslauch.

Für die frühere Existenz von fr. *rocambole* (aus sprachgeographischen Überlegungen heraus evtl. aus einem okzitanischen Wort entlehnt) spricht,
1. dass das Wort im Französischen um 1680 schon allgemein bekannt ist und um 1700 mehrere übertragene Bedeutungen aufweist, während d. *Rockenbolle* erstmals 1793 belegt ist;
2. dass bereits 1723 (Aix-en-Provence) und 1785 (Marseille) dialektale Belege im Süden Frankreichs anzutreffen sind;
3. dass die *rocambole* genannte Pflanze v.a. in mediterranen Regionen angebaut wird (LAROUSSE 1875, *TLF*) und daher auch *ail d'Espagne* heißt, bei NEMNICH 1797:218b *spanische Schalotte*.

Auf eine deutsche Herkunft von *rocambole* deuten dagegen folgende Umstände:
1. Der Typ *Rocken-* oder *Roggenbolle* ist bzw. war in Deutschland von Pommern über Thüringen bis in die Pfalz verbreitet; dagegen liegen in Frankreich laut *FEW* nur Belege aus drei südlichen (okzitanischen) Dialekten vor[100]. Dass ein Etymon nur ganz vereinzelt in Dialekten begegnet, das Lehnwort sich dagegen innerhalb von wenigen Jahrzehnten über weite Sprachräume verbreitet, ist ungewöhnlich.
2. Nur das deutsche Wort scheint etymologisch deutbar. Von Wartburg schreibt im *FEW*: „Im deutschen scheint das wort aus *roggen* und *bolle* «zwiebel» (dieses in Nieder- und Oberdeutschland, z.b. der Schweiz weit verbreitet) zusammengesetzt zu sein, wohl weil der junge roggen besonders saftig aussehende, dunkelgrüne blätter treibt." Bis weit ins 19. Jh. ist neben *Roggen* auch *Rocken* üblich. Eine etymologische Deutung von *rocambole* auf galloromanischer Basis findet dagegen keine Anknüpfungspunkte. Die Form des Centre, *carambole*, ist an *carambole* 'Karambole' angeglichen oder spontan metathetisiert worden und nicht als ursprünglich zu betrachten.

Namentlich der Aspekt der etymologischen Deutbarkeit macht einen Entlehnungsweg aus dem Deutschen ins Französische m.E. wahrscheinlicher als den umgekehrten Fall. Dass „der anbau der pflanze von Deutschland nach Frankreich gelangt ist", wie von Wartburg vermutet, ist nicht anzunehmen, da das Allium ophioscorodon, wie gesehen, im Mittelmeerraum schon lange heimisch ist; nichtsdestoweniger kann der deutsche Name der Pflanze hier übernommen worden sein.

Heute verbindet man im Französischen für gewöhnlich mit *Rocambole* nur noch den Namen eines Romanhelden Ponson du Terrails, der im 19. Jh. phantastische Abenteuer bestand und zu dessen Namen sich der Autor vielleicht durch die o.g. Bedeutung 'die Würze an einer Sache' anregen ließ; hierzu *rocambolesque* 'abenteuerlich'.

BOULAN 1934:168f. möchte *bouterame* 'Butterbrot', das im Französischen von MÉNAGE 1694 bis LAROUSSE 1928 (1,828b, „vieux") belegt ist, auf rhein. *Butterram* zurückführen, da das [u] der französischen Form sich nicht durch nl. *boterham* erklären lasse. Dennoch ist dieses mit *FEW* 15/1,230b als Etymon anzusetzen, da das Wort nur in Flandern und im Hennegau wirklich heimisch ist. Der Wechsel von vortonigem *u* und *o* ist in Entlehnungen aus dem Deutschen und Niederländischen nichts Außergewöhnliches, vgl. *boulevard* < *bolwerc*. Auch die überraschende Tatsache, dass LAROUSSE 1867:2,1158 das Wort als „lyonnais" verzeichnet, macht eine Entlehnung aus dem Rheinischen nicht wahrscheinlicher.

---

[100] Die Konsultation französischer bzw. okzitanischer Sprachatlanten erweist sich als unfruchtbar; keiner enthält ein passendes Lemma.

LEMERY 1729:30b bucht *mosa* als „boüillie fort en usage en Allemagne pour les enfans, elle est composée de farine de fromant & du lait." ENCYCLOPEDIE 1765:10,741a weiß Genaueres: „[...] sa trop grande quantité nuit aux enfants surtout, à qui elle engorge les vaisseaux du mésentere." Als ungebräuchlich führt LANDAIS 1853:2,235a *mosa* auf, es findet sich als 'Milch- und Mehlbrei' ohne jeglichen Bezug auf Deutschland zuletzt in MOZIN 1863:2,357c. Die genannten Quellen sind zugleich die einzigen, in denen *mosa*, laut *Encyclopédie* s.m., aufzuspüren ist. Ein denkbares Etymon (in allen möglichen graphischen Varianten) kennen weder das DEUTSCHE WÖRTERBUCH noch ZEDLER noch lateinische Wörterbücher; die für ein angeblich deutsches Wort ungewöhnliche Endung -*a* lässt an eine Latinisierung denken, sofern sie nicht eine lautliche Vereinfachung wie etwa bei *colza* 'Raps' < nl. *koolzaad* darstellt. Die Etymologie bleibt vorerst ungeklärt.

choucroute s.f. 'Sauerkraut' < els. *Sūrkrūt*
FEW 17,17b, TLF 5,764a, EWFS 227b, DMD 152a, BW 131b
EB2b: DONS DE COMUS 1739:114 (*sortcrotes*)
Varianten:
- äußere Form: *saur-kraudt* (de Combles, *Ecole du jardin potager* 1752:1,442), *sauer-kraut* (ENCYCLOPEDIE 1753:3,376b – MOZIN 1863:2,953c), *sourcroutes* (Arbuthnot, *Histoire de John Bull* 1754:56[101]), *sorcrotes* (MENON 1755:1,404), *chou-kraut* (VALMONT 1765:5,123), *sour croute* (ENCYCLOPEDIE 1765:15,412a), *sourcroute* (1767, Diderot, s. BRUNOT 6), *choucroute* (CHAPPE D'AUTEROCHE 1769:1,1161), *soucroute* (La Bègue de Presle trad. Monro, *Médecine de l'Armée* 1769:1,xix), *sourcrout* (TREVOUX 1771:7,557), *sourcoute* (JOURNAL DE BRUXELLES 1775:2,367), *chou-croûte* (1776, s. PROSCHWITZ 1956:220 – *Décade Philosophique* 10 brumaire III (1794), 152), *saur-kraut* (DE LUC 1779:3,225), *choux-croute* (NEMNICH 1797:167a), *saur-craout* (Volney 1803 in *Œuvres* 1821:7,287), *souer-kraute* (BOISTE 1803:373a), *choux-croûte* (*Annales de Chimie et de Physique* 30 (1825), 49)
- morphologisch: *choux-croûtes* pl. (Kotzebue, *Souvenirs de Paris en 1804*, 1805:1,267); s. u. zum Genus
- semantisch: 'schwerfälliger Deutscher' (BOISTE 1823:1,269 – 1851:673a), 'Sauerkrautlocken' (seit 1955, s. PETIT ROBERT 1993:372b)

Lexikalische Konkurrenten: *cabus surs* (s. MOSCHEROSCH 1655:537), *choux surs* (SCHWAN 1782:2,672), *choux salés* (DUEZ 1640:23, NEMNICH 1797:167a)
Wortfamilie: *choucrouter* 'Sauerkraut essen' (seit LAROUSSE 1869:4,200c), 'mit Deutschen leben' (LAROUSSE 1869:4,200c), 'deutsch reden' (s. BEHRENS 1923:58), 'stehlen' (2002), *se choucrouter les cheveux* 'sich Sauerkrautlocken machen' (2002), *choucrouteur* 'Sauerkrautesser; Deutscher' (LAROUSSE a.a.O.), *tête de choucroute* 'Deutscher' (seit LARCHEY 1865:80), arg. *choucrouteman* 'Deutscher' (s. SAINÉAN 1920:344), *choucroutard*, *choucroutisant* (beide ohne Bedeutungsangabe in BEHRENS 1923:58), *Choucroutland* 'Deutschland' (s. BEHRENS 1923:58), *choucrouterie* 'Sauerkrautfabrik' (2002), *choucroutier* 'Sauerkrautfabrikant' (2002), *choucroutier* adj. 'Sauerkraut betreffend' (ANTIDICO 2002)

In der französischsprachigen Schweiz ist *surcrute* bereits 1699 bezeugt (*TLF*), ins Französische Frankreichs ist das Wort jedoch nicht aus diesen Dialekten gelangt. Die früheste Form *sortcrotes*, von MENON 1755 zu *sorcrotes* korrigiert, kann wegen des -*o*- kaum auf die südwestdeutschen Formen zurückgehen, die alle undiphthongiertes langes -*ū*- haben, sondern stammt aus diphthongiertem *Sauerkraut*. Auffällig ist der den beiden genannten Formen eigene Plural, der eine eigenständige französische Entwicklung darstellen muss (**Sauerkräute*). Möglicherweise beruht die pluralische Verwendung auf Analogie zu anderen Gemüsebeilagen, die auch im Plural erscheinen (*aux pois*, *aux haricots verts* etc.), zumal es sich in beiden Fällen um Kochbücher handelt.

---

[101] In der englischen Vorlage (*John Bull* 1712:2,iii): *sowre crud*, laut BARBIER 1938:66.

Die übrigen französischen Formen gehen auf els. *Sūrkrūt* zurück, erstmals 1754 *sourcroutes* und noch als *sourcrout* in BOISTE 1851:673a. Das NOUVEAU DICTIONNAIRE 1790:2,469b verzeichnet „Sauerkraut, oder wie es die Franzosen aussprechen: *Sourcrout*." In BOISTE 1851 wird jedoch auf eine Form verwiesen, deren Gebrauch BOISTE 1803:373a noch als „abusivement" markiert hatte, nämlich *choucroute*. Die Anlehnung an fr. *chou* findet sich erstmals in VALMONT 1765 (*choukraut*), mithin vor dem Beleg der Form *sourcroute* (1769), die THOMAS 1904:31 durch Dissimilation erklärt und als Voraussetzung für die Bildung von *choucroute* erachtet hatte, das jedoch als *chou-croute* bereits bei CHAPPE D'AUTEROCHE 1769 belegt ist. Auffällig ist, dass dieser das Wort zwar in einem xenologischen Zusammenhang verwendet („Les Polonois aisés mangent beaucoup de cochon, & de la *chou-croute*"), aber nicht die deutsche Form benutzt, wie dies etwa DE LUC 1779:3,225 in seiner Reisebeschreibung tut („ces choux pommés, dont elles font le *Saur-kraut*"). Diese nicht assimilierte Form verzeichnet erstmals ENCYCLOPÉDIE 1753:3,376b s.v. *chou* („Le *sauer-kraut* qui est une espece de mets très-usité en Allemagne"), zuletzt noch MOZIN 1826:1/1,249b. Obwohl sich Schwankungen in der Form bis zur Mitte des 19. Jahrhunderts halten, ist *choucroute* seit etwa 1770 die vorherrschende Variante und wird bereits von SCHMIDLIN 1773:3,315a in sein Wörterbuch aufgenommen.
Auffällig ist auch das bis zur Mitte des 19. Jahrhunderts nicht endgültig festgelegte Genus des Wortes. *Choucroute* ist meistens fem., doch ist es als Mask. in Mercier, *Tableau de Paris* 1786:2,351 und noch in MOZIN 1826 a.a.O. belegt. Die „deutsche" Variante *sauer-kraut* ist zumeist mask.[102], ebenso noch *sourcrout* in BOISTE 1851:673a, dagegen *la sourcroute* in JOURNAL DE BRUXELLES 1775:2,367. Die Verteilung des Genus auf die genannten Formen scheint nahezulegen, dass v.a. diejenigen das vom deutschen Etymon abweichende Genus aufweisen, die auf *-croute* enden. Dieser Sachverhalt stützt zunächst die Auffassung von Wartburgs, der für die volksetymologische Umdeutung folgenden Ablauf annimmt: „Da der zweite teil als *croûte* verstanden werden konnte, wurde auch der erste etymologisch gedeutet und so mit *chou* identifiziert." Gegen diese Reihenfolge sprechen jedoch vier Tatsachen: 1. ist die semantische Anlehnung an *chou* sehr viel naheliegender als die an *croûte* (THOMAS 1904:31)[103]; 2. unterstreicht dies die Form *chou-kraut* in VALMONT DE BOMARE a.a.O.; 3. ist eine Graphie *-croûte* erstmals 1776 belegt; 4. ist das feminine Genus bereits der Form von 1739 (*Sortcrotes Françoises*) zu eigen, bei der offensichtlich keine Anlehnung an *croûte* stattgefunden hat. Daher ist es wahrscheinlicher, dass das feminine Genus auf dem *-e* beruht, das dem französischen Wort angehängt wurde, um die Aussprache des *-t-* zu unterstreichen[104].
Wie die Belege zeigen, ist das Lehnwort zunächst in der gastronomischen Fachsprache geläufig gewesen – weder in den *Dons de Comus* noch bei Menon wird *sor(t)crotes* erläutert –, während es darüber hinaus noch gelegentlicher Erklärung bedurfte[105].

---

[102] Aber *la sauer-kraut* in Théophile Gautier, *Nouvelles* 167 (s. MATORE 1951:250).
[103] Zu Recht betrachtet daher DUCHÁČEK 1969:702 die Anlehnung an *croûte* als bloße „attraction morphématique."
[104] Davon unberührt bleiben Hinweise aus dem 20. Jahrhundert, die den Gebrauch des Zirkumflex bei *choucroute* korrigieren; s. ORTHO 1971:146b: „Pas d'accent sur l'u de *croute*; cette partie du radical n'appartient pas à la famille de *croûte*." Vielleicht hat die Assoziation mit *croûte* immerhin dazu beigetragen, dass das feminine Genus zur Norm geworden ist.
[105] Z.B. CHAPPE D'AUTEROCHE a.a.O.

Dennoch müssen die fachsprachlichen EB2b als maßgeblich gelten, da dieser Fall der Ausdehnung des Gebrauchs aus der Fach- in die Allgemeinsprache die häufigste Entwicklung darstellt. Auch in der Allgemeinsprache sind Erläuterungen bald nicht mehr erforderlich[106]: das Sauerkraut hat seinen Siegeszug längst angetreten, denn „un aliment [...] qui ne ruinera point votre bourse, et très agréable au goût, c'est la choucroute de Strasbourg" (MERCIER 1788:11,1296).
Ernsthafte lexikalische Konkurrenten hat *choucroute* nicht gehabt, was gerade bei Nahrungsmittelbezeichnungen nichts Außergewöhnliches ist. MOSCHEROSCH 1655 übersetzt *Sauerkrautsupp* mit *potage aux cabus surs*, SCHWAN 1784:2,672 gibt *choux surs*, DUEZ 1640:23 und NEMNICH 1797:167a geben *choux salés* an. Keiner dieser Bezeichnungsvorschläge ist jedoch in der Folge aufgegriffen worden.
Von der vollständigen Integration zeugen nicht zuletzt das Eindringen des Wortes in die Umgangssprache und die zahlreichen dort entstandenen Ableitungen. Allerdings ist der Bezug zu Deutschland lange Zeit, zumeist in spöttischer Form, gewahrt worden. Das belegt erstmals die Bedeutung 'schwerfälliger Deutscher' in BOISTE 1851; die in LAROUSSE 1869 und BEHRENS verzeichneten Ableitungen stehen sicherlich in Zusammenhang mit der besonderen französisch-deutschen Rivalität um 1870.

quenèfe s.f. 'fritierte Mehlbällchen' < els. *Knepfle*
FEW 16,339a
EB2b: MARIN 1742:1,199 (*skeneffes*)
Varianten:
- äußere Form: *quenef* (MENON 1755:1,265)[107], *kneff*, *knèfle* (SACHS 1894:187c)
- semantisch: 'Suppe mit Knepfle' (LAROUSSE 1875:13,515d – LAROUSSE 1949:2,593c)

LB: LAROUSSE 1949

Die Form des Wortes zeigt, dass der typisch germanische Anlautnexus *kn-* von einem Sprecher des Französischen noch im 18. Jahrhundert nicht 1:1 umgesetzt werden konnte. Zwar könnte das erste *-e-* auch als ein rein graphisches aufgefasst werden, das im Zuge einer graphischen Assimilation notwendig geworden wäre – **qun-* scheidet als französische Schreibung aus, **cn-* ist äußerst selten[108] –, zumal über die Aussprache keine Angaben vorliegen. Doch zeigt die heutige Aussprache von →*quenelle* [kənɛl], dass hier tatsächlich noch ein anaptyktischer Vokal vorliegt, wie er seit den ältesten französischen Übernahmen aus den germanischen Dialekten üblich ist[109]. Im Auslaut *-f* zeigt sich die bei der Entlehnung häufig zu beobachtende Vereinfachung deutscher Konsonantenverbindungen (vgl. *rustine* < *Rückstein*, *hamecelagh* < *Hammerschlag*, *vource* < *Wurst*), die auf Entlehnung auf mündlichem Wege hindeutet[110]. Das feminine Genus ist möglicherweise durch *boule* oder *boulette* beeinflusst, da es sich um Bällchen handelt, möglicherweise aber auch durch das auslautende *-e*, das fast allen Formen gemein ist.

---

[106] Zum ersten Mal in JOURNAL DE BRUXELLES 1775:2,367.
[107] An der im *FEW* angegebenen Stelle in JOURDAN-LECOINTE (nicht: le Comte), *Cuisinier royal* 1,205 ist *quenèfe* nicht aufzufinden.
[108] S. den Artikel zu *knobbe*.
[109] Vgl. etwa anfrk. **knif* 'Messer' > mfr. *quenif*, nfr. *canif* (*FEW* 16,337a); in späterer Zeit: *Landsknecht* > *lansquenet* (444a), *Knappsack* > *canapsa* (336b).
[110] Die Vereinfachung von *-pf-* zu *-f-* ist dabei geradezu regelhaft, vgl. →*fenin* < *Pfenning*, *fifre* < mhd. *pfifer* (*FEW* 16,620a), *fifrelin* < *Pfifferling* (*FEW* 16,621b) und weitere dialektale Beispiele ebda.

Die Belegstellen aus dem 18. Jahrhundert liefern weder erklärende Umschreibungen, noch weisen sie auf regionale Beschränkungen hin; zumindest in der gastronomischen Fachsprache dieser Epoche ist demnach das Wort über die Grenzen des Elsass hinaus geläufig. Als erstes Wörterbuch indes verzeichnet erst LAROUSSE 1875 *quenèfe*. Der Vergleich mit *choucroute*, das schon 1771 in ein Wörterbuch aufgenommen wird, zeigt, dass die elsässische Spezialität der Knepfle schon im 18. Jahrhundert nicht den gleichen Bekanntheitsgrad erreicht hat und auch im 19. weitaus weniger geläufig gewesen ist. Aus heutiger Sicht ist auch die Angabe „seit 1875" im *FEW* zu korrigieren, denn als letztes Wörterbuch verzeichnet LAROUSSE 1949 *quenèfe*. *Knepfle* findet sich zwar heute in einigen französischen Dokumenten, doch haben diese – anders als etwa bei →*quenelle*, →*choucroute* oder →*nouilles* – immer einen ausdrücklichen Bezug auf das Elsass.

quenelle s.f. 'längliche Fleischklößchen' < lothr. *Knedel*
FEW 16,339a, *TLF* 14,142b, *EWFS* 737a, *DMD* 637b, *BW* 524b
EB2b: BRIAND 1750:1,avisXI
Varianten:
- äußere Form: *quénelle* (BOISTE 1841:588c – MOZIN 1863:2,741a)
Lexikalische Konkurrenten: *godiveau* (seit 1534)[111]
Belegstellen: MENON 1755:1,308, ACADEMIE SUPPLEMENT 1836:666b, SOUVIRON 1868:451a

Fast ausnahmslos wird d. *Knödel* als Etymon angegeben, lediglich RHEINFELDER [5]1976:1,177n.1 setzt „d. dial. *Knedl, Knell*" und PFEIFFER 1902:12 obd. md. *Knedel* an. Diese Formen (pfälzisch *Knedel* ([gnēd(ə)l])[112], lothr. *Knedel* ([knēdəl])[113] erklären eher als die standardsprachliche Form *Knödel* die französische Form *quenelle*, die sonst eher *queneule lauten würde. Der Wegfall des *-d-* beruht, anders als COLOMBANI 1952:453 argumentiert[114], nicht auf dem Bestreben nach Wortkürzung, sondern ebenso wie bei →*quenèfe* auf der Vereinfachung der deutschen Konsonantenverbindung. Aufgrund des gleichen Artikulationsortes von *d* und *l* ist es nicht erstaunlich, dass der Nexus *-d(ə)l-* zu *-l-* wird, zumal die lautliche Realisation von *Knedel* nur in einem begrenzten Maß Aufschluss darüber erlaubt, ob eine Graphie *Knedel* oder *Knel* zu Grunde liegt[115]. Die ursprüngliche Form wird somit *quenèle gelautet haben und ist sehr bald unter die zahlreichen französischen Wörter auf *-elle* eingereiht worden
In puncto Verbreitung teilt *quenelle* zunächst das Schicksal von *quenèfe*. Wenn auch „ungefähr gleichzeitig mit *sauerkraut* [...] aus der elsässischen küche in die der hauptstadt übernommen" (*FEW*), finden sich zu Anfang nur vereinzelte Belege, in denen das Wort allerdings als – in die gastronomische Fachsprache – gut integriert erscheint: Erläuterungen fehlen (Briand „Quenelles de poularde", Menon „Quenelles

---

[111] *Godiveau* bezeichnet ursprünglich eine Farce aus Hackfleisch. Das Wort wird dann zum Konkurrenten von *quenelle*, wenn, wie im *TLF* belegt, die aus dieser Farce bereiteten Fleischbällchen gemeint sind. Öfter werden die beiden Begriffe aber getrennt verstanden, vgl. LAROUSSE GASTRONOMIQUE 1938:904b s.v. *quenelle*: „Le type principal est la quenelle préparée avec la farce appelée godiveau."
[112] S. PFÄLZISCHES WÖRTERBUCH 3,364b.
[113] S. FOLLMANN 1909:297b.
[114] „On aurait du [sic] avoir «*Quenedelle» dont le peuple n'a pas voulu parce que trop long".
[115] Vgl. auch die Entwicklung von *Nudel* zu *noule* (s. *nouille*) und *jodeln* zu *iouler* (ACADÉMIE COMPLÉMENT 1840:630a).

de veau"). ACADÉMIE SUPPLÉMENT 1836 ist indes der erste Wörterbuchbeleg für *quenelle*. Anders als *quenèfe* hat sich *quenelle* in der Folgezeit allgemein durchgesetzt, ist keineswegs mehr auf die kulinarische Fachsprache beschränkt und hat, anders als lange Zeit →*choucroute*, auch den Bezug zu „Deutschland" bzw. „deutsch" gänzlich verloren. Dies hängt sicherlich auch mit dem Bedeutungswandel zusammen, den das Wort bereits zu Beginn vollzogen hat: französische *quenelles* bestehen im Gegensatz zu Knödeln stets aus einer Fleischmasse, oft auch aus Fischfleisch. Das Fehlen eines deutschen Bezuges unterstreichen auch *quenelles à la lyonnaise*.

postophe s.f./s.m. 'Borsdorfer Apfel' < *Borsdorfer*
FEW 15/1,192a
EB2b: NOLIN/BLAVET 1755:231
Varianten:
- äußere Form: *postophe* (NOLIN/BLAVET 1755[116] – ROLLAND FLORE 1904:5,93), *apostophe* (1768, *FEW*), *pistoche* (L. du Bois, *Du Pommier, du Poirier et du Cormier* 1804:1,31 no. 9), *postoche* (Calvel, *Traité complet sur les pépinières* 1805:32,29 no. 5), *portofe* (*Annuaire de la Marne* 1822:159), *apostofe* (de Candolle in *Mémoires de la société d'apiculture de la Seine* 1847), *borstorff* (A. Bivort in *Annales de pomologie belge et étrangère* 8 (1860), 71), *borstoff* (LEROY 1873:3,152), *Borsdorfer* (GUY 1990)

Lexikalische Konkurrenten: *reinette batarde* (s. LA RIVIERE/DU MOULIN 1738:267), *pomme de Palestine* (s. H. Knoop, *Pomologie* 1771:11s.), *blanche de Leipzig* (s. van Mons, *Catalogue descriptif* [...] *des arbres fruitiers* nach 1823:19 no. 481), *reinette de Misnie* (ebda. 21 no. 1427), *orgueil des Allemands* (s. Diel, *Kernobstsorten* 1800:2,81), *reinette d'Allemagne* (ebda.), *avant-toutes* (s. Overdieck, *Illustriertes Handbuch der Obstkunde* 1859:1,203 no. 86)
Belegstellen: DUHAMEL DU MONCEAU 1768:1,282[117], SCHMIDLIN 1774:2,291a[118], NEMNICH 1798:3,1305

DE COURTIVRON/BOUCHU 1762:4,158 sprechen vom „suc de pommes de Borsdorff"[119], ohne diese Apfelsorte näher zu erläutern. Dieser Umstand legt die Vermutung nahe, dass der Borsdorfer Apfel zu dieser Zeit in Frankreich bereits recht bekannt gewesen ist, zumal es sich bei diesem Beleg um keinen aus der gärtnerischen Fachliteratur handelt. Laut LEROY 1873:3,151 wurde der Apfel um 1730 in Frankreich erstmals eingeführt. Wie die Formen *(a)postophe, postoche,* Marne *portofe* (*FEW*), Angers *apostofe* (*FEW*) zeigen, ist das Wort durchaus in die bäuerliche Alltagssprache eingedrungen und dies nicht nur in grenznahen Gebieten. Auffällig ist das feminine Genus zahlreicher Formen (z.B. *borstorff hâtive*, Leroy). Es ist nicht mehr

---

[116] Hier und noch bei Leroy werden *postophe d'été* und *postophe d'hiver* unterschieden: „Le *Postophe d'Eté* a la forme de la *Reinette blanche*, son goût est très-médiocre; octobre. Le *Postophe d'hiver* est plus gros que le précedent, prend de la couleur, & se garde long-temps."
[117] Das *FEW* gibt als einzigen Beleg *apostophe* (mit partiell agglutiniertem Artikel) und „1768" an; offensichtlich handelt es sich dabei aber nicht um Duhamel du Monceaus *Traité des arbres fruitiers* aus dem selben Jahr. In den mir vorliegenden Belegen handelt es sich stets um eine Apfelbezeichnung, nicht um eine „variété de poire" wie im vom *FEW* angegebenen Beleg, der offenbar aus den angevinischen Dialekten stammt (s. das Folgende). Es bleibt zwar unklar, warum „der name eines apfels im fr. für eine birne verwendet wird", doch scheint diese Verwechslung nur einen Einzelfall darzustellen. ROLLAND a.a.O. bringt für eine solche Verwendung keine Beispiele.
[118] „Borstorf [...] *pommes de Borstorf*, Borstörfer Apfel. Man sehe den gewöhnlichen (aber corrumpirten) Namen *Postophe*."
[119] *Pomme de Borsdorf* findet sich auch bei SCHWAN 1782:1,255b und *pomme de Borstorf* im NOUVEAU DICTIONNAIRE 1790:2,327a.

nachzuvollziehen, ob dieses auf Verkürzung einer ursprüngliche Form *pomme de Borsdorf* etc. beruht oder durch das Genus von *pomme* beeinflusst ist. Die maskulinen Formen (z.B. *borsdorf noir*, Leroy) gehen in jedem Fall direkt auf *Borsdorfer* zurück. Die von GUY 1990 verwendete Form *Borsdorfer* stellt nur eine sekundäre Wiederangleichung an das deutsche Etymon dar. Wie die Textstelle andeutet („la très vieille pomme Borsdorfer"), zählt diese Apfelsorte nicht zu den heutzutage in Frankreich kultivierten – in Deutschland dagegen schon –, ist aber auch nicht gänzlich unbekannt. Ein aktueller Beleg für *postophe* findet sich noch unter *www.croqueurs-de-pommes.asso/fr/fruits/pommes.htm*[120].
Obwohl jeglicher Sinnzusammenhang fehlt, scheint sich die in einigen Formen auftretende seltsame Schreibung mit *-ph-* nicht anders erklären zu lassen als durch graphischen Einfluss von *apostrophe*.

lécrelet s.m. 'Basler Lebkuchen' < schweizerd. *Leckerli*
FEW 16,453a, TAPPOLET 1917:2,100
EB2b: in den *Cris de Genève* um die Mitte des 18. Jhs. (s. Tappolet, *écrelet*[121])
Varianten:
- äußere Form: *écrelet* (*Cris de Genève* – SACHS/VILLATTE 1894:523c), *leckerlet* (1840 – 1917), *équerlé* (1842), *lékerlet* (1852), *lécrelet* (1852 – SACHS/VILLATTE 1894:889b), *léquerlé* (1864), *lékerly* (1864), *lékrelet* (1867), *leckerlé* (um 1900), *leckerli* (1906 – LAROUSSE GASTRONOMIQUE 1984:570a), *leckerly* (LAROUSSE GASTRONOMIQUE 1938:642b), dazu *lékerli*, *lékerlé*, *équeurlet*, *équeurlé*[122]
LB: LAROUSSE GASTRONOMIQUE 1984

Als kulinarische Spezialität der deutschsprachigen Schweiz und insbesondere Basels sind die Leckerli schon im 18. Jh. in der Welschschweiz verbreitet gewesen. Über die Landesgrenzen hinaus scheint das Gebäck kaum bekannt gewesen zu sein. Dem französischen Leser wurde die Spezialität immerhin durch Rousseau nahegebracht, der in der *Nouvelle Héloïse* schreibt (zitiert in der Ausgabe 1780:3,120): „La Fanchon me servit des grus, de la céracée, des gauffres, des écrelets. Tout disparoissoit à l'instant." In den jüngeren Formen (LAROUSSE GASTRONOMIQUE 1938, 1984) findet sich eine Wiederangleichung an das Etymon.

nouilles s.f.pl. 'flache oder runde Teigwaren von mittlerer Länge' < *Nudeln*
FEW 16,603b, *TLF* 12,262a, *EWFS* 651a, *DMD* 511b, *BW* 435b
EB2b: ENCYCLOPÉDIE 1765:11,255b (*noudles, nudeln*)
Varianten:
- äußere Form: *nouilles* (seit MALOUIN 1767:323a), *noules* (LAROUSSE 1874:11,1121d)
- morphologisch: *nouilles* s.m. (BOISTE 1803:276b), *noudles, nudeln* s.m. (BOISTE 1841:490c)
- semantisch: *nouille* s.f. 'leicht gesalzene Teigwaren', *nouilles* s.m. 'deutsche Bandnudeln' (BOISTE 1803 a.a.O.), 'alle Teigwaren außer Suppennudeln' (seit PETIT ROBERT 1993:1501b); 'Tranfunzel' (seit Céline, *Mort à crédit* 1936:69); als Apposition in *style nouille* 'schnörkeliger Stil (*art nouveau*)' (seit Morand, *1900* 1931:235)
Lexikalische Konkurrenten: *vermicelle* (s. SCHMIDT ~1845:619b); (in der allgemeineren Bedeutung) *pâtes*

---

[120] Gefunden im August 2003.
[121] Offenbar ist hier das *l* der gehörten schweizerfranzösischen Form [lekRƏlƐ] als Artikel missverstanden worden.
[122] Alle Varianten nach PIERREHUMBERT 1921:326a.

Wortfamilie: *nouillettes* 'kurze Nudeln' (seit LAROUSSE 1932:5,125c), *nouiller* 'Nudelrestaurant' (2002)[123]

An verschiedener Stelle (*DMD, BW,* GRAND ROBERT 2001:4,1991a) wird als Erstbeleg für *nouille* DE BONNEFOUS 1655:182 (*Les Délices de la campagne*) angegeben, wo eine Form *nulles* anzutreffen ist. Diese Datierung geht zurück auf BRUNOT 3,223, der bereits eine deutsche Herkunft vermutet. Brunots Datierung „1655" wird bis heute tradiert, obwohl schon BOULAN 1934:173 die Form *nulles* mit Skepsis betrachtet hat:

„Nous préférons l'allemand *nudel,* [...] quoique cette étymologie, pour la première forme du mot (*nulle,* où l'allemand u est donc rendu par u, et non pas par ou) ne soit pas entièrement satisfaisante."

Der weitere Textzusammenhang ist aber offenbar gar nicht beachtet worden; die Stelle lautet:

„*Nulles.* Je me suis laissé dire qu'un certain Italien, nommé le Seigneur Nullio, Escuyer de cuisine d'une grande Princesse, a esté l'inventeur de ces mets, dont il porte le nom de Nulle, qui se fait avec une détrempe de jaunes d'œufs, eau de rose, & sucre, accommodée comme dessus [es geht um Eierspeisen], avec fort peu de sel; & au lieu de la verser dans un syrop, on la met cuire dans un bassin ou assiette d'argent sur le feu de charbon, & on la tourne doucement jusques à ce qu'elle commence à se prendre [...]."

Es ist völlig klar, dass es sich bei dem beschriebenen Gericht – wie auch bei den vorhergehenden und darauffolgenden – um eine reine Eierspeise handelt, keineswegs jedoch um Teigwaren, also auch nicht um Nudeln: es liegt folglich ein ganz anderes Wort vor, das möglicherweise tatsächlich mit dem Namen des Erfinders zu tun hat. Von der Wortgeschichte von *nouille* ist dieser Beleg abzutrennen.
ENCYCLOPÉDIE 1765 verzeichnet „*noudles, nudeln*"; bereits in MALOUIN 1767 ist die Form *nouilles* belegt, die von diesem Zeitpunkt an die vorherrschende ist. BOISTE 1851 nimmt „noudles ou nudeln", ohne Zweifel auf der *Encyclopédie* basierend, noch einmal auf, obwohl die Formen in früheren Ausgaben fehlen und daher in der Mitte des 19. Jahrhunderts kaum dem tatsächlichen Sprachgebrauch entsprochen haben. Eine weitere Variante findet sich in LAROUSSE 1874: „on dit aussi noules." Die letztgenannte Form ist neben *noudles* diejenige, die am ehesten zu erwarten steht (vgl. *quenelle*), im Gegensatz zu *nouilles,* das eine „unerklärte lautverschiebung" (*FEW*) aufweist. Angesichts des Entlehnungszeitpunkts kann die von Pfeiffer zitierte lautliche Parallele in mhd. *hadel* > afr. **haille* > *haillon* (*FEW* 16,110a) nicht als Analogon dienen, zumal d. *Nudel* erst im 16. Jahrhundert belegt ist. Sicherlich handelt es sich bei dem -*i*- in *nouille* nicht um das Produkt einer „lautverschiebung" aus -*d*-, doch bleibt seine Herkunft nichtsdestoweniger unsicher[124].

---

[123] Gefunden unter *http://arsapaca.free.fr/egypte_topo.html.* Als momentane spaßhafte Bildung ist auch *nouiller* 'Baum, auf dem Nudeln wachsen' nachzuweisen, s. *agora.qc.ca/pain1.html* (2003), daneben ein semantisch unklares *nouillocratique* unter *www.lesmauvaisjours.com/revue1/chap13.htm* (2003).
[124] Gamillscheg spricht im *EWFS* 633f. von „sekundärer Palatalisierung" in einem von der Formenlage her ähnlichen Fall, nämlich *mouillure* 'Kabeljau' aus *molue,* Nebenform zu *morue* (vgl. *mollue,*

Das Genus von *nouille* ist stets feminin. Lediglich in BOISTE 1841 wird für *noudles* und *nudeln*, in BOISTE 1803 auch für *nouilles* mask. angegeben. Auch ist es nicht auffällig, dass das Wort fast ausnahmslos im Plural erscheint – sofern nicht in übertragener Bedeutung gebraucht –, wie dies auch bei anderen kollektiven (Teigwaren-)Bezeichnungen üblich ist (*les pâtes, les vermicelli*). Bemerkenswert ist allerdings die an Numerus und Genus gekoppelte Bedeutungsdifferenzierung in BOISTE 1803: *nouille* s.f. 'pâte un peu salée', *nouilles* s.m. 'pâte d'Allemagne en rubans'. Die erstgenannte Bedeutung ist bislang nur an dieser Stelle nachzuweisen. Die zweite entspricht der bereits bei Malouin genannten („en rubans ou lasagnes"); die im *TLF* notierte Bedeutung 'pâtes alimentaires de longueur moyenne, plates ou rondes' klingt schon in der *Encyclopédie* an („semblable au [sic] *vermicelli* ou aux *macaroni* des Italiens"). Während im Rahmen dieser eingeschränkten Bedeutung keine Konkurrenz mit allgemeinerem *pâtes* besteht, zieht die Bedeutungserweiterung 'toute espèce de pâtes alimentaires, à l'exclusion des pâtes à potage' (PETIT ROBERT 1993:1501b) eine solche schon eher nach sich. SCHMIDT ~1845 gibt als Synonym *vermicelle* an, was jedoch heute gerade im Sinne von 'Suppennudeln' verwendet wird. Die Bedeutungsübertragung auf 'Tranfunzel' beruht auf der weichen Konsistenz der (gekochten) Nudeln, vielleicht unter Einfluss von *nul*.

Dass *nouille* sich als recht umfassende Nudelbezeichnung hat durchsetzen können und nicht auf die Bezeichnung einer deutschen Spezialität beschränkt geblieben ist, verdankt sich vielleicht auch einem positiven Umstand, der zumindest dem Verfasser des Artikels in der *Encyclopédie* aufgefallen ist:

> „Ce ragoût est à-peu-près semblable au *vermicelli* ou aux *macaroni* des Italiens, excepté que ces dernieres pâtes ont presque toujours un goût de moisissure que les *noudles* n'ont pas, parce qu'on les fait à mesure que l'on en a besoin."

pumpernickel s.m. 'westfälisches Schwarzbrot' < *Pumpernickel*
FEW 16,651a
EB2a: 1777 (*bonpournickel*, s. SCHERENZ 1913:75)
Varianten:
- äußere Form: *pompernickel* (SACHS/VILLATTE 1894), *pumpernickel* (seit ENCYCLOPÉDIE 1765:13,370a (EB1), dann im 20. Jh.)

1777 wird in einem medizinischen Traktat über *bonpournickel* berichtet, das in Westfalen gegessen wird[125]. Diese Form ist zwar sicherlich „dem versuch einer volksetymologie zuzuschreiben" (von Wartburg), steht jedoch erstaunlicherweise bereits 1695 in einem in Deutschland verfassten Text Friedrich Hoffmanns (SCHERENZ a.a.O.). Da sie kaum anders als von französischen Sprechern gebildet worden sein kann, scheint die Kenntnis oder gar Existenz von *pumpernickel* im Französischen im späten 17. Jh. sicher[126]. Das Pumpernickel gewinnt im Laufe des 18. Jahrhunderts nur

---

moulue im 16. Jh., *FEW* 5,436a). Doch ist es unmöglich, einen regelhaften Zusammenhang zwischen dieser Form und *nouille* herzustellen.

[125] Diese im *FEW* schon für TRÉVOUX 1771 angemerkte Variante habe ich dort nicht auffinden können.

[126] Laut KLUGE[17] 570a ist das Wort schon „von den südfrz. Soldaten, die 1635 bis 1639 unter Graf Guebriant Westfalen besetzt hielten, entlehnt worden [...]. Darum heute in der Auvergne *poumpou*

zögerlich an weiterer Bekanntheit in Frankreich. 1729 berichtet Montesquieu, dass er *pournikel* in Münster gegessen habe, „espece de pain très-noir, qui est excellent avec du beurre" (2,189). Die Art der Erläuterung belegt, dass das Wort Montesquieu bis dahin nicht vertraut war. Der in ENCYCLOPÉDIE 1765:13,370a gegebene Kommentar weist das Wort nur als westfälisches auf und macht zumindest fraglich, ob das Brot ein beliebter Importartikel war:

> „Pumper nickel [...], c'est ainsi que l'on nomme en Westphalie, un pain de seigle très-noir, très-compacte, & dont la croûte est si épaisse & si dure, qu'il faut une hache pour la couper."

Der Bekanntheitsgrad bleibt bis weit ins 20. Jahrhundert hinein sehr gering: aus dem 19. Jahrhundert liegt mir nur ein Beleg aus SACHS/VILLATTE 1894 vor, im 20. verzeichnen *pumpernickel* LAROUSSE 1932:5,849a bis 1963:8,905a (aber nicht LAROUSSE GASTRONOMIQUE 1938), LAROUSSE GASTRONOMIQUE 1984:813b, dann wieder LAROUSSE 1997:12,8573c. Zahlreiche Rezepte im Internet zeugen von der heutzutage relativ großen Beliebtheit von Pumpernickel in Frankreich.

schapzieger s.m 'harter Kräuterkäse in kegelähnlicher Form' < schweizerd.
Schabzieger
FEW 17,25a, TAPPOLET 1917:2,139
EB2b: MERCIER 1788:11,1295 (*schapsigre*)
Varianten:
- äußere Form: *schabziguer* (MOZIN 1863:2,962c – LAROUSSE 1875:14,339a), *schabziger* (SACHS/VILLATTE 1894:1405a – *Le Larousse pour tous* 1907), *chapzigre* (SACHS/VILLATTE 1894:255a), *chapsigre* (ebda.), *schapziguer* (SACHS/VILLATTE 1894:1405a)

LB: LAROUSSE GASTRONOMIQUE 1984:911a

Das Wort ist im Französischen der Schweiz bereits 1766 als *schabsigre* bezeugt, doch muss dies nicht bedeuten, dass Mercier das Wort hieraus übernommen hat; ebenso gut kann er es auf seinen Reisen in der deutschsprachigen Schweiz kennengelernt haben. Neben den assimilierten Formen finden sich auch Belege mit starker Anlehnung an das Etymon[127]. Die Vitalität des Wortes im Französischen Frankreichs ist wohl eher gering gewesen – obwohl Mercier den Käse als kulinarische Delikatesse ausdrücklich hervorhebt („le roi des fromages aromatiques"). Während LAROUSSE GASTRONOMIQUE 1984 den Letztbeleg im Französischen Frankreichs darstellt – auch im Internet sucht man vergebens –, ist *schabziguer* in der französischen Schweiz noch geläufig[128].

---

nigel 'Schwarzbrot'". Leider fehlt jeglicher Verweis auf eine mögliche Quelle. Unter chronologischen Gesichtspunkten ist diese Annahme problematisch, da d. *Pumpernickel* als Schimpfwort 1628 belegt ist, die Übertragung auf das Brot aber erst 1669 im *Simplicissimus*.
[127] LAROUSSE 1875 gibt die Aussprache mit „cha-pzi-ghèr" wieder.
[128] Vgl. www.unine.ch/dialectologie/DSR/Schabziger.html.

3.1.1.2. Getränke

Bei den entlehnten Getränkebezeichnungen handelt es sich ausschließlich um solche für alkoholische Getränke. Das bestätigt auf den ersten Blick nur bekannte Vorurteile, denn

> „die Romanen waren immer erstaunt über die unersättliche Trinklust der Germanen und ebenso über die Riten, unter denen sie in Gesellschaft diesem Hange frönten. Von Tacitus bis zu den neuesten Franzosen wird immer und immer wieder berichtet und gespottet über diese Sitten" (VON WARTBURG 1930:317).

Auf den zweiten Blick zeigt sich aber, dass als exportierte Getränke kaum andere in Frage kommen, da Spezialitäten in diesem Bereich zumeist alkoholischer Natur sind; bei den deutschen Entlehnungen aus dem Französischen verhält es sich nicht anders, vgl. *Likör, Cognac* und dergleichen mehr. Die folgenden Lehnwörter sind teils auf dem Handelswege, teils durch Soldaten ins Französische gelangt; einige haben Franzosen auf Reisen in Deutschland kennengelernt.

pitre s.m. 'bitterer Branntwein' < *Bitt(e)rer*
FEW 15/1,123b, *TLF* 4,548a, (*DMD* 83b)
EB2b: TREVOUX 1721:4,2229
Wortfamilie: *pitrepite* (DU VERGER 1728:50 bis SACHS/VILLATTE 1894:1178b)
LB: NOUVEAU DICTIONNAIRE 1790:2,1331a

In Anbetracht der französischen Formen (1) *pitre* (1721-1790) und (2) *bitter* (seit ACACDÉMIE COMPLÉMENT 1838), die beide zur Bezeichnung eines bestimmtes Branntweins dienen, und unter dem Hinweis, dass im Deutschen und Niederländischen substantiviertes *Bitter* bekannt sei, schwankt von Wartburg bezüglich des Etymons: „Es ist schwer, zu sagen, aus welcher der beiden sprachen das fr. wort entlehnt ist. Vielleicht kommt 1 aus dem deutschen, 2 aus dem ndl." Ähnliches vermuten VALKHOFF 1931:62 und der *TLF*. Für die Annahme eines deutschen Etymons für *pitre* spricht, dass die Verwechslung von *b* und *p* bei Entlehnungen aus dem Deutschen nicht selten auftritt (vgl. *Bauer > paour, Blachmal > plachmall*), bei Lehnwörtern aus dem Niederländischen hingegen nicht nachzuweisen ist. Dieses Etymon muss allerdings *Bitt(e)rer* lauten, denn das DEUTSCHE WÖRTERBUCH verzeichnet aus älterer Zeit kein Substantiv *Bitter*; ein solches tritt offenbar erst im jüngeren Deutschen auf („der sanfte Bitter", *Magenbitter*).
Interessant ist der Kommentar du Vergers zu *pitrepite*:

> „Le Pitrepite, Liqueur infernale [...] étoit [!] composé d'esprit du Vin rectifié avec quelques zestes de Citron, tres peu de sucre, si active, penetrante & si brulante qu'elle mettoit les entrailles en combustion"[129];

---

[129] In der Bedeutung weicht *pitrepite* mithin von *pitre* – wenn überhaupt – nur unwesentlich ab: „Pitre. s.m. Sorte d'eau de liqueur qui se fait avec l'esprit de vin, un peu de sucre, & quelques ôdeurs. Il met le *pitre* entre les liqueurs fortes & violentes, dont l'usage est très-pernicieux pour la santé" (TREVOUX 1721 a.a.O.).

daher sei diese Spirituose offiziell verboten worden. Leider gibt der Autor für dieses Verbot weder einen Textverweis noch ein Datum an. Da *pitrepite* allem Anschein nach eine vielleicht scherzhafte und/oder expressive Umformung von *pitre* darstellt, ist angesichts der perfektiven Formulierung du Vergers anzunehmen, dass *pitre* schon einige Jahre früher und damit auch vor TRÉVOUX 1721 entlehnt worden ist[130].

<u>duckstein s.?</u> 'Bier aus Königslutter' < *Duckstein*
(E)B2a: ENCYCLOPÉDIE 1755:5,156b

In der *Encyclopédie* steht zu lesen: „*Duckstein* (Comm.), espece de biere blanche, fameuse dans toute l'Allemagne, qui se brasse à Konigslutter [...]. Il s'en fait un très-grand commerce". Dieser Handel kann Frankreich nur marginal betroffen haben, da weitere Belege für Duckstein als Importartikel fehlen. Aus Schwans deutsch-französischer Angabe für *Duckstein*, 'biere blanche de Königslutter' (1,361a), ergibt sich auch nicht, ob *le* oder *la duckstein* im Französischen geläufig war. Die unmittelbare Quelle des Eintrags in der *Encyclopédie* dürfte HÜBNER 1727:605 darstellen, wo es heißt: „[...] das berühmte Weisbier Duckstein [...], so man zu Königslutter brauet."

<u>mumme s.f.</u> 'in der Gegend um Braunschweig gebrautes Bier' < *Mumme*
FEW 16,579a
EB2b: [*Les six voyages de J.B. Tavernier* 1678:2,577 und 1,777 laut BOULAN 1934:172 (*mom*)], Richelet, *Dictionnaire de la langue françoise* 1759 (*mum*)
Varianten:
- äußere Form: [*mon* (SAVARY 1723:2,758)], *mum* (Richelet, *Dictionnaire de la langue françoise* 1759 – LAROUSSE 1874:11,686a), *mumme* (ENCYCLOPEDIE 1765:10,861a – LAROUSSE 1874)
- morphologisch: [*mon* s.m. (RAYMOND 1832:2,74b)[131]]
LB: LAROUSSE 1874

Die Beleglage des Wortes ist recht verquickt, da die Kenntnis des Bieres in Frankreich bereits für 1678 nachgewiesen ist, eine mit Sicherheit auf das (Nieder-)Deutsche zurückgehende französische Bezeichnung aber erst 1759. *Mumme* ist nämlich bereits 1531 als *mom* ins Niederländische entlehnt worden und „der form nach zu schliessen, zuerst aus dem ndl." ins Französische gelangt (*FEW*). Dafür spricht auch der Kommentar SAVARYS 1723:2,758, der unter *Mon de Bronswic* schreibt:

„On nomme ainsi une biére très-forte qui se brasse dans la Ville de Bronswic & aux environs. Elle est propre pour les Indes; & les Hollandois [...] en enlevent beaucoup [...]."

Die Formen *mum* (1759) – erstmals ohne den Zusatz „de Bronswic" o.ä. – und *mumme* (*Encyclopédie*) sind dagegen aus dem Deutschen entlehnt – wie auch die Ausspracheangabe „mu-me", d.h. [mym], in LAROUSSE 1874 unterstreicht – und stellen damit lexikalische Konkurrenten für das ältere *mon* bzw. *mom* dar, welches sie um etwa ein Jahrhundert überleben. Offenbar ist die Mumme seit dem Ende des 19.

---

[130] Du Vergers Werk ist bereits 1726 dem Zensor vorgelegt worden, s. S. 170.
[131] Die vorliegenden Belege vor ENCYCLOPÉDIE 1765 erlauben keinen Aufschluss über das Genus des Wortes; vielleicht ist *mom* oder *mon* auch schon früher mask. gewesen.

Jahrhunderts – sofern LAROUSSE 1874 uns verlässliche Angaben liefert – als Handelsartikel gänzlich aus der Mode gekommen.

reinfall s.m. 'süßer istrischer Wein' < Reinfal(l)
(E)B2a: ENCYCLOPÉDIE 1765:14,50b

In der *Encyclopédie* steht zu lesen:

„*Reinfall*, s.m. (Hist.nat.) c'est le nom d'un vin qui croît en Istrie, dans un canton appellé *Proseck*, qui est rempli de roche. Ce vin est fort estimé, & par la bonté de son goût, & parce qu'on le regarde comme très-sain. On lui attribue la longue vie des habitans du pays qui parviennent communément à une grande vieillesse."

Laut DEUTSCHEM WÖRTERBUCH 8,700 ist d. *Reinfal* ein „*im mittelalter hochgeschätzter südwein*". Da der Artikel der *Encyclopédie* offenbar nicht auf einer Kette von unreflektierten Abschreibevorgängen beruht – andere Werke beinhalten *reinfall* nicht –, ist davon auszugehen, dass dieser Wein auch im 18. Jahrhundert noch getrunken wurde und in Frankreich bekannt war.
Die Form *reinfall* lässt keinen Zweifel daran, dass das Wort aus dem Deutschen entlehnt worden ist, wo das mlat. *vinum rivale* in o.g. Weise umgestaltet worden ist[132]. Eine Form **Reinfall* belegt das DEUTSCHE WÖRTERBUCH zwar nicht, doch ist sie als volksetymologische Weiterbildung von *Reinfal* nicht unwahrscheinlich.

kirsch(-wasser) s.m. 'Kirschwasser' < Kirsch(en)wasser
FEW 16,327a, *TLF* 10,864b, *EWFS* 553b, *DMD* 414b, *BW* 355b
EB2a: DEMACHY 1775:49 (*kirch-wasser*)
EB2b: DE DIETRICH 1789:3,9bis,note (*kirchen-wasser*)
Varianten:
- äußere Form: *kirschwasser* (1775, *FEW*), *kirsch-wasser* (BOISTE 1803:235a bis LAROUSSE 1873:9,1218d), *kirschen-wasser* (ENCYCLOPÉDIE MÉTHODIQUE 1805:4,563a – RAYMOND 1832:1,800c), *kirch-vaser* (ACADÉMIE SUPPLÉMENT 1831:1,74b); *kirsch* (seit ENCYCLOPÉDIE MÉTHODIQUE 1783:2,284), *kirch* (ACADÉMIE SUPPLÉMENT 1831:1,74b, Stendhal, *Lucien Leuwen* 1835)
- semantisch: 'Schnäpschen' (s. BEHRENS 1923:58)

Das Wort findet sich im Französischen in drei Varianten. Entlehnt sind *kirschen-wasser* (im Deutschen seit dem 16. Jahrhundert belegt) und *kirsch-wasser* (im Deutschen seit 1741). Während die erstgenannte Form selten ist, herrscht die zweite bis zur Mitte des 19. Jahrhunderts vor, letztmals belegt in LAROUSSE 1873. Erst dann setzt sich *kirsch* durch, welches, da *Kirsch* im Deutschen erst 1873 belegt ist (KLUGE[20]), als eigenständige französische Kürzung anzusehen ist.
Die Beleglage von *kirsch-wasser* erlaubt es, die Integration approximativ nachzuvollziehen. Demachy muss die Bezeichnung noch erläutern: „c'est la liqueur appellée kirch-wasser ou Eau de cerise [...]"[133]. Ohne lexikalische Erläuterung

---

[132] LEXER 166b: „**reinval, -fal, reival, reifal** stm. ein kostbarer, süsser wein." Das DEUTSCHE WÖRTERBUCH möchte sich nicht entscheiden, ob *vinum rivale* auf *Rivoglio* in Kroatien, *Rivoli* im Veronesischen oder *Rivallo* bei Triest zurückzuführen ist.

[133] Diese Formulierung ist keineswegs so zu verstehen, dass die hier konkret bezeichnete Spirituose auch *eau de cerise* genannt würde. Vielmehr ist die Gegenüberstellung eines zumeist mehrgliedrigen fremden Wortes und einer einheimischen Glied-für-Glied-Übersetzung das in dieser Epoche

erscheint dagegen *kirchen-wasser* bei de Dietrich. Bereits ab BOISTE 1803 fehlt das Wort in keinem der konsultierten Wörterbücher; Kirschwasser ist folglich recht schnell sehr beliebt gewesen; dementsprechend lautet die assimilierte Aussprache „kirchvasse" (ENCYCLOPÉDIE MÉTHODIQUE 1805).

schnaps s.m. fam. 'Branntwein' < *Schnaps*
FEW 17,46a, *TLF* 15,175b, *DMD* 694b, *BW* 579a
EB2b: bei Stanislas-Jean Boufflers, vor 1790 (GOHIN 1903:330)
Varianten:
- äußere Form: *schnapps* (*Mémoires du sergent Bourgogne*, Anfang 19. Jh.[134],– LA RUE 1948:176), *schapps* (VILLATTE 1888:265b), *schnape* (SAINEAN 1920:341)
Lexikalische Konkurrenten: s. unter *schnick*
Wortfamilie: *schnapser* 'Schnaps trinken' (SACHS 1894:281c)
Belegstellen: LARCHEY 1865:295

GOHIN 1903 zählt *schnaps* zu den vor 1790 entlehnten Wörtern und verweist auf „Boufflers, p. 151", ohne diese Angabe aufzuschlüsseln. Darauf verzichtet auch der *TLF*. Die Tatsache, dass im gleichen Werk Boufflers' auf S. 139 *steiwein* (s. das folgende Lemma) erwähnt ist, macht es wahrscheinlich, dass es sich um eine Reisebeschreibung handelt; in den mir zugänglichen Ausgaben der Werke Boufflers' habe ich eine passende Stelle nicht finden können.
Schnaps benötigt einige Jahre länger als *schnick*, um in die französischen Wörterbücher aufgenommen zu werden. LAROUSSE 1875:14,366a kennzeichnet den Gebrauch noch als beschränkt durch den Vermerk „quelquefois, par plaisanterie". Aus dem *français familier* ist *schnaps* nie herausgetreten, aus dem regionalen (ostfr.) Gebrauch hingegen schon; laut SAINÉAN 1920:341 sind *schnaps* und *schnape* „également usuels à Paris et dans les provinces." Heute ist nur *schnaps* gebräuchlich, insbesondere als umgangssprachlicher lexikalischer Konkurrent von *eau-de-vie* (s. LAROUSSE GASTRONOMIQUE 1984:911a).

steinwein s.m. 'Frankenwein aus der Nähe von Würzburg' < *Steinwein*
(E)B2b: bei Stanislas-Jean Boufflers, vor 1790 (s. GOHIN 1907:330)

Auf S. 139 im gleichen Werk Boufflers' wie bei *schnaps* hat Gohin *steiwein* [sic] gefunden. In der zitierten Formulierung Boufflers', „un petit verre de ce bon steiwein", klingt an, dass dieser Wein zumindest für ihn und damit vielleicht auch für andere Franzosen kein unbekannter war. Bestätigt wird diese Vermutung durch die Tatsache, dass auch SCHWAN 1784:2,870b „le vin de Stein près de Wirzbourg" verzeichnet. Die Beliebtheit des Steinweins in Frankreich scheint nur eine vorübergehende gewesen sein, denn trotz der zahlreichen Erstbelege für deutsche Weinbezeichnungen im

---

geläufigste Mittel, fremde Wörter, die erst im Anfangsstadium des Entlehnungsvorganges befindlich sind, allmählich zu integrieren (vgl. Anmerkung 81).
Auch DU VERGER 1728:70f. kennt ein *eau de Cerises*, meint damit aber nicht das d. *Kirschwasser*, denn zum einen fehlt ein in diesem Fall zu erwartender Hinweis auf Deutschland bzw. das Elsass, und zum anderen steht dieser Schnaps in einer Reihe zahlreicher anderer *eaux* (*de vanille, de café* usf.), so dass „eau de x" an dieser Stelle lediglich als Umschreibung für Zubereitungen auf der jeweiligen Basis dient.
[134] Laut BRUNOT 9,995n6.

Französischen im 19. Jahrhundert (*deidesheimer*, *hochheimer*, *rudesheimer* etc.) finden sich keine Belege für *stei(n)wein*.

schnick s.m. 'billiger Branntwein' < (süd-)westd. *Schnick*

FEW 17,47b, *TLF* 15,175b, *DMD* 694b, *BW* 579a
EB2b: FRICASSE 1795:57 (*chenik*)
Varianten:
- äußere Form: *schnick* (seit BOISTE 1841:651b), *schnique* (SACHS/VILLATTE 1894:1406a – SAINÉAN 1920:341), *chenique* (LARCHEY 1872:90a – SAINÉAN a.a.O.), *chnick* (E. Corbière, La mer et les marins 1833:5/1,208), *chnic* (LARCHEY 1872:90a mit Verweis auf Bataille, Physiologie du perruquier 1843, – LA RUE 1948:93), *schnik* (DELESALLE 1896:265b), *chnique* (COLIN/MÉVEL/LECLÈRE 1990:581b)

Lexikalische Konkurrenten: u.a. *eau-de-vie* (seit 14. Jh.), →*schnaps* (seit vor 1790) (s. SAINÉAN 1920:341)
Wortfamilie: *schniquer*, *cheniquer* (DELVAU 1889:436a – SAINÉAN a.a.O.), *schniqueur*, *cheniqueur* 'einer, der (viel) Branntwein trinkt' (LAROUSSE 1869:4,15c – DELESALLE 1896:265b)
Belegstellen: ACADEMIE COMPLEMENT 1842:1094a, LAROUSSE 1875:14,368b

Schnick in der Bedeutung 'Fusel' ist laut *FEW* nur im Elsässischen, Lothringischen und Moselfränkischen belegt, doch Fricasse berichtet aus Aachen über die deutschen Soldaten: „leur boisson est de la bonne bière et du *chenik*." Natürlich kann es sich um Soldaten aus dem deutschen Südwesten handeln, doch dafür, dass *Schnick* auch im Ripuarischen nicht unbekannt war (es fehlt aber im RHEINISCHEN WÖRTERBUCH), sprechen auch die in Lüttich belegten Formen *chnik*, *chniquer*, *chnikeû* (*FEW*). Das Wort ist folglich entlang der ganzen Sprachgrenze „wohl hauptsächlich durch die französischen soldaten aufgenommen und nach dem innern Frankreich gebracht worden" (*FEW*). Dort ist *schnick*, insbesondere im Argot und in der Umgangssprache, schnell heimisch geworden, wie auch die Ableitungen zeigen. Wenn auch heutige Wörterbücher leicht verschiedene Definitionen für die folgenden Bezeichnungen angeben, sind solche wie *schnaps* oder *eau-de-vie* lexikalische Konkurrenten (gewesen), doch ist *schnick* bis heute beibehalten worden. Seine Vitalität hat allerdings im Vergleich zum 19. und frühen 20. Jh. nachgelassen[135].

Das *-e-* in den Formen *chenik* und *chenique* ist nicht wie bei *quenelle* ein anaptyktisches (die Aussprache ist [šnik]), sondern beruht vielleicht auf mündlicher Entlehnung. Da die Graphemfolge ‹chn› für die Phonemfolge /šn/ im Französischen sehr ungewöhnlich ist – es sind allerdings *chnick*, *chnic* und *chnique* belegt –, wurde in Analogie zu Wörtern wie *chenil*, *chenal*, *chenu*, →*chenapan* ein *-e-* eingefügt. Da zudem die Graphemkombination ‹(-)sch› für Personen, die nicht kontinuierlich mit →*schapzieger*, →*schlot*, →*schlamm* oder →*schorl* zu tun hatten, eine ungewohnte darstellte, kann die Schreibweise *che-* statt *sch-* auch beim Vorliegen schriftlicher Formen bevorzugt worden sein.

vermouth s.m. 'Aperitif auf Weißweinbasis mit Wermutextrakten' < *Wermut*

FEW 17,565a, *TLF* 17,1042b, *EWFS* 890a, *DMD* 805b, *BW* 668b
EB2b: ACADÉMIE 1798:2,730a (*vermout*)
Varianten:

---

[135] Vgl. auch CELLARD/REY 1991:763b: „Semble désuet après 1918."

- äußere Form: *vermout* (ACADÉMIE 1798 – LAROUSSE 1964:10.754b), *vermoux* (BOISTE 1823:698c – 1851:740c), *wermouth* (SOUVIRON 1868:580a – SACHS/VILLATTE 1894:1624a), *vermut* (LAROUSSE 1876:15,915d), *vermouth* (seit LAROUSSE 1876: 15,915d), *vermuth* (s. BEHRENS 1923:58)

Bei *vermouth* liegt der relativ erstaunliche Fall vor, dass das sonst sehr konservative und damit retardierende Akademiewörterbuch den Erstbeleg für eine Entlehnung aus dem Deutschen liefert. Ab BOISTE 1800 steht sie in allen relevanten Wörterbüchern. Es ist schwer zu beurteilen, ob diese Tatsache darauf beruht, dass das Akademiewörterbuch hier als Autorität gewirkt hat oder darauf, dass sich *vermouth* sich im Sprachgebrauch sehr bald weitgehend durchgesetzt hat. *Vin d'absinthe* in SCHWAN 1784:2,1196b stellt keinen Konkurrenten, sondern nur eine Erläuterung von d. *Wermut* dar.
Dass das auslautende *-t* des Lehnwortes zum Wegfall tendiert hat, legt die Form *vermoux* aus BOISTE 1823 nahe, die sicher als [vɛRmu] zu verstehen ist. Daher dient die Schreibung mit *-th* in der seit LAROUSSE 1876 belegten, heute vorherrschenden Variante vielleicht der Verdeutlichung der Aussprache [vɛRmut]. Wahrscheinlich sind dazu sekundär die zahlreichen Vorbilder deutscher *Wermuth*-Formen des 18. und 19. Jhs. herangezogen worden.

3.1.2. Kleidung

dolman s.m. 'Weste der Husaren' < *Dolman*
FEW 19,41b, *TLF* 7,391b, *EWFS* 327a, *DMD* 231a, *BW* 200b
EB2a: Rousseau 1763 (laut RITTER 1905:114)
Varianten:
- äußere Form: *dolmen* (Maupassant, *Le Horla et autres contes*, s.l. 1996 (EDDL), 94)
- semantisch: 'Kleidungsstück in der Form eines Dolmans' (seit A. Daudet, *Fromont jeune et Risler aîné*, 1874:138)

Lexikalische Konkurrenten: zeitweilig *doliman*, s.u.
Belegstellen: LE COUTURIER 1825:290 (s.v. *hussard*)

Während fr. *doliman* 'langes türkisches Gewand' bereits 1519 belegt ist (*TLF* 7,391a) und direkt auf türk. *dolama* 'roter Paradmantel der Janitscharen' zurückgeht, ist *dolman* aller Wahrscheinlichkeit nach aus dem Deutschen entlehnt worden. Hierfür spricht zum einen, dass *Dolman* im Deutschen schon seit etwa 1500 belegt ist (WEIGAND 1,366b), und zum anderen die von *doliman* abweichende Bedeutung 'Husarenwams', zumal auch die französische Bezeichnung der Husaren selbst (*hussard*) sowie einiger ihrer Utensilien (z.B. *sabretache*, vielleicht auch *cravache*) aus dem Deutschen stammen. *Dolman* ist im Französischen seit 1763 belegt, allerdings nur in der Bedeutung 'armenisches Unterkleid'. Da das DEUTSCHE WÖRTERBUCH 2,1231 für d. *Dolman* die Bedeutung 'das kürzere wamms unter dem pelz der husaren' angibt, ist anzunehmen, dass Rousseaus *dolman* mit *dolman* in der modernen Bedeutung direkt zusammenhängt, die erstmals 1812 belegt ist (Jouy, *L'Hermite de la chaussée d'Antin* 2,182).
Wie aus einer im *TLF* 7,391a zitierten Stelle aus den *Mémoires de Vidocq* 1828/29 hervorgeht, ist *dolman* gelegentlich mit *doliman* verwechselt worden, doch stellt letzteres allenfalls bis zur Mitte des 19. Jahrhunderts einen Bezeichnungskonkurrenten

dar, da *dolman* laut Auskunft der Wörterbücher bis zu dieser Zeit seltener ist: *dolyman* steht schon in COTGRAVE 1611, *dolman* erst in RAYMOND 1835:1,458a In der Folgezeit vertauscht sich der Bekanntheitsgrad, sicherlich vor allem weil die Bedeutung von *dolman* sich ausdehnt und von der rein militärischen Verwendung fortentwickelt, während *doliman* ein geschichtswissenschaftlicher Terminus bleibt.

3.1.3. Vergnügung und Geselligkeit

Gaste in der angenommenen Bedeutung 'Festmahl' ist kein deutsches Lehnwort im Französischen. Aus dem in LE ROUX 1752 zu findenden Eintrag und der daraus folgenden Notiz in *FEW* 16,25a entsteht jedoch dieser Eindruck, so dass an dieser Stelle kurz auf das „Wort" eingegangen werden soll. Le Roux schreibt: „GASTE. Pour repas, ou festin magnifique, régal, banquet. Mot qui vient de l'Allemand", und zitiert die folgende Passage aus dem Gedicht *Voyage de Brême* (= CLEMENT 1676:29): „Parlons plutôt de notre gaste [im Original nôtre Gaste], / Qui se fit avec bien du faste"; bei Clément geht es weiter: „le lendemain dimanche au soir / où l'hôte monstra le pouvoir / Qu'il avoit de nous faire faire / Atous une tres bonne chere." Le Roux hat *gaste* direkt aus dieser Quelle übernommen, denn in der Ausgabe von 1718 fehlt es; es ist folglich kein lebendiges Wort des umgangssprachlichen Französischen bzw. des nicht-klassischen Vokabulars gewesen (denn dieses nimmt Le Roux in seinem *Dictionnaire comique, satyrique, critique, burlesque, libre & proverbial* auf). Auch aus SCHMIDLIN 1777:7,75a („Als ein *substantivum* hieß *gaste ein Schmauß, Gastmahl, Freudenfest u.d.g.") kann nicht auf einen tatsächlichen Gebrauch im Französischen geschlossen werden, denn hier wird erkennbar Le Roux 1752 kolportiert. Weitere Belege für *gaste* liegen mir nicht vor.

Nachdem deutlich geworden ist, dass das Wort im 18. Jahrhundert nicht gelebt hat, muss doch zumindest der Originalbeleg von 1676 unter die Lupe genommen werden. Der Wortlaut ist bereits genannt worden; doch auch hier ist *gaste* nicht als Lehnwort zu verstehen. Ebenso wie *gelt* (d. *Geld*) und *groche* (d. *Groschen*, s. unter *groschen*), wird das Wort lediglich scherzhaft zu Reimzwecken gebraucht, wie es überhaupt im ganzen Text von vergleichbaren Wortspielen wimmelt. Dennoch ist es nicht uninteressant, zu wissen, welches Wort hier überhaupt verballhornt wird. D. *Gastmahl* passt zwar semantisch einwandfrei, scheidet aber aus formalen Gründen aus: hätte Clément aus *Gastmahl gaste* gemacht, hätte weder ein Franzose noch ein Deutscher mit dem Wortspiel etwas anfangen können. Drei andere Möglichkeiten scheinen sich anzubieten:

1. D. *gasten* in der Bedeutung 'zu Gast haben, bewirten' (DEUTSCHES WÖRTERBUCH 4,1473), z.B. in „Viel zehren und gasten / leert Keller und Kasten" (Beleg von 1668, also sehr zeitnah). Clément kann ein substantiviertes *Gasten* missverstanden haben als 'Schmauß'; ein großes Gasten hat ja zweifellos stattgefunden.
2. Ebenfalls ein Missverständnis: in einer Phrase wie „Darf ich Sie zu Gaste bitten / laden" oder „irgendwo zu Gaste gehen" kann Clément *Gaste* ebenso als 'Gastmahl' aufgefasst haben, wie dies ADELUNG 1811:2,429 tut, der – korrigiert vom DEUTSCHEN WÖRTERBUCH 4,1470 – aufgrund vergleichbarer Wendungen ein s.f. *Gaste* rekonstruiert, das aber isoliert nie gelebt hat.
3. Formal etwas schwieriger, aber semantisch naheliegend ist d. *Quas, Quast* 'Schlemmerei' (DEUTSCHES WÖRTERBUCH 7,2338f.), das auch im Niederdeutschen existiert (schließlich handelt es sich um eine Reise nach und um Bremen). SCHILLER/LÜBBEN 3,405a führen die Hamburgische Redewendung „daarna gast, daarna quast" auf, d.h. „wie der Gast ist, so tafelt man ihm auf" (DEUTSCHES WÖRTERBUCH 7,2329). Vielleicht hat Clément in Bremen Ähnliches aufgeschnappt.

Das *FEW* stellt *gaste* mit wall. *gas(se)* in identischer Bedeutung zusammen und leitet es aus d. oder nl. *Gast* (dann „liegt eine jener eigentümlichen verschiebungen vor, wie sie bei entlehnungen oft zu konstatieren ist"), d. *gasten* oder *Gastmahl* her. Es kommen wohl auch hier die o.g. Möglichkeiten in Frage; während rhein. *ze Jass jonn* aus formalen Gründen ausscheidet ([j-]), liegt das nl. *te gast gaan*, explizit als 'sich's schmecken lassen' belegt (*Wolters Handwörterbuch Niederländisch-Deutsch. Neubearbeitung von Wilhelmus H. Wallis, Berlin u.a. 1976:236a*), nahe. Indes sind damit nicht alle an d. *Gast* anklingenden französischen Formen erklärt; sie scheinen uns geradezu zu verfolgen. CHAPPE D'AUTEROCHE 1769:1,308 berichtet aus Russland: „On fait un très grand plaisir aux Habitants de les aller voir; c'est ce qu'on appelle aller en *gast*." Ein Festmahl ist hier nicht gemeint; es drängt sich wiederum der Gedanke an *zu Gast gehen* auf. Doch Chappe d'Auteroche schreibt aus Russland; bei allem deutschen Kultureinfluss ist hier eine russische Wendung zu erwarten. Tatsächlich existiert *uòmú в гóсти* 'zu Gast gehen' (*Russisch-deutsches Wörterbuch* unter Leitung und Redaktion von H.H. Bielfeldt, Berlin 1968:130a), in auffälliger Parallelität zum deutschen Ausdruck. Warum gibt aber Chappe d'Auteroche dies nicht mit einem idiomatischen französischen Ausdruck wieder? Da das *o* in der genannten russischen Wendung betont ist, wird es nicht zu *a* verdumpft; um eine Wiedergabe von *гóсти* bzw. des Nominativs *гость* kann es sich daher kaum handeln. Eine sehr zeitnahe Interpretationshilfe bietet DE MAUVILLON ²1764:1,24f.:

> „En Allemagne, quand une personne dit à une autre, *voulez-vous être mon gaste?*, cela signifie, *je vous invite à dîner* ou *à souper*, *& je veux payer pour vous*. Ce mot *gaste* est dans la bouche de la plupart des François de ce Pays [Auch Chappe d'Auteroche ist durch Deutschland gereist!]; mais cela ne lui donne pas droit de Bourgeoisie dans notre Langue, & ceux qui se piquent de la bien parler doivent dire, *voulez-vous manger ma soupe, dîner* ou *souper avec moi?*"

Hat Chappe d'Auteroche dieses *gast(e)* in seinen Wortschatz übernommen? Es scheint, als habe sich das deutsche Wort in manchen Zusammenhängen, so etwa in dem o.g. russischen, besonders angeboten, da *aller en hôte* oder *convive* im Französischen nicht idiomatisch ist. Das gleiche haben wohl Franzosen in Deutschland empfunden, die statt unfranzösischem „Voulez-vous être mon hôte / convive?" das d. *Gast* übernommen haben.

estrac adj. 'sehr mager (von Pferden, Terminus der Reitkunst)' < *strack*
FEW 17,250a
EB2a: GUILLET 1678:1,107
Varianten:
- äußere Form: *extrac* (SACHS/VILLATTE 1894:629c)

Lexikalische Konkurrenten: *étroit (de boyau)*
Belegstellen: CORNEILLE 1694:1,400b, ENCYCLOPÉDIE 1755:5,1009a, MOZIN 1826:1/2,100c, RAYMOND 1835:1,543c („vieux"), CARDINI ²1848:1,475
LB: SACHS/VILLATTE 1894:605c

GUILLET 1678:1,107 schreibt: „Cheval estrac, c'est à dire qui a peu de corps, peu de ventre, peu de flanc, qui est serré des costes." Er verweist daneben auf *étroit*, was auf S. 111 in der Wendung *étroit de boyau* als synonym verzeichnet wird. Als solches fungiert auch *étroit* alleine, was bis ins 19. Jh. geradezu mechanisch wiederholt wird: kaum ein Text, in dem s.v. *estrac* nicht auf *étroit* verwiesen wird. *Étroit* scheint schon im Laufe des 18. Jhs. *estrac* verdrängt zu haben, denn zumindest ist letzteres laut ENCYCLOPÉDIE 1755:5,1009a ein „terme dont nous ne faisons plus aucun usage." Daher steht *estrac* in starkem Verdacht, in späteren Wörterbüchern bloß kopiert zu sein; erst RAYMOND 1835 kennzeichnet es wieder als veraltet. Zwar sollte Cardini als Autor eines *Dictionnaire d'hippiatrique et d'équitation* als zuverlässige Quelle vermutet werden, doch lässt das auch hier gebetsmühlenartig wiederholte „On l'appelle autrement cheval étroit" diesen Beleg ebenfalls fragwürdig erscheinen. Sicherlich aussagekräftig ist, dass Pierre Larousse *estrac* nicht mehr aufnimmt.

vidrecome s.m. 'großer Umtrunkbecher' < *Wiederkomm*
FEW 17,578a, *TLF* 16,1120b, *EWFS* 894b, *DMD* 810a
EB2b: *Inventaire des meubles de la Couronne* 1685 in HAVARD 1890:4,1694b (*vidercum*)
Varianten:
- äußere Form: *vidrecome* (seit *Le Bal de Strasbourg* 1763[1744]:14), *wedrecome* (Venedey, *Die Deutschen und Franzosen in Heidelberg* 1842:35), *vidercome* (COMPAGNIE DES CRISTALLERIES DE BACCARAT 1977:136)

Belegstellen: TRÉVOUX 1752:7,795a

Ein *Wiederkomm* 'Tringefäß' fehlt zwar im DEUTSCHEN WÖRTERBUCH, doch ist es z.B. bei Venedey 1842 belegt.
Die im *TLF* mit dem Vermerk „archéol." versehene Bedeutungsangabe 'Grand verre à boire qu'on faisait circuler dans les festins, en Allemagne et en Flandre, que chaque convive devait vider à son tour' deckt sich nur bedingt mit den mir vorliegenden Belegen. Für die Tatsache, dass der Brauch in den genannten Regionen heimisch war, sprechen die Formen rouchi (Umgebung von Valenciennes), flandr. *vidercome* (*FEW*). Dass dieser Brauch sich jedoch zumindest zeitweise in weiteren Teilen Frankreichs durchgesetzt hat, bezeugt Venedey a.a.O.: „[...] das *Wedrecome* (Wiederkomm), das in Frankreich ein besonderes, sehr grosses Glas bedeutet, welches am Ende einer Mahlzeit unter den Gästen herumgeht". Dass ein *vidrecome* auch individuell geleert werden konnte, belegen etwa LE BAL DE STRASBOURG 14 („Je vois venir un fort honnête-homme / Pour vous présenter le Vidrecome"[136]) und Théophile Gautier (s. MATORE 1951:250, „Ce lansquenet de Terburg, qui boit chez une courtisanne dans un vidrecome démesuré"). Die Bemerkung „archéol." im *TLF* mag sich mithin auf den beschriebenen germanischen Brauch beziehen, doch im Französischen ist das Wort bis mindestens zur Mitte des 19. Jahrhunderts durchaus lebendig[137].

wirtschaf s.m. 'Kostümfest an deutschen Fürstenhöfen' < *Wirtschaft*
EB2a: PRÉVOST 1750:2,781a (*wirtschaf*)
Varianten:
- äußere Form: *wirschaf* (DYCHE 1756:2,568a), *wurtchafft* (ENCYCLOPÉDIE 1765:17,645a), *wirthschaft* (ACADÉMIE COMPLÉMENT 1842:1271a – LAROUSSE 1876:15,1356a)
- morphologisch: s.f. (LAROUSSE 1876)

LB: LAROUSSE 1876

Dem DEUTSCHEN WÖRTERBUCH 14/2,668 zufolge insbesondere in der Zeit des Absolutismus gebraucht. Das Wort mag in französischen Adelskreisen teilweise bekannt gewesen sein, da zweifellos auch französische Gäste zu deutschen Kostümfesten geladen wurden: die französischen Formen deuten durch die typische Vereinfachung ungewohnter Konsonantenverbindungen (*-rtš-*, *-ft*) in *wirschaf* und das

---

[136] Es handelt sich um eine einzelne angesprochene Person. Auf dieser Textstelle und ebda. S. 19 „la cérémonie du Vidrecome" dürfte die von TRÉVOUX 1752 bis 1771:8,389a zu findende Bedeutungsangabe „vin qu'on présente en cérémonie à une personne" beruhen, die schon von Wartburg im *FEW* als falsche Interpretation im Verdacht hat.

[137] Ebenso unangebracht ist daher der Kommentar in LAROUSSE GASTRONOMIQUE 1984:1027c „Grand récipient à boire d'origine allemande, en usage au Moyen Âge", wie auch die Bedeutungsangabe des Etymons sehr ungenau ist („signifie littéralement «reprendre à boire»"). Derartige Angaben scheinen Tradition zu haben, vgl. auch COMPAGNIE DES CRISTALLERIES DE BACCARAT a.a.O., „ce mot qui signifiait «au revoir»"!

-*u*- als Wiedergabe des ungespannten deutschen -*i*- in *wurtchafft* auf einen mündlichen Gebrauch des Wortes hin. In ENCYCLOPÉDIE 1765 wird Genaueres über *wurtchafft* berichtet: „c'est le nom allemand que l'on donne à Vienne à l'ancienne fête de l'*hôte* ou de l'*hôtesse*. L'empereur Léopold renouvella pour Pierre le grand cette fête [...]." Noch in LAROUSSE 1876 wird die Wirtschaft als zeitgenössisches Gesellschaftsspiel genannt, allerdings nicht in deutschen Enzyklopädien des 19. Jhs. (Meyer, Brockhaus). ADELUNG 1811:4,1577a kennt diese Bedeutung noch.

album s.m. 'Heft für Reiseeindrücke' < lat.-d. *Album amicorum*
FEW 24,309a, *TLF* 2,451a, *EWFS* 25b, *DMD* 18a, *BW* 17a
EB1: DE SAINT-EVREMOND 1978[1662]:57
EB2a: TRÉVOUX 1752:1,394[138]
Varianten:
- semantisch: 'Sammelalbum für Briefmarken etc.' (seit H. Meilhac/L. Halévy, *La Belle Hélène*, 1865:1/7,186)[139], 'Hülle für mehrere Schallplatten' (seit ROBERT 1951:1,101a)[140], arg. *album de famille* 'Verbrecherkartei' (seit 1939, s. ESNAULT 1965:8a)

DE SAINT-EVREMOND 56f. stellt einen typischen EB1 dar, denn hier berichtet in einem französischen Text ein (deutscher) Sprecher über den deutschen Sprachgebrauch:

„C'est une coûtume générale en *Allemagne* que de voyager: nous voyageons de Pere en Fils, sans qu'aucune affaire nous en empêche jamais [...]. Lors que nos Voyageurs sont Gens de Lettres, ils se munissent en partant de chez eux d'un Livre blanc, qu'on nomme Album Amicorum, & ne manquent pas d'aller visiter les Sçavans de tous les lieux où ils passent, & de le leur présenter afin qu'ils y mettent leur Nom [...]."

Noch für Rousseau ist *album* ein Xenismus[141]; auf der formalen Seite spricht sich erst BESCHERELLE 1853:1,120a explizit für eine assimilierte Pluralform *des albums* statt *des album* aus – die Landais laut Bescherelle noch verworfen hatte –, „le mot étant d'un fréquent usage dans notre langue [et] parfaitement français aujourd'hui [...]." Ungeachtet dieses Zweifelsfalles steht *album* seit TRÉVOUX 1752 in allen konsultierten Wörterbüchern.

Lexikalische Konkurrenten fehlen; sicherlich sind *registre personnel* oder *recueil personnel* gelegentlich anstelle von *album* gebraucht worden, ohne jedoch die Gefahr darzustellen, den Spezialausdruck zu verdrängen.

Inwiefern die Bedeutungsveränderungen, die das Französische wie das Deutsche betreffen, eigenständige Entwicklungen der jeweiligen Sprache sind, bleibt durch Belegvergleiche zu klären.

---

[138] „On y joint ordinairement le mot *amicorum*."
[139] Laut KLUGE[23]:25b zuerst im Deutschen.
[140] Diese Bedeutung ist laut KLUGE a.a.O. aus dem Englischen in die anderen Sprachen übergegangen; das *OED*² (1,298a) kennt allerdings erst einen Beleg von 1957.
[141] 1763 schreibt er: „Un Allemand porte son album chez tous les savants", s. *TLF* 2,451a. Vgl. auch ACADEMIE 1762:1,49b „cahier que les étrangers portent en voyage, sur lequel ils engagent les personnes illustres à écrire leur nom, & ordinairement avec une sentence", dagegen ACADEMIE 1835:1,51c: „cahier que portent les voyagers"; das zugehörige Textbeispiel lautet aber auch hier: „*Ce jeune Allemand vous prie d'inscrire votre nom sur son album.*"

vilcom s.m. 'Willkommenbecher' < *Willkomm*
FISCHER 1991:275
EB2a: JOURNAL ÉTRANGER Okt. 1755:156 (*wilkom*)
Varianten:
- äußere Form: *velcome* (BOISTE 1851:746a), *willkomm* (LITTRÉ 1872:Additions – SACHS 1894:327a), *vilkome* (Karl Sachs, *Encyklopädisches deutsch-französisches und französisch-deutsches Wörterbuch* 1873 – Guérin, *Dictionnaire des dictionnaires* 1890)
- semantisch: 'Trinkgefäß aus böhmischem Glas' (LITTRÉ 1872 – LAROUSSE 1933:6,1883c)

Lexikalische Konkurrenten: →*vidrecome* (seit *Inventaire des meubles de la Couronne* 1685)
Belegstellen: NOUVEAU DICTIONNAIRE 1790:2,1721b, BOISTE 1800:469c
LB: LAROUSSE 1933

Das Anstoßen mit dem Willkomm oder Willkommbecher (DEUTSCHES WÖRTERBUCH 14/2,193) hat in Deutschland eine bis ins Mittelalter zurückreichende Tradition, und aus mhd. *willekommen* bzw. mnl. *willecome* sind bereits ital. *bellicone* 'großer Becher' und afr. *wilecome, velcome* 'großer Becher zum Zutrinken' entlehnt worden (*REW* 9538b)[142]. Eine parallele Entwicklung erfahren das Italienische und das Französische auch dadurch, dass sie das deutsche Wort im 17. bzw. 18. Jahrhundert beide neu entlehnen[143]. Gemeinsam ist den beiden Sprachen auch, dass die frühesten Belege dieser Neuentlehnung nur in Texten anzutreffen sind, die entweder in Deutschland entstanden sind oder einen sonstigen Bezug zu Deutschland haben. Der französische Erstbeleg im *Journal Étranger* bezieht sich auf die „Description du Trésor royal de Dresde"; dort heißt es: „Parmi les tasses à boire et les *Wilkom*", in Fußnote b erläutert als „un verre dans lequel on boit à la bien venue de quelqu'un"[144]. Es folgt ein Beleg im Wiener *Nouveau Dictionnaire* von 1790, bevor mit BOISTE 1800 ein einsprachiges französisches Wörterbuch *vilcom* aufnimmt. In Anbetracht der Belege ist nicht auszuschließen, dass *vilcom* bzw. ital. *bilcomo* in der Sprache in Deutschland lebender Franzosen bzw. Italiener früher gelebt hat, als es in den jeweiligen Ländern Aufnahme gefunden hat.
Aufgrund der Verallgemeinerung der Bedeutung zu 'großes Trinkglas' gerät *vilcom* in Konkurrenz zu *vidrecome*, so dass z.B. BOISTE 1851:746a unter *vilcom* „*voy. Vidrecome*" schreibt, welches 744c als 'grand verre à boire' erscheint; SCHMIDT ~1845:891a gibt unter *Willkommen* (großer Becher) nur *vidrecome* an. Eine Bedeutungsspezialisierung dagegen erscheint in LITTRÉ 1872.

hautboïste s.m. 'Oboenspieler' < *Oboist* bzw.*Hautboist*
FEW 1,454a, *TLF* 10,725b, *DMD* 366a, *BW* 317b
EB2b: NIEBUHR 1780:2,95[145] (*Hautboiste*)
Varianten:
- äußere Form: *oboïste* (seit Littré, s. THOMAS 1897:56)

Lexikalische Konkurrenten: *hautbois* (so seit 1508)

---

[142] Der Verweis auf das Trinkgefäß fehlt in *FEW* 17,583a s.v. mnl. *willecome* ganz.
[143] Der neue italienische Erstbeleg ist Nicolò di Castelli, *Fontana della Crusca*, Leipzig 1700 (*bilcomo*).
[144] Das italienische Wort findet sich nach Castelli zunächst bei Matthias Kramer, *Das herrlich große Teutsch-Italiänische Dictionarium*, Nürnberg 1702 und, hieraus übernommen, in J. Chr. Adelung, *Versuch eines vollständigen grammatisch-kritischen Wörterbuches der Hochdeutschen Mundart*, Leipzig 1786.
[145] Verfasst worden ist der zweite Band spätestens 1779.

Der deutsche Erstbeleg von *Hautboist* (SCHMIDLIN 1779:8,84b) und das erstmalige Auftreten von fr. *hautboïste* in einem aus dem Deutschen übersetzten Text[146] legen nahe, dass das Wort aus dem Deutschen entlehnt worden ist und keine „unregelmäßige" (*DG* 1230a) Ableitung – statt **hautboisiste* – zu fr. *hautbois* darstellt[147]. Es ist aber auch als Ableitung durchaus denkbar.
Seit LAROUSSE 1873:9,111a verzeichnen alle großen Wörterbücher *hautboïste*, doch hat das Wort damals wie heute einen schweren Stand neben metonymisch gebrauchtem *hautbois* 'Oboist', das schon im frühen 16. Jh. nachgewiesen ist (*FEW* 15/1,207b) und bis heute bevorzugt wird.

valse s.f. 'Walzer' < *Walzer*
FEW 17,497a, *TLF* 16,909a, *EWFS* 883a, *DMD* 799b, *BW* 663a
EB2b: D'ALBIS 1787:38 (*walz* pl.)
Varianten:
- äußere Form: *walse* (Desgranges, *Petit dictionnaire du peuple* 1821:159 – SACHS/VILLATTE 1894:1623a), *valse* (seit BOISTE 1800:462b)
- semantisch: 'Walzermelodie' (seit RAYMOND 1824), 'rasches Aufeinanderfolgen von kurzlebigen Dingen' (seit 1963, *Le Canard enchaîné* 20.11., S. 2,4), 'rasche Folge von Amtsinhabern' (seit Paul Robert, *Dictionnaire alphabétique et analogique de la langue française* 1964), arg. 'Zahlungsaufforderung' (CARADEC 1977:245b), 'Bier mit Pfefferminzzusatz' (*ebda.*)

Wortfamilie: *valsomanie* 'Walzermode' (1894) und s. unter *valser*

D. *Walzer* ist erst seit 1781 belegt, doch ist der Tanz zu dieser Zeit derart in Mode gekommen, dass er schon wenige Jahre später auch in abgelegeneren französischen Orten verbreitet war; Pauline-Victoire d'Albis schreibt am 15. Januar 1787 aus St-Jean-de-Bruel (Aveyron): „On ne danse point d'anglaise, c'est toujours des suaves et des walz […]."
Die lautlich und graphisch assimilierte Form *valse* erscheint bereits 1800 in BOISTE. Das feminine Genus ist wohl durch *danse* beeinflusst und durch das *-e* der Graphie umso leichter etabliert worden.

valser v.intr. 'Walzer tanzen' < *walzen* oder Ableitung zu *valse*
FEW 17,497b, *TLF* 16,909a, (*EWFS* 883a), (*DMD* 799b), (*BW* 663a)
EB2b: LE RODEUR FRANÇAIS 9 (20.12.1789)
Varianten:
- äußere Form: *walser* (Desgranges, *Petit dictionnaire du peuple* 1821:159)
- semantisch: arg. 'fliehen' (D'HAUTEL 1808:2,380), arg. 'schnell und wild hin und her bewegt werden' (DELESALLE 1896:300b), 'werfen' (CARADEC 1977:245b), *valser du bec* 'aus dem Mund stinken' (VILLATTE 1888:299a bis DELESALLE 1896:300a)

Wortfamilie: *valseur* 'Walzertänzer' (seit L.S. Mercier, *Néologie* 1801), 'torkelnder Betrunkener' (1885, s. COLIN/MÉVEL/LECLÈRE 1990:653a), 'Hintern' (seit Jean Lacassagne, *L'argot du milieu*

---

[146] „De l'autre coté de la Cour, il y-a un batiment étroit et élevé, sous lequel […] se placent les musiciens, comme les Tambours, les Tympanistes et les Hautboistes […]."
[147] Die hier vertretene Auffassung entspricht auch der des *TLF*, obwohl das Wort dort formal-synchronisch als Ableitung von *hautbois* klassifiziert wird. Die theoretisch mögliche, von THOMAS 1897:56 vorgebrachte und noch von *FEW* 1,454a erwogene Herleitung aus ital. *oboista* scheidet aus, da dieses laut PRATI 1951:696b erst 1853 belegt ist, laut *DELI* 1056c erst 1869. Die Form *oboïste* ist durch die italienische oder jüngeres d. *Oboist* beeinflusst worden.

1928:204), *valseuses* 'Hoden' (seit 1905, s. CELLARD/REY 1991:846a), *valserie* (Name einer Aufführung, 2002)

Es ist nicht zu entscheiden, ob *valser* eine Ableitung zu *valse* oder unmittelbar aus d. *walzen* 'Walzer tanzen' (belegt seit 1760) entlehnt ist. In jedem Fall ist das Wort im Zuge der *valsomanie* ebenso schnell wie *valse* integriert worden[148] und fehlt ab BOISTE 1800:462b in keinem Wörterbuch[149].

3.1.4. Medizin und Krankheit

soda^1 s.m. 'Sodbrennen' < lat.-d. *soda*
FEW 17,160b
EB2a: CORNEILLE 1694:2,406a
Varianten:
* morphologisch: s.f. (BOISTE 1841:666a)

Lexikalische Konkurrenten: *aigreurs* pl. (seit 11. Jh.), *brûlures d'estomac*, *pyrosis* oder *pyrose* (seit 1771), *ardeur d'estomac*
Belegstellen: ZEDLER 1743:38,833a (s.v. *Sood*), DYCHE 1756:2,412b, ENCYCLOPÉDIE 1765:15,265b, NOUVEAU DICTIONNAIRE 1790:2,1557a, RAYMOND 1832:2,506a, LANDAIS 1853:2,622b
LB: SACHS/VILLATTE 1894:1437a

Das *FEW* begnügt sich mit dem Kommentar zu d. *Sod*: „Es ist von den das wort übernehmenden medizinern an fr. *soda* angelehnt worden." Es ist dies eine ausnehmend elliptische Bemerkung, denn das heute allein bekannte fr. *soda^2* 'Brause' tritt, als Kürzung aus engl. *soda-water*, erst 1837 auf. Woran – bereits im Deutschen – tatsächlich angelehnt worden ist, eröffnet das DEUTSCHE WÖRTERBUCH 10,1395 s.v. *Sod*:

„*mit diesem sôd sind im mittelalter verschiedene namen von kopfkrankheiten zusammengeworfen, die nach dem arabischen des Avicenna mittellateinisch mit* soda *bezeichnet werden*."

Dies ist nicht so zu verstehen, dass mlat. *soda* auch 'Sodbrennen' bedeutet, sondern dass mhd. *sôt* zur Bezeichnung unterschiedlicher „Kopfkrankheiten" dienen konnte, s. LEXER 203a. Die Bedeutung von mlat. *soda* ist laut DUCANGE 7,507b (hier keine Genusangabe) ausschließlich 'Migräne'. Diese Bedeutung hat *soda* auch im Altokzitanischen (LEVY 7,738), älteren Portugiesischen (s.f., MACHADO 6,117b) und älteren Italienischen (s.f., BATTAGLIA 19,237c). Die Bedeutung 'Sodbrennen' hat lat. *soda* offenbar nur bei deutschen Autoren, vgl. Corneille:

„Nom que donnent les Auteurs Allemans à une ébullition ou effervescence de matieres excrementeuses qui se fait dans l'estomac & qui est

---

[148] Es wird im *Rôdeur Français* bereits ganz ungehemmt in einem Gedicht verwendet: „Nous valserons, vous dis-je, & voici mon avis / […]."
[149] BEHRENS 1923:96n9 entnimmt dem *Morgenblatt* vom 6. Dezember 1828, S. 1171, dass der Walzer in Paris „noch in den zwanziger Jahren des 19. Jahrhunderts wenig getanzt wurde." Vielleicht ist die Walzermode in Frankreich nicht von Paris ausgegangen (s. unter *valse*); doch ist die Beliebtheit schon zu Beginn des Jahrhunderts ausreichend groß gewesen, dass Boiste das Wort aufnahm.

accompagnée d'une douleur & ardeur d'estomac, comme s'il s'élevoit des fumées enflammées par l'œsophage."

Das *soda* des deutschen Lateins ist folglich ins Französische *tel quel* übernommen worden[150]. In die Alltagssprache ist es nicht vorgedrungen.
Erst viel später als in anderen romanischen Sprachen sind auch im Französischen die Bedeutung 'Migräne' (spätestens BOISTE 1841, bis LAROUSSE 1875:14,810c) sowie das feminine Genus greifbar.

falltranck s.m. 'medizinischer Kräutertee aus der Schweiz' < schweizerd. *Falltrank*
FEW 15/2,105
EB2b: DU VERGER 1728[1726]:116 (*Faltrank*)
Varianten:
- äußere Form: *faltrank* (DU VERGER bis GUÉRIN 1892:6,1153c s.v. *vulnéraire*), *faltranck* (DU VERGER 121 bis Bescherelle, *Dictionnaire national* 1858), *faltran* (MERCURE Februar 1732, s. TRÉVOUX 1743:3,57 – ACADÉMIE COMPLÉMENT 1838:466d), *faltranch* (VALMONT DE BOMARE 1764:2,349), *faltranc* (Tissot, *Avis au peuple sur sa santé* ³1766:45), *falltranck* (VALMONT DE BOMARE 1791 *bis Larousse Universel en deux volumes* 1922), *falltrank* (LITTRÉ 1869:1611b)
- semantisch: 'Schweizer Heilkräuter' (ACADÉMIE COMPLÉMENT 1838), 'Aufguss aus Arzneikräutern' (s. BEHRENS 1923:62)

Lexikalische Konkurrenten: *thé suisse* (VALMONT DE BOMARE 1764 (*thé de Suisse*) – GALTIER-BOISSIERE 1922:1158a), *vulnéraires suisses* (VALMONT DE BOMARE 1764 – GALTIER-BOISSIERE 1922)
Belegstellen: RICHELET 1735:2,11a (*faltranck*), GATTEL 1797:1,643b[151]
LB: Larousse 1922[152]

Das Etymon *Falltrank* scheint nur im Schweizerdeutschen gebräuchlich gewesen zu sein, denn das DEUTSCHE WÖRTERBUCH 3,1291 zitiert nur Franz Josef Stalder, *Versuch eines schweizerischen Idiotikon* 1806:1,153 mit der Bedeutung „ein mittel, das man krankem vieh gegen den fall eingibt." Im SCHWEIZERISCHEN IDIOTIKON findet sich ein Lemma *Falltrank* nicht. Offensichtlich hat der Falltrank aber auch den Menschen gutgetan, denn als veterinärmedizinischer Exportartikel tritt er nicht in Erscheinung, sondern ausschließlich als Medizin, die „verwundeten und solchen, die einen schweren nervenschock erlitten hatten, verabreicht" wurde (*FEW*).
Der Falltrank ist zum Zeitpunkt des vorliegenden Erstbeleges im Französischen keine völlige Neuigkeit, denn du Verger hat bereits verschiedene Erfahrungen damit gemacht: „Le Faltrank qu'on nous apporte de Suisse, n'est pas toûjours égal, j'en ai éprouvé d'excellent & de tres defectueux, même tout-à-fait falsifié" (116). Dass die Schweizer Heilkräuter schon zuvor in Frankreich bekannt waren, belegt auch ACADÉMIE 1718:2,813b s.v. *vulneraire* adj.: „On prise fort les herbes vulneraires des montagnes de Suisse."

---

[150] Aus dem Deutschen oder Französischen hat auch das Italienische sekundär die Bedeutung 'Sodbrennen' entlehnt, s. Tramater, *Vocabolario universale italiano* 1829-1840, das feminine Genus in Analogie zu *soda* 'Migräne' aber beibehalten.
[151] Dieser Beleg ist insofern auffällig, als das Wörterbuch Gattels in der Korpuszusammenstellung ein konservatives ist; von den deutschen Lehnwörtern des 17. und 18. Jahrhunderts verzeichnet es kaum eines.
[152] So *FEW*. Der zeitgleiche Fachtext Galtier-Boissières kennt *falltranck* nicht mehr, so dass dessen Vitalität schon vor 1922 verblasst sein muss.

Zwischen RICHELET 1735 und LAROUSSE 1922 fehlt das Wort in keinem der maßgeblichen Wörterbücher. Es kursieren zwar auch andere Bezeichnungen, nämlich *vulnéraires suisses* oder *thé suisse* (auch im Deutschen: *Schweizer-Tee*), doch ist *falltranck* als Produktbezeichnung stabil, bis die Arznei zu Beginn des 20. Jahrhunderts – sofern die Wörterbücher uns nicht trügen – aus der Mode kommt.

<u>*nostalgie* s.f. '(krankhaftes) Heimweh' < lat.-d. *nostalgia*</u>
FEW 7,196a, *TLF* 12,242b, *EWFS* 650a, *DMD* 510b, *BW* 435a
EB2a: LIEUTAUD 1769:1,309
Varianten:
- semantisch: 'melancholische, nostalgische Stimmung' (seit Balzac, *La recherche de l'absolu* 1834)
Lexikalische Konkurrenten: s. unter *hemvé*
Wortfamilie: *nostalgique* adj. '(med., milit.) Heimweh verspürend' (seit *La décade* an IX/2:12,134), 'nostalgisch' (seit Baudelaire, *Paradis artificiels* 1860), s.m. 'jemand, der Heimweh hat' (Bescherelle, *Dictionnaire national* 1845 – LAROUSSE 1874:11,1102b), 'Nostalgiker' (seit Lorrain, *Heures de Corse* 1905:42), *nostalgier (sur) quelque chose* 'einer Sache wehmütig gedenken' (2003), *nostalgiste* 'Nostalgiker' (2003), *nostalgisme* 'nostalgische Grundhaltung' (2003)
Belegstellen: Nicolas, *Nosologie méthodique* 1771:2,684ff., ENCYCLOPEDIE SUPPLEMENT 1777:4,60a, Fortuné Barthélemy de Felice, *Encyclopédie ou dictionnaire universel des connoissances humaines* 1774: vol. 45

In Kenntnis des Heimwehs als veritablen Krankheitsbildes verfasste der Mühlhauser Arzt Johannes Hofer 1678 seine Basler *Dissertatio medica de ΝΟΣΤΑΛΓΙΑ oder Heimwehe*. Während das Heimweh bzw. die *maladie du pays* namentlich schweizerischer Soldaten in französischem Dienst die französischen Zeitgenossen bereits vor 1700 beschäftigt hatte (vgl. *hemvé*), erfolgte der Brückenschlag zwischen Basler und französischer Medizin erst 1763 durch François Boissier de Sauvages, einen Arzt der traditionsreichen medizinischen Fakultät von Montpellier, in seiner *Nosologia methodica* (ERNST 1949:35ff.), die 1771 von Nicolas als *Nosologie méthodique* übersetzt wurde[153]. Als französisches Wort erscheint *nostalgie* schon früher bei Lieutaud.
Im Gegensatz zu *hemvé* wird *nostalgie* als medizinischer Terminus nicht nur auf Schweizer bezogen[154]. Z.B. schreibt von Haller in ENCYCLOPÉDIE SUPPLÉMENT 1777 s.v. *nostalgie*:

„[…] l'on sait que les Grœnlandois, qu'on a transportés en Danemarck, ont été si fort affectés de ce même mal, que, dans l'excès de leur désir de revoir leur triste patrie, ils se sont exposés, dans de petits canots, à périr sur les mers immenses qui les en séparoient."

Über die medizinische Fachsprache hinaus wird *nostalgie* bald auch zur volkstümlichen Bezeichnung des Heimwehs.
Die Bedeutung 'Sehnsucht nach Vergangenem' hat sich im Französischen und Englischen selbständig entwickelt; daraus d. *Nostalgie*.

---

[153] S. dort 2,684ff. die *nostalgie simple, compliquée* und *feinte*.
[154] So auch nicht bei Lieutaud a.a.O.

magnétisme animal s.m. 'eine Art Hypnotismus' < lat.-d. *magnetismus animalis*
FEW 6/1,46b, *TLF* 11,149b, *BW* 382b
EB2a: MESMER 1775:477
Varianten:
- äußere Form: *magnétisme* (seit *Journal de médecine, de chirurgie et de pharmacie* 62 (1784), 452)

Lexikalische Konkurrenten: *mesmérisme* (seit L.P. de Bachaumont, *Mémoires secrets* 1783:23,157)
Wortfamilie: *magnétiser* 'der Prozedur des Magnetismus unterziehen' (seit *Journal de Paris* 15.2.1784:1,202), *magnétisation* 'Prozedur des Magnetisierens' (seit Paulet, *Antimagnétisme* 1784:57), *magnétique* 'den tierischen Magnetismus betreffend' (seit *Journal de médecine, de chirurgie et de pharmacie* 62 (1784), 460), *magnétiseur* 'Magnetisierer' (seit La Harpe, *Correspondance littéraire* 1784:6,199), *magnétiste* 'Anhänger des Magnetismus' (seit *Journal de médecine, de chirurgie et de pharmacie* 62 (1784)), *magnétisant* s.m. 'Magnetisierer' (seit *Dictionnaire des sciences médicales* 1818:29,490), *magnétisable* 'magnetistisch zu therapieren' (seit Michelet, *Journal* 1857:348); *antimagnétisme* 'gegen den tierischen Magnetismus gerichtete medizinische Strömung' (seit Paulet, *Antimagnétisme* 1784), *magnétophile* 'Anhänger des Magnetismus' (seit LAROUSSE 1931:4,586a)
Belegstellen: RETZ 1782:3, RAYMOND 1832:2,7a, LAROUSSE 1873:10,924a

1766 präsentierte der Arzt Franz Anton Mesmer der Öffentlichkeit diese Frühform hypnotischer Therapie und deren vermittels magnetischer Kräfte angeblich heilende Wirkung. Mesmers Methode gewann in ganz Europa in rasanter Weise an Popularität, rief aber auch Kritiker auf den Plan, namentlich nachdem eine von der Académie Française eingesetzte Kommission die Wissenschaftlichkeit der Thesen Mesmers in Abrede stellte. Die französische Lehnbildung findet sich erstmals in einem übersetzten Brief Mesmers: „Je désignois cette propriété par laquelle le corps animal se trouve sensible aux effets de l'attraction générale, par le nom de *gravité* ou *magnétisme animal*." RETZ 1782 berichtet von der Begeisterung für den „*magnétisme animal*, ce phénoméne qui a excité l'attention des curieux de la Capitale [...] & sur lequel une partie du monde savant hésite encore de se prononcer." Letztgenannte Skepsis und Kritik äußert sich lexikalisch in der Ableitung *antimagnétisme*; die übrigen Mitglieder der Wortfamilie zeugen dagegen von der zunächst ungemeinen Begeisterung für Mesmers Methode, vgl. auch die Ableitungen zu selbigem PN.

mesmérien adj. 'die Lehre des tierischen Magnetismus betreffend' < zu Mesmer (PN)
FEW 6/2,44a, *TLF* 11,697b, *DMD* 471a
EB2a: RETZ 1782:5
Weitere Ableitungen zu Mesmer: *mesmérien* s.m. 'Anhänger der Lehre Mesmers' (seit RETZ 1782:10), *mesmériser* 'der Prozedur des Magnetismus unterziehen' (seit *Grande, belle découverte* 1783:11), *mesmériseur* 'Magnetisierer' (seit *Grande, belle découverte* 1783:13), *mesmérisable* 'magnetistisch zu therapieren' (*ebda.*), *mesmérisme* 'tierischer Magnetismus' (seit L.P. de Bachaumont, *Mémoires secrets* 1783:23,157), *mesmérique* 'die Lehre des tierischen Magnetismus betreffend' (seit *Mesmériade* 1784:5, s. PROSCHWITZ 1956:345), *Mesmériade* (Titel eines Gedichts, Genf 1784), *mesmériste* 'Anhänger des Magnetismus' (seit L.P. de Bachaumont, *Mémoires secrets* 1784:27,20), *mesmérisation* 'Prozedur des Magnetisierens' (seit COURIER DE L'EUROPE 17 (3.5.1785), 278)

3.2. Öffentliches Leben
3.2.1. Politik, Ämter und Verwaltung

Da es sich bei Lehnwörtern aus diesem Bereich nicht um allgemeine Bezeichnungen für Institutionen etc. handelt, sondern um konkrete, namentlich Bezeichnungen für Ämter, die nur im deutschsprachigen Raum beheimatet sind, sind die Entlehnungen Xenismen par excellence. Das kann zur Folge haben, dass der Anwendungsbereich im Französischen ein sehr eingeschränkter, unter Umständen nur okkasioneller ist, lässt aber andererseits nicht zwangsläufig auf eine geringe Frequenz schließen. Je bedeutsamer der fragliche Begriff innerhalb des politischen Geschehens ist, desto häufiger ist der entsprechende Xenismus auch in der französischen Sprache anzutreffen.

comte sauvage s.m. 'deutscher Dynastentitel' < *Wildgraf*
EB2a: DUEZ 1640:125 (*comte du Rhin et sauvage*)
Lexikalische Konkurrenten: →*wildgrave* (SCHWAN 1784:2,1210 – LAROUSSE 1964:10,947c), sicher auch oft subsumiert unter *rhingrave* (seit 1549)

Wildgraf ist im Deutschen der „*titel eines alten dynastengeschlechts in der Mosel- und Mittelrheingegend, dessen besitzungen nach dem aussterben an die rheingrafen übergingen, weshalb auch die verbindung* wild- *und* rheingraf *sehr häufig ist*" (DEUTSCHES WÖRTERBUCH 14/2,88). Genau diese Verbindung gibt Duez als Lehnbildung wieder. Als Lehnwort taucht *wildgrave* erst bei SCHWAN 1784 auf, genau in der vom DEUTSCHEN WÖRTERBUCH angegebenen Bedeutung. Zahlreiche französiche Dokumente erwähnen noch *comtes sauvages* – oft in Verbindung mit *Rhin* – obwohl Wörterbücher das Lemma schon lange nicht mehr aufführen[155].

statalter s.m. 'hohes Schweizer Gemeindeamt' < *Statthalter*
(E)B2a: CHAPPUZEAU 1671:25
Varianten:
- äußere Form: *statthalter* (1688, s. BOULAN 1934:174)

Das d. *Statthalter* ist in zahlreichen Bedeutungen bezeugt, sowohl in Bezug auf Gemeinde- als auch auf hohe politische Ämter[156]. In letzterer Bedeutung hat Boulan fr. *statthalter* einmal nachweisen können („dans un traité de 1688 entre l'électeur de Mayence et le marquis de Boufflers, p.1: l'absence de Statthalter"); Chappuzeau hat das Wort als Bezeichnung eines hohen Gemeindeamtes in der Schweiz aufgenommen. Die Formen *statthalter*, *statalter* legen den Schluss nahe, dass das Wort im Französischen kaum integriert gewesen ist; die der anzunehmenden mündlichen französischen Form entsprechende Graphie wäre **stataltre*[157].

---

[155] S. z.B. home.nordnet.fr/~jgrosse/ide/rhingraves.htm, badonpierre.free.fr/allarmont.html, francois.munier1.free.fr/Documents/Chateau.htm.
[156] Vgl. nl. *stadhouder* 'Statthalter der vereinigten Provinzen der Niederlande' > fr. *stathouder* (*FEW* 17,192b).
[157] Die genannten Formen sind zu trennen von fr. *statthalter* 'Statthalter von Elsass-Lothringen', einer Entlehnung des 19. Jahrhunderts.

zunftmester s.m. 'hohes Gemeindeamt in deutschen Städten' < *Zunftmeister*
(E)B2a: CHAPPUZEAU 1671:25
Varianten:
- äußere Form: *zunfftmester* (*ebda.*, 45)

Chappuzeau berichtet aus der Schweiz: „Ce que l'Auoyer & les Banderets sont à Berne, le Bourguemestre, les Statalters ou Proconsuls, & les Zunftmesters sont à Zuric, à Bâle, & à Schaffouse." Das d. *Zunftmeister*, ursprünglich 'Vorsteher einer Zunft', ist zu einer allgemeineren Bezeichnung eines hohen Gemeindeamtes geworden (DEUTSCHES WÖRTERBUCH 16,584) und ist in dieser Bedeutung entlehnt worden. In den Varianten *zunftmester*, *-mestre* und *-meister* findet es sich heute nicht selten als historischer französischer Terminus mit Bezug auf das Elsass. Das Wort ist daher wahrscheinlich auch in früheren Jahrhunderten, ähnlich wie *ammeistre* und →*statmeistre*, in den französischen Städten des Elsass bekannt gewesen.

tsarine s.f. 'Zarin' < *Zarin*
(*FEW* 20,51a), *TLF* 16,718a, (*DMD* 788a), (*BW* 655a)
EB2b: Antoine des Barres, *L'Estat présent de l'Archipel* 1678
Varianten:
- äußere Form[158]: *czarine* (GAZETTE DE 1717:30 – A. France, *Le génie latin* 1909), *tsarine* (seit TREVOUX 1721:5,455), *tzarine* (seit *ebda.*)
Lexikalische Konkurrenten: *czarissa* (1679 bis 1757 (*czaritze*))

FEW, JÄNICKE 1968:445 und *TLF* fassen *tsarine* als französische Neubildung zu *tsar* (seit 1561) auf, nur in GRAND ROBERT 2001:6,1556b wird *tsarine* als deutsches Lehnwort gekennzeichnet. Im *TLF* findet sich immerhin der Zusatz „peut-être sous l'infl. de l'all. *(c)zarin*". Es fragt sich nur, mit Hilfe welches Wortbildungsmechanismus diese Ableitung zu fr. *tsar* (EB 1561) vollzogen worden sein soll. Im *TLF* wird zwar explizit auf das Suffix *-in/-ine* verwiesen, doch wird dort (9,1293ff.) keine movierende Funktion von *-ine* nachgewiesen[159]. *Tsarine* geht wie *margravine*, *starostine* u.a. allein auf das Deutsche zurück, wo *Zarin* älter belegt ist. Aus russ. цари́ца entlehntes fr. *czarissa* wird von *tsarine* bald wieder verdrängt, denn das Lehnwort aus dem Deutschen wird von einflussreicher Seite ausdrücklich befürwortet:

„CZARINE, Femme du Czar, Reine, ou Grande Duchesse de Moscovie [...] MEM. DE TREV. Nous doutons si l'usage a approuvé ce mot. Nous l'avons

---

[158] Das Werk des Barres' war mir nicht einsehbar. Wie die Form dort lautet, kann ich daher nicht angeben.
[159] Die berühmte *speakerine* (EB 1941), für die *TLF* 15,849a neben der analogischen Einreihung nach Vorbildern wie *héroïne* auch die Möglichkeit der autochthonen französischen Neubildung erwägt, ist ebenfalls nicht als solche zu betrachten, sondern kann mit René Étiemble, *Parlez-vous franglais* 1964:44 als „anglo-germanisme" bezeichnet werden. Fr. *laborantine* ist ebenfalls aus dem Deutschen entlehnt, *laborantin* s.m. rückgebildet (so auch *TLF* 10,885a). *-ine* existierte folglich nicht als französisches Movierungssuffix.

point trouvé ailleurs: mais il est nécessaire[160], & mérite d'être reçu, s'il ne l'est pas" (TREVOUX 1721:2,468).

reissvogt s.m. 'oberster Richter einer deutschen Region' < *Reichsvogt*
(E)B2a: ANON. 1738[1697]:332
Lexikalische Konkurrenten: *prévôt*

Im römisch-deutschen Kaiserreich war der Reichsvogt ein kaiserlicher Richter (DEUTSCHES WÖRTERBUCH 8,614). Da große Teile des Elsass im Zuge der französischen Eroberungszüge im 17. Jahrhundert französisch wurden, ist der hier genannte *reissvogt* kein kaiserlicher, sondern ein königlicher oberster Richter: das Amt wurde offenbar beibehalten. Da der deutsche Rechtsterminus im fraglichen Gebiet einen solchen obersten Richter bezeichnete, ist er auch in französische Erlasse aufgenommen worden, um terminologische Missverständnisse zu vermeiden. Da das Wort in der französischen Rechtssprache jedoch bis dahin ungeläufig war, wird es mit *prevôt* glossiert: „Nous avons pourveu semblablement le Suppliant de la charge de *Reissvogt* ou Prevôt de Kaysersberg vacante [...]." Als geschichtswissenschaftliche regionale Bezeichnung wird regermanisiertes fr. *reichsvogt* auch heute gelegentlich verwendet[161].
Die Wortform des 17. Jahrhunderts zeigt, dass der Terminus durchaus im mündlichen Rechtsgebrauch verwendet wurde, denn *reissvogt* gibt die zu erwartende Reduktion von [rajçs-] zu [rɛs-] wieder.

margravine s.f. 'Frau eines Markgrafen' < *Markgräfin*
FEW 16,525a, *TLF* 11,394a[162]
EB2a: TRÉVOUX 1721:3,172[163] (*marcgravine*)
Varianten:
• äußere Form: *marcgravine* (TRÉVOUX 1721 bis 1771:5,823a), *margravine* (seit RICHELET 1735:2,394a, s.v. *margrave*)
Lexikalische Konkurrenten: *margrave* s.f. (seit 1759, *TLF*[164])

In TRÉVOUX 1721 wird unter *marcgravine* auf „GAZETTE de 1717, p.9" verwiesen[165]. An der genannten Stelle habe ich ein *mar(c)gravine* allerdings nicht nachweisen können.
Dass die Form nicht *margraivine lautet, beruht wohl auf Analogie zu seit 1549 belegtem *margrave* < d. *Markgraf*.

---

[160] Diese Aussage verdeutlicht, dass *czarissa*, das die gleichen Funktionen wie *czarine* erfüllt, nicht sehr verbreitet gewesen sein kann, da es die Lexikographen von Trévoux als Bezeichnung für die Zarin nicht kennen.
[161] Siehe z.B. *perso.club-internet.fr/phnith/feodale3.htm*.
[162] S.v. *margrave*; hier wird nicht explizit auf ein deutsches Etymon verwiesen, doch ist das Wort auch nicht unter den Ableitungen von *margrave* (*margravial*, *margraviat*) eingereiht.
[163] „MARCGRAVINE s.f. Nom de dignité en Allemagne. Marquise. On le dit des Princesses de Brandebourg [...]."
[164] Voltaire, *Lettre à la margrave de Bade-Durlach*, 2. Februar; vgl. auch JOURNAL ÉTRANGER Dezember 1760:97: „Eloge Historique de la feue Margrave de Brandebourg-Bareith-Culmbach".
[165] Es handelt sich hierbei um die *Gazette* Théophraste Renaudots, die erste wöchentlich erscheinende Nachrichtenzeitung (ab 1631).

TRÉVOUX 1721 erläutert den Xenismus mit *marquise*; den entscheidenden zukünftigen lexikalischen Konkurrenten stellt indes *margrave* dar, das als s.f. in der Bedeutung 'Markgräfin' im Französischen seit 1759 belegt ist. Dieser Konkurrent tritt also erst einige Jahrzehnte nach der Entlehnung von *margravine* auf, und bis Bescherelle, *Dictionnaire national* 1858, verzeichnen die meisten Wörterbücher *margravine* als eigenständiges Lemma[166]. Die zugunsten von *margrave* s.f. eingeschränkte Verwendung von *margravine* verdeutlicht sich an der Tatsache, dass das Wort von LAROUSSE 1873:10,1167c bis PETIT ROBERT 1993:1354a nur unter dem Lemma *margrave* erscheint: „on dit aussi margravine"[167].

pfalzgrave s.m. 'Titel der Grafen zu Kaub' < *Pfalzgraf*
EB2a: DE MONTESQUIEU 1729:2,174 (*phalstgrave*)
LB: LAROUSSE 1874:12,742b

Montesquieu berichtet auf seiner Reise durch Deutschland von der Pfalz bei Kaub: „[...] de là, les princes de toute cette maison s'appellent *Phalstgraves*." Dieser Xenismus ist aber in der französischen Politik bzw. Geschichtsschreibung offensichtlich von sehr geringer Bedeutung gewesen. Lediglich in LAROUSSE 1874 findet sich ein weiteres Mal *pfalzgrave*.

reissvogtey s.f. 'Sitz des Reichsvogtes' < *Reichsvogtei*
(E)B2a: ANON. 1738:Table
Lexikalische Konkurrenten: *prévôté*

Reissvogtey ist zwar nur in der *Table* des 1738 erschienen *Recueil d'Ordonnances* belegt, doch ist das Wort sicherlich auch im unter *reissvogt* genannten Zusammenhang schon früher gebraucht worden; seit 1330 war Kaisersberg Sitz einer solchen Reichsvogtei. Erläutert wird *reissvogtey* durch *prévôté*. Auch dieses Lehnwort ist als geschichtswissenschaftlicher Terminus noch heute gelegentlich anzutreffen[168].

landammann s.m. 'Vorsitzender der Landsgemeinde' < schweizerd. *Landammann*
TLF 10,963b, *DSR* 480a
EB2b: F.-J.-N. d'Alt, *Histoire des Helvétiens aujourd'hui connus sous le nom de Suisses* 1749:8,216 (*landamman*)[169]
Varianten:
- äußere Form: *landamman* (d'Alt 1749 – ACADEMIE 1878:2,97a), *landamann*, *landammann* (s. *DSR*), *landaman* (Stendhal, *Rome, Naples et Florence* 1817)

Wortfamilie: *landammanat* 'Amt des Landammanns' (LAROUSSE 1873:10,136b – SACHS/VILLATTE 1894)
Belegstellen: Jouy, *L'Hermite de la chaussée d'Antin* 1813:3,101, ACADEMIE 1835:2,94c, LAROUSSE 1873 a.a.O.

---

[166] Der *TLF* liefert auch einen Prosabeleg aus dem Jahr 1836 (Montalembert).
[167] Die suffixlose Movierung entlehnter Xenismen auf *-grave* tritt nicht nur in diesem Fall auf. Bspw. findet sich in CHAPPUZEAU 1671:7 „Madame la Landgrave", zu *landgrave* < *Landgraf*. *Landgravine* existiert nicht.
[168] So z.B. unter www.ville-kaysersberg.fr/hist.html.
[169] „Il fit une grande pluie, qui obligea le landamman, contre la coûtume, d'assembler le landsgemein dans l'Eglise", zitiert nach PIERREHUMBERT 1921:710a.

In den Schweizer Kantonen, in denen die Institution der Landsgemeinde noch existiert, werden deren Vorsitzende als *Landammänner* bezeichnet. Da es sich um einen noch heute gültigen Verwaltungsterminus handelt, bewahren die jüngeren Belege bewusst die vorbildgetreue Graphie. Ältere Formen sind dagegen teilweise assimiliert, vgl. auch das schon seit dem 13. Jh. und dann seit TRÉVOUX 1752:1,546 in Wörterbüchern belegte *amman* < *Ammann*.

burgmann s.m. 'Stadtoberster von Friedberg und Gelnhausen' < *Burgmann*
EB2a: ENCYCLOPEDIE 1751:2,466b
Belegstellen: GRAND VOCABULAIRE FRANÇOIS 1768:4,381b, SCHMIDLIN 1774:2,422b
LB: NOUVEAU DICTIONNAIRE 1790:2,370a

Im *Nouveau Dictionnaire* wird zwar auch auf die Bedeutung 'Burgbewohner, -eigentümer' hingewiesen, die das deutsche Wort in älterer Zeit hatte, doch von – wenn auch geringer – Bedeutung ist fr. *burgmann* nur als zeitgenössischer Xenismus.

TREVOUX 1743:3,1924 nennt „*Kluméistre*, s.m. Nom d'office dans plusieurs villes d'Allemagne & des Pays-Bas, & en particulier dans Groningue" und LE ROY [4]1752:345b „*Klumeister*, s.m. Nom d'office dans plusieurs Villes d'Allemagne". Das einzige denkbare deutsche Etymon wäre *Kurmeister*, nl. *keurmeester*. Laut DEUTSCHEM WÖRTERBUCH 5,2814 ist das Wort als Amtsbezeichnung in Deutschland kaum gebräuchlich gewesen, im Gegensatz zu *keurmeester* in den Niederlanden. Daher ist in den genannten Belege wohl *keurmeester* gemeint, das auch SAVARY DES BRUSLONS 1730:912 bietet (s. WOORDENBOEK 7/2,2690a).

landsasse s.m. 'Untertan eines reichsunmittelbaren Fürsten' < *Landsasse*
EB2b: SCHMAUSS 1755:339
LB: GRAND VOCABULAIRE FRANÇOIS 1771:15,372b

Fr. *Landsasse* ist erstmals in einem aus dem Deutschen übersetzten Text über die Verfassung des römisch-deutschen Reiches anzutreffen. Dort heißt es:

„Et l'Empereur a promis [...] «d'avoir sous sa protection Impériale les sujets médiats de l'Empire & Provinciaux des Etats [...], & de n'*eximer* & affranchir les *Landsasses* d'aucun Electeur, Prince & Etat»" (SCHMAUSS 1755:338f.).

Der Terminus wird nicht genauer erläutert; dieser Umstand könnte darauf hinweisen, dass *landsasse* in der Fachsprache französischer Staatswissenschaftler als bekannt vorausgesetzt werden konnte. Die Übernahme in das *Grand Vocabulaire François* spricht einerseits dafür, dass das Wort zum genannten Zeitpunkt in gewissen Kreisen tatsächlich lebte, stellt andererseits aber auch den Letztbeleg von *landsasse* dar.

starostine s.f. 'Frau eines Starosten (slaw. Adelstitel)' < *Starostin*
(E)B2a: DYCHE 1756:2,434°

Entlehnt aus dem Deutschen. Eine französische Ableitung zu *staroste* 'polnischer Edelmann' (seit 1606, *FEW* 20,50a) ist, wie unter *tsarine* dargelegt, nicht möglich.

statmeistre s.m. 'hohes Amt (unter dem Ammeister) in elsässischen Städten' < *Stadtmeister*
BEHRENS 1923:40
EB2a: DYCHE 1756:2,435a (*statmeister*)
Varianten:
- äußere Form: *statmeister* (DYCHE 1756:2,435a – TRÉVOUX 1771:7,843b), *statmeistre* (seit TRÉVOUX 1771), *stettmestre*[170] (s. BEHRENS 1923), *stettmeistre* (2002)

Belegstellen: GRAND VOCABULAIRE FRANÇOIS 1773:27,56a, NOUVEAU DICTIONNAIRE 1790:2,1578b, MOZIN 1812:2,699a
LB: LANDAIS 1853:2,648a

Das Amt des Stadtmeisters ist innerhalb Frankreichs wie das des Ammeisters nur in den elsässischen Städten beheimatet gewesen. Da die Oberen aus den bedeutenden Städten wie Straßburg und Colmar im französischen Königreich eine nicht unbedeutende Rolle spielten, findet sich die Bezeichnung *statmeistre* in Wörterbüchern bis LANDAIS 1853, wenn auch nur in einigen Serien; TRÉVOUX, BOISTE und ACADÉMIE nehmen das Wort nicht auf.

Bezüglich der modernen Geschichtswissenschaft gilt das unter *reissvogt* Gesagte; als historischer Terminus taucht die Bezeichnung in der Form *stettmeistre* noch gelegentlich auf.

wildfangiat s.m. 'bestimmtes Fürstenrecht' < lat.-d. *Jus wildfangiatum* < *Wildfangsrecht*
EB2a: ENCYCLOPÉDIE 1765:17,616b
LB: SCHWAN 1784:2,1210

Jus wildfangiatum findet sich in Steinbachs Wörterbuch als Wiedergabe des deutschen *Wildfangsrecht „recht, herrenlose oder aus anderen herrschaften zugewanderte unter gewissen bedingungen in den unterthanenverband aufzunehmen"* (DEUTSCHES WÖRTERBUCH 14/2,77). In der *Encyclopédie* wird dieses Recht als „droit singulier qui appartient à l'electeur palatin" angegeben. Das Recht wird angesichts des Angrenzens des Kurfürstentums Pfalz an Frankreich in den Beziehungen der beiden Staaten eine gewisse Rolle gespielt haben.

wildgrave s.m. 'deutscher Dynastentitel' < *Wildgraf*
EB2a: SCHWAN 1784:2,1210
Varianten:
- semantisch: 'Gerichtsherr in unbebaubarem Gebiet' (s. MOZIN 1812:2,896a)

Lexikalische Konkurrenten: s. unter *comte sauvage*
LB: LAROUSSE 1964:10,947c

Der Eintrag *wildgrave ou waldgrave* mit der Bedeutungsangabe 'Wildgraf, Waldgraf, Raugraf' in MOZIN 1812 hängt nur bedingt mit Schwans *wildgrave* zusammen, denn hier spiegelt sich die im DEUTSCHEN WÖRTERBUCH a.a.O. vermerkte ursprüngliche Bedeutung von *Wildgraf* „oberster gerichtsherr über eine [...] noch nicht urbar gemachte oder waldige gegend" wider, für die auch *Wald-* und *Raugraf* gebraucht wurden (dazu auch die Ableitung *wildgraviat*). Als 'Dynastentitel' erscheint *wildgrave* aber noch in LAROUSSE 1964.

---

[170] Aus der deutschen Variante *Städtmeister*.

3.2.2. Militär

Dass das Französischen aus dem Deutschen in großem Maße militärische Ausdrücke entlehnt habe, ist ein immer wiederkehrender Gemeinplatz, der leider gelegentlich den Blick auf andere Bereiche des Lehnguts verstellt[171]. Tatsächlich nimmt das militärische Vokabular in den deutsch-französischen Lehnbeziehungen einen nicht unerheblichen Platz ein, doch ist dieser Sachverhalt differenziert zu betrachten. Im 16. Jahrhundert machen militärischen Lehnwörter etwa 12% der deutschen Lehnwörter im Französischen aus, im 20. etwa 11%, im 17. sogar 28%, im 18. dagegen nur 1,6%. Es ist auffällig, dass 11 der 17 militärischen Lehnwörter des hier behandelten Korpus bereits im 17. Jahrhundert nachgewiesen sind. Dies hängt eng mit den geschichtlichen Ereignissen zusammen. Denn im Zuge der Religionskriege und insbesondere des Dreißigjährigen Krieges herrschte im ausgehenden 16. und im 17. Jahrhundert eine starke militärische Fluktuation in jegliche Richtung; Franzosen kämpften in Deutschland, deutschsprachige Soldaten kämpften einerseits in Frankreich und heuerten dort andererseits v.a. in großer Zahl als Söldner an. All diese Arten von Auslandsaufenthalten haben dazu beigetragen, dass das Vokabular aus dem militärischen Bereich, ursprünglich einer Fachsprache wie der anderer Spezialgebiete angehörig, in vielen Fällen eine weite Verbreitung innerhalb Frankreichs erfahren hat und oft selbst auf der Ebene der Dialekte als gut integriert erscheint. Zum einen haben die von Feldzügen heimkehrenden französischen Soldaten die im Heer gemeinsam rezipierten Lehnwörter bzw. gemeinsam getätigten Entlehnungen an ihren jeweiligen Heimatort gebracht; zum anderen ist von den deutschen und v.a. Schweizer Söldnern eine beträchtliche Anzahl auch nach Kriegszeiten in Frankreich geblieben und konnte somit deutsches Sprachgut dort ebenso sesshaft werden lassen[172]. Mit diesen günstigen Integrationsvoraussetzungen hängt es zusammen, dass im militärischen Bereich nicht wenige Lehnwörter, die zu Beginn nicht anders als die unter 3.2.1. genannten Einheiten ausländische – in diesem Fall militärische – Ämter bezeichneten und somit Xenismen waren, ihren xenologischen Charakter gänzlich verloren haben.

3.2.2.1. Personenbezeichnungen

traban s.m. 'kaiserlicher Leibwächter' < *Trabant*
FEW 17,350b, *TLF* 16,429b, *EWFS* 860a, *DMD* 773b
EB2b: BASSOMPIERRE 1873[1615]:26
Varianten:

---

[171] Vgl. z.B. CATACH 1971:125.
[172] Vgl. hierzu etwa LÉVY 1950:1,150:
„Ce qui, au point de vue linguistique, compte dans cette «immigration» militaire, est à la fois l'élément «nombre» – la présence constante de trente à quarante mille germanophones – et l'élément «temps». Beaucoup de ces militaires, en effet, leur service terminé, restèrent en France. Les postiers des hôtels aristocratiques du faubourg St-Germain, par exemple, se recrutèrent essentiellement parmi les Gardes-Suisses retraités."

- äußere Form: *draban*[173] (Voltaire 1770, s. LAROUSSE 1870:6,1172d), *trabant* (Apollinaire, *Alcools* 1913)
- semantisch: 'kaiserliche Wache' (seit DYCHE 1756:2,456b)

Belegstellen: bei La Curne 1640:10,72 (s. DEUTSCHES WÖRTERBUCH 11/1/1,146), HULSIUS 1656:325b

Laut *FEW* ist *traban* „im fr. nie geläufig geworden, weil es nie auf französische verhältnisse angewendet wurde", doch dieses Urteil trifft nur bedingt zu. *Traban* ist zwar ein Xenismus[174], wird jedoch als solcher im Französischen durchaus differenziert behandelt. Der *TLF* gibt als alleinige Bedeutung 'hallebardier des gardes Suisses' an, doch diese Bedeutung wird in DYCHE 1756 als „vieux" gekennzeichnet, während 'kaiserliche Wache' die damals aktuelle Bedeutung von fr. *traban* darstellte. Folgerichtig ist die ältere Bedeutung in RAYMOND 1832:2,662a fallengelassen worden und ist im *TLF* lediglich als eine historische zu betrachten. Von der Geläufigkeit von *traban* zeugt überdies die im *TLF* vermerkte übertragene Verwendung bei Huysmans[175].

quartier-maître s.m. <u>'für Unterkunft und Verpflegung zuständiger Offizier ausländischer Regimenter'</u> < *Quartiermeister*
FEW 16,428b, TLF 14,118a, EWFS 736a, DMD 636b, BW 524b
EB2b: DUEZ 1640:184 (*quartier maistre*)
Varianten:
- äußere Form: *quartier-mestre* (FURETIERE 1690:3 bis LAROUSSE 1875:13,501a), *maître quartier* (*Termes sur mer* 1693)
- morphologisch: *quartiers-maîtres* pl. (PELLISSON 1674:2,212 bis LAROUSSE 1875 a.a.O.)
- semantisch: 'für Unterkunft und Verpflegung zuständiger Offizier ausländischer Regimenter' (DUEZ 1640 – LAROUSSE 1977:6,4801b), 'für den Unterhalt eines Regiments zuständiger Offizier' (seit 1804, *Code civil* art. 89)

Lexikalische Konkurrenten: *fourrier* (in dieser Bedeutung seit 1452), *maréchal des logis* (seit 1549)

In der Bedeutung 'Marineunteroffizier' ist fr. *quartier-maître* bereits vor 1620 bezeugt (*TLF*, *cartier maistre*) und aus nl. *kwartiermeester* entlehnt. Als 'für die Unterkunft von Soldaten zuständiger Offizier' führt dagegen DUEZ 1640 das Wort auf. VALKHOFF 1931:206, BOULAN 1934:150 und *TLF* halten es für wahrscheinlicher, dass auch für die zweite Bedeutung das niederländische Etymon anzusetzen ist, eben weil es sich um einen militärischen Begriff handelt („qui serait plus probable pour un terme militaire", *TLF*). Da aber bekannterweise deren zahlreiche aus dem Deutschen entlehnt worden sind, ist die Ablehnung einer deutschen Herkunft nicht nachzuvollziehen, auch wenn die entsprechende Verwendung im WOORDENBOEK 8/1,719 schon für das 16. Jh. nachgewiesen ist; zum Zeipunkt der Entlehnung ist auch im Deutschen *Quartiermeister* bekannt, s. DUEZ a.a.O. Außerdem spricht für ein deutsches Etymon die seit FURETIÈRE 1690 belegte Bedeutung 'maréchal des logis d'un regiment de

---

[173] Im Deutschen ist die Form *Drabant* seit dem 17. Jahrhundert ungeläufig, *drabant* ist jedoch auch die dem deutschen Wort zu Grunde liegende tschechische Form.
[174] Als solcher erscheint das Wort auch im Erstbeleg. Bassompierre schreibt im Oktober 1615 über ein Schweizerregiment: „[…] j'avois aussy quattre ou cinq capitaines quy m'accompagnoint, quy avoint chascun deux trabans a leur suitte […]."
[175] *La Cathédrale* 1898:114 (in der Ausgabe Paris:Plon, 1906): „Le mondes des lettres! […] fréquenter ces trabans de l'écriture et rester propre, c'est impossible."

cavalerie étrangère', da die Truppen der Niederlande im Gegensatz zu den deutschen nicht durch Kavallerieregimenter von sich haben reden machen. Die ungewohnte Gliedstellung des französischen Wortes (Determinans – Determinatum) sichert die Herkunft aus den beiden germanischen Idiomen; die beiden Komponenten sind folgerichtig an ihre französischen Entsprechungen *quartier* und *maître* angeglichen worden. Der ungewöhnlichen Konstruktion versucht der Autor der *Termes sur mer* 1693 durch die Form *maître quartier* zu begegnen, die aber nicht nachgeahmt worden ist. Während die Formen für 'Verpflegungsoffizier' bei Duez und Pellisson *quartier maistre* bzw. *quartiers maîtres* lauten – die Form Duez' ist eher als konservative französische Schreibung als als möglichst genaue Wiedergabe von d. -*meister* zu interpretieren –, findet sich von GUILLET 1678:2,218 und 3,276 bis LAROUSSE 1875 für die jüngere Bedeutung die Graphie *quartier-mestre* – vielleicht eine Neuorientierung am deutschen Vorbild, vielleicht ein bewusster Einsatz des aus zahlreichen weiteren Lehnwörtern bekannten -*mestre* als quasi xenistischen Suffixoides –, für die Marinebedeutung die Graphie *quartier-maître* (bei Guillet noch -*maistre*). Dieser sinnvolle Versuch, eventuellen Missverständnissen durch lautliche und graphische Differenzierung vorzubeugen, wird danach seltsamerweise aufgegeben, obwohl -*mestre* in anderen Lehnwörtern (*bourgmestre*, →*vaguemestre*) bis heute existiert und *quartier-maître* bis heute in beiden Bedeutungen verzeichnet wird, wenn auch die aus dem Deutschen stammende veraltet ist.
Die Aufhebung der semantischen Beschränkung auf ausländische Regimenter ist erstmals 1804 nachzuweisen. Seit diesem Zeitpunkt ist das allgemeinere *maréchal des logis*, das schon Duez als Glossierung verwendet, ein denkbarer Konkurrent für *quartier-maître* in der jüngsten Bedeutung, dessen Xenismuscharakter nun teilweise aufgehoben worden ist.

<u>*vaguemestre* s.m. 'für die Ausrüstung zuständiger Unteroffizier' < d. *Wagenmeister* oder nl. *wagenmeester*</u>
FEW 17,450a, (*TLF* 16,883a), *EWFS* 881b, *DMD* 798a, *BW* 662a
EB2b: GUILLET 1678:2,265[176]
Varianten:
- äußere Form: *wagmestre* (1687 und öfter[177]), *vague mestre* (GRAND VOCABULAIRE FRANÇOIS 1773:29:106b), *vague-maistre* (DYCHE 1756:2,526b), *wague-maistre* (DYCHE 1756:2,568a), *waguemestre* (GUÉRIN 1892:6,1157a, SACHS/VILLATTE 1894:1622b)
- semantisch: 'für die Postverteilung zuständiger Soldat' (seit LE COUTURIER 1825:509), 'Postverteiler in einer Firma' (Zola, *Au bonheur des dames* 1883), 'Webmaster' (2002)

Lexikalische Konkurrenten: in der Bedeutung 'Webmaster' *webmestre* (seit 1996)
Belegstellen: DE FEUQUIÈRE 1731:62, ACADÉMIE 1762:2,901a, BOISTE 1800:461c

Anhand von formalen Aspekten lässt sich nicht entscheiden, ob *vaguemestre* auf d. *Wagenmeister* (*EWFS*, vom *FEW* erwogen) oder nl. *wagenmeester* (*TLF*, VALKHOFF 1931, BOULAN 1934) zurückgeht. Da die ursprüngliche Bedeutung „officier qui a le soin de faire charger & atteler les bagages d'une Armée" (GUILLET 1678) mit dem

---

[176] *BW* gibt 1667 als Erstbeleg an. Tatsächlich ist dieses Datum anzunehmen, vgl. FRANKLIN 1906:719a: „Vaguemestres de l'équipage du roi. Officiers de la maison royale, dont la charge avait été créée en mai 1667." Leider gibt Franklin jedoch keine genauere Belegstelle an.
[177] S. FRANKLIN a.a.O.: „On écrivait souvent wagmestres." Franklin zitiert den *Etat de la France* von 1687:1,511.

Seewesen nichts zu tun hat, was recht sicher für einen niederländischen Ursprung spräche, muss eine deutsche Herkunft als ebenso wahrscheinlich gelten. Im Laufe der Entwicklung von *vaguemestre* sind die „bagages" erst auf die Post beschränkt worden, und ausgehend hiervon hat sich die Bedeutung zu 'Postverteiler in Firmen' verschoben, die allerdings heute nicht mehr gebräuchlich ist. Auf ausländische Verhältnisse ist *vaguemestre* folglich nicht beschränkt geblieben. Eine kuriose Renaissance erlebt das Wort in jüngster Zeit in der Bedeutung 'Webmaster'. Es wäre nachzuprüfen, ob diese Entwicklung in direktem Zusammenhang mit der Bedeutung 'Postverteiler' steht oder nur eine scherzhafte Umgestaltung von engl. *webmaster* bzw. fr. *webmestre* darstellt. Letzteres ist sehr viel üblicher als *vaguemestre* in der jüngsten Bedeutung.

mareschal de camp general s.m. 'deutscher Feldherrentitel' < *General Feldmarschall*
(E)B2b: GAZETTE 1717:29

S. unter *général-feld-marechal*.

général-feld-maréchal s.m. 'deutscher Feldherrentitel' < *General Feldmarschall*
EB2b: DU VERGER 1728[1726][178] (*general feldmarechal*)
Lexikalische Konkurrenten: *mareschal de camp general* (GAZETTE 1717:29)
LB: COURIER DE L'EUROPE 1785:307

Du Verger widmet sein Werk dem „General Feldmarechal des armées de S.M."; darüber hinaus ist die Entlehnung lediglich in den Gazetten belegt, die von den europäischen Höfen berichten.

loustic s.m. 'Spaßvogel' < *Bruder Lustig*
FEW 16,492b, *TLF* 11,27a, *EWFS* 579b, *DMD* 439a, *BW* 376a, COLOMBANI 1952:399
EB2b: VOLTAIRE 1728 (*Œuvres* 22,67)[179]
Varianten:
- äußere Form: *loustig* (VOLTAIRE 1728 – 1759, *Œuvres* 40:140), *loustic* (seit VOLTAIRE 1764:136), *loustique* (2003)
- morphologisch: *loustic* adj. 'lustig, drollig, spitzbübisch' (seit Goncourt, *Journal* 1862)
- semantisch: 'Spaßvogel' (seit VOLTAIRE 1728), 'drollige Person' (seit Balzac, *Louis Lambert* 1832), ugs. 'komische Type' (seit Giono, *Un de Baumugnes* 1929)

Belegstellen[180]: ACADEMIE COMPLEMENT 1840:717d[181], BOISTE 1841:436b, LAROUSSE 1873:10,734a

---

[178] In der nicht paginierten Widmung zu Anfang.
[179] In der Schrift *Sottise des deux parts*. Unter Berufung auf Littré wird im *TLF* 1764 als Erscheinungsdatum angegeben. Wie der Herausgeber der *Œuvres* verrät, ist die *Sottise* schon 1750 veröffentlicht worden. Verfasst wurde sie, wie der Herausgeber in Anlehnung an Duvernet, *Vie de Voltaire* 1797, Kapitel 8, feststellt, wohl bereits 1728. Voltaire kann hier offensichtlich schon mit der Vertrautheit des Wortes rechnen:

„[...] lorsqu'on s'avisa de vendre dans Paris, il y a quelques années, une taille-douce représentant notre Seigneur Jésus-Christ habillé en jésuite, un plaisant (c'était apparamment le *loustig* du parti janséniste) mit ces vers au bas de l'estampe: Admirez l'artifice extrême / De ces pères ingénieux. / Ils vous ont habillé comme eux, / Mon Dieu, de peur qu'on ne vous aime."

[180] Es bestehen und bestanden zu viele lexikalische Konkurrenten zu *loustic*, als dass sie hier in ihrer Gesamtheit aufgeführt werden könnten.

Als Vermittler von *loustic* werden einhellig die Schweizer Kontingente des französischen Heeres betrachtet; dort war der *loustic* „le bouffon du régiment chargé de distraire les soldats menacés du mal du pays" (*TLF*; s. auch *hemvé*). Bei der Etymologisierung des Wortes ist in allen Wörterbüchern bislang ein berechtigter Einwand Colombanis nicht berücksichtigt worden: ein substantiviertes **Lustig* bzw. **der Lustige* ist im Deutschen bzw. Schweizerdeutschen nicht bekannt. Colombani schlägt deshalb wohl zu Recht eine Entlehnung mit gleichzeitiger Verkürzung aus dem d. *Bruder Lustig* vor.

Voltaire kennt sowohl die militärische als auch schon die erweiterte Bedeutung '(beruflicher) Spaßvogel'[182]; es erstaunt jedoch, dass – obwohl *loustic* zum Wortschatz einer der großen Autoritäten des 18. Jahrhunderts zählt – BOISTE 1841 das erste Wörterbuch darstellt, dass *loustic* in sein Korpus aufnimmt. Dass *loustic* auch zuvor bereits allgemein gebräuchlich war, belegt LAROUSSE 1873, wo auf eine literarische Fehde im frühen 19. Jahrhundert verwiesen wird, im Laufe derer Paul-Louis Courier als „le loustic des ennemis du roi" tituliert wird.

Der *TLF* erachtet seit 1862 belegtes adjektivisches *loustic* als Neuentlehnung aus dem Grenzgebiet zu Deutschland bzw. den Niederlanden. Zahlreiche dialektale Belege aus den angrenzenden französischen Regionen werden auch im *FEW* genannt. In der standardfranzösischen Form kann *loustic* adj. aber ebenso gut eine Neubildung per Wortartwechsel aus *loustic* s.m. darstellen, da dieses in der entsprechenden substantivischen Bedeutung bereits lange Zeit vorher bekannt ist.

Im modernen Umgangsfranzösischen hat *loustic* oft einen pejorativen Beiklang; PETIT ROBERT 1993:1307b gibt die Bedeutung 'Spaßmacher' als veraltet an. Die positive Konnotation von *loustic* ist aber keineswegs archaisch, denn das Wort wird noch heute gerne in übertragenem Sinn für Produktbenennungen verwendet[183].

uhlan s.m. 'Lanzenreiter im kaiserlichen und polnischen Heer' < *U(h)lan*
FEW 19,214a, *TLF* 16,782a, *EWFS* 879a, *DMD* 793a, *BW* 658a
EB2b: CHEREAU 1747:1
Varianten:
- äußere Form: *uhlan* (seit CHEREAU), *houlan* (D'ARGENSON 1748:291 bis ACADÉMIE 1878:2,903b), *wllan* (DYCHE 1756:2,568b bis BOISTE 1851:754b), *oullan* (BOISTE 1803:416c), *ouhlan* (LAROUSSE 1876:15,636c), *hulan* (ACADÉMIE 1878:2,903b)

Wortfamilie: *uhlan(n)érie* 'Ulanendienst, -wirtschaft' (SACHS 1894:314b)
Belegstellen: COURIER DE L'EUROPE 1785:356, LE COUTURIER 1825:505

Uhlan erscheint im Französischen lange Zeit in der Form *houlan*, die ebenso wie die heute gültige ihr Vorbild im Deutschen hat: das DEUTSCHE WÖRTERBUCH 11/2,751

Eine Wortfamilie hat *loustic* nicht hervorgebracht, immerhin findet sich aber unter *www.domainename.com/public/canyons1912/23z.html loustiquette* als spontanes Pendant zu *loustique* („le loustique et la loustiquette sur la droite sont de futurs mariés"), so dass die Verfügbarkeit als Basis einer Neubildung erkennbar ist.
[181] Mit explizitem Verweis auf Voltaire.
[182] Da die übertragene Bedeutung voraussetzt, dass die Grundbedeutung bereits einige Zeit bekannt war, ist es nicht unwahrscheinlich, dass *loustic* bereits im 17. Jahrhundert entlehnt worden ist, wie schon DAUZAT 1946:303 vermutet.
[183] Z.B. unter *http://carregalopin.free.fr/pages_prod/loustic.htm* für ein elektrisches Dreirad oder unter *http://www.supair.com/fr/loustic.html* für einen Autokindersitz.

liefert einen Beleg für *hulahnen* von 1742[184]. *Houlan* wird bis 1878 beibehalten, von LANDAIS 1853:2,43c allerdings abgelehnt: „HOULAN pour UHLAN est un barbarisme de l'*Académie*. On prononce, en effet, *oulan* le mot *uhlan*, mais on ne l'écrit jamais *houlan*." Es ist nicht einsichtig, warum Landais die häufig belegte Form *houlan* proskribiert, zumal diese der von ihm selbst angegebenen Aussprache angemessener erscheint; gerade diese Aussprache ist indes interessant, denn seit dem 19. Jh. (LAROUSSE 1876: „u-lan") gilt [ylã] als korrekt. Diese Aussprachevariante beruht auf der Schreibweise *uhlan*; beibehalten worden ist aber bis heute das Unterbleiben der Liaison, das wiederum auf der mit *h-* beginnenden älteren Graphie beruht[185]. Die Schreibweise *wllan* beruht sicher auf einem Druckfehler, der allerdings mit 95 Jahren eine recht hohe Lebensdauer erreicht hat.

Wie Husaren und Kroaten haben Ulanen im französischen Heer ein Regiment gebildet, das laut Chereau a.a.O. bereits im März 1743 ausgehoben worden ist. So bleibt auch *uhlan* kein Xenismus. Einen relativ frequenten Gebrauch zeigen u.a. folgende Belege: MENON 1755:392 kennt ein Rezept für ein „Gigot de Mouton à la Houlan", Jacques Roux, *Sur les moyens de sauver la France et la liberté* 1792 bezeichnet den russischen Feind als „le Houlan féroce" in übertragener Verwendung (s. auch *TLF*).

feld-maréchal s.m. 'deutscher Feldherrentitel' < *Feldmarschall*
TLF 9,724a, *DMD* 294a
EB2b: GOURLAY DE KERALIO 1757:2,222[186]
Varianten:
- äußere Form: *feldmarschal* (Sartre, *La mort dans l'âme* 1949)
Lexikalische Konkurrenten: *maréchal de camp* (seit 1549)
Wortfamilie: *feld-maréchale* 'Tonangeberin' (SACHS 1894:143b)
Belegstellen: MOZIN 1826:1/2,157b

Maréchal de camp stellt zwar einen lexikalischen Konkurrenten dar, doch wird in Bezug auf deutsche Verhältnisse *feld-maréchal* bevorzugt. Es ist folglich stets Xenismus, als solcher aber mit einer gewissen Regelmäßigkeit rekurrent.

kaiserlick s.m. '(in den Revolutionskriegen:) deutscher oder österreichischer Soldat' < *Kaiserliche* pl. oder *Kaiserlicher*
FEW 16,296a, *TLF* 10,841b, *DMD* 413a
EB2b: *Lettres d'un volontaire*, 29.6.1792, s. BRUNOT 9,995 (*kaiserlique*)
Varianten:
- äußere Form: *kaiserlique* (1792 bis LAROUSSE 1962:6,430a), *keyserlick* (Charles Joseph de Sarrauton, *Souvenirs d'une vie obscure* 1796, Kap. 9), *quinze reliques* (*Gazette du Nord* 7. Juli 1792), *quinzerlique* (Desgranges, *Petit dictionnaire du peuple* 1821:75), *kaiserlick* (seit Stendhal, *Journal* 1809), *kaiserlich* (Balzac, s. LARCHEY 1865:179), *kinserlick* (VILLATTE 1888:163a, DELVAU 1889:260a[187]), *kinserlik* (SACHS/VILLATTE 1894:870b)
- morphologisch: *keyserlick* pl. (Sarrauton a.a.O.)

---

[184] *Uhlan* statt *Ulan* gebraucht laut DEUTSCHEM WÖRTERBUCH noch Goethe.
[185] Es finden sich auch Abweichungen von dieser Regel: sich an der neuen Graphie orientierend, wird im COURIER DE L'EUROPE a.a.O. „Le nouveau corps d'Uhlans" geschrieben.
[186] BOULAN 1934:171 (und ihm folgend der *TLF*) nennt als Erstbeleg *Journal d'un voyage à Paris en 1657-1658*, hg. A.G. Faugère, Paris 1862:469. Das Wort findet sich dort aber nur im von Faugère verfassten Anhang, nicht im Textteil aus dem 17. Jh.
[187] „On dit aussi et mieux *Kaiserlick*."

- semantisch: 'französischer Revolutionsflüchtling im Kaiserreich' (seit LAROUSSE 1962)

Kaiserlick ist während der Revolutionskriege Frankreichs mit dem römisch-deutschen Kaiserreich aufgenommen worden. Im Alltagsgebrauch der Soldatensprache ist das Lehnwort auch nur während dieser Zeit anzusiedeln. Nach der Zerschlagung des Reiches in Folge der Napoleonischen Kriege stießen kaiserliche (österreichische) Truppen nicht mehr unmittelbar mit französischen zusammen. Dass das Wort dem *FEW* zufolge in relativ vielen Dialekten nachzuweisen ist, ist den heimkehrenden Soldaten zu verdanken; die Bedeutung 'Nichtsnutz' (Haute-Marne) und die Verwendung als Beschimpfung in Chablis zeugen noch von der alten Rivalität. Auch die Form *quinze reliques* stellt wahrscheinlich keinen unbewussten Remotivationsversuch dar, sondern ist eine spöttische, vielleicht bewusst unsinnige Verunstaltung von *kaiserlich*.

3.2.2.2. Ausrüstung und Technik

blindes s.f.pl. 'schützende Abdeckung von Schützengräben' < *Blende(n)*
FEW 15/1,155a, *TLF* 4,596b, *EWFS* 121a, *DMD* 85b, *BW* 75a
EB2a: *Traité de l'artillerie* 1628[188]
Varianten:
- äußere Form: *blande* (1628), *blinde(s)* (seit 1628)
- morphologisch: *blindes* pl. (seit FÉLIBIEN 1676:103), *blindes* s.m. pl. (TRÉVOUX 1704:1)

Wortfamilie: *blinder* 'mit Blenden versehen' (seit GUILLET 1678:2,34)[189], 'Syphilis übertragen' (1928, ESNAULT 1965:67b – COLIN/MÉVEL/LECLÈRE 1990:64b), 'eine Waffe laden' (*ebda.*), arg. *blindé* 'furchtlos' (seit DELESALLE 1896:38b[190]), 'sturzbetrunken' (seit VILLATTE 1888:29b), *se blinder* 'sich betrinken' (seit 1833, *FEW*), *blindage* 'das Verkleiden mit Blenden' (seit 1731, s. TRÉVOUX 1752 Supplement[191]), 'Gesamtheit der Verkleidungen' (seit LE COUTURIER 1825:63), *se blindocher* 'sich einen antrinken' (1881, ESNAULT 1965:67b – COLIN/MÉVEL/LECLÈRE 1990:64b), arg. *blindoche* 'betrunken' (1884, ESNAULT 1965:67b), *blindé* s.m. 'gepanzertes Fahrzeug' (seit LAROUSSE 1948:1,204b), *blindeur* s.m. 'jemand, der Verkleidungen vornimmt' (2002), *apprenti blindeur / apprentie blindeuse* 'Lehrling eines Blendenmachers' (2002)

Bei *blinde* handelt es sich offensichtlich um eine Entlehnung, die auf mündlicher Ebene unter Soldaten stattgefunden hat, da durch die Schreibung mit *-i-* versucht wird, die deutsche Aussprache approximativ beizubehalten.

---

[188] *DG* 247a verweist auf einen noch unveröffentlichten *Recueil des vieux mots* Achille Delboulles, dem diese Angabe entnommen ist. Das genannte Werk ist nie erschienen. Einen *Traité de l'artillerie* von 1628 habe ich bibliographisch nicht ermitteln können.
[189] Hiervon ausgehend bestehen verschiedene Bedeutungsnuancen von *blinder*, je nachdem, ob es sich um die Verkleidung eines Bunkers, eines Schiffes oder eines elektrischen Apparates handelt. Die Grundbedeutung ist stets 'mit schützenden Platten verkleiden'. DE FEUQUIERE 1731:373f. gebraucht ein singuläres *blindisser*, mit dem aber offensichtlich *blinder* gemeint ist: „[...] comme le feu ne peut pas être grand, il est aisé de s'en garantir, en rendant les galeries bonnes, soit en les prenant entre deux terres & les blindissant, soit par des mantelets à l'épreuve [...]."
[190] Heute ins Standardfranzösische integriert.
[191] Dort wird verwiesen auf den Marquis de Feuquières, der das Wort häufig gebrauche.

MÉNAGE 1650:123, FÉLIBIEN 1676:495 und TRÉVOUX 1704:1 bezeichnen *blinde(s)* als flämisches Lehnwort, das *Woordenboek der nederlandsche taal* enthält aber keinen entsprechenden Eintrag.
Bereits Félibien verzeichnet *blindes* nur in pluralischer Form, ebenso erscheint das Lehnwort im *TLF*. Hier liegt eine sekundäre, französische Entwicklung vor, denn d. *Blende* bedeutet die Gesamtheit der Bretter etc., die dazu dienen, dem Feind die Sicht zu versperren; da aber immer mehrere dieser Bretter benötigt wurden, ist im Französischen eine verdeutlichende Pluralform gebildet worden, die die Form im Singular gänzlich verdrängt hat.
Während MÉNAGE 1650 und GUILLET 1678:2,33 keine Beschränkungen für den Gebrauch von *blinde(s)* angeben und Guillet sogar bereits die Ableitung *blinder* (*blindée* Part. Perf.) kennt, erscheint *blindes* bei Félibien zunächst weniger gut integriert:

"BLINDES, en terme de fortification, est un nom Flamand, qui signifie ce que nous appellons Chandeliers, qui sont des défenses faites de bois ou branches d'arbres [...]" (495).

Aus der Verwendung des Plurals und einem weiteren Beleg an vorhergehender Stelle (,,Les *Blindes* se font de deux ou de plusieurs pieux", 103), ergibt sich jedoch auch hier, dass der Autor das Wort beinahe unmarkiert verwendet, auch wenn *chandelier* die zu dieser Zeit noch bevorzugte französische Bezeichnung ist[192]. Es wird jedoch zumeist in speziellerem Sinn als 'Faschinenblendung', eine besondere Art der Verkleidung, gebraucht[193].
Blinder kann sowohl eine Ableitung zu *blinde* darstellen als auch aus d. *blenden* in der entsprechenden Bedeutung (DEUTSCHES WÖRTERBUCH 2,105) entlehnt sein. *Blinder* ist aus dem Kontext der Belagerungsgräben schon bald auch auf schützende Schiffsverkleidungen übertragen worden; seit dem 19. Jahrhundert entfernen sich Teile der Wortfamilie ganz vom militärischen Zusammenhang. Über *blindé* 'furchtlos' ist wohl die Bedeutung 'sich betrinken' auf *se blinder* übergegangen, ,,peut-être parce que l'état d'ivresse donne une sensation de sécurité, de protection" (*TLF*). Möglicherweise hat die letztlich auf d. *bring dir's* (*FEW* 15/1,287b) zurückzuführende ähnlich lautende Wortsippe von *brinde*, *bringue* 'Trinkgelage' und *brindezingue* 'betrunken, verrückt' bei diesem Bedeutungswandel mitgespielt.

bivouac s.m. 'Nachtwache im Freien' < nd. *bîwacht(e)* oder nl. *bijwacht*
(*FEW* 15/1,108a), *TLF* 4,550a, (*EWFS* 116b), *DMD* 83b, (*BW* 73a)
EB2b: MENAGE 1650:120 (*bivoie*)
Varianten:
- äußere Form: *bivoie* (MENAGE 1650 – BOREL 1655:51), *bihouac* (RICHELET 1680:1,78a – TREVOUX 1771:1,901b), *biouac* (FURETIERE 1690:1 – TREVOUX 1771:1,908b)[194], *bioüac* (GUILLET 1678:2,32), *bivouac* (seit FURETIERE 1690:1), *bivac* (Prévost, *Manuel lexique* 1755

---

[192] Auch DUEZ 1640:196 stellt noch *chandeliers* und *Blendung* zusammen.
[193] Vgl. SCHWAN SUPPLEMENT 1798:1,65b: ,,Les blindes, sorte de défense pour mettre les travailleurs à couvert, & empêcher que l'ennemi ne voie leurs ouvrages; p.ex le mantelet, la portière, le chandelier, &c."
[194] Von FÉRAUD 1787:1,275a ebenso wie *bihouac* als veraltet bezeichnet.

- ACADEMIE 1878:1,184b), *bivrac* (SCHMIDLIN 1774:2,217b), *biwac* (ACADEMIE COMPLEMENT 1838:131d), *biwouack* (*ebda.*)[195]
- semantisch: 'provisorisches Truppenlager im Freien' (seit Lunier, *Dictionnaire des sciences et des arts* 1805:164), 'provisorisches Nachtlager' (seit LAROUSSE 1960:2,158c)

Wortfamilie: *biv(ou)aquer* 'im Freien kampieren' (Frères Favier, *Deux volontaires de 1791*, s. BRUNOT 9,956), *bivouaqueur* 'Freiluftcamper' (2002)

Ob das niederländische oder das niederdeutsche Wort die Grundlage für *bivouac* bildet, ist nicht zu entscheiden. Das *FEW* nimmt einen ausschließlich niederländischen Ursprung an, kennt aber offensichtlich die niederdeutsche Form nicht. Nl. *bijwacht* hat als mögliches Etymon den Vorteil, dass es für 1651 – also immer noch nach dem französischen Erstbeleg! – gesichert ist (WOORDENBOEK 2/13,2663), während Angaben über das genaue Alter und die Verbreitung von nd. *bîwacht(e)* (LASCH/BORCHLING 1,287a) fehlen (VALKHOFF 1936:193)[196]. Sollte die Entlehnung zu einem Zeitpunkt erfolgt zu sein, als das -*w*- des Etymons noch bilabial realisiert wurde[197], wäre die Entlehnung deutlich älter als bisher angenommen; dafür sprächen die frühen Formen *bihouac* in RICHELET und *biouac* in FURETIÈRE; *bivoie* in MÉNAGE gibt durch den vollständigen (graphischen) Anschluss an *bivoie* 'Scheideweg' nur unzureichenden Aufschluss über die Aussprache. Das -*v*- in *bivouac* ist möglicherweise als eine Art Hiattilger zwischen Vokal (*i*) und Halbvokal (*w*) eingeschoben worden, kann aber auch durch jüngere (nieder-)deutsche bzw. niederländische Formen mit labiodentaler Aussprache angeregt worden sein. Letzteres gilt sicherlich für *bivac*, das sowohl durch das ursprüngliche Etymon als auch durch schon im 17. Jahrhundert wiederum ins Deutsche entlehntes *Biwak* beeinflusst worden ist, zumal die militärischen Kontakte zwischen Frankreich und Deutschland bzw. den Niederlanden im 18. Jahrhundert nicht abgerissen waren.

Während *bivac* von der Mitte des 18. Jahrhunderts bis in die zweite Hälfte des 19. Jahrhunderts dominiert, wird seit dem Ende des vorletzten Jahrhunderts erneut *bivouac* bevorzugt (s. *TLF*), auch die Aussprache ist dementsprechend wieder [bivwak] statt vorhergehendem [bivak].

Bivouac hat sich offensichtlich schnell durchgesetzt, weil mögliche lexikalische Konkurrenten von exakter Bedeutungsgleichheit recht umständlich waren: *garde extraordinaire faite la nuit en plein air*, später *campement provisoire en plein air*. Sowohl d. *Biwak* als auch fr. *bivouac* zeigen die Bedeutungsentwicklung zu 'Nachtlager im Freien', bei der das Motiv des Wachehaltens ganz verloren geht. Aufgrund der solchermaßen neu entstandenen Bedeutungsnuance von 'Freiheit, Ungebundenheit' konnte das französische Wort bspw. Pate stehen bei der Benennung des *Citroën Berlingo Bivouac* im 21. Jh.

---

[195] Hier wird ausdrücklich auf *bivac* verwiesen.
[196] Niederländischen Ursprung nimmt schon MÉNAGE 1650 an: „Bivoie. C'est un terme de Milice que nous auons pris depuis peu des Hollandois, qui signifie la garde extraordinaire du camp." Eine andere Auffassung vertritt GUILLET 1678:2,32 (und mit ihm ENCYCLOPEDIE 1752:2,268a): „Le mot de Bioüac vient de l'Allemand, Veyvvach [*Encyclopédie*: *wey-wach*], qui signifie Double Garde." Das DEUTSCHE WÖRTERBUCH 1,1406 verwirft einen im 19. Jahrhundert gängigen Etymologievorschlag: „Beiwache *oder* Beiwacht, *f. excubiae nimmt man zur deutung des franz.* bivouac, bihouac, biouac *an, obwol aus unserer älteren sprache kein solches wort aufzuweisen ist.*"
[197] Laut Agathe Lasch, *Mittelniederdeutsche Grammatik* ²1974:152 und *Schönfelds Historische Grammatica van het nederlands* ⁷1964:86 ist die Entwicklung von *w* zur labiodentalen Spirans [v] in beiden Sprachen spätestens für das 16. Jh. anzusetzen.

havresac s.m. 'Rucksack der Infanteristen' < **Hafersack*, nd. **Hawersack*
FEW 16,107a, *TLF* 10,735a, *EWFS* 521b, *DMD* 366b
EB2a: Ménage, *Observations sur la langue françoise* 1672 (*habresac*)
Varianten:
- äußere Form: *habresac* (MÉNAGE 1672 – 1694), *havresac* (seit RICHELET 1680:1,396a)
- semantisch: 'Futtersack für Zugtiere'[198] (FURETIÈRE 1701:2 – TRÉVOUX 1771:4,748b), 'Vorratsbeutel reisender Handwerker' (TRÉVOUX 1771 – SACHS/VILLATTE 1894:774b), heute auch 'Seesack'

Lexikalische Konkurrenten: *sac* (in dieser Verwendung seit 1824)[199], *sac à dos* (seit 1957)

Die gängige deutsche Form des Wortes lautet nicht (*)*Hafer-*, sondern *Habersack*, und laut DEUTSCHEM WÖRTERBUCH 4/2,86 „*ist diese form auch den schriftstellern gerecht, die sonst nur* hafer *schreiben und bis auf jetzt allein üblich.*" Es erstaunt daher, dass die zu erwartende französische Form *habresac* sich zwar in Dutzenden von Dialekten (in verschiedenen Varianten mit *-b-*) wiederfindet, in den französischen Wörterbüchern aber nur bei Ménage; „*havresac* scheint eine speziell schriftsprachliche Form zu sein" (VON WARTBURG 1918:252). Eine als Etymon denkbare niederdeutsche Form *Haversack* ist als Appellativum erst in jüngerer Zeit belegt[200], in Frage kommt aber auch eine Variante (*)*Hafersack*; die Wiedergabe von d. *-f-* durch fr. *-v-* ist keine Seltenheit, vgl. *Kühlhafen* > *culave*, *-graf* > *-grave*, *Viertel* > *velte*, nd. *lofen* > *lover*. Daher ist auch nicht auszuschließen, dass Richelet in d. *Habersack* das Morphem *-sack* bzw. fr. *sac* erkannte und *Haber-* d. *Hafer* zuordnete, was in *havre-* seine typische französische Entsprechung findet. Dass *havresac* als „sac à quelque chose" reanalysiert worden ist, zeigen die heutige Aussprache mit stimmlosem [s] sowie die v.a. im 19. Jahrhundert frequente Schreibung *havre-sac*.
Havresac ist von der militärischen Bedeutung 'Rucksack der Soldaten' durchaus gelöst worden, dadurch aber in verstärkte Konkurrenz zu *sac à dos* oder einfachem *sac* geraten, gegen welche es sich nicht hat durchsetzen können. Das Wort ist heute kaum mehr gebräuchlich.

obus s.m. 'kurze Kanone' < *Haubitz(e)*
FEW 16,180b, *TLF* 12,376b, *EWFS* 653b, *DMD* 517a, *BW* 439b
EB2a: MÉMOIRES D'ARTILLERIE 1697:1,237
Varianten:
- äußere Form: *haubitz* (TREVOUX 1752:4,722[201] – ENCYCLOPEDIE METHODIQUE 1782:1,376b)
- semantisch: 'Haubitze' (bis Landais, *Dictionnaire général et grammatical* 1834), 'Geschoss einer Haubitze' (seit GATTEL 1797), 'Walfangharpune' (LAROUSSE 1907), 'Verschluss eines Reifenventils' (seit 1963, s. GRAND ROBERT 2001:4,2072a)

Wortfamilie: *obusier* 'Haubitze' (seit ACADÉMIE 1762:2,235a), *obusière* 'mit Haubitzen bestücktes Schiff' (Napoléon, 1806[202] – LAROUSSE 1932:5,158b), *obusiste* 'mit der Herstellung von Geschossen

---

[198] Zuvor schon im Deutschen, s. DEUTSCHES WÖRTERBUCH 4/2,86, daher vielleicht neu entlehnt.
[199] Laut GOLDSCHMIDT 1902:58 schon um 1900 sowohl für 'Reisebündel der Handwerker' als auch für 'Tornister der Infanteristen' gebräuchlicher als *havresac*.
[200] So im NIEDERSÄCHSISCHEN WÖRTERBUCH (5,837a); LASCH/BORCHLING 2,247 kennen mnd. *haversak* nur als Personennamen.
[201] Ein Zusammenhang mit *obus* wird an dieser Stelle nicht hergestellt. Das zeigt, dass *obus* bereits völlig integriert ist und der Zusammenhang mit *Haubitze* gar nicht mehr gesehen wird.

beschäftigter Arbeiter' (ACADÉMIE SUPPLÉMENT 1836:572b), *obuserie* 'Geschossfabrik' (*ebda.*), *obusite* 'durch Geschosseinschlag bedingte Gehörstörung' (Mozin, *Dictionnaire complet des langues Française et Allemande* ³1842²⁰³), *obuser*, *obusement* (beide in BEHRENS 1923:49 ohne Bedeutungsangabe, wahrscheinlich 'mit Haubitzgeschossen beschießen' bzw. 'Beschuss'), *homme-obus*, *femme-obus* 'aus einer Kanone abgefeuerte(r) Akrobat(in)' (im *TLF* ein Beispiel aus *Les Lettres françaises* 25.8.1966, 4/2)
Belegstellen: DYCHE 1756:2,135a, ENCYCLOPÉDIE 1765:11,330b, LAROUSSE 1874:11,1208a

Surirey de Saint-Rémy, der Herausgeber der *Mémoires d'artillerie*, berichtet von der Schlacht von Neerwinden in Brabant (29. Juli 1693):

„[...] outre les 77 Pieces de fonte que les ennemis laisserent dans leur fuite, il se trouva 8 mortiers appellez Obus, qui s'exécutent de la mesme maniere que le canon: les Anglois & les Hollandois s'en servent."

Die Haubitze und ihr Name sind in Frankreich zu diesem Zeitpunkt offensichtlich noch kaum vertraut; Surirey möchte diesem Umstand anscheinend auch durch Darstellungen einer Haubitze auf S. 239f. Abhilfe schaffen. Sureys Aussage deckt sich mit den lexikographischen Befunden: engl. *howitts* pl. ist 1687 belegt (*OED*² 7,455a), nl. *houvitsier* im Jahre 1663 (WOORDENBOEK 6,1201f.). Das Deutsche kennt allerdings *Haubitze* schon seit dem 15. Jh. (KLUGE²³ 360a).
Aus keiner der genannten Formen lässt sich *obus* problemlos herleiten²⁰⁴. Da das Deutsche das Wort dem Englischen und Niederländischen vermittelt hat, ist es auch als Ausgangspunkt von *obus* am wahrscheinlichsten, auch wenn Surirey die Deutschen nicht erwähnt; sie haben die Haubitze nachweislich eingesetzt²⁰⁵. Im *FEW* wird ein isolierter Beleg *hocbus* aus Metz (1515) s.v. *obus* bzw. *haubitze* behandelt. Dieser ist jedoch mit BEHRENS 1923:49n1 eher zu *arquebuse* < mnl. *hakebusse*, d. *Hakenbüchse* zu stellen, vgl. lothr. *hocquebute*. Wegen der zeitlichen Differenz der Belege und angesichts des Kontextes von *obus* bei Surirey ist eine Beeinflussung der Form *obus* durch *hocbus* nicht anzunehmen. Da *obus* nie als *obuse* erscheint, ist auch die von Behrens a.a.O. erwogene Wirkung von *arquebuse* fraglich²⁰⁶. Am wahrscheinlichsten ist, dass sich in *obus* eine ungenaue auditive Erfassung des d. *Haubitz(e)*²⁰⁷

---

²⁰² In einem Brief an den General Decrès vom 14. Juni; wie aus der Textstelle (gefunden unter www.histoire-empire.org/correspondance_de_napoleon/ 1806/juin_01.htm) ersichtlich wird, ist das Wort bereits älter:
„Envoyez-moi une note qui me fasse connaître ce que c'est qu'une pirogue, qu'une caïque, qu'une djerme, une demi-gabare, un trabacco, une canonnière, une obusière et une anson vénitienne, en les comparant à des bâtiments de la flottille et autres bâtiments de marine que je connaisse."
²⁰³ Noch im Ersten Weltkrieg gebräuchlich, s. *chemphys.u-strasbg.fr/~baud/droit-science/theses/ guilbert/ guilbert-222/guilbert-th-2.2.210.html.*
²⁰⁴ Das formal naheliegendste ital. *òbice* ist erst 1725 (*obizo*) belegt, s. *DEI* 4,2617b, und stammt wohl selbst aus dem Französischen, so auch span. *obús* (18. Jh.).
²⁰⁵ Vgl. auch PREVOST, *Manuel lexique* 1755 s.v. *haubitz*: „Pièce d'artillerie Allemande, dont on fait usage en campagne, dans les combats et dans les marches", zitiert nach BEHRENS 1923:49n2.
²⁰⁶ Dagegen kommt die Bildung von *obuser* nach dem Vorbild von *arquebuser* (~1570) durchaus in Frage.
²⁰⁷ PFEIFFER 1902:44 erwägt ein schweizerd. **Haubütz* als Etymon:
„Ich habe diese Form selbst zwar nicht gefunden, halte sie aber im Schweizerischen für möglich: man denke nur an das dort landläufige *imbrütz* für deutsch *emberitz*. Diese

widerspiegelt, wobei die Wiedergabe von [au] durch [o][208] und eines ungespannten [i] durch [u] sowie die Vereinfachung des Nexus [ts] zu [s] nicht außergewöhnlich sind. Auffällig ist aber namentlich der Umstand, dass das von Surirey verschriftlichte *obus* die Realisation als [oby] fast zwingend erfordert[209]. Leider fehlen Angaben über die Aussprache des Wortes bis weit ins 19. Jh.; LAROUSSE 1874 gibt „o-buz ou o-buss ou o-bu" als Varianten, ACADÉMIE 1835:2,288a und 1878:2,291a dulden nur „obuze". Gerade das „lautgerechteste" [obys] ist gänzlich verworfen worden, das der Schriftform folgende [oby] oder [ɔby] dominiert im 20. Jh., in dem auch [obyz][210] (s. *TLF*) aufgegeben wird.

Während *obus* in formaler Hinsicht folglich nicht auf das Englische oder Niederländische zurückgeht, ist seine semantische Entwicklung durch eine dieser beiden Sprachen (oder ein Zusammenspiel derselben) mitgeprägt worden. Auffällig ist nämlich die dem Niederländischen, Englischen und Französischen gemeine Bildung von Nomina agentis auf der Basis des Lehnworts. Wie gesehen, kennt das Niederländische *houvitsier* seit 1663; im Englischen ist *howitzer* 1695 belegt (*OED*² 7,455b), im Französischen *obusier* 1762. Alle drei Bildungen bedeuten 'Haubitze'. Da eine unabhängige Entstehung dieser im Französischen semantisch nicht auf der Hand liegenden Ableitung[211] wenig wahrscheinlich ist, spricht hier einiges für die Einwirkung des Niederländischen und/oder Englischen. Da *obusier* sich schnell verbreitet, kann *obus* die aus *obusier* theoretisch zu erschließende Bedeutung 'Geschoss einer Haubitze' per semantischer Rückbildung auch praktisch annehmen und trägt diese seit 1834 ausschließlich. Auf letzterer dem Französischen eigenen Entwicklung wiederum scheint die gelegentliche Bedeutung 'Geschoss' des d. *Haubitze* (s. DEUTSCHES WÖRTERBUCH 4/2,567: nach 1800) und des ital. *òbice* (20. Jh.) zu beruhen, da hier *obusier* entsprechende Bildungen fehlen.

colichemarde s.f. 'Degen mit nach dem Griff breit werdender Klinge' < *Königsmar(c)k* (PN)
FEW 16,343b, BEHRENS 1923:47, *TLF* 5,1024a, *DMD* 164b
EB2a: DYCHE 1756:1,603b (*konigsmark*)
Varianten:
- äußere Form: *konigsmark* (DYCHE 1756 – SOUVIRON 1868), *konismarck* (L.S. Mercier, *Néologie* 1801:2,359 – BOISTE 1851:417c), *colichemarde* (seit ACADÉMIE COMPLÉMENT 1838:252b), *colismarde* (ebda. – LAROUSSE 1869:4,591b), *colissemarde* (GUÉRIN 1892:3,82a)

Belegstellen: BOISTE 1803:235b

„Prob. altération de l'anthropon. all. *Königsmarck*, nom de Hans-Christopher (1660-1663) et de Otto-Wilhelm (1600-1663) [richtig ist: 1639-1688] von Königsmarck, hommes de guerre suédois, d'orig. allemande" (*TLF*). Die Herren von Königsmark

---

Herleitung findet überdies eine Stütze in der Thatsache, dass die Schweiz jahrhundertelang dem König von Frankreich Soldaten lieferte."

[208] Vgl. MARTINET 1977:84f.

[209] Hier Surirey zu unterstellen, dass er *obus* in Analogie zu römischen Namen auf *-us*, die im Französischen als [-us] realisiert werden, geschrieben hat, wäre rein spekulativ.

[210] Diese lautliche Variante kann durch *arquebuse* motiviert worden sein.

[211] Warum sollte neben *obus* ein gleichbedeutendes *obusier* gebildet werden? Ein formaler Einfluss von *mortier* 'Mörser' ist keineswegs zwingend anzunehmen und *obus* als 'Geschoss' erst 35 Jahre später zu belegen.

waren ein schon 1255 urkundlich bezeugtes altmärkisches Adelsgeschlecht, dessen einer Zweig, beginnend mit Hans-Christoph von Königsmark, im Dreißigjährigen Krieg auf schwedischer Seite kämpfte und 1651 die schwedische Grafenwürde verliehen bekam. Die französische Bezeichnung *colichemarde* geht aller Wahrscheinlichkeit nach auf Hans-Christophs Sohn Otto-Wilhelm zurück, über den in *NDB* 12,359ff. berichtet wird, dass er im Rahmen einer diplomatischen Mission in Frankreich in der Armee des Feldherrn Turenne kämpfte und sich in der Schlacht bei Seneffe (11. August 1674) gegen die Oranier dermaßen hervortat, dass ihm von Ludwig XIV. ein wertvoller Degen geschenkt wurde. Otto-Wilhelms Heldentaten waren anscheinend so berühmt, dass sein Name auf diese Hiebwaffe übertragen wurde[212]. Dies ist der einzige bekannte Bezug, der zwischen Königsmark und der benannten Waffe hergestellt werden kann. Wenn diese tatsächlich v.a. im 16. Jh. in Gebrauch gewesen ist[213], dann war sie es nicht unter dem Namen *colichemarde*. In Wörterbüchern seit dem 18. Jh. wird nicht erwähnt, dass *konigsmarck* oder *colichemarde* einer früher anders genannten Waffe entspräche: eine sicherlich zuvor existierende Bezeichnung ist zu diesem Zeitpunkt offenbar bereits vergessen. Die Form *colichemarde* ist anscheinend erst im Laufe des 19. Jhs. entstanden und zeugt vom volkstümlichen Gebrauch des Wortes.

schlaguer v.tr. 'Soldaten durch Prügel bestrafen' < *schlagen*
(*FEW* 17,39b), (*TLF* 15,174b), (*BW* 579a), BEHRENS 1923:46
EB2b: ENCYCLOPÉDIE 1765:17,451b (s.v. *voleur*)
Varianten:
- äußere Form: *chlaguer* (SACHS/VILLATTE 1894:1405b)
Lexikalische Konkurrenten: *donner la schlague* (seit ACADÉMIE 1835:2,714a)
Wortfamilie: *schlagueur* (ENCYCLOPÉDIE 1765:17,451b – SACHS/VILLATTE 1894:1405b), *schlague* s.f. (seit *Le Nain jaune* 22, 30. März 1815 (*la slague*) und 31, 15. Mai 1815 (*la schlag*))
Belegstellen: DELVAU 1889:436a, VILLATTE 1888:265b
LB: SACHS/VILLATTE 1894

Schlaguer wird gemeinhin als Ableitung zu angeblich aus d. *Schlag* entlehntem *schlague* aufgefasst (*FEW, TLF, EWFS*); lediglich Behrens vermutet, dass *schlague* „wohl vom deutschen Verbum *schlagen* gebildet" sei. Dass fr. *schlague* erst fünfzig Jahre nach *schlaguer* belegt ist, kann auf zufälligen Widrigkeiten der Beleglage beruhen und stellt an sich keinen Gegenbeweis für die öfter vertretene Meinung dar. Hinzu kommt aber, dass zwar natürlich Schläge als Strafmaßnahmen in Deutschland bekannt sind, eine entsprechende Bezeichnung *Schlag* im Sinne von 'Prügelstrafe' jedoch nicht. Eine Entlehnung *Schlag* > *schlague* ist daher sehr unwahrscheinlich, zumal die Übernahme der Strafe unmittelbar nach deutschem Vorbild erfolgt ist. Das unterstreicht auch der Kommentar der *Encyclopédie*:

„Si c'est M. le maréchal de Broglio qui a substitué au supplice de mort dont on punissoit les *maraudeurs*, la bastonade, qu'on appelle *schlaguer*, appliquée par le caporal, qu'on appelle caporal *schlagueur*, il a fait une innovation pleine de sagesse & d'humanité [...]."

---

[212] Das feminine Genus lässt darauf schließen, dass die Waffe zunächst **épée (de) Konigsmarck* genannt wurde.
[213] So LAROUSSE 1960:3,253b.

Wäre eine substantivische Bezeichnung der Prügelstrafe im Französischen schon existent, wäre eine Formulierung wie „la bastonade, qu'on appelle (la) *schlague*" anzunehmen, da es recht ungewöhnlich ist, wie im vorliegenden Textbeleg ein Substantiv durch ein Verb als Apposition zu erläutern. Der Marschall von Broglio, in Deutschland stationierter Befehlshaber der französischen Truppen im Siebenjährigen Krieg (1756-63), hat offenbar dort die spezielle im deutschen Heer praktizierte Prügelstrafe kennengelernt und gehört, dass für das fr. 'battre' – denn als solches musste er das Verprügeln mit dem Stock wahrnehmen – im Deutschen *schlagen* gebraucht wurde. Hieraus entlehnt hat er (und mit ihm vielleicht andere französische Offiziere) fr. *schlaguer*[214], wozu schon bald (1765!) die Ableitung *schlagueur* entstand, da diese Art der Prügelstrafe auch im französischen Heer zeitweilig eingeführt wurde. *Schlague* ist daher eine Rückbildung zu *schlaguer*; da die Wortfamilie der Soldatensprache angehört, ist es nicht erstaunlich, dass *schlague* trotz seines relativ geringen Alters auch auf dialektaler Ebene weit verbreitet ist (s. *FEW*). Da die Franzosen das deutsche Wort *schlagen* insbesondere im Verlauf der beiden Weltkriege wieder häufig zu Ohren bekamen, wird *schlague*, das seine Ableitungsbasis lange überlebt hat, im heutigen Französisch sehr oft – aber nicht ausschließlich – in Bezug zu deutschen Konzentrationslagern und zur SS gesetzt.

sabretache s.f. 'kleiner flacher Sack am Gürtel der Husaren' < *Säbeltasche*
FEW 17,1b, *TLF* 14,1386a, *EWFS* 787a, *DMD* 681b, *BW* 566b
EB2b: Ordonnance vom 25. April 1767, laut LAROUSSE 1875:14,18a[215]
Varianten:
- äußere Form: sabertasche (ACADEMIE COMPLEMENT 1842:1071d), sabeltache (Bescherelle, *Dictionnaire national* 1845), saberdache (RAYMOND 1832:2,430b – Landais, *Dictionnaire général et grammatical* [11]1851)

Belegstellen: BOISTE 1800:399c, LE COUTURIER 1825:290 (s.v. *hussard*)

Im ersten Bestandteil des Etymons wurde ohne Weiteres das fr. *sabre* wiedererkannt, teils aufgrund ausdrucksseitiger Ähnlichkeit[216], teils weil das bezeichnete Säckchen am Gürtel neben dem Säbel befestigt wurde.
Da die Bedeutung, anders als bspw. bei *havresac*, immer auf das soldatische Utensil bezogen blieb, ist *sabretache* heute lediglich als militärgeschichtliche Bezeichnung lebendig.

---

[214] Daher „vers 1756" in LAROUSSE 1875.
[215] Das *FEW* gibt unter Berufung auf BOISTE 1803 als Erstbeleg „Restaut, Traité d'Orthogr., 2ᵉ éd." an. Dabei dürfte es sich um Charles le Roy, *Traité de l'orthographe françoise, en forme de Dictionnaire* […], quatrieme [!] Édition, considérablement augmentée & corrigée par M. Restaut, Poitiers 1752, handeln, doch ist an dieser Stelle *sabretache* nicht aufzufinden. Dass das Wort dennoch vielleicht älter ist, lässt ein Kupferstich in QUICHERAT ²1876:582 vermuten, der laut Quicherat einem Werk *Maniement des armes* von 1721 entnommen oder nachempfunden ist und einen Soldaten zeigt, der eindeutig eine Säbeltasche am Gürtel trägt. Ob diese zum genannten Zeitpunkt schon *sabretache* hieß, muss offen bleiben; dass sie diesen Namen trug, ist aber nicht unwahrscheinlich.
[216] Laut DEUTSCHEM WÖRTERBUCH 8,1590 waren deutsche dialektale Formen *Sabel* (> fr. *sabre*) statt *Säbel* noch lange Zeit verbreitet. Es ist somit auch *Sabeltasche* als lautlich noch näher liegendes Etymon denkbar.

cravache s.f. 'kurze Reitpeitsche' < *Karbatsche*[217]
FEW 19,95a, *TLF* 6,434a, *EWFS* 280a, *DMD* 196a, *BW* 167b
EB2a: ENCYCLOPÉDIE MÉTHODIQUE 1790:3,136
Wortfamilie: *cravacher* 'mit der Karbatsche schlagen' (seit George Sand, *Jacques*, 1834:279), 'sich abrackern' (seit *La Pédale* 21.9.1927:9), pop. 'Geschlechtsverkehr haben' (2002), *cravachée* s.f. 'Reihe von Peitschenschlägen' (seit LAROUSSE 1869:5,456b), *Le Cravacheur* (Titel eines Journals aus Roubaix, seit 1898), *cravacheur* s.m. 'jd., der gerne Sex hat' (2002), *cravachage* 'das Auspeitschen' (2002); *cravache d'or* (eine Reitauszeichnung)
Belegstellen: LE COUTURIER 1825:148, MOZIN 1826:1/1,367c, LAROUSSE 1869:5,456b

COLOMBANI 1952:274 bezeichnet die erfolgte *r*-Metathese als normgerecht und führt den Wechsel von -*b*- zu -*v*- auf das angebliche Gesetz des geringsten Lautwiderstandes zurück. Regelmäßig begegnet diese Metathese aber nur in tonlosen Endsilben entlehnter Wörter (*lagre* < *Lager*, *vidrecome* < *Wiederkomm*, *bocambre* < *Poch-* oder **Bochhammer*). Vielmehr ist hier wohl Analogie im Spiel und ein mögliches **carba(t)che* an das bekannte *cravate* angeglichen worden, so wie die Endung *-ache* vielleicht durch das gleichlautende Suffix beeinflusst worden ist.
Cravache bleibt kein ausschließlicher (militärischer) Fachterminus, ebenso wie die Ableitungen weit über den Fachbereich hinausgehen und so die vollständige Integration des Lehnworts unterstreichen.

3.2.2.3. Sonstiges

hemvé s.m. 'Sehnsucht (v.a. der Schweizer) nach der Heimat' < schweizerd. *Heimweh*
FEW 16,192a
EB2a: DU BOS ⁵1732[1719]:137f.
EB2b: François de Seigneux, Brief vom 5. Januar 1741 (*heimwehe*, ERNST 1949:37)
Varianten:
- äußere Form: *hemvé* (DU BOS – RAYMOND 1832:1,700a), *heimwehe* (François de Seigneux 1741), *heimweh* (Gabriel de Seigneux 1756, s. ERNST 1949:38, TISSOT 1761:2 und LAROUSSE 1948:1,912b[218]), *heimvé* (SCHMIDLIN 1779:8,97a), *heimwé* (NOUVEAU DICTIONNAIRE 1790:2,1104a)
Lexikalische Konkurrenten: (auf die Schweizer bezogen) *ennui à la suisse* (Rétif de la Bretonne, *Monsieur Nicolas* 1777); *maladie du pays* (s. Hofer 1678 §2, s.u., ENCYCLOPEDIE 1765:8,129f., Bridel, *Le Lac Léman* 1782), →*nostalgie* (seit LIEUTAUD 1769:1,309), *mal du pays* (seit 1810, s. GRAND ROBERT 2001:4,1075b), *nostomanie* (J.-F. Lavoisien, *Dictionnaire portatif de médecine* 1793 – Émile Littré, *Dictionnaire de médecine* 1907/1908), *nostrasie* (BOISTE 1803:276b – LAROUSSE 1874:11,1103b)
LB: RAYMOND 1832

Nach von Wartburg steht die Entlehnung des Wortes *Heimweh* in direktem Zusammenhang mit dem entsprechenden Krankheitsbild bei Schweizer Soldaten[219].

---

[217] D. *Karbatsche* < tschech. *karabáč* / poln. *karbasz*, *korbacz* < türk. *kırbaç*. Direkt aus dem Türkischen oder durch arabische Vermittlung (*kurbāǧ*) entlehnt ist fr. *courbache* 'auf Galeeren verwendete orientalische Peitsche' (*TLF* 6,338a), das wegen der abweichenden Bedeutung keinen Konkurrenten zu *cravache* darstellt.
[218] Im Französischen der Schweiz wird *heimweh* heute noch benutzt.
[219] „Das heimweh konnte besonders bei den schweizerischen söldnern beobachtet werden. Mit der abschaffung der schweizertruppen scheint das wort auch wieder verschwunden zu sein."

Tatsächlich führt Johannes Hofer in seiner *Dissertatio medica de ΝΟΣΤΑΛΓΙΑ oder Heimwehe* von 1678 Schweizer Soldaten als Fallbeispiel an; doch das Wort *hemvé* ist nicht durch die Schweizer Regimenter ins Französische gelangt. Deren Tendenz, in der Fremde von einer nicht selten tödlichen Sehnsucht nach der Heimat befallen zu werden, war den Franzosen schon zeitig aufgefallen; sie nannten diese Krankheit *maladie du pays*[220]. Erst im Rahmen der medizinisch-philosophischen Beschäftigungen, die Hofers Arbeit nach sich zog, hat sich das schweizerd. *Heimweh*[221] auch als Lehnwort niedergeschlagen. Du Bos äußert sich folgendermaßen:

„Cette maladie qu'on appelle le *Hemvé* en quelques pays et qui donne au malade un violent désir de retourner chez lui [...], est un instinct qui nous avertit que l'air où nous nous trouvons, n'est pas aussi convenable à nôtre constitution, que celui pour lequel un secret instinct nous fait soupirer. Le *Hemvé* ne devient une peine de l'esprit que parce qu'il est réellement une peine du corps."

Von Soldaten schreibt Du Bos nichts, weist aber, leider ohne konkrete Angaben, auf die regionale Beschränktheit des Gebrauchs von *hemvé* hin. ERNST 1949:33 beschreibt den weiteren Verlauf der Wortgeschichte:

„Durch den Abbé Du Bos ist das Heimweh ein Lehnwort der französischen Literatursprache geworden. Wenn es aber als solches eine Zeitlang sein Leben fristete, so kommt das auch daher, daß es einen Weitersager fand, wie ihn zuvor Hofer in Scheuchzer gefunden hatte. Des Abbé Popularisator, wenigstens was das Heimweh anbetrifft, war der Chevalier de Jaucourt [der Verfasser des Artikels in der *Encyclopédie*], das Organ der Popularisierung die *Encyclopédie*."

Dort findet sich (1765:8,129f.) eine relativ wörtliche Wiedergabe der Passage bei Du Bos. Wo Jaucort diesen nicht zitiert, schreibt er „le hemvé ou la maladie du pays". Auch aus anderen Textstellen wird deutlich, dass fr. *hemvé* außerhalb der Welschschweiz kaum gebräuchlich war. Johann Georg Sulzer übersetzt 1746 einen Text Scheuchzers und bemerkt: „Bei den Franzosen heißet diese Krankheit La Maladie du Pays" (ERNST 1949:74), ohne auf eine etwaige Verwendung von *hemvé* hinzuweisen; selbst der Schweizer Bridel erwähnt 1782 in *Le Lac Léman* lediglich „ce mal inexplicable", „maladie du pays" (ERNST 1949:51). Daneben gerät *hemvé* als literarisches Lehnwort und wissenschaftlicher Terminus immer mehr in Konkurrenz zu

---

[220] HOFER 1678 § 2 nach ERNST 1949:61. Auf S. 112 weist Ernst darauf hin, dass laut Goethe unter Ludwig XIV. das Blasen von Schalmeien verboten worden ist, um dem Heimweh der Schweizer Söldner keine zusätzliche Nahrung zu geben.
[221] Das Wort ist zu Beginn des 18. Jahrhunderts auch in Deutschland noch ungeläufig. Das DEUTSCHE WÖRTERBUCH 4/2,884 schreibt s.v.:
„*von* STEINBACH 2,957 *zuerst aufgeführt. er hatte das wort wol aus* SCHEUCHZERS *seltsamer naturgeschichten des Schweizerlandes wochentliche erzehlung, einem auch in Deutschland viel gelesenen journale, kennen gelernt, wo in no. 15, s. 57 vom 20. mai 1705 unter dem titel* von dem heimwehe *diese* 'uns Schweizern besondere krankheit' *beschrieben und mittel zur heilung derselben vorgeschlagen wurden*", s. auch *Schweizerkrankheit* in gleicher Bedeutung in Bd. 9,2474.

nostalgie (s. dort), das sich fortwährend stabilisiert[222]. Es verwundert daher nicht, dass *nostalgie* seit ENCYCLOPÉDIE SUPPLÉMENT 1777 in keinem Wörterbuch mehr fehlt, *hemvé* dagegen von RAYMOND 1832 letztmals verzeichnet und als „inusité" angegeben wird. Andere Wörterbuchserien (BOISTE, ACADÉMIE u.a.) nehmen das Lehnwort gar nicht erst auf. Eine mögliche Gebrauchsnische für fr. *hemvé* statt *nostalgie* oder *mal(adie) du pays* erschließt sich aus SCHMIDLIN 1779:8,97a s.v. *heimvé*: „Mit diesem deutschen Worte bezeichnet zuweilen der Franzose im Scherz das heftige Verlangen der Schweizer, in ihr Vaterland zurückzukehren." Weitere Belege für eine solche spöttische statt wissenschaftlicher Verwendung des Wortes liegen mir leider nicht vor. In jedem Fall handelt es sich bei *heimweh* in LAROUSSE 1948 nicht um einen Beleg des Fortlebens von *hemvé*, sondern um eine kurzzeitige Neuaufnahme des Wortes, das hier ausdrücklich als „mot allemand" bezeichnet und, wie zu erwarten, mit *nostalgie* und *mal du pays* glossiert wird.

3.3. Handel

3.3.1. Hohlmaße und Behältnisse

Namentlich durch die Veröffentlichung von Savary des Bruslons' *Dictionnaire Universel de Commerce* liefert das frühe 18. Jh. eine Vielzahl von Erstbelegen für Lehnwörter des Handels. Zahlreiche dieser Einheiten werden schon zuvor im grenzüberschreitenden Warenverkehr gebraucht worden sein; insbesondere in grenznahen Dialekten haben sie größtenteils höhere Vitalität genossen als in der französischen Standard-Handelssprache. Dort bleiben sie überwiegend Xenismen; als solche sind manche von ihnen dennoch gut integriert gewesen, während andere Einheiten ihre Belege wohl nur kopierten Wörterbucheinträgen verdanken. Die Quellenlage erlaubt es nur eingeschränkt, den einen vom anderen Fall mit Sicherheit zu unterscheiden.
Lexikalische Konkurenten haben die hier aufgeführten Bezeichnungen begreiflicherweise nur in seltenen Fällen gehabt, da französische Maßeinheiten den jeweiligen deutschen zumeist nicht genau entsprachen.

Nachfolgeformen von westgerm. **fōdra-* sind in verschiedener Form ins Französische übernommen worden: aus mnl. *voeder* 'Wagenlast', 'Weinmaß' ins Altpikardische (*voder* 'sorte de mesure', 13. Jh., s. *FEW* 15/2,186a), aus mhd. *vuoder* ins Mittelfranzösische (*voudre* 'Fass für Rheinwein', 15. Jh.). Diesen zwei Belegen folgen *vaudre* 'Fass für Rheinwein' in COTGRAVE 1611 und erstmals die heute gültige Form *foudre* 'großes Fass [von 50 bis 700 Hektolitern]' in J.H. Widerhold, *Vocabularium Latino-Gallico-Germanicum* 1669. Die Klassifizierung des mfr. *voudre* als „attestation isolée" (*TLF* 9,1137b) und die ebenda erfolgte Unterteilung in [1. *voder, voudre, vaudre*], 2. *foudre* erweckt den Eindruck, dass im 17. Jahrhundert eine Neuentlehnung habe d. *Fuder* stattgefunden habe. Dies ist jedoch nicht der Fall. Seit dem mfr. *voudre* ist im Französischen nur die Bedeutung 'Fass' nachzuweisen, die dem Deutschen aber fremd ist: weder LEXER noch das DEUTSCHE WÖRTERBUCH noch die Dialektwörterbücher weisen *Fuder* bzw. seine mundartlichen Varianten in anderer Bedeutung als 'Wagenlast', 'Flüssigkeitsmaß' oder übertragen 'große Menge' auf. Offensichtlich beruht die

---

[222] In der Yverdoner Enzyklopädie de Felices, Bd. 13 von 1773, erscheint laut ERNST 1949:46 unter *hemvé* nur mehr der Verweis auf den Artikel zu *nostalgie*. Auch im Supplement der *Encyclopédie* Diderots (1777:4, 60a) wird ein Artikel *nostalgie* nachgeschoben.

französische Bedeutung auf einem schon alten Missverständnis, bei welchem ein mhd. *ein vuoder wînes* o.ä. als 'ein Fass Wein' aufgefasst wurde. Die Schreibung mit *f-* seit dem 17. Jahrhundert beruht daher lediglich auf einer Anpassung an das gehörte, weiterhin missverstandene nhd. *Fuder*. Der fehlerhafte Bezug zum Deutschen zeigt sich in der Bedeutung 'in Deutschland gebräuchliches Fass' (FURETIÈRE 1690:2 – FÉRAUD 1787:1,278b). Es ist vielleicht kein Zufall, dass SAVARY DES BRUSLONS 1723, da *foudre* bereits mit dieser fälschlichen Bedeutung belegt ist, für die entlehnte Bezeichnung des deutschen Hohlmaßes *Fuder* die seltsame Variante →*feoder* wählt (zu einer anderen Erklärungsmöglichkeit dieser Form s. unter *reoder*). Im 19. Jh. geht der Bezug von *foudre* zu Deutschland verloren und die Bedeutung wird zu 'großes Fass' im Allgemeinen – die das Etymon nie gehabt hat.

velte s.f. 'Hohlmaß von 7,45 Litern'[223] < d. oder nl. *Viertel*
(*FEW* 17,427b), *TLF* 16,972a, *EWFS* 886a, *DMD* 803a
EB2b: Savary, *Le parfait négociant* ²1679:2,133
Varianten:
- äußere Form: *verte* (SAVARY DES BRUSLONS 1723:2,1852 – TRÉVOUX 1771:8,365b), *verle*? (SAVARY DES BRUSLONS 1723:2,1852, noch in *DG* 2231b), *virte* (SAVARY DES BRUSLONS 1730:1295 – TREVOUX 1771:8,420a)
- semantisch: 'bestimmter Stab zum Ausmessen des Fassvolumens' (seit SAVARY DES BRUSLONS 1723:2,1852)[224], 'blechernes Weinbehältnis in einigen Weinbauregionen' (seit *Nouveau Larousse illustré* 1904)

Wortfamilie: *velter* 'mit der *velte* ausmessen' (seit SAVARY DES BRUSLONS 1723:2,1852[225]), *virter* 'id.' (SAVARY DES BRUSLONS 1730:1295), *veltage* 'das Ausmessen mit der *velte*' (seit SAVARY DES BRUSLONS 1723:2,1852), 'Messzins' (SAVARY DES BRUSLONS 1723:2,1852), *velteur* 'offizieller Ausmesser' (seit SAVARY DES BRUSLONS 1723:2,1852)
Belegstellen: ACADÉMIE 1762:2,911b, ENCYCLOPÉDIE 1765:16,908b

Auf Grundlage der mit Abstand häufigsten und zudem am frühesten belegten Variante *velte* scheint die Annahme des Etymons *Viertel* einigermaßen riskant. Es sind die Formen *virte* und *verte*, die offenbar die älteren sein müssen, die diese erstmals von BUGGE 1874:160 vorgebrachte Etymologie untermauern; *virte* entspricht dem zu erwartenden französischen Resultat eines entlehnten *Viertel*.

Für die Bedeutung 'Maßstab für das Volumen von Fässern' fehlen Belege im Deutschen; im Nl. konnte *viertel* zwar ein Messinstrument bezeichnen, doch war selbiges nicht in der Weise festgelegt wie *velte* in der Bedeutung 'bestimmter Stab zum Ausmessen des Fassvolumens'. Das Wort ist daher zunächst durch Händler als Bezeichnung eines Hohlmaßes in Frankreich bekannt geworden. Die Entlehnung scheint ausschließlich über den Seeweg erfolgt zu sein, denn den Angaben Savary des Bruslons zufolge sind sämtliche Varianten entlang der südwestfranzösischen Küste anzutreffen[226]; erst von hier aus ist *velte* in die französischen Wörterbücher und in die Gemeinsprache gelangt. SAVARY DES BRUSLONS 1723 nennt namentlich die Guyenne, Bordeaux, die Île de Ré, la Rochelle, Bayonne und Cognac, 1730 auch Saintes und Angoulême (vgl. *FEW*).

---

[223] Die hier angegebenen Größen sind entnommen aus VERDENHALVEN 1968.
[224] *Velte*, *verte* und *verle* liegen auch in dieser Bedeutung vor; lediglich für *virte* ist sie nicht belegt, im Ursprung aber ebenfalls anzusetzen.
[225] In *TLF* 16,972b als „vieilli" angegeben.
[226] Vielleicht nimmt *FEW* 17,427b deshalb einen ausschließlich niederländischen Ursprung von *velte* an. Doch bestanden nachweislich auch intensive deutsche Handelsbeziehungen mit der betreffenden Gegend, s. ESPAGNE 1991a.

Vor Ort ist das Lehnwort offenbar mit ähnlich lautendem *verge* (ursprünglich 'Stab') – bzw. südwestlichen okzitanischen Dialektformen (gask. *bergua,* Landes *bergue,* s. *FEW* 14,497a) – in Berührung geraten, das schon im 13. Jahrhundert als 'Eichmaß' belegt ist, und hat daher ebenfalls diese Bedeutung angenommen. In gleicher Verwendung findet sich bei SAVARY DES BRUSLONS 1723 auch *verle,* das auch als Umformung von *Viertel* denkbar wäre, in ähnlicher Entwicklung wie der von *velte,* s. *FEW*: „Beim ersatz von -*r*- durch -*l*- hat vielleicht das finale -*l* von *viertel* mitgewirkt." Die Bedeutung 'Messstock' hat sich den Belegen zufolge bald verfestigt, denn die Ableitungen gehen hiervon aus[227]: ein *velteur* („ailleurs Jaugeur", SAVARY 1723:2,1852) misst mit dem „instrument que l'on appelle Velte" (*ebda.*)[228]. Die Bedeutung 'Hohlmaß' gerät im Verlauf des 19. Jahrhunderts zwangsläufig außer Gebrauch; schon GRUÉ 1840:42 mahnt an: „Ne pas dire 1 velte, dire 7 litres 4 décilitres 5 centilitres."

aam s.m./s.f. 'Hohlmaß von etwa 1 ¾ Hektolitern' < *Ahm*[229]
EB2a: SAVARY DES BRUSLONS 1723:2,23 (*ame,* s.v. *feoder*)
Varianten:
- äußere Form: *awu* (ENCYCLOPÉDIE 1765:10,419b s.v. *mesures,* offenbar ein Druckfehler), *aam* (SCHMIDLIN 1771:1,5a – MOZIN 1863:2,1309a), *ahm* (ACADÉMIE SUPPLÉMENT 1836:1c - LAROUSSE 1960:1,174a)

LB: LAROUSSE 1960

Ein Ahm ist ein deutsches und niederländisches (als solches auch in LAROUSSE 1867:1,7b) Flüssigkeitsmaß, das 148 2/3 Pariser Pinten entspricht (NOUVEAU DICTIONNAIRE 1790). Laut SAVARY sind 6 *ames* ein →*feoder.*

achteling s.m. 'Hohlmaß (etwa 1/32 →*heemer*)' < **Acht(e)ling*
EB2a: SAVARY DES BRUSLONS 1723:1,15
Varianten:
- äußere Form: *achtelin* (ENCYCLOPÉDIE 1765:10,425a s.v. *mesures*)

Belegstellen: ENCYCLOPÉDIE 1751:1,97b[230]
LB: GRAND VOCABULAIRE 1767:1,299a

Savary setzt das Maß in Zusammenhang mit anderen deutschen Hohlmaßen: ein *achteling* enthält vier *schiltems* und ist selbst 1/32 *heemer.*

---

[227] Anders *EWFS* 886a: Gamillscheg betrachtet *velter* 'messen' als Ableitung zu *velte* 'Raummaß' und *velte* 'Visierstock' als Rückbildung aus *velter.* Die Chronologie der Belege kann diese Annahme nicht stützen; sowohl *velte* 'Messstock' als auch *velter* sind 1723 belegt. Außerdem ist für *velter* die allgemeine Bedeutung 'messen' gar nicht nachzuweisen: schon in SAVARY DES BRUSLONS 1723:2,1852 bedeutet es „mesurer avec la velte".

[228] In der Bedeutung 'Messstock' ist *velte* schon 1741 als nicht regional markiertes Wort anzutreffen, s. CAMUS 1741:385:
„Les marchands ont fait faire des bâtons appellés *Veltes,* qu'on introduit dans les tonneaux par le bondon, & avec lesquels on mesure, pour ainsi dire, diagonalement les distances qu'il y a du bondon aux extrémités inférieures des fonds. Ces bâtons étant divisés en mesures […] font voir tout d'un coup la capacité du tonneau."

[229] Aus der Variante *Ohm* stammt bern. *ohme* 'Weinmaß (50 Liter)' (*FEW* 16,604a), vgl. auch afr. *onghelt* < *Ohmgeld* 'Eingangssteuer auf Wein' (*FEW* 16,604b).

[230] Mit dem aus SAVARY DES BRUSLONS 1723 wörtlich übernommenen Kommentar.

SAVARY DES BRUSLONS 1723:2,23 (s.v. *feoder*), zahlreiche Quellen des 18. Jhs. und zuletzt LANDAIS 1851:1,222a enthalten den Eintrag *beson* oder *besson* als 'besonders in Augsburg übliches Flüssigkeitsmaß', das laut ENCYCLOPÉDIE 1751:2,213b acht →*masses* fasst, was laut BOISTE 1841:83a 171 2/3 *pintes* entspricht. Ein entsprechendes Wort ist auch in Österreich im Umlauf gewesen, wie *bisson* verrät, dass DE COURTIVRON/BOUCHU 1762:4,125 als im Salzburgischen gebräuchliches Mengenmaß für Stahl angeben. Wie das Etymon aber tatsächlich gelautet hat, verraten deutsche Quellen jeglicher Art nicht. Ein Zusammenhang mit fr. *besson* 'Zwilling(s-)' scheidet aus, da dieses Wort nicht als Maßbezeichnung verwendet worden ist. Es kommt auch nicht als Bedeutungslehnwort nach einem etwaigen deutschen **Zweier* oder **Zwilling* in Frage, da auch diese Lexeme keine Maße bezeichnen. Die Herkunft bleibt somit ungeklärt.

féoder s.m. 'Wagenlast eines Zweispänners als deutsches Flüssigkeitsmaß' < *Fuder*
EB2a: SAVARY DES BRUSLONS 1723:2,23
Varianten:
- äußere Form: *foudre* (DE MONTESQUIEU 1729:2,164), *fuder* (ENCYCLOPEDIE 1765:10,419b s.v. *mesures*)

Belegstellen: ENCYCLOPEDIE 1756:6,493b
LB: TRÉVOUX 1771:4,91b

In *FEW* 15/2,186a erscheint *féoder* nur als Variante von *foudre* (s. Seite 107f.) „in deutscher oder deutsch sein sollender graphie." Es wird indes mit *féoder* etwas ganz Anderes bezeichnet: während für *foudre* 'großes (in Deutschland gebräuchliches) Fass' gilt, bezeichnet *féoder* eine Wagenlast als in Deutschland übliches Raummaß, als „*eines der grösten masze für flüssigkeiten*" auch im DEUTSCHEN WÖRTERBUCH 4,366 für *Fuder* bezeugt. Zur ungewöhnlichen Form s. unter *foudre* und →*reoder*.
Féoder gilt laut Savary im ganzen deutschsprachigen Raum, wird je nach Region aber unterschiedlich unterteilt; s. hierzu die übrigen Artikel dieses Abschnitts.

fertel s.m. 'Hohlmaß von 18,53 Litern' < *Viertel*
EB2a: SAVARY DES BRUSLONS 1723:2,32
Varianten:
- äußere Form: *vertel* (SAVARY DES BRUSLONS 1723 a.a.O.: so in Heidelberg), *viertel* (MOZIN 1863:2,1316c)

Lexikalische Konkurrenten: *schreve* (SAVARY DES BRUSLONS 2,1491 – ENCYCLOPÉDIE 1756:6,556b, s. Seite 113f.)
Belegstellen: ENCYCLOPÉDIE 1765:17,172a
LB: MOZIN 1863

Während d. oder nl. *Viertel* schon im 17. Jahrhundert über den Seeweg bzw. Handelsniederlassungen in den Südwesten Frankreichs gelangt und von dort ausgehend zu einem gut integrierten Lehnwort geworden ist (s. *velte*), ist das gleiche deutsche Etymon als Xenismus im Warenverkehr mit Frankreich im 18. Jahrhundert erneut entlehnt worden. *Fertel* wird vielfach (ENCYCLOPÉDIE 1756:6,556b (*fertelle*) – NOUVEAU DICTIONNAIRE 1790:2,874b) als brabantinisches Maß aufgenommen[231], in SAVARY und ENCYCLOPÉDIE aber auch als Vergleichswert für den Handel mit Deutschland angegeben. Laut SAVARY 1723:2,23 entspricht *fertel schreve* und ist 1/120 *feoder* bzw. 4 *masses*.

---

[231] Im Wallonischen ist mnl. *veertel* schon im 16. Jahrhundert entlehnt worden.

heemer s.m. 'Hohlmaß von zwischen 8 und 294 Litern' < *Eimer*
EB2a: SAVARY DES BRUSLONS 1723:2,342
Varianten:
- äußere Form: *heemer* (SAVARY DES BRUSLONS – LAROUSSE 1873:9,139d), *hemer* (DE MONTESQUIEU 1729:2,164), *heémer* (ENCYCLOPEDIE 1751:1,97b s.v. *achteling*), *hecmer* (ENCYCLOPEDIE 1765:10,425a s.v. *mesures*), *heémer* (SCHMIDLIN 1779:8,96b), *heimer* (LAROUSSE 1873), *eimer* (BRARD 1829:203n – LAROUSSE 1930:3,84b)

LB: LAROUSSE 1930

Die von SAVARY DES BRUSLONS 1723 bis LAROUSSE 1873 belegte Form *heemer* ist recht ungewöhnlich, da sich zumindest für das *h-* keine Erklärungen anbieten[232]. In vokalischer Hinsicht entspricht *hemer* bei Montesquieu den Erwartungen, da dieser Form wohl eine Aussprache [ɛmɛʀ] entsprochen hat und die Reduktion des deutschen Diphthongs [ai] zu [ɛ] die normale Entwicklung bei deutsch-französischen Entlehnungsvorgängen darstellt[233]. Die in LAROUSSE 1873 angegebene Aussprache é-mèr mit geschlossenem [e] beruht dagegen ihrerseits auf der Graphie *heemer*.
Die Tatsache, dass Montesquieu ebenso wie Savary Formen mit unerklärtem *h-* verwendet, die schwerlich polygenetisch zu erklären sind, zeigt, dass das Lehnwort einen gewissen Bekanntheitsgrad erreicht hat. Auf der anderen Seite äußert sich der xenistische Charakter deutlich dadurch, dass auf formaler Ebene eine Entwicklung der Endung *-er* zu *-(r)e* unterbleibt, die bei gut integrierten Lehnwörtern geradezu regelmäßig erfolgt[234].
Die seit Brard belegte Form *eimer* ist lediglich an das Herkunftswort angeglichen worden, nicht neu entlehnt. Mit der Durchsetzung des metrischen Systems wird das Wort obsolet und erscheint daher in LAROUSSE 1930 nur noch als handelsgeschichtlicher Terminus.
Um Anhaltspunkte für den grenzübergreifenden Handel zu liefern, wird die Maßeinheit in Bezug zu anderen Einheiten gesetzt. Die Angaben sind zwar uneinheitlich, doch dies beruht auf regionalen Abweichungen im Gebrauch innerhalb Deutschlands. Laut Savary ist ein *heemer* 1/32 →*feoder*, laut Montesquieu 1/10 *foudre* (was hier *feoder* entspricht); Brard gibt 1 *eimer* als „2752 pieds cubes (102 mètres cubes environ)" an.

jé s.m. 'süddeutsches Hohlmaß von etwa 200 Litern' < *Jez*
EB2a: SAVARY DES BRUSLONS 1723:2,23 (*jez* pl.) und 2,312
Belegstellen: ENCYCLOPEDIE 1765:8,505b, NOUVEAU DICTIONNAIRE 1790:2,1035a
LB: MOZIN 1828:2/1,100b

Jé wird von MOZIN 1826 nur auf Augsburg bezogen, ist laut SAVARY DES BRUSLONS aber in mehreren deutschen Regionen bekannt, „particulierement à Ausbourg", daher auch im *Nouveau Dictionnaire* allgemeiner als „ein Maaß in flüssigen Sachen" aufgeführt. Das *Jez* ist tatsächlich nur in Süddeutschland üblich gewesen (DEUTSCHES

---

[232] Daher ist *heémer* für SCHMIDLIN 1779:8,96b „ein verhunztes Wort, womit einige Franzosen das deutsche Wort Eimer ausdrücken wollen."
[233] Vielleicht liegen auch deutsche dialektale Formen mit Monophthong (rhein., lothr. *Emer*, *Ämer*, *Emmer*) zu Grunde.
[234] Vollständig integriert wäre demzufolge die Form *em(m)e*; ein solches *emme* benutzt bereits einmal Jean Molinet (2. Hälfte des 15. Jhs.), laut *FEW* 15/2,87b entlehnt aus mnl. *emmer*.

WÖRTERBUCH 4,2326) und entsprach dort 1/8 Fuder (SCHWÄBISCHES WÖRTERBUCH 4,92 s.v. *Jeg*). Das bestätigt die Umrechnung eines *jé* bei SAVARY als 1/8 →*feoder*.

malder s.m. 'Hohlmaß für Getreide von zwischen 115 und 1123 Litern' < *Malder*
FEW 16,509a
EB2a: SAVARY DES BRUSLONS 1723:2,617
Varianten:
- äußere Form: *malder* (SAVARY DES BRUSLONS – RAYMOND 1832:2,13b), *malter*[235] (ENCYCLOPÉDIE 1765:9,950a – MOZIN 1863:2,1313a), *maldre* (ENCYCLOPÉDIE a.a.O. – RAYMOND a.a.O.), *maltre* (SACHS/VILLATTE 1894:939c)

LB: SACHS/VILLATTE 1894

Seit dem 14. Jahrhundert ist im Wallonischen, daran angrenzenden Dialekten und im Lothringischen aus d. oder nl. *Malder* entlehntes *maldre* etc. nachgewiesen, das dort integrierter Bestandteil der jeweiligen Sprachvarietät geworden ist[236]. Im 18. Jahrhundert ist *Malder* als Xenismus neu entlehnt worden; um französischen Händlern das Umrechnen zu ermöglichen, erläutert SAVARY 1723:2,617 *malder* mit „2/3 septiers de Paris".

masse s.f. 'Hohlmaß von zwischen 0,9 und 3,5 Litern' < *Maß*
EB2a: SAVARY DES BRUSLONS 1723:2,23 s.v. *feoder*
LB: ENCYCLOPEDIE 1765:10,424a s.v. *mesures*

Entlehnt aus dem Deutschen[237], in Graphie und Genus angeglichen an fr. *masse*. Eine *masse* ist nach Savary 1/480 →*feoder*.

mulder s.m. 'Hohlmaß für Getreide von zwischen 115 und 1123 Litern' < *Mulder*
FEW 16,577b
EB2a: SAVARY DES BRUSLONS 1723:2,617
Lexikalische Konkurrenten: →*malder* (SAVARY DES BRUSLONS 1723:2,617 – RAYMOND 1832:2,13b)
Belegstellen: ENCYCLOPÉDIE 1765:9,941b
LB: TRÉVOUX 1771:6,99a

D. *Mulder* ist eine regionale Nebenform zu *Malder* bzw. *Malter* und wird wie dieses von Savary aufgenommen. Es erscheint viel seltener als *malder*.

reoder s.m. 'Hohlmaß von 2½ →*feoder'* < schwäb. *Ruder*
EB2a: SAVARY DES BRUSLONS 1723:2,1386
Varianten:
- äußere Form: *roder* (SAVARY DES BRUSLONS 1723:2,23), *roeder* (ENCYCLOPEDIE 1765:10,419b s.v. *mesures*)

Belegstellen: ENCYCLOPEDIE 1765:14,124a
LB: GRAND VOCABULAIRE FRANÇOIS 1772:24,534b

Savary schreibt:

---

[235] Aus der deutschen Form *Malter*.
[236] S. SAVARY DES BRUSLONS 1730:1009 insbesondere zu Lothringen und Luxemburg sowie GLASER 1903:181.
[237] *Maß* ist als „*hohlmasz von feststehendem umfange*" belegt laut DEUTSCHEM WÖRTERBUCH 6,1723a. Vgl. auch *Maß* als Biermaß > fr. *moss* (aus der elsässischen Form), FEW 16,540a.

„Reoder. Mesure d'Allemagne qui est la plus haute où l'on puisse reduire celles qui servent aux liqueurs, & que l'on peut dire proprement n'être qu'une mesure de compte ou idéale. Le reoder est de deux feoders & demi [...]."

Vielleicht liegt es an der Tatsache, dass es sich hier offenbar um keine Maßeinheit des täglichen bäuerlichen Gebrauchs handelt, dass ein gleichbedeutendes deutsches Etymon weder im DEUTSCHEN WÖRTERBUCH noch in den Wörterbüchern der deutschen Mundarten anzutreffen ist. Für die mögliche Herleitung aus schwäb. *Ruder* sprechen meiner Ansicht nach

1. die Tatsache, dass laut SCHWÄBISCHEM WÖRTERBUCH 5,463 *Ruder* (unter anderem) zuerst eine „lange Reihe Heu oder Emd, der der Wagen beim Aufladen entlang fährt" bedeutet und, daraus hervorgehend, auch 'Aufhäufung von Heu etc.', so dass Syntagmen wie *ein Ruder Heu, ein Ruder Gras* entstehen konnten. Da es sich offensichtlich um große Mengen von Heu und Ähnlichem handelt, ist denkbar, dass mit *Ruder* eben ein Vielfaches der normalen Wagenlast, nämlich eines *Fuders*, bezeichnet wurde und *Ruder* dann, wie auch für *Fuder* zu belegen, auch in allgemeinerem Sinne für ein Hohlmaß, nämlich das größte, verwendet wurde;
2. die der Umgestaltung von *Fuder* zu fr. →*feoder* genau entsprechende französische Form *reoder*; auch *feoder* ist erstmals in SAVARY DES BRUSLONS 1723 belegt und offenbar gemeinsam mit *reoder* entlehnt worden.

Die Wörter werden im Schwäbischen [fuədər], [ruədər] ausgesprochen; möglicherweise ist beim Versuch der Wiedergabe des Diphthongs durch eine Graphie *-oe-* eine unbeabsichtigte Vertauschung erfolgt.

schepel s.m. 'Hamburger Kornmaß[238]' < nd. *Schepel*
EB2a: SAVARY DES BRUSLONS 1723:2,1490
Varianten:
- äußere Form: *scheppel* (ENCYCLOPÉDIE 1765:14,762b und GRAND VOCABULAIRE FRANÇOIS 1773:26,61b)

LB: GRAND VOCABULAIRE FRANÇOIS 1773

In allen vorliegenden Belegen gleichzeitig als Amsterdamer Kornmaß aufgeführt, also zugleich < nl. *schepel*. Die *Encyclopédie* rechnet relativ kompliziert um: „il faut quatre-vingt dix *scheppels* pour dix-neuf septiers de Paris." Wie bei vielen anderen Beispielen lässt sich hier die Filiation SAVARY DES BRUSLONS 1723 > ENCYCLOPÉDIE > GRAND VOCABULAIRE aufzeigen.

SAVARY DES BRUSLONS 1723:2,1491 führt auf: „Schreve, qu'on appelle autrement Fertel. Mesure de liquides dont on se sert presque généralement par toute l'Allemagne." Es handelt sich also um ein Hohlmaß, nach SAVARY 2,23 = 1/120 *feoder*, 4 *masses*. Gemessen an der angeblich deutschlandweiten Verbreitung erstaunt, dass weder das DEUTSCHE WÖRTERBUCH noch die deutschen Regionalwörterbücher ein passendes Etymon bieten können. Ein solches kennt nur ZEDLER 1743:35,1179, wo unter *Schreve*[239] und *Schrewe* auf *Roede* (1742:32,257f.) verwiesen wird. Hiernach

---

[238] In Deutschland fasste ein Scheffel (s. auch *scheffel*) zwischen 15 und 177 Litern. Die genaue Größe des Hamburger Schepels war im vorliegenden Rahmen nicht zu ermitteln.
[239] Von SCHILLER/LÜBBEN 4,135b als mnl. mnd. *schreve* (nl. *Schreef*) aufgeführt, das zuerst eine eingeritzte Linie, dann auch 'Maßstab, Richtschnur' bedeuten soll, angeblich aber nie ein Hohlmaß bezeichnet.

wird die *Roede* ebenso wie die *Schreve* nur in den Niederlanden, namentlich in Dordrecht verwendet. Für Wien allerdings – hierfür wird *schreve* von SAVARY ausdrücklich genannt – ist *Schreve* nicht nachzuweisen. Möglich ist, dass eine niederländische oder niederdeutsche Form zu Grunde liegt, die SAVARY verallgemeinert und daher auch für Wien angibt, vgl. die Nennung von →*penin(g)* als Nürnberger Münze, statt →*fenin, phening* o.ä. Tatsächlich ist aber nur das Viertel (s. *fertel*) eine in fast ganz Deutschland übliche Maßeinheit.

seilten s.? 'Hohlmaß von etwa 0,5 Litern' < *Seidlein* oder *Seidlen* pl.
EB2a: SAVARY DES BRUSLONS 1723:2,23 s.v. →*feoder*
Varianten:
- äußere Form: *seiltens* pl. (SAVARY des Bruslons 1723), *seiltins* pl. (SAVARY 1723:2,721 s.v. *mesures* – ENCYCLOPEDIE 1765:10,425a s.v. *mesures*), *schiltems* pl. (ENCYCLOPEDIE 1751:1,97b s.v. →*achteling*)

LB: ENCYCLOPÉDIE 1765

Die Formen *seilten* und *schiltem* können offensichtlich nicht voneinander getrennt betrachtet werden, da beide in gleicher Weise erklärt werden. *Schiltem* stellt offenbar einen Lese- oder Druckfehler dar. Für *seilten* das Etymon *Seidlein* oder ein Missverständnis der Pluralform *Seidlen* (belegt im SCHWÄBISCHEN WÖRTERBUCH 4,1514 s.v. *Mass*) anzunehmen, scheint aus drei Gründen möglich:
1. Die Umstellung von [tl] zu [lt] ist durch auditive Verwechslung oder Druckfehler erklärbar; darüber hinaus entspricht aus der französischen Schreibung zu folgerndes [sɛltən] einer denkbaren Wiedergabe von südd. [zajtlən].
2. *Seidel* und seine Diminutivformen sind als Hohlmaße bezeugt.
3. Nach JACOBSSON 1781:3,143b werden die Formen *Seidel* und *Seidlein* namentlich in Österreich verwendet; Savary nennt *seilten* als Wiener Maß.

Die Maßverhältnisse laut Savary (1/32 *heemer*) und laut *Encyclopédie* (1/128 *heémer*) sind zwar nicht kongruent, doch dieser Unterschied beruht auf regionalen bzw. zeitlichen deutschen Abweichungen[240] (vgl. *heemer*) und berührt nicht die Zusammengehörigkeit der genannten Formen.

SAVARY DES BRUSLONS 1723:2,1951 bucht „Yune. Mesure de liquides dont on se sert dans le Wirtemberg." In Bd. 2,23 s.v. *feoder* erfährt man, dass im Württembergischen ein *feoder* 6 *ames*, 96 *yunes* und 480 *masses* entspricht. Eine *yune* sind folglich 1/16 *ame* oder 5 *masses*. Ein denkbares Etymon ist im DEUTSCHEN WÖRTERBUCH nicht nachzuweisen. Die in Regionalwörterbüchern zu findenden Hohlmaße mit dem ähnlichsten Wortkörper, *Yhre* (s. KAHNT/KNORR 1987:348b) oder *Immi* (ebda. 129a), scheinen auch unter Berücksichtigung möglicher graphischer Deformationen als Etyma auszuscheiden. Die einzige deutsche Quelle, in der sich *yune* habe nachweisen können, ist ZEDLER 1749:60,951: „Yune, ein Maaß flüßiger Dinge, dessen man sich im Würtembergischen bedienet." Schon dieser Passus scheint wörtlich aus Savary übersetzt. Tatsächlich folgt: „Die Yune hat zehen Massen, und der Ame [nicht etwa: *Ahm*] sechzehen Yunes, Savary *Dict. Univ. de Commerce*." Abgesehen davon, dass die *yune* nach Savarys Rechnung nicht zehn, sondern fünf *masses* (Maß) enthält, ist der Artikel zu *yune* offensichtlich vollständig kopiert und beruht nicht auf eigenen Informationen über ein entsprechendes deutsches Wort. Wie dieses gelautet haben könnte, vermag ich nicht zu sagen.

---

[240] Zu derartigen Schwankungen vgl. SCHWÄBISCHES WÖRTERBUCH a.a.O., wo in einem Beleg von 1691 1 *Mass* = 1/900 *Fuder* bzw. 1/30 *Eimer* ist, 1757 dagegen 1/768 *Fuder* und 1/64 *Eimer*.

kardel s.m. 'Fass für Walspeck' < nd. oder nl. *Kardeel, Quarteel*
EB2a: SAVARY DES BRUSLONS 1730:911
Varianten:
- äußere Form: *kardel* (SAVARY DES BRUSLONS 1730 – ENCYCLOPÉDIE 1765:9,113b), *quarteel* (SAVARY DES BRUSLONS 1730), *quartéel* (ENCYCLOPÉDIE), *kartel* (LANDAIS 1853:2,119b)
- semantisch: *kardel* 'Fass für Fischöl in Hamburg und auf der Elbe, ~128 Pariser Pinten' (SAVARY DES BRUSLONS 1730)

LB: LANDAIS 1853

Die Herkunft des französischen Wortes ist nicht auf eine der beiden Sprachen festzulegen, da 1. *Kardeel* und *Quarteel* sowohl im Niederländischen als auch im Niederdeutschen bestehen – ihrerseits entlehnt aus fr. *quartel*, *cartel* – und 2. sowohl Niederländer als auch Deutsche im Walfang tätig waren. In der Bedeutung 'Fass für Walspeck' gibt Savary das Wort ohne Beschränkung auf einen bestimmten Ort an. In jedem Fall auf nd. *Kardeel* geht die unter den Varianten genannte Bedeutung zurück.

kanne s.f. 'deutsches Hohlmaß von zwischen 0,9 und 1,9 Litern' < *Kanne*
EB2a: ENCYCLOPÉDIE 1765:9,111b
Belegstellen: MOZIN 1863:2,1312b
LB: LAROUSSE 1873:9,1157c

Lediglich Xenismus, von der *Encyclopédie* in ein vages Verhältnis zu fr. *pinte* gesetzt: „[La kanne] varie pour la grandeur, comme la pinte de France."

scheffel s.m. 'schwäbisches Kornmaß[241]' < *Scheffel*
EB2a: ENCYCLOPÉDIE 1765:14,758b
Varianten:
- äußere Form: *schæffel* (ebda.), *schaff*[242] (ebda. – MOZIN 1863:2,1315a)

LB: LAROUSSE 1932:5,233a

Laut *Encyclopédie* s.v. *schaff*^{1} „le nom d'une mesure dont on se sert en Suabe pour mesurer les grains; on l'appelle plus communément *schæffel* ou *scheffel*; c'est un boisseau." Man fragt sich, warum das Wort in der offenbar weniger gebräuchlichen Variante lemmatisiert wird.

wispel s.m. 'Kornmaß von zwischen 1075 und 1495 Litern' < *Wispel*
BEHRENS 1923:66
EB2a: SCHWAN 1784:2,1221a
Varianten:
- äußere Form: *winspel* (SACHS 1894:327b[243])

Belegstellen: MOZIN 1863:2,1316c
LB: LAROUSSE 1964:10,956a

Als deutsches Maß für Kohlen bereits genannt in JARS 1774:317 und MORAND 1779:3,1549. Von Bedeutung für Frankreich ist *wispel* aber nur im Kontext des (Getreide-)Handels gewesen.

---

[241] Es gilt das in Fußnote 238 Gesagte.
[242] Aus d. *Schaff*^{1}.
[243] Als veraltete Variante von *wispel* gekennzeichnet.

3.3.2. Gewichte

schispond s.m. 'Gewicht von 154,345 Kilogramm' < nd. *Schippunt*
EB1: OLAUS LE GRAND 1561:244a
EB2b: SAVARY 1675:2,86
Varianten:
- äußere Form: *schispond* (SAVARY 1675 – 1712:2,137), *schipond* (SAVARY 1675:2,87 – 1712:2,141), *schippondt* (SAVARY DES BRUSLONS 1723:2,1490 – MOZIN 1828:2/2,166b), *schippond* (BOISTE 1803:362a – SACHS/VILLATTE 1894:1405c), *chippond* (SCHMIDT ~1845:703c), *schippund* (ALMANACH 1787:228 – SACHS/VILLATTE 1894:14045c), *schiffund* (LAROUSSE 1875:14.349d), *schiffpfund* (LANDAIS 1853 a.a.O. – LAROUSSE 1964:9,662b)

LB: LAROUSSE 1964

Die Einheit *Schiff(s)pfund* war ursprünglich im Handelsgebiet der Hanse beheimatet, weshalb in älterer Zeit im Französischen die auf das Niederdeutsche zurückgehenden Formen ohne hochdeutsche Lautverschiebung begegnen. OLAUS LE GRAND 1561:237b berichtet bereits von seiner Reise durch Nordeuropa von „sortes de pois, qu'on nomme en langue Goth, Schippunt", 244a zufolge auch in Deutschland gültig. Olaus zitiert das Wort nur als im Norden verwendetes. Als für den französischen Handel wichtiges Lehnwort erscheint *schispond* bei SAVARY 1675, und SAVARY DES BRUSLONS 1723 zufolge ist es kein bloßer Xenismus geblieben: *schippondt* gilt nicht nur im hansischen Gebiet, sondern auch in Straßburg, Besançon und Paris[244]. Zudem belegt das *-o-* der meisten französischen Formen, dass *schispond* kein *mot de dictionnaire* war, sondern dem mündlichen Diskurs angehörte, wo d. kurzes *u* + Nasal regelmäßig zu *o* + Nasal wurde (vgl. *bondax* < *Bundaxt*, →*cromorne*, *hond* für d. *Hund* in DE GENSSANE 1777:3,82), weil es in seiner ungespannten Form offensichtlich als dem fr. [ɔ] näherstehend als dem [u] empfunden wurde.
Schiffund und *schiffpfund* stellen Angleichungen an die hochdeutsche Form *Schiffpfund* dar, die selbst sekundär zu *Schippunt* gebildet ist und den Belegen aus der Zeit vor der Einführung des metrischen Systems zufolge im Französischen nicht bekannt war.
Lediglich SCHMIDT ~1845 gibt die Größe eines *chippond* an – nämlich 300 *livres* – und bietet gleichzeitig die am vollständigsten assimilierte französische Variante.

lyspondt s.m. 'Gewicht von 6,552 Kilogramm' < nd. *Līspunt*
EB2a: SAVARY DES BRUSLONS 1723[245]
Varianten:
- äußere Form: *lyspondt* (SAVARY DES BRUSLONS – GRAND VOCABULAIRE FRANÇOIS 1771:16,419a), verschrieben zu *lysipondt* (BOISTE 1803:264b – 1841:438c[246]), *lispund* (ALMANACH 1787:226 – LAROUSSE 1962:6,747c), *lyspund* (ALMANACH 1787:228 – LAROUSSE 1962:6,782c), *liespfund* (MOZIN 1863:2,1312c – LAROUSSE 1962:6,747c)

Belegstellen: LAROUSSE 1873:10,562c
LB: LAROUSSE 1962

---

[244] Die Verwendung in küstenfernen Orten mag sich dadurch erklären, dass das Maß laut DEUTSCHEM WÖRTERBUCH 9,91 sekundär auch für Landfrachten gebraucht wurde.
[245] In der Ausgabe Amsterdam 1726-1732: Band 2,601.
[246] „[...] *voy. Lispund, seul bon.*"

Ebenso wie *schispond* war *lyspondt* den Belegen zufolge im Handel mit der Hanse von Bedeutung (*Līspund* = *livesch pund*, also 'Livländisches Pfund'), auch wenn es erst etwa ein halbes Jahrhundert nach *schispond* im Französischen erscheint. Das *-o-* in den genannten Varianten erklärt sich wie unter *schispond* erläutert; auch LAROUSSE 1873 gibt für *lispund* die Aussprache „li-spond" an. Bereits von RAYMOND 1832:1,862a wird das Wort allerdings als veraltet gekennzeichnet; daher hat *liespfund* wie *schiffpfund* in dieser Form im Französischen sicher nie gelebt.

loth s.m. 'Silbergewicht von etwa 15 Gramm' < *Lot(h)*
EB2b: SCHINDLER 1759:193 und ABOT DE BAZINGHEN 1764:1,640 (*loot*)
Lexikalische Konkurrenten: *demi-once*[247]
Belegstellen: ORSCHALL 1760:146, DE GENSSANE 1763:166 (*lot*), TILLET 1767:407, GOBET 1779:2,729, RAYMOND 1832:1,835a, MOZIN 1863:2,1312c
LB: DE DIETRICH 1789:3,65n und LAROUSSE 1873:10,691b

Streng genommen hat dieser Entlehnungsvorgang, ungefähr gleichzeitig, zweimal stattgefunden: zum einen als Xenismus in der französischen Handelssprache, zum anderen als integriertes Lehnwort in der Fachsprache des Bergbaus. Als solches steht *loth* vielleicht in Zusammenhang mit den in verschiedenen Dialekten im Osten des französischen Sprachgebietes (bern. *loth*, Malmedy *loûte* u.a.) belegten Formen, die auf *Lot* oder niederrhein. *Lūt* zurückgehen (*FEW* 16,483a), denn fachsprachliches *loth* erscheint mehrmals – aber nicht ausschließlich – mit Bezug auf das Elsass[248], allerdings keinesfalls als dialektales Wort.
Da ein *loth* offenbar genau einer halben *once* entsprach, hat es sich gegenüber diesem seit langem gebräuchlichen Maß (12. Jh.) nicht halten können, auch wenn *loth* anders als *once* den Belegen zufolge ausschließlich auf Silber bezogen wurde; eine Unterscheidung der Maßbezeichnungen nach dem gemessenen Metall wurde offensichtlich nicht als notwendig erachtet.
Daneben erscheint *loth* in der gleichen Bedeutung seit 1764 als Xenismus, ausschließlich auf deutsche Maßverhältnisse bezogen. Da auch in diesem Zusammenhang ein *loth* gleich einer halben *once* ist[249], wird *loth* im französischen kaufmännischen Diskurs eine geringere Rolle gespielt haben als deutsche Maßbezeichnungen, die nicht exakten französischen Äquivalenten entsprachen: „une demi-once" ging zweifellos leichter von der Zunge als bspw. „148 2/3 pintes", wenn ein →*aam* gemeint war.

steen s.m. 'Gewicht von zwischen etwa 5 und 10 Kilogramm' < nd. *Steen*
EB2a: ENCYCLOPÉDIE 1765:15,507a (*stéen*, *stéin*)
Varianten:
- äußere Form: *steen* (ALMANACH 1787:226ff. – LAROUSSE 1964:9,994b), *stein* (MOZIN 1863:2,1315c – LAROUSSE 1964)
Belegstellen: LAROUSSE 1875:14,1078c
LB: LAROUSSE 1964

---

[247] Vgl. schon in DUEZ 1640:62: „Vne once – zwey loth."
[248] So bei de Genssane und de Dietrich a.a.O.
[249] „Le marc de Nuremberg est de 16 loths ou de huit onces", ABOT DE BAZINGHEN 1764:1,640 s.v. *livre*; dem entspricht die Angabe ein *loth* = 1/16 *marc de Berlin* in TILLET 1767:364.

Dieses Maß ist für Frankreich offenbar nur im Warenverkehr mit dem hansischen Gebiet von Bedeutung gewesen. Sowohl ENCYCLOPÉDIE 1765 (Hamburg, Danzig, Reval) als auch ALMANACH 1787 (Hamburg, Danzig, Kopenhagen) weisen nur auf entsprechende Städte hin, so dass anzunehmen ist, dass auf nd. *Steen* zurückgehendes *steen* die im Französischen frequentere Form war.
In LAROUSSE 1964 ist das Wort nur handelsgeschichtliche Reminiszenz.

3.3.3. Münzen und Rechenmünzen

In noch größerem Maße als deutsche Bezeichnungen für Handelsmaße erscheinen deutsche Münzbezeichnungen in französischen Texten des 17. und v.a. 18. Jhs. Diese beziehen sich weitgehend auf regional beschränkte Einheiten und gehen auch deshalb über die Grenzen der französischen Kaufmannssprache nicht hinaus. Ausnahmen bilden lediglich die in Deutschland weiter verbreiteten Münzen bzw. Münznamen *Reichstaler*, *Gulden*, *Mark* und *Pfenni(n)g*, wobei letzteres insbesondere im französischen Argot sehr lebendig gewesen ist.
In grenznahen französischen Gebieten sind deutsche Münzen im Umlauf gewesen, was wiederholt zu unterbinden versucht wurde, sowohl in regionalen[250] als auch in für ganz Frankreich gehaltenenen Erlassen[251]. Insbesondere seit dem 16. Jahrhundert drangen ausländische Scheidemünzen vermehrt in Frankreich ein[252].
Die im Folgenden aufgeführten Münzbezeichnungen sind hingegen fast ausnahmslos nicht innerhalb Frankreichs gebraucht worden, sondern stellen Xenismen dar, deren Kenntnis im Handel mit den deutschsprachigen Gebieten – die jeweilige Dichte der Beleglage zeigt, in welchem Grade – unerlässlich war.

rixdale s.f. 'deutscher Reichstaler' < nl. *rijksdaler* und nd. *Rieksdaler*, südd. *Rīchst(h)aler*
FEW 16, 691b, (*TLF* 14,1183a)
EB2b: D'ESTERNOD 1619:7[253] (*richetale*)
Varianten:
- äußere Form: *richetale* (D'ESTERNOD 1619), *richedale* (1626, *TLF* – NOUVEAU DICTIONNAIRE 1790:2,1494a), *risdale* (DUEZ 1644:67 – ACADÉMIE 1878:2,670a), *risdalle* (SAVARY 1675:2,99), *rixdale* (seit NOUVELLE MÉTHODE 1677:53), *rixdalle* (ebda. – ABOT DE BAZINGHEN 1764:1:598), *richedal* m. (NAULOT 1711:39), *reichdollar* (SAVARY DES

---

[250] S. z.B. die „Declaration du 20. [février 1670] portant reduction sur les monnoyes étrangeres" in ANON. 1738:Table, erlassen vom Parlement de Metz.
[251] Z.B. nennt RICHELET 1680, Remarques 74 eine „déclaration du 28. de Mars de l'année passée 1679. qu'on décria dans ce Roiaume toutes les monoies étrangeres" und ALMANACH 1787:465 ein Edikt vom 14. Oktober 1780 „qui renouvelle les défenses faites par plusieurs arrêts antérieurs, d'introduire dans le royaume des espèces étrangères de billon & de cuivre, & de les donner ou recevoir en paiement." Derartige Verbote sind bereits seit dem Mittelalter nachzuweisen, s. BLANCHET/DIEUDONNÉ 1969:2,19.
[252] S. *ebda*. 2,92. Auf der anderen Seite waren auch in deutschen Gebieten französische Münzen im Umlauf, so etwa *écus* in Mainz, vgl. JOUVIN 1672:2,421.
[253] Das Wort ist hier schon vollständig integriert: „Bragardants en courtaut de cinq cents richetales, / Gringottans leur satin comme asnes leurs cimbales."

BRUSLONS 1730:745), *rixdollar* (SAVARY DES BRUSLONS 1730:745), *rixdaller* (WALLERIUS 1753:1,236 – DE LUC 1779:3,476), *richedalle* (ABOT DE BAZINGHEN 1764:1,598), *risdaler* (ABOT DE BAZINGHEN 1764:1,488), *rixdaler* (VON TREBRA 1787:205, ALMANACH 1787:331), *richdale* (Littré, *TLF*), *riksdhaller* (Gattel 1841, *TLF*); neu entlehnt *reichsthale* m. (RAYMOND 1832:2,372b), *reichstaller*, *reichsthaler* (COMBES 1844:168)
- morphologisch: *richedal* m. (NAULOT 1711), *richedale* m. (SCHMAUSS 1755:153)

Französische Formen mit *re-* wie etwa **restale*, die bei einer Entlehnung aus d. *Reichstaler* zu erwarten wären, existieren nicht. Als primäre Etyma kommen daher nur nl. *rijksdaalder*, *rijksdaler*, nd. *Rieksdaler* und hochdeutsche Formen ohne Diphthongierung aus dem Hochalemannischen und Ripuarischen (Rheinischen) in Frage; eventuelle spätere Kontakte mit der in Deutschland vorherrschenden diphthongierten Form haben bis ins 19. Jahrhundert nicht dazu geführt, die relativ bald gut integrierten französischen Formen auf *ri-* zu modifizieren. Der *TLF* nimmt ein deutsches Etymon nur für die im Französischen der Schweiz (seit 1607) belegten Varianten an, darüber hinaus führt er fr. *rixdale* auf nl. *rijksdaalder* oder *rijksdaler* zurück. Beide Varianten sind im Niederländischen bezeugt, wobei bei *rijksdaler* wiederum eine Angleichung an d. *Taler* vorliegt, dessen nl. Entsprechung *daalder* lautet (nd. *Dāler, Dalder*). Offenbar war diese in den entsprechen Gebieten auch im 18. Jahrhundert noch vorherrschend[254], so dass das Niederländische als alleinige Herkunftssprache fraglich erscheint. Der Einfluss eines d. *Rīchstaler* zeigt sich fraglos im *-t-* der Form bei d'Esternod[255]. Mit dem *FEW* bleibt festzuhalten: „Eine durchgehende präzise ausscheidung der fr. formen nach diesen beiden quellen ist kaum möglich"[256].
Die per Remotivation (*richedale*) bzw. auf lautlicher Ebene durch Vereinfachung schwieriger Konsonantennexus (*risdale*) assimilierten Formen weisen den höchsten Integrationsgrad auf und zeugen im stärksten Maße von der guten Integration des Lehnworts. Das noch heute gültige *rixdale* enthält durch den Nexus [ksd] bzw. [gzd] erneut ein dem Französischen fremdes Element, welches den Fremdcharakter des Wortes sekundär wieder verstärkt.
Soweit Angaben zum Genus des Lexems zurückverfolgt werden können, ist es feminin. Lediglich bei NAULOT 1711 und SCHMAUSS 1755 erscheint es als Maskulinum, offenbar weil das deutsche Vorbild in einer Beschreibung der deutschen Rechnungseinheiten bzw. einer Übersetzung konkret vor Augen lag. Das ansonsten feminine Geschlecht erklärt sich wohl durch Einwirkung der im fr. Suffix *-al/-ale* und zahlreichen weiteren femininen Substantiven vorliegenden Endung *-ale*.
Wie bereits erwähnt, erscheinen im 19. Jahrhundert neue, sehr stark an d. *Reichst(h)aler* angelehnte Varianten. Diese sind ebenfalls maskulin und stellen offensichtlich Neuentlehnungen dar. Denn Laut RAYMOND 1832:2,410b ist *risdale* s.f. eine „monnaie qui a cours en Allemagne" und *reichsthale* s.m. (2,372b) eine „monnaie d'Allemagne", ohne dass die beiden Wörter in irgendeinen Bezug zueinander gesetzt

---

[254] ABOT DE BAZINGHEN 1764 gibt auf die Niederlande bezogen nur vergleichbare Formen an: *dealder* (1,305), *leuwedaalders* (1,621), *ryksdaalder* (1,488 und 2,583). *Daeler* oder *daalder* und Komposita sind laut WOORDENBOEK 3/2,2186 sehr viel seltener.
[255] Die Formen mit *riche-* stellen höchstwahrscheinlich eher eine Anlehnung an fr. *riche* dar – zumal es um Geld geht –, als dass sie d. *Rīch-* wiedergeben. Das d. [ç] oder [x] wird bei Entlehnungen dieser Epoche gemeinhin zu fr. [k].
[256] Auch VALKHOFF 1931:219 nimmt einen multiplen Ursprung des fr. *rixdale* an.

würden. Offenbar ist *risdale* bzw. *rixdale* bereits so gut integriert gewesen, dass der Zusammenhang mit dem neuen Wort nicht mehr gesehen wurde. Die vollständige Integration von *rixdale* wird außerdem durch den Umstand untermauert, dass vorgeschlagene Bezeichnungsvarianten wie *imperial* (MOSCHEROSCH 1655:418)[257] und *écu d'Allemagne* (HENCKEL 1760;ix) keinerlei Widerhall finden.

<u>lubes schelins</u> s.m.pl. 'Lübecker Rechenmünzen' < nd. *lübische Schellinge*
(E)B2b: SAVARY 1675:2,99

Mit *lübisch* wurden im Bereich der Hanse verschiedene Rechnungseinheiten gekennzeichnet; ausgehend vom lübischen Recht des Ostseeraumes wurde Lübeck auch zum Maßstab für Münzprägungen. *Lübisch* ist belegt in den Varianten *lü:besch*, *lubes*, *loʸbes*, *lübisch*, *lü:bisch*, *lupsch*, *lubs* (LASCH/BORCHLING 2,864) und wurde im Handel auch abgekürzt als *lub* notiert, s. MECKLENBURGISCHES WÖRTERBUCH 4,995: „4 t ossemunt ... vorkofft idt schippunt vor 5 M lub."
Die verkürzte Form nd. *lub* wird stets nachgestellt (s. auch fr. *marc lubs*, *sol lubs*), weswegen *lubes schelins* bei Savary eher aus dem Syntagma *lubese Schellinge* o.ä. herzuleiten ist.
Der lübische Schelling war eine häufig gebrauchte Einheit. SAVARY 1675 stellt den einzigen Beleg einer wörtlichen Entlehnung dar; darüber hinaus s. *sol lubs*.

<u>schilling, schelling</u> s.m. 'deutsche Münze' < *Schilling, Schelling*
FEW 17,31b, *TLF* 15,170a
EB1: TURQUET DE MAYERNE 1604:286
EB2b: SAVARY 1675:2,99 (*schelin*[258])
Varianten:
- äußere Form: *chelin* (deutsch, JOUVIN 1672:2,436); *schelin* (SAVARY 1675 – SAVARY DES BRUSLONS 1723:2,1490), *schilling* (seit RICHELET 1680, Remarques 74), *schelling* (ebda. – LAROUSSE 1977:6,5396a), *sheling* (ABOT DE BAZINGHEN 1764:2,289), *scheling* (ABOT DE BAZINGHEN 1764:2,302)

Aus verschiedenen Nachfolgern des germanischen Wortes (**skillinga-*), nämlich ags. *scilling*, mengl. *schillinge, schelyng*, mhd. *schillinc*, mnl. *scillinc, scellinc* (*FEW*) ist bereits im Mittelalter das afr. *escalin* (~1260) entlehnt worden, das auch auf dialektaler Ebene recht lebendig war und sich durch das Eindringen in den Argot sogar bis nach Lyon ausgebreitet hat (*FEW*)[259]. Laut von Wartburg ist dabei „nie eine französische münze gemeint", doch kann es sich gerade in den letztgenannten Fällen nur um eine solche handeln.
Nicht-französische Münzen bezeichnen dagegen stets seit RICHELET 1680 aufgeführtes *schilling* sowie die Variante *schelling*, das bereits JOUVIN 1672 als rheinisches Wort genannt hatte und bei TURQUET DE MAYERNE 1604 in einem aus dem Deutschen kopierten Münzkatalog erscheint. In den meisten Wörterbüchern werden unter

---

[257] *FEW* 4,587a führt fr. *impériale* s.f. nur als Bezeichnung flandrischer und russischer Goldmünzen auf.
[258] Besser als alle späteren, weniger gut assimilierten Formen mit *-ing* gibt *schelin* die tatsächliche damalige und bis ins 20. Jh. gültige Aussprache im Französischen wieder, die RICHELET 1680 beschreibt: „On ne prononce point en François le g qui est à la fin de ce mot [...]."
[259] Ganz vereinzelt, so etwa in ALMANACH 1787:411, wird *escalin* auch zur Wiedergabe des nhd. *Schilling* verwendet.

schilling bzw. *schelling* sowohl die entsprechende deutsche als auch die niederländische, englische und andere Münzen aufgeführt[260] (fr. *s(c)hilling* < e. *shilling* seit 1558). Durch diese Vermengung erklärt sich bspw. *sheling* bei ABOT DE BAZINGHEN 1764, welches er als Nürnberger Münze nennt, wobei die Schreibung aber offensichtlich durch *shilling* beeinflusst ist.
JOUVIN 1672 (1 *chelin* = 3 *blancs* = 3/5 *vetmannes*) und TURQUET DE MAYERNE 1604 (1 *Schilling* = 6 *Morchen* = ½ *Weispfennig*) machen Angaben zum Status des Kölner Schillings, RICHELET 1680 auch zum preußischen (1/3 *grosche*) und, mit Bezug zum französischen System, zum niedersächsischen (15 *deniers*).
Seit 1933 bezeichnet fr. *schilling* aktuell nur noch die bis 2002 in Österreich gültige Münze. Noch LAROUSSE 1933:6,236c vermerkt aber: „En français, l'on écrit *schelling* et l'on prononce *che-lin*."

sol lubs s.m. 'Lübecker Rechenmünze' < *Schelling lub*
EB2b: SAVARY 1675:2,86
Varianten:
- äußere Form: *sols lubes* (SAVARY 1712:2,137), *sols lubecks* (ABOT DE BAZINGHEN 1764:2,273)
Belegstellen: SAVARY DES BRUSLONS 1723:2,593, ENCYCLOPÉDIE SUPPLÉMENT 1777:3,810a
LB: ENCYCLOPÉDIE MÉTHODIQUE 1788:5/1,194b

Die Gleichsetzung von *sol lubs* und lübischem Schilling stößt sich zwar an dem Umstand, dass laut SAVARY 1675:2,99 in Stettin 1 *risdalle* 36 →*lubes schelins*, laut SAVARY DES BRUSLONS 1723:2,137 in Bremen aber 1 *risdale* 48 *sols lubes* sind, doch mag diese Diskrepanz auf regional unterschiedlichen Wertabstufungen beruhen. Für die Gleichsetzung spricht dagegen
1. die Tatsache, dass der lübische Schilling wohl die neben der lübischen Mark bedeutendste hanseatische Rechnungseinheit war und auf französischer Seite neben *marc lubs* eben *sol lubs* – mit einer Ausnahme von nur zwei Belegen für *denier lubs* – als einzige Bezeichnung einer lübischen Münze auftritt;
2. die Wiedergabe des Hamburger *sheling* durch *sol de gros* in ABOT DE BAZINGHEN 1764:2,273;
3. der Umstand, dass der Schelling im Mittelalter nach dem Vorbild des römischen Solidus geprägt wurde und auch fr. *sol* auf *solidus* zurückgeht.

groschen s.m. 'deutsche Münze' < *Groschen*
FEW 16,94a
EB1: CLÉMENT 1676:49 (*groche*)
EB2b: RICHELET 1680:Remarques 74 (*grosche*, s.v. *schilling*)
Varianten:
- äußere Form: *grosche* (RICHELET 1680 – ABOT DE BAZINGHEN 1764:1,565), *croche* (NAULOT 1711:30 – ENCYCLOPÉDIE MÉTHODIQUE 1788:5/1,182a), *groche* (NAULOT 1711:34 – LAROUSSE 1869:5,560a), *gros* (SAVARY DES BRUSLONS 1723:1,1623 s.v. *cruys-daelder* – VON TREBRA 1787:205), *groch* (SAVARY DES BRUSLONS 1723:2,285), *grochen* (ebda.), *groschen* (seit ENCYCLOPÉDIE 1757:7,954a)[261], *grosch* (SCHINDLER 1759:197)
- morphologisch: *groche* s.f. (NAULOT 1711 – LAROUSSE 1869)

---

[260] So z.B. in RICHELET 1680: „Le Schilling a cours en Angleterre, en Holande, en Flandre, en Vesphalie, dans la basse Saxe, en Prusse, en Dannemarc, en Norvege, &c."
[261] Die Aussprache lautet nach LANDAIS 1853:1,842a „guerôchène".

Groche erscheint bereits einmal 1676 im Gedicht *Voyage de Brême*, wo es bewusst eingesetzt wird, um einen deutschen Lokalkolorit zu erzeugen, und gleichzeitig zu Reimzwecken umgestaltet wird: „Ordinairement ces chanteuses / Sont de veritables coureuses, / Qui pour une groche, ou grochu, / Font leur pôvre mari cocu" (CLÉMENT 1676:49f.). Als Lehnwort kann *groche* hier noch nicht gelten, zumal Clément wie gesehen auch andere deutsche Wörter in dieser Weise spielerisch einbaut: „Ainsi fûmes-nous sur le Belt / Avec nos cofres plein de gelt [...]" (11).
Als Lehnwort des Handels wird *grosche* erstmals 1680 verzeichnet. Die Variante *croche* kann sowohl auf dem bekannten Wechsel von Mediae und Tenues bei französischen Entlehnungen aus dem Deutschen beruhen als auch auf Analogie zu *croche* 'krummer Stock etc.' (seit 13. Jh.). In der Variante *gros* spiegelt sich das fr. *gros* 'bestimmte Münze' wider, das wie d. *Groschen* auf mlat. (1266) *denarius grossus* zurückgeht. Auch regionale deutsche Formen lauteten *Gros(se)*.
Der Gegenwert eines *grosche* sind laut ABOT DE BAZINGHEN 1764:1,300 (als Schweizer Münze) 2 1/8 *deniers tournois*, laut Gourlay de Keralio sind 8 *grosches* 1 *livre* 8 *sols*. Je nach Gegend wird der Kurswert eines Groschens variiert haben; die Variante *groche* hat vornehmlich (SAVARY DES BRUSLONS, ABOT DE BAZINGHEN, ENCYCLOPÉDIE MÉTHODIQUE, LAROUSSE 1869) Bezug zu der in Basel geschlagenen Münze.

gulden s.m. 'deutsche und niederländische Goldmünze' < d., nl. *Gulden*
TLF 10,609b
EB2a: FURETIÈRE 1701:2
Varianten:
- äußere Form: *gulden* (seit FURETIÈRE), *goulde* (FURETIÈRE 1701:2 – DYCHE 1756:1,505a), *gould* (Bescherelle, *Dictionnaire national* 1845 – LAROUSSE 1930:833c)
LB: 'deutsche Goldmünze' bis LAROUSSE 1872:8,1642a

Wie zahlreiche andere entlehnte Münzbezeichnungen hat auch *gulden* zwei Quellen, zum einen das Niederländische, zum anderen das Deutsche.
An mancher Stelle, so schon in FURETIÈRE 1701 und in ABOT DE BAZINGHEN 1764:1,569, erscheint die Schreibung *gulden* verbunden mit dem expliziten Hinweis darauf, dass man das Wort im Französischen *goulde* ausspreche. Damit steht *gulden* in der Reihe der formal assimilierten Lehnwörter dieses Abschnitts, die offensichtlich einen deutlich höheren Integrationsgrad besitzen als etwa *sechsling*, *dreyheller* oder *groeschel*. Ausgehend von der heute allein gültigen Graphie *gulden* lautet die Aussprache allerdings mehrheitlich [gyldɛn], s. *TLF*.
Heutzutage lebt *gulden* nur noch Bezeichnung der in den Niederlanden bis 2002 gültigen Währung.

heller s.m. 'deutsche Münze' < *Heller*
EB1: TURQUET DE MAYERNE 1604:286
EB2a: NAULOT 1711:25 (*haler*)
Varianten:
- äußere Form: *heller* (SCHINDLER 1759:198 bis LAROUSSE 1962:5,833c)
Belegstellen: ABOT DE BAZINGHEN 1764:1,610, ENCYCLOPÉDIE 1765:8,107a, LAROUSSE 1873:9,157b
LB: LAROUSSE 1962

Ebenso wie der Pfenning in Deutschland sehr weit verbreitet, taucht auch der Heller als französisches Lehnwort *heller* in zahlreichen Belegen auf. Nur Naulot führt noch die auf älteres d. *Haller* zurückgehende Variante *haler* auf.
Wie nicht selten sind die Wertangaben widersprüchlich, wahrscheinlich durch regionale Divergenzen bedingt. Nach Naulot ist ein *haler* in Frankfurt am Main 1/8 *cruts* (Kreuzer); der *kreutzer* gilt laut ABOT DE BAZINGHEN 1764:1,610 – ohne regionale Beschränkung – 5¼ *deniers*. Daher lässt sich Abots Taxierung des *heller* (1/13 *deniers*) nicht mit der Naulots in Einklang bringen. Allerdings können auch die Zeitabstände dieser und anderer Belege und daraus folgende Kursschwankungen vergleichbaren Ungereimtheiten zu Grunde liegen.

fenin s.m. 'deutsche Münze' < *Pfenning*
FEW 16,619b, *TLF* 13,212a
EB1: TURQUET DE MAYERNE 1604:286 (*fenning, pfenning*)
EB2a: NAULOT 1711:36 (*phening*)
Varianten:
- äußere Form: *phening* (NAULOT 1711), *fenin* (SAVARY DES BRUSLONS 1723:2,21 – A. Timmermans, *L'argot parisien* 1922), *fening* (SCHMAUSS 1755:153 – ABOT DE BAZINGHEN 1764:2,289), *pfenning* (SCHINDLER 1759:197 – MOZIN 1812:2,312a), *pfennin* (VON TREBRA 1787:227), *phenning* (DE DIETRICH 1789:3,71n), arg. *fainin* (Delvau, *Dictionnaire de la langue verte* 1866 – LA RUE 1948:111)
- semantisch: arg. 'kleine französische Münze' (VIDOCQ 1837:1,160 – LA RUE 1948:111)
Wortfamilie: arg. Rückbildung *faîne* (Delvau a.a.O. – SAINÉAN 1920:342n1), *faine* (1892 – LA RUE 1948:111), *feine* (W. Hunger, *Argot: Soldaten-Ausdrücke und volkstümliche Redensarten der französischen Sprache* 1917)
LB: LA RUE 1948

Da der Pfenning eine im ganzen deutschen Sprachgebiet kursierende Münze war, war er für den französischen Außenhandel von entscheidender Bedeutung, was sich aus der Vielzahl der Belege erschließen lässt. Die am weitgehendsten assimilierte Variante ist *fenin*, und trotz der germanisierenden Graphie anderer Formen wird die Aussprache auch bei diesen [fɛnɛ̃] gelautet haben.
Schon im 18., dann noch im 19. Jahrhundert steht die assimilierte Variante neben der später übernommenen, unveränderten Form *pfenning*. Wiederum neu entlehnt aus der jüngeren deutschen Form *Pfennig*, die seit dem 18. Jahrhundert die gängigere ist, ist fr. *pfennig* '1/100 der Mark' (seit GUÉRIN 1892).
Als Wert eines Nürnberger[262] *fenin* gibt SAVARY DES BRUSLONS 2½ *deniers de France* an, in Straßburg ist nach TURQUET DE MAYERNE 1604:289 ein Helbling ein halber Pfenning. Weitere Informationen liefern die Belege nicht, obwohl das Lehnwort bald als Wiener (TILLET 1767:407, ALMANACH 1787), bald als elsässische (DE DIETRICH 1789), bald als St. Galler (NAULOT 1711) Münze genannt wird und der Kurswert zweifellos je nach Region divergierte.
Im französischen Argot lebt *fenin* bis ins 20. Jahrhundert weiter und gibt, wie auf dieser Sprachebene zu erwarten steht, seinen Fremdcharakter dabei auf. Laut ROHR 1987:93f. bezeichneten *fenin* und seine Spielarten im Argot eine beliebige kleine Münze.

---

[262] ABOT DE BAZINGHEN 1764:1,505 ändert zu *Naumbourg*, übernimmt aber darüber hinaus wörtlich Savarys Artikel.

blare s.m. 'Berner Batzen um 1600' < **Blaarer*
EB2a: SAVARY DES BRUSLONS 1723:1,363
Varianten:
- äußere Form: *blaze* (*ebda.* 2,1277)

LB: MOZIN 1863:2,1309b

Savary des Bruslons nennt *blare* als kleine Berner Münze. Ein passendes Etymon findet sich weder im DEUTSCHEN WÖRTERBUCH noch im SCHWEIZERISCHEN IDIOTIKON noch bei CORAGGIONI 1966. Hier wird aber auf S. 166 unter den Berner Münzen ein „Batzen von Jakob Christian Blaarer v. Wartensee (von 1575-1698)" aufgeführt. Es ist wohl anzunehmen, dass dieser Batzen **Blaarer* genannt wurde und dieses als *blare* ins Französische gelangt ist. Dass es sich um diesen Batzen handeln könnte, legt auch SAVARY 2,1277 nahe. Dort findet sich *ratze* als Schweizer Münze im Wert von etwa einem „sol marqué de France". Da ein Etymon nicht aufzuspüren ist und ABOT DE BAZINGHEN 1764:2,297 für *baste* (*Batzen*) ebenfalls diesen Wert angibt, ist *ratze* als Schreibfehler für *batze* aufzufassen. Laut Savary gilt: „Les blazes de Berne sont à peu près sur le même pied." *Blaze* ist wiederum ein Schreibfehler für *blare*; da dieses offensichtlich den ungefähren Wert eines Batzens (von 1723) hat, dürfte damit tatsächlich der Batzen Blaarers von Wartensee gemeint sein.

croone s.f. 'Berner Münze' < *Krone*
EB2a: SAVARY DES BRUSLONS 1723:1,1621
Varianten:
- äußere Form: *croone* (SAVARY DES BRUSLONS – NOUVEAU DICTIONNAIRE 1790:2,610a), *crohol*[263] (ABOT DE BAZINGHEN 1764:1,300 – LAROUSSE 1869:5,564b), *croon* (SCHMIDLIN 1773:3,772b)

Belegstellen: TRÉVOUX 1752:2,1649, ABOT DE BAZINGHEN 1764, RAYMOND 1835:1,383b
LB: LAROUSSE 1869

Nach dem Aufdruck einer Krone benannte Münzen finden sich bekanntlich in zahlreichen Sprachen, daher auch *croone* 'holländische Münze' im GRAND VOCABULAIRE FRANÇOIS 1768:7,277a und SCHMIDLIN a.a.O. Deshalb kann mit fr. *couronne* auch eine entsprechende deutsche Münze bezeichnet werden, ohne dass ein fremdes Wort gebraucht werden muss, wie die Belege in Trévoux 1752 („Croone, ou Couronne") und im NOUVEAU DICTIONNAIRE (ebenso) zeigen, und wie es auch umgekehrt bspw. bei *Kopfstück* für *teston* der Fall ist (vgl. MOSCHEROSCH 1655:418).

---

[263] ABOT DE BAZINGHEN führt *crohol* als „monnoie de compte du Canton de Berne, et qui vaut vingt-cinq basches" auf, LAROUSSE 1869 als „ancienne monnaie du canton de Berne." Auf den ersten Blick fällt es in formaler Hinsicht schwer, in *crohol* eine bloße graphische Variante von *croone* zu sehen. Die Angabe bei ABOT DE BAZINGHEN verrät aber, dass es sich um eine solche handelt, die offenbar durch grobe Lese- oder Schreibfehler zustandegekommen ist; denn in CORAGGIONI 1966:48 findet sich der Hinweis, dass man in Bern früher nach Kronen zu 25 Batzen rechnete. Batzen sind auch die *basches* bei Abot; vgl. den parallelen Fall *cruche* aus schweizerd. *Krützer* 'Kreuzer' (s. TAPPOLET 1914:1,73 mit lautlicher Erklärung).

cruys-daelder s.m. 'preußische Silbermünze' < **Cruysdaelder*
EB2a: SAVARY DES BRUSLONS 1723:1,1623
Varianten:
- äußere Form: *cruys-daalder* (NOUVEAU DICTIONNAIRE 1790:2,613b)

Belegstellen: ENCYCLOPÉDIE 1754:4,522b, ABOT DE BAZINGHEN 1764:1,300, TRÉVOUX 1771:3,47a, SCHMIDLIN 1773:3,783a, ENCYCLOPÉDIE MÉTHODIQUE 1788:5/1,182a
LB: LAROUSSE 1869:5,607d

Der Ursprung der Form *cruys-daelder* ist zweifellos niederländisch (*kruis* 'Kreuz', *daalder* 'Taler', belegt ist *kruysdaelder*). Ebenso wenig können aber Zweifel daran bestehen, dass *cruys-daelder* ins Französische aus dem Deutschen übernommen worden ist, denn allen vorliegenden Belegen zufolge handelt es sich bei dieser Münze um eine in Königsberg geprägte, die im gesamten preußischen Territorium in Umlauf war, und für die offensichtlich nicht die hochdeutsche Entsprechung *Kreuztaler* üblich war.

Das französische Wort war augenscheinlich wenig gebräuchlich und ist daher auf der graphischen Ebene nicht assimiliert worden. Laut LAROUSSE 1869 hat auf der phonetischen Seite zumindest der Auslaut die zu erwartende Entwicklung erfahren: die Aussprache ist „krou-i-sd'al-dre". Die Verwendung der bezeichneten Münze ist zu dieser Zeit anscheinend bereits überholt, denn laut LAROUSSE wurde die Münze in Königsberg gar nicht mehr hergestellt.

SAVARY DES BRUSLONS setzt *cruys-daelder* nur in Bezug zu anderen Währungseinheiten des preußischen Ostseeraumes (3 *tinfsguldens* oder 16 *gros*), wohingegen das GRAND VOCABULAIRE FRANÇOIS 1768:7,290a durch die Angabe 7 *livres*, 1 *sou*, 6 *deniers* eine Umrechnung in das französische System erlaubt.

holer s.m. 'deutscher Hohlpfennig' < *Hohler*
EB2a: SAVARY DES BRUSLONS 1723:2,351
Belegstellen: TRÉVOUX 1743:3,1278, ABOT DE BAZINGHEN 1764:1,570, ENCYCLOPÉDIE 1765:8,245a, LAROUSSE 1873:9,335a
LB: LAROUSSE 1962:5,928a

Schon Savary kennt die Etymologie des deutschen Wortes: „aussi le nom de Holer vient-il de Hol qui signifie creux ou concave" (wörtlich übernommen in ABOT DE BAZINGHEN 1764). Dagegen ist SCHMIDLIN 1779:8,219a das d. *Hohler* offensichtlich unbekannt, denn er korrigiert zu Unrecht: „Holer steht im Grand Vocabulaire und manchem anderen französischen Wörterbuch unrichtig, anstatt des deutschen Wortes: ein Heller." Auch das Fehlen von *Hohler* im DEUTSCHEN WÖRTERBUCH deutet darauf hin, dass diese Münzbezeichnung schon in Deutschland nicht sehr verbreitet war, anders als etwa *Hohlpfenning* oder *Hohlmünze*.

Die Zahl der französischen Belege ist stark begrenzt; schon in LAROUSSE 1873 wird darauf hingewiesen, dass die bezeichnete Münze nicht mehr im Umlauf ist. Solange sie es war, war sie laut Savary ungefähr der Gegenwert eines *denier*.

marc lubs s.m. 'hansische Recheneinheit' < *Mark lub*
EB2a: SAVARY DES BRUSLONS 1723:2,646
Varianten:
- äußere Form: *marc lubs* (SAVARY DES BRUSLONS 1723 – ABOT DE BAZINGHEN 1764:1,648), *marc-lub* (TREVOUX 1732:3,1789 – SCHMIDT ~1845:572c)

Lexikalische Konkurrenten: *mark courant de Hambourg, de Lubeck* etc.
Wortfamilie: Rückbildung *lube* s.f. 'lübische Mark' (SAVARY DES BRUSLONS 1723:2,1401 s.v. *richedale*)[264], *lub* 'Hamburger Recheneinheit' (RAYMOND 1832:1,855a – MOZIN 1863:2,1312c)
Belegstellen: ENCYCLOPÉDIE SUPPLÉMENT 1777:3,810a
LB: SACHS 1894:196c

Neben einmal belegtem *lubes schelins* ist *marc lubs* der einzige Fall, in dem der (nieder-) deutsche Name der durch *lub* bzw. *lübisch* (s. unter *lubes schelins*) bestimmten Münze beibehalten wird, vgl. dagegen *sol lubs* < *Schelling lub* und *denier lubs* < *Penning lub*. Grund dafür ist das Vorliegen von fr. *marc* 'Gewicht von acht Unzen', an das *Mark lub* qua Bedeutungsentlehnung angeschlossen wird, denn die Entlehnung von d. *Mark* selbst ist ebenfalls erst in SAVARY DES BRUSLONS 1723 nachzuweisen[265], hier aber als *marque* s.f. In Analogie zu *marc* ist auch *marc lub(s)* stets maskulin.
SCHMIDT ~1845:572c gibt *demi-florin* als Synonym an, welches aber zu allgemein gehalten ist, um allein den Bezug zum Hanseraum herstellen zu können, da mit *demi-florin* jedweder halbe Gulden etc. bezeichnet werden könnte. Einen tatsächlichen Konkurrenten stellt hingegen *mark courant de Hambourg, de Lubeck* etc. dar (s. TLF s.v. →*mark*).

mariengros s.m. 'niedersächsische Münze im Wert von 8 Pfenning' < *Mariengroschen*
EB2a: SAVARY DES BRUSLONS 1723:2,668
Varianten:
- äußere Form: *mariengros* (SAVARY DES BRUSLONS – LAROUSSE 1963:7,89a), *marien (-)groschen* (ENCYCLOPEDIE 1765:10,121b – MOZIN 1863:2,1313a), *marien-grosche* (RAYMOND 1832:2,27c), *marien* (MOZIN 1812:2,75^{bis}a – SCHMIDT ~1845:572c)

LB: LAROUSSE 1963

Die Leitwährung des Mariengroschens war den Belegen zufolge insbesondere im niedersächsischen Raum üblich. In LAROUSSE 1873:10,1204a wird sie als zu jener Zeit noch in Braunschweig gebräuchlich angegeben.
Daneben findet sich auch *marien* als deutsche Münze. Ein vergleichbares d. *Marien ist nicht nachzuweisen. Aus der in SCHMIDT ~1845 zu findenden Gleichsetzung mit 8 *fenins* wird ersichtlich, dass es sich hier um eine im Französischen gebildete Kurzform von *mariengros(chen)* handelt, denn schon bei ABOT DE BAZINGHEN 1764 werden 8 *penins* als Gegenwert angegeben. Diese eigenständige Kurzform belegt, dass das Wort im Französischen eine gewisse Geläufigkeit besaß.
Umgerechnet gelten etwa 2 *sous* für *mariengroschen* (ENCYCLOPÉDIE), was mit der Angabe MOZINS (1 *marien* = 2 *sous* 3 *deniers*) übereinstimmt.
In der Variante *marien(-)gros* ist erneut die Angleichung an fr. *gros* 'bestimmte Münze' zu erkennen, welches auch gelegentlich für *groche* < *Groschen* auftritt.

---

[264] Überraschenderweise bemerkt Savary an anderer Stelle (1730:974f.) zu *lubs*: „on ne le met jamais qu'après les mots de marc, de sol ou de denier [...]." Diese Aussage deckt sich mit dem Rest der Belege; dennoch erscheint im Band 2 von 1723 *lube* als feminines Substantiv.
[265] Abgesehen vom Auftreten als historischer Münzbezeichnung in FURETIÈRE 1701, s. *marc*.

mark s.m. 'deutsche Rechenmünze' < *Mark*
FEW 16,524b, *TLF* 11,408b, *DMD* 457a
EB2a: [FURETIÈRE 1690:2: *marc* 'ehemalige deutsche Münze'], SAVARY DES BRUSLONS 1723[266] (*marque*)
Varianten:
- äußere Form: *marque* (SAVARY DES BRUSLONS 1723 – TRÉVOUX 1771:5,850b), *marc* (SAVARY DES BRUSLONS 1723:2,646 (*marc lubs*) – 1857, *TLF*), *mark* (seit LAROUSSE 1873:10,1222a)
- morphologisch: *marque* s.f. (SAVARY DES BRUSLONS 1723)
- [semantisch: 'ehemalige deutsche Münze' (FURETIÈRE – ABOT DE BAZINGHEN 1764:2,10), 'allg. deutsche Währung (100 Pfennig)' (seit 1847)]

Als numismatischer Ausdruck, nicht als einer des Handels, tritt *marc* bereits in FURETIÈRE 1690 auf. Es bezeichnet hier eine ehemalige deutsche Silbermünze, die in der Goldenen Bulle von 1356 Erwähnung findet; in gleicher Bedeutung noch bei ABOT DE BAZINGHEN 1764.
Als Lehnwort des Handels trifft man *marque* als Bezeichnung einer zeitgenössischen deutschen Einheit erst 1723 bei Savary des Bruslons an, als „monnoie de compte des banquiers de plusieurs villes d'Allemagne." *Mark* als Bezeichnung einer reellen Münze erfährt auch in Deutschland erst im 19. Jahrhundert eine weitere Verbreitung[267], daher sind die französischen Belege des 18. Jahrhunderts rar. Savary nennt die „plusieurs villes" nicht, führt aber *marc lubs* (< *Mark lub*) als Leitwährung in Hamburg und Dänemark auf. Das *Nouveau Dictionnaire* kennt *marc* nur als Zahlungsmittel in Lübeck und Dänemark; der Ausgangspunkt der Entlehnung ist folglich im Bereich der Hanse zu suchen.
Lediglich *marque* in SAVARY DES BRUSLONS weist das ursprüngliche Genus auf, sei es gemäß dem deutschen Vorbild, sei es analog zu fr. *marque* 'Zeichen, Merkmal etc.'; alle anderen Belege sind maskulin, was wiederum auf der formalen Angleichung an fr. *marc* 'Gewicht' (seit 12. Jh.) beruht. Das männliche Genus wird bis zum *deutschmark* des 20. Jahrhunderts bewahrt.

penin s.m. 'norddeutsche Münze' < nd. *Penning*
FEW 16,619a
EB2a: SAVARY DES BRUSLONS 1723:2,1044 (*penin*)
Varianten:
- äußere Form: *pennin* (ABOT DE BAZINGHEN 1764:2,236), *pening* (GIRAUDEAU 1751:25)
LB: ABOT DE BAZINGHEN 1764

„Penin ou Penning. C'est le denier de Hollande", schreibt Savary des Bruslons. *Penning* lautet daneben die niederdeutsche Entsprechung zu hd. *Pfenning*, und das niederdeutsche Wort ist ebenfalls entlehnt worden. Ob dieses oder nl. *penning* zu Grunde liegen, kann nur anhand der Angaben über das jeweilige Verwendungsgebiet entschieden werden: „à Hambourg le penin de compte est juste de la valeur du denier tournois" (SAVARY DES BRUSLONS a.a.O.). Abot de Bazinghen weist *pennin* als im Ostseeraum gebräuchlich aus. Diese Formen stammen offensichtlich aus dem Niederdeutschen.

---

[266] In der Ausgabe Amsterdam 1726-1732: Band 2,679.
[267] Noch im 1885 erschienenen Band 6 des DEUTSCHEN WÖRTERBUCHES nimmt die Bedeutung 'Münze' unter *Mark* (Sp. 1623) nur einen geringen Raum ein.

Daneben nennen SAVARY DES BRUSLONS a.a.O. und wahrscheinlich hierauf rekurrierend GIRAUDEAU 1751 *penin* bzw. *pening* als Nürnberger Münze. Dort müsste der Wortanlaut aber *pf-* lauten. Diese Ungenauigkeit erklärt sich dadurch, dass der Nürnberger Pfennig bei Savary in einem Atemzug mit dem Hamburger *penin* genannt wird, da der Zusammenhang der beiden deutschen Varianten unverkennbar ist.

plapper s.m. 'kleine deutsche Münze' < *Plappert*
FEW 15/1,150b
EB1: TURQUET DE MAYERNE 1604:286 (*plappart*)
EB2a: SAVARY DES BRUSLONS 1723:2,1108
Varianten:
- äußere Form: *plapper* (SAVARY DES BRUSLONS 1723 – ACADEMIE COMPLEMENT 1838:953d), *plappert* (ENCYCLOPEDIE 1751:2,268b, s.v. *blaffert* – LANDAIS 1853:2,396c), *blapert* (ACADEMIE SUPPLEMENT 1836:95a, s.v. *blaffart*[268]), *blabbert* (ACADEMIE COMPLEMENT 1838:954a)

LB: LANDAIS 1853

In SAVARY DES BRUSLONS (und, daraus kopiert, in ABOT DE BAZINGHEN 1764) erscheint *plapper* als nur in Basel kursierende Münze im Wert von 6 *raps*[269]. Diese Angabe passt zur deutschen Form *Plappert*, die die südliche gegenüber *Blaffert* darstellt, s. *blaffart*. Mit letzterem ist *plapper* gelegentlich vermischt worden, s. oben. *Plapper* wird weitaus früher als *blaffart* wieder aufgegeben.

Die Formen *blabbert* und *blapert* sind mit *plapper*, nicht mit →*blaffart* zusammenzustellen, weil der inlautende Plosiv (*b/p*) statt des Frikativs die südlichen hochdeutschen von den rheinisch-niederdeutschen Formen scheidet.

rappen s.m. 'Schweizer Münze' < *Rappen*
EB1: TURQUET DE MAYERNE 1604:292
EB2a: SAVARY DES BRUSLONS 1723:2,1268 (*rape*)
Varianten:
- äußere Form: *rape* (SAVARY DES BRUSLONS 1723), *rappe* (seit ENCYCLOPEDIE 1765:13,794b), *raps* pl. (SAVARY DES BRUSLONS 1723:2,1270 – ABOT DE BAZINGHEN 1764:2,496), *rapen* (MOZIN 1812:2,473c – LANDAIS 1853:2,495b), *rappen* (seit MOZIN 1812:2,474b)
- morphologisch: *rape* s.f. (SAVARY DES BRUSLONS 1723)

Die Form *rap(p)e* weist die bei einer mündlichen Entlehnung bzw. einer gewissen mündlichen Frequenz zu erwartende französische Gestalt auf[270]. Erst im 19. Jahrhundert ist die übliche Regermanisierung erfolgt. Es erstaunt, dass die französischen Wörterbücher des 20. Jahrhunderts *rappen* mit weitgehender Missachtung strafen, obwohl der Rappen heute neben dem Franken die einzige im Umlauf befindliche Münze des unmittelbaren Nachbarlandes ist.

In den zeitgenössischen Texten wird *rap(p)e* in Zusammenhang sowohl mit einheimischen wie mit französischen Recheneinheiten gesetzt: er entspricht 1/10 *bats*, 1/6 *plapper* (SAVARY DES BRUSLONS s.v. *raps*) und 2 *deniers tournois* (*ebda.* 2,126).

---

[268] Irrtümlich als 'kleine Kölner Münze' angegeben.
[269] So schon TURQUET DE MAYERNE 1604:292.
[270] Vgl. auch die dialektalen Belege in der Schweiz, *FEW* 16,667b.

tinf-gulden s.m. 'preußische Münze' < **Tim(p)fgulden*
EB2a: SAVARY DES BRUSLONS 1723:2,1731
Belegstellen: ABOT DE BAZINGHEN 1764:2,622
LB: ENCYCLOPÉDIE MÉTHODIQUE 1788:5/1,195b (*timpf-gulden*)

Der *Tim(p)f* oder *Tym(p)f* (DEUTSCHES WÖRTERBUCH 11/1/1,502) war eine polnische, später auch preußische Münze[271]. Während *timpfen* (ABOT DE BAZINGHEN 1764:2,622 und ENCYCLOPÉDIE 1765:16,335), *tymfe* (ABOT DE BAZINGHEN 1764:2,686) und *timpf* (ALMANACH 1787:357) in der Bedeutung 'polnische Münze', auch *florin polonois* genannt, eher auf das Polnische zurückzuführen sind, kann *tinf-gulden* nur aus einer verdeutlichenden, offenbar gleichbedeutenden (*florin* ≈ *Gulden*) deutschen Bildung stammen.
Auch hier kopiert Abot Savarys Artikel wörtlich.

albus s.m. '(v.a.) kölnische Münze' < *Albus*
FEW 24,309b
EB1: TURQUET DE MAYERNE 1604:286
EB2a: SAVARY DES BRUSLONS 1730:16
Varianten:
- äußere Form: *alb* (SAVARY DES BRUSLONS 1730:16 (*albs*) – MOZIN 1826:1/1,32c)
Belegstellen: ENCYCLOPÉDIE 1751:1,247a, TRÉVOUX 1752:1,394, ABOT DE BAZINGHEN 1764:1,508 (s.v. *fetmen*), SCHMIDLIN 1771:1,224a, BOISTE 1803:12b, LAROUSSE 1866:1,178b
LB: LAROUSSE 1960:1,215c

Der Albus, ein deutscher Weißpfennig, war seit dem 14. Jahrhundert entlang des Mittel- und Niederrheins im Umlauf. Daher wird *albus* in den vorliegenden Belegen zumeist als kölnische Münze aufgeführt. Laut SAVARY DES BRUSLONS 1730 ist der *albus* 60 *sols* wert, laut ENCYCLOPÉDIE 9 3/13 *deniers*.

blaffart s.m. 'kleine Kölner Münze' < rhein. *Blaffert*
FEW 15/1,137b
EB2a: SAVARY DES BRUSLONS 1730:69
Varianten:
- äußere Form: *blaffert* (ABOT DE BAZINGHEN 1764:1,120 – MOZIN 1863:2.1309b, „ancien"), arg. *blafard* (1876, s. ROHR 1987:32, – LAROUSSE 1971:1,445a)
- semantisch: arg. 'kleine Münze'
Belegstellen: DELESALLE 1896:37b
LB: LAROUSSE 1971 („vieux")

Blaffart erscheint zuerst als Kölner Münze im Wert von 4 *albus* (ABOT DE BAZINGHEN 1764). Wie bereits unter *plapper* dargelegt, beeinflussen sich diese beiden Lehnwörter gegenseitig in ihrer äußeren Form.
Wie *fenin* und *escalin* ist *blaffart* in den französischen Argot übernommen worden und dort vielleicht als „spaßhafte Umbildung" nach *blafard* 'bleich' (ROHR 1987:280) zu

---

[271] Vgl. KAHNT/KNORR 1987:130 s.v. *Achtzehngröscher*:
„Die Ausprägung des A. wurde von dem polnischen Münzpächter Andreas Tympf initiiert, so daß in der Bevölkerung für die A. der Beiname Tympfe (Timpfe) entstand. Die A. drangen als Hauptumlaufmünze Polens rasch in das benachbarte Preußen ein, so daß sie auch in den Münzstätten Königsberg und Stettin nach brandenburgisch-preußischem Gepräge geschlagen wurden."

blafard geworden. Im Argot dient *blafard* als allgemeine Bezeichnung einer kleinen Münze.

denier lubs s.m. 'hansische Münze' < *Penning lub*
EB2a: SAVARY DES BRUSLONS 1730:975
Belegstellen: ABOT DE BAZINGHEN 1764:1,648, ENCYCLOPÉDIE SUPPLÉMENT 1777:3,810a
LB: ENCYCLOPEDIE METHODIQUE 1788:5/1,183a

Da ein *denier* weniger wert ist als ein *sou* oder *sol*, ein *Penning* weniger als ein *Schelling* (vgl. *sol lubs*) und beide das jeweils kleinste Teilstück einer Münze bezeichnen, dürfte *denier lubs* auf *penning lub* zurückzuführen sein, belegt als *lübischer Penning* z.B. in LASCH/BORCHLING 2,864, und stellt somit eine im Bereich der Maßeinheiten seltene Lehnbildung dar.

fetmen s.m. 'kleine Kölner Münze' < *Fettmännchen*
FEW 15/2,121b
EB1: JOUVIN 1672:2,436 (*vetmannes* pl.)
EB2a: SAVARY DES BRUSLONS 1730:813
Varianten:
- äußere Form: *fetmen* (SAVARY DES BRUSLONS 1730 – ABOT DE BAZINGHEN 1764:1,508), *fetment* (ENCYCLOPÉDIE 1756:6,599a – SCHMIDLIN 1777:6,124a)

LB: SCHMIDLIN 1777

Nimmt man für *fetmen(t)* die Aussprache [fɛtmã] an – eine andere ist schwerlich denkbar – und berücksichtigt auch *vetmannes* bei Jouvin, schiene ein Etymon *Fettmann am plausibelsten, vgl. die zahlreichen anderen Umformungen entlehnter Wörter auf [-man] zu französischen Formen auf [-mã] wie etwa *truchement* < arab. *targumān* 'Dolmetscher' (FEW 19,182a), *saquement* < mhd. *sacman* (FEW 17,7a), *lancement* < *Landsmann* (FEW 16,444b), *houtemant* < *Hauptmann* (s. Fußnote 335). *Fettmann ist aber nirgends belegt, es findet sich lediglich *Fettmönch*, welches die französische Form ebenso wenig erklärt. Auch Malmedy, Stavelot *vèteméne* findet in den vorliegenden rheinischen Formen keine vollständige Erklärung; denkbar wäre hier eine analogische Angleichung an *pétrèmène*. Vielleicht ist *fetmen* einfach durch ungenaues Hörverständnis entstanden.

Die tatsächliche Bekanntheit des Wortes im Französischen erscheint gering bzw. fraglich, denn die mir vorliegenden Belege sind alle voneinander abgeschrieben worden: SAVARY DES BRUSLONS 1730 > ABOT DE BAZINGHEN 1764 und ENCYCLOPÉDIE 1756 (beide gleicher Text), ENCYCLOPÉDIE > GRAND VOCABULAIRE FRANÇOIS 1770:10,401a > SCHMIDLIN 1777.

konigsdallre s.m. 'ein deutscher Taler' < *Königstaler*
EB2a: SAVARY DES BRUSLONS 1730:913
Varianten:
- äußere Form: *konigsdallre* (SAVARY DES BRUSLONS – ABOT DE BAZINGHEN 1764:1,610), *konnings-daelder* (ebda.), *konigs-daller* (ENCYCLOPEDIE 1765:9,135a), *konningz dalder*, *konigs daler* (beide ENCYCLOPEDIE METHODIQUE 1788:5/1,187b)

LB: ENCYCLOPEDIE METHODIQUE 1788

Der deutsche Königstaler galt laut DEUTSCHEM WÖRTERBUCH 5,1716 für 1 1/8 Reichstaler. Savary zufolge ist *konigsdallre* eine Münze „qui a cours en plusieurs lieux d'Allemagne, particulierement sur les frontieres de France", und wurde daher vielleicht auch in Frankreichs Grenzgebieten gebraucht. Der Wert liegt nach Abot de Bazinghen bei 3 *livres* 6 *sols* 8 *deniers de France*; ein *konnings-daelder* dagegen, Abot zufolge in Deutschland, nicht in den Niederlanden in Umlauf[272], hat einen Wert von 5 *livres* 5 *sols* 5 *deniers tournois*. Es handelt sich hierbei wohl um eine in Norddeutschland kursierende Münze, vgl. *cruys-daelder*.

kopfstuck s.m. 'deutsche Münze mit dem Abbild eines Kopfes' < *Kopfstück*
PFEIFFER 1902:73, BEHRENS 1923:65
EB2a: SAVARY DES BRUSLONS 1730:914
Varianten:
- äußere Form: *kopfstuck* (SAVARY DES BRUSLONS 1730 – LAROUSSE 1962:6,498b), *kopfstyck* (ABOT DE BAZINGHEN 1764:1,610), *kopftuck* (*ebda.*), *kopftyck* (ABOT DE BAZINGHEN 1764:1,508), *copftruch* (ABOT DE BAZINGHEN 1764:2,289), *kospfstuch* (ENCYCLOPÉDIE MÉTHODIQUE 1788:5/1,187b), *kopfestuck* (RAYMOND 1832:1,802b – SACHS/VILLATTE 1894:870C), *kopstick* (SACHS 1894:187c)
- morphologisch: *kopfstuck* s.f. (SAVARY DES BRUSLONS 1730)
Belegstellen: ENCYCLOPÉDIE 1765:9,136a, MOZIN 1828:2/1,116a, LAROUSSE 1873:9,1249c
LB: LAROUSSE 1962

D. *Kopfstück* bezeichnet eine Münze mit dem Abbild eines Kopfes und entspricht folglich fr. *teston*[273], das aber laut *FEW* 13,281a als Bezeichnung einer deutschen Münze nicht bezeugt ist.
Den französischen Belegen zufolge wird eine Münze bezeichnet, die in ganz Deutschland verbreitet ist. Bei Abot de Bazinghen hat es beinahe den Anschein, als würde durch die Auswahl verschiedener Graphien versucht, zum einen nach deutschen Regionen, zum anderen nach unterschiedlichen Wertangaben zu unterscheiden: *kopfstuck* in Köln und Hessen-Darmstadt, dagegen *copftruch* in Nürnberg; *kopftuck* = 13 *sols* 4 *deniers de France*[274], aber *kopfstyck* = 9 *deniers* 18 oder 22 *grains*. Die tiefergehende Integration mit einer möglichen assimilierten Aussprache *[kɔstyk] bleibt aus.

petremenne s.f. 'rheinische Münze' < rhein. *Petermännche*
FEW 16,619a
EB2a: SAVARY DES BRUSLONS 1730:1078
Varianten:
- äußere Form: *petriment* (ENCYCLOPÉDIE 1756:6,599a s.v. *fetment*), *petremene* (ABOT DE BAZINGHEN 1764:2,477), *petermœnger* (ALMANACH 1787:426)[275]
- morphologisch: *petriment* s.m. (ENCYCLOPÉDIE 1756)
LB: ALMANACH 1787

Aus der im RHEINISCHEN WÖRTERBUCH 6,636 allein belegten Form *Peter-* oder *Pittermännche* sind die französischen Formen nicht ohne Weiteres zu erklären (vgl. *fetmen*), da der völlige Wegfall der Spirans [ç] bzw. [š] in *-männche* ungewöhnlich ist.

---

[272] Auf das Niederländische weist indes *-daelder* 'Taler'. Tatsächlich ist *konings-daalder* hier gut belegt, s. WOORDENBOEK 7/2,5271.
[273] Vgl. z.B. *teston de France* für *Frantzösisches Kopfsstuck* in MOSCHEROSCH 1655:418.
[274] Dies ist auch der Wert eines *kopfstuck* in SAVARY DES BRUSLONS 1730:914.
[275] Aus der Variante *Petermenger*.

Von Wartburg geht wohl aus diesem Grund von *Petermännel* aus, das aber die rheinischen Regionalwörterbücher nicht nachweisen. Zudem ist *-el* kein rheinisches (Diminutiv-)Suffix, so dass die Form fragwürdig erscheint. Das Wort ist laut *FEW* auch in nordostfranzösische Dialekte (Malmedy, Metz, Nied, Isle) übergegangen, deren gut integrierte dialektale Formen (Malmedy *pétèrmène*) die gleiche Problematik aufweisen. Vielleicht liegt ungenaues Hörverständnis zu Grunde.

Das Wort erscheint – wohl in Anlehnung an die dialektalen Formen, die wahrscheinlich bereits zu dieser Zeit entlehnt worden waren –, in den Wörterbüchern in stark assimilierter Form, obwohl die Belege nicht zahlreich sind und folglich ein häufiger Gebrauch im nicht-regionalen Handelsfranzösisch zweifelhaft ist, zumal sowohl der Artikel in der *Encyclopédie* als auch der in ABOT DE BAZINGHEN 1764 aus SAVARY DES BRUSLONS 1730 kopiert sind.

Petriment in der *Encyclopédie* ist durch *fetment* im gleichen Artikel beeinflusst und aufgrund der analogischen Endung maskulin, wohingegen die ursprüngliche Form bei Savary vielleicht wegen der Endung *-ene* in Analogie zur weiblichen Variante des Suffixes *-ien/-ienne*, älter auch *-iene*, feminin ist.

silver-gros s.m. 'Breslauer Münze' < nd. *Silvergroschen*
EB2a: SAVARY DES BRUSLONS 1730:1203
Varianten:
- äußere Form: *silver-gros* (SAVARY DES BRUSLONS 1730 – ENCYCLOPEDIE MÉTHODIQUE 1788:5/1,194b), *silbers gros* pl. (ABOT DE BAZINGHEN 1764:2,579), *silbergros* (MOZIN 1863:2,1315c – LAROUSSE 1949:2,792c), *silbergroschen* (LAROUSSE 1933:6,354b – 1964:9,826c)
- semantisch: 'deutsche Münze im Wert von 1/30 Taler' (LAROUSSE 1875:14,713d – 1964)

Lexikalische Konkurrenten: *gros d'argent* (s. SCHMIDT ~1845:746a)
Belegstellen: GIRAUDEAU 1751:18
LB: LAROUSSE 1964

Erscheint im 18. Jahrhundert nur als Rechenwert der Breslauer Kaufleute in der aus dem Niederdeutschen stammenden Form, deren zweites Morphem mit fr. *gros* zusammengebracht worden ist. Aufgrund der jüngeren Formen ausschließlich mit *silber-* und der in den jüngeren Belegen weiter gefassten Bedeutung 'deutsche Münze' ist zu fragen, ob nicht im 19. Jahrhundert eine neue Entlehnung aus der hochdeutschen Variante *Silbergroschen* stattgefunden hat.

schnap-han s.m. 'westdeutsche Münze' < rhein. *Schnapphahn*
FEW 17,45b
EB1: MÉNAGE 1694
EB2a: bei le Duchat, 1735 (s. BARBIER 1938:63)
LB: Ménage, *Dictionnaire étymologique de la langue françoise* 1750

Die deutsche Münze ist benannt nach dem Abbild des Reiters, das sie trägt: die berittenen Wegelagerer hießen im Westen *Schnapphahn*, s. *chenapan*[276]. *Schnap-han*

---

[276] Unzutreffend ist daher die Behauptung Le Duchats:
„Ce sont au reste les troupes Françoises, qui faisoient la guerre en Alsace, qui ont donné le nom de *schnap-han* aux piéces de 40 sols qui ont cours dans ce pays-là; les Allemans ne s'étant jamais servis de ce mot dans la signification d'une certaine monnoie" (zitiert nach BARBIER 1938:63).

als Münzbezeichnung fehlt merkwürdigerweise in allen konsultierten Fachpublikationen zum Handel.

bernthaler s.m. 'Berner Münze' < *Bernthaler*
EB2a: ENCYCLOPEDIE 1751:2,212a
Belegstellen: GRAND VOCABULAIRE FRANÇOIS 1768:4,13b
LB: SCHMIDLIN 1774:2,174a

Schweizer Taler im Wert von etwa 5 *livres* (*Encyclopédie*). Laut *FEW* 15/1,97a waren Berner Münzen sehr begehrt; im französischen Handel war aber zumindest der Berner Taler anscheinend von geringer Bedeutung.
Aufgrund der bekannten Filiation der o.g. Quellen liegt im Grunde bislang nur ein selbständiger Beleg vor.

bons gros s.m.pl. 'Berliner Münzen' < *gute Groschen*
EB2a: GIRAUDEAU 1751:6
Lexikalische Konkurrenten: →*gutegrosches* (ALMANACH 1787:329 – LAROUSSE 1872:8,1550b (s.v. *groschen*))
Belegstellen: ENCYCLOPÉDIE MÉTHODIQUE 1788:5/1,193b
LB: LAROUSSE 1872:8,1550b s.v. *groschen*

Bezeichnet eine Berliner Münze im Wert von 1/24 *thaler*. Manche deutsche Münzen haben vergleichbare Aufschriften, vgl. z.B. *eine feine Mark*. Das für Münzbezeichnungen ungewöhnliche Mittel der Lehnprägung ist hier offensichtlich gewählt worden, weil das deutsche Wort besonders transparent war und d. *Groschen* entsprechendes *gros* als französisches Lexem existierte (vgl. *groche*).

dreyer s.m. 'deutsche Münze' < *Dreier*
EB2a: ENCYCLOPÉDIE 1755:5,112a (*dreyez*)
Varianten:
- äußere Form: *dreyes* (ABOT DE BAZINGHEN 1764:1,379 – LAROUSSE 1870:6,1207d), *dreyel* (GRAND VOCABULAIRE FRANÇOIS 1769:8,408a), *dreyer* (SCHMIDLIN 1775:4,393b – LAROUSSE 1929:2,967b)

Lexikalische Konkurrenten: *dreyling* und *dreyheller* (LAROUSSE 1929)
LB: LAROUSSE 1929

In Deutschland eine Münze von 3 Hellern. ABOT DE BAZINGHEN 1764 kennt *dreyes* nur als Währung in Sachsen und Brandenburg[277], in ALMANACH 1787:426 wird *dreyer* auch als Trierer Münze aufgeführt[278]. Die Bezeichnung war in ganz Deutschland verbreitet.
Dreyez in der *Encyclopédie* und *dreyes* in ABOT DE BAZINGHEN 1764 ist sg. und daher als Druckfehler zu betrachten; *dreyes* erscheint trotzdem noch in LAROUSSE 1870, sogar mit Angabe der Aussprache „dra-è̄ïs", also gänzlich unassimiliert. Gleichzeitig wird hier der Gebrauch der Münze und folglich auch der des Lehnworts bereits als obsolet angegeben.

Das Niederländische kennt *snaphaen* seit dem 16. Jh., das Deutsche *Schnapphahn* ebenfalls.
[277] So auch im GRAND VOCABULAIRE FRANÇOIS 1767.
[278] So auch in RAYMOND 1835:1,466b.

Die Gleichsetzung von *dreyer* mit *dreyling* und *dreyheller* tritt erst in LAROUSSE 1929 auf; ursprünglich wurde *dreyer* von diesen beiden geschieden.

alve-taler s.?. 'halber Reichstaler' < *halber Taler*
(E)B2a: ABOT DE BAZINGHEN 1764:1,270
Lexikalische Konkurrenten: *demi-rixdale* (ebda.)

Alve-taler hat wahrscheinlich im Französischen kaum gelebt. ABOT DE BAZINGHEN selbst stellt ihm *demi-rixdale* zur Seite. Auch sonst wird der halbe Wert von Münzen, deren Bezeichnung im Französischen bekannt ist, durch *demi(e)-* ausgedrückt – sofern nicht zwei verschiedene Lexeme bestehen wie etwa bei *fetmen* = ½ *petremenne* –, so z.B. *le demi-batz, le demi-creutzer, le demi-max* oder, statt *alve-taler, le demi-reichsthaller* in ALMANACH 1787:323/345/380.

attrebaste s.m. 'Münze im Wert von zwei *sols*' < **and(e)rer Batzen,* *Anderbatzen
(E)B2a: ABOT DE BAZINGHEN 1764:2,297

Abot de Bazinghen nennt *attrebaste* als Straßburger, also für den französischen Handel nicht unbedeutende Münze. Ein *baste* – 'Batzen' – hat einen Wert von einem *sol*, ein *attrebaste* den von zweien. Daher ist **and(e)rer Batzen,* *Anderbatzen mit *ander* in der alten Bedeutung 'zweiter' als Etymon denkbar; vergleichbare formale Verunstaltungen sind bei Münzbezeichnungen nicht selten, vgl. *copftruch* < *Kopfstück, ratze* < *Batzen, petriment* < *Petermännche*.

Auguste (de Saxe) s.m. 'sächsische Goldmünze' < *Augustd'or*
EB2a: ABOT DE BAZINGHEN 1764:1,486
Belegstellen: ALMANACH 1787:416, ENCYCLOPÉDIE MÉTHODIQUE 1788:5/1,173b
LB: MOZIN 1863:2,1309a (*Auguste d'or*)

Das Benennungsmotiv ist wie bei vergleichbaren Goldmünzen (*Carl d'or, Max d'or* etc.) die Effigie des jeweiligen bzw. eines ehemaligen Landesherrn. Das Vorbild der deutschen Bildungsweise ist wohl im fr. *Louis d'or* (EB 1640) zu sehen.

carolin s.m. 'deutsche Goldmünze' < *Karolin*
FEW 2/1,393b
EB2a: ABOT DE BAZINGHEN 1764:1,133
Varianten:
- äußere Form: *carrolin* (ABOT DE BAZINGHEN 1764)

Belegstellen: GRAND VOCABULAIRE FRANÇOIS 1768:5,57b, ENCYCLOPEDIE METHODIQUE 1788:5/1, 173b, MOZIN 1863:2,1310a, LAROUSSE 1867:3,430c, SACHS/VILLATTE 1894:226b
LB: LAROUSSE 1960:2,643c

Carolin wurden schon im 15. Jahrhundert (GODEFROY 1,787a) französische Münzen mit dem Abbild Karls VIII. genannt. Im 18. Jahrhundert daher nur Bedeutungsentlehnung aus dem Deutschen.

dreyheller s.m. 'norddeutsche Münze' < *Dreiheller*
EB2a: ABOT DE BAZINGHEN 1764:1,379
Varianten:
- äußere Form: *dreyeller* (LAROUSSE 1929:2,967b)

Lexikalische Konkurrenten: →*dreyling*, nur laut LAROUSSE 1929 auch *dreyer*
Belegstellen: LAROUSSE 1870:6,1207d
LB: LAROUSSE 1929

Dreyheller wird in allen vorliegenden Belegen als Synonym von *dreyling* angegeben, welches eindeutig bevorzugt wird, s. das Folgende.

dreyling s.m. 'norddeutsche Münze' < *Dreiling*
EB2a: ABOT DE BAZINGHEN 1764:1,379
Varianten:
- äußere Form: *dreiling* (ALMANACH 1787:378); arg. *dirlingue* (G. Macé, *La police parisienne* 1889)

Lexikalische Konkurrenten: *dreyheller* (ABOT DE BAZINGHEN 1764 – LAROUSSE 1929:2,967b), *dreyer* (nur in LAROUSSE 1929)
Belegstellen: GRAND VOCABULAIRE FRANÇOIS 1769:8,408a, ENCYCLOPEDIE METHODIQUE 1788:5/1,183b, RAYMOND 1835:1,466b, LAROUSSE 1870:6,1207d
LB: LAROUSSE 1929

Fr. *dreyling* bezeichnet nur eine norddeutsche Münze, obwohl d. *Dreiling* im ganzen Sprachgebiet beheimatet war.
In der Bedeutung 'sou', also nicht als Xenismus, ist im französischen Argot im 19. Jahrhundert *dirlingue* belegt. Dies kann sowohl, in assimilierter Form, das *dreyling* des 18. fortsetzen als auch – was im Argot wahrscheinlicher ist – aus südwestdeutschen Formen neu entlehnt worden sein[279].

Frédéric (d'or) s.m. 'preußische Goldmünze' < *Friedrichsd'or*
EB2a: ABOT DE BAZINGHEN 1764:1,486 (*Frédéric de Prusse*)
Belegstellen: ALMANACH 1787:329, ENCYCLOPÉDIE MÉTHODIQUE 1788:5/1,175a, BOISTE 1851:329b
LB: MOZIN 1863:1,1311c

Benannt nach dem Abbild Friedrichs des Großen. ABOT DE BAZINGHEN 1764 schreibt „Pistole, Ou Frédéric de Prusse". Mit *pistole* werden seit dem 16. Jahrhundert spanische und italienische Goldmünzen im Wert von etwa einem Louisdor bezeichnet; Abot gebraucht *pistole*, um zu verdeutlichen, dass es sich auch bei *Frédéric* um eine Goldmünze handelt. Als Bezeichnungskonkurrent tritt *pistole* im Folgenden nicht wieder auf, zumal es im 19. Jahrhundert auch eine Rechnungsmünze von 10 *francs* bezeichnet, ein *Frédéric* aber laut BOISTE 1841:329b 19 *francs* 37 *centimes* wert ist.

siebeuzebuter s.m. 'österreichische Münze' < *Sieb(en)zehner*
(E)B2a: ABOT DE BAZINGHEN 1764:1,488

Als *Sieb(en)zehner* im DEUTSCHEN WÖRTERBUCH 9,830 als „*alte österreichische silbermünze im nennwerte von siebzehn kreuzern, seit etwa* 1660 *üblich*" belegt. Da es sich nicht um den siebzehnten Teil, sondern um das Siebzehnfache einer Einheit handelt, ist eine deutsche Form *Sieb(en)zehnter nicht anzunehmen (vgl. *Dreier*,

---

[279] NOLL 1989:127 zeigt, dass etwa ein Drittel der deutschen Lehnwörter im Argot aus dialektalen Etyma, fast ausschließlich aus elsässischen und lothringischen, stammt.

Fünfer etc.) und das *-t-* in *siebeuzebuter* ist ebenso verderbt wie der Rest der Form, die drei Druck- bzw. Lesefehler aufweist. Wahrscheinlich hat sie nie gelebt.

stuber s.m. 'märkische Münze' < *Stüber*
EB2a: ABOT DE BAZINGHEN 1764:1,488
Belegstellen: ENCYCLOPÉDIE 1765:15,551b (*stuyver*)
LB: ENCYCLOPÉDIE MÉTHODIQUE 1788:5/1,191b

Als Bezeichnung einer Münze der Grafschaft Mark nur kurz belegt; laut DEUTSCHEM WÖRTERBUCH 10/4,189 war der Stüber als Rechenwert fast nur im rheinischen Gebiet heimisch. Ihre Heimat hat diese Münzbezeichnung im niederländischen Sprachgebiet. Daher erscheint zumeist *stuyver* (z.B. SAVARY DES BRUSLONS 1723:2,1607, NOUVEAU DICTIONNAIRE 1790:2,1582a, MOZIN 1828:2/2,232a: *stuiver*) als Bezeichnung einer niederländischen Münze, gelegentlich auch in der Form *stuber* (MOZIN a.a.O.), vgl. *FEW* 17,265b.

max d'or s.m. 'bayrische Goldmünze' < *Maxd'or*
EB2a: GRAND VOCABULAIRE FRANÇOIS 1771:17,350b
Varianten:
- äußere Form: *max d'or* (GRAND VOCABULAIRE FRANÇOIS 1771 – SCHMIDT ~1845:578a), *max* (ALMANACH 1787:345 (*demi-max*) – LAROUSSE 1963:7,185a), *maxe* (ENCYCLOPEDIE MÉTHODIQUE 1788:5/1,176b), *maximilien d'or* (SCHMIDT ~1845:578a)

Belegstellen: LAROUSSE 1873:10,1369d
LB: LAROUSSE 1963

Benannt nach dem Kurfürsten Maximilian Emanuel (1715). LAROUSSE 1873 verweist darauf, dass die Münze zeitgenössisch noch im Umlauf sei; bei KLIMPERT 1896:220 erscheint sie dagegen nicht mehr als aktuelle Einheit. Die Verfügbarkeit des Lehnwortes als Basis einer französischen Zusammensetzung erschließt sich aus *demi-max* in ALMANACH 1787.

dietchen s.? 'Danziger Münze' < *Dütchen, Ditchen*
EB2a: ALMANACH 1787:357
LB: MOZIN 1863:2,1311c (*dütgen*)

Im *Almanach* als Danziger Münze verzeichnet; laut KLIMPERT 1896:85 in ganz Norddeutschland verbreitet, u.a. in Preußen, woher auch die obige Angabe rührt.

ganze-kopf s.? 'Wiener Münze' < **Ganzkopf, *ganzer Kopf*
(E)B2a: ALMANACH 1787:449
Varianten:
- äußere Form: *ganzekopf* pl. (*ebda.* 448)

Laut *Almanach* in Wien in Umlauf, entspricht 20 *kreutzers*. Es zeugt von einer gewissen Zufälligkeit, die der Zusammenstellung von Wörterbuchkorpora zu Grunde liegt, dass ebenfalls im *Almanach* erstmals belegtes →*halbekopf* in RAYMOND 1832 und LANDAIS 1853 aufgenommen wird, das unmittelbar dazugehörige *ganzekopf* hingegen nicht.

groeschel s.m. 'Wiener Münze' < *Gröschel*
EB2a: ALMANACH 1787:445
LB: RAYMOND 1832:1,675c (*groschel*)

Laut *Almanach* nur in Wien gültig, mit einem Gegenwert von 3 *pfennings*. Gröschel waren zudem in Schlesien und Böhmen im Umlauf, vgl. HÜBNER 1727:805.

gutegrosches s.m.pl. 'Berliner Münzen' < *gute Groschen*
ALMANACH 1787:329 (*gutegrosches* sg. und pl.)
Lexikalische Konkurrenten: →*bons gros* (GIRAUDEAU 1751:6 – ENCYCLOPÉDIE MÉTHODIQUE 1788:5/1,193b)
LB: LAROUSSE 1872:8,1550b (s.v. *groschen*)

S. unter *bons gros*.

halbekopf s.? 'Wiener Münze' < **Halbkopf*, **halber Kopf*
EB2a: ALMANACH 1787:448
Varianten:
- äußere Form: *halbikopf* pl. (ALMANACH 1787 a.a.O.), *halebekopf* (RAYMOND 1832:1,687b)
LB: LANDAIS 1853:2,8c

Gilt laut *Almanach* in Wien für 10 *kreutzers* bzw. 3 1/3 *groschen*.

sechsling s.m. 'Hamburger Münze' < *Sechsling*
(E)B2a: ALMANACH 1787:378

Laut *Almanach* in Hamburg in Umlauf[280], im Wert von 6 *sols*, d.h. hier 6 Penningen[281].

[Gebühren]

Bereits 1519 findet sich in einem französischen Handelstext der Passus „pour employer au paiement du roy de Dennemarche sur son deu, et davantage le lastghelt sur les harens et autres marchandises qui se mayneront et transporteront hors dudit pays" (DE GLAY 1845:2,259). D. *Lastgeld* bezeichnet einen Warenzoll. FEW 16,446b nimmt für 1723 (*last-gheldt*, SAVARY DES BRUSLONS 2,490) eine Neuentlehnung an. Da das 1519 genannte Dänemark und das von Savary genannte Hamburg beide zum Hanseraum gehören, in dem die (nieder)deutsche Handelssprache kursierte, ist jedoch eine Aufteilung in zwei Entlehnungsvorgänge wenig plausibel. Das Lastgeld und somit auch seine Bezeichnung spielten auch im dazwischenliegenden Zeitraum für Frankreich eine Rolle, vgl. Savary a.a.O.:

> „L'article 41 du nouveau Traité de Marine & de Commerce conclu à Paris le 28 septembre 1716, entre la France & les Villes Hanseatiques, décharge nommément de ce droit, [...] les vaisseaux François, qui vont trafiquer à Hambourg."

---

[280] Tatsächlich vom 15. Jh. bis 1855.
[281] S. KAHNT/KNORR 1987:277b.

3.3.4. Handelsgüter

In zahlreichen älteren Veröffentlichungen wird *potasse* 'Laugensalz' (seit SAVARY 1675:2,83) als Lehnwort aus dem Deutschen bezeichnet, so etwa in ENCYCLOPÉDIE 1765:13,178b, MÉTHODE DE NOMENCLATURE 1787:68 oder LAROUSSE 1874:12,1509c. An der niederländischen Herkunft besteht indes kein Zweifel: das niederländische Wort ist nicht nur deutlich früher belegt als d. *Pottasche* und Etymon desselben (KLUGE[23] 643a), sondern auch nur anhand von nl. *potas* lässt sich fr. *potasse* lautlich erklären. Nicht auszuschließen ist allerdings, dass einige Varianten vom Deutschen beeinflusst worden sind, zumal Pottasche nachweislich auch aus dem deutschen Saargebiet bezogen wurde[282]; zu beachten sind *potasche* in HENCKEL 1756:1,29, *potache* in ENCYCLOPÉDIE a.a.O. und v.a. *pottasche* in BOISTE 1800:344c.

In Anbetracht von flandrisch *wédasse* und der Tatsache, dass SAVARY DES BRUSLONS 1730:1278 für *guédasse* auf Amsterdam verweist, steht einer Herleitung des fr. *védasse* 'aus der Waid gewonnenes Laugensalz' (SAVARY 1675:2,83 – LAROUSSE 1949:2,1014c) aus nl. *weedas* (WOORDENBOEK 24/2,2434) nichts im Wege. Auffällig ist allerdings die von TRÉVOUX 1771:8,305b bis Bescherelle, *Dictionnaire national* 1858, auch in der Boiste-Serie, zusätzlich – nie allein – genannte Variante *vaidasse*, die auf der Grundlage der monophthongierten niederländischen Weiterentwicklung (*weed(e)*) des germ. *waizda- nicht zu erklären ist. Vielmehr kann hier der Einfluss von d. *Waidasche* geltend gemacht werden, welches FEW 17,472 wohl zu Unrecht als alleiniges Etymon aller französischen Varianten vermutet: die in diesem Fall anzunehmende Modifizierung des Wortauslauts in Analogie zu *potasse* ist kaum wahrscheinlich, da *potasse* ebenso erst 1675 belegt ist. Die Analogie wirkt erst später, indem die Endung der aus dem Deutschen stammenden Formen zu -*asse* wird.

hermeline s.f. 'Hermelin' < *Hermelin*[283]
EB2a: SAVARY DES BRUSLONS 1723:2,346 ('Zobel')
Varianten:
- äußere Form: *ermeline* (BOISTE 1851:367c)
- semantisch: 'Zobel' (SAVARY DES BRUSLONS – BOISTE 1851), 'Hermelin' (SCHMIDLIN 1779:8,153a – LAROUSSE 1930:3,1011c)

Lexikalische Konkurrenten: *hermine* (seit 12. Jh.), *mart(r)e-zibeline* (seit 16. Jh.)
Belegstellen: DYCHE 1756:1,534b, ENCYCLOPÉDIE 1765:10,165b s.v. *marte-zibeline*, LAROUSSE 1901:5,98a
LB: LAROUSSE 1930

Nach Savary des Bruslons ist *hermeline* „un des noms que quelques Foureurs donnent à la Marte-Zibeline". Das Wort ist in der Fachsprache der Pelzhändler und Kürschner (s. SCHMIDLIN 1779) heimisch geworden, weil der französische Pelzhandel mit Russland bzw. dem europäischen Nordosten über Deutschland als Zwischenglied

---

[282] Vgl. ANON. 1727:34.

[283] *Hermelin* ist trotz der großen Ähnlichkeit zu romanischen Formen – s. das Folgende – ein genuin deutsches Wort, zu ahd. *harmo* 'Wiesel'. Zur auffälligen Gestalt s. DEUTSCHES WÖRTERBUCH 4/2,1114:
   die „*ausgezeichnete verwendung des pelzes* [...] *wird auf die versteinerung der namensform in der weise eingewirkt haben, dasz sie nach dem 16. jahrh. sich den veränderten formen der diminution entzog* [zu erwarten wäre *Hermlein] *und bei der alten stehen blieb. [das wort] wird im sprachbewusstsein als ein fremdes angesehen und, wie ein solches,* hermelín *betont.*"
KLUGE[23] 371a meint: „Die neuhochdeutsche Endbetonung geht aus von dem Wort für den Pelz und hängt vielleicht von it. *ermellino m.* ab."

erfolgte (s. auch *zimmer*). Wegen der großen Ähnlichkeit bleibt *hermeline* von fr. *armelline* < ital. *armellino* (17. Jh.) 'Hermelinpelz' und *hermine* 'Hermelin' nicht unbeeinflusst und wird mit nicht-aspiriertem *h* verzeichnet, in BOISTE 1851 auch als *ermeline*. Die Endung -*ine* bestimmt das im Französischen feminine Genus.
SAVARY DES BRUSLONS 1723, ENCYCLOPÉDIE 1765 und BOISTE 1851 nennen *hermeline* als Synonym von *marte-zibeline* ('Zobel'), dagegen weisen SCHMIDLIN und NOUVEAU DICTIONNAIRE 1790:1008b darauf hin, dass gemeinhin *hermine* bevorzugt werde; hier heißt also *hermeline* 'Hermelin', nicht 'Zobel'.
In jedem Fall ist *hermeline* auf die genannte Fachsprache begrenzt geblieben: nur in dieser lebt es als lexikalischer Konkurrent zu *hermine* bzw. *mart(r)e-zibeline*, darüber hinaus ist das Lehnwort – namentlich im Vokabular der Naturgeschichte – nicht rezipiert worden.

kiste^1 s.f. 'eine Art Wolle' < *Kiste* 'Kiste (gefüllt mit Wolle)'
EB2a: SAVARY DES BRUSLONS 1723:2,454
Varianten:
- äußere Form: *kistel* (RAYMOND 1832:1,801a)
Belegstellen: DYCHE 1756:1,603a, BOISTE 1803:235a, LANDAIS 1853:2,121a
LB: LAROUSSE 1901:5,487a

Savary des Bruslons bucht „Kiste. Espece de laine qui se tire d'Allemagne." Ein lautlich passendes Etymon, das ebenfalls eine Art Wolle oder einen anderen Stoff bezeichnete, scheint im Deutschen nicht zu existieren; eine andere als deutsche Etymologie scheint aber aufgrund des Kontextes auszuscheiden. Daher ist zu erwägen, dass die besagte Wolle in Kisten transportiert und der Name des Behältnisses im Französischen fälschlicherweise für den Namen des Inhaltes gehalten wurde, bspw. als ein Deutscher einen anderen, an einem französischen Umschlagplatz, fragte: „Wo soll ich die Kiste hinbringen?" o.ä.[284]. Aufgrund der geringen Rolle des Wortes im französischen Vokabular ist dagegen eine – theoretisch denkbare – Bedeutungsübertragung vom Gefäß auf den Inhalt als eigenständige französische Entwicklung kaum wahrscheinlich, zumal *kiste^1* nie anders als in o.g. Bedeutung erscheint.

zimmer s.m. 'Satz von 20 Pelzen' < *Zimmer*
FEW 17,629b
EB2a: SAVARY DES BRUSLONS 1723:2,1954
Belegstellen: DYCHE 1756:2,574b, ENCYCLOPÉDIE 1765:17,715b, RAYMOND 1832:2,782b
LB: LAROUSSE 1978:7,6625a

Bereits in altfranzösischer Zeit ist aus altnord. *timbr* bzw. mnl. *timber timbre* 'Satz von 40 Pelzen' entlehnt worden (*FEW* 17,330a). Die Entlehnung von *zimmer* in ähnlicher Bedeutung aus dem Deutschen im 18. Jahrhundert könnte darauf hinweisen, dass der Pelzhandel mit Russland zu dieser Zeit verstärkt über den Landweg erfolgte, sofern die hochdeutsche Form *Zimmer* nicht schon in dieser Zeit auch in die ursprünglich niederdeutsch geprägte Seesprache der Hanse eingedrungen war. Der Hinweis Savarys

---

[284] Vgl. die in *EWFS* 333b vorgeschlagene Etymologie von *drogue* 'chemisches Material u.Ä.' „aus nddt. *droge-fate* «trockene Fässer», d.h. «Güter in Packfässern», in dem *droge* irrtümlich als Bezeichnung des Inhalts der Packungen verstanden wurde […]."

darauf, dass *zimmer* „en quelques endroits de Moscovie, particuliérement dans les parties Septentrionales" gebräuchlich sei, verdeutlicht die bedeutende Rolle deutscher Pelzhändler im russischen Rauchwarenhandel mit Frankreich.

dorsch s.m. 'junger Kabeljau' < *Dorsch*
EB2a: ANDERSON 1750:1,187
Lexikalische Konkurrenten: *cabillaud, (petite) morue* (beide seit 13. Jh.)
LB: VALMONT DE BOMARE 1764:3,480

Zur Bezeichnung eines kleinen Kabeljaus hat das Französische schon im 13. Jh. aus dem Niederländischen das Wort *cabillaud* entlehnt. In der Nordseefischerei wird mit *Dorsch* der Jungfisch des Kabeljaus bezeichnet. Im 18. Jh. taucht *dorsch* in dieser Bedeutung, auch in naturgeschichtlichem Kontext, spärlich im Französischen auf. Nl. *dorsch* ist als Etymon ebenso denkbar, doch ist die erste Quelle des französischen Wortes der aus dem Deutschen übersetzte Reisebericht Andersons: „Le *Dorsch* (*Asellus varius* ou *Striatus*, en Danois *Torsk*, que les Prussiens appellent *Pomuchel*) est la plus petite espece de Cabeliau" (1750:1,187)[285]. VALMONT DE BOMARE 1764 erwähnt s.v. *morue* „une espece de stocfisch, qu'on appelle *Rotschær*" und dann „le *Rotschær* plus tendre qui est fait avec la Morue appellée *Dorsch*." Man hat sich offenbar zumeist mit der Bezeichnung als *cabillaud* zufriedengegeben. In VALMONT DE BOMARE 1791:5,115 heißt es ausdrücklich „la *morue* appelée *dorsch* par les Allemands"[286].

rotschær s.m. 'skandinavischer Stockfisch' < *Rotschär*
EB2a: ANDERSON 1750:170n (*rothschær*)
Varianten:
- äußere Form: *rotschær* (VALMONT DE BOMARE 1764:3,480 s.v. *morue*), *rothschair* (DUHAMEL DU MONCEAU 1772:2,112b)
Lexikalische Konkurrenten: *stockfisch* (seit 14.Jh.)
LB: VALMONT DE BOMARE 1791:5,115 (s.v. *morue*)

Durch die Übersetzung von Andersons Nordreise ins Französische eingeführt. Obwohl hier von Nordeuropa die Rede ist, verwendet Anderson das ihm bekannte d. *Rotschär*[287] (< norw. *rotskær*, DEUTSCHES WÖRTERBUCH 8,1314) statt möglicher skandinavischer Formen (norw. *rotskær*, schwed. *rotskär*, dän. *rødskær*), so dass den französischen Lesern nur dieses zugänglich wird. Beruhend auf Anderson wird *rotschær* für eine gewisse Zeit als Xenismus aufgenommen. Für den Stock- oder Klippfisch im Allgemeinen gilt dagegen schon seit dem 14. Jh. fr. *stockfisch*.

---

[285] Vgl. ANDERSON 1747:99f.
[286] Im germanischsprachigen Fischfang der Ostsee meinen *Dorsch* oder *torsk* auch den ausgewachsenen Kabeljau. In dieser Bedeutung ist das Wort aber erst im 19. Jh. ins Französische aufgenommen worden. Während bereits OLAUS LE GRAND 1561:238b *torsck* als „gotisches" Wort nennt, MAQCQUER/DUCHESNE 1771:532b den „Torsch des Suédois" erwähnen und DUHAMEL DU MONCEAU 1772 *dorsch* (2,565b), *torsch* und *torsk* (2,570a) als Wörter des „Nordens" aufführt, ist die Entlehnung ins Französische ausschließlich aus d. *Dorsch* erfolgt, als Lehnwort *dorche* erstmals belegt im *Dictionnaire d'histoire naturelle IX* (=1817). *Dorche* hat sich im 19. Jh. neben *cabillaud* und *morue* behaupten können, ist aber letztmals belegt in SACHS/VILLATTE 1894:495a, s. BEHRENS 1923:59f.
[287] In der Variante *Rothschær*, s. ANDERSON 1747:93.

zartfisch s.m. 'besonders zarter Stockfisch' < *Zartfisch*
EB2a: ANDERSON 1750:1,170n
Lexikalische Konkurrenten: *stockfisch* (seit 14. Jh.)
Belegstellen: VALMONT DE BOMARE 1764:3,480 (s.v. *morue*)
LB: VALMONT DE BOMARE 1791:5,115 (s.v. *morue*)

Auch *Zartfisch* findet durch die Übersetzung von Andersons Nordreise kurzzeitig Eingang ins Französische:

„La meilleure espece du *Rothschær* est celle qu'on appelle *Zartfisch*, qui signifie Poisson tendre, parce qu'il est en effet plus tendre que les autres [...]" (1750:1,170n).

VALMONT DE BOMARE 1764 nennt *zart-fisch* in Zusammenhang mit der Klippfischzubereitung in Island, laut DUHAMEL DU MONCEAU 1772;2,113b soll *zaartsfish* in Norwegen verwendet werden; in einschlägigen Wörterbüchern lässt sich ein entsprechendes norwegisches Wort indes nicht finden. Die Form *Zartfisch* ist zudem eine zweifelsfrei deutsche: *zart* existiert in anderen germanischen Sprachen nicht. Mag die Zubereitungstechnik auch eine skandinavische sein, so ist *zartfisch* fraglos aus dem Deutschen übernommen worden. Es hat vielleicht aus folgendem Grund eine gewisse Bedeutung gewonnen: „on le fait passer [i.e. le poisson tendre] dans les Pays Catholiques Romains, où il est très recherché pendant la carême" (VALMONT DE BOMARE a.a.O.)[288]. Im Allgemeinen wird im Französischen indes *stockfisch* verwendet, vgl. *rotschær*.

stromling s.m. 'kleiner Ostseehering' < *Strömling*
EB1: ANDERSON 1750:1,104n (*Stroemlinge* pl.)
EB2a: VALMONT DE BOMARE 1765:5,315
LB: MACQUER/DUCHESNE 1771:502a

Der *stromling* hat als kulinarische Spezialität offenbar zeitweilig eine gewisse Bekanntheit erlangt:

„Stromling, espece de petit Hareng, très-délicat, & d'un goût fort exquis, qui se trouve dans le Golfe Bothnique, où l'on en prend des quantités incroyables" (VALMONT DE BOMARE 1765).

---

[288] Die gleiche Angabe findet sich noch in der gründlich überarbeiteten Ausgabe von 1791. Sie spricht dafür, dass das Wort nicht ohne eigene Kenntnisse kopiert worden ist, denn die Information über die Fastenzeit lässt sich aus ANDERSON 1747:89n nicht entnehmen: „[...] dieser Zartfisch wird meistens in die Catholis. Länder versandt, und in den reichen Klöstern verspeiset."

3.4. Industrie und Handwerk

3.4.1. Bergbau

Es ist eine in beinahe allen zeitgenössischen französischen Werken zu Bergbau und Mineralogie wiederkehrende, geradezu toposhafte Feststellung, dass man im Bergbau alles den Deutschen verdanke, die auf diesem Gebiet die Lehrmeister ganz Europas seien, einen kaum erreichbaren Wissensvorsprung besäßen und in ihren Schriften unschätzbare Grundlagen geschaffen hätten.

Während die Übernahme der zahlreichen Lehnwörter und Lehnprägungen auf pragmatischen Gesichtspunkten beruht – wenn nicht ohnehin Wort und Sache zugleich übernommen werden, spielt das Motiv der Bezeichnungsgenauigkeit zumeist die entscheidende Rolle –, drückt sich diese Bewunderung auf sprachlicher Ebene vor allen Dingen dadurch aus, dass in zahllosen Fällen die Autoren in ihren Texten französischen Ausdrücken die entsprechenden deutschen als Apposition, oft in Parenthesen zur Seite stellen (vgl. 2.3.2.) – nicht selten in kaum wiedererkennbarer Gestalt –, ohne dass das deutsche Wort bereits entlehnt wäre oder, in vielen Fällen, es jemals würde; es bleibt folglich bei diesen EB1.

Wie erklärt sich der beispiellose Vorbildcharakter, den die Deutschen im Bergbau zu dieser Zeit genießen? Da es die reichen Mineralvorkommen mehr als in vielen anderen Ländern erlaubten, konnte man sich in Deutschland schon früh dem Bergbau und seiner Wissenschaft in allen Facetten widmen. Bereits das 16. Jh. hat in Deutschland in großer Fülle Traktate über die Arbeit in den Minen hervorgebracht[289]. Eine Vielzahl deutscher oder von deutschen Bergleuten bewirtschafteter Minen, so etwa die vom Rammelsberg (Harz) oder Schemnitz, kehren auch in Schriften anderer Sprachen als Exempel immer wieder.

Ein weiterer Vorteil der Deutschen im Bergbau wird verbreitet darin gesehen, dass die kollektive Arbeit, die nur auf lange Sicht Erfolg verspricht, dem deutschen Gemüt weitaus mehr zusage als anderen, insbesondere dem französischen[290]. Es sei an dieser Stelle dahingestellt, inwiefern eine solche Prädisposition die Deutschen zu erfolgreicherer Bergarbeit befähigt[291]. Unstrittig ist, dass sie aufgrund des technischen

---

[289] Die grundlegenden darunter sind Georg Agricola, *De re metallica*, 1530; Ders., *De natura fossilium*, 1546; J. Mathesius, *Sarepta oder bergpostill*, 1562; J. Kentmann, *Nomenclatura rerum fossilium*, 1565; Conrad Gesner, *De figuris lapidum*, 1569; L. Ercker, *Beschreibung der fürnehmsten mineralischen ertzt*, 1574.

[290] So schreibt BARRELL 1960:249:
„The mining and metallurgical industries have always been peculiarly suited to the Teutonic genius for several reasons. They are industries which demand on the part of directors and workers alike a full measure of patience and tenacitiy; they offer no reward of immediate profit without which discouragement can so easily ensue; their successful operation depends on a high degree of scientific ability and mechanical skill, and last but not least, they require collective rather than individual effort. In all these qualities the Germans as a race outshine the French, and it is thus hardly surprising that the Germans have played a major role in the founding and developing of these industries in France [...]."
Ähnlich urteilt MATHOREZ 1919:1,93: „Le Français est individualiste; l'association lui déplaît, l'effort inconscient lui coûte."

[291] In gewisser Weise bestätigt DE GENSSANE 1777:3,8 die o.g. These:

Vorsprungs nicht nur in Frankreich, sondern auch in Skandinavien, Russland, Italien und auf dem Balkan gern gesehene Gastarbeiter waren[292] und ihr Wissen auf diese Weise beinahe paneuropäisch weiter vermittelten, was sich nicht zuletzt aus den zahlreichen nicht-gelehrten Internationalismen ablesen lässt, die auf die deutsche Bergbausprache zurückgehen[293].

Die Auswirkungen des deutschen Vorbildcharakters im Bergbau auf Frankreich, seine Industrie und nicht zuletzt seine Sprache sind beträchtlich. Zahlreiche Beispiele belegen die deutsche Präsenz. Bereits für das Jahr 1287 ist nachgewiesen, dass elsässische Bergarbeiter für in den Vogesen ausgehobene Stollen verantwortlich waren (MATHOREZ 1921:2,87). Für das Jahr 1483 nennt GOBET 1779:1,78 *lettres patentes*, die Karl VIII. für Alexis Heim und Conrart Wuin ausstellt und die ihnen gestatten, in der Vizegrafschaft Couserans den Abbau von Gold- und anderen Erzen zu betreiben. Im Jahr 1537 sind deutsche Bergleute auch in St-Lô beschäftigt (GOBET 1779:1,374). An weiteren Beispielen mangelt es nicht; es wird v.a. ersichtlich, dass die Anwesenheit deutscher Bergarbeiter sich nicht auf die Grenzgebiete beschränkt hat, sondern über ganz Frankreich verteilt war.

Seit dem 13. Jh. wurden fortwährend Deutsche in bestehende französische Bergwerke gerufen, sofern sie diese nicht erst selbst erschließen sollten. Dennoch machte seit dem 16. Jh. der französische Bergbau keine Fortschritte mehr (s. HELLOT 1756:134); für den zunächst unveränderten Zustand des 17. Jhs. macht HELLOT a.a.O. 137 v.a. den Merkantilismus verantwortlich, der mögliche finanzielle Unterstützungen als einkunftsträchtiger eingeschätzten Unternehmungen zukommen ließ:

„Le xviie. siècle ne fut pas plus favorable; l'établissement des manufactures de toutes sortes d'étoffes dans le royaume, n'a pû manquer d'influer & de détourner des fonds qu'on auroit peut-être destinés au travail des mines; & si dans ce temps-là des Compagnies ont entrepris d'en exploiter quelques-unes, l'art n'existoit plus: le peu d'intelligence & d'économie n'a fait que décréditer ces sortes d'entreprises, qu'on étoit obligé de confier à des Étrangers mercenaires."

Dass diese nun verstärkt ins Land gerufen wurden, ist wiederum dadurch begründet, dass Colbert das finanzielle Potential des Bergbaus durchaus erkannt hatte und, da er offensichtlich genau wusste, dass die Deutschen dies auf profitablere Weise

---

„Il est de fait que, généralement parlant, nos Français ne s'adonnent pas volontiers aux travaux souterrains des Mines. Il y a plus: c'est que parmi ceux qui s'y prêtent, il y en a peu qui soient bons mineurs; cela est si vrai, que dans toutes les Mines qu'on exploite dans le Royaume, on n'y voit guere que des mineurs étrangers, la plupart Allemands."

DE LUCHET 1779:10 hält dergleichen allerdings für vorgeschützte Argumente:

„On dit: *Que les François ne sont point propres à ce travail*. Pourquoi? Les forgerons, les tanneurs, les blanchisseurs, les pêcheurs, les couvreurs, les boulangers de Paris, font incontestablement des métiers plus pénibles que celui des Mineurs."

[292] Während diese Tatsache geschichtlich hinreichend bekannt ist, liefern die Fachtexte älterer Zeit einige neue Informationen darüber, wie sich diese Gastarbeit lexikalisch ausgewirkt hat. Vgl. DE COURTIVRON/BOUCHU 1762:4 zu Italien, Russland (v.a. 101) und Schweden, JARS 1780 zu Norwegen, BELON in GOBET 1779:1 zum südlichen Balkan. Wissenschaftlich ausgewertet worden sind derartige Quellen bislang kaum; vgl. zum italienischen Vokabular CROUX 1972:72.

[293] So z.B. *Kobalt, Blende, Wismut, Zink* oder *Feldspat*, die in fast alle europäischen Sprachen übernommen worden sind.

auszuschöpfen vermochten, sie durch verschiedene Anreize lockte; darunter waren z.B. die Naturalisierung und das Recht auf den Erwerb von Grundbesitz (PROPYLÄEN WELTGESCHICHTE 7,325). Natürlich waren in erster Linie Bergmeister begehrt, die in der Lage waren, einfache französische Bergleute anzuleiten. Viele von ihnen folgten dem Aufruf Colberts und seiner Nachfolger und brachten oft eine ganze deutsche Belegschaft mit[294], was für die daraus resultierenden Entlehnungsvorgänge von erheblicher Bedeutung ist. Der Rückstand des französischen Bergbaus ist insgesamt so groß, dass der Bedarf an ausländischen, besonders deutschen Fachkräften bis weit ins 18. Jh. hinein unverändert bleibt[295].

Verständlicherweise haben auf deutscher Seite die Landesherren ihre besten Arbeiter nicht samt und sonders nach Frankreich ziehen lassen; nach Auffassung mancher Autoren sind nur diejenigen Bergleute nach Frankreich gekommen, deren Weggang für das jeweilige deutsche Bergwerk keinen großen Verlust darstellte[296]. Vielleicht liegt es hierin begründet, dass ein Erlass von 1731 entgegen der landläufigen Tendenz den Zustrom von ausländischen, d.h. deutschen Bergleuten begrenzt[297].

Wie aus dem Geschilderten ersichtlich ist, hat der Kontakt der Franzosen mit dem deutschen Bergbauvokabular zu einem großen Teil auf französischem Gebiet stattgefunden, sicherlich sogar ausschließlich, was die Entlehnungen der französischen Bergleute anbelangt. Andere Quellen sind die Lektüre der deutschen Fachliteratur – insbesondere im Bereich der Erzkunde –, welche sich in zahlreichen Übersetzungen niederschlägt[298], sowie das Studium *in situ*, das einige französische Gelehrte

---

[294] S. etwa BARRELL 1960:70: „Etienne de Blumenstein received in 1728 the exclusive right to exploit lead mines and other mines in Forez and Dauphiné, and employed only German workers." Nach Étienne de Blumenstein ist auch ein Schacht im Bergwerk von Olonne (Bas-Poitou) benannt worden, s. DE DIETRICH 1789:2,548. HELLOT 1756:139 berichtet vom Privileg für einen „Gentilhomme Hessois" 1729 in der Basse-Navarre, Soule und Labour. Aufschlussreich ist auch die Zusammensetzung der Belegschaft des Bergwerks im Baigorry-Tal (Département Pyrénées-Atlantiques) nach HELLOT 1750:1,54, Marginalia am Exemplar Rés S-734 der Bibliothèque Nationale de France: Deutsche sind 1 *inspecteur Geometre souterrain*, 1 *essayeur*, 1 *machiniste*, 2 *maitres de Bocard*, 6 *sergens de mine*, 1 *surveillant pour les apontages* und 22 einfache *mineurs*, Basken dagegen neben 4 *maitres forgerons* 230 einfache *mineurs*.

[295] Noch 1760 schreibt d'Holbach in HENCKEL 1760:1,v:
  „On est surpris avec raison que les travaux des Mines ayent été peu cultivés en France,
  pour qu'aujourd'hui on soit encore obligé de faire venir d'Allemagne & d'Angleterre les
  Ouvriers qu'on met à la tête des fouilles & des fonderies."
Bei den *fouilles* überwogen die deutschen Arbeiter; die Engländer standen in der Schmelzkunst zunehmend an der Spitze der europäischen Entwicklung.

[296] So äußert sich bspw. Schreiber in DELIUS 1778:1,ij. Geradezu vernichtend fällt das Urteil in DE GENSSANE 1763:178 aus:
  „[…] un homme capable ne sort guère de son pays […]: ceux qui nous viennent ont
  toûjours eu, pour quitter leur patrie, quelques raisons qui ne sauroient être qu'à notre
  désavantage. Ils sont tous en général fainéans, inconstans & insolents, la pluspart
  ivrognes, & quelquefois pires: ils se donnent tous pour habiles & ont tous, sans exception,
  la manie de blâmer & de trouver mauvais tout ce qu'on a fait avant eux […]."

[297] DE DIETRICH 1786:1,192 zitiert ein „Reglement général de la police qui doit être observée aux miniers de la vallée de Vic-Dessos" (heute Vicdessos, Département Ariège) vom 19. August, Artikel XIV: „Défendons […] à tous étrangers […], de venir travailler dans aucun minier de la Vallée, sans notre permission par écrit, sous les peines portées par lesdits priviléges."

[298] Trotz der Vielzahl solcher Übersetzungen und eigenständiger Werke über den Bergbau betont noch BEURARD 1809:VII, wie wichtig die Kenntnis des Deutschen ist:

praktiziert haben. Schon zu Beginn des 17. Jhs. hat bspw. das Ehepaar de Bertereau Forschungsreisen in deutsche Bergbaugebiete unternommen; daher rät die Adlige, Baronin von Beausoleil, französischen Bergmeistern „d'aller seruir les Officiers des Mines d'Hongrie, à Scheminis, & là faire leur apprentissage dans la Mine du Bibertollen" (1632:5).

Die sprachlichen Eindrücke, die der deutsche Bergbau in Französischen hinterlassen hat, sind in ihrer prinzipiellen Existenz durchaus bekannt, in ihrem Umfang aber von bisher ungeahnter Größe: es handelt sich allein im 18. Jh. – nach Lage der Belege – um Dutzende von Entlehnungen – ausschließlich wissenschaftlich-mineralogische nicht mitgerechnet –, von denen bislang nur die wenigsten erfasst bzw. als solche erkannt worden sind. „On appelle *gangue* les différens spaths et quartzs, soit en masse, soit en *druses* ou groupes, qui accompagnent les mines" (ROMÉ DE L'ISLE ²1783:3,15) ist ein geradezu typischer, keineswegs außergewöhnlicher Satz, in dem von sieben Substantiven vier deutsche Lehnwörter sind. DUHAMEL 1787:1,iv beschreibt, warum aus seiner Sicht so viele Ausdrücke des Bergbaus – dies ist im folgenden Text mit *minéralogique* gemeint – entlehnt worden sind:

„L'Allemand & les différens idiomes du nord qui en sont dérivés, sont comme la clef des connoissances minéralogiques; les termes de cette science ne peuvent se traduire qu'avec les plus grandes difficultés."

Durch die gemeinsame Arbeit von deutschen und französischen Arbeitern kommt es zu der schon in 2.1.1. angesprochenen Mischsprache[299], in der die Entlehnungen mit großer Leichtigkeit vonstatten gehen. Viele der hier dargestellten Einheiten sind zweifellos an verschiedenen Orten zur ungefähr gleichen Zeit entlehnt worden, manche haben sich von einem bestimmten Gebiet aus verbreitet, manche sind Regionalismen geblieben, von denen sich wahrscheinlich einige bis heute dem lexikographischen Zugriff entziehen. Z.B. hat sich *bure* 'Minenschacht' ausgehend von wall. *bure* < mhd. *bûr* '(über dem Schachteingang errichtete) Hütte' (*FEW* 15/2,15a) in ganz Frankreich verbreitet, während *choc* oder *schocke* < *Schacht* (*FEW* 17,25b)[300] auf das elsässische Französisch beschränkt geblieben ist.

Da das französische Bergbauvokabular in seiner Gesamtheit erst recht spät schriftlich fassbar wird und Belege aus der Zeit vor dem 18. Jh. eher zufällig sind[301], ist die Datierung der hier aufgeführten lexikalischen Einheiten mit besonderer Vorsicht zu betrachten, da ein höheres, nicht belegtes Alter oft nicht auszuschließen ist. Das gilt namentlich für Ausdrücke der täglichen Minenarbeit, weniger für Bezeichnungen der Erzkunde (s. hier unter 3.5.2.1.), die eher wissenschaftlichen Charakter trägt.

„La langue allemande étant incontestablement celle dans laquelle on a le plus écrit sur l'art de l'exploitation des Mines, ainsi que sur celui du traitement des Minerais, sur la Minéralurgie, la Chimie et la Minéralogie, son étude est devenu presque indispensable à toutes les personnes qui ont à cœur de faire des progrès dans ces sciences [...]."

[299] Vgl. DE GENSSANE 1763:142.

[300] Laut *FEW* aus *choque* im Dialekt von Plancher-les-Mines (Haute-Saône) in die *Encyclopédie* (1753:3,359a, *choc*) übernommen. DE DIETRICH 1789:3,57f. liefert einen Beleg für *schocke* aus Belfort bereits aus dem Jahr 1713.

[301] Vor dem 18. Jh. sind als bergmännische Entlehnungen aus dem Deutschen nur belegt: *choc*, *bure*, *mofette* 'giftige Dämpfe im Bergwerk' zu *Muff* 'Schimmel' (*FEW* 16,572a), *bismuth* < *Wismut*, *cobalt* < *Kobalt*, *gangue* 'erzführendes Gestein' < *Gang(stein)*, *hoctoman* (s. Fußnote 335).

3.4.1.1. Grubenarbeit

stolle s.f. 'Bergwerksstollen' < *Stollen*
FEW 17,245b
EB2a: HELLOT 1750:1,viij
EB2b: MORAND 1776:2,896 (*stoll*)
Varianten:
- äußere Form: *stole* (DE GENSSANE 1763:160), *stoll* (MORAND 1776), *stoln* (BERGMÄNNISCHES WÖRTERBUCH 1778:529a), *stolln* (ebda. 530a)
- morphologisch: *stolle* s.m. (BERGMÄNNISCHES WÖRTERBUCH 1778:225b)

Lexikalische Konkurrenten: *galerie* (in dieser Bedeutung seit 1626), *boyau* (als 'langer, enger Gang' in RICHELET 1680, in bergbaulichem Sinn z.B. in BOURGUET 1729:202)
LB: BERGMÄNNISCHES WÖRTERBUCH 1778:225b

Das *FEW* nennt einen einzigen Beleg aus „König...." und meint damit HELLOT 1750 („pour soutenir & étançonner les *stolles* ou galleries"). Der Abschnitt, in dem sich *stolle* hier findet, ist von Hellot selbst verfasst worden und nicht aus Schlüters *Gründlichem Unterricht* (SCHLÜTER 1738) übersetzt; das stärkt den Status von *stolle* als eigenständigem Lehnwort. Nichtsdestoweniger ist es nicht verwunderlich, dass das *FEW* nur diesen Beleg kennt, denn *stolle* ist tatsächlich nur wenige Male in französischen Texten aufzufinden. Weitere Belege verdanken wir de Genssane, der die zuverlässigste Quelle für das Vokabular der französischen Bergleute darstellt; in 1763:160 steht „la stole que les Suisses ont faite", 153 „la Stole ou galerie de Saint-Jacques". Besonders interessant ist der Beleg in MORAND 1776, wo ein schwedisches *Wattu-Stoll* als *stoll d'eau* glossiert wird. Daraus wird ersichtlich, dass *stoll(e)* im Französischen durchaus verstanden wurde, da es anderenfalls nicht als Interpretament hätte dienen können[302].

Nach den mir vorliegenden Belegen hat *stolle* in allen anderen Texten gegenüber dem übermächtigen *galerie* keine Chance und ist mit Sicherheit weitestgehend auf die Bergmannssprache, deren mangelhafte Dokumentation schon angesprochen wurde, beschränkt geblieben. Auch *galerie* gehört dieser Varietät an, nicht nur dem gelehrten Wortschatz. Es ist der stets dominante Konkurrent, der bis heute beibehalten worden ist.

Eine überaus interessante Differenzierung von *stolle* und *galerie* weist das BERGMÄNNISCHE WÖRTERBUCH 1778:225b auf: „Gezeugstrecken, sind die von 6. Fahrten zu 6. Fahrten untern Stollen und untereinander getriebene [sic] Strecken [...] fr. Galerie sous le stolle." Hier wird *stolle* als 'Hauptstollen' verstanden, *galerie* als davon abgehender. Angesichts dieses vereinzelten Beleges kann aber keine Aussage darüber getroffen werden, ob diese Bedeutungsdifferenzierung im Französischen häufig genutzt wurde; die o.g. Belege sprechen dagegen.

Stolle wird zwar an keiner Stelle als Regionalismus bezeichnet, doch sprechen Anzeichen dafür, dass es über den Osten Frankreichs bzw. des französischen

---

[302] Eine Entlehnung aus schwed. *stoll(e)* (< d. *Stollen*) ist im Wortschatz des Bergbaus nicht anzunehmen, da dies ein gänzlich isolierter Fall wäre und das betreffende schwedische Wortmaterial seinerseits zu großen Teilen aus dem Deutschen stammt (z.B. *gruva* < *Grube*, *hytta* < *Hütte*, *schakt* < *Schacht*, auch *timpel* < *Tümpel*, s. unter *tympe*). Schwedische Einflüsse sind im mineralogischen Vokabular nachzuweisen, so *tungstène*, *gæsten*, auch *nickel*; schwedische Bergleute arbeiteten aber nicht in Frankreich.

Sprachgebietes nicht hinausgekommen ist. De Genssane nennt es in Zusammenhang mit elsässischen Minen (1763), Hellot (1750:1,13) bezüglich Château-Lambert in der Franche-Comté; das *FEW* kennt dialektale Belege aus Fraize (Südvogesen), Plancher (Haute-Saône), Charmoille (Kanton Bern) und Montbéliard.

vieil homme s.m. 'Überreste alter Grubenarbeiten' < *Alter Mann*
EB2b: ORSCHALL 1760:247 (*vielles gens*)
Varianten:
- äußere Form: *vieil homme* (MORAND 1768:1,42 – DE DIETRICH 1789:3,106), *vieux homme* (DE LUC 1779:3,298)
- semantisch: 'aus den Überresten neu entstandene Materie' (ORSCHALL 1760)
Lexikalische Konkurrenten: *vieux ouvrés* (s. MORAND a.a.O.), *anciens ouvrages* (s. DE GENSSANE 1795:43), *vieux travaux* (s. ARMANET 1947:13b)
Belegstellen: VON TREBRA 1787:45
LB: DE DIETRICH 1789:3,106

In ORSCHALL 1760 überrascht zunächst „5 quintaux de la Mine appellée *des vieilles gens*", da nur in diesem Fall nicht von den Überresten als Schutt, sondern als Materie die Rede ist. Wie jedoch z.B. DE DIETRICH 1789:3,106n berichtet („souvent les guhrs, qui filtrent au travers de ces décombres, font l'office d'un ciment et les unissent en masse"), kann aus dem Schutt vermittels chemischer Prozesse eine Art neuer Stoff entstehen, der durchaus „mine", also „Erz" genannt werden kann[303]. Die übrigen Belege meinen den Schutt im Sinne von Abbauüberresten.
Von den Autoren der jüngeren Belege verzichtet keiner auf eine erläuternde Anmerkung oder Paraphrase, wobei nur MORAND 1768 mit *vieux ouvrés* einen anscheinend idiomatischen Konkurrenten aufführt. Ansonsten wird mit semantisch weiter gefassten Einheiten (*anciens ouvrages, décombres, déblais*) umschrieben.
Wie dargelegt, wird nur *vielles gens* in Orschall nicht paraphrasiert. Vielleicht ist aus dieser Tatsache aber nicht der Schluss zu ziehen, dass *vielles gens* bzw. *vieil homme* gemeinhin nicht ohne Erklärung verständlich waren, sondern dass es durchaus Sprachbereiche gab, in denen die Lehnbildung völlig geläufig war. In der Sprache der französischen Bergleute scheint mir dies sehr wahrscheinlich, da d. *Alter Mann* in der Bergwerkssprache frequent war (und ist) und den Franzosen daher mit weitgehender Sicherheit bekannt geworden ist[304]. Auch wenn de Dietrich den Ausdruck für seine Leser erläutern muss, lässt die Textstelle selbst auf einen vertrauten Gebrauch schließen[305].

halde s.f. 'Haufen von taubem Gestein am Ausgang eines Stollens' < *Halde*
FEW 16,129a, *EWFS* 513a, *DMD* 362b
EB2a: DE GENSSANE 1763:164 (*hals* pl.)
EB2b: DAUBUISSON 1802:1,85
Varianten:

---

[303] Siehe dazu in identischer Verwendung „un morceau d'Altenman" in ROMÉ DE L'ISLE 1780:3,148.
[304] Zu einer möglichen Herkunft des d. Ausdrucks vgl. LEHMANN 1751:42 bezüglich alter Grubenarbeiten: „der Alte [Mann] ist schon da gewesen".
[305] A.a.O. 106f. „[...] presque imaginer que les travaux qu'on faisoit poursuivre étoient dans *le vieil homme*".

- äußere Form: *hals* pl. (DE GENSSANE 1763 – 1777:3,145), *halles* pl. (DE GENSSANE 1777:3,145 – DE LUC 1779:3,189), *halle* (VON BORN 1780:60 – BEURARD 1809:227b), *halde* (seit DE DIETRICH 1789:3,131)
- morphologisch: s.o.

Lexikalische Konkurrenten: (*amas de, tas de*) *décombres* (in dieser Verwendung 16. Jh. – DE DIETRICH a.a.O.), *décombrements* (in dieser Verwendung 16. Jh. – DE JUSSIEU 1719:350), *terril* (seit ARMANET 1947:117a)
Belegstellen: ENCYCLOPEDIE METHODIQUE 1815:6,306b, MOZIN 1828:2/1,3a, LAROUSSE 1873:9,27d, ARMANET 1947:117a, LAROUSSE 1948:1,897c, STELLHORN 1965:553b
LB (in Wörterbüchern): LAROUSSE 1997:7,5123b

De Genssane spricht von „hals ou décombres" und stellt uns damit vor ein Problem: formal ist *Halde* schon stark assimiliert, doch eine Erläuterung scheint noch notwendig. Höchstwahrscheinlich ist auch in diesem Fall das Wort in der französischen Bergbausprache bereits vollständig integriert, muss aber für die Leser der *Mémoires* der Académie des Sciences noch erklärt werden. Dass das Wort unter Umständen noch viel älter ist, als es die Belege verraten, deutet der Verweis DE DIETRICHS 1789:3,160 auf die *mines des Grosses-Haldes* im Elsass an, „qui ne doivent leur nom qu'aux prodigieux amas de décombres que l'on voit là à la surface de la montagne."
Nur de Genssane verwendet *hals*, doch *halle(s)* findet sich auch bei zahlreichen anderen Autoren. Wegen des gleichen Artikulationsortes sind *l* und *d* in *Halde* offenbar nicht immer als verschiedene Laute wahrgenommen worden[306]. Das Wort erscheint auffällig oft in pluralischer Gestalt; dies beruht vielleicht auf Beeinflussung durch *décombres*, das den älteren Bezeichnungskonkurrenten darstellt. Dank der größeren Präzision setzt sich *halde* gegenüber diesem allgemeineren *décombres* durch, lediglich gelegentlich glossiert durch *déblais* (z.B. FERBER 1776:124). Erst in jüngerer Zeit hat sich ausgehend vom französischen Nordosten *terril* ausgebreitet, das heute im Französischen Frankreichs häufiger gebraucht wird. Es erstaunt aber nicht, dass das archaisierende Französisch Kanadas *halde* gegenüber *terril* noch bevorzugt. Erstaunlich ist dagegen das Fehlen des vollständig integrierten Lehnwortes *halde* in vielen allgemeinen Wörterbüchern nach LAROUSSE 1873.

schourff s.m. 'Erkennungsmarke für den Verlauf eines oberflächennahen Mineralgangs' < *Schurf(f)*
(E)B2a: DE GENSSANE 1763:148
Lexikalische Konkurrenten: *affleurements* (seit MORAND 1768:1,781)

Wie bei anderen genannten Lemmata gebraucht de Genssane das Wort in assimilierter Form und auf gute Integration deutender Weise und erklärt es wohl nur für das gelehrte Publikum[307]; in anderen Texten ist das Lehnwort indes nicht aufzuspüren. DUHAMEL 1787:1,50 und DE DIETRICH 1789:3,79 kennen *Schurff* nur als deutsches Wort. Das ist insofern nicht ohne Bedeutung, als auch diese beiden Autoren zu denjenigen zählen, die mit der Fachsprache der Gruben mehr als die meisten ihrer Kollegen vertraut sind.

---

[306] Vgl. ital. *arialla* < *Erzhalde*, CROUX 1972:72.
[307] „[...] que les Anciens avoient marqué cet alignement [...] par des Schourffs pratiqués à dix ou douze toises de distance les uns des autres (les schourffs sont des petits puisards qu'on fait sur les filons pour en marquer la direction) [...]."

De Dietrich verwendet *affleurements*, SCHWAN 1784:2,762b gibt d. *Schurf* mit *le découvert d'une mine* wieder. Der Begriff des Schurfs taucht in den ausgewerteten Texten insgesamt selten auf.

kaste s.f. 'Gestell zum Abladen von Schutt' < *Kasten*
FEW 16,302a
EB2b: DE GENSSANE 1777:3,115 (*kasts* pl.)
Varianten:
- äußere Form: *kaste* (BRARD 1829:181 – LAROUSSE 1948:1,1063a)

Lexikalische Konkurrenten: *plancher* (s. DELIUS 1778:235, DAUBUISSON 1802:1,79, BRARD 1829:181), *échafaud* (s. BRARD 1829:181)
Belegstellen: LAROUSSE 1873:9,1168b
LB: LAROUSSE 1948

Erneut verrät nur de Genssane, dass *kast(e)* schon im 18. Jh. in den französischen Bergwerken gelebt hat: „Quant à l'extraction du minéral & des décombres qu'on ne place pas sur les *kasts*, c'est l'ouvrage des décombreurs [...]" (1777:3,115). Trotz der in der entsprechenden Fachsprache in gleicher Bedeutung verwendeten Konkurrenten *plancher* und *échafaud* ist *kaste* gut integriert und bis ins 20. Jh. gebräuchlich gewesen.

steimples s.m.pl. 'stützende Pfeiler im Stollen' < *Stempel*
EB2a: DE GENSSANE 1777:3,73
Varianten:
- äußere Form: *estaimples* (DELIUS 1778:1,281 – ENCYCLOPEDIE MÉTHODIQUE 1815:6,303a), *stempel* (BRARD 1829:309)

Lexikalische Konkurrenten: *solive* (s. LEHMANN 1759a:56, DELIUS 1778:1,281), *étai* (s. ARMANET 1947:275a)
LB: BRARD 1829

DE GENSSANE 1777 zufolge ist *steimples* in Frankreich weit verbreitet:

„Dans les mines d'Allemagne, on donne à ces chassis le nom de *Steimpels*; nom qu'on leur a conservé dans la plupart de nos mines de France, où par corruption on les appelle *Steimples*."

Für gute Integration spricht auch das von Delius' Übersetzer Schreiber verwendete *estaimples*, nicht etwa *stempels nach der deutschen Vorlage. Lehmanns Übersetzer d'Holbach kennt das Wort dagegen offensichtlich nicht und übersetzt mit semantisch weiter gefasstem *solive* (LEHMANN 1759a:56), das auch z.B. in DELIUS 1778 erscheint. Heute ist statt *steimple* nur noch *étai* üblich.

stinges s.?.pl. 'Bohlen für die Schienen, auf denen die Lore läuft' < *Gestänge*
EB2b: DE GENSSANE 1777:3,84
LB: GUILLOT-DUHAMEL 1798:299

Im Rahmen der entlehnten Grubenausdrücke sicher mündliche Entlehnung, auch wenn eher *stingues zu erwarten wäre. In jedem Fall ist das Lehnwort gut integriert: Guillot-Duhamel nennt eine Bestellung von „136 Mètres de stinges, à 9 centimes le mètre". Die hier gegebene Erklärung („petits madriers sur lesquels courent les chiens") war für die Bergarbeiter zweifellos überflüssig. Eine exakte autochthone Bezeichnung dieser

Planken hat offenbar nicht existiert; in den exzerpierten Texten ist von ihnen nicht die Rede. Am ehesten dürften sie *madriers* (*madrier* 'Diele, Bohle') oder *limandes* (*limande* 'flaches Brett') genannt worden sein.

stross s.m. 'Absatz im Bergbau' aus *travailler par stross* 'den Stollen in stufenförmigen Absätzen vorantreiben' < *im Strossenbau arbeiten*
FEW 17,263a, BEHRENS 1923:82
EB1: LEHMANN 1759a:53
EB2a: DE GENSSANE 1777:3,97
Varianten:
- äußere Form: *strosse* (seit DELIUS 1778:1,212)
- morphologisch: *strosse* s.f. (VON TREBRA 1787:242; 2002)
- semantisch: 'im Strossenbau gehauener Schacht' (DE DIETRICH 1786:1,XXIV), 'seitlicher Absatz im Tunnelbau' (seit L. Figuier in *Année scientifique et industrielle* 1876:281[308])

Lexikalische Konkurrenten: *(travailler en) échelon(-montant)* (s. JARS 1768:220), *(travailler en) gradins* (seit DELIUS 1778:1,212), *degrés* (DE LUC 1779:3,290), *taille montante* (seit MARTEL 1920:1,39), *exploitation en dressant* (ARMANET 1947:281b)
Belegstellen: MOZIN 1812:2,702b, BRARD 1829:180, LANDRIN 1829:1,126, SACHS/VILLATTE 1894:1469c, *Larousse Mensuel Illustré* 1911:2,122, CORBION ³1989:S37, GRAND ROBERT 2001:6,746a

D. *Strosse* s.f. bedeutet im Bergbau einen stufenförmigen Absatz. Vermutlich ist fr. *stross* nicht direkt hieraus entlehnt, sondern der Fachausdruck *im Strossenbau arbeiten* als *travailler par stross* nachgebildet worden. Dieses Syntagma ist etwa in DE GENSSANE 1777 und DELIUS 1778:1,212 und 354 anzutreffen; später setzt sich die Verbindung *en stross* durch (BRARD 1829), die noch heute gebräuchlich ist[309]. In gleicher Weise verwendet werden *travail(ler) par échelons* und insbesondere *travail(ler) en gradins*. Trotz dieser Konkurrenz hat sich das vollständig integrierte Lehnwort *stross* bis heute ohne Unterbrechung behaupten können, auch wenn das Fehlen des Lemmas in fast allen französischen Wörterbüchern vor GRAND ROBERT 2001 das Gegenteil suggeriert.
Alle aktuellen Belege beziehen sich auf den Bau von Tunneln. Hier bezeichnet *stross(e)* stufenförmige Absätze an den beiden Seiten des im Bau befindlichen Tunnels, zwischen denen ein Graben bis zum geplanten Niveau des Tunnels ausgehoben wird. Der Tunnelabschnitt ist vollendet, wenn die beiden Absätze ebenfalls abgetragen worden sind. Die Übertragung des Bergbauausdrucks auf die jüngere Technik ist leicht nachzuvollziehen.

chien s.m. 'Lore' < *Hund*
(*FEW* 2,195a), WEXLER 1955:14
EB2a: DELIUS 1778:1,294
EB2b: Bergmännisches Wörterbuch 1778:272a
Lexikalische Konkurrenten: *tombereau* (in dieser Bedeutung Münster, *Cosmographie universelle* 1575:480 – Beurard, *Dictionnaire allemand-français* 1819), *chariot* (seit DE JUSSIEU 1719:352), *berline* (seit LITTRÉ SUPPLÉMENT 1877:39c)
Belegstellen: VON TREBRA 1787:222, MOZIN 1811:1,220c, ENCYCLOPÉDIE MÉTHODIQUE 1815:6,303a, LAROUSSE 1869:4,84d, LAROUSSE 1948:1,359a
LB: LAROUSSE 1960:3,20a („ancien terme")

---

[308] In GRAND ROBERT 2001 als absoluter Erstbeleg von *stross(e)* aufgeführt.
[309] S. z.B. *www.b-rail.be/about/pdf/sou_net.pdf*, „mise en place de cintres réticulés en stross."

Ebenfalls ein Wort aus dem Bergwerk, aber vielleicht weniger alt als etwa *halde*, *trusslock* oder *stolle*. Interessant ist nämlich, dass DE GENSSANE 1777:3,81f. die deutsche Bezeichnung („hond") und ihre Grundbedeutung („chien") zwar kennt, für die französischen Bergwerke aber dennoch *charriot de montagne* als Bezeichnung dieser Art Lore angibt. Im BERGMÄNNISCHEN WÖRTERBUCH 1778 („Hundläufer" = „mineur, qui courre avec le chien") tritt *chien* dagegen bereits gut integriert auf. Gleiches gilt zweifellos auch für Belege wie DE DIETRICH 1800:91, in denen *chien* im Textfluss auftritt und nur für fachfremdes Publikum in Fußnoten erklärt wird, stets durch *chariot*. *Chariot* in verschiedenen Zusammensetzungen (~ *de montagne*, ~ *de roulage*[310]) ist ein schon älterer Bezeichnungskonkurrent.
Da das wörtliche Signifié 'Hund' sehr viel leichter als etwa bei *stross* oder *trusslock* der französischen Entsprechung zu d. *Hund* zugeordnet werden konnte, wurde bei diesem Entlehnungsvorgang das Mittel der Bedeutungsentlehnung gewählt.

3.4.1.2. Fels- und Bodenbeschaffenheit

In der *Encyclopédie* steht s.v. *ardoise* (1751:1,629b):

> „[...] il ne faut pas s'imaginer que la piece d'ardoise se separe entiere & sans fraction; il se rencontre des veines dans la carriere; ces veines sont blanches: on les appelle *chauves* quand leur direction verticale suit celle du chemin, & *finnes* quand au contraire cette direction est oblique & fait angle avec celle du chemin."

In *FEW* 15/2,128a wird der Versuch unternommen, *finne* aus d. *Finne* 'spitzer Pflock' herzuleiten. An anderer Stelle (3,563b s.v. *finis*) findet sich angevinisch *fine* s.f. in identischer Bedeutung[311]. Abgesehen davon, dass der Import deutscher Fachtermini gerade im reichsten Schieferabbaugebiets Frankreichs, dem Anjou, nicht anzunehmen ist, da sich hier sicherlich über Jahrhunderte hinweg eine eigenständige Terminologie aufgebaut hat, bindet die Einordnung unter das Etymon *finis* eine Rechtfertigung in ebda. aufgeführtem, viel älterem *fin* s.m. 'Ader im Gestein', belegt bei Palissy (16. Jh.), das von *fine* kaum zu trennen sein wird. Fernerhin kennt z.B. das *Dictionnaire du citoyen* 1761:68b *fine* s.f. als 'Schieferart'. Wie das Nebeneinander von *fin* und *fine* sowie der Beleg aus der *Encyclopédie* nahelegen, handelt es sich bei dieser Wortgruppe um eine Substantivierung des Adjektivs *fin*.

druse s.f. 'Kristallisierung in Hohlräumen' < *Druse*
FEW 15/2,77a, *TLF* 7,528b, *EWFS* 335a
EB1: GLEDITSCH 1748:63
EB2a: ART DE LA VERRERIE 1752:569 (*drusen* pl.)
EB2b: BERTRAND 1763:1,195b bzw. WERNER 1790:218
Varianten:
- äußere Form: *drusen* sg. (VALMONT DE BOMARE 1764:2,239)
- morphologisch: *drusen* pl. (ART DE LA VERRERIE 1752 – VALMONT DE BOMARE 1764), *drusens* pl. (BERTRAND 1763 – VALMONT DE BOMARE 1791:4,860 s.v. *mercure*)
- semantisch: 'Kristallisierung in Hohlräumen' (ART DE LA VERRERIE 1752 – ACADÉMIE COMPLÉMENT 1838:369b), 'löchriger, tauber Mineralgang' (BERTRAND 1763 – RAYMOND 1835:1,468b), 'Hohlraum mit Kristallisierungen im Innern' (seit VON TREBRA 1787:279)

---

[310] DE DIETRICH 1800:91.
[311] Die im *FEW* ausgewerteten Quellen zu den Dialekten des Anjou stammen aus den Jahren 1881, 1886 und 1908.

Lexikalische Konkurrenten (in der jüngsten Bedeutung): *géode* (seit DE SAUVAGES 1749:727), *poche* (seit ANON. 1796a:70), *craque* (VON TREBRA 1787:242 – LAROUSSE 1929), *creux* (s. POTT 1753a:161), *caillou creux* (s. DE GALLITZIN 1796:36), →*four à cristaux* (DELAMÉTHERIE 1795:2,199 – LAROUSSE 1872:8,664a)
Wortfamilie: *drusique* 'drusenförmig' (seit VANBERCHEM-BERTHOUT/STRUVE 1795:42), *drusiforme* 'dass.' (ACADEMIE COMPLEMENT 1838:369b – 1900, FEW), *drusillaire* 'dass.' (ACADEMIE COMPLEMENT a.a.O. – LAROUSSE 1961:4,245b)
Belegstellen: GRAND VOCABULAIRE FRANÇOIS 1769:8,433a, BOISTE 1803:141c, ENCYCLOPEDIE METHODIQUE 1805:4,386b, BEURARD 1809:274b, LAROUSSE 1870:6,1304c

Für die in kleineren oder größeren Hohlräumen im Berg vorkommenden Kristallisierungen hatten zumindest die französischen Wissenschaftler keinen Namen. Bei CHORIER 1971[1662]:1,57 wird dies ebenso deutlich[312] wie in der Übersetzung aus dem lateinischen Aufsatz von GLEDITSCH 1748:63: „certaine croute crystalline, qu'on appelle en Allemand, *eine Druse* [...]." Es folgt der Beleg „cette espece de fossiles qu'on appelle vulgairement *Drusen*" in MARGGRAF 1749:67; das Wort scheint zwar vordergründig schon französisch; doch ist erstens die unter 2.3.2. angesprochene Rolle von *on*, in bergbaukundlichen und mineralogischen Texten oft 'die Deutschen', zu beachten und spricht zweitens „vulgairement" dafür, dass es sich um den deutschen Gebrauch handelt, denn *druse* ist offenbar kein Lehnwort des französischen Bergbaus (mit Epitheta wie *vulgaire* ist stets die Sprache der *métiers* gemeint), sondern der Bergbauwissenschaft, da die Form ([dʀyz]) eine eindeutig schriftliche Entlehnung zeigt. Spätestens mit der Übersetzung der *Art de la verrerie* wird die Entlehnung endgültig vollzogen, wenn auch die Form insbesondere morphologisch noch gänzlich unassimiliert ist und, daher EB2a, erläutert werden muss: „les *drusen* ou cristaux des Spath blancs & colorés" (ART DE LA VERRERIE 1752:569)[313]. Die Integration schreitet zügig voran; während für VALMONT DE BOMARE 1764 *druse* ein Wort ist, „que les Naturalistes François commencent à adopter", ist es für BERTRAND 1763:1,195b Französischen bereits vollständig angelangt („passé dans notre langue"). Das Auftreten in den Wörterbüchern Bertrands und Valmonts bringt es zwangsläufig mit sich, dass eine Erklärung des Lemmas gegeben wird, doch spätestens in WERNER 1790:218 erscheint *druse* auch ohne eine solche: „Mais la surface extérieure d'un fossile peut être [...] en druses [...]." Das Syntagma *en druses* tritt auffällig oft auf und ist möglicherweise eine eigenständige Lehnbildung nach d. *drusig*[314].
Ebenfalls auffällig oft erscheint *druse* im Französischen in der deutschen Pluralform[315], vielleicht weil im Deutschen *Druse* oft in der Mehrzahl gebraucht wurde, da es sich bei Drusen immer um mehrere gehäufte Kristallisierungen handelt. *Drusen* ist in VALMONT DE BOMARE 1764 auch Singular; aus dieser bzw. einer solchen Form an anderer Stelle erklärt sich die Pluralform *drusens* in BERTRAND

---

[312] „[Les diamants] sont conceus en certains endroits du rocher, où on les trouve enfermez en de petites pierres couvertes d'vne croûte de couleur obscure."
[313] Auch hier wird deutlich, dass eine idiomatische französische Entsprechung nicht vorliegt. Einer Erklärung bedarf fr. *drusen* auch noch in POTT 1753a:159n.: „Est terminus technicus indicans ejusmodi efflorescentias Quartzi, vel Spathi, sub differenti figurâ salinâ." Eine unsichere Verwendung zeigt sich auch in HENCKEL 1756:1,86, wo ein tautologisches, verdeutlichendes „druse en crystallisation" erscheint.
[314] Dieses gibt es in WERNER 1790 nachweislich unmittelbar wieder, s. Table III (S. 230).
[315] So schon in MARGGRAF a.a.O., vielleicht als Vorbild dienend, dann z.B. in POTT, ART DE LA VERRERIE und VALMONT DE BOMARE a.a.O.

a.a.O. und VALMONT DE BOMARE 1791. Daneben tritt die morphologisch assimilierte Form *druses* bereits 1754 auf (JOURNAL ÉTRANGER Okt. 192) und ist auch in der Folgezeit rekurrent. Eine verzögerte Integration von *druse* ist folglich aus den unassimilierten Varianten nicht zu schließen. Die Bedeutung 'mit Kristallen besetzter Hohlraum'[316] ist eine sekundäre Lehnbedeutung. Während *druse* als 'Kristallisierung' keine lexikalischen Konkurrenten hat, existieren für 'Hohlraum' zahlreiche derselben: *craques, poches, (caillou) creux* und →*four à cristaux* eher im Bergbaujargon, *géode* im wissenschaftlichen Vokabular[317]. Namentlich hinter *géode* tritt *druse* mehr und mehr zurück.

knauer s.m. 'besonders hartes Gestein' < *Knauer*
EB2a: POTT 1753a:145
Varianten:
- äußere Form: *knaver* (HENCKEL 1760:1,97 – VALMONT DE BOMARE 1764:3,186), *knaur* (VALMONT DE BOMARE 1764)

Lexikalische Konkurrenten: *roc vif* (s. HENCKEL 1756:1,67; MORAND 1768:1,119; SCHWAN 1784:2,237b), *roche vive* (s. LAROUSSE 1964:9,311b, „vieux")
Belegstellen: HENCKEL 1756:1,67
LB: VALMONT DE BOMARE 1764

Da dem Übersetzer d'Arclais de Montamy eine französische Entsprechung offenbar nicht bekannt war, hat er *knauers* aus POTT 1751:41 übernommen und glossiert mit „*Saxum rude prout in fodinis metallicis & sub terrâ occurrit*" (POTT 1753a:145). Ohne Erläuterung tritt *knauer* nach Lage der Belege nicht auf, obwohl laut VALMONT DE BOMARE 1764:3,186 die *Mineurs* das Wort gebrauchen. Aber muss hier vielleicht auch „mineurs allemands" verstanden werden? Die französischen Bergleute scheinen mit *roc vif* über eine eigene Bezeichnung verfügt zu haben, die häufig wiederkehrt. Im modernen Französisch wird es anscheinend nicht mehr als notwendig empfunden, hartes Gestein im Allgemeinen gesondert zu bezeichnen; ARMANET 1947:149a gibt d. *Knauer* durch *roche très dure* wieder.

kniest s.m. 'leicht kupferhaltiges Gestein' < *Kniest*
EB2a: HELLOT 1753:2,439
LB: BERGMÄNNISCHES WÖRTERBUCH 1778:295a

Zur Bezeichnung dieses Gesteins übernimmt HELLOT 1753 *kniest*, da eine französische Entsprechung offensichtlich fehlt und es ihm angemessen erscheint, das genannte Gestein exakt zu bezeichnen. Trotz der weitreichende Rezeption, die das Werk erfahren hat, haben andere Autoren *kniest* nicht übernommen. Der Eintrag im *Bergmännischen Wörterbuch* geht unmittelbar auf Hellot zurück und ist daher nicht aussagekräftig.

---

[316] Im heutigen Deutschen ist diese Bedeutung am gewöhnlichsten.
[317] In dieser Verwendung ist *géode* seinerseits erst 1749 eingeführt worden, daher noch der vage wissenschaftliche Ausdruck „des espéces de creux" in POTT 1753a:161.

salbande s.f. 'Berührungsfläche von erzhaltigem und taubem Gestein' < *Salband*
FEW 17,643a
EB1: WALLERIUS 1753:1,257 (*salband*)
EB2a: HENCKEL 1756:1,159
Varianten:
- äußere Form: *salband* (VALMONT DE BOMARE 1762:2,354b – BERGMÄNNISCHES WÖRTERBUCH 1778:435a), *salbanque* (DELAMÉTHERIE 1795:1,230), *sallbande* (LAROUSSE 1875:14,125a)
- semantisch: '(meist lehmige) Schicht zwischen erzhaltigem und taubem Gestein' (seit BOISTE 1841:644a)

Lexikalische Konkurrenten: in der Bedeutung 'Berührungsfläche von erzhaltigem und taubem Gestein' *lisières* (in dieser Verwendung HENCKEL 1760:1,116n3 – ROMÉ DE L'ISLE ²1783:3,15), *éponte* (seit VALMONT DE BOMARE 1762:2,354b, *ponte*), *les toits supérieur & inférieur du filon* (s. ROMÉ DE L'ISLE ²1783 a.a.O.)[318], in der Bedeutung 'Schicht zwischen erzhaltigem und taubem Gestein' →*besteg* (SCHMIDLIN 1774:2,178a – LAROUSSE 1867:2,638b), *lisière* (BRONGNIART 1807:2,282)
Belegstellen: VALMONT DE BOMARE 1764:2,393, BOISTE 1803:357c, LAROUSSE 1875:14,104d

Nicht nur die Bezeichnung der Schicht zwischen verschiedenartigem Gestein ist übernommen worden, sondern auch der Begriff als solcher. Das zeigt sich deutlich in dem Umschreibungen, die statt oder neben *salbande* verwendet werden. D'Holbach behilft sich zunächst mit keineswegs idiomatischem *pierre à écorce* (WALLERIUS 1753:1,257), welches keinen Widerhall findet. Dass der Begriff neu ist, belegt auch HENCKEL 1760:1,116n.3 („Ce que les Allemands nomment Salbandes, & qui a été traduit par lizieres")[319]. *Lisière* in der Bedeutung 'Salband' konkurriert lange Zeit mit *salbande*, hat aber gegenüber dem präzisen Fachterminus den Nachteil, dass es in seiner Grundbedeutung 'Rand, Saum' viel weiter gefasst ist und somit zu Missverständnissen Anlass geben kann. Ein weiterer, singulärer Wiedergabeversuch ist *envelope des veines* (BERGMÄNNISCHES WÖRTERBUCH 1778:435a).

Bis zum letzten Drittel des 18. Jahrhunderts ist nicht festzustellen, dass im Französischen zwischen der Berührungsfläche von Erzgang und Nebengestein sowie der oft lehmigen Schicht, mit der das taube Gestein beginnt, geschieden würde. Um 1760 muss die Unterscheidung in konzeptueller Hinsicht erfolgt sein, woraufhin als neue Bezeichnung *éponte* eingeführt wurde. Dieses bezeichnet stets die Berührungsfläche und wird zunächst noch mit *salbande* gleichgesetzt, so etwa in VALMONT DE BOMARE 1762:2,354b und noch in BRARD 1829:17. Zunehmend wird aber die Bedeutung von *salbande* auf '(lehmige) Zwischenschicht' eingeschränkt[320].

---

[318] Selten ist die Unterscheidung der beiden „Seiten" der Berührungsfläche, wie sie in BRONGNIART 1807:2,282 und ENCYCLOPÉDIE MÉTHODIQUE 1805:4,385a getroffen wird:
„Les deux grandes faces d'un *filon*, celles qui forment en quelque sorte ses parois, se nomment *salbandes* [...]. La roche adjacente à la [salbande] supérieure est le *toit* du *filon*, & la roche adjacente à l'inférieure, en est le *mur*: le toit & le mur sont quelquefois désignés sous le nom d'*épontes*."
Dass *salbande* nur die Seite des Erzganges und *éponte* nur die des Gesteins bezeichnet, kann darüber hinaus nicht festgestellt werden.
[319] In der Sprache der Bergleute ist der neue Begriff vielleicht schon früher bekannt geworden als in der Literatur (erstmals in WALLERIUS a.a.O. erwähnt), da *Salband* im Deutschen ein ursprünglich bergmännisches und erst sekundär wissenschaftliches Wort ist, s. LEHMANN 1759b:260.
[320] So etwa in BOISTE 1841:644a „pierre entre la veine et la roche dure" und COMBES 1844:1,9: „Ces lits d'argile contigus aux parois se nomment salbandes."

Salbande ist vom ersten Auftreten als französisches Wort an formal assimiliert durch die Anlehnung an *bande* 'Band, Streifen'[321] und im Folgenden trotz verschiedener Konkurrenten und einer Bedeutungsverschiebung ein vollständig integriertes Lehnwort. Es wird bis heute verwendet, allerdings ist die Gebrauchsfrequenz rückläufig. Im *TLF* und GRAND ROBERT 2001 fehlt es. Überraschend ist die Klassifikation als Neuentlehnung im *Petit Larousse* 1981 durch DINGEL 1987:238.

coureur de jour s.m. 'Mineralgang, der die Erdoberfläche erreicht' < *Tagläufer*
(*FEW* 2,1572b)
EB2b: DE GENSSANE 1763:170
Varianten:
- äußere Form: *coureur* (1863, *FEW*)

Lexikalische Konkurrenten: →*coureur de gazon* (DELIUS 1778:1,161 – ANON. 1797)
Belegstellen: ENCYCLOPEDIE METHODIQUE 1782:1,529a, MOZIN 1811:1,329c, LAROUSSE 1869:5,349b, SACHS/VILLATTE 1894:363b
LB: LAROUSSE 1929:2,534b

De Genssane schreibt zu diesen Mineralgängen: „Nous les appelons Coureurs de jour; on leur donne le même nom en Tirol & en plusieurs autres endroits d'Allemagne." Das Benennungsmotiv ist nicht so naheliegend, dass – insbesondere aufgrund des vorliegenden deutschen Bergbauausdrucks – eine eigenständige französische Bildung wahrscheinlich wäre, zumal mit *coureur de gazon* < *Wasenläufer* ein paralleler Fall existiert.
Bezeichnend für die Dokumentation des französischen Bergbauwortschatzes ist, dass de Genssane den einzigen mir vorliegenden Beleg aus dem 18. Jahrhundert liefert und erst Wörterbücher des 19. Jahrhunderts die Lehnbildung aufnehmen.

flackengangh s.m. 'in nord-südlicher Richtung ausgerichteter Mineralgang' < *flacher Gang*
(E)B2: DE GENSSANE 1763:157
Lexikalische Konkurrenten: *filon tendant du midi en septentrion* (BERGMÄNNISCHES WÖRTERBUCH 1778:179a)

„Nous appelons ces sortes de filons *flackengangh*: il est de l'espece de ceux qu'Agricola appelle filons branchus, *venae ramosae*. Il jette en effet plusieurs branches, sur-tout du côté du Hang",

schreibt de Genssane zu diesen Mineralgängen. Die Deutschen benennen Mineralgänge abhängig von ihrer Ausrichtung als *stehender, flacher, Morgen-* oder *Nacht-/Spätgang*[322]. Es gibt keine weiteren Belege dafür, dass diese Nomenklatur – wenn auch gelegentlich zitiert – in die französische Bergmannssprache übernommen worden wäre. Bspw. kennt auch MORAND 1768:1,63 d. *Flachen gangh*, umschreibt aber mit *filons branchus* in Anlehnung an Agricola (s.o.). Wenn *flackengangh* laut de Genssane verwendet wird, ist die Existenz der übrigen deutschen Bezeichnungen als Lehnwörter zwar durchaus denkbar, muss aber vorerst hypothetisch bleiben.

---

[321] Vgl. auch *cristalbande* = d. **Kristallband*, Seite 158.
[322] Vgl. DUHAMEL 1787:1,53 und DE GENSSANE 1776:23f.

hang s.m. 'Oberseite des Mineralganges' < *Hangendes*
EB2a: DE GENSSANE 1763:157f.
Lexikalische Konkurrenten: *couverture* (s. DE GENSSANE 1776:21), *toit* (seit VALMONT DE BOMARE 1764:2,393 s.v. *filon*)
LB: GUILLOT-DUHAMEL 1796:251

Das *Hangende* ist im Deutschen im Gegensatz zum *Liegenden* die Bezeichnung der oberen Seite eines Mineralganges und des darüber befindlichen Gesteins. Eine deutsche Form *Hang habe ich in dieser Bedeutung nicht nachweisen können; es handelt sich daher bei *hang* wohl um eine stark assimilierte französische Form. Sie scheint in Teilen der französischen Bergmannssprache gut integriert gewesen zu sein, siehe DE GENSSANE 1763: „[Le filon] jette en effet plusieurs branches, sur-tout du côté du Hang"; die nachfolgende Erklärung ; „c'est le côté qui le couvre, qui est opposé au côté sur lequel il est couché", ist sicherlich erneut nur für das akademische Publikum vonnöten. Zumindest in den grenznahen Bergwerken hat *hang* zweifellos gelebt, wie DE GENSSANE 1776:21 betont: „[...] dans touts nos mines qui sont limitrophes de l'Allemagne, on leur [i.e. aux roches de dessus] a conservé cette dénomination allemande [...]." Dass *hang* indes nicht in ganz Frankreich von Bergbaufachleuten verstanden wird, belegt DE GENSSANE 1776:1,65:

„Les Allemands ont donné le nom de *Hang* à la roche supérieure, & celui de *Liguet* à l'inférieure. Nous faisons ici cette observation, pour faciliter à nos Lecteurs l'intelligence de quelques Auteurs Français qui, dans leurs Ecrits, ont adopté cette dénomination allemande."

Es ist mir nicht gelungen, einen dieser Autoren aufzufinden[323]; in der restlichen Literatur wird ausnahmslos *toit* gebraucht, das auch heute noch üblich ist. Ein weiteres in verschiedenen Regionen verwendetes Wort der Bergleute war laut DE GENSSANE 1776:21 *couverture*.

kupferhieckem s.m. 'kupferhaltige Einsprengsel im (Schiefer-)Gestein' < *Kupferhieken* pl.
EB1: HENCKEL 1756:1,110 (*Kupferhieken*)
EB2a: BERTRAND 1763:1,277b
Varianten:
- äußere Form: *kupfer-hiechem* (VALMONT DE BOMARE 1764:3,188 – 1791:4,442), *kupferhieke* (SCHWAN 1784:2,289b), *kupfer-riechem* (RAYMOND 1832:1,804b)
Lexikalische Konkurrenten: *mouches* (belegt 1747 – 1868, s.u.)
LB: RAYMOND 1832

Laut DEUTSCHEM WÖRTERBUCH 5,2764 sind *Kupferhieken* „ein derbes kupfererz, das [...] beinahe die helfte kupfer giebet." Dementsprechend berichtet HENCKEL 1756 von einer „mine appellée *Kupferhieken* à Mansfeld." Die Bedeutung, in der sich das Wort im Französischen für einige Zeit hat halten können, ist hiervon etwas unterschieden, hat aber mit Kupfer durchaus zu tun.

---

[323] Lediglich später als de Genssane findet sich „un filet de mine de cuivre dans le hang (toit)" bei GUILLOT-DUHAMEL 1796; auch hier wird von elsässischen Minen berichtet.

Laut SCHWAN 1784 ist fr. *kupferhieke*[324] „*fam.*" für *verd de montagne en globules*. Höchstwahrscheinlich meint Schwan mit *familier* den Sprachgebrauch der Bergleute im Gegensatz zum literarischen. BERTRAND 1763 zufolge finden sich die genannten Einsprengsel v.a. in Schiefergestein. Möglicherweise handelt es sich daher bei *kupferhieckem* um eine Unterart dessen, was im Französischen *mouches* genannt wird. *FEW* 6/3,249a nennt *mouche* als Bezeichnung von Eisenkieseinsprengseln[325] im Schiefer „seit 1868", namentlich im Angevinischen beheimatet[326]. Es kann sich bei *mouches* jedoch auch um andere Erze handeln, vgl. DE SAUVAGES 1747/50:732[327] und DELAMÉTHERIE 1795:1,236f.[328]. Es ist folglich nicht unwahrscheinlich, dass *mouches* auch zur Bezeichnung verstreuter Kupfererzvorkommen und somit in Konkurrenz zu *kupferhieckem* verwendet wurde.

ligeht s.m. 'untere Seite eines Mineralganges' < *Liegendes*
EB2a: DE GENSSANE 1763:158
Varianten:
- äußere Form: *liguet* (DE GENSSANE 1776:1,65)
Lexikalische Konkurrenten: *appui* (VALMONT DE BOMARE 1764:2,393 s.v. *filon*), *chevet* (seit DE GENSSANE 1776:21), *mur* (so seit DE DIETRICH 1786:1,251)
LB: DE GENSSANE 1776:21 (*ligt*)

Ligeht weist die gleiche Problematik auf wie sein Pendant *hang* (s. dort): 1. ist die Form stark umgestaltet und scheint in bestimmten Gebieten gut integriert (s. DE GENSSANE 1763:158); 2. lebt sie laut DE GENSSANE 1776:21 in den Deutschland benachbarten Bergbaugebieten; 3. wird sie DE GENSSANE 1776:1,65 zufolge von einigen französischen Autoren gebraucht. Anders als *hang* habe ich *liguet* ausschließlich in Texten de Genssanes nachweisen können[329], der allerdings als der beste Kenner des Vokabulars der französischen Bergleute im 18. Jh. zu gelten hat. Als Gegenstück zu *couverture* nennt er *chevet* als regionale Bezeichnung des Liegenden; darüber hinaus gilt – bis heute – stets *mur*.

mulm s.m. 'verwittertes, staubartiges Gestein' < *Mulm*
EB2b: DE GENSSANE 1763:142 (*moulme*) / MONNET 1772:290
Lexikalische Konkurrenten: nur Paraphrasen wie *terre pulvérulente, minerai pulvérulent* (s. ARMANET 1947:189a)
LB: LAROUSSE 1931:4,1036a

Mulm ist anscheinend zu mehreren Malen ins Französische übernommen worden. De Genssane schreibt:

---

[324] Auch für die Singularform gibt es ein deutsches Vorbild, s. DEUTSCHES WÖRTERBUCH a.a.O.
[325] Vgl. BERTRAND a.a.O.: „grains pyriteux"; *pyrite = Kies*.
[326] Vgl. S. 151 zu *finne*.
[327] „[...] si l'on trouve, comme on dit, des mouches de plomb, c'est-à-dire, des grains épars de bon minéral."
[328] „Il ne sera demeuré que quelques parties éparses [des matières métalliques] dans la masse de la montagne, & trop éloignées des autres pour venir s'y réunir. Ce sont ces parties que les ouvriers appellent *mouches* [...]."
[329] DUHAMEL 1787:1,47 führt nur ein d. *liegende* (fr. *mur*) auf.

„[...] leurs parties terreuses [i.e. des filons] sont d'une terre grasse marneuse, souvent feuilletée, dont les couleurs varient suivant les métaux qu'elles renferment. Nous l'appelons moulme" (1763:142).

Das Wort ist offenbar in die Sprache der französischen Bergarbeiter gut integriert und, wie zu erwarten, als mündliches Lehnwort aufgenommen worden, daher *moulme*. In gleicher Bedeutung, aber in mineralogischem Kontext, ist *Mulm* erneut entlehnt worden. Für einen fehlenden Zusammenhang mit *moulme* bei de Genssane spricht, dass das Wort nun immer als *mulm* auftritt, was die Beteiligung schriftlicher Quellen an diesem Entlehnungsvorgang belegt. Dementsprechend gibt LAROUSSE 1874:11,681d die Aussprache mit „mulm", also [mylm], an. Auch im zweiten Anlauf ist *mulm*, obschon selten belegt, offenbar rasch integriert worden. MONNET 1772:290, DE DIETRICH 1789:3,199 und VOYAGES EN SIBÉRIE 1791:1,43 gebrauchen es ohne Erläuterung[330]. Laut RAYMOND 1832:2,90c wird *mulm* nur in Deutschland verwendet, doch die Larousse-Serie führt es bis 1931 als französisches Wort auf[331].

kloufte s.f. 'Einschnitt in Erzadern' < *Kluft*
FEW 16,335b
(E)B2a: ENCYCLOPÉDIE 1765:9,132a
Varianten:
- äußere Form: *klufft* (*ebda.*)

Lexikalische Konkurrenten: *crevasse* (seit 12. Jh.), *fente* (in dieser Verwendung seit VALMONT DE BOMARE 1764:2,393)

Laut *Encyclopédie* ein

„mot allemand adopté dans plusieurs mines de France pour désigner les fentes des rochers & des montagnes qui accompagnent les filons métalliques".

Weitere Belege fehlen. Selbst der kundige de Genssane kennt das Wort nur als ein deutsches („un roc pourri, que les Allemands appellent *Clouft*", 1777:3,105); das *FEW* nennt einen Beleg aus Plancher-les-Mines. In allen übrigen Texten werden die Unterbrechungen der Metalladern gelegentlich als *crevasse*, in der überwiegenden Zahl der Fälle als *fente* bezeichnet.

spath drusen s.? pl.'Spatkristalle in Drusenform' < *Spat(h)drusen*
EB1: WALLERIUS 1753:1,118
(E)B2a: VALMONT DE BOMARE 1765:5,298
Lexikalische Konkurrenten: *spath cristallisé en groupes* (WALLERIUS 1753 a.a.O. – VALMONT DE BOMARE 1765 a.a.O.), *druses de spath* (s. VON TREBRA 1787:185)

---

[330] Umso überraschender ist, dass Monnet als Übersetzer von VON BORN 1774 „in einen schwarzgrauen Mulm" (36) durch „sous une forme friable & noirâtre, que les Allemands nomment *mulm*" (1780:67) wiedergibt. Es wird jedoch deutlich, dass eine adäquate autochthone Entsprechung offensichtlich fehlt.
[331] In jüngerer Zeit erneut entlehnt ist *mulm* als Terminus der Aquariologie in der Bedeutung 'Schlamm, der sich auf dem Boden des Aquariums absetzt'.

Als deutscher Ausdruck mehrfach genannt (WALLERIUS 1753, ENCYCLOPÉDIE 1755:5,151a s.v. *drusen* ou *druses*, BERTRAND 1763:2,192b), aber nur in VALMONT DE BOMARE 1765 (s.v. *spath*) ohne Einschränkung aufgeführt:

„Le Spath cristallisé en grappes [lies: grouppes] ou Spath drusen, *Drusa Spathica*: on donne ce nom à des crystaux de Spath qui ont pris différentes figures, & qui se trouvent grouppés plusieurs ensemble sur une même base."

Spath cristallisé en group(p)es geht zurück auf WALLERIUS 1753; das Phänomen wird nach der erfolgreichen Integration von →*druse* gemeinhin als *druses de spath* bezeichnet.

quartz-drusen s.? pl. 'Quarzkristalle in Drusenform' < *Quarzdrusen*
(E)B2b: ROME DE L'ISLE 1767:2,309
Lexikalische Konkurrenten: *druse(s) de quartz* (s. DE LUC 1779:4,626)

Vgl. *spath drusen*. Es fällt auf, dass ROMÉ DE L'ISLE 1767:2,558 das Wort hier und an anderer Stelle im gleichen Werk (2,508; 2,309 u.ö.) nicht erklärt, obwohl es der Beleglage nach noch nicht sehr verbreitet sein kann: „Mine d'argent grise & verd de montagne superficiel, sur *quartz-drusen*, de la *Vieille-Hutte* à Planché." Wahrscheinlich setzt Romé aufgrund der Bekanntheit der Komponenten *quartz* und *druse* die Verständlichkeit von *quartz-drusen* voraus. Eher zu erwarten ist eine autochthone Zusammensetzung wie *druses de quartz*, belegt z.B. bei de Luc.

VALMONT DE BOMARE 1768:6,246 nennt unter den Indizien, auf die Kristallsucher achten, bevor sie mit Bohrungen etc. beginnen: „1°. Les couches de quartz blanc qu'ils appellent cristal bande [...]." Ein d. *Kristallband scheint hier als französisches Lehnwort vorzuliegen. Valmont zitiert hier wörtlich – ohne das Wort selbst zu kennen – BERTRAND 1763:1,178b. Dieser berichtet seinerseits lediglich von den Methoden deutscher Arbeiter und sein *Crystallbande* ist, wenn auch in assimilierter Gestalt (vgl. *salbande*), nur eines von mehreren fraglos deutschen Wörtern im Text, in dem sich sogar ganze deutsche Sätze finden („wan die Felsen überköpfig seyn").

besteg s.m. 'fettige erdige Substanz (v.a. zwischen erzhaltigem und taubem Gestein)' < *Besteg*
FEW 15/1,98b
EB1: POTT 1753a:96 (*Bestieg*)
EB2a: SCHMIDLIN 1774:2,178a
Lexikalische Konkurrenten: Paraphrasen wie *terre argilleuse* (s. BERGMÄNNISCHES WÖRTERBUCH 1778:89b), *limon onctueux* (s. ENCYCLOPÉDIE MÉTHODIQUE 1805:4,385a), *salbande* in Bedeutung 2 (seit BOISTE 1841:644a)
Belegstellen: DUHAMEL 1787:1,19, RAYMOND 1835:1,169c, LAROUSSE 1867:2,638b
LB: SACHS/VILLATTE 1894:150b

Bevor *besteg* als französisches Wort in Erscheinung tritt, ist es bereits in auffälliger Häufigkeit als Terminus der deutschen Bergleute genannt worden, so in POTT, ENCYCLOPÉDIE 1765:14,540b, LEHMANN 1759b:261, BERTRAND 1763:1,90a, VALMONT DE BOMARE 1764:1,298 und GRAND VOCABULAIRE FRANÇOIS 1768:4,19b Da das Wort mithin offensichtlich schon weitgehend bekannt war, ist zu vermuten, dass *besteg* auch vor 1774 schon im Französischen gebraucht worden ist. Dafür spricht

auch der Kommentar Bertrands, der s.v. schreibt: „Nous devrions retenir dans la langue Françoise tous les noms consacrés par leurs Métallurgistes [i.e. des Allemands]" (1763:1,90a). Allerdings tritt *besteg* nur selten außerhalb von lexikographischen Texten auf.
Laut VALMONT DE BOMARE 1764 ist *Besteg* die gleiche Erde „que celle que les Minéralogistes nommèrent Bestieg". Selbst diese ältere deutsche Variante, die das DEUTSCHE WÖRTERBUCH nicht aufführt, ist also bekannt gewesen, wahrscheinlich durch die Übersetzung POTTS (s. 1753a:96).

trusslock s.m. 'kleine Stollen, die in einem Winkel von etwa 45° zur Decke des Hauptstollens in den Fels getrieben werden' < *Drusenloch* (s.u.)
(E)B2a: DE GENSSANE 1777:3,111

Trusslock liefert das beste Beispiel für die völlig fragmentarische Überlieferung des französischen Bergbauvokabulars vor dem 19. Jh.

„Les Allemands appellent ces especes de galeries un *Trusslock*, c'est-à-dire, trou en montant; on lui a conservé ce nom dans la plupart de nos Mines"
(DE GENSSANE 1777);

auch die stark assimilierte Form deutet auf einen hohen Integrationsgrad hin. Der Wechsel von stimmhaften, regional desonorisierten deutschen Plosiven zu französischen stimmlosen Verschlusslauten tritt zudem bei nur zitierten Wörtern (EB1) niemals auf.
Laut DEUTSCHEM WÖRTERBUCH 2,1462 bedeutet *Drusenloch* „*im bergbau leere räume im gestein von einer spanne bis zu einem lachter*". In der bei de Genssane angegebenen Bedeutung habe ich *Drusenloch* nicht nachweisen können. Die Bedeutungsübertragung, ob im Deutschen oder erst im Französischen erfolgt, auf einen künstlich geschaffenen Hohlraum ist aber semantisch einleuchtend.

coureur de gazon s.m. 'Mineralgang, der die Erdoberfläche erreicht' < *Wasenläufer*
EB2b: DELIUS 1778:1,161
Lexikalische Konkurrenten: →*coureur de jour* (DE GENSSANE 1763:170 – LAROUSSE 1929:2,534b)
Belegstellen: DE DIETRICH 1786:1,291, DUHAMEL 1787:1,7
LB: ANON. 1797:409

Ebenso wie *coureur de jour* eine unter den französischen Bergleuten frequente Lehnbildung[332], die schon bei DELIUS 1778 ohne Einschränkung verwendet wird. *Coureur de gazon* hat indes keinen Einzug in Wörterbücher gehalten und ist der Beleglage nach von *coureur de jour* verdrängt worden.

seiffenwerck s.m. 'Mineralvorkommen an der Erdoberfläche' < *Seifenwerk* 'Abbaugebiet solcher Mineralvorkommen'
EB1: LEHMANN 1759a:82, HENCKEL 1760:1,96, ENCYCLOPÉDIE 1765:10,523
EB2b: DELIUS 1778:1,176 (*seiffenwerck* pl.)
Varianten:

---

[332] Vgl. ANON. 1797, „ces filons courts et superficiels, fréquens aux sommets des Pyrénées, que les mineurs nomment *des coureurs de gazon* […]."

- äußere Form: *seifenwerke* pl. (ESMARK 1798:818), *seiffenwerke* pl. (DAUBUISSON 1802:1,65), *seifen-wereck* (LANDRIN 1829:2,240), *seyfenwerks* pl. (COMBES 1844:201)

Lexikalische Konkurrenten: *mine transportée* (HENCKEL 1760:1,96), *terrein à laver* (DE DIETRICH 1786:1,19), *minéraux d'alluvion* (DUHAMEL 1787:1,18), *minerais d'alluvion* (s. LEFEBVRE 1801:892), *alluvion métallifère* (ARMANET 1947:255a), *minerai alluvionnaire* (2003)
LB: COMBES 1844

Im Deutschen bezeichnet *Seifen* s.m. „die ablagerung von mineralien auf der gebirgsoberfläche" (DEUTSCHES WÖRTERBUCH 10,190), *Seifenwerk* den „seifen und die gesamtheit der behufs gewinnung der in den seifen vorkommenden mineralien getroffenen vorrichtungen" (ebda.). In den französischen Texten ist *Seifenwerk* offenbar häufig im Sinne von 'Seifen' missverstanden worden. Das ist z.B. ersichtlich aus LEHMANN 1759a („les Allemands nomment ces sortes d'amas, Seiffen-werck, mine formée ou amassée par le transport"), dementsprechend entlehnt seit DELIUS 1778:1,176 („Les seiffenwerck sont fort aisés à trouver [...]"). Dieser Bedeutung eigentlich entsprechendes fr. *seiffen* findet sich als Lehnwort nur einmal in HARTMANN 1825:868.
Auf der morphologischen Ebene ist *seiffenwerck* nicht gut integriert worden. Bei DELIUS a.a.O. steht *les seiffenwerck*, bei ESMARK 1798:818 findet sich gar *les Seifenwerke*[333]. In letzterem Aufsatz wird über Arbeiten in deutschsprachigen Bergbaugebieten (auf dem Balkan) berichtet, COMBES 1844:201 spricht von den „anciens seyfenwerks de la Saxe" – immerhin morphologisch assimiliert –, also ebenfalls vom deutschen Bergbau. Fr. *seiffenwerck* hat daher eher Xenismuscharakter und sich in französischen Texten wie auch Bergwerken nicht nachhaltig durchsetzen können. Als Signifiant für den im Deutschen mit *Seifen* bezeichneten Begriff steht dagegen im Französischen schon bei DUHAMEL 1787 *minéraux d'alluvion*, was als *minerais d'alluvion* laut LEFEBVRE 1801 offiziell als Bezeichnung festgeschrieben wird. D. *Seifenwerk* entspricht dann die *exploitation* dieser Mineralvorkommen, als *exploitation alluvionnaire* z.B. genannt in ARMANET 1947:255a.

stockwerk s.m. 'große zusammenhängende Erzvorkommen' < Stockwerk
BEHRENS 1923:82
EB1: BLUMENSTEIN 1742, s. HELLOT 1753:2,591 (*stok-werck*)
EB2b: DUHAMEL 1787:1,3 (*stockwerck*)
Varianten:
- äußere Form: *stockwerk* (seit DAUBUISSON 1802:1,145), *stockverck* (MICHÉ 1795:7)

Lexikalische Konkurrenten: *filon en masse* (1742, s. HELLOT 1753:2,591), *blocs* (HENCKEL 1760:1,96), *(mines en) amas* (VON BORN 1780:160n – ARMANET 1947:277a), *mine en masse* (DE DIETRICH 1789:3,183), *mines accumulées* (MOZIN 1828:2/1,224b), *amas entrelacés* (COMBES 1844:1,12 – MARTEL 1920:1,34)
Belegstellen: ENCYCLOPEDIE METHODIQUE 1815:6,297b, RAYMOND 1832:2,543c, SACHS/VILLATTE 1894:1468a, MARTEL 1920 a.a.O.
LB (in Wörterbüchern): LAROUSSE 1964:9,1012b

Ob das, was im Deutschen mit *Stockwerk* bezeichnet wird, den französischen Bergleuten ebenfalls bekannt war – so dass also in diesem Fall nicht Bezeichnung und Begriff zusammen übernommen worden wären –, ist fraglich: zwar findet sich die französische Bezeichnung *filon en masses* laut HELLOT 1753:2,591 schon 1742 in

---

[333] So auch DAUBUISSON 1802:1,65 (*seiffenwerke*).

einem *Mémoire* von Saur und Blumenstein, doch handelt es sich bei den Autoren um in Frankreich aufgenommene deutsche Spezialisten. Da ich einen älteren Beleg für *filon* oder *mine en masse(s)* nicht habe auffinden können, ist nicht auszuschließen, dass dieser Ausdruck ein Versuch der genannten Autoren ist, ein Stockwerk zu beschreiben, und nicht auf den Sprachgebrauch französischer Bergleute zurückgeht. Syntagmen, die *masse* oder *amas* enthalten, sind zahlreich und lange Zeit als lexikalische Konkurrenten von fr. *stockwerk* existent[334]. Nichtsdestoweniger wird auch *stockwerk* im Gegensatz zu o.g. Konkurrenten noch heute verwendet (zahlreiche Internet-Belege), wiewohl es in Wörterbüchern seit LAROUSSE 1964 fehlt. Die gute Integration in das französische Fachvokabular des Bergwerks bedingt diese lange Lebensdauer. Von dieser Integration zeugt insbesondere DAUBUISSON 1819:2,626n:

> „Le mot *stockwerk* étant devenu un terme technique dans la langue des mineurs français, je le conserverai ici. Prononcez *stocverque*. Sous le rapport de la législation des mines un stockwerck est considéré comme un amas dans lequel les parties métalliques sont séparées des parties interposées de la roche qui les contient."

Auch in die offizielle Sprache der Bergwerksverwaltung hat *stockwerk* demzufolge neben dem 1801 dekretierten *minerais en amas* (LEFEBVRE 1801:892) Eingang gefunden.

four à cristaux s.m. 'Hohlraum, der Kristallisierungen enthält' < *Kristallofen*
(*FEW* 3,903a)
EB2b: DELAMÉTHERIE 1795:2,199 (*four à cristal*)
Varianten:
- äußere Form: *four à cristaux* (seit MOZIN 1826:1/2,202c – LAROUSSE 1872:8,664a)

Lexikalische Konkurrenten: s. unter *druse* in der jüngsten Bedeutung
LB: LAROUSSE 1872

Trotz der bedeutenden Anzahl lexikalischer Konkurrenten hat *four à cristaux* Einzug sowohl in Fachpublikationen als auch in allgemeine Wörterbücher gehalten.

---

[334] LANDRIN 1829:1,121 ordnet *amas stockwerck* unter:
„[…] la masse du métal oxidé porte plus généralement le nom de *stockwerck*; elle prend le nom d'*amas*, si le stockwerck est peu profond et recouvert de terrain meuble […], et enfin elle s'appelle *rognon* ou *nid*, lorsque l'amas est peu considérable […]."
Weitere Belege für dieses hierarchische Verhältnis von *stockwerk* und *amas* beizubringen, ist mit nicht gelungen.

3.4.1.3. Verwaltung

Da der deutsche Bergbau für den französischen eine so eminent wichtige Rolle spielte, sind in diesem Zusammenhang sogar einige Wörter entlehnt worden, die sich ausschließlich auf die Verwaltung deutscher Bergwerke beziehen. Da über diese jedoch ohne Unterlass berichtet wird, hat man auf die folgenden Einheiten in manchen Fällen zwecks größerer Präzision nicht verzichten wollen[335].

kux s.m. 'Besitzanteil an einem Bergwerk' < *Kux*
EB2a: HENCKEL 1760:1,x
Lexikalische Konkurrenten: *portions* (HENCKEL 1760, SCHWAN 1784:2,303a), *actions* (DAUBUISSON 1801:218), *part de société civile minière* (ARMANET 1947:164b)
Belegstellen: BERGMÄNNISCHES WÖRTERBUCH 1778:319a
LB: BEURARD 1798a:339

Kux ist im Französischen wie →*bergmeister* nur als Xenismus vertreten und wird daher anhand von Ausdrücken erklärt, die derartige Anteile in allgemeingültiger Weise bezeichnen. In den meisten Fällen haben diese französischen Wörter ausreichend geschienen.

bergmeister s.m. 'Vorsteher eines Bergwerks' < *Bergmeister*
EB2a: MONNET 1772:186
Belegstellen: VON TREBRA 1787:195
LB: SCHREIBER 1796b:45

Bergmeister wird im Französischen dann gebraucht, wenn von Besuchen in deutschen Bergwerken berichtet wird. Eine eindeutige Entsprechung fehlt im Französischen, weswegen *bergmeister* als *maître des mines* (MONNET 1772:186), *maître des montagnes* (JARS 1774:323, als Glossierung wenig hilfreich) oder *directeur des mines* (ANON. 1773:278n) erklärt wird; ähnlich in SCHREIBER 1796b „un préposé nécessaire, ayant le titre de *Bergmeister*." Das Ausbleiben einer Umgestaltung zu **bergme(i)stre*, die bei guter Integration zu erwarten wäre, zeigt, dass *bergmeister* nur von eingeschränkter Bedeutung und Frequenz gewesen ist.

---

[335] Ein Wort aus der deutschen Bergbauverwaltung, das im Gegensatz zu *bergmeister* und *kux* kein Xenismus geblieben ist, ist das d. *Hauptmann* als Bezeichnung eines Vorarbeiters in der Grube. Die Entlehnung dieses Wortes ist bislang unbemerkt geblieben und hat sich – wie vielleicht auch bei einigen der im vorliegenden Korpus behandelten und eventuell mit großer Verspätung belegten Wörtern – außerhalb des hier gesteckten Zeitrahmens abgespielt. GOBET 1779:1,364 zitiert „Hoctomans ou Maîtres des ouvriers" aus einer Bergwerksverordnung vom 27. August 1560. Im 18. Jh. ist das Lehnwort noch durchaus geläufig, wie aus mehreren Textstellen ersichtlich wird: „Houtemant, c'est dans les mines le nom que l'on donne aux sergens, ou conducteurs des mineurs" (ENCYCLOPEDIE 1765:8,328a); „[on paie] treize sous quatre deniers par semaine aux Houtmans & six deniers par jour aux Mineurs ordinaires" (DE GENSSANE 1763:159) und „quelques bouteilles de vin données à propos à un houtman ivrogne ou infidèle" (DE GENSSANE 1770:1,xxxviij); „On ne peut trop recommander aux *Houlds-Man* d'allumer souvent des feux dans l'intérieur des travaux" (DE LUCHET 1779:92). Eine Erläuterung ist offensichtlich nie notwendig; auch steht ein *houtman* keineswegs nur deutschen Bergleuten in Frankreich vor. Indes besteht in *maître mineur* (vgl. DE GENSSANE 1770:1,lxv) ein autochthoner lexikalischer Konkurrent, der *houtman* überlebt.

3.4.2. Erzbearbeitung

In der eng mit Bergbau und Mineralogie verflochtenen Metallurgie waren die Deutschen den anderen Nationen ebenfalls ein gutes Stück voraus. Daher ist der metallurgische Wortschatz vieler europäischer Sprachen ebenso wie im Bergbau stark vom Deutschen geprägt worden. Die sprachlichen Abdrücke beruhen dabei sowohl auf der Anwesenheit deutscher Gießer, Schmiede etc. in Frankreich und anderswo[336] als auch auf der Übersetzung des Großteils der maßgeblichen deutschen Fachliteratur. V.a. auf diese Übersetzungen baut DE LUCHET 1779:14-30 in seiner Lektüreliste für angehende Metallurgen: er empfiehlt 1. WALLERIUS 1753, 2. LEHMANN 1759b, 3. HELLOT 1750-53, 4. ORSCHALL 1760 und 5. BARBA 1751. Gleichzeitig beurteilt er allerdings den Erfolg dieses Studiums skeptisch:

> „Quelques-uns ont traduit des Ouvrages Allemands ou Suédois; mais en transportant les méthodes étrangeres au sein de la France, il faut les dénaturer, les approprier au climat, à la législation Françoise; & c'est ce que personne n'a fait."

Zu diesem Manko passt, dass zum gleichen Zeitpunkt (1779!) in Frankreich immer noch keine Lehrstühle für Metallurgie existieren, was DE LUCHET a.a.O.:vij ebenfalls beanstandet.
Da die französische Metallurgie nur zögerliche selbständige Fortschritte macht, bleibt der deutsche Einfluss bis ins 19. Jh. hinein bestehen. Dann wird er vom englischen Einfluss übertroffen, der im Verlauf der zweiten Hälfte des 18. Jhs. zunehmend erstarkt[337].
Die Probleme in der Beleglage sind mit der des Bergbaus identisch; für zahlreiche der hier aufgeführten lexikalischen Einheiten ist ein weitaus höheres Alter anzunehmen, als es bislang nachzuweisen gelungen ist. Mit einiger Wahrscheinlichkeit sind manche Wörter bereits vor dem 17. Jh. entlehnt worden; in Ermangelung beweiskräftiger Angaben werden sie aber hier behandelt.

---

[336] MATHOREZ 1921:2,98 berichtet bspw. von einer deutschen Belegschaft: „[…] aux environs de Nevers, en 1763, une fabrique de fer-blanc comportait deux bâtiments destinés à loger les ouvriers originaires, pour la majeure partie, de la Saxe et du Palatinat."
[337] Man vergleiche z.B. den Anteil von deutschen und englischen Fachausdrücken in LANDRIN 1829; die englischen überwiegen bei weitem. „C'est à l'Allemand de rechercher les métaux, à l'Anglois de les mettre en œuvre, au François de les façonner", heißt es im JOURNAL ETRANGER Nov. 1756:viij. Was aus der deutschen Metallurgie zu lernen war, ist zu Beginn des 19. Jhs. größtenteils gelernt worden.

3.4.2.1. Scheiden, Pochen und Waschen

bocquer v.tr. 'Erz zerkleinern' < *bochen, pochen*
EB2b: *nicht nach 1635 / DE COURTIVRON 1747:301
Lexikalische Konkurrenten: *piler* (seit 12. Jh., fachspezifisch spätestens in MOSCHEROSCH 1655:637), *bocarder* (s.u.)
Wortfamilie: *bo(c)queur* 'Erzpocher' (seit 1635)[338], *bocard* 'Pochwerk' (seit *Visite des Forges de Framont* 1666[339]), *bocarder* 'Erz pochen' (seit DE COURTIVRON 1747:298), *bocardage* 'Pochen des Erzes' (seit BUCQUET 1771:2,48), *mine bocarde* 'Erz, das gepocht werden muss' (MONNET 1772:263), *bocage*[340] 'unreines Gusseisen' (seit Pierre-Clément Grignon, *Programme de questions proposées aux maîtres de forges* 1773:8), *bocardeur* 'Erzpocher' (seit BERGMÄNNISCHES WÖRTERBUCH 1778:357a), *bocardier* 'dass.' (ebda.), *boquier* 'Erzpocher' (1804, s. ÉLUERD 1993:161)
LB: 1772, s. GILLE 1960:108

Für die Existenz des Verbums *bocquer* liegen mir nur die beiden o.g. Belege vor. Dass das Wort in der Fachsprache der Bergleute aber vital war, zeigen zum einen die Art dieser Belege[341] und zum anderen die zahlreichen Ableitungen. Häufig belegt ist *bo(c)queur*, in dieser Form zuerst 1775, in anderen Varianten auch schon früher im 18. Jh. Einen interessanten, sehr viel älteren Eintrag enthält JARS 1774:394. Hier wird ein königlicher Erlass über die Grafschaft Namur und die dortige Bergbau- und Schmelzarbeit von 1635 zitiert, wo es heißt:

„XVI. Et au regard de sept couples de mineurs ci-devant en usage pour un fourneau, y en pourra avoir dix, faisant vingt personnes, & un Maître fendeur, un chargeur, un fondeur, un blocqueur, trois chargeurs, un briseur & un laveur des mines."

Im Zusammenhang mit den anderen hier aufgeführten Tätigkeiten der Erzzubereitung ist m.E. nicht *blocqueur*, sondern *bocqueur* zu lesen, da im betreffenden Bereich weder etwas blockiert noch in Blöcke gehauen wird (in diesen Verwendungen ist *bloquer* bezeugt). *Bocquer* wäre folglich schon im frühen 17. Jh. entlehnt worden; dass das Pochen einer der grundlegenden Vorgänge in der Zubereitung des Erzes vor dem Schmelzen ist, macht eine so frühe Entlehnung zusätzlich wahrscheinlich. In diesem Zusammenhang wäre dann auch die Etymologie von *bocard* zu hinterfragen. Es wird gemeinhin als Lehnwort aus d. *Pochwerk* (*FEW* 16,637b, *TLF* 4,621a) oder als Umformung von →*bocambre* < *Poch-* bzw. **Bochhammer* aufgeführt (*EWFS* 122b, GRAND ROBERT 2001:1,1494a[342]). Wenngleich die Beleglage im hier untersuchten Fachbereich wenig Aussagekraft besitzt, stößt sich die Annahme einer Umformung von *bocambre* an der Tatsache, dass dieses erst 1722, *bocard* jedoch schon 1666

---

[338] Heute nur noch in Listen alter Berufe, z.B. *www.cevenols.com/vieuxmetiers.htm, perso.club-internet.fr/ gadrelon/metiers1.htm*.
[339] Manuskript B 891 No. 51, 53, 54 der Archives Départementales de la Meurthe-et-Moselle. Diese Angabe verdanke ich der freundlichen Auskunft von Roland Éluerd.
[340] Ohne *bocquer* zu nennen, leitet GRAND ROBERT 2001:1,1493b *bocage* vom „radical de bocard" ab.
[341] Erklärt wird das Lexem an keiner Stelle: „la partie de bois qui est consommée inutilement pour fondre la mine bocquée" (de Courtivron); (über *mines de fer*) „le faible cours d'eau sur lequel on les lave et bocque" (Gille).
[342] In *DMD* 2001:87a sogar – lautlich völlig unmöglich – als unmittelbare Entlehnung aus *Pochhammer* verzeichnet.

belegt ist. Eine Herleitung aus *Poch-* bzw. **Bochwerk* ist dagegen denkbar, obwohl der gänzliche Schwund des *-w-* gewisse Schwierigkeiten macht, vgl. mnl. *bolwerc* > *boulevard*. Ebenso möglich ist aber auch eine Ableitung zu *bocquer* mit Hilfe des Suffixes *-ard*, das denominal und gelegentlich auch deverbal fungiert und auch in anderen Fällen Arten von Arbeitsstätten bezeichnet, so etwa *puisard* 'Schachtsumpf', *gueulard* 'oberer Rand des Hochofens'. Trifft diese Hypothese zu, wäre die Existenz von *bocquer* im 17. Jh. gesichert. Angesichts der ohnehin fragmentarischen Beleglage kann nur vermutet werden, dass *bocquer* nach 1772 nicht lange fortgelebt hat. Namentlich *bocarder* ist auch in Texten von Fachleuten dominant, die die Sprache der Arbeiter kennen.

bocambre s.m. 'großer Bolzen zum Zerstampfen von Erz / Pochwerk' < *Pochhammer*
FEW 16,637b, *TLF* 4,621a, *EWFS* 122b
EB2b: DE MAULDE 1910:179 (Beschreibung der Schmiede von Danvoux, 4. März 1722)
Varianten:
- äußere Form: *boccambre* (*Gazette des métiers* 28. 9. 1775)
- morphologisch: s.f. (DE MAULDE)
Lexikalische Konkurrenten: *pilon* (seit 13. Jh.), *moulin à pilons*, *bocard* (seit 1666)
Belegstellen: ENCYCLOPÉDIE 1751:2,290a, MOZIN 1811:1,129b, LAROUSSE 1867:2,845b
LB: SACHS/VILLATTE 1894:163b

Bocambre weist die übliche starke Assimilation der Lehnwörter aus dem Bergwerk auf. Zur Erklärung des Anlauts ist möglicherweise eine deutsche Variante **Bochhammer* anzunehmen[343], ebenso kann das *b-* auf dem Einfluss von →*bocquer* bzw. *bocard* beruhen. Die Entwicklung von *-hammer* zu *-ambre* entspricht exakt der von (*Meister*) *Hämmerling* > fr. *embrelin, hambrelin* 'Possenreißer' (*FEW* 16,137b, 16. Jh.) und setzt damit eine schon für Erbwörter geltende Lautregel fort (vgl. *nombre* < *numeru, chambre* < *camera* usf.). In Ermangelung lautlich vergleichbarer Beispiele aus dem 18. Jh. ist es unmöglich, zu bestimmen, ob *bocambre* aufgrund des Gleitkonsonanten zurückzudatieren ist[344] oder ob eine solche Entwicklung auch im 18. Jh. bei nicht-gelehrten Entlehnungen zumindest auftreten kann (vgl. die Variante *embrecelats* < *Hammerschlag*, s. unter *hameselack*, die aber ihrerseits ebenfalls älter sein kann)[345].
In jedem Fall ist *bocambre* bereits 1722 so gut integriert, dass eine Erklärung des Wortes hinfällig ist („après avoir visité la bocambre") und auch eine Kursivierung oder andere Markierung ausbleibt. Von ähnlich starker Integration zeugen zahlreiche andere Textbeispiele[346]. Aufschlussreich ist auch DE COURTIVRON 1747:293; einen *bocambre* oder *bocard* nennt er eine „sorte de machine trop connue pour que je la décrive": die Technik ist keineswegs neu. Sowohl für *bocambre* wie auch für *bocard* ist eine exakte Trennung der Verwendung als 'Pochhammer' und der als 'Pochwerk (Gesamtheit der Vorrichtungen)' im Französischen nicht nachzuvollziehen.

---

[343] Vgl. DEUTSCHES WÖRTERBUCH 13,1960: *bochen* neben *pochen*.
[344] ÉLUERD 1993:368 zählt *bocambre* explizit zu den Entlehnungen vor 1700.
[345] Bei einem Wort aus der Naturgeschichte wie *Lämmergeier* > *læmmergeyer* (1764, schriftlich entlehnt) ist eine vergleichbare Assimilation (**læmbregeyer*) ohnehin nicht zu erwarten.
[346] Z.B. A. Grosse-Duperon, *Le château d'Aron et ses grosses forges*, Mayenne 1904:18 (von 1757): „ne pas détruire les forges d'Hermet empêche d'y faire un bocambre", oder GILLE 1960:16 (von 1772).

Mehreren Quellen zufolge ist der Gebrauch von *bocambre* auf bestimmte französische Regionen beschränkt. So schreibt DE COURTIVRON a.a.O., Fußnote:

> „*Bocards* ou *Bocambres*, c'est de ce dernier nom qu'on les appelle dans quelques provinces méridionales de France: dans la province de Bretagne, on donne le même nom à cette machine qui est un moulin à pilons [...]."

Desgleichen spricht DE GENSSANE 1777:3,151 vom „travail du pilon, qu'on nomme aussi *bocard* ou *bocambre* dans quelques endroits." Aus den o.g. Quellen geht hervor, dass zu diesen Orten auch Mayenne und die Normandie (Calvados, s. DE MAULDE) zählen.

Die häufige Gleichsetzung mit *bocard* weist auf den stärksten lexikalischen Konkurrenten von *bocambre*. Während Umschreibungen wie *moulin à pilons* o.ä. gegenüber beiden Fachtermini zurücktreten, ist *bocard* derjenige Konkurrent, der sich auch gegen *bocambre* durchsetzt. *Bocard* ist schon 1666 belegt (s. unter *bocquer*); zumindest angesichts der vorliegenden Erstbelege ist es daher riskant, dieses als „altération de bocambre" zu bezeichnen (GRAND ROBERT 2001:1,1494a). Wie gesehen, ist *bocambre* durchaus eigenständig verwendet worden und dies vielleicht auch noch im 19.Jh.; fachsprachliche Belege aus dieser Zeit liegen mir aber nicht vor. Die seit DE COURTIVRON 1747 zu beobachtende Gleichsetzung mit dem deutlich häufiger belegten *bocard* hat dazu geführt, dass *bocambre* von diesem gar nicht mehr getrennt wird und in Wörterbüchern des 19. Jhs. fast ausschließlich als „bocard ou bocambre" in Erscheinung tritt. LAROUSSE 1867 widmet *bocard* einen deutlich längeren Artikel als *bocambre*; danach fehlt dieses als Lemma ganz.

came s.f. 'Zahn eines Kammrades, einer Nockenwelle' < *Kamm*
FEW 16,299a, *TLF* 5,71a, (*EWFS* 179b), (*DMD* 117a), *BW* 102b
EB2a: 1739 (*camne*, J.-R. Perronnet, *Description d'un martinet tel qu'il se trouve exécuté sur la terre de M. le Marquis de Laigle, en Normandie*[347])
EB2b: DE COURTIVRON/BOUCHU 1762:4,16 (*camme*)
Varianten:
- äußere Form. *camme* (ENCYCLOPEDIE 1752:2,290a – *Nouveau Larousse illustré* 1907)

Lexikalische Konkurrenten: *bras* (s. MEMOIRE DE DIJON ~1740:63), *dents* (ENCYCLOPEDIE 1752 – ARMANET 1947:140a), *palmes* (DE DIETRICH 1786:1,72)
Wortfamilie: *camage* 'Gesamtheit der Nocken' (seit LAROUSSE SUPPLEMENT 1877:1,445d), *arbre à cames* 'Nockenwelle' (seit ebda.)
Belegstellen: MEMOIRE DE DIJON ~1740:63, TREVOUX 1771:2,191b

In BEHRENS 1923:85 steht zu lesen:

> „Mühlenbetrieb etc.: *came*, Zahn des Kammrades, ist mndd. mndl. mhd. *kamme*. Das Wort begegnet in weiterem Gebrauch, um analoge Vorrichtungen im Maschinenbau zu bezeichnen"[348].

Die Annahme eines frühen Gebrauchs von *came* als *'Zahn des Mühlrades' ist gänzlich unzutreffend, da dieser nirgends belegt ist. *EWFS* folgt der etymologischen

---

[347] Manuskript 334,2388 der Bibliothèque de l'École nationale des ponts et chaussées, s. ÉLUERD 1993:273.
[348] Den gleichen Etymologievorschlag findet man schon in BEHRENS 1906:160, obwohl dort offenkundig wird, dass der Autor keinen älteren Beleg als den in *DG* 337b angegebenen von 1789 (*Encyclopédie Méthodique*) kennt, der sich ebenfalls auf die Metallurgie bezieht.

Annahme Behrens'; da es sich aber ursprünglich um einen Ausdruck aus der Hüttentechnik handelt, ist jeder andere als neuhochdeutsche Ursprung unwahrscheinlich. Zudem weist der MINEROPHILUS FREIBERGENSIS 1743:320b d. *Kämme* in der zu *came* perfekt passenden Bedeutung nach: „halb-runde Höltzer, einer doppelten Pfosten stark, mit einem Stiehl, welche als Arme in die Welle eingezapfet werden."

Vielleicht mit Recht bezeichnet ÉLUERD 1993:368 *came* als einziges deutsches Lehnwort des 18. Jhs. aus dem Bereich der Erz- und Metallverarbeitung[349]. Lediglich in diesem Fall ist nämlich nachweisbar, dass die betreffende Technik eine Neuerung des 18. Jhs. darstellt. Daher kann FRÉZIER 1716:96f. ausführlich ein Pochwerk mit *arbre, grande rouë* usf. schildern, ohne von *cames* zu sprechen. Zu dieser Zeit sind lediglich *bras* bekannt[350]. Da die *cames* folglich sozusagen Weiterentwicklungen der *bras* sind, werden sie im MÉMOIRE DE DIJON ~1740:63 noch als „bras ou cames inégalement infixés au corps de l'arbre de rouage" aufgeführt. Oft wird *came* mit *dent* erklärt, aber um die Mitte des 18. Jhs. ist es in der Fachsprache bereits fest verankert.

schlich s.m. 'zermahlenes Erz' < *Schlich*
FEW 17,42b, *TLF* 15,174b, *EWFS* 798a, *DMD* 694b
EB2a: HELLOT 1750:1,xiv
EB2b: DE GENSSANE 1777:3,162 (*schillict*) / VOYAGES EN SIBÉRIE 1791:1,63 (*schlick*)
Varianten:
- äußere Form: *chlique* (ENCYCLOPÉDIE 1765:14,768a, MORAND 1776:2,1232), *schlieg* (DE LUC 1779:3,337), *schlik* (DE LUCHET 1779:161), *schlick* (DE DIETRICH 1789:3,78n1 – LAROUSSE 1931:4,886c), *schlicht* (DAUBUISSON 1801:278, 1802:1,85)

Lexikalische Konkurrenten: s.u.; *brouails* (MONNET 1772:340 – DAUBUISSON 1802:1,85), *boues métalliques concentrées* (ARMANET 1947:242b)
Belegstellen: BOISTE 1800:406b, ARMANET 1947 a.a.O.

Aufgrund der Aussprache [š(ə)lik] und belegter Varianten wie *schlick* verwirft COLOMBANI 1952:485 *Schlich* als Etymon und setzt *Schlick* 'Meerschlamm' an[351]. Dies geschieht gänzlich unbegründet, denn d. *Schlich* trägt sowohl die exakte Bedeutung von fr. *schlich*, als es auch bei der Entlehnung im 18. Jh. oder früher zu nichts Anderem als [š(ə)lik] werden kann.

Da im Französischen zur Bezeichnung des zerstoßenen Erzes nur beschreibende Syntagmen existierten (z.B. *minéral pulvérisé* in HELLOT 1750:1,xiv oder *mine pilée*

---

[349] Eine frühere Entlehnung der übrigen Einheiten, als es die Belege verraten, ist wie gesagt durchaus möglich und sehr oft wahrscheinlich, sollte allerdings nur unter Vorbehalt angenommen werden, solange ältere Belege fehlen. Indes ist eine frühere Entlehnung tatsächlich nur im Falle von *came* auszuschließen.

[350] Zu den Details der technischen Neuerung s. ÉLUERD 1993:273:
„La technique est différente puisque les cames se fixent directement sur la périphérie de l'arbre alors que les bras le traversent. On ne peut donc avoir que deux bras, soit quatre extrémités mais cinq ou six cames. Le rythme de travail est alors accéléré. En contrepartie, la fixation est moins sûre et c'est pourquoi les cames furent d'abord réservées à de petits appareils."

[351] *Slic* (> *Schlick*) ist ursprünglich die niederdeutsche Entsprechung zu mhd. *slich, slîch*, s. KLUGE[23] 727b. Dort entsteht der fälschliche Eindruck, die mittelhochdeutsche Form habe keinen neuhochdeutschen Nachfolger gefunden.

& *lavée* in DE LUCHET 1779:161), war das anscheinend schon vor Hellot[352] eingeführte *schlich* als präziser Fachterminus hochwillkommen und verbreitete sich schnell[353]. Für eine gewisse Zeit kursierte auch der Bezeichnungsvorschlag *brouails*, der *schlich* aber nicht hat verdrängen können und selbst bald wieder aufgegeben worden ist.

Auch im Fall von *schlich* führt de Genssane eine Form an, die stärker umgestaltet ist als die meisten anderen Varianten[354]. Auch dies lässt vermuten, dass *Schlich* neben dem Weg der Literatur auch den der Bergwerkssprache genommen hat, womöglich schon zu einem früheren Zeitpunkt. Vom semantischen Zusammenhang her wäre sogar eine zeitgleiche Entlehnung mit →*bocquer* nicht unwahrscheinlich; andererseits kann die deutsche Terminologie durchaus in mehreren Schüben – zumal auch sie einem Wandel unterlag – ins Französische gelangt sein, so dass *schillict* bei den französischen Bergleuten nicht sehr viel älter sein muss, als der Beleg verrät.

<u>chéder</u> v.tr. 'wertvolles von nutzlosem Erz trennen' < *scheiden*
FEW 17,31a, *TLF* 15,164b
EB2a: *nicht nach 1753 / DE GENSSANE 1770:1,41 (Part. Perf. *scheydées*)
EB2b: DE GENSSANE 1777:3,148 (Part. Perf. *scheidée*)
Varianten:
- äußere Form: *chéder* (DE LUCHET 1779:145 – MICHÉ 1795:10), *scheider* (DE GENSSANE – BEAUNIER/GALLOIS 1804:95)

Lexikalische Konkurrenten: *trier*, *séparer* (in dieser Verwendung beide seit MOSCHEROSCH 1655:637)
Wortfamilie: *scheideur* 'Arbeiter, der Erz scheidet' (seit ENCYCLOPÉDIE 1753:3,5 (*chaideur*, so noch in LAROUSSE 1867:3,834c)), *scheidage* (seit BEAUNIER/GALLOIS 1804:83[355]), *vorscheidage* (GRANDE ENCYCLOPÉDIE ~1900:23,1030)
LB: BEAUNIER/GALLOIS 1804

FEW 17,31a kennt gar keine Belege für das Verbum, *TLF* 15,164b immerhin den von 1795 (Miché); im vorliegenden Rahmen können einige weitere erbracht werden. Selbst deren frühester in DE GENSSANE 1770 enthebt die Lexikologie aber nicht des Problems, dass die Ableitung *chaideur* bereits 1753 bezeugt ist. Da es im französischen Vokabular des Bergbaus – diesem gehören beide Wörter an –, das so stark von deutschen Lehnwörtern durchsetzt ist, höchst unwahrscheinlich ist, dass *chaideur* aus einem d. *Scheider*, nicht aber **chaider* aus *scheiden* entlehnt worden wäre, ist die Entlehnung von **chaider* spätestens 1753 anzusetzen. Diese Annahme ist angesichts der inzwischen vertrauten mangelhaften Dokumentation des französischen Bergbauwortschatzes keineswegs unwahrscheinlich.

Schließlich ist es wieder einmal de Genssane, der uns die Existenz des Verbums zum ersten Mal verrät; gut integriert ist das Wort zweifellos, wie DE LUCHET 1779:145 deutlich macht: „[...] construisez [...] un hangard, pour trier, chéder, laver le minérais." Davon zeugen auch die Ableitungen. Während aber *scheideur* und *scheidage* bis heute beibehalten worden sind, hat sich *chéder* gegen das ältere *trier*,

---

[352] Hellot sagt selbst (1750:1,164) „[...] que nous nommons *Schlich*, comme les Allemands".
[353] Vgl. DE DIETRICH 1789:3,78n1 zu *schlick*: „Tous les minéralogistes savent que ce mot allemand signifie le minérai en poudre, tel qu'il sort des lavoirs." Wenn LÉGER 1875:695 noch von „schlichs ou minérais pulvérulents à traiter" spricht, ist diese Glossierung lediglich für das fachfremde Publikum gedacht, das sich für Légers historisches Werk interessiert.
[354] „A mesure que les coffres destinés à recevoir la mine pure qu'on nomme *Schillict*, se remplissent [...]", 1777:3,162.
[355] Auf S. 109 findet sich auch *cheidage*.

das seinerseits schon früh die Ableitungen *trieur* und *triage* hervorgebracht hat (s. MOSCHEROSCH a.a.O.), nicht durchsetzen können und in der Bergwerkssprache mit diesem koexistiert, vgl. DE GENSSANE 1770:1,41 („les Mines triées ou *scheydées*"). Ebenso findet sich häufig das allgemeinere *séparer* (*séparation, séparateur*), das ebenfalls auf die Tätigkeit im Bergbau bezogen wird.

schlamm s.m. 'feiner metallischer Rückstand von gewaschenen gepochten Erzen' < *Schlamm*
FEW 17,40b, *TLF* 15,174b
EB2a: LEHMANN 1759a:163
EB2b: DE GENSSANE 1770:1,xlvj (*schlam*)
Varianten:
- äußere Form: *schlame* (DE GENSSANE 1777:3,155), *slamme* (BAILLET 1795:18)
Lexikalische Konkurrenten: *sable (fin)* (s. DE GENSSANE 1777:3,159 und DE LUCHET 1779:142), *boues* (s. WURTZ 1873:2,387a)
Wortfamilie: *schlammoir* wohl 'Ort der Erzwäsche' (DE LUCHET 1779:142), *déschlammage* 'Entschlämmung' (seit ARMANET 1947:313b), *schlammeux* 'schlammhaltig' (seit ARMANET 1947:240b)
Belegstellen: BEAUNIER/GALLOIS 1804:92, WURTZ 1873:2,387a, LAROUSSE 1875:14,357d

Eine exakte französische Entsprechung zur Bezeichnung der Rückstände bei der Erzwäsche fehlte offenbar:

„La matiere qui se dépose dans le premier réservoir qui est au bas du lavoir, s'appelle schlamm moyen, & celle qu'on retire, se nomme schlamm dur" (LEHMANN 1759a:163),

im Original „Mittel-Schlamm" und „zähe Schlämme" (LEHMANN 1751:112). Bis dahin behalf man sich offenbar mit *boue* oder *sable (fin)*. Dennoch ist *schlamm* im 18. Jh. noch rar und etabliert sich zumindest in Literatur und Wörterbüchern erst im 19. Jh. Auch in diesem Fall ist das Lehnwort im Vokabular der Arbeiter früher heimisch geworden; das zeigen die Belege in DE GENSSANE 1770 und 1777 sowie die gänzlich unkommentierte Ableitung *schlammoir* bei DE LUCHET 1779, der sich ebenfalls als Kenner des fachsprachlichen Alltagswortschatzes erwiesen hat. Vielleicht ist das Wort über den Nordosten eingedrungen, wo *schlamm* in den Dialekten des Artois, La Louvières und Lüttichs vorliegt.

zomff s.m. 'Auffangbecken in der Erzwäsche' < *Sumpf*
EB2a: DE GENSSANE 1770:1,xlvj
Lexikalische Konkurrenten: *caisses, coffres*
LB: DE GENSSANE 1777:3,155 (*zomf*)

Im Vokabular der Erzwäscher gut integriert, wie aus DE GENSSANE 1777 deutlich wird: „Le sable qui sort des pilons est entraîné le long des trois canaux [...]. Le sable moyen s'arrête dans les premieres caisses ou zomfs [...]." Eine Erzwäsche besteht aus mehreren solcher Sümpfe. In ihrer Gesamtheit wird sie als *labyrinthe* bezeichnet, daher konkurriert bspw. „le dernier zomff" mit „l'extrémité du labyrinthe" (DE GENSSANE 1770). *Caisses* oder *coffres* sind indes behelfsmäßige Bezeichnungen, denen in der Fachsprache *zomf(f)s* vorgezogen worden ist.

scheidise s.m. 'Hammer zum Trennen des Erzes vom wertlosen Gestein' < *Scheid(e)eisen*
(E)B2a: DE GENSSANE 1777:3,147
Lexikalische Konkurrenten: *marteau à séparer les mines* (s. SCHWAN 1784:2,692b)

Ein inzwischen zur Genüge bekanntes Phänomen: das Lehnwort wird lediglich in einem Werk de Genssanes gebucht, erscheint dort aber bestens integriert: „un marteau applati de trois à quatre pouces de largeur, sur cinq de longueur, qu'on nomme *Scheidise*." Die Etymologie ist unstrittig, nur fragt sich, warum das deutsche *-ei-* einmal durch *-ei-*, einmal durch *-i-* wiedergegeben wird. Da sowohl *scheiden* als auch *Eisen* auf ältere Formen mit *-î-* zurückgehen, ist eine dialektale Form mit unterschiedlichen Vokalen schwer denkbar. Im Wortende erinnert *-ise* < *-eisen* an die schon im 16. erfolgte Entlehnung von *castine* < *Kalkstein*. Ein ebenso hohes Alter von *scheidise* muss aber hypothetisch bleiben; zu beachten ist ebenso *crécise* 'Kreuzeisen (ein Werkzeug)', wohl aus elsäss. *Krizīsə* (*FEW* 16,385b, EB 1832).
Natürlich ist ein Scheideeisen ein *marteau à séparer les mines* (Schwan). Bei den französischen Erzscheidern ist diese Paraphrase aber nicht idiomatisch gewesen.

3.4.2.2. Der Hochofen

Um die Terminologie des Hochofens ist es nicht besser bestellt als um die des Bergbaus: die Datierung der einzelnen lexikalischen Einheiten fällt außerordentlich schwer. Die im 18. Jh. in Frankreich angewandte Technik ist größtenteils schon länger bekannt (s. ÉLUERD 1993:185ff), und auch die deutschen Etyma sind zumeist schon im 16. Jh. belegt. Dennoch sind es immer die gleichen Bezeichnungen, die in allen betreffenden Werken anzutreffen sind[356], während für andere, die ebenso grundlegende Teile des Ofens bezeichnen, nur vereinzelte Belege vorhanden sind. Warum sich dies so verhält, bleibt unklar; es ist aber tatsächlich mit ÉLUERD 1993:368 anzunehmen, dass die Teile des Hochofens bezeichnenden Wörter vor dem 18. Jh. entlehnt worden sind, obwohl jegliche Belege bisher fehlen.

hart s.f. 'gusseiserne Platte, auf der Massel[357] in den Schmelzofen geschoben werden' < *Herd*
EB2b: DE MAULDE 1910[1722]:171((Beschreibung der Schmiede von Danvoux, 4. März 1722)
Varianten:
- äußere Form: *hard, ard* (de Courtivron um 1763, Marginalia an HELLOT 1750:1,229, Exemplar Rés S-734 der Bibliothèque Nationale de France), *harre* (Dangenoust/Wendel, *Mémoires et plans concernant les fourneaux*, 1769:6[358]), *arc* (PEYRONNET 1958:99=1774), *aire* (PEYRONNET 1958:121=1774 – HASSENFRATZ 1812:3,10), *haire* (GRIGNON 1775:600 – LAROUSSE 1901:5,13c), *herre* (SACHS/VILLATTE 1894:782a)
- semantisch: 'gesamte Rückwand des Ofens' (Dangenoust/Wendel 1769 – LAROUSSE 1901)

---

[356] Insbesondere *tuyère* 'Rohr zur Aufnahme der Blasebalgschnäbel', *gueulard* 'oberer Rand des Hochofens', *creuset* 'Tiegel', *soufflet* 'Blasebalg'.
[357] Bestimmte Eisen-Formen.
[358] Manuskript IN 12 Ms. 36 der Bibliothèque municipale de Nevers, s. ÉLUERD 1993:257.

Lexikalische Konkurrenten: *rustine* (in der sekundären Bedeutung 'gesamte Rückwand des Ofens', s.o.)
LB: LAROUSSE 1901

De Courtivron schlägt eine lateinische Etymologie vor: „Cette pièce s'appelle la hard ou la ard du mot ardere, parcequelle chauffe beaucoup." Da die Lexikographie das Wort bisher übergangen hat, ist eine andere Herkunft nicht erwogen worden. Allein schon das aspirierte *h* verrät einen germanischen Ursprung und macht eine Herleitung auf lateinischer Grundlage höchst unwahrscheinlich[359]; ein bedeutungsgleiches, formal passendes deutsches Etymon beizubringen, gelingt allerdings nicht. Das formal naheliegende *Herd* ist in der Terminologie der Hochöfen in Bedeutungen belegt, die durchaus einen Bezug zu der von *hart* aufweisen. Das DEUTSCHE WÖRTERBUCH 4/2,1075 kennt *Herd* u.a. als „*in den schmelzhütten und hüttenwerken eine art öfen, um werkblei darauf abzutreiben*" und „*der vom gestübe oder der asche geschlagene boden oder die decke auf dem fusz des ofens, worauf das aus den erzen geschmolzene metall nebst den schlacken steht.*" Auch *hart* etc. dient dazu, dass Metall darauf geladen wird, vgl. PEYRONNET 1958:99f. aus einem *Mémoire* von 1774:

„une pièce de fonte appellée *arc* [...] qui est du côté par où entre la gueuze et sur laquelle la dite gueuze porte et roule à proposition qu'on veut l'avancer dans l'ouvrage ou creuzet, ou l'en reculer."

Störend ist dagegen, dass es sich bei *hart* nach einhelliger Aussage um eine gusseiserne Platte handelt; davon ist im DEUTSCHEN WÖRTERBUCH keine Rede. Dennoch ist die anzunehmende Bedeutungsübertragung auf die Platte, über die das Metall in den Ofen gelangt, leicht nachvollziehen, zumal diese Platte laut de Courtivron, wie gesehen, wie ein Herd stark erhitzt wird[360].

Zunächst sind *hart*, die rückseitige Eisenplatte des Schmelztiegels, und →*rustine*, die steinerne Rückwand des Ofens, klar voneinander geschieden. Die Verwechslung des einen mit dem anderen tritt offenbar auf, weil sich beide Teile auf der Rückseite des Ofenaufbaus befinden. In dieser sekundären Konkurrenzsituation setzt sich *rustine* durch; in seiner ursprünglichen Bedeutung hat *hart* keine Konkurrenten.

varme s.f. 'Stützplatte der Ausflussröhre des Hochofens' < nd. *warme Tacke, *Wärmtacke
FEW 17,528b
EB2b: DE MAULDE 1910[1722]:171 (Beschreibung der Schmiede von Danvoux, 4. März 1722, *verne(-)tacque*)
Varianten:
- äußere Form: *vernetacque* (DE MAULDE – de Courtivron um 1763, Marginalia an HELLOT 1750:1,229, Exemplar Rés S-734 der Bibliothèque Nationale de France), *vernetaque* (Auszug aus einem Mémoire von 1750, s. Marginalia an HELLOT 1750:1,230 a.a.O.), *volmetaque* (PEYRONNET 1958:99=1774), *varme* (ENCYCLOPEDIE 1757:7,157a, s.v. *forge* – LAROUSSE 1949:2,1010c), *warme* (JAUBERT 1858:2,405, s.v. *tuyère*, SOUVIRON 1868:579b), *verne*

---

[359] Für ein aus *ardoir* oder eher *ardre* 'brennen' rückgebildetes *ard* 'große Hitze' bringt *FEW* 25,192a einen einzigen Beleg aus dem Nordosten der Vendée.
[360] Eine weitere etymologische Möglichkeit bietet *Herd* in der Bedeutung „in den Schmeltz-Hütten der oberste Theil im Hohen-Ofen" (MINEROPHILUS 1743:294b). In diesem Zusammenhang wird aber ebenfalls nicht von einer Platte gesprochen.

(Dangenoust/Wendel, *Mémoires et plans concernant les fourneaux*, 1769:6), *verme* (Robert, *Méthode pour laver et fondre avec économie les mines de fer* 1757:41 – GRIGNON 1775:600)
Lexikalische Konkurrenten: Paraphrasen wie *la plaque de fonte qui porte la thuyere* (s. DE COURTIVRON/BOUCHU 1762:4,47)
LB: LAROUSSE 1949

Das *FEW* kennt *warme* nur aus JAUBERT 1858 und bemerkt s.v. d. *warm*: „[das wort] ist wohl durch deutsche eisenarbeiter eingeführt worden, wobei die substantivierung im fr. erfolgte"[361]. ÉLUERD 1993:257 vermutet d. *Wärme* als Etymon. Keiner dieser Vorschläge erklärt aber die von *warme, varme, verme* nicht zu trennenden Varianten *vernetaque* usf. Diese enthalten offenbar nd. *Tacke*[362], das als *taque* bereits im 16. Jh. entlehnt worden ist und zuerst eine eiserne Platte im Kamin, dann auch im Hochofen bezeichnet. Daher ist wohl ein niederdeutsches Kompositum *Wärmtacke oder *warme Tacke anzusetzen[363], welches dann im Französischen gekürzt worden ist. Eine getrennte Entlehnung der beiden Varianten-Typen ist unwahrscheinlich.
Als Stützplatte für die Ausflussröhre des Hochofens ist die *varme* ein essentieller Bestandteil desselben. Daher ist eine Entlehnung deutlich vor 1722 wahrscheinlich. De Réaumur in seinem grundlegenden Werk *L'Art de convertir le fer forgé en acier* von 1722 nennt indes zwar einige Teile des Ofens, nicht jedoch *varme* oder dergleichen. Das kann zwar Zufall sein, doch ist hier der Verdacht nicht von der Hand zu weisen, dass in der Metallurgie nicht anders als im Bergbau die Autoren wissenschaftlicher Abhandlungen das Spezialvokabular der Arbeiter nur unvollständig überblickten. *Varme* gerät nicht wegen übermächtiger lexikalischer Konkurrenten außer Gebrauch, sondern weil die Technik sich im Laufe des 19. Jhs. überholt. Abgesehen von Umschreibungen wie der o.g. fehlen Konkurrenten ganz.

avant-foyer s.m. 'Grube vor dem Hochofen, in die das geschmolzene Metall läuft' < *Vorherd*
EB2b: HELLOT 1753:2,49
Lexikalische Konkurrenten: *bassin de réception* (s. HELLOT 1753:2,49; BERGMÄNNISCHES WÖRTERBUCH 1778:584b)
Belegstellen: DE FOUCHY 1753:203
LB: SACHS/VILLATTE 1894:114c

Eine Lehnbildung nach d. *Vorherd* ist deshalb anzunehmen, weil 1. das deutsche Wort in identischer Bedeutung schon 1621 belegt ist (s. DEUTSCHES WÖRTERBUCH 11/1/2,1195), 2. es sich nicht eigentlich um einen Herd, also auch nicht um einen *foyer* handelt und 3. das französische Wort erstmals bei Hellot erscheint, der SCHLÜTER 1738 inhaltlich wiedergibt. Belege des 18. und 19. Jhs. sind rar und im 18. Jh. vornehmlich in Publikationen vorhanden, die Hellot unmittelbar auswerten.

---

[361] Auch BEHRENS 1923:83 vermutet einen Zusammenhang mit *warm*.
[362] Die in *FEW* 17,298a für nd. *tak* angegebene Bedeutung 'Kaminplatte' kann ich nicht nachweisen; sie ist aber angesichts hochdeutscher Formen im Rheinfränkischen (*zacken*) in identischer Bedeutung anzunehmen. Gleiches gilt für die Verwendung in der Hüttenindustrie, wo hochdeutsch *Zacken* als 'eiserne Platte' belegt ist (ADELUNG 1811:4,1642). Vgl. auch die Übersetzung von →*haire* als „Hinterzacken eines Frischfeuers" in SACHS/VILLATTE 1894:765c.
[363] Man beachte auch rheinisch *wärm* 'warm', das vielleicht ebenfalls an diesem Entlehnungsvorgang beteiligt gewesen ist.

bune s.f. 'Plattform, die den oberen Rand des Hochofens umgibt' < *Bühne*
FEW 15/2,3a, EWFS 163a
EB2a: ENCYCLOPÉDIE 1757:7,150 (s.v. *forges*)
EB2b: DE COURTIVRON/BOUCHU 1762:4,21n3
Varianten:
- äußere Form: *buze* (DE COURTIVRON/BOUCHU 1762:1/3,5 – HASSENFRATZ 1812:1,183), *buse* (HASSENFRATZ 1812:1,287), *bure* (HASSENFRATZ 1812:1,247 – BOISTE 1841:105a)

Lexikalische Konkurrenten: *petite masse (supérieure)* (DE COURTIVRON/BOUCHU 1762:1/3,5 – HASSENFRATZ 1812:1,247), *courtine* (ebda.)
Belegstellen: BOISTE 1803:62a
LB: LAROUSSE 1867:2,1412d

Das *FEW* vermutet als Etymon d. *Bühne*, das auch als 'Zimmerdecke' belegt ist, also ebenfalls den oberen Teil von etwas bezeichnet. Das *EWFS* erwägt neben dieser Möglichkeit einen Schreibfehler für *bure* 'Schacht', welches in gleicher Bedeutung wie *bune* z.B. in HASSENFRATZ 1812 und BOISTE 1841 belegt ist. Das Fehlen von d. *Bühne* im Zusammenhang mit der Terminologie des Hochofens ist zwar für die durch von Wartburg vorgeschlagene Etymologie von Nachteil, doch fehlen auch Belege für **warme Tacke* (s. *varme*) oder *Herd* in der Bedeutung von →*hart*, die dennoch als Etyma sehr wahrscheinlich sind. Dass *bune* im 19. Jh. nach meinen Informationen nur in Wörterbüchern, nicht aber in Fachpublikationen belegt ist – es fehlt bspw. in HASSENFRATZ 1812 und LANDRIN 1829 –, spricht ebenfalls nicht gegen von Wartburgs Etymologie: die genannten Autoren haben lediglich versucht, *bune* in Analogie zu ähnlich lautenden Wörtern umzudeuten; schließlich umgibt die genannte Plattform eine Art Schacht (*bure*) und wird auch *buse* bzw. *buze* als 'Röhre für die Blasebälge' im Bereich des Hochofens verwendet.

rustine s.f. 'steinerne Rückwand des Hochofens' < *Rückstein*
FEW 16,740b, DMD 680a
EB2b: ENCYCLOPEDIE 1757:7,149b (s.v. *forges*)
Belegstellen: DE COURTIVRON/BOUCHU 1762:4,7n12, BOISTE 1803:355c, LAROUSSE 1875:13,1551a, GRAND ROBERT 2001:6,82a („technique ancienne")

Auf der formalen Ebene ähnelt die Entlehnung von *Rückstein* > *rustine* der von *Kalkstein* > *castine* so stark, dass z.B. BARRELL 1960:75 *rustine* als Lehnwort des 16. Jhs. klassifiziert, obwohl so frühe Belege fehlen. Indes sind derart starke Umgestaltungen namentlich bei mündlichen Entlehnungen auch im 18. Jh. noch möglich, vgl. etwa *quenèfe*, *hameselack* und seine Varianten, *fenin* u.a. Auch lässt sich die ungewöhnliche Entwicklung von *-stine* (statt **-stène*)[364] < *-stein* nicht mit einem höheren als dem belegten Alter erklären, da d. *Stein* auch im 16. Jh. und früher [štejn], [štajn], lautet.; nd. *Steen* kann den französischen Vokalismus ebenfalls nicht erklären. Das von BEHRENS 1823:83 vermutete fries. **rügstien* ist als Etymon höchst unwahrscheinlich, da Friesland in der Metallurgie keine Rolle spielt und doch wohl anzunehmen ist, dass die entsprechende Terminologie von Arbeitern aus den bergbaulichen und metallurgischen Zentren Deutschlands übernommen worden ist. Ein nach dem 16. Jh. entlehntes zu erwartendes **rustène* könnte im Übrigen leicht in Analogie zum in der gleichen Fachsprache geläufigen *castine* zu *rustine* umgeformt

---

[364] Vgl. Kapitel 4.1.

worden sein und hat vielleicht auch daher das feminine Genus. Eine frühere Entlehnung als 1757 kann als sicher gelten, da hier ein grundlegendes Element des Ofens benannt wird und die Bezeichnungen weiterer Komponenten wie *varme* oder *hart* nachweislich früher existiert haben; das genaue Alter von *rustine* zu bestimmen, ist hingegen unmöglich.

Bezeichnungskonkurrenten lassen sich nicht aufspüren. Auch aus diesem Grund ist nicht unwahrscheinlich, dass *rustine* gleichzeitig mit dem Signifié, d.h. gleichzeitig mit der Technik des industriellen Hochofens, übernommen wurde. In der metallurgischen Technik hat *rustine* heute als veraltet zu gelten[365].

tympe s.f. 'Platte über dem Ausfluss des Schmelztiegels im Hochofen' < *Tümpel*
FEW 17,387a
EB2a: ENCYCLOPÉDIE 1757:7,150b (s.v. *forge*)
EB2b: DE COURTIVRON/BOUCHU 1762:4,25
Varianten:
- äußere Form: *temple* (de Courtivron um 1763, Marginalia an HELLOT 1750:1,230 a.a.O.), *timpe* (MOZIN 1812:2,770a – CORBION 1989:T14), *timplon, etempe* (ebda.)
- semantisch: s. Fußnote 368

Belegstellen: GRIGNON 1775:649f.[366], BOISTE 1803:404b, JAUBERT 1858:2,405, LAROUSSE 1876:617c, SACHS/VILLATTE 1894:1529b, Maurice Burteaux, *Lexique franco-anglais du haut-fourneau* 2002[367]
LB (in Wörterbüchern): LAROUSSE 1949:2,985b

Da auch in diesem Fall das Wort offenbar gleichzeitig mit der entsprechenden Technik rezipiert worden ist, fehlen lexikalische Konkurrenten. Selbst als die Technik sich verändert, wird *tympe* zur Bezeichnung neuer, aber vergleichbarer Gegebenheiten beibehalten[368].

Die mit Sicherheit verspätete Dokumentation teilt *tympe* mit den o.g. weiteren Bestandteilen des industriellen Hochofens. Die zahlreichen Varianten belegen indes den regen Gebrauch des Wortes, welches de Courtivron offensichtlich zu einer Anlehnung an *temple* s.m. angeregt hat, durch die Facharbeiter.

ÉLUERD 1993:258 führt die Existenz von fr. *forme* s.f. 'kupferne Röhre für Blasebälge im Hochofen' zu Recht auf die Rezeption von *De Ferro* (Leipzig/Dresden 1734) Emanuel Swedenborgs, eines Schweden, zurück, das sowohl von Bazin (1737:74) als auch von Bouchu (DE COURTIVRON/BOUCHU 1762:4) übersetzt wurde. Bei Swedenborg heißt das Wort *forma* (25); allem Anschein nach ist in

---

[365] Als 'Gummiflicken' ist *rustine* eine französische Neubildung (~1910) zum PN *Rustin*, da die Fabriken eines gleichnamigen Unternehmers derartige Flicken erstmals herstellten (*TLF* 14,1366b). Von diesem *rustine* geht auch die übertragene Bedeutung 'Patch (sozusagen Flickwerk)' im Computerwesen aus.

[366] Hier wird eine in solcher Präzision seltene Beschreibung der *tympe* gegeben:
„Est un prisme de fer quadrangulaire de cinq pouces de face & de trente pouces de longueur, que l'on pose en travers de l'ouverture antérieure du creuset du fourneau au-dessus du gueusat, pour soutenir le taqueret & une partie de l'étalage qui lui répond [...]. Quelques fondeurs [...] en posent une de pierre, derriere celle de fer."

[367] Zu finden unter *soleildacier.ouvaton.org/agora/LEXFA2.htm*.

[368] Vgl. ÉLUERD 1993:200:
„Avec le haut fourneau de section circulaire, *tuyère*, *contrevent* et *rustine* disparaîtront. *Tympe* demeurera pour désigner le radiateur circulaire qui assure le refroidissement de la zone de contact des tuyères et du blindage de l'appareil."

synonymem d. *Forme* der Ursprung des Wortes zu suchen. Aus Schweden berichtet auch Leonhard Magnouggla von *formes*[369]. Daneben hat man *Forme* auch unmittelbar als deutsches Wort kennengelernt, vgl. HELLOT 1753:2,123: „Il y a une difference entre la tuyere d'un Fourneau de fonte, & celle d'un Fourneau d'affinage. La premiere est nommée *Formen* par les Allemands; & la seconde *Kannen*"[370]. In der Terminologie des Hochofens hat das Wort keine bedeutende Rolle gespielt, da es, anders als die übrigen hier behandelten Einheiten, eine – aus zwei Quellen stammende – ausschließlich schriftliche, gelehrte Entlehnung darstellt, die den Arbeitern wahrscheinlich gänzlich unbekannt war. In deren Sprache hießen alle Röhren *tuyère*.

3.4.2.3. Verhüttung und Probierkunst

spalt s.m. 'gipsartiger Stein, dessen Zusatz den Metallfluss fördert' < *Spalt*
FEW 17,162a, *TLF* 15,482a, *EWFS* 821b
EB2a: CORNEILLE 1694:2,424b
Varianten:
- äußere Form: *spalth* (1698, *FEW*)

Belegstellen: Lemery, *Traité universel des drogues simples* 1698:730, SAVARY DES BRUSLONS 1723:2,1597, DYCHE 1756:2,429a, ACADEMIE 1798:2,597c, BOISTE 1800:421c
LB: LAROUSSE 1933:6,438b / *TLF* 1992 („vieilli")

Deutsche Eisengießer haben nicht nur die Bezeichnung nach Frankreich gebracht, auch die Substanz selbst wurde größtenteils aus Deutschland (und England) bezogen[371]. Da folglich Sache und Bezeichnung zum gleichen Zeitpunkt bekannt wurden, hat das Französische keine autochthonen Bezeichnungskonkurrenten hervorgebracht.
Spalt wird gelegentlich, doch zu Unrecht, in Verbindung gebracht mit *spalte* 'Art Asphalt' < ital. *spalto* (seit 1791, *TLF* 15,842a), welches bisweilen auch *spalt* geschrieben wird (s. MOZIN 1828:2/2,223a), als *spaltum* schon belegt in CLEIRAC 1655:259. BOISTE 1841:675b z.B. vermerkt s.v. *spalt* 'pierre luisante', also 'Spalt', „voyez asphalte".

claire s.f. 'Knochenasche, aus der Kupellen[372] hergestellt werden' < *Kläre*
(*FEW* 2,740a), (*TLF* 5,870a)
EB2a: HELLOT 1750:1,111
EB2b: HELLOT ET AL. 1763:10
Lexikalische Konkurrenten: *os calcinés* (seit MACQUER 1749:127), *cendre d'os* (seit ebda.), *poudre d'os* (seit 1902)
Belegstellen: SCHINDLER 1759:17, ENCYCLOPÉDIE 1753:3,500a, ACADÉMIE 1762:1,315a, LAROUSSE 1869:4,377c
LB: LAROUSSE 1948:1,379b

---

[369] „Économie des Formes ou Tuyeres de cuivre dans les Forges", in: *Observations sur la Physique, sur l'Histoire Naturelle et sur les Arts* 2 (1773), 67.
[370] Bei Schlüter heißt es: „Was man bey denen Schmeltz-Oefen Formen nennet, solches nennet man bey den Treib-Oefen Kannen [...]" (1738:119), die singularische Form *Forme* auf S. 48.
[371] S. CORNEILLE a.a.O.: „On trouve quantité de ces pierres en Allemagne, & surtout auprés d'Ausbourg. Il y en a aussi en Angleterre, mais elles ne sont pas si bonnes"; vgl. auch SAVARY DES BRUSLONS a.a.O.
[372] *Kupelle, Kapelle* 'kleiner Tiegel zum Herausschmelzen von unedlen aus edlen Metallen'.

Wie für die Bedeutung 'seichtes Austernbecken' gehen *TLF* und *FEW* 2,740a auch für *claire* in der o.g. Bedeutung von einer Substantivierung von *claire* adj.f. aus. Eine solche ist theoretisch naheliegend, doch im vorliegenden Fall äußerst unwahrscheinlich, da 1. d. *Kläre* schon im 16. Jahrhundert belegt ist[373], 2. auch andere Bezeichnungen für Utensilien der Kupellenherstellung (→*moine*, →*none*) aus dem Deutschen entlehnt worden sind und 3. all diese Bezeichnungen erstmals in HELLOT 1750 erscheinen. *Claire* wird hier erläutert: „c'est ainsi qu'on nomme la poudre la plus subtile de cette chaux ou cendre d'os"; danach verbreitet sich das Lehnwort rasch und findet schon 1762 Eingang in das Akademiewörterbuch. Offensichtlich wurde *claire* als prägnanter als *os calcinés* etc. empfunden, da diese Ausdrücke nicht auf die Fachsprache der Probierkunst beschränkt waren.

plachmall s.m. 'Schlacke auf goldhaltigem Silber' < *Blachmal*
EB1: HELLOT 1750:1,338
EB2a: HELLOT 1750:1,375
Varianten:
- äußere Form: *blachmahl* (SCHINDLER 1759:246), *blanckmal* (MÉTHODE DE NOMENCLATURE 1787:230)

Lexikalische Konkurrenten: *sulfure d'argent* (seit MÉTHODE DE NOMENCLATURE 1787:230)
Belegstellen: JARS 1770:522
LB: ENCYCLOPEDIE METHODIQUE 1805:149a

Plachmall wird von Hellot bewusst in die französische Terminologie eingeführt, wie aus den folgenden Belegen ersichtlich wird. Zuerst heißt es „l'argent poreux, ou sulphuré, qu'on nomme en Allemand *Plachmall*" (1750:1,338), dann lautet aber eine Überschrift „De la premiere maniere de départir dans la fonte par le fer, & de reduire le Plachmall par le même métal" (375). Die weiten Gelehrtenkreisen zugängliche Rezension in der *Histoire de l'Académie Royale des Sciences* (DE FOUCHY 1750) trägt zur sofortigen Propagierung des Lehnworts bei („l'argent scorifié qu'on nomme *plachmall*", 93). Es ist namentlich einer der spätesten Belege, der nachweist, dass *plachmall* für einige Jahrzehnte in der Wissenschaft die einzige gängige Bezeichnung der besagten Schlacke war; denn *blanckmal*, das in der MÉTHODE DE NOMENCLATURE 1787 durch *sulfure d'argent* ersetzt wird, steht hier in einer Reihe mit ausnahmslos bestens integrierten, von den Autoren abgelehnten Bezeichnungen wie *spath calcaire*, *bleu de Prusse*, *sel de Glauber* oder *blende*.

tute s.f. 'konisch geformter Schmelztiegel' < *Tüte, Tute*
EB2a: HELLOT 1750:1,168
EB2b: BUCQUET 1771:2,29 (*tutte*)
Varianten:
- äußere Form: *tute* (HELLOT 1750 – LAROUSSE 1949:2,984b), *tutte* (BUCQUET 1771), *tut* (RAYMOND 1832:2,699a – SACHS/VILLATTE 1894:1575a)
- morphologisch: *tut* s.m. (LANDAIS 1853:2,755a)

Lexikalische Konkurrenten: *creuset* (seit 1514)[374]

---

[373] Laut DEUTSCHEM WÖRTERBUCH 5,998 bei Erker, 1580. Da *Kläre* zudem in zahlreichen anderen Gewerben bekannt ist, ist eine Entlehnung des deutschen Wortes aus dem Französischen sehr unwahrscheinlich. *Kläre*, erstmals im *Jüngeren Titurel* (um 1265) als 'Klarheit' belegt, ist offenbar eine deutsche Ableitung zu im 12. Jh. entlehntem *klar*.

[374] Vgl. z.B. *creuset d'épreuve* als Wiedergabe von *Probier-Tuten* in POTT 1750:105.

Belegstellen: MACQUER ²1778:4,118, BOISTE 1803:404b, ENCYCLOPEDIE METHODIQUE 1815:6,312b
LB: LAROUSSE 1949

Auch diese Bezeichnung ist offenbar von Hellot in die Sprache der Wissenschaft eingeführt worden: „Des tests, ou petits creusets [...]: on les nomme *Tutes*" (1,105). Möglicherweise ist diese Art Schmelztiegel bereits vorher in Frankreich bekannt gewesen; DU RESPOUR 1667:33 erwähnt ein *creuset d'Allemagne*, ohne dies jedoch zu beschreiben, so dass unklar bleiben muss, ob es sich dabei um dieselbe Art Tiegel handelt. *Tute* ist nicht nur ein Lehnwort der metallurgischen Literatur, sondern auch eins der Arbeiter (vgl. BUCQUET 1771 und JAUBERT 1858:2,405), aber es ist nicht festzustellen, ob es in deren Fachsprache separat entlehnt worden ist. Unwahrscheinlich erscheint dies nicht.
Exakte lexikalische Konkurrenten für *tute* bestehen nicht; *creuset* 'Schmelztiegel' hat sicherlich oft die Funktion von *tute* übernommen.

knobbe s.f. 'unreine Schlacke' < Knobben pl.
EB2a: HELLOT 1753:2,251
Varianten:
- äußere Form: *knobes* pl. (BERGMÄNNISCHES WÖRTERBUCH 1778:295b), *knobben* pl. (MACQUER ²1778:4,98), *cnobbes* pl. (JACOBSSON 1781:2,426b)

LB: JACOBSSON 1781

Ebenso wie bei *kniest* hat Hellot das deutsche Wort für entlehnungswürdig gehalten, um die genannte Art Schlacken genauer zu benennen. Er bildet eigenständig die Singularform *knobbe*, die nach Lage der Belege im Deutschen selbst gar nicht üblich ist (SCHLÜTER 1738 hat stets *Knobben* pl.). Mit diesem Entlehnungsvorschlag hat Hellot einen etwas größeren Erfolg als bei *kniest* gehabt; zwar stellen BERGMÄNNISCHES WÖRTERBUCH 1778 und MACQUER ²1778 nur Zitate aus HELLOT dar und nennt MORAND 1779:3,1442 *Knobbe* nur als Wort des Rammelsberger Bergbaus, doch immerhin erscheint in JACOBSSON 1781 eine assimilierte Form *cnobbes*, die auf gewissen Grad der Integration im Französischen schließen lässt.

moine s.m. 'oberer (konvexer) Teil der Form zur Herstellung von Kupellen' < Mönch
(*FEW* 6/3,65a)
EB1: HELLOT 1750:1,112 (zwar als deutsches Wort genannt, aber schon in französischer Gestalt)
EB2a: ENCYCLOPÉDIE 1753:3,500b s.v. *claire*
Lexikalische Konkurrenten: *moule (supérieur) de la coupelle*
Belegstellen: ENCYCLOPEDIE METHODIQUE 1805:4,73a, LAROUSSE 1874:11,381b
LB: LAROUSSE 1949:2,230a

Eine Erklärung von *moine* und →*none* als autochthonen Sexualmetaphern wäre durchaus plausibel – vgl. *moine* 'kegelförmiger Hammer' in *TLF* 11,954b –, weswegen in *FEW* 6/3,35a keine deutsche Herkunft erwogen wird. Die unter *claire* genannten Gründe sprechen aber auch bei *moine* deutlich für eine Entlehnung aus dem Deutschen. Hellot dürfte der Urheber der Lehnbedeutungen sein: „Ce moule inférieur qui reçoit les cendres, se nomme en Allemagne la *None*: le supérieur, qui forme le creux arrondi de la coupelle, s'appelle le *Moine*." *Moine* wird ebenso schnell wie *claire* integriert; andere Konkurrenten als das vage *moule* 'Form' hat es nicht.

(plomb d')œuvre s.m. 'zusammen mit Silber geschmolzenes Blei' < *Werk(blei)*
(*FEW* 9,96a)
EB1/2a: HELLOT 1753:2,238 (*oeuvre*)
EB2a: ORSCHALL 1760:146 (*plomb d'œuvre*)
EB2b: DE DIETRICH 1789:3,190 (*plomb d'œuvre*)
Varianten:
- äußere Form: *œuvre* (HELLOT 1753 – LAROUSSE 1874:11,1269b)

Belegstellen: ENCYCLOPÉDIE 1765:9,739a, DE LUC 1779:3,350, ARMANET 1947:324a

Von Hellot als Lehnbedeutung zu *œuvre* eingeführt, dann vielleicht aufgrund eines gesonderten Entlehnungsvorganges als Lehnbildung übernommen. HELLOT 1753 erwähnt ein „plomb riche, que l'on nomme *Oeuvre*, tant au Hartz que dans d'autres endroits" und führt im Folgenden *œuvre* an zahlreichen Stellen selbständig auf. Eine präzise französische Bezeichnung für diese Bleimischung existierte nicht, und Hellot erkannte den Vorteil des deutschen Ausdrucks *Werk*[375]. Später wird dann dem bedeutungsgleichen d. *Werkblei* (EB 1548) nachempfundenes *plomb d'œuvre* bevorzugt und von DE DIETRICH 1789 bereits ohne Einschränkung verwendet („la matte qui résulte de cette fonte, indépendamment du *plomb d'œuvre* qu'on en obtient"). Fehlt in allgemeinen Wörterbüchern seit LAROUSSE 1874, ist aber heute noch gebräuchlich[376].

rafraîchissement s.m. 'Zusetzen von Blei zu Kupfer' < *Frischen* s.n.
(*FEW* 15/2,177b)
EB2b: HELLOT 1753:2,58
Lexikalische Konkurrenten: *composition* (s.u.)
Wortfamilie: →*rafraîchir* 'Blei frischen' (ORSCHALL 1760:122 – SACHS/VILLATTE 1894:1278c)
Belegstellen: ENCYCLOPÉDIE 1765:9,563a, SCHMIDT ~1845:341a, LAROUSSE 1875:13,635a, SACHS/VILLATTE 1894:1279a
LB: LAROUSSE 1932:5,911a

Eine weitere auf Hellot zurückgehende Lehnbedeutung. Eine französische Entsprechung fehlte, so dass das deutsche Vorbild nachgeahmt und die Bedeutungsentlehnung und schnell integriert wurde. Der deutsche Ursprung ist z.B. auch JARS 1770:429 bekannt. MONNET 1772:370 verurteilt diese Benennung und damit auch das französische Bedeutungslehnwort; zu *composition* verfasst er folgende Fußnote: „C'est ainsi que je nomme cette fonte, au lieu de *rafraîchissement* comme les Allemands, qui lui donnent ce nom d'après les folles idées de l'alchymie [...]." Dieser Einwand ist ohne Folgen geblieben und *rafraîchissement* bis ins 20.Jh. beibehalten worden.

---

[375] S. SCHINDLER 1697:271: „Werck ist nach dem schmeltzen Silber und Bley beysammen." Der Status von *œuvre* als Bedeutungslehnwort ist unstrittig (in *FEW* 9,96a nicht als solches aufgeführt). Auffällig ist allerdings in BOISTE 1851:497b gebuchtes *œuvre* als „pierre qui contient de l'argent", aufgeführt als „terme de lapidaire". Diese Angabe lässt zunächst an ältere lithologische Traktate und somit an eine mögliches autochthones *œuvre* denken. Im vorliegenden Rahmen ausgewerteten Quellen habe ich ein solches *œuvre* nicht angetroffen, so dass hier wohl nur eine ungenaue Erläuterung des o.g. Bedeutungslehnworts *œuvre* vorliegt.
[376] Belege z.B. unter *mineralinfocatalogue.brgm.fr/stats/Pb.htm*, *www.glvt-cnrs.fr/biblio/Ingenieur/ traites/ m/m325z.htm, adminet.com/eur/loi/leg_euro/fr_272A0722_05.html*.

speiss s.m. 'unreiner Kobalt nach der ersten Schmelzung' < *Speiß* s.m., *Speise* s.f.
FEW 17,176b, *TLF* 15,863b, *DMD* 725b
EB1: ART DE LA VERRERIE 1752:597
EB2a: HELLOT 1753:2,269 (*speiz*)
Varianten:
- äußere Form: (HELLOT 1753:2,295), *speisze* (*ebda.* 315), *speise* (*ebda.* 693 – BERGMÄNNISCHES WÖRTERBUCH 1778:510a), *speiss* (seit ENCYCLOPÉDIE 1765:15,449b), *speis* (DE GENSSANE 1778:4,135[377])

Lexikalische Konkurrenten: *matte* (seit 16. Jh.)
Belegstellen: ROME DE L'ISLE ²1783:3,4, BOISTE 1803:375a, GUILLET 1948:121

In der modernen Bedeutung ist *speiss* von Hellot eingeführt worden, der das Fehlen einer adäquaten französischen Bezeichnung erkannte und die Verwendung des deutschen Wortes propagiert hat. Schreibt er erst „la matte de *speiz*, (espece de bronze ou matiere aigre)" (1753:2,269), um den neuen Terminus erklärend einzuführen, gebraucht er im Folgenden stets *speisse, speisze, speise* allein. Dieser Gebrauch ist den Belegen nach ohne Zögern übernommen worden, wohl weil fr. *matte* sich auf unreine Schmelzprodukte jeglicher Metalle bezieht und *speiss* sich als Spezialausdruck der Kobaltverhüttung anbot.

Auch auf lautlicher Ebene ist *speiss* vollständig integriert ([spɛs]), doch sind auch [spajs] (s. *TLF*) und „spèïss" (LAROUSSE 1875:14,991b) anzutreffen, die aber im 18. Jh. nicht denkbar sind. Die in LAROUSSE 1977:6,5675c angegebene Aussprache [špajs] orientiert sich sekundär am deutschen Vorbild.

Schon in ENCYCLOPÉDIE 1757:7,706b wird die Auffassung vertreten, dass fr. *glette* 'Bleioxid' aus dem Deutschen entlehnt sei: „nom que les Monnoyeurs donnent quelquefois à la litharge; il nous vient des Allemands qui l'appellent *glotte*", tatsächlich *Glette, Glätte* oder *Glötte* (nd. *glad, glat* seit dem 13. Jh., hd. erst im 15. Jh.). Der gleiche etymologische Vorschlag findet sich noch bei Friedrich Diez, *Etymologisches Wörterbuch der romanischen Sprachen* ³1870:2,323. Dagegen wird heute *glette* als Substantivierung eines afr. Adjektivs *glet, *glette < GLITTUS 'zäh, klebrig' aufgefasst (*TLF* 10,273a) und daher das d. *Glätte* in gleicher Bedeutung als Lehnwort aus dem Französischen (*FEW* 4,157a). Insbesondere in Anbetracht der früh belegten Existenz von fr. *glette* (um 1185) als 'zähe, schleimiger Substanz' (vgl. die deutsche Glosse *litargirum — schum*, DEUTSCHES WÖRTERBUCH 4/1/4,7742: *lit(h)argirum* ist ein Synonym von *Glätte*, fr. *lit(h)arge*) ist der Entlehnungsweg vom Deutschen ins Französische auszuschließen. Dass in der *Encyclopédie* und später ein solcher Ablauf vermutet wird, ist zweifellos dadurch begründet, dass die deutsche Herkunft zahlreicher metallurgischer Fachtermini allgemein bekannt war und das fr. *glette* daher mit dem offensichtlich bekannten d. *Glätte* in falscher Richtung verbunden wurde. Dieser Annahme mag zuträglich gewesen sein, dass zumindest um die Mitte des 18. Jhs. *litharge* das in französischen Texten deutlich häufiger gebrauchte Wort war – auch z.B. FURETIÈRE 1690:2 führt ausschließlich *litarge* auf – und *glette* vielleicht wegen seines selteneren Vorkommens als neues, also entlehntes Wort angesehen wurde. *Glette* scheint v.a. in der Sprache der Münzpräger frequent gewesen zu sein – s. ENCYCLOPÉDIE 1757 –, vgl. z.B. BOIZARD 1692:187 in seinem *Traité des Monoyes*: „ces termes de *Glette*, ou *Litarge* sont synonimes." In der übrigen metallurgischen Fachsprache hat der Einfluss von *Glätte* dem Status von *glette* gegenüber *litharge* möglicherweise tatsächlich einen verstärkenden Impuls geben können.

---

[377] Hier mit *matte* gleichgesetzt, also nicht im Sinne von →*speys* gebraucht, s. dort.

golder s.m. 'Silber mit hohem Goldgehalt' < *Gölder*
(E)B2a: SCHINDLER 1759:193

Geoffroy übersetzt in SCHINDLER 1759 eine Bemerkung zu Silber: „celui qui contient plus de quatre loths d'or par marc, se nomme *Golder*." Geoffroy versucht diese Entlehnung, da er für das Silber, das weniger Gold enthält, mit *argent aurifère* eine französische Bezeichnung zur Hand hatte. Daher lautet auch eine Überschrift „Maniere d'inquarter & d'essayer les Golders non monnoyés" (205) und wird *golder* im Folgenden sehr oft im Textfluss verwendet. Geoffroy geht folglich genauso vor wie etwa Hellot bei →*moine* oder →*(plomb d') œuvre*, doch findet er im Unterschied zu Hellot keine Nachahmer.

hinterhalt s.m. 'Silberrückstand beim Scheiden von Gold und Silber' < *Hinterhalt*
(E)B2a: SCHINDLER 1759:34
Lexikalische Konkurrenten: *surcharge* (HELLOT ET AL. 1763:13, ANON. 1790b:76)

Bei *hinterhalt* verfährt Geoffroy wie bei →*golder*. Zuerst wird das Lehnwort erklärend eingeführt: „Maniere de connoître le hinterhalt de l'Eau-forte, c'est-à-dire la quantité d'argent que l'Eau-forte a laissée dans l'essai de l'or après le départ" (SCHINDLER 1759:34). Daraufhin wird *hinterhalt* mehrfach unkommentiert im Text verwendet (z.B. 210, 223). Nachahmer findet Geoffroy auch in diesem Fall nicht; anders als bei *golder*, zu dem französische Entsprechungen fehlen, wird dem deutschen Lehnwort eine autochthone Bezeichnung vorgezogen:

> „Schindler & Schlutter prétendent qu'il faut rabattre sur le poids du cornet un vingt-quatrième, & même un douzième de carats, parce qu'il y reste une petite portion d'argent, qu'ils nomment *interhalt* ou *surcharge* [...]" (HELLOT ET AL. 1763:13).

none s.f. 'unterer (konkaver) Teil der Form zur Herstellung von Kupellen' < *Nonne*
(*FEW* 7,188a)
EB1: HELLOT 1750:1,112
EB2a: SCHINDLER 1759:17 (*nonne*)
Lexikalische Konkurrenten: *moule (inférieur) de coupelles* (s. z.B. BERGMÄNNISCHES WÖRTERBUCH 1778:370a)
Belegstellen: ENCYCLOPÉDIE PLANCHES 1763:3, Kapitel *Chimie*, planche 3, fig. 205, ENCYCLOPÉDIE MÉTHODIQUE 1805:4,73a, MOZIN 1828:2/1,282c
LB: LAROUSSE 1874:11,1079d

Zum Kontext des Beleges und der Bewertung im *FEW* siehe unter *moine*. *Non(n)e* hat sich ebenso wie dieses schnell durchgesetzt, anscheinend weil das anschauliche Metaphernpaar gegenüber *moule inférieur / supérieur de coupelles* größeren Anklang gefunden hat.

rafraîchir v.tr. 'beim Schmelzvorgang dem Kupfer Blei zusetzen' < *frischen*
EB2b: ORSCHALL 1760:122
LB: SACHS/VILLATTE 1894:1278c

D'Holbach übersetzt in ORSCHALL 1760 – zweifellos in Kenntnis von HELLOT 1753 und dem dort erstmals belegten →*rafraîchissement*:

„[...] l'argent qui est contenu dans le cuivre, on y joint du plomb; on le fait passer au fourneau de fusion & l'on obtient ce qu'on appelle *pains de liquation*: cette opération se nomme *rafraîchir*."

Die Benennung wurde erst mit der Ablösung der Technik aufgegeben.

kupferleeg s.m. 'unreines geschmolzenes Kupfer' < *Kupferleg*[378]
EB1: DE BERTEREAU 1640 in GOBET 1779:1,399 (*Rupferlach*)
(E)B2a: ROMÉ DE L'ISLE 1767:2,529
Lexikalische Konkurrenten: *matte de cuivre* (s. z.B. SCHWAN 1784:2,289b, noch heute)

Von Romé de l'Isle eingeführt, vielleicht weil ihm das von ihm selbst angegebene fr. *matte de cuivre calcinée, fondue pour la seconde fois* als zu umständlich erschien. Diese Differenzierung wird aber offensichtlich nicht als notwendig empfunden, denn andere Autoren begnügen sich mit der Benennung als *matte de cuivre*, was dem deutschen Wort im Grunde genau entspricht, s. Fußnote 378.

farine empoisonnée s.m. 'Arsenoxid in Pulverform' < *Giftmehl*
EB1: ENCYCLOPÉDIE 1757:7,660b
EB2a: VALMONT DE BOMARE 1768:6,382
Lexikalische Konkurrenten: *arsenic (vierge) en farine* (s. WALLERIUS 1753:1,405, HENCKEL 1760:1,27, BERGMÄNNISCHES WÖRTERBUCH 1778:227a), *giftmehl* (MOZIN 1826:1/1/2,256a – RAYMOND 1832:1,649c), *arsenic en poudre* (2002)
Belegstellen: SCHWAN 1782:1,755b
LB: LAROUSSE 1872:109d

Da es sich um einen metallurgischen Fachausdruck handelt und das Motiv der Benennung zwar verständlich, aber nicht zwingend ist, wird *farine empoisonnée* hier als Lehnbildung aufgefasst. VALMONT DE BOMARE 1768 scheint der direkte Zusammenhang schon nicht mehr vor Augen zu sein:

„Gift-Mehl. Nom que les Mineurs Allemands donnent à la *farine enpoisonnée* (substance arsénicale) qui se dégage du cobalt, lorsqu'on le grille pour en faire du safre."

Erst im 19. Jh. konkurriert *farine empoisonnée* mit dem wörtlich entlehnten *giftmehl*. Hierzu steht in ENCYCLOPÉDIE 1757 – im *FEW* als EB2 aufgefasst –: „ce mot est allemand, & signifie *farine empoisonnée*. Il est usité dans les atteliers où l'on grille le cobalt pour en dégager l'arsenic [...]." Dass das Wort deutsch sei, kann auch etymologisch gemeint sein[379]. Da aber ansonsten *giftmehl* im 18. Jh. fehlt und *farine empoisonnée* allein zu gelten scheint, sind hier offenbar nur deutsche „atteliers" gemeint.

---

[378] Diese Variante wird vom DEUTSCHEN WÖRTERBUCH 5,2764 als s.n. aufgeführt und als „*ein metallisches gemenge das 'sich beim schwarzkupfer-machen zwischen der kupferschlacke und dem schwarzkupfer her legt'*" erklärt. Da das *Kupferleg* im Französischen zumeist *matte de cuivre* genannt wird, ist wohl im Deutschen ein ursprüngliches *Kupferlech* anzunehmen – vgl. auch die Form de Bertereaus –, denn der Lech ist in manchen Gegenden der Rohstein, d.h. die aus der ersten Schmelzung eines Metalles resultierende Substanz, die im Französischen *matte* heißt.

[379] Vgl. *knospen*.

floss s.m. 'Gusseisen in Form von Plättchen' < *Floß*
FEW 15/2,147b
EB1: DE COURTIVRON/BOUCHU 1762:4,110[380]
EB2b: Pierre-Clément Grignon, *Programme de questions proposées aux maîtres de forges* 1773:4
Belegstellen: JARS 1774:xiij, LAROUSSE 1872:8,504c
LB: SACHS/VILLATTE 1894:673c

Als Bezeichnung eines bestimmten Eisenerzes erscheint *floss* bereits einmal in SCHINDLER 1759:172, wo aber lediglich die deutsche Nomenklatur originalgetreu wiedergegeben wird. Von Bedeutung ist *floss* im Französischen nur in Bezug auf die Form, die das Gusseisen vor dem Frischen erhält. Verschiedene Belege zeigen die Stufen der Integration. DE COURTIVRON/BOUCHU 1762 nennen *floss* aus den österreichischen Hütten, „une masse de fer nommée *floss*". JARS 1774 berichtet aus der Steiermark: „Ce mémoire donne tous les détails du rôtissage, de la fonte des *floss* [...]". Dagegen fehlt ein Verweis auf Österreich bei Grignon, *Programme de questions proposées aux maîtres de forges* 1773:4 (zitiert nach ÉLUERD 1993:216):

„Il faut décrire la forme sous laquelle on moule la fonte destinée à être convertie en fer; est-ce en gueuses, en planches, en grénouilles, en feüilles, en gateaux, en guises ou en floss?"

Offensichtlich kann davon ausgegangen werden, dass die französischen Eisengießer das Wort ohne Erklärung verstehen. In GRIGNON 1775:460 findet sich eine vergleichbare Passage: „La fonte sera moulée en gueuse, en guise ou en floss, suivant les usages locaux." Wie zahlreiche spätere Belege zeigen[381], ist *floss* namentlich im „usage local" Österreichs bzw. Deutschlands beheimatet, doch ist zumindest die Kenntnis dieser Technik für französische Metallurgen unerlässlich. SCHMIDT ~1845:327c und LAROUSSE 1870 machen keinerlei Einschränkung hinsichtlich der Gültigkeit von fr. *floss*.

bleysack s.m. 'Bleirückstände auf Silberkörnern' < *Bleisack*
EB1: LEHMANN 1759a:183
EB2a: SCHMIDLIN 1774:2,236b
LB: NOUVEAU DICTIONNAIRE 1790:2,313b (*bleysak*)

Geoffroy zieht zunächst eine Lehnbildung vor, die sich aber nicht durchsetzt: „[...] que le bouton d'argent ne reste couvert d'un *sac* ou *voile de plomb*, qui est nommé en Latin *Velamen*, sive *saccum plumbi*" (SCHINDLER 1759:110), in SCHINDLER 1697:71 „damit die Körner nicht einen Bleysack an sich behalten." Nur als deutsches Wort kennen *bleysack* ENCYCLOPÉDIE 1751:2,285a und GRAND VOCABULAIRE FRANÇOIS 1768:4,105b; SCHMIDLIN 1774 verzichtet auf eine derartige Markierung. SCHWAN 1782:1,240b nennt das Wort wiederum nicht als französisches, während im NOUVEAU DICTIONNAIRE 1790 der Eintrag „*Bleysak* [französisch], s.m. (Mineralog. Metallurg.) Bleisak [deutsch]" lautet. Obwohl lexikalische Konkurrenten anscheinend fehlen, hält sich *bleysack* nur für kurze Zeit.

---

[380] Wörtlich übernommen aus SWEDENBORG 1734:185.
[381] Vgl. etwa BUFFON 1783:2,467, HASSENFRATZ 1812:1,232 oder LANDRIN 1829:2,92.

Das Deutsche kennt zum einen *Küste, Kiste, Köste, Kister* 'Werkzeug zum Hin- und Herschieben des Erzes auf dem Waschherd' (s. JACOBSSON 1781:2,525a) und zum anderen *Küste, Kiste* 'gekrümmtes Werkzeug zum Trennen (Abziehen) des Abstriches vom schweren Erz' (*ebda.*, vgl. BERGMÄNNISCHES WÖRTERBUCH 1778:321b *Läuterkiste*). Beide Wörter sind in SCHLÜTER 1738 vertreten, das erste als *Kister* (2,428) und das zweite als *Kiste* (2,357), und tauchen daher auch in HELLOT 1753 auf: *kistre* (2,467) und *kiste²* (2,396). Beide Formen werden erklärt und sind hier sicher nicht als Lehnwörter zu betrachten, auch wenn *kistre* bereits formal assimiliert wird. Das Auftreten von *kiste²* als französischem Wort im BERGMÄNNISCHEN WÖRTERBUCH 1778 ist ebenso wenig ein Kriterium für den Status eines Lehnworts, da hier Hellot systematisch ausgeschöpft wird, ohne den Status der Wörter zu beachten. Prinzipiell nicht ohne Weiteres zu übergehen ist der Beleg bei Jacobsson, der französische Entsprechungen für gewöhnlich mit viel größerer Sorgfalt verzeichnet. Dennoch ist kaum anzunehmen, dass *kiste* im Französischen tatsächlich gebraucht worden ist, da die Übernahme einer Werkzeugbezeichnung aus einem wissenschaftlichen Werk in ein konkretes Alltags-Fachvokabular schwerlich vorstellbar ist. Außerdem lagen im Französischen mit *crochet, griffe* und *croard / couar / ruart*[382] bereits bekannte Bezeichnungen vor, die in Fachtexten des 18. und 19. Jhs. häufig wiederkehren, *kiste* jedoch nie.

abstrich s.m. 'Schlacke auf geschmolzenem Blei' < *Abstrich*
FEW 15/1,1b
EB2a: MICHÉ 1795:18 (*abstricht*)
Lexikalische Konkurrenten: *déchet* (s. MICHÉ), *écume* (s. SCHREIBER 1804:437)
Belegstellen: SCHREIBER 1804, LAROUSSE 1866:1,39b
LB: LAROUSSE 1928:1,24a

Als Verfasser eines „Essai d'un Manuel du voyageur métallurgiste" und durch die Nennung weiterer Fachtermini wie *chéder* (10) und *stockverck* (7) erweist sich Miché als Kenner der Fachsprache der Bergleute bzw. der Metallarbeiter. Daher verwundert nicht, dass er einen Beleg für *abstrich* liefert, das wahrscheinlich bereits einige Zeit zuvor entlehnt worden ist, da wie gesehen die metallurgischen Kenntnisse der Deutschen schon früher im 18. oder gar 17. Jh. nach Frankreich vermittelt wurden, der Beleglage anderer Lexeme nach nicht erst im späten 18. Jh. In der metallurgischen Fachsprache war *abstrich* mit einiger Sicherheit stärker verbreitet, als es die vorliegenden Belege erahnen lassen.

MOZIN 1812:2,321a führt *pierre de chaudron* als „sédiment qui s'y forme par l'ébullition" auf, vgl. *FEW* 8,315a. D. *Kesselstein* hat die gleiche Bedeutung. Hier eine Lehnbildung anzunehmen, liegt nahe, da 1. im Französischen derartige Ablagerungen idiomatischer mit *incrustation, tartre* oder dergleichen (s.u.) benannt werden und 2. WALLERIUS 1753:2,6 („[...] on en remarque [i.e. des incrustations] au fond des chaudrons couverts dans lesquelles [sic] on fait continuellement bouillir de l'eau; c'est ce qui l'a fait nommer en Allemand *Kesselstein*, (pierre de chaudron) [...]") und VALMONT DE BOMARE 1762;1,174 („parties terreuses [...] auxquelles on donnera le nom sédiment, résidu, dépôt [...]: Les Allemands appellent cette sorte de résidu *Kessel-stein* pierre de chaudron.") *pierre de chaudron* als explizite, spontane Übersetzung beinhalten. Als ebensolche erscheint *pierre de chaudron* auch in VALMONT DE BOMARE 1765:5,309. Belege für eine Verwendung von *pierre de chaudron* als französischem Ausdruck im 18. Jh. fehlen aber.

---

[382] Zu Belegen s. ÉLUERD 1993:159 und 263.

3.4.2.4. Schmiede

panne s.f. 'schmales Ende des Hammerkopfes' < *Bahn*
FEW 15/1,28a, (*TLF* 12,866b), (*EWFS* 675a), (*DMD* 542a)
EB2a: FÉLIBIEN 1676:649
EB2b: DE GENSSANE 1777:3,147
Lexikalische Konkurrenten: sicherlich *pointe* (seit 12. Jh.), *table du marteau* (LANGENSCHEIDT 1979:363c)
Wortfamilie: *panner* 'mit der Hammerspitze bearbeiten' (seit ENCYCLOPÉDIE 1765:11,822a)
Belegstellen: SAVARY DES BRUSLONS 1723:2,960, ENCYCLOPÉDIE 1765:11,821b, DE GENSSANE 1777:3,147, ENCYCLOPÉDIE MÉTHODIQUE 1790:7/1,516a[383], MOZIN 1812:2,243b, LAROUSSE 1874:12,118c

In lautlicher Hinsicht ist gegen die im *FEW* vorgeschlagene Herleitung aus *Bahn* (DEUTSCHES WÖRTERBUCH 1,1078, vgl. *Hammerbahn* in 4/2,317) nichts einzuwenden; fernerhin spräche für einen solchen Entlehnungsweg, dass auch einige andere deutsche Ausdrücke der (industriellen) Schmiedekunst wie die schon genannten *stoc*, *drome*, *dame* ins Französische gelangt sind. *TLF* 12,866b macht allerdings darauf aufmerksam, dass ein altokz. *penna* (< *pinna* 'Feder') in gleicher Bedeutung bereits um die Mitte des 14. Jhs. belegt ist. Da zudem ein französischer Lautwandel von entsprechendem afr. *penne* zu *panne* auch für *panne* 'Felbel (samtartiges Gewebe)' nachzuweisen ist, hat die Rückführung von *panne* 'Hammerbahn' auf ein älteres *penne* mit übertragener Bedeutung aus 'Feder' (wegen der spitzen Form) ebenfalls gute Gründe für sich. Angesichts des späten Beleges – der Wandel von *penne* zu *panne* ist noch in altfranzösischer Zeit als abgeschlossen zu betrachten[384] – und der Tatsache, dass eine Bedeutungsübertragung aus *panne* in den Bedeutungen 'Felbel (ein Stoff)' (seit etwa 1150), 'Flaumen (Schweinfett)' (seit etwa 1260), 'spitzer Stock, > Panne' (seit 1515), 'Dachpfette' (seit etwa 1160) kaum in Frage kommt, ist von Wartburgs Etymologie m.E. als wahrscheinlicherer Vorschlag zu bewerten.

hameselack s.m. 'um den Amboss herum abfallende Metallspäne' < *Hammerschlag*
EB2a: Notiz von de Réaumur in Jean Hellot, *Collections d'arts et de sciences*, um 1720[385] (*lampsa*)
EB2b: de Courtivron um 1763, Marginalia an HELLOT 1750:1,229B a.a.O. (*hamsa*)
Varianten:
- äußere Form: *hameselack* (Grignon 1773:8[386], PEYRONNET 1958:99=1774), *hamecelach* (GRIGNON 1775:600), *hamecelack* (ebda. 630), *hamesac* (Dufaud in *Bulletin de la Société d'encouragement pour l'industrie nationale* 1810:123), *hamecelagh* (HASSENFRATZ 1812:4,342), *hammer-schlag* (ebda. – LANDRIN 1829:2,224), *embrecelats* (in Bertrand Gille, „Les méthodes d'affinage en France en 1844", *Revue d'histoire de la sidérurgie* 1960/2, 68), *havre-sac* (LAROUSSE 1873:9,118c – SACHS/VILLATTE 1894:774b), *havresat* (SACHS/VILLATTE 1894 a.a.O.)[387]

---

[383] Hier zusätzlich in einer besonderen Verwendung belegt: „[...] commandement du maître forgeron. C'est comme s'il disoit: frappez de la panne, ce qui arrive lorsqu'il faut allonger ou élargir le fer."
[384] S. die Belege von *panne* als 'Felbel' statt *pen(n)e* schon bei Benoît de Sainte-Maure, *Le Roman de Troie*, um 1165 und *penne*, letztmals belegt im 13. Jh. (*TLF* 12,864b).
[385] Manuskript 4°171 der Bibliothèque municipale de Caen, zitiert nach ÉLUERD 1993:238.
[386] Zum Werktitel s. unter *floss*.
[387] Mit der Aussprache [avrəsa].

Lexikalische Konkurrenten: *battiture(s)* (seit 1573[388]), *crasse (d'airain)* (s. BADER 1614:28, ENCYCLOPEDIE 1751:1,103a s.v. *acier*, PEYRONNET a.a.O.), *grains du stock* (GRIGNON 1773:4,8; PEYRONNET 1958:94=1774), *paillettes*, *écume de fer* (SCHWAN 1784:2,19b), *grumillons* (seit LANDRIN 1829:2,224b)
LB: SACHS/VILLATTE 1894

Das DEUTSCHE WÖRTERBUCH 4/2,320 nennt die deutsche Variante *Hammerschlack(e)*, belegt 1551. Es ist möglich, dass einige französische Formen auf dieses Etymon zurückzuführen sind, da das Wort mit Sicherheit um einiges älter ist als 1722, wie die zu diesem Zeitpunkt schon stark deformierten französischen Formen beweisen. Réaumur kennt *lampsa* mit – trotz eigentlich aspiriertem *h* – agglutiniertem Artikel[389]. Als *hamuslade* ist *Hammerschlag* auch in wallonische Dialekte entlehnt worden (*FEW* 16,138a). Das Wort ist nicht von hier weitergewandert, sondern durch deutsche Arbeiter in andere Teile Frankreichs gebracht worden.
BADER 1614 gibt für Hammerschlag noch *crasse d'airain* an. Als das Lehnwort im Französischen lexikographisch greifbar wird, ist es aber schon ein integrierter Terminus der Arbeiter: „Ils y mettent [i.e. au feu] aussi du *hamsa*. Le *hamsa* est un dechet qui tombe au pied de leur Cétoq[390] en ferrant la loupe[391]" (DE COURTIVRON a.a.O.). François Delapouge verzichtet 1774 ganz auf eine Erklärung: „On y jette seulement les crasses et graines de fer et hameselack qui tombent autour du stock" (PEYRONNET 1958:99). Im 19. Jahrhundert erscheint das Wort mehrfach in regermanisierter Form, da das Etymon teilweise noch erkennbar ist und die assimilierten, „par corruption" entstandenen Varianten offenbar ausgebessert werden sollen, vgl. HASSENFRATZ 1812:4,342. „Heureusement les auteurs ont peu d'influence sur le parler des ouvriers", meint ÉLUERD 1993:239 und nennt *embrecelats*[392] „un ultime avatar de notre mot." Es findet sich jedoch noch eine weitere, besonders auffällige Variante des Wortes: in LAROUSSE 1873 steht mit *havre-sac* – in SACHS/VILLATTE 1894 nur unwesentlich zu *havresat* modifiziert – ein Musterbeispiel volksetymologischer Umgestaltung.

---

[388] Z.B. in DE COURTIVRON/BOUCHU 1762:4,57 und LANDRIN 1829:2,224b.
[389] Nicht auszuschließen ist hier auch eine Metathese *lampsa* statt **(h)ampsla*.
[390] Seltsame graphische Variante für *stoc(k)*, *estoc(q)* 'Fundament des Ambosses' < d. *Stock* in gleicher Bedeutung, s.o.
[391] *Loupe* s.f. 'Luppe, gereinigte Eisengans', d.h. Eisenbarren, der in den Hochofen geschoben wird.
[392] Diese Variante ist die einzige, die ebenso wie im Falle von *bocambre* < *Poch-* oder **Bochhammer* einen Gleitkonsonanten zwischen *m* und *r* aufweist. Vielleicht ist sie die älteste und/oder sprachgeographisch von den anderen Varianten zu trennen. Leider fehlen jegliche Angaben zur räumlichen Verteilung derselben.

3.4.3. Glaserei

Auch die deutsche Glasereikunst war im 17. und 18. Jh. hochentwickelt. Deutsche Glasbläser waren in nicht unbeträchtlicher Menge in Frankreich und insbesondere um Paris tätig[393]. Die folgenden Entlehnungen sind teils durch diese Arbeiter, teils (*fiel de verre*) über den Weg der Literatur eingeführt worden.

fiel de verre s.m. 'schaumige Verunreinigung, die sich beim Schmelzen auf der Glasmasse absetzt' < *Glasgalle*
EB2a: POTT 1748:16
EB2b: ART DE LA VERRERIE 1752:45
Lexikalische Konkurrenten: *suint* (seit COTGRAVE 1611), *sel de verre* (ZEDLER 1735:10,1591 – SCHMIDT ~1845:392b), *écume de verre* (ZEDLER a.a.O., HELLOT 1750:1,122), *salin* (ZEDLER a.a.O.), *tandrole*, *soude carbonatée translucide* (SCHMIDT ~1845:392b)
Belegstellen: ENCYCLOPÉDIE 1751:2,263a, LAROUSSE 1872:8,340b
LB: LAROUSSE 1973:3,1941a

Der Ursprung der Benennung liegt zweifellos im Deutschen[394], wie aus POTT 1748 deutlich wird:

„Cette expression [i.e. *fiel de verre*] vient plutot d'une erreur dans la traduction du nom que cette matiere porte en Allemand. On l'y appelle ordinairement *Glass Galle*; & comme le sens propre du mot de *Galle* est *fiel*, on a rendu l'expression entiere par *Fiel de verre*. Mais il me paroit beaucoup plus vraisemblable qu'il faut rappeler ici l'ancienne signification du mot de *Galle*, par où l'on entendoit une bulle d'ecume, & qui se conserve encore dans les mot *Wasser Galle, ecume d'eau*."

Die lateinische Lehnbildung *fel vitri* erscheint indes nicht nur in Texten deutscher Autoren[395], sondern auch in den Bemerkungen des Engländers Christopher Merrett zu Antonio Neris *L'arte vetraria* 1612 / *De Arte vitraria* von 1669, die wiederum von Kunckel 1679 ins Deutsche übersetzt wurden. Die frühesten französischen Belege für *fiel de verre* weisen alle einen Zusammenhang mit deutschen Texten auf; daher ist eine Lehnbildung unmittelbar nach dem deutschen Vorbild am wahrscheinlichsten.
HELLOT 1750:1,122 kennt einige französische Synonyme. „*De l'écume de verre*, nommé aussi *fiel & sel de verre*, ou *Tendrole*." *Sel de verre* – auch im Deutschen: *Glassalz*, s. POTT oben – und *tandrole* führt auch noch SCHMIDT ~1845 neben *fiel de verre* auf. Die überwiegende Bezeichnung in der Literatur ist aber seit der Mitte des 18. Jhs. *fiel de verre*, das schon in der ART DE LA VERRERIE 1752 ohne weitere Erklärung gebraucht wird, ebenso etwa bei Loysel, *Essai sur l'art de la verrerie* 1800, Kap. 75. Da ich Berichte über die Sprache der Arbeiter nicht habe auffinden können, ist nicht sicher, ob in dieser möglicherweise die von Hellot genannten Konkurrenten bevorzugt wurden. Am naheliegendsten ist, wie auch in *Glasgalle* zu sehen, die

---

[393] Vgl. RUIZ ²1984:61.
[394] Hier belegt seit Gersdorff, *Wundarzney* 1517:53a, s. DEUTSCHES WÖRTERBUCH 4/1/4,7682.
[395] Z.B. Michael Maier, *Atalanta fugiens* 1618.

Bezeichnung als *écume de verre*. Das am längsten belegte *suint* erscheint in den von mir ausgewerteten Quellen nicht.

culave s.m. 'Ausglühtopf' < *Kühlhafen*[396]
EWFS 291a
EB2a: *Encyclopédie Méthodique* 1791 (laut *DG* 609a)
Varianten:
- äußere Form: *quilave* (s. BOISTE 1803:116a)
Belegstellen: LAROUSSE 1869:5,639c
LB: LAROUSSE 1960:3,706b

Als mündliche Entlehnung in der Fachsprache der Glaser formal vollkommen assimiliert. Mögliche Bezeichnungskonkurrenten nennt keine Quelle; im 20. Jh. ist die Technik außer Gebrauch gekommen.

lagre s.m. 'das unterste Blatt bei der Herstellung von Glas in Blättern (dünnen Scheiben)' < *Lager*
FEW 16,438a, EWFS 555a
EB2a: *Encyclopédie Méthodique* 1791 (laut *DG* 1369b)
Belegstellen: BOISTE 1803:236a, LAROUSSE 1873:10,73a
LB: LAROUSSE 1962:6,549b

Ebenso wie *culave* assimilierte, vollständig integrierte mündliche Entlehnung ohne bekannte lexikalische Konkurrenten. Auch hier ist das benannte Gerät im 20. Jh. aufgegeben worden. Entweder gilt dies für eine ganze Technik, oder nach dem *Grand Larousse Encyclopédique* hat ein lexikographisches Reinemachen stattgefunden, denn neben *lagre* und →*culave* ist auch *schaff*² s.m. 'Regal für Glaszylinder' < d. *Schaff*² (EB BOISTE 1803:362a) hier (1964:9,658a) letztmals belegt.

[Porzellankunst]

DG 1170a bringt s.v. *glaçure* das folgende angebliche Zitat aus „Comte de Milly, Porcelaine 1771, p.4" an: „Vernis dont on couvre la porcelaine, en allemand «glasur» et que l'on nomme en français converti «glaçure»." Tatsächlich schreibt de Milly in *L'Art de la Porcelaine* 1771:4 hingegen: „[...] le vernis dont on couvre la Porcelaine, en Allemand *Glasur*, & que l'on nomme en François *Couverte*". Dieses Missverständnis ist bereits in *TLF* 10,264b aufgeklärt worden; *glaçure* kann, muss aber nicht durch d. *Glasur* beeinflusst worden sein und ist als französisches Wort erst 1844 zu belegen. Doch die verfälschte Angabe aus dem 19. Jh. geistert unverändert durch die französische Lexikologie: noch *DMD* 2001:341a notiert „**glaçure** 1772 [sic], de Milly; allem. *Glasur* [...]."

---

[396] Da *Kühlhafen* im DEUTSCHEN WÖRTERBUCH 5,2569, erschienen 1873, nachgewiesen ist, ist unverständlich, warum das 1935 überarbeitete *REW* 4730 fries. *koelhafen* als Etymon annimmt und *EWFS*² (von 1969) meint, die unmittelbare Quelle bleibe noch festzustellen.

3.4.4. Salzgewinnung

Die Technik der Salzgewinnung war in Deutschland aufgrund großer natürlicher Vorkommen früh weit fortgeschritten[397]. Daher wurde auch die Arbeit in den deutschen Salinen wie die des Bergbaus in zahlreichen französischen Reiseberichten geschildert[398]. Viele dieser Salinen befanden sich in Lothringen, welches für das hier aufgeführte Lehnwort sicherlich eine Vermittlerrolle gespielt hat.

schlott s.m. 'sich absetzender Schlamm beim industriellen Kochen von Salzwasser' < *Schlotter*
FEW 17,43b
EB2a: DE MONTIGNY 1762:113 (*schelot*)
Varianten:
- äußere Form: *schelot* (DE MONTIGNY 1762 – LAROUSSE 1933:6,240b), *schlot* (GUETTARD 1763:161 –LAROUSSE 1949:2,753a), *schlotte* (SOUVIRON 1868:492a), *schlott* (seit GRAND ROBERT 1985:8,633a)

Lexikalische Konkurrenten: s.u.
Wortfamilie: *schloter* v.intr. 'anfangen, Schlotter zu bilden (Wasser)' (ENCYCLOPÉDIE 1765:14,768a – SACHS/VILLATTE 1894 a.a.O.), 'Rückstände aus Salzpfannen entfernen' (NICOLAS 1797:105 (*schelotter*), DE DIETRICH 1800:209n (*schlotter*)), 'Salzwasser industriell abkochen' (ACADÉMIE COMPLÉMENT 1842:1094a – LEXIS 1977:1618b), *schlotage* 'industrielles Abkochen von Salzwasser' (NICOLAS 1797:143 (*schelotage*) – LEXIS 1977 a.a.O.)
Belegstellen: VALMONT DE BOMARE 1768:6,666, ENCYCLOPEDIE 1765:14,768a, ENCYCLOPEDIE METHODIQUE 1790:7/1,159a, MOZIN 1812:2,628b, LAROUSSE 1875:14,362c, SACHS/VILLATTE 1894:1406a

Die Formen *schlot* und *schelot* lassen ein Etymon *Schlot* erwarten, das in der genannten Bedeutung aber nicht existiert. Wie in LAROUSSE 1875 vermerkt, lautet die – auch heute gültige – Aussprache „chlott". Es ist zwar unklar, warum für so lange Zeit missverständlichen Formen der Vorzug gegeben worden ist, deren Aussprache spontan als [š(ə)lo] anzunehmen ist, doch macht nur die Herleitung von [šlɔt] aus *Schlotter* keine Probleme. GRAND ROBERT 2001:6,251 setzt d. *Schlotte* als Etymon an, welches lautlich möglich wäre, aber ausscheidet, da im Deutschen nur *Schlotter*, nicht aber *Schlotte* in der passenden Bedeutung belegt ist, s. DEUTSCHES WÖRTERBUCH 9,785. Zudem stimmen *schlott* und *Schlotter* auch im Genus überein.
Schlott ist nicht auf literarischer Ebene, sondern über die Fachsprache der Arbeiter in den Salinen ins Französische gelangt. Dort ist das Wort offenbar schon integriert, als es erstmals verschriftlicht wird, vgl. GUETTARD 1763: „[...] pendant l'évaporation de l'eau, il se fait au fond des poêlons un dépôt, auquel les ouvriers donnent le nom de

---

[397] S. z.B. einen zeitgenössischen Kommentar in DE MONTIGNY 1762:118f.:
„Les sources de Montmorot étant très-foibles en salure, & les environs peu garnis de bois, on n'a pu reprendre l'exploitation de cette saline , pendant très-long-temps abandonnée, qu'à la faveur d'une ingénieuse méthode inventée & pratiquée d'abord en Allemagne, pour concentrer les eaux salées par le seul mouvement de l'air."
Die Verdienste der Deutschen in der Technik der Salzgewinnung betont auch GUETTARD 1758:101.
[398] S. z.B. JOUVIN 1672:2,392ff., GUETTARD 1763:203-210, DE DIETRICH 1800:209ff.

schlot [...]"³⁹⁹. De Montigny berichtet 1762 aus der Franche-Comté und Guettard 1763 von den Salinen in Moyenvic (Lothringen); im Französischen Osten ist das Wort zuerst heimisch geworden. Spätere Quellen verzichten aber zumeist auf jegliche Markierung von *schlot* als etwaigem Regionalismus, da *schlot(t)* sehr bald auch im übrigen Frankreich aufgenommen worden ist. Dass für die salzigen Rückstände keine frühere Bezeichnung vorlag, ist kaum anzunehmen; wahrscheinlich lautete sie *dépôt* oder *dépôt séléniteux* wie noch in DE DIETRICH 1800:240 neben *schlot*. In der Fachsprache hat aber *schlot(t)* anscheinend alle möglichen Konkurrenten verdrängt. Seltsam ist die Trennung von *schelot* „combinaison de sulfate de chaux et de sulfate de soude" (485b) – „peu usité" – und *schlot* „matière précipitée qu'on retire du fond du chaudron" (459b) in RAYMOND 1832. Die bedeutungsgleichen Angaben stammen wahrscheinlich aus verschiedenen Quellen, ohne dass der Zusammenhang erkannt wurde.

3.4.5. Holzwirtschaft

<u>*schlitte* s.f. 'langer Schlitten für den Holztransport' < *Schlitten*</u>
FEW 17,43a, TLF 15,175a, DMD 694b, BW 579a
EB2a: OBERLIN 1775:184 (*chlitte*) / A. Benoist, *Une excursion dans les Vosges* 1860:15
EB2b: Erckmann-Chatrian, *L'Ami Fritz* 1864 (*schlitt*)
Wortfamilie: *schlitteur* 'Schlittenführer' (seit DE DIETRICH 1789:3,7), *schlittage* 'Holztransport auf einem Schlitten' (seit LAROUSSE 1874:14,361d), *schlitter* 'mit einem Schlitten transportieren' (seit *ebda.*)
Belegstellen: LAROUSSE 1875:14,361d

Auf das östliche Frankreich, aber nicht nur die ursprünglich deutschsprachigen Gebiete beschränkter Regionalismus, der als solcher mitsamt seinen Ableitungen auch Einzug in die französische Literatursprache gehalten hat⁴⁰⁰. Der *TLF* verzichtet auf eine Bemerkung dazu, dass seit 1789 belegtes *schlitteur* die vorhergehende Existenz von *schlitter* oder *schlitte* voraussetzt; belegt ist *chlitte* schon im Dialektwörterbuch Oberlins. Da die Technik, geschlagenes Holz auf Schlitten ins Tal zu befördern, der genannten Region eigen ist⁴⁰¹, sind andere Benennungsmöglichkeiten nicht erwogen worden.

---

³⁹⁹ Vgl. auch BUCQUET 1771:1,379f.: „Le premier précipité qui se forme est entièrement dû à la sélénite, qui, comme sel moins dissoluble, crystallise d'abord: les ouvriers nomment *schlot* ce premier précipité."
⁴⁰⁰ Vgl. die Textbeispiele aus Daudet und Queffélec in PETIT ROBERT 1993:2051a.
⁴⁰¹ S. etwa DE DIETRICH 1789:3,7:
„La manière dont le charbonnier des Vosges amène ses bois sur les emplacements où il établit ses fours, offre un spectatcle peu connu dans tout le reste de la France. Pour faire descendre les bois des pentes escarpées sur lesquelles ils se trouvoient répandus, il emploie des traîneaux: c'est un moyen économique et prompt, mais dangereux. Celui qui les conduit ne peut être qu'un homme très-fort; on le nomme schlitteur."

3.4.6. Instrumentenbau

cromorne¹ s.m. 'Orgelpfeife, die ähnlich wie ein Krummhorn klingt' < *Krummhorn*
FEW 16,763b, *TLF* 6,536a, *EWFS* 286b, *DMD* 199b
EB2b: MARCHE POITIERS 1610:220 (*cromehorne*)
Varianten:
- äußere Form: *cromohorne* (MERSENNE 1986[1636]:1, Table des matieres), *cromorne* (seit 1684, s. *Bulletin archélogique publié par le Comité historique des arts et monuments* 3 (1844/45), 231)
- morphologisch: *cromehorne* s.f. (MARCHÉ POITIERS 1611:224)

Belegstellen: FURETIÈRE 1690:1, ENCYCLOPÉDIE 1754:4,513b

1610 bestellt das Domkapitel von Poitiers bei dem Orgelbauer Crespin Carrelier „un cromehorne sous huit pieds d'étain." Um was für eine Art Orgelpfeife es sich dabei handelt, scheint für keine der Vertragsparteien erklärt werden zu müssen: die Entlehnung ist folglich um eine gewisse Zeit früher erfolgt. Namentlich die hier vorliegende Wortform belegt, dass eine umgekehrte Entlehnung *cor morne* > *Krummhorn*, wie sie in älterer Zeit vermutet wurde[402] (vgl. *cromorne²*), ausscheidet. Während das Genus anfangs noch schwankt, setzt sich das Maskulinum schnell als allein gültig durch, ebenso wie die assimilierte Variante *cromorne*.

cromorne² s.m. 'gekrümmtes Holzblasinstrument der Renaissance und des Barock' < *Krummhorn*
FEW 16,763b, *TLF* 6,536a, *EWFS* 286b
EB2b: BORJON 1672:53
Varianten:
- äußere Form: *chromhorne* (NOUVEAU DICTIONNAIRE 1790:2,609b)
- morphologisch: *cromorne* s.f. (André Gide, *Journal* 1941)
- semantisch: 'Krummhornspieler' (FURETIÈRE 1701:1)

Belegstellen: FURETIERE 1701, ENCYCLOPEDIE SUPPLEMENT 1776:2,656a, RAYMOND 1835:1,384b, LAROUSSE 1869:5,580b

Auch in diesem Fall tritt uns das Lehnwort erst als bereits integriertes entgegen: „Les haubois & les cromornes font aussi vn agreable effet avec les Musettes assemblées" (BORJON 1672). Bereits in ENCYCLOPÉDIE SUPPLÉMENT 1776 wird die Etymologie richtig erkannt[403]. Zu Unrecht nimmt SCHMIDLIN 1773:3,772b eine fälschliche Bedeutungsübertragung aus *cromorne¹* an: „vulgo (aber unrichtig) das Krummhorn." Da das Krummhorn als Musikinstrument im 18. Jh. außer Gebrauch geriet, fehlt die Bedeutung 'Krummhorn' s.v. *cromorne* u.a. in GRAND VOCABULAIRE FRANÇOIS, GATTEL 1797 und BOISTE 1803. Dann wird *cromorne* als historischer Terminus wieder angegeben (RAYMOND 1835).

BEHRENS 1923:36 bemerkt zu fr. *tympanon* 'Hackbrett': „ein griechisches Wort, das anscheinend mit der bezeichneten Sache aus dem Deutschen übernommen wurde." Diese Annahme liegt nahe, wenn man die frühen Belege liest: „Sorte d'*instrument de musique* fort harmonieux qui vient d'Allemagne"

---

[402] So z.B. von Johann Leonhard Frisch nach DEUTSCHEM WÖRTERBUCH 6,2463.
[403] „Quelques auteurs [...] dérivent ce nom de *cor-morne*, à cause que cet instrument a un son morne & semblable à celui du cor; mais la vérité est, à mon avis, que ce nom vient de l'Allemand *Krum-horn*, qui signifie cor recourbé [...]."

(RICHELET 1680:2e partie, 451a), ebenso FURETIÈRE 1690:3 und CORNEILLE 1694:2,536b, wie Furetière mit dem Zusatz „qu'on appelle icy *Psaltérion*", so auch noch DYCHE 1756:2,524a. Ebenso spricht für eine Entlehnung, dass 1. das Hackbrett insbesondere in Deutschland im 15. bis 18. Jh. sich großer Beliebtheit erfreute[404], 2. der Italiener F. Bonanni 1722 (*MGG* 9,2454) ein Hackbrett als *salterio tedesco* bezeichnet und 3. deutsche Instrumentenbauer nachweislich in der fraglichen Zeit in Frankreich bekannt waren wie z.B. Pantal(e)on Hebenstreit, der ein neuartiges Hackbrett konstruierte, dass im Jahre 1705 – angeblich auf Anregung Ludwigs XIV. – zu seinen Ehren *pantalon* getauft wurde. Das Hackbrett war schon vor dem Erstbeleg von *tympanon* in Frankreich bekannt, wurde aber wegen der ähnlichen Form – so ja auch von Furetière etc. – oft mit dem Psalterium verwechselt, welches im Unterschied zum Hackbrett keine zwei Stege aufweist, über die jeweils die Hälfte der Saiten verläuft (RIEMANN 757b). So beschreibt z.B. Mersenne, *Traité des instruments* 1636:173ff. ein Hackbrett unter dem Namen *psaltérion*; vielleicht ist auch in Frankreich zu dieser Zeit begrifflich gar nicht zwischen Hackbrett und Psalterium unterschieden worden.

Trotz der zahlreichen genannten Indizien scheint eine Entlehnung aus dem Deutschen nicht möglich: *Tympanon* in der Bedeutung 'Hackbrett' ist an keiner Stelle belegt; auch alle modernen musikwissenschaftlichen Werke stimmen darin überein, dass nur *tympanon* im Französischen und *timpanón* im Spanischen 'Hackbrett' bedeuten, im Deutschen ausschließlich 'antike zweiseitig bespannte Pauke'. Fr. *tympanon* 'Hackbrett' als Terminus der Altertumswissenschaft zu bezeichnen (*FEW* 13/2,456a), ist sicherlich verfehlt, ebenso wie die Ableitung *tympanonique* s.f. 'Kunst der Notenschift für Trommler' (455a) nicht hierzu gehört, sondern zu fr. *tympanon* 'Pauke'. Ebenso ist eine Entlehnung aus dem Deutschen aber nicht nachzuweisen; wenn es auch so scheint, dass das Hackbrett in ausgefeilter Form aus Deutschland nach Frankreich gelangt ist, hat ein paralleler sprachlicher Lehnvorgang nicht stattgefunden. Offenbar hat man im Französischen zur Bezeichnung des Hackbretts auf ein Wort aus einer anderen Sprache fremden Sprache (griech. τύμπανον) zurückgegriffen.

EWFS 518b bezeichnet *harmonica* als deutsches Lehnwort des 18. Jhs. Aus dem Deutschen stammt *harmonica* jedoch nur in der Bedeutung 'Mundharmonika', die nicht vor 1829 bezeugt ist (*TLF* 9,686a). Im 18. Jh. entlehnt wurde das Wort aus dem Englischen (1765), da der Engländer Benjamin Franklin zu dieser Zeit die Glasharmonika, bestehend aus verschieden hoch gefüllten Gläsern, erfunden hatte.

3.4.7. Pergamentherstellung

gland^l s.m. 'Klammer zum Befestigen von zu bearbeitenden Tierhäuten' < *Klamm*
FEW 16,328b
EB2a: SAVARY DES BRUSLONS 1723:1,789 (*clan* ou *gland*)
Varianten:
 • äußere Form: *clan* (SAVARY DES BRUSLONS – ENCYCLOPÉDIE 1765:11,931a)
Lexikalische Konkurrenten: *mordant* (seit ENCYCLOPÉDIE PLANCHES, s.u.)
Belegstellen: ENCYCLOPEDIE METHODIQUE 1790:3,204a, LAROUSSE 1872:8,1292d
LB: SACHS/VILLATTE 1894:729b

Schon im frühesten bekannten Beleg tritt die Umformung zutage:

> „Clan, ou Gland. Terme de Parcheminier, qui signifie un instrument de bois, qui sert à arrêter au haut de la herse, les peaux de parchemin en cosse, ou en croute, qu'on veut raturer avec le fer sur le sommier."

---

[404] S. RIEMANN Sachteil 1967:357a.

Von Wartburg begründet diese Remotivierung anhand der Form: „Das werkzeug gleicht auch etwas einer eichel." Anhand des in den *Planches* der *Encyclopédie* (8. Band, Kapitel *Parcheminier*, pl. 8 fig. 16) abgebildeten Gerätes, das ungefähr die Form einer länglichen Zwiebelhälfte hat, ist diese Annahme schwer nachzuvollziehen, selbst wenn das Eichelhütchen das *tertium comparationis* darstellen sollte. Die Anlehnung des ursprünglichen *clan* an *gland* kann auch ohne konkretes Vergleichsmoment oder sogar auf ausschließlich lautlicher Basis (sehr ähnlicher Lautkörper) erfolgt sein. Mit der Technik außer Gebrauch geraten.

3.4.8. Kutschenbau

calèche s.f. 'leichte Kutsche mit aufklappbarem Verdeck' < *Kalesche*
FEW 16,297b, *TLF* 5,31b, *EWFS* 176b, *DMD* 115a, *BW* 100b
EB2b: de Scudéry, *Poésies* 1646:14 (*calege*)
Varianten:
- äußere Form: *calège* (de Scudéry – G. de Brébeuf, *Lucain travesti* 1656:45 und arg. VIDOCQ 1837:1,44 – LA RUE 1948:87), *galèche* (Molière, *Les Fâcheux* 1661:1,1), *calèche* (seit Sarasin, *Œuvres* 1656:1,233), *calesse*[405] (Adam Olearius, *Relation du voyage de Moscovie* 1656:21)
- semantisch: 'eine aufgetakelte Frauenfrisur' (1769, *FEW* – LAROUSSE 1867:3,127b), arg. *calège* 'schicke Prostituierte' (VIDOCQ 1837:1,44 – LA RUE 1948:87)

Wortfamilie: *caléchier* 'Kaleschenfabrikant oder -verleiher' (seit *Gazette des Tribunaux* 1./2.3.1875:214/2); *vélo-calèche* (Produktname eines Dreirades mit Kutschenabteil, 2002)
Belegstellen: s. LIVET 1895:1,321f.; POMEY 1676:133a, RICHELET 1680:1,104a, TREVOUX 1704:1, SAVARY DES BRUSLONS 1723:1,576

Das tschech. *koles(k)a*, poln. *kolas(k)a* ist im Deutschen im frühen 17. Jh. (WEIGAND 1,966b) zu *Kalesche* umgestaltet worden. Schon recht bald muss das nun deutsche Wort ins Französische gelangt sein, denn bereits für die Mitte des Jahrhunderts kann LIVET a.a.O. eine beträchtliche Anzahl von Belegen aus der Dichtersprache beibringen, deren erster bei de Scudéry steht, der eines seiner Sonette „Philis dans une calege" widmet. Den Ursprung der Entlehnung angesichts der Vielzahl der Belege um 1650 um Jahrzehnte zurückzudatieren, ist nicht notwendig; da die Kalesche feineren gesellschaftlichen Kreisen vorbehalten war und das neue Wort hier zwangsläufig kursierte, kann auch ihre Bezeichnung als Bestandteil eines *vocabulaire honnête* oder *puriste* sehr schnell akzeptiert worden sein, zumal *la plus saine partie de la cour*, deren Sprache laut Vaugelas – neben der der besten Schriftsteller – der Maßstab des guten Französisch war[406], sicherlich oft in Kaleschen unterwegs war.
MÉNAGE 1694:150a widmet sich der Etymologie von *calèche*, das er aus lat. *carrus* herleitet[407]. 1676 erscheint *caleche* als eines der ersten hier behandelten Lehnwörter in einem französischen Wörterbuch, POMEY. Da die Kalesche mit ihrem aufklappbaren Verdeck ebenso wie die einige Jahre später eingeführte Berline eine technische Neuerung darstellte, hat ihre mit der Sache übernommenen Bezeichnung sich lexikalischer Konkurrenz nicht zu erwehren brauchen.

---

[405] S. die deutsche Nebenform *Kalesse*, > span. *calesa*, katal. *calès*, ital. *calesse*.
[406] Claude Favre deVaugelas, *Remarques sur la langue françoise* 1647, Préface II.
[407] „*Carrus carri, carriscus, carrisca, carresca, calesca,* CALÉCHE."

Das *FEW* weist darauf hin, dass es im Genus von *calèche* zunächst Unsicherheiten gegeben habe und bezieht diese Information offensichtlich aus LIVET, der Leven de Templery, *Le génie et la politesse de la langue françoise* 1705:129 zitiert: „Calèche est assurément féminin [...]. Cependant quelques personnes font ce terme masculin, à l'exemple de *carosse*." Diese Schwankungen können aber der Beleglage nach zu urteilen nur vereinzelt aufgetreten sein, denn alle Belege bei Livet sowie POMEY, RICHELET, FURETIÈRE, TRÉVOUX und ACADÉMIE geben das Wort als Femininum an.

berline s.f. 'Berline, geschlossene Kutsche' zu *Berlin* (ON)
FEW 15/1,95b, *TLF* 4,414a, *EWFS* 103b, *DMD* 77a, *BW* 68a
EB2a: ACADÉMIE 1718:1,146b[408]
Varianten:
- äußere Form: *brelingue* (TRÉVOUX 1721:1,993 – 1771:1,865a), *brelinde* (TRÉVOUX 1721 – 1771)[409], *breline* (Saint-Simon[410] – TRÉVOUX 1771:2,53b)
- semantisch: arg. *berline (de commerce)* 'Verkaufsgehilfe' (*Dictionnaire d'argot* 1847 – DELESALLE 1896:33b), 'dreiabteiliger Eisenbahnwagen' (1850, ESNAULT 1965:52a – LAROUSSE 1867:2,592a), 'Lore' (seit LITTRÉ SUPPLÉMENT 1877:39c), *brelingue* 'schlechter Wagen' (1899, *FEW*), 'Limousine' (seit LAROUSSE 1928:1,664a), arg. 'Taxi' (seit 1934, ESNAULT 1965:52a)

Wortfamilie: *brelingot* 'Halbberline ohne Vorderbank' (ACADÉMIE 1740:1,156a – FÉRAUD 1787:1,265b), *berlingot* 'dass.' (seit 1739, s. ESNAULT 1965:52a), fam. 'Schrottkarre' (seit O. Feuillet, *Scènes et proverbes* 1851:38), arg. 'Flugzeug' (seit *Fantasio* 1.8.1916), arg. 'Taxi' (1929, ESNAULT 1965:52a), arg. 'Motor' (seit CARADEC 1977:39b)
Belegstellen: SAVARY DES BRUSLONS 1723:1,578 (s.v. *carrosse*), ENCYCLOPÉDIE 1751:2,209b

Ihren heutigen Namen erhielt die Berline erst, als der Kutschentyp in Frankreich bekannt wurde. Nach Auskunft des *FEW* wurde sie um 1670 von einem Architekten am kurfürstlich-brandenburgischen Hof entwickelt. Leider fehlen jegliche Belege darüber, ob die Berline auch zu jener Zeit einen spezifischen deutschen Namen hatte. Nach dem Herkunftsort erfolgte im Französischen eine „Appellativierung [...] durch die Bildung einer analogen femininen Form" (SCHWEICKARD 1992:31; fr. *Berlin* als ON ist maskulin). Auf einen anderen, zeitgenössischen Etymologievorschlag weist ENCYCLOPÉDIE 1751 hin:

„[...] certaines personnes en attribuent l'invention aux Italiens, & prétendent en trouver l'étymologie dans *berlina*, nom que ceux-ci donnent à une espece de théatre sur lequel on fait subir à des coupables un ignomine publique."

Sowohl als *berline* als auch in den umgestalteten Varianten ist die Neubildung überall in Frankreich heimisch geworden, vgl. die zahlreichen Dialektbelege des *FEW*. Aus der relativen Stabilität der Berline im Vergleich zu anderen Kutschentypen[411] ergibt sich wohl die Übertragung des Namens auf die Lore der Bergwerke. Diese Bedeutung ist heute ebenso lebendig wie die automobilistische.

---

[408] Ohne eine Textstelle anzugeben, nennt WEIGAND 1,208 1712 als französischen Erstbeleg.
[409] Die beiden letztgenannten Varianten sind bereits um einige Jahre älter, wie der Kommentar in TRÉVOUX 1721 verrät: „Dans les commencemens qu'on en vit à Paris il y a peu d'années, quelques personnes disoient *Brelingue*, ou *brelinde*, mais mal [...]". In TRÉVOUX 1771 ist dieser Text nicht verändert worden.
[410] Laut P. Adam, *La langue du Duc de Saint-Simon*, Paris 1920. Saint-Simon begann seine dort ausgewerteten *Mémoires* 1739.
[411] Vgl. SAVARY DES BRUSLONS 1723: „Les Berlines ont la réputation d'être plus sûres, & de moins verser, que les Carrosses ordinaires [...]." Eine noch stabilere Berline konstruierte de Garsault um 1755, s. ANON. 1756:127f.

wurst s.m. 'länglicher Jagdwagen' < *Wurst(wagen)*
FEW 17,627a
EB2a: ENCYCLOPÉDIE 1765:17,473b
Varianten:
- äußere Form: *vourste* (ENCYCLOPÉDIE 1765 – LAROUSSE 1949:2,1061a), *vource* (ENCYCLOPÉDIE PLANCHES 1771:9, Kap. *Sellier-carrossier*, Index 2b – LANDAIS 1853:2,804a), *vourst* (laut NODIER 1829:414 bei Grécourt), *vourscht* (laut NODIER 1829:414 bei Jamet le jeune), *wource*, *wourst* (s.u.), *woursch* (s. SÜPFLE 1971[1886]:1,91)
- semantisch: *wurst* 'Wagen des Feldarztes' (Percy 1799[412] – LAROUSSE 1949:2,1074b), *wource* 'in Amerika gebräuchlicher Wagen' (RAYMOND 1832:2,774c – LANDAIS 1853:2,807c), *wourst* 'leichte deutsche Kutsche' (RAYMOND a.a.O. – LANDAIS a.a.O.), 'lange offene Kalesche' (LAROUSSE 1876:15,1383c – GUÉRIN 1892:1190b)

Belegstellen: BOISTE 1803:416a (*vource*)
LB: LAROUSSE 1949

Die Wurst bzw. der Wurstwagen wurde in Deutschland erfunden und nach der länglichen Form benannt[413]. Dieser offene Wagen wurde in Frankreich insbesondere zur Jagd verwendet und vielfach benutzt. Daraus resultieren die Bedeutungsübertragungen. Wie die „voiture dont on se sert dans quelques endroits de l'Amérique" (RAYMOND 1832) genau aussah, wird nicht beschrieben; *wurst* als Kastenwagen des Feldarztes wurde 1799 von Percy geprägt, da der benannte Militärwagen eine ähnliche Form hatte[414]. Die vollständige Integration zeigt sich in der Form *vource* mit Vereinfachung des unfranzösischen Nexus *-rst-* und dadurch, dass LANDAIS 1853 *vource* 'Jagdwagen' (2,804a) und *wourst* 'leichte deutsche Kutsche' (2,807c) als getrennte Lemmata aufführt und der Bezug offensichtlich nicht mehr gesehen wird. Als 'Jagdwagen' ist *vource* laut Landais bereits „hors d'usage" und wird schon zuvor von Raymond gar nicht mehr gebucht. Nur als historische ist diese Bedeutungsangabe später wieder aufgenommen worden.

3.4.9. Malerei

bérubleau s.m. 'kupferhaltiger türkiser Farbstoff; diese Farbe' < *Bergblau*
FEW 15/1,95a
EB1: BOËCE DE BOOT 1644:350 (*berglblau*)
EB2a: FURETIÈRE 1708:1 (*bergblau*)[415]
Varianten:

---

[412] S. *www.histanestrea-france.org/docs/textes/evoltrsp.html*.
[413] Vgl. ENCYCLOPÉDIE PLANCHES a.a.O. pl. 17, fig. 4 und den etymologisch zutreffenden Kommentar in ENCYCLOPÉDIE 1765:17,473b:
„[...] c'est ainsi qu'on nomme une voiture découverte [...]. Cette voiture a été inventée en Allemagne. Le mot wurst est allemand, & signifie boudin; il lui a été donné à cause de la forme du siege sur lequel on est assis [...]";
durch *boudin* s.m. erklärt sich vielleicht auch das im Französischen maskuline Genus von *wurst*.
[414] Vgl. LAROUSSE 1949:2,1074b „caisson qui avait l'apparence d'une saucisse."
[415] Laut FEW findet sich in FURETIÈRE 1708 *bergbleau*, das dort aber nicht anzutreffen ist, und schon in FURETIÈRE 1701 *bergblau*. Dort steht aber weder *bergblau* als Lemma, noch enthalten die Einträge zu *cendre verte*, *verd d'azur* und *pierre armenienne* das Lehnwort.

- äußere Form: *bergblau* (FURETIERE 1708), *berglbleau* (SAVARY DES BRUSLONS 1723:1,321 – TREVOUX 1771:1,864a), *bérubleau* (RICHELET 1735:1,236a – GUERIN 1892:1,955b), *bergbleau* (DYCHE 1756:1,123a)

Lexikalische Konkurrenten: *verd de montagne* (seit 1501, s. COHEN 1925:506), *terre verte, cendre verte* (schon im 17. Jh., s. HEUCK 1929:80 – GUÉRIN a.a.O.), *vert-azuré* (s. CORNEILLE 1694), *verd de terre* (RICHELET 1735, MOZIN 1812:1,118b)[416], *bleu de montagne* (so seit VALMONT DE BOMARE 1762:1,283), *bleu d'azurite, azur d'Allemagne, azur de montagne* (2002)
Belegstellen: SCHMIDLIN 1774:2,174b, MOZIN 1811:1,118b, LAROUSSE 1867:2,628d
LB: GUÉRIN 1892

Der aus dem Azurit (Kupferkarbonat) gewonnene türkise Farbstoff war in Frankreich schon im 17. Jh. bekannt und wurde *cendre verte* genannt, s. etwa FÉLIBIEN 1676:495 s.v. *bleu*[417]. Ohne erkennbaren Bedeutungsunterschied wurde um 1700 d. *Bergblau* entlehnt, vgl. SAVARY DES BRUSLONS 1723: „Berglbleau. C'est ce qu'on nomme autrement Cendre verte, ou Verd de terre." Die o.g. Varianten resultieren aus verschiedenen Schreibfehlern, die sich von Quelle zu Quelle fortgesetzt und auch Einfluss auf die Aussprache gehabt haben.

Im mineralogischen Sprachgebrauch wird gemeinhin →*bleu de montagne* zur Bezeichnung des Minerals Azurit verwendet, das seinerseits im Vokabular der Malerei auch anzutreffen ist und heute ausschließlich gebraucht wird. Unter den mineralogischen Autoren führt nur BEURARD 1809:78a *bérubleau* in der Bedeutung 'Berggrün' auf[418]. Höchstwahrscheinlich aus diesem d. *Berggrün*, 'Kupfergrün', ist schon um 1500 fr. *verd de montagne* als Farb(stoff)bezeichnung entlehnt worden, das laut SAVARY DES BRUSLONS 1723:2,1086 die gleiche Farbe meint wie *bérubleau* (so auch LAROUSSE 1867). Die im LEXIKON DER KUNST 1:486a bzw. 487a aufgeführte Unterscheidung zwischen Berggrün (künstliches Mineralpigment, Malachit) und Bergblau (künstliches Mineralpigment, Azurit) ist im 17. und 18. Jh. nicht einheitlich getroffen worden, wie die o.g. Belege zeigen. Ein dem *vert-azuré* bei Corneille entsprechendes ital. *verde azzurro* gebraucht z.B. Cennini laut LEXIKON DER KUNST 1:487a für 'Berggrün'.

3.4.10. Kammherstellung

*gland*² s.m. 'eine Zange des Kammmachers, Kluppe' < *Klamm*
FEW 16,328b
EB2a: SAVARY DES BRUSLONS 1723:1,246
Belegstellen: ENCYCLOPÉDIE 1757:7,701a, SACHS/VILLATTE 1894:729b
LB: LAROUSSE 1948:1,840b

Savary des Bruslons kennt neben *gland*¹ ein zweites, dieses jedoch ohne die Variante *clan*: „C'est aussi une espece de tenailles de bois, dont les Ouvriers qui fabriquent les

---

[416] Laut VALMONT DE BOMARE 1762:1,283 bedeutet *verd de terre* eine etwas andere Farbnuance als *cendre verte* bzw. *bleu de montagne*.
[417] „Il y a une autre couleur couleur bleuë qui se fait en Flandre, dont les Peintres se servent, mais qu'ils n'employent que dans les païsages, parce qu'elle verdit facilement, aussi l'appelle-t-on *cendre verte*."
[418] Dagegen nennt GUÉRIN 1892:1,925a *bergblau* als Synonym von *azurite*, s. das Folgende.

peignes se servent [...]." Da die *Planches* der *Encyclopédie* dieses Werkzeug nicht abbilden, kann über eine eventuelle Ähnlichkeit mit einer Eichel nur spekuliert werden; eine solche ist aber, wie bereits gesagt, für die Annäherung eines älteren **clam(e)*, **clan* an *gland* auch nicht unbedingt erforderlich.

[Fischzucht]

Im Kapitel „Von Weyer-Fischen" verzeichnet MOSCHEROSCH 1655:118 als Pendant zu d. *Gelätz* „de la Glaitz", welches offensichtlich das französierte deutsche Wort darstellt. Der vorhergehende Eintrag lautet *Setzlinge – eslevins*, der folgende *Persich – une perche*. Vielleicht bedeutet *Gelätz* etwas wie 'Fischbrut'. Da *Gelätz* und denkbare graphische Varianten als Terminus der Fischzucht aber weder im DEUTSCHEN WÖRTERBUCH noch anderen deutschen Wörterbüchern nachzuweisen sind, bleibt die genaue Bedeutung im Dunkeln. Sie wird auch deswegen nicht erhellt, weil *glaitz* in keiner weiteren französischen Quelle aufzuspüren ist. Anscheinend hat Moscherosch hier, da ihm eine französische Entsprechung unbekannt war, einen eigenständigen Entlehnungsvorschlag gemacht.

[Goldschmiedekunst]

DG 1077b, BEHRENS 1923:88 und *EWFS* 433a führen *flinquer* 'Metall durch leichte Schläge einritzen, damit die Glasur darauf haftet' (Terminus der Goldschmiedekunst, seit ENCYCLOPÉDIE 1756:6,875b) auf d. *flinken, flinkern* 'schimmern, glänzen' zurück; Behrens vermutet eine nicht belegte faktitive Verwendung bereits im Deutschen. Da bei *flinquer* weniger der Glanz im Vordergrund steht als die Schläge, die zum Einritzen führen, erscheint die in *FEW* 15/2,144a vorgeschlagene Herleitung aus fläm. *flink(e)* 'Schlag' wahrscheinlicher – zumal hier auf die hochentwickelte Goldschmiedekunst der flämischen Städte verwiesen werden kann –, wenn nicht das im WOORDENBOEK 3/3,4559 als spezifisch südnl. aufgeführte *flinken* 'schlagen' zu Grunde liegt. Zu bedenken ist allerdings, dass SCHMIDT ~1845:327a durchaus d. *flinken* („Bergb.") als Entsprechung von fr. *flinquer* angibt, während *flinkern* separat als *étinceler, briller, (re)luire* erscheint. Da dieser Beleg isoliert scheint und das DEUTSCHE WÖRTERBUCH *flinken* in der Bedeutung von fr. *flinquer* nicht kennt, ist er skeptisch zu beurteilen. Möglicherweise ist von Schmidt für *flinquer*, beeinflusst durch *flinken*, eine falsche Bedeutung angenommen worden oder *flinken* in technischer Bedeutung ist gar aus diesem (oder nl. *flinken*) entlehnt.

3.4.11. Seewesen

lover (un câble) v.tr. '(ein Tau) aufrollen' < nd. *lofen* 'drehen, wenden'
FEW 16,479b, *TLF* 11,30a, *EWFS* 580a, *DMD* 439a, *BW* 376a
EB2a: GUILLET 1678:3,217
Varianten:
- semantisch: *se lover* 'sich zusammenrollen, -kuscheln' (seit Labat, *Voyage aux îles de l'Amérique* 1722:4,97)

Lexikalische Konkurrenten: *cueillir* (RÖDING 1794:229 – Bescherelle, *Dictionnaire national* 1845), *ramasser en rond*, in der Bedeutung 'sich zusammenrollen' *se pelotonner* (so seit 1784)
Wortfamilie: *loveur* 'Seemann, der Netze aufrollt' (seit 1867, GRAND ROBERT 2001:4,944b), *délover* '(ein aufgerolltes Kabel) abrollen' (seit Bescherelle, *Dictionnaire national* 1845), *délovage* 'das Abrollen' (ANTIDICO 2002), *lovage* 'das Aufrollen' (2003), *relover* 'wieder aufrollen' (2003)

Belegstellen: FURETIERE 1701:2, NOUVEAU DICTIONNAIRE 1790:2,1119b, RÖDING 1794:229, LAROUSSE 1873:748d

Die in *lover* vorliegende Beschränkung des Drehens bzw. Wendens auf Taue ist im Niederdeutschen nicht ausdrücklich belegt, lässt sich aber leicht aus der Grundbedeutung herleiten; wahrscheinlicher, als dass *lover* im Französischen zunächst in allgemeinerer Weise verwendet worden wäre, ist die Annahme, dass bereits niederdeutsche Seeleute *lofen* oder *luven* in o.g. Weise gebraucht haben. GUILLET 1678 führt das Lehnwort bereits ohne Einschränkungen auf: „Lover un Cable. C'est mettre un cable en rond, en façon de cerceaux [...]." Aus der Seemannssprache ist *lover* in Form des Pronominalverbs *se lover* bald in die Gemeinsprache vorgedrungen und dort noch heute sehr verbreitet.

3.4.12. Zieglerei

gibles s.m./s.f. pl. 'zum Brennen aufgestellte Ziegel' < *Giebel*
FEW 16,35a
EB2a: SCHMIDLIN 1777:7,135b (*giblas* pl.)
Varianten:
- morphologisch: *gibles* pl. (BOISTE 1803:196a – 1851:344b), *gible* sg. (LAROUSSE 1872:8,1246c – 1973:3,2229a)

LB: LAROUSSE 1973

SCHMIDLIN 1777 schreibt s.v. *giblas*:

„[Ziegler] Sparren am Brennofen, von Ziegeln, die nach der Höhe gestellt sind, und die man ungefähr 3 Zoll einen vom anderen entfernt und mit anderen Ziegeln platt überlegt."

Schon von Wartburg hat die Art der Aufstellung der Ziegel an *Giebel* als Etymon denken lassen. Im Deutschen ist zwar diese Verwendung des Wortes nicht belegt, aber leicht nachzuvollziehen. Daher ist es recht wahrscheinlich, dass deutsche Arbeiter, die in Frankreich ihr Geld verdienten, *Giebel* in dieser Weise gebrauchten und so *gibles* ins Französische gelangte. Ein mögliches westromanisches Etymon, das aufgrund der Pluralform -*as* bei Schmidlin denkbar wäre, ist nicht aufzufinden. Bei *giblas* handelt es sich wohl um einen Druckfehler[419].

---

[419] Nicht nur anhand von *gibles* (bisheriger Erstbeleg BOISTE 1803) wird deutlich, welche Bedeutung Schmidlins *Catholicon* für die französische Lexikologie und -graphie hat, vgl. aus diesem Korpus auch *postophe*, *gletscher*, *hemvé*. Berechtigt ist mithin die Kritik Höflers im Vorwort der Neuausgabe von 1995 (S. 2) daran, dass seit etwa 1920 das *Catholicon* nicht mehr unmittelbar konsultiert worden ist.

3.4.13. Architektur

<u>vasistas</u> s.m. 'separat zu öffnendes Fenster in einer Tür oder einem größeren Fenster'
< *Was ist das?*
FEW 17,540b, *TLF* 16,936a, *EWFS* 884b, *DMD* 801a, *BW* 664b
EB2b: COMPTES MAZARIN 1760:8 (14. November)
Varianten:
- äußere Form: *wass-ist-dass* (Morand, *Mémoire sur les feux de houille* 1776:2), *wasistas* (1784, s. VON PROSCHWITZ 1964:329), *vagislas*[420] (Louvet de Couvray, *Les Amours du chevalier Faublas* 1786, hg. Delon, Paris:Gallimard 1996:210n), *woas-ist-doas* (HASSENFRATZ 1789:278), *vagitas* (laut PLATT 1835:448 in GATTEL und Laveaux, *Dictionnaire des difficultés*)
- morphologisch: s.f. (COMPTES MAZARIN 1760)
- semantisch: 'Monokel' (s. GOLDBECK 1951:261)

Lexikalische Konkurrenten: *~battant* (so seit RICHELET 1680), *vantail (vitré)*
Belegstellen: ACADÉMIE 1798:2,718a, BOISTE 1800:463b

Dass dieses Guckfenster im Französischen so benannt wurde, weil die Frage „*Was ist das ?*" oft durch ein solches hindurch vernommen wurde, ist unstrittig. Laut *FEW* wurde es *vasistas* genannt, „da man durch diese guckfenster leicht seine neugier befriedigen kann"; ähnlich GOLDBECK 1951:261: „*Le vasistas* ist das Guckfensterchen oder Guckloch, durch das man prüfend hinauslugen kann: «was ist das ?»." *TLF* erklärt *vasistas* als „déformation de l'all. *was ist das ?*, littéral. «qu'est-ce que c'est», n. donné p. plaisant. à cette ouverture par laquelle on peut s'adresser à quelqu'un"; gänzlich ohne Kommentar *EWFS* „aus d. *was ist das ?*". Für PETIT ROBERT 1993:2362a ist *was ist das ?* eine „question posée à travers un guichet." Etwas fabulös ist die anekdotische Erklärung, die GIESE 1979:2,680 gibt[421]. Außer bei Giese wird aber nirgends darauf eingegangen, unter welchen Umständen diese Wortkörper-Entlehnung vor sich gegangen sein könnte; lediglich in *TLF* und *DMD* wird eine m.E. recht wahrscheinliche ursprünglich scherzhafte Verwendung erwogen. An keiner Stelle wird angemerkt, dass „*Was ist das?*" nicht die heutzutage übliche Frage wäre, die man stellt, wenn man durch ein Guckfenster etwas erfragen will; dieser Einwand ist mir indes stets vorgehalten worden, wenn ich die traditionelle Etymologie von *vasistas* erklärt habe. Es ist zu erwidern, dass „*Was ist das?*" in älterer Zeit im Deutschen eine ganz andere Bedeutung haben konnte, die dem heutigen „*Was gibt's?*" / „*Was ist los?*" entspricht[422]. „*Was ist das?*" meint im 18. Jh. folglich im genannten Zusammenhang mitnichten 'qu'est-ce que c'est ?'.
Die Entlehnung ist meines Erachtens nur verständlich, wenn man von einer Situation ausgeht, in der Franzosen den deutschen Ausdruck mit besonderer Häufigkeit zu hören bekamen. Das kann, da es sich nicht um einen Ausdruck deutscher (Gast-)Arbeiter

---

[420] Von Wartburg vermutet hier Einfluss von *là*, „*was ist das = qu'est-ce là*."
[421] „In Frankreich stehen vor einem Fenster eines Viehwagens der Eisenbahn (oder einer Luke) zwei Deutschsprechende, und da sie nicht wissen, wie man so etwas nennt, fragt der eine den anderen: «Was ist das ?». Ein vorbeikommender Franzose, der auch schon längst wissen wollte, wie diese Fensterklappe eigentlich heißt, nimmt die Frage irrtümlich als Bezeichnung und *vasistas* ‹Luke›, ‹Schiebefenster› findet Eingang in die französische Sprache."
[422] Aus dieser Verwendung erklärt sich auch Malmedy *cunohe lu wazistas* 'auf dem Laufenden sein', vgl. fr. *être sur le qui-vive* 'auf der Hut sein' zu *qui-vive?* 'wer da?'.

handelt, nur in Deutschland selbst geschehen sein. Eine verstärkte französische Präsenz in deutschsprachigen Gebieten im zeitlichen Umfeld des vorliegenden Erstbelegs war während des Siebenjährigen Krieges (1756-1763) gegeben[423]. In dieser Zeit wird es französischen Soldaten nicht selten passiert sein, dass sie an Haus-, Hof und anderen Türen und Toren mit einem unwirschen „Was ist das?" empfangen wurden. Sie haben das keinesfalls als Bezeichnung des Fensters missverstanden, sondern es selbst scherzhaft-spöttisch darauf übertragen. Nach Frankreich zurückgekehrt, behielten sie das zunächst spaßhafte Wort bei, und es wurde von der übrigen Bevölkerung übernommen, vielleicht weil stets eine dazugehörige Anekdote erzählt wurde. Ich habe nicht ermitteln können, wie diese Art separat zu öffnender Fenster im Französischen zuvor bezeichnet wurde. Es scheint, als habe man auch in diesem Fall die semantisch weiter gefächerten *vantail* oder *battant* gebraucht. *Vasistas* erlangt jedoch rasch große Beliebt- und Bekanntheit und wird offenbar bald fast ausschließlich verwendet. Ist als Entlehnungszeitpunkt tatsächlich die Zeit des Siebenjährigen Krieges anzunehmen, ist auch die Verwendung in übertragener, allgemeinerer Bedeutung sehr bald vollzogen worden: in den *Comptes de la duchesse de Mazarin* werden Ausgaben von 2 *livres* 10 *sous* verzeichnet „pour deux vasitas, une pour ma chambre, et l'autre pour M. de Laporte"; hier dürfte es sich eher um getrennt zu öffnende Teile eines Fensters handeln als um Guckfenster in Türen, zumal in solchen herzoglicher Schlafgemächer.

Natürlich kann *vasistas* auch schon anlässlich früherer Feldzüge nach Deutschland geprägt worden sein und wäre dann, wie so oft, erst mit einiger Verzögerung belegt. Dass jedoch Soldaten es nach Frankreich gebracht haben, scheint mir in jedem Fall am wahrscheinlichsten.

[Verschiedenes]

In Anschluss an Brüch (ZrP 38, 697) betrachtet *FEW* 16,311b fr. *cale* 'Keil, Hemmklotz', erstmals belegt in COTGRAVE 1611 (zunächst nur als „peece of wood"), als Lehnwort aus d. *Keil* „mit umsatz der ungewohnten lautgruppe *ai > a*"; ebenfalls erwogen wird eine Herkunft aus der dialektalen Variante *Kall*, die im Luxemburgischen und Lothringischen besteht. Dagegen vermutet *EWFS* 176a/177a eine autochthone Rückbildung aus *caler* 'herablassen', das in der Schweiz als *calà* 'Fässer in die Fasslager herablassen' belegt ist, woraus Gamillscheg eine nicht bezeugte Verwendung als '*Fässer durch Unterlegen eines Keils am Lager festhalten' folgert, die dann verallgemeinert worden wäre.

Gamillschegs Theorie wird zwar dadurch geschwächt, dass das Verbum *caler* 'einen Keil unterlegen' im Französischen erst 1676, *cale* indessen schon 1611 belegt ist, doch weist die Beleglage in dieser Sprachperiode für technische Ausdrücke noch große Lücken auf, so dass sie nur bedingt aussagekräftig ist. Die hier angenommene semantische Entwicklung ist nachvollziehbar. Auf der anderen Seite hat von Wartburgs Theorie vor allen Dingen lautliche Schwächen. Dass deutsches [ai] zu französischem [a] umgesetzt würde, ist in anderen Fällen nicht zu beobachten; vielmehr stünde *quèle* zu erwarten, da [ɛ] das gewöhnliche Resultat bei der Entlehnung deutscher Wörter mit dem Diphthong [ai] ist. Von Wartburg selbst räumt ein, dass Theodor Frings die genannte moselfränkische Form *Kall* ihrerseits für eine Entlehnung aus dem Französischen hält. Für diese Annahme spricht, dass mhd. *kîl* bei regelmäßiger Entwicklung im Lothringischen *Kīl* oder *Kill* lauten müsste; vergleichbare Beispiele in FOLLMANN 1909 (*file* 'Feile' > *Fill*, *île* 'Eile' > *Il*). Daher ist die im *FEW* (so auch *TLF* 5,30b, *DMD* 114b) vertretene Hypothese weniger wahrscheinlich als die Gamillschegs. Semantisch steht im Übrigen *cale* 'Böschung, abgeschrägter Kai' nahe – dieses Designat und ein Holzkeil

---

[423] S. auch *schlaguer*.

unterscheiden sich im Grunde nur in der Größe, nicht in der spitz zulaufenden Form –, das allerdings erst 1700 zu belegen ist. Erst eine genauere Ermittlung der technischen Terminologie, im Rahmen derer *cale* wahrscheinlich entlehnt worden ist (vgl. *FEW*), dürfte Klarheit in die bislang verworrenen Herkunfts- und Abhängigkeitsverhältnisse bringen.

3.5. Naturwissenschaften
3.5.1. Biologie
3.5.1.1. Zoologie
3.5.1.1.1. Ichthyologie

Durch Conrad Gesners *Historia Animalium Liber IV qui est de piscium & aquatilium animantium natura* von 1558 verfügte Deutschland früh über ein ichthyologisches Standardwerk, das auch von anderen großen Naturforschern wie Ray, Linné oder Buffon rezipiert wurde. Da nur sehr wenige der genannten Fische in französischen Gewässern vorkommen, sind nur vereinzelte der hier aufgeführten Bezeichnungen außerhalb der wissenschaftlichen Terminologie in Gebrauch (gewesen).

rotengle s.m. 'Fisch aus der Familie der Karpfenartigen (unechtes Rotauge, Rotfeder, Scardinius oder Leuciscus erythrophthalmus) < *Roteugel* (statt *Rotäugel*)
FEW 16,737b, *TLF* 14,1267a, *DMD* 676a
EB2a: VALMONT DE BOMARE 1765:5,36
Varianten:
- äußere Form: *rotangle* (seit Cuvier, *Leçons d'Anatomie comparée* 1805:3,540)
- morphologisch: s.f. 1801, *FEW*

Lexikalische Konkurrenten: *gardon rouge*
Belegstellen: NOUVEAU DICTIONNAIRE 1790:2,1506a, LAROUSSE 1875:13,1416c, ROLLAND FAUNE 1881:3,141, HVASS 1966:97, GRAND ROBERT 2001:6,25a

Wie der kanonisierte Lesefehler von *Roteugel* > *rotengle* beweist, ist das Wort auf schriftlichem Wege ins Französische gelangt. VALMONT DE BOMARE 1765 kennt diesen Fisch namentlich aus deutschen Gewässern:

„Rotengle, *Erythrophtalmus*, poisson semblable à la Brême, assez connu en Allemagne: ses nageoires sont rouges; son corps & ses yeux sont tachetés de la même couleur; il a sous la langue une tache jaune."

Obwohl auch zahlreiche regional begrenzte französische Bezeichnungen existieren, die z.T. auch auf die rote Färbung von Augen und Flossen Bezug nehmen, wird das Lehnwort aus den naturkundlichen Werken übernommen und auch in der erzählenden Literatur zur vorwiegenden Bezeichnung des Rotauges, vgl. Paul Vialar, *La Carambouille* 1949:30 (zitiert nach *TLF*): „Il allait pouvoir assouvir le seul désir de sa vie: la pêche du gardon, du rotengle et de l'ombre-chevalier."

schindel s.m. 'Zander' < *Schindel*
EB2a: VALMONT DE BOMARE 1765:5,176
Lexikalische Konkurrenten: s. unter *sandre*
Belegstellen: GRAND VOCABULAIRE FRANÇOIS 1773:26,64b, MOZIN 1812:2,628b

LB: LAROUSSE 1875:14,352a

VALMONT DE BOMARE 1765 schreibt: „Schindel, Schilus, espece de Perche du Danube, connue des Allemands sous le nom de Nagmaul [...]. Rarement ce poisson pese plus de dix livres [...]." Deutlich zeigt sich hier die Rezeption Gesners und Rays[424]. *Schindel* ist eine regionale deutsche Bezeichnung des Zanders und vor diesem Wort (→*sandre*) entlehnt worden; in französischen Gewässern ist der Zander nicht heimisch. *Sandre* bzw. seine Varianten werden gegenüber *schindel* bevorzugt. Schon in VALMONT DE BOMARE 1791:7,324 wird s.v. *schindel* nur noch auf *sandat*, eine ältere Variante von *sandre*, verwiesen.

schraitser s.m. 'Fisch aus der Familie der Barsche (Gymnocephalus oder Acerina schraetzer)' < *Schraitzer*
FISCHER 1991:62
EB2a: VALMONT DE BOMARE 1765:5,177
Varianten:
- äußere Form: *schraitzer* (Cuvier, *Le règne animal* 1829)

Belegstellen: GRAND VOCABULAIRE FRANÇOIS 1773:26,74a, BLOCH 1797:10,22, BOISTE 1803:362b, MOZIN 1863:2,964a[425]
LB: LAROUSSE 1875:14,375d

In diesem Fall ist besonders deutlich, dass der Eintrag in Valmont 1765 unmittelbar auf der Rezeption von Ray beruht. Dort steht zu lesen „Schraitser Ratisbonensis. Piscis est Danubianus, Raitisbonæ frequens" (1713:144), daher bei Valmont: „Schraitser, espece de Perche qu'on pêche à Ratisbonne [Regensburg]. Ce poisson, dit Ray, est très commun dans le Danube." Man kann dennoch durchaus von einer Entlehnung aus dem Deutschen sprechen, da der Engländer Ray *schraitser* explizit als deutsches Wort aufführt. Warum *schraitser* letztmals 1875 belegt ist, habe ich nicht ermitteln können. Der Fisch heißt auch in der heutigen Fachterminologie *Acerina schraetzer* (Linné: *Perca schraetser*)[426].

zingel s.m. 'Fisch aus der Familie der Barsche (Aspro zingel, Zingel asper)' < *Zingel*
FISCHER 1991:62
EB2a: VALMONT DE BOMARE 1765:5,703
Varianten:
- äußere Form: *zindel* (VALMONT DE BOMARE 1765), *zendel* (*ebda.* – 1791:8,541)

Lexikalische Konkurrenten: *apron* (seit 1558)
Belegstellen: NEMNICH 1798:1376, BOISTE 1803:417c, SOUVIRON 1868:583b, LAROUSSE 1876:15,1490b, HVASS 1966:26, GRAND ROBERT 2001:6,2020b

Da der Zingel nur in der Donau und ihren Nebenflüssen vorkommt, ist die dort geprägte Bezeichnung auch in die moderne lateinische Nomenklatur und ins Französische übernommen worden. Obwohl noch im GRAND ROBERT 2001

---

[424] Hier (RAY 1713:98): „LUCIOPERCA Schoneveldii. *Schilus* sive *Nagemulus* Germanorum Gesn. [...] Augustæ Vindelicorum *Schindel*."
[425] Als Aussprache wird „cheraïtsre" angegeben.
[426] In HVASS 1966:25 findet sich die verschriebene Form *Acerina schroetzeri*, die unrichtig als „gremille de Schroetzer" wiedergegeben wird; *gremille* ist der Kaulbarsch, Acerina cernua.

verzeichnet, fehlt ein fr. *zingel* schon im Fachwerk MIGDALSKI/FICHTER 1979: dort findet sich nur *apron* (224).

bleke s.? 'Fisch aus der Familie der Karpfen' < *Bleke*
EB2a: GRAND VOCABULAIRE FRANÇOIS 1768:4,98b
Lexikalische Konkurrenten: *spirlin* (seit 1800)
LB: SCHMIDLIN 1774:2,233a

Das GRAND VOCABULAIRE FRANÇOIS 1768 kennt *bleke* als „poisson large couvert d'écailles comme la carpe", der in der Elbe vorkomme. SCHMIDLIN 1774 merkt an, dass Linné diesen Fisch *Cyprinus ballerus* oder ~ *alburnus* nennt und verweist auf das in Hamburg und im Holsteinischen gebräuchliche *Blicke*, *Witeke* oder *Witink* zur angeblichen Bezeichnung des gleichen Fisches. Hierbei handelt es sich indes offenbar um die Art Hering, die schon RAY 1713:107 beschreibt: „BLICCA [...] quem ad Eideram vocant *Blick*." Das tatsächliche Etymon ist dagegen *Bleke* (Alandbleke, Alburnus oder Spirlinus bipunctatus)[427].

rotele s.f. 'Fisch aus der Familie der Karpfenartigen (Rötel, Rutilus Rutilus)' < *Rot(h)ele*
EB2a: MACQUER/DUCHESNE 1771:463a
Varianten:
- äußere Form: *rotelle* (GRAND VOCABULAIRE FRANÇOIS 1773:25,277b)
Lexikalische Konkurrenten: *gardon* (seit 13. Jh.)
LB: LAROUSSE 1875:13,1416c (*rotèle*)

Wenig präzise merken MACQUER/DUCHESNE 1771 an: „Poisson du Rhin & des lacs d'Angleterre." Hilfreicher ist RAY 1713:122, der genaue Angaben zu diesem Fisch macht (Genus: *Cyprini*): „27. RUTILUS sive *Rubellus* fluviatilis *Gesneri* 965. [...] Rondel. Phexini species [...] Germanis *Rotel*." Tatsächlich ist *Rutilus rutilus* der wissenschaftliche Name der Rötel, älter auch als *Rothele* bezeugt (DEUTSCHES WÖRTERBUCH 8,1304f.). Offensichtlich hat diese oder eine Form *Rotele*[428] zu der auf schriftlichem Wege übernommenen französischen geführt, die dann in französischer Weise akzentuiert worden ist (statt bei mündlicher Entlehnung denkbarem *rótle*).

sandre s.m./s.f. 'Fisch aus der Familie der Barsche (Lucioperca lucioperca)' < *Zander, Sander*
TLF 15,36a, DMD 686b
EB2a: SCHWAN 1784:2,666b (*sander* s.m.)
Varianten:
- äußere Form: *sandre* s.m. (seit BLOCH 1785:1,58), *sandat* s.m. (VALMONT DE BOMARE 1791:6,394 – LAROUSSE 1875:14,172a)
- morphologisch: s.f. (seit LAROUSSE 1933:6,174b)
Lexikalische Konkurrenten: →*schindel* (VALMONT DE BOMARE 1765:5,176 – LAROUSSE 1875:14,352a), *fogosch* oder *fogasch* (seit KRANE 1986:169b), *perche-brochet*, *perche du Rhin*, *brochet-perche*

---

[427] Vgl. auch hierzu RAY 1713:120: „Capito *anadromus*, quem *Miseni Lette* vel Blike nominant, Gesn. 1269. forte idem cum *Naso*", s. *nase*.
[428] Exakt diese Form nennt RAY 1713:66, doch wird mit diesem d. *Rotele* oder *Reutel* der *Salmo salmarinus*, also kein Karpfen bezeichnet.

Belegstellen: NEMNICH 1798:3,1330, BOISTE 1803:358c, MIGDALSKI/FICHTER 1979:17

Die Variante *sandat* ist aus nd. *Sandat* entlehnt und zwar nicht die des frühesten Beleges, aber bis weit ins 19. Jh. hinein die häufigere. Erst dann setzt sich, vielleicht gestützt durch die latinisierte wissenschaftliche Form *sandra*, *sandre* durch; auch das bisweilen feminine Genus mag auf *sandra* beruhen.

orfe s.m. 'Fisch aus der Familie der Karpfenartigen (Nerfling, Idus idus)' < *Cyprinus orfus* < d. *Orf(e)*
EB2a: BLOCH 1786:3,117 (*orphe*)
Varianten:
- äußere Form: *orphe* (BLOCH 1786 – LAROUSSE 1874:11,1500d), *orfe* (seit VALMONT DE BOMARE 1791:5,520), *orf* (RAYMOND 1832:2,152b, BOISTE 1851:504b)

Lexikalische Konkurrenten: *ide (dorée)* (seit 1785), *véron* (KRANE 1986:113a)
Belegstellen: NEMNICH 1798:3,1270, BOISTE 1800:306b, KRANE 1986:113a

Ebenso wie *nase* eher aus der latinisierten Form (*Cyprinus orfus*) Linnés als direkt aus d. *Orf* s.m., *Orfe* s.f. entlehnt. Die heutige wissenschaftliche Bezeichnung ist *Idus idus*, daher auch fr. *ide* (gelegentlich *ide dorée*, vgl. d. *Goldorfe*). Orfe lebt heute noch besonders im Französischen der Schweiz, wo es wahrscheinlich ohne Umweg über das Lateinische entlehnt worden ist.

salvelin s.m. 'Fisch aus der Familie der Lachse (Seesaibling, *Salvelinus alpinus*)' < lat.-d. *Salvelin(us)* < bair. *Salbling*
FEW 17,12b
EB1: VALMONT DE BOMARE 1765:5,85
EB2a: BLOCH 1786:3,127
Varianten:
- äußere Form: *salveline* s.f. (VALMONT DE BOMARE 1791 – LAROUSSE 1875:14,150c)

Lexikalische Konkurrenten: *ombre de montagne* (HVASS 1966:119), *omble-chevalier*
LB: LAROUSSE 1875

Das *FEW* schreibt s.v. *salmling*: „Neben obd. *salmling* findet sich im bayr. *salbling*, *sälbling*, das Linné zu einer zweiten Benennung[429] *salmo salvelinus* geführt hat, daraus 2", nämlich *salvelin*. Die Form *Salvelin* ist als deutsche indes bereits belegt in RAY 1713:64 unter dem *Genus Truttaceum*: „7. SALVELIN Germanis [...] Ges. p. 1201. Aldrov. l. 5. c. 48[430]." Bereits Gesner hat folglich die latinisierende Form gebildet, und vielleicht ist das Wort ohne Linné als Zwischenstufe ins Französische gewandert, vgl. *salvelin* als „nom qu'on donne en Allemagne à un poisson de riviere [...] noir sur le dos" in VALMONT DE BOMARE 1765.

bergforelle s.m. 'Fisch aus der Familie der Lachse (Salmo alpinus)' < *Bergforelle*
FISCHER 1991:65
EB2a: VALMONT DE BOMARE 1791:1,572
Lexikalische Konkurrenten: *truite des Alpes* (BLOCH 1786:3,135)
Belegstellen: MOZIN 1826:1/1,230c, LANDAIS 1853:1,220b

---

[429] Auf dem im Trientinischen aus *Salmling* entlehnten *salamarino* und dem daraus schon im 16. Jh. latinisierten *salamarinus* beruht Linnés *Salmo salmarinus*, vgl. auch RAY 1713:66.
[430] Gemeint ist das zitierte Werk Gesners und Ulisse Aldrovandi, *De piscibus* [...] *libri V*, 1613.

LB: Mozin 1863:1,174c

Das von Valmont de Bomare 1791 angegebene Vorkommen des Fisches überrascht, da unter diesen Umständen die Entlehnung einer volkstümlichen deutschen Bezeichnung kaum zu erwarten wäre: „Ce poisson est du genre du *Salmone*: il se trouve dans les lacs de la Laponie & de l'Angleterre." Die Bergforelle ist aber auch in mitteleuropäischen Gewässern, namentlich in den Alpen und Voralpen, heimisch, weswegen ihr deutscher Name zur Bezeichnung dieser Lachsart entlehnt wurde.

koelreuter s.m. 'Fisch aus der Familie der Karpfenartigen' < *Gobius Koelreuteri*
(E)B2a: Valmont de Bomare 1791:4,439
Lexikalische Konkurrenten: *périophthalme africain* (Hvass 1966:56), *Periophthalmus barbarus* (Migdalski/Fichter 1979:273)

Laut Valmont de Bomare 1791 benannt von dem deutschen Naturforscher Peter Simon Pallas (1741-1811). Valmont weiß wenig Genaues über diesen Fisch: „Poisson du genre de *Gobie*. On ignore le lieu où il se trouve. M. *Pallas* dit qu'il ressemble, à beaucoup d'égards, au *schlosser* [...]" (s. dort). Es handelt sich nicht um einen europäischen Fisch, sondern Pallas hat diese Spezies anhand eines ihm zugesandten in Alkohol konservierten Exemplars bestimmt, welches ihm wahrscheinlich Joseph Gottlieb Koelreuter (1733-1806) hatte zukommen lassen[431]. Heute wird in Frankreich allenfalls die lateinische Bezeichnung *Periophthalmus barbarus* für den Fisch verwendet[432].

nase s.m. 'Fisch aus der Familie der Karpfenartigen (Nase, Chondrostoma nasus)' < *Cyprinus nasus* < d. *Nase*
FEW 16,598a
EB2a: Valmont de Bomare 1791:5,248
Varianten:
- äußere Form: *nasé* (Raymond 1832:2,101a)

Lexikalische Konkurrenten: *hotu* (seit 1873)
Belegstellen: Nemnich 1798:3,1260, Boiste 1800:292b, Larousse 1874:11,845c, Migdalski/Fichter 1979:149, Krane 1986:151a

Die deutsche Bezeichnung *Nase*, mhd. *nasen*, ist schon von Gesner, *Nomenclator aquatilium animantium* 1560:306 zu *nasus* latinisiert und darauf zurückgehend von Linné als *Cyprinus* oder *Chondrostoma nasus* in dessen Nomenklatur aufgenommen worden. Von Valmont de Bomare 1791 erstmals gebrauchtes *nase* stellt, zumal „Cyprinus nasus, Linné" genannt wird, eher eine Entlehnung aus der lateinischen Terminologie als aus d. *Nase* dar, das überdies feminin ist. In den französischsprachigen Regionen, in denen *nase* die gängige volkstümliche Bezeichnung des Fisches ist – v.a. in der Schweiz –, stammt es dagegen vielleicht unmittelbar aus dem Deutschen; das Wort ist allerdings auch hier maskulin, vgl. Pierrehumbert 1921:385b. Der häufigste Konkurrent ist *hotu*. Wie viele andere der

---

[431] Nach diesem Forscher ist im 19. Jh. auch eine Pflanze, die *kœlreutère*, benannt worden.
[432] Laut Hvass 1966:56 handelt es sich beim *Periophthalmus barbarus* um den *périophthalme d'Asie*, nicht um den afrikanischen. Offenbar werden die beiden – äußerlich kaum zu unterscheidenden – Karpfenfische nicht von allen Forschern unterschieden.

hier aufgeführten Fischbezeichnungen verschwindet *nase* aus den Standardwörterbüchern[433]; es ist aber durchaus noch teilweise gebräuchlich.

schlosser s.m. 'Fisch des indischen und pazifischen Ozeans aus der Familie der Karpfenartigen (Periophthalmodon schlosseri)' < *Gobius Schlosseri*
EB2a: VALMONT DE BOMARE 1791:7,326
Lexikalische Konkurrenten: solche der lateinischen Nomenklatur, belegt sind *Gobius schlosseri*, *Periophthalmus phya*, *Periophthalmodon schlosseri argentiventralis*, *Periophthalmus ruber*, *Periophthalmus schlosseri*
Belegstellen: BOISTE 1803:362a, RAYMOND 1832:2,459b, LANDAIS 1853:2,590a
LB: MOZIN 1863:2,963c

Auch dieser Fisch ist von Pallas benannt worden. Über ihn erfährt man etwas mehr als über den →*koelreuter*: „M. *Pallas*, qui a nommé ce poisson du nom de celui qui le lui avoit envoyé (M. le docteur *Schlosser*), dit qu'il est commun dans l'Inde [...]." Tatsächlich bewohnt dieser Fisch ausschließlich die asiatischen Meere.

3.5.1.1.2. Ornithologie

embérize s.f. 'wissenschaftlicher Name der Unterfamilie der Ammern' < lat.-d. *Emberiza* < *Emberitz(e)*
FEW 15/2,87b, *EWFS* 357a
EB2a: TRÉVOUX 1732:2,1110
Varianten:
 • äußere Form: *embérise* (SCHMIDLIN 1771:5,73b – BOISTE 1803:151b)
Lexikalische Konkurrenten: *bruant* (seit 14. Jh.), *ortolan jaune* (s. VALMONT DE BOMARE 1764:2,287), *traquet blanc* (*ebda.*)
Wortfamilie: *embérizoïde* 'südamerikanische Vogelgattung' (seit René-Primevère Lesson, *Manuel d'ornithologie* 1828:325), *embérizidé* 'ammerähnlich' (seit LAROUSSE 1870:7,414b), *embériziné* 'dass.' (*ebda.* – 1985)
Belegstellen: LAROUSSE 1870:7,414b
LB: SACHS/VILLATTE 1894:540c

Schon von Gesner ist das d. *Emberitz(e)*, dialektale Nebenform zu *Ammer*, zu *emberiza* latinisiert und aus dem Gelehrtenlatein 1732 ins Französische übernommen worden. Wie aus ROLLAND FAUNE 2,197-205 ersichtlich ist, hat die Entlehnung die volkstümlichen Bezeichnungen nicht verdrängen können; als wissenschaftlicher Terminus steht *embérize* indes zu diesen gar nicht in unmittelbarer Konkurrenz. Es ist stets der „nom scientifique du genre bruant" (LAROUSSE 1870) geblieben und auch als solcher weitaus seltener als die noch heute gültige lateinische Variante *emberiza* verwendet worden. Obwohl schon 1732 nachgewiesen, kennt VALMONT DE BOMARE 1764:2,387 die französische Form gar nicht: „Emberiza: nom que l'on donne à l'Ortolan jaune & au Traquet blanc[434]." Ebenso führen z.B. das GRAND VOCABULAIRE FRANÇOIS 1769:9,135a und CUVIER 1798:214 nur lat. *emberiza* für die Unterfamilie der *bruants* auf. Als französisches Wort hat *embérize* keine bedeutende Rolle neben

---

[433] Letztmals in LAROUSSE 1949:2,285b.
[434] Die Fettammer und der Schwätzer, beides Vögel aus der Unterfamilie der Ammern.

bruant gespielt, auch wenn *embérise* einen Assimilationsversuch darstellt und einige Ableitungen vorliegen. Diese können lateinische Vorbilder haben.

kniper s.m. 'Gänsesäger (Mergus merganser)' < nd. *Knieper*
EB2a: PRÉVOST 1750:1,388a
Lexikalische Konkurrenten: *harle bièvre* (s. BOLOGNA 1980 no. 241), *grand harle* (s. NOMS DES OISEAUX 1993:14)
Belegstellen: DYCHE 1756:1,603a
LB: NOUVEAU DICTIONNAIRE 1790:2,1082b

DYCHE 1756 nennt den *kniper* einen „pic de Laponie", auch das DEUTSCHE WÖRTERBUCH 5,1409 führt nd. *Knieper* als 'Picus Lapponicus' auf. Gleichgesetzt wird dieser hier mit d. *Kneifer, Kneiper* 'Mergus merganser', dem Gänsesäger aus der Untergruppe der Sägerenten. Dieser ist im äußersten Norden Europas heimisch, zieht jedoch bis nach Mitteleuropa, weswegen er auch hier lokale Namen hat. Da auch das NOUVEAU DICTIONNAIRE 1790 *kniper* als „lappländische[n] Wasservogel, oder wilde Ente" nennt, dürfte es sich beim *kniper* tatsächlich um den Gänsesäger handeln, auch wenn dieser mit einem Specht (*picus*) wenig gemein hat[435]. Im Schwedischen und Norwegischen sind mögliche Etyma nicht anzutreffen; daher ist das niederdeutsche Wort ohne Zweifel das Etymon des kurzlebigen französischen.

rollier s.m. 'Blauracke (Coracias garrulus)' < *Roller*
FEW 16,734b, *TLF* 14,1210b
EB2a: BRISSON 1760:2,63
Varianten:
- äußere Form: *rollier d'Europe* (seit BUFFON/DE MONTBEILLARD 1775:3,135)
- semantisch: *rolliers* 'Familie der Racken' (seit VALMONT DE BOMARE 1791:7,78)

Lexikalische Konkurrenten: *perroquet de montagne* (1573, s. ROLLAND FAUNE 9,112), *geai de Strasbourg* (ENCYCLOPÉDIE 1765:14,331a – NEMNICH 1798:3,1191), *geai d'Alsace* (VALMONT DE BOMARE 1764:2,480), *perroquet d'Allemagne* (VALMONT DE BOMARE 1764 a.a.O. – NEMNICH 1798:3,1284), *corneille bleue* (VALMONT DE BOMARE 1764 a.a.O. – NEMNICH 1798:3,1145), *geai bleu*[436], *pie bleue*[437], *corbeau bleu, perroquet d'Europe* (alle in Ray, *L'Histoire naturelle*, [...] Ornithologie, übers. Salerne 1767)

Wortfamilie: *rollier des Antilles* (BRISSON 1760:2,80 – LAROUSSE 1875:13,1316d)[438], *rollier de la Nouvelle Espagne* (BRISSON 1760:2,82)[439], *rollier d'Angola* (BRISSON 1760:2,72 – BUFFON/DE MONTBEILLARD 1775:3,144), *rollier de Mindanao* (BRISSON 1760:2,69 – BUFFON/DE MONTBEILLARD 1775:3,144), *rollier indien* 'Hinduracke, Coracias benghalensis' (seit BRISSON 1760:2,75 (*rollier des Indes*)), *rollier du Mexique* (BRISSON 1760:2,83 – LAROUSSE 1875:13,1316d), *rollier de la Chine* 'chinesische Mandelkrähe' (BRISSON 1760:2,77– BOISTE 1851:635a), *rollier d'Abyssinie* 'Senegalracke, Coracias abyssinica' (seit BUFFON/DE MONTBEILLARD 1775:3,143), *rollier de Madagascar* 'Zimtroller, Eurystomus glaucurus'[440] (BUFFON/DE MONTBEILLARD 1775:3,148 – NEMNICH 1798:3,1322), *rollier de Paradis* 'Gelbnacken-Laubenvogel, Sericulus chrysocephalus' (BUFFON/DE MONTBEILLARD 1775:3,149 – LAROUSSE 1875:13,1316d), *rollier de Cayenne*

---

[435] PREVOST a.a.O. merkt hingegen an: „Comme il a bec fort pointu, on le prend pour une espece de pic plûtôt que pour un canard sauvage."
[436] *Geai bleu* ist heute eine volkstümliche Bezeichnung des Blauhähers (*Cyanocitta cristata*).
[437] Heute Bezeichnung der Blauelster (*Cyanopica cyanus*).
[438] Mit unklarer Bedeutung; entspricht der *pica antillarum* Rays.
[439] Brisson verweist auf Klein (*Cornix corvina*) und die lokale Bezeichnung als *Ytzquauhtli*.
[440] Folglich ist die Bezeichnung als *rolle de Madagascar* pertinenter, denn die →*rolles* sind die Eurystomi, die *rolliers* heißen dagegen alle *Coracias*.

'graugrüner Tänzer (krähenartiger Vogel aus Guyana)' (NEMNICH 1798:3,1322), *rollier à longs brins* 'Grünscheitelracke, Coracias caudata' (NOMS DES OISEAUX 1993:74), *rollier à raquettes* 'Spatelracke, Coracias spatulata' (*ebda.*), *rollier varié* 'Strichelracke, Coracias naevia' (*ebda.*), *rollier à ventre bleu* 'Opalracke, Coracias cyanogaster' (*ebda.*), *rollier de Temminck* 'Celebesracke, Coracias temminckii' (*ebda.*)[441]
Belegstellen: ENCYCLOPÉDIE 1765:14,331a, BUFFON/DE MONTBEILLARD 1775:3,128, BOISTE 1800:395a, BOLOGNA 1980 no. 116

Der Erstbeleg von *rollier* stellt einen lexikologischen Glücksfall dar, weil hier der Autor die von ihm vorgenommene Entlehnung selbst kommentiert: „Rollier est formé du mot Roller, qui est le nom qu'on donne à cet Oiseau aux environs de Strasbourg" (BRISSON 1760)[442]. Bei diesem bewussten Entlehnungsvorgang ist das deutsche Suffix *-er* sozusagen vorsätzlich durch das formal naheliegende französische Tätersuffix *-ier* ersetzt worden, vgl. dagegen *rolle*. *Rollier* hat sich als wissenschaftliche Bezeichnung der Blauracke etablieren können, weil der Vogel in Frankreich an sich nicht vorkommt[443] und lediglich im äußersten Osten autochthone Bezeichnungen bestanden haben; diese lassen teils Motivation durch das Vorkommen des Vogels, teils durch die vorwiegend blaue Färbung des Gefieders erkennen. Da *rollier* bald auf die ganze Familie der Racken (*Coraciidae*) übertragen worden ist, differenzieren Buffon und de Montbeillard, indem sie die Blauracke *rollier d'Europe* nennen.

læmmergeyer s.m. 'Bartgeier (Gypaëtus barbatus)' < schweizerd. *Lämmergeier*
BEHRENS 1923:34
EB2a: VALMONT DE BOMARE 1764:1,88 (s.v. *aigle*, *Laemmer-Geyer*)
Varianten:
• äußere Form: *læmmergeier* (LAROUSSE 1873:10,49a – SACHS/VILLATTE 1894:874b)
Lexikalische Konkurrenten: *vautour des agneaux* (seit CUVIER 1798:191), *gypaète (barbu)* (seit 1800), *vautour des Alpes* (seit LAROUSSE 1873 a.a.O.)
Belegstellen: MACQUER/DUCHESNE 1771:276a, CUVIER 1798:191, RAYMOND 1832:1,808b
LB: SACHS/VILLATTE 1894

In VALMONT DE BOMARE 1764 ist *Laemmer-Geyer* offensichtlich noch ein neues und eher fremd anmutendes Wort:

„De toutes les especes d'aigles, le plus surprenant est celui qui se trouve dans les Alpes de la Suisse, & que l'on nomme *Laemmer-Geyer*, c'est-à-dire, *Vautour des Agneaux*."

In Ermangelung einer autochthonen Entsprechung verwendet Valmont das Wort aber auch im Folgenden: „Il y a peu d'années qu'un *Laemmer-Geyer*, de la plus grande espece, saisit un enfant de trois ans […]." Das von Valmont nur als spontane Übersetzung gebrauchte *vautour des agneaux* wird später zu einem selbständigen Konkurrenten, s. dort. Außerhalb naturgeschichtlicher Veröffentlichungen ist das Lehnwort anscheinend wenig bekannt gewesen, vgl. BAGGESEN 1810:219: „l'oiseau

---
[441] Als lat. *Coracias Remminckii* (sic) schon verzeichnet in GUÉRIN 1892:6,133b.
[442] Angesichts dieses Beleges kann die im *FEW* erwogene und in GRAND ROBERT 2001:5,2217a vorgeschlagene Rückführung auf das Englische als Zwischenstufe (engl. *roller* 1663, *OED*² 14,52b) verworfen werden.
[443] Vgl. CUVIER 1798:208 und PAREYS VOGELBUCH 198; die Verbreitung war in früheren Zeiten ausgedehnter als heute, wo die Blauracke auch in West- und Süddeutschland nicht mehr heimisch ist.

auquel les paysans suisses donnent le nom de *Læmmergeier* (*vautour des agneaux*)". Heute gebräuchlich ist fast ausschließlich *gypaète (barbu)*, das *læmmergeyer* schon im Laufe des 19. Jhs. verdrängt hat.

FEW 15/2,192a schwankt für fr. *labbe* s.m. 'Schmarotzerraubmöwe' (seit BUFFON/DE MONTBEILLARD 1781:8,441) zwischen nd. *Labbe* und schwed. *lab, labbe* als Etymon. Da unter formalen Gesichtspunkten keine Entscheidung möglich ist, kann eine definitive Zuordnung nicht vorgenommen werden. Für eine Entlehnung aus dem Schwedischen spricht allerdings stark der Umstand, dass der Schwede Broman bereits 1733 für die Familie der heute *Stercorariidae* genannten Vögel die Benennung als *labben* geprägt hat, s. *TLF* 10,882.

rolles s.m.pl. 'Gattung der Eurystomi' < *Roller*
FEW 16,734b
EB2a: BUFFON/DE MONTBEILLARD 1775:3,132
Varianten:
- semantisch: 'graugrüner Tänzer (krähenartiger Vogel aus Guyana)' (NEMNICH 1798:1322)
Wortfamilie: *rolle de (la) Chine* 'chinesische Mandelkrähe' (BUFFON/DE MONTBEILLARD 1775:3,132 – LAROUSSE 1875:13,1316a), *rolle de Cayenne* 'graugrüner Tänzer' (BUFFON/DE MONTBEILLARD 1775:3,134 – LAROUSSE 1875:13,1316a), *rolle de Madagascar* oder *rolle violet* 'Zimtracke, Eurystomus glaucurus' (seit LAROUSSE 1875:13,1316a), *rolle à gorge bleue* 'Blaukehlroller, Eurystomus gularis' (seit LAROUSSE 1875:13,1316a), *rolle oriental* 'Dollarvogel, Eurystomus orientalis' (NOMS DES OISEAUX 1993:74), *rolle azuré* 'Azurroller, Eurystomus azureus' (ebda.)[444]
Belegstellen: LAROUSSE 1875:13,1316a, SACHS/VILLATTE 1894:1362c

Sofern nicht *rolle* eine Rückbildung aus →*rollier* darstellt, ist d. *Roller* in volkstümlicher Weise (vgl. *Walzer* > *valse*, *Borsdorfer* > *postophe* etc.) als *rolle* neu entlehnt worden. Obwohl ein gewisser Zusammenhang mit *rollier* stets gewahrt bleibt, wird offensichtlich versucht, verschiedene Unterarten auch auf der Bezeichnungsebene durch unterschiedliche Namen voneinander zu trennen, vgl. z.B. VALMONT DE BOMARE 1791:7,80: „M. de Montbeillard sépare la rolle de Chine des rolliers", wohingegen Valmont für diesen Vogel *rollier de la Chine* (7,78) vorzieht. Auch er selbst verwendet die jüngere Entlehnung in der Zusammensetzung *rolle de Cayenne*. Für NEMNICH 1798:3,1322 bezeichnet *rolle* nur bestimmte *rolliers*, nämlich den von Cayenne und den von Madagaskar, vgl. auch MOZIN 1828:2/2,130a s.v. *rolle*: „oiseau du genre rollier", d. „chinesische Mandelkräh, chinesischer Roller."

vautour des agneaux s.m. 'Bartgeier (Gypaëtus barbatus)' < schweizerd. *Lämmergeier*
(*TLF* 9,616b s.v. *gypaète*), BEHRENS 1923:34
EB1: VALMONT DE BOMARE 1764:1,88 (spontan übersetzt)
EB2a: CUVIER 1798:191
Lexikalische Konkurrenten: s. unter *læmmergeyer*
Belegstellen: SCHMIDT ~1845:535b

In VALMONT DE BOMARE 1764 nur als spontane Übersetzung von *læmmergeyer*, s. dort. Bei Cuvier erscheint *vautour des agneaux* dagegen als gleichberechtigte Variante neben *læmmer-geyer*. Im 19. Jh. wird *vautour des agneaux* mit ungefähr gleicher

---

[444] SOUVIRON 1868:474b nennt neben den *rolles* auch „*pies-rolles* ou *pirolles*" als Unterarten der →*rolliers*. *Pi(e-)rolle* habe ich an keiner anderen Stelle antreffen können; um was für Vogelarten es sich dabei handeln soll, bleibt unklar. Vielleicht ist der Anklang an d. *Pirol* (Oriolus oriolus) kein Zufall, vgl. den *rollier de Paradis* = *Oriolus aureus* laut NEMNICH 1798:3,1322.

Häufigkeit wie *læmmergeyer* gebraucht, in Gegensatz zu diesem ist es aber heutzutage nicht in völlige Vergessenheit geraten, s. PETIT ROBERT 1993:1062b s.v. *gypaète*: „parfois nommé *vautour des agneaux*." In NOMS DES OISEAUX 1993 fehlt der Terminus.

[Entomologie]

FISCHER 1991:61 klassifiziert *mycétophage* s.m. 'ein pilzfressendes Insekt' als deutsches Lehnwort (geprägt von einem Forscher namens Fabricius) mit dem Erstbeleg BOISTE 1803:270c, das laut COTTEZ 1980:258 1801 gebildet wurde. *Mycétophague* ist jedoch schon in CUVIER 1798:523 belegt[445], also vor dem deutschen Erstbeleg. Von einer deutschen Wortprägung kann folglich nicht ausgegangen werden.

3.5.1.1.3. Säugetierkunde

butzkopf s.m. 'Schwertwal' < *Butskopf*
EB2a: ANDERSON 1750:2,150
Varianten:
- äußere Form: *butz-copf* (BOISTE 1841:106a), *butz-cof* (ebda.)

Lexikalische Konkurrenten: *orque* (seit 1550), *épaulard* (seit 1566), *tête plate* (BOISTE 1841 a.a.O.)
LB: BOISTE 1851:106a

In Form von *butzkopf* ist dem Französischen eine weitere Bezeichnungsvariante für den Schwertwal vermittelt worden, die nach der partiell assimilierten Variante *butz-cof* zu urteilen auch tatsächlich gebraucht wurde. Es ist fraglich, ob der Übersetzer Andersons die ausreichenden naturgeschichtlichen Kenntnisse besaß, denn sonst hätte nichts dagegen gesprochen, dass norddeutsche *Butskopf* durch die um 200 Jahre älteren *orque* oder *épaulard* wiederzugeben. So schreibt er in der Auflistung der Walarten: „On y compte le *Butzkopf*, en Anglois *Grampus*[446], *Floundershead* de Rajus [...]" (ANDERSON 1750:2,150). Da Ray zitiert wird, ist es umso verwunderlicher, dass nicht *orque* verwendet wird, denn dort steht (1713:10) „Orca *Rondel. & Bellon.*[447] an *Buts-kopf*, id est, FLOUNDERS-HEAD." Die noch heute gebräuchlichen *orque* und *épaulard* haben stets dominiert und werden meistens als Entsprechung von d. *Butskopf* angegeben[448]. Eine weitere Variante ist *tête plate*; als spontane Übersetzung findet sich dieses schon in ANDERSON 2,151[449]. Als französischer Terminus kann *tête plate* aber angesichts der offensichtlichen flachen Kopfform ebenso eigenständig gebildet worden sein.

---

[445] „Les mycétophagues. (*Mycetophagus*). A corps ovale et oblong, légèrement convexe; à antennes grossissant insensiblement vers le bout en une masse oblongue."
[446] *Grampus orca* ist der wissenschaftliche lateinische Name des Schwertwals.
[447] Guillaume Rondelet (1507-1566), *Universae aquatilium historiae pars altera* 1555; Pierre Belon (1518-1564), *De aquatilibus libri duo* 1553.
[448] SCHMIDT ~1845:188c nennt neben *épaulard* auch *dorgue*, was wohl aus *orque* entstellt ist.
[449] „La tête est écrasée sur le devant & ressemble à une chaloupe renversée: c'est pourquoi les Hollandois & les Bas-Saxons lui ont donné le nom de *Butz-Kopf*, qui veut dire tête plate."

pflockfisch s.m. 'Buckelwal' < *Pflockfisch*
EB2a: ANDERSON 1750:2,101
Lexikalische Konkurrenten: *jubarte* (seit 1665), *baleine à bosse*, *mégaptère* (seit 1886)
LB: ENCYCLOPÉDIE 1751:2,33b

ANDERSON 1750 erwähnt eine weitere Walart:

> „Le *pflockfisch* [...] porte à la place de la Nageoire du dos une bosse [...] en forme d'un pal, qui panche [sic] en arriere, & qui a un pied de haut & l'épaisseur de la tête d'un homme."

Wie aus dem DEUTSCHEN WÖRTERBUCH 7,1771 hervorgeht, ist *Pflockfisch* („balaena nodosa") ein älterer Name für den Buckelwal (*Megaptera nodosa*). Dieser wird im Französischen des 18. Jhs. gemeinhin *jubarte* oder *baleine à bosse* genannt. Daher wird *pflockfisch* nur in der *Encyclopédie* s.v. *baleine* aus ANDERSON 1750 übernommen, im Folgenden aber wieder aufgegeben.

mopse s.m. 'eine gezüchtete Hunderasse' < *Mops*
FEW 16,564a, *TLF* 11,1056b
EB2b: VALMONT DE BOMARE 1764:1,626 (s.v. *chien*)
Varianten:
- äußere Form: *mops* (Flick, *Nouveau Dictionnaire français allemand* 1802 – LAROUSSE 1949:2,245a), *chien mops(e)*[450] (Stendhal, *Promenades dans Rome* 1827 – SACHS 1894:214b)

Lexikalische Konkurrenten: *carlin* (seit 1800)
Belegstellen: BOISTE *Histoire Naturelle* 1823:185f, LAROUSSE 1874:11,537d, GRAND ROBERT 2001:4,1634b („vieux")

Nach dem bisherigen Stand der Lexikologie sind die Bezeichnungen *mopse* („Flick 1802") und *carlin* (1800) für den Mops ungefähr gleichzeitig aufgetreten. Tatsächlich ist *mops(e)* aber schon einige Jahrzehnte vorher die französische Bezeichnung eines bekannten Zuchthundes:

> „[...] ceux qui font commerce de ces petits animaux pour l'amusement des Dames, créent, en quelque sorte, tous les ans des especes nouvelles, & détruisent celles qui ne sont plus à la mode: par le mêlange de ces animaux, ils corrigent les formes, varient les couleurs, & inventent pour ainsi dire, des especes comme l'Arlequin, le Mopse, &c." (VALMONT DE BOMARE 1764 a.a.O.).

Die Bezeichnung lebt folglich selbständig, bis sie von *carlin* allmählich verdrängt wird. Bereits RAYMOND 1832:2,80a betrachtet *mopse* als veraltet. Allerdings führt der *TLF* einen Beleg aus A. France, *La Chemise* 1909:305 an, wo *mopse* noch durchaus lebendig ist[451]. Selbst GRAND ROBERT 2001 führt *mopse* noch auf, wiederum aber als veraltet markiert. Heute gebräuchlich ist fast ausschließlich *carlin*.

hamster s.m. 'Cricetus cricetus' < *Hamster*
FEW 16,139a, *TLF* 10,665a, *EWFS* 515a, *DMD* 363b, *BW* 315a
EB2a: Buffon, *Histoire naturelle* 1765:13,171
EB2b: VOYAGES EN SIBERIE 1791:2,408

---

[450] Man beachte hierzu d. *Mopshund*.
[451] „Ils virent Mousque qui jouait avec un jeune mopse et paraissait aussi content que le chien."

Varianten:
- semantisch: 'Siebenschläfer'[452]

Lexikalische Konkurrenten: in der Bedeutung 'Hamster' *marmotte de Strasbourg* (BRISSON 1762:117f. – SCHMIDT ~1845:419a)[453], in der Bedeutung 'Siebenschläfer' *loir* (seit ~1200)
Wortfamilie: *hamstérique* 'Hamster-' (2002), *hamstérisation* 'Besitzkult' (Vincent Cespedes, *La Cerise sur le Béton* 2002)
Belegstellen: VALMONT DE BOMARE 1768:6,426, GRAND VOCABULAIRE FRANÇOIS 1770:13,22a, MACQUER/DUCHESNE 1771:246b, BOISTE 1803:219a, LAROUSSE 1873:9,54c

Den Grund für die Entlehnung erkennt schon SCHMIDLIN 1779:8,33b:

„Da es nun in Frankreich, wenigstens im eigentlichen Frankreich, keine Hamster gibt [...], so ist auch kein französischer Name für den Hamster vorhanden";

so erklärt sich auch das von Brisson gebrauchte *marmotte de Strasbourg*. Um einer derartig behelfsmäßigen Bezeichnung in der Wissenschaft Abhilfe zu schaffen, übernimmt Buffon das d. *Hamster*, das sogleich akzeptiert wird und auch von Valmont de Bomare im Ergänzungsband der ersten Auflage seines naturkundlichen Wörterbuchs ohne Zögern und ohne Einschränkung nachgetragen wird: „Hamster. Espece de rat qui est très fréquent en Allemagne [...]." Ebenso schnell findet *hamster* in weitere Werke Aufnahme, s.o.

snak s.m. 'asiatische Schafart (Colus tartaricus)' < *snak* bei Gesner < *Schna(c)ke* 'weibliches Schaf'
EB2a: VALMONT DE BOMARE 1765:5,280
Lexikalische Konkurrenten: *saiga*[454]
LB: VALMONT DE BOMARE 1791:7,521

VALMONT DE BOMARE 1765 und 1791 (i.F. zitiert) kommentieren beinahe identisch: „Quadrupède des campagnes de Neiska en Tartarie. Selon *Gesner*, son poil est gris. Le *Snak* est grand comme une brebis [...]." Das Tier ist zwar nicht in Deutschland heimisch, doch auf Grundlage der von Gesner vorgenommenen Benennung in Anlehnung an d. *Schna(c)ke* ist es im Französischen für einige Zeit mit einem deutschen Lehnwort bezeichnet worden – das zu dieser Zeit im Deutschen höchstwahrscheinlich gar nicht mehr in dieser Spezialbedeutung geläufig war.

---

[452] Laut BEHRENS 1924:33 „in der Sprache des ungebildeten Volkes". Auch heute wird *hamster* gelegentlich mit *loir* verwechselt.
[453] Von VALMONT DE BOMARE 1791:4,6 mit guten Gründen verworfen: „[...] on l'a appelé, mal à propos *marmotte de Strasbourg*, puisqu'il ne dort pas comme la marmotte, & qu'il ne se trouve point à Strasbourg."
[454] Vgl. VALMONT DE BOMARE 1791:7,521:
   „Cet animal est l'*akoim* des Turcs, le *solhac* des Polonois, l'*akkim-albo* des Tartares, le *seigak* des Russes ou Moscovites, le *sulac* des Sibériens & le *colon* ou *colus* des Anciens. [...]. Dans la Description que les Historiens ont fait de ce mot, on reconnoît que c'est une caricature du *saiga*."
In Band 7,156f. findet sich das Lemma: „SAÏGA ou SEÏGAK, en langue Tartare, signifie *chevre sauvage femelle*" (russ. *caûza*). Das Tier ist laut Valmont Gesners *colus* und der *Ibex imberbis* der *Mémoires de l'Académie de Petersbourg*; „M. Pallas range le *saïga* parmi les *antilopes*" (ein weiterer lateinischer Name des Tieres ist *Antilope saïga*).

SCHMIDT ~1845:717a gibt für *Schnake* „petite brebis" an, doch ist hiermit nicht das zentralasiatische Tier gemeint. Die wissenschaftliche lateinische Bezeichnung und fr. *saiga* verdrängen *snak* bald.

andwal s.m. 'eine Art Wal' < *Andwal*
EB2a: GRAND VOCABULAIRE FRANÇOIS 1767:2,379b
Belegstellen: SCHMIDLIN 1771:1,334b
LB: NOUVEAU DICTIONNAIRE 1790:2,125b

Andwal ist im Deutschen belegt seit Henisch, *Teütsche sprach vnd weißheit* 1616:76. Im DEUTSCHEN WÖRTERBUCH fragt man sich: „*was soll aber das vorgesetzte and ?*". Auch SCHMIDLIN 1771 weiß mit dem Wort offenbar nicht viel anzufangen, nennt es aber in Anlehnung an das GRAND VOCABULAIRE FRANÇOIS 1767[455] als französisches: „so soll in der Ostsee ein sehr langer Fisch heißen, der zum Geschlechte der Wallfische gehöre." Wörtlich kopiert findet sich dieser Kommentar im NOUVEAU DICTIONNAIRE 1790, was die tatsächliche Vitalität des französischen Wortes sehr zweifelhaft macht. Die wissenschaftliche Naturgeschichte kennt keinen Andwal, daher ist das Wort wieder aufgegeben worden. Welches Tier hier bezeichnet werden soll, bleibt im Dunkeln.

zisel s.m. 'osteuropäisches Nagetier (Citellus citellus)' < *Zi(e)sel*
BEHRENS 1923:34
EB1: BRISSON 1762:101 (*ziesel*)
EB2a: Buffon, *Histoire naturelle* 1765, Bd. 13
Varianten:
• äußere Form: *zizel* (CUVIER 1798:137 – LAROUSSE 1876:15,1495c)
Lexikalische Konkurrenten: *lapin d'Allemagne* (BRISSON 1762:101), *souslik* (seit CUVIER 1798:137, *soulic*), *rat-taupe* (SOUVIRON 1868:511a), *spermophile d'Europe* (seit 1823)
Belegstellen: GRAND VOCABULAIRE FRANÇOIS 1774:30,223b, BOISTE 1800:476b
LB: SACHS/VILLATTE 1894:1629b[456]

Bereits das verdeutlichende ahd. *zisimūs* ist ins Französische entlehnt worden[457] und findet einen letzten Nachhall in VALMONT DE BOMARE 1765:5,705: „Ziis-Mus: c'est la *Musaraigne* [...]." Bei der *musaraigne* handelt es sich um die Spitzmaus. Unabhängig von dieser alten Entlehnung wird im 18. Jh. *zisel* in der Bedeutung 'Ziesel' entlehnt. BRISSON 1762 kennt das Wort noch nicht als französisches und nennt das Tier wenig präzise *lapin d'Allemagne*, verweist allerdings schon auf den deutschen Namen *Ziesel*, *mus citellus* des Aldrovand.
Mit *zisel* gleichgesetzt wird im Französischen *souslik*, obwohl diesem *Citellus citellus*, nicht *suslicus* entspricht, während der *Citellus suslicus* im Französischen *souslic tacheté* (im Deutschen *Perlziesel*) heißt.

---
[455] „Poisson du genre des cétacées, qui est très-long. On le pêche dans la mer d'Allemagne."
[456] Man beachte allerdings die Übersetzung eines Gedichtes von Daniela Davydov durch Alexander Karvovski, zu finden unter www.spintongues.msk.ru/davydovfrench.htm: „[...] ressemble à une marmotte non un zisel [...]." Da das Wort im Tschechischen *sysel* und im Polnischen *suseł* heißt, ist eine denkbare Wiederaufnahme des Wortes aus dem slawischen Bereich nicht anzunehmen. Das fr. *zisel* ist hier offenbar singulär reaktiviert worden, vielleicht nur aufgrund der Konsultation eines älteren Wörterbuchs.
[457] FEW 17,630a: afr. *cisemus*. Im Mittelalter war das Tier nur als Pelzlieferant von Bedeutung.

heidschnucke s.f. 'Schafart der Lüneburger Heide' < *Heidschnucke*
BEHRENS 1923:34
EB2b: DE LUC 1779:5,78 (*heideschuken* pl.)
Varianten:
- äußere Form: *heydeschenuke* (ebda. 134)
Lexikalische Konkurrenten: *brebis des landes*
LB: SACHS 1894:170b

BEHRENS 1823:34 kennt *heidschnucke* nur aus SACHS 1894. Bereits de Luc hat das deutsche Wort kennengelernt und mangels französischer Entsprechung übernommen: „Les femmes [...] font des bas avec la laine de leurs *Heideschucken*" (1779:5,78), im Folgenden auch als *heydeschenuke* im Textfluss. Das Wort ist nicht in die naturwissenschaftliche Terminologie vorgedrungen und daher wieder vergessen worden.

3.5.1.2. Botanik

Die Herkunft von fr. *berce* s.f. 'Wiesen-Bärenklau', belegt seit TOURNEFORT 1694:270, ist umstritten und wird es wohl vorerst bleiben. *TLF* 4,402b und *FEW* 15/1,98b verweisen auf 1. d. *Bartsch* < poln. *barszcz*, das semantisch übereinstimmt, aber auf lautlicher und sprachgeographischer Ebene (nur im äußersten Osten des deutschen Sprachgebietes heimisch) Schwierigkeiten macht, 2. mhd. *berz*, das jedoch eine andere Pflanze meint (Rispelstrauch, Deutsche Tamariske) und dem Anschein nach gar nicht bis in die Neuzeit gelebt hat, und 3. die Möglichkeit, dass wegen der gewissen Ähnlichkeit der Samen mit einer Wiege eine Bedeutungsübertragung aus fr. *berce* 'Wiege' vorliegen könnte. Es besteht Einigkeit darin, dass zwischen den genannten Hypothesen keine mit Sicherheit zur richtigen zu erklären ist.
Die Herleitung aus *berz* hält von Wartburg für denkbar, „weil die beiden pflanzen eine gewisse ähnlichkeit haben und beide gerne an den ufern von bächen wachsen." Diese „gewisse ähnlichkeit" wird allerdings von MARZELL 3,260 bestritten und ist auch anhand von GARMS 1969:94 (Tamariske) bzw. 182 (Bärenklau) in keiner Weise nachzuvollziehen. Zudem ist laut Garms nur die Tamariske ein Uferbewohner – in den Alpen und im Alpenvorland –, der Wiesen-Bärenklau wächst dagegen auf Wiesen und Weiden und im Gebüsch. *Berz* ist daher als Etymon äußerst unwahrscheinlich.
Die einzigen dialektalen Belege des Französischen, die mit *berce* in Verbindung gebracht werden könnten (Dordogne *bèrtograno*, Pyrénées Orientales *bércétt*), sind so verstreut und zudem gering an der Zahl, dass sie gegen eine autochthone Entstehung und somit gegen die Herleitung aus *berce* 'Wiege' sprechen.
Interessant ist die Variante *Prest* für *Bartsch*, die MARZELL 2,832 aufführt. Aus einem ungenau gehörten *Perst wäre die Entwicklung zu fr. *berce* vorstellbar (Wechsel von stimmhaften und stimmlosen Anlautplosiven, Vereinfachung des Konsonantennexus *-rst* zu *-rs* wie etwa bei *Wurst* > *vource*). *Prest* ist allerdings nur im Schlesischen beheimatet (gewesen). Wie das Wort aus diesem Dialekt ins zunächst wissenschaftliche Französische gewandert sein könnte, bleibt fraglich; dass dieser Schritt indes möglich ist, zeigen andere Bezeichnungen des Wiesen-Bärenklaus, die explizit auf Deutschland Bezug nehmen, nämlich *branche-ursine d'Allemagne* und *acanthe d'Allemagne* (s. ROLLAND FLORE 6,139).

FEW 15/2,89b s.v. *erdnote* (mnl.) sieht in fr. *terre-noix* (seit TOURNEFORT 1694:256) 'Erdknolle (Bunium bulbocastanum)' ein „übersetzungslehnwort aus d. *erdnuss*." *TLF* 16,130a betrachtet das Wort dagegen als Zusammensetzung aus *terre* und *noix*, ohne Kommentar zur ungewöhnlichen Stellung von Determinans und Determinatum. Offenbar ist es diese, die von Wartburg zur Annahme einer deutschen Herkunft veranlasst; doch wird auch hier nicht angemerkt, dass die Position der Komponenten von *terre-noix* auch für eine Entlehnung gänzlich außergewöhnlich ist, vgl. etwa aus diesem Korpus *savon de montagne* und nicht **montagne-savon*, *lait de lune* und nicht **lune-lait*, *coureur de gazon* und nicht **gazon-coureur*. Das einzige mir bekannte Beispiel einer vergleichbaren Lehnbildung ist mfr. *vimpierre*, das *FEW* 17,595b auf mhd. *wînstein* zurückführt. Abgesehen von dieser Ausnahme wäre die Beibehaltung der Reihenfolge der Komponenten eines deutschen Vorbildes nur bei Kopulativkomposita zu erwarten; *terre-noix* ist indes ein Determinativkompositum, für das *noix de terre* (in gleicher Bedeutung seit Bescherelle, *Dictionnaire national* 1845 belegt) die eigentlich zu erwartende Form darstellt. Von Wartburg plädiert womöglich auch deshalb für die Rückführung auf d. *Erdnuss*, weil der Typus im Germanischen fest verwurzelt ist (mnl. *erdnote*, nl. *aardnoot*, schwed. *jordnöt*, engl. *earth-nut*) und per wörtlicher Entlehnung tiefe Spuren in den französischen Dialekten hinterlassen hat, s. anfrk. **erθhnot* > *ernotte*, *arnotte* usf., altnord. **jarð-hnot* > afr. (norm.) *giernote*, norm. *gernotte* usf. Indes ist aufgrund der Gestalt der Wurzelknollen des *Bunium bulbocastanum*, die als Nahrungsmittel Verwendung fanden, das Benennungsmotiv so offensichtlich, dass eine vergleichbare Bildung auch im Französischen jederzeit angenommen werden kann; vgl. auch gleichbedeutendes *châtaigne de terre* oder *gland de terre* (ROLLAND FLORE 6,165). Da mithin ein polygenetischer Ursprung der verschiedenen Bezeichnungen plausibel ist und die Herleitung aus *Erdnuss* die Form von *terre-noix* nicht erklärt, muss die fremdsprachliche Herkunft hypothetisch bleiben. Sollte Tournefort die Bildung selbst vorgenommen haben, wäre die mögliche Motivation zu hinterfragen. Nicht auszuschließen scheint mir folgende semantisch pertinente Erklärungsmöglichkeit, die allerdings ebenfalls hypothetisch ist. Ein Großteil der im *FEW* genannten dialektalen Formen hat die Bedeutung 'Bunium bulbocastanum' und passt deshalb exakt zu *terre-noix*. Abgesehen vom an- bzw. auslautenden *-t* weisen die Lautkörper zahlreicher dieser dialektalen Formen – *arnotte*, *ernote*, *gernotte* – und von *terre-noix* in Gestalt der Lautfolge [RN]+Vokal eine gewisse Ähnlichkeit auf. M.E. ist daher nicht auszuschließen, dass angesichts dieser Parallelen und Bezug nehmend auf die offensichtlichen Begriffe 'terre' und 'noix' dialektalen Formen in Form von *terre-noix* eine standardsprachliche und zugleich wissenschaftliche Dachform gegeben werden sollte, die bis dahin nicht vorlag[458]. Sollte diese Hypothese zutreffen, wäre *terre-noix* eine eigenständige französische, remotivierende Formvariante auf der Grundlage einer alten Entlehnung. In sehr vereinzelten Fällen ist diese Verdeutlichung ihrerseits wieder verblasst, vgl. *ternoi* in NEMNICH 1798:3,1351.

Anders als in *TLF* 4,338a („Trévoux 1732") und *FEW* 15/1,27a („Schwan 1793") angegeben, ist fr. *bécabunga* n.m. 'Caltha palustris' aus latinisiertem nd. *Bekebunge* 'Dotterblume' bereits im 16. Jh. in der übersetzten *Histoire des plantes* von Rembert Dodoens (1557) anzutreffen, s. ROLLAND FLORE 8,143.

breslingue s.f. 'eine Erdbeerart (Hügelerdbeere, Fragaria collina oder viridis) < *Bresling* s.m.

FEW 15/1,271a
EB2a: Antoine-Nicolas Duchesne, *Histoire naturelle des fraisiers* 1766:135
Varianten:
- äußere Form: *breslinge* (Duchesne – 1784, s. ROLLAND FLORE 1904:5,209), *breslingue* (BOISTE 1823 – LAROUSSE 1948:1,240a)

Lexikalische Konkurrenten: *fraisier vert* (seit *Traité des jardins* 1775), *fraisier pilon*, *fraisier marteau* (beide in *Le bon jardinier* 1827)
Belegstellen: *Le prévoyant jardinier* 1781, LAROUSSE 1867:2,1235b, ROLLAND FLORE 1904:5,209
LB: LAROUSSE 1948

Angeblich ist diese Erdbeerart um die Mitte des 18. Jhs. in den Niederlanden aus einer zufälligen Kreuzung entstanden[459]. Das Etymon ist aber zweifellos deutsch und hier schon alt belegt, also auch zur Bezeichnung anderer Sorten verwendet worden; das

---

[458] Gleichzeitig mit *terre-noix* belegt ist auch die Übernahme des dialektalen *arnotte* durch MÉNAGE 1694, womöglich in der gleichen Absicht.
[459] S. unter *mitglied.lycos.de/lothar_bendel/Erdbeere2.html*.

Niederländische kennt kein entsprechendes Wort. Der schriftliche Entlehnungsweg verrät sich durch die Formen mit *-linge* und *-lingue* statt andernfalls zu erwartendem **breslin*. Die Wörterbücher bis LAROUSSE 1948 verweisen unter *breslingue* nicht auf *fraisier vert*; das Lehnwort scheint daher für einige Zeit die dominierende Bezeichnung der Hügelerdbeere gewesen zu sein. Heute wird hingegen nur noch die französische Neubildung gebraucht.

trolle s.m. 'Trollblume' < lat.-d. *Trollius*
FEW 17,370a, TLF 16,657a, DMD 785b
EB1: DE JUSSIEU 1773:218 (*trollius*)
EB2a: VALMONT DE BOMARE 1791:6,792
Eb2b: BAGGESEN 1810:220
Varianten:
- äußere Form: *trollier* (Bescherelle, *Dictionnaire national* 1845 – LAROUSSE 1876:15,534a), *trollière* (2003)

Lexikalische Konkurrenten: *renoncule de montagne* (seit VALMONT DE BOMARE 1791 a.a.O.), *boule d'or* (s. ROLLAND FLORE 1,90)
Belegstellen: NEMNICH 1798:3,1359, MOZIN 1828:2/2,331b, LAROUSSE 1876:15,533c

In TLF 16,657a als Lehnwort aus d. *Trolle*, regional für *Trollblume*, angegeben. FEW 17,370b verweist immerhin s.v. *trolle* (d.) darauf, dass der Name der Pflanze schon von Gesner zu *trollius* latinisiert worden ist. Daher heißt sie auch bei Linné *Trollius europaeus*. Als *Trollius* erscheint sie auch in DE JUSSIEU 1773. VALMONT DE BOMARE 1791 schreibt s.v. *renoncule*: „On cultive dans quelques jardins la *renoncule de montagne*, *Trollius Europaeus*, Linn. 782; *Ranunculus montanus*. On l'appelle *trolle globuleux*." Die Reihenfolge und Art der Belege spricht dafür, dass bei der Entlehnung von *trolle* der Umweg über die latinisierte Form stattgefunden hat; so erklärt sich auch das maskuline Genus von *trolle* gegenüber *Trolle* s.f. In der wissenschaftlichen Fachsprache hat sich *trolle* als feststehende Bezeichnung etabliert. Im volkstümlichen Sprachgebrauch der französischsprachigen Regionen, in denen die Trollblume vorkommt, sind zahlreiche andere lokale Bezeichnungen anzutreffen, vgl. ROLLAND FLORE a.a.O.

NEMNICH 1798:3,1343 führt als französisches Lemma „Spagnen, gros noir d'Espagne" auf, eine rote Rebsorte. *Gros-noir d'Espagne* kennt auch FEW 4,437b s.v. *Hispania* (EB *Nouvelle Maison rustique* 2,448[460]). Ein gleichbedeutendes d. **Spanien* – bzw. **Spanier* oder **spanische Traube* –, das der Form *spagnen* formal am nächsten stünde, weist indes weder Nemnich selbst im deutschen Abschnitt auf, noch habe ich es in anderen deutschen Quellen nachweisen können.

---

[460] Um welche Auflage der *Nouvelle Maison rustique* – deren erste von 1700 und letzte von 1871 stammt – es sich handelt, bleibt unklar.

3.5.2. Geowissenschaften

3.5.2.1. Mineralogie und Gesteinskunde

Der Zustand der französischen Mineralogie im 17. Jh. kann kaum treffender als mit LENOBLE 1954:11 beschrieben werden:

„Il y a une géologie du XVIIe siècle; il n'y a pas de minéralogie du XVIIe siècle. Sur ce point, il n'a rien inventé. Avec une étonnante monotonie, il répète les listes dressées par les anciens et vulgarisées par Pline: argile, sables, sels, soufre, bitume, naphte.... Les savants n'ont rien ajouté à l'expérience des fontainiers et des mineurs. La raison est évidente: pour ajouter quelque chose, il faudrait une chimie, et leur chimie se résume dans leur lecture d'Aristote, agrémentée de quelques emprunts aux alchimistes."

Die chemischen Kenntnisse sind zu dieser Zeit auch in Deutschland nicht weiter fortgeschritten; dennoch existiert hier aufgrund der intensiven Beschäftigung mit dem Bergbau und seinen Produkten eine deutlich differenziertere Sichtweise der vorkommenden Mineralien, Erze und Gesteine, die sich in einer ausführlichen Fachliteratur niederschlägt. Vergleichbare Ansätze in Frankreich bietet allenfalls Bernard Palissy (1510-1590), der die Mängel der auf antiken Vorstellungen basierenden Nomenklatur zwar erkannte, mangels chemischer Kenntnisse und terminologischer Genauigkeit seiner Zeit aber keine moderneren Beschreibungsmodelle zu entwickeln vermochte. Aufgrund der unter 3.4.1. geschilderten deutsch-französischen Beziehungen im Bergbau und der Tatsache, dass die vorbildhaften deutschen Fachtexte seit dem 17. Jh. ins Französische übersetzt worden sind, erstaunt es nicht, dass die französische mineralogische Terminologie des 17. und 18. Jhs. in gleichem Maße wie die des Bergbaus durch das Deutsche geprägt worden ist. Was an Bezeichnungen nicht an deutsche Vorbilder anknüpft, geht zum größten Teil auf den antiken oder alchimistischen Fundus zurück.

Mit Autoren wie Valmont de Bomare, Romé de l'Isle, de Saussure und Sage entwickelt sich ab etwa 1760 sozusagen unter deutscher Anleitung eine selbständige französische mineralogische Wissenschaft, deren Terminologie auch autochthone Bildungen hervorbringt. Eine weitere grundlegende Etappe der modernen Mineralogiegeschichte verstärkt dann wieder die deutsch-französischen Entlehnungsvorgänge. Abraham Gottlob Werner (1749-1817) entwickelt seit den 70er Jahren des 18. Jhs. ausgehend von teilweise grundlegenden neuen Erkenntnissen eine Klassifikation der Mineralien, die in teilweise bis heute Gültigkeit hat[461]. Ein bedeutender Anteil der im Folgenden genannten Einheiten geht auf Werners Terminologie zurück, die ab 1790 insbesondere durch Delamétherie, Vanberchem-Berthout/Struve und Brochant in Frankreich propagiert wurde. Auf französischer Seite entwirft in den 90er Jahren des Jahrhunderts René-Just Haüy (1743-1822), der bedeutendste französische Mineraloge, eine eigene Nomenklatur, die namentlich die Ergebnisse der durch Lavoisier, Guyton de Morveau etc. erneuerten chemischen Terminologie berücksichtigt. Die Systeme Werners und der ihm nachfolgenden Mineralogen auf der einen und Haüys auf der anderen Seite konkurrieren teilweise miteinander, sind allerdings auf der Bezeichnungsebene nicht zu hundert Prozent

---

[461] Vgl. Anhang 2.

miteinander vergleichbar, da Werners ein rein mineralogisches ist, Haüy dagegen auch die chemische Fachsprache zu Rate zieht, so dass sich einerseits etwa *Leuzit* und *amphigène*, andererseits *Oolith* und ein der chemischen Terminologie nachempfundener Ausdruck wie *chaux carbonatée globuliforme compacte* gegenüberstehen. So heißt z.B. das Element *Wolfram* in der heutigen französischen Mineralogie *wolfram*, in der Chemie dagegen – ausgehend von Lavoisier, übernommen von Haüy – *tungstène*. In die heute gültige internationale Nomenklatur sind Bezeichnungen beider Systeme in großer Zahl eingeflossen[462].

speys s.f. 'natürlich vorkommendes Metallgemisch' < *Speis(e)*
EB2b: DE BERTEREAU 1640 in GOBET 1779:1,397
LB: DE GENSSANE 1763:147 (*speis*)

In DE BERTEREAU 1640 wird aufgelistet, über welche Fähigkeiten ein tüchtiger Bergmeister verfügen muss:

„De plus il leur faut cognoistre l'art de lapidaire, pour parfaictement discerner les veines des Mines, les Fibres, les Roignons, & Speys, qui se trouuent dans icelles, & cognoistre les pierres fines d'auec les hapelourdes & faulses, afin de les separer."

DE GENSSANE 1763 schreibt von ostfranzösischen Bergwerken: „On y découvre journellement de la speis: c'est une espece de régule composé de cuivre, de plomb, d'argent, & sur-tout d'une grande partie d'arsenic." Das offensichtlich natürliche Vorkommen dieses Stoffes macht einen direkten Zusammenhang mit →*speiss*, einem Kunstprodukt der Kobaltverhüttung, unmöglich. Möglicherweise wurde d. *Speise* oder *Speis* im Sinne von *Speisigerz* verwendet, „welches kiesig ist und Speise machet" (BERGMÄNNISCHES WÖRTERBUCH 1778:510b), somit bei der Verhüttung viel Speise abgibt, also den „König, welcher von kiesigen und kobaltigen Erzen in der Tutte oder den Häfen erhalten wird" (510a). Die mangelhafte Dokumentation der französischen Bergbausprache kann kaum deutlicher werden als in diesem Fall. Offenbar ist *speys* in dieser fest verankert gewesen.

zinc s.m. 'ein Metall' < *Zink*
FEW 17,629b, TLF 16,1424b, EWFS 907b, DMD 821b, BW 682a
EB2b: DE BERTEREAU 1640 in GOBET 1779:1,387 (*zain*) und 1,403 (*zinc*)
Varianten:
- äußere Form: *zinc* (seit DE BERTEREAU 1640), *zain* (DE BERTEREAU 1640 – NEMNICH 1797:232b), *zinch* (BARLET 1653:505 – TRÉVOUX 1721:5,896), *zeinc* (GLAUBER 1659b:31), *zink* (CHARAS 1676:13 – BOULDUC LE FILS 1724:129), *zinck* (CHARAS 1676:20 – TRÉVOUX 1771:8,538b), *zin* (FÉLIBIEN 1676:332 – CORNEILLE 1694:2,615), *zing* (DE MONTESQUIEU 1729:2,248 – NEMNICH 1797:232b), *zim* (PRÉVOST 1750:2,785a – JOURNAL ÉTRANGER Sept. 1756:62)
- semantisch: fam. 'Schick' (*Événement* 18.8.1866 – LA RUE 1948:192), pop. 'laute Stimme' (1865, ESNAULT 1965:643b – LA RUE 1948:192), arg. 'Geld' (Poulot, *Sublime* 1870:310 – LA

---

[462] Dabei sind die modernen Designate nicht immer vollständig mit den damaligen identisch. Diese Tatsache und die Aufgabe zahlreicher Termini liegen namentlich im Umbau der Systematik der heute gültigen Klassifikation (v.a. durch Hugo Strunz) begründet, s. TATJE 1995:31ff.

RUE 1948:192), 'Tresen'[463] (seit Zola, *Le Ventre de Paris* 1873), arg. 'Syphilis' (DELVAU, *Dictionnaire de la langue verte* ²1867 – LA RUE 1948:192), fam. 'Flugzeug' (1916, s. ESNAULT 1965:643b – CARADEC 1977:250a), arg. 'typographisches Klischee' (CARADEC 1977:250a)[464]
Lexikalische Konkurrenten: *antimoine femelle* (s. CORNEILLE 1694:2,615, ACADEMIE 1718:2,815a), *marcassite d'or* (Malus, *Avis des riches mines d'or & d'Argent* [...] *des Monts-Pyrenées* 1632[465] – BUCQUET 1771:2,132)
Wortfamilie: *zingueux* 'zinkhaltig' (COQUEBERT 1797b:471), *zincotechnie* 'Kunst der Zinkverarbeitung' (ENCYCLOPEDIE METHODIQUE 1815:6,361a), *zincifère* 'zinkhaltig' (seit HAÜY 1822a:2,170[466]), *zincage* oder *zingage* 'das Überziehen mit einer Zinkschicht' (seit 1838, *BW* 682b), 'Zusatz von Zink bei der Bleischmelzung' (GUILLET 1948:117), *zincographie* 'Druck mit Zinkklischees' (seit 1839, *TLF*), *zincides* 'Mineralienfamilie, die das Zink beinhaltet' (BOISTE Histoire Naturelle 1841:238d), *zingueur* 'Zinkarbeiter' (seit ACADEMIE COMPLEMENT 1842:1279a), 'Stammgast einer Weinkneipe' (VILLATTE 1888:306b – COLIN/MEVEL/LECLERE 1990:674a), *zinguer* 'mit einer Zinkschicht überziehen' (seit ACADEMIE COMPLEMENT 1842:1279a), 'einen Schaps am Tresen trinken' (1878, ESNAULT 1965:643b – COLIN/MEVEL/LECLERE 1990:674a), 'lächerlich machen' (2002), *zincographier* 'mit Zinkklischees drucken' (seit Bescherelle, *Dictionnaire national* 1845), *zinguerie* 'Handel mit Zink' (*ebda*. – GUERIN 1892:6,1221c), 'Zinkwerkstatt' (Bescherelle, *Dictionnaire national* 1845 – GUERIN 1892:6,1221c), 'Zinkwaren' (*Nouveau Larousse Illustré* 1904), *zincite* 'Zinkoxid' (seit „*Hist. nat.* 1849:13,354a" (so *TLF*)), *zincographe* 'Drucker, der Zinkklischees verwendet' (seit Mozin/Peschier, *Supplément au Dictionnaire complet des langues Française et Allemande* 1859), *zincograveur* 'dass.' (LAROUSSE 1933:6,1133b), *zincosite* 'Zinksulfat' (seit WURTZ 1874:3,786a), *zincique* 'Zink-' (seit WURTZ 1874:3,765a), *zincate* 'zinkhaltiges Salz' (seit WURTZ 1874:3,760b), *zinconite* 'Zinkkarbonat' (WURTZ 1874:3,764b), *zinconise* 'Zinkblüte, Hydrozinkit' (seit GUERIN 1892:6,1221b), *zingot* 'Schankwirt' (1895, s. ESNAULT 1965:643b), *zincogravure* 'Druck mit Zinkklischees' (seit *Le Larousse pour tous* 1907), arg. *zingué* 'betrunken' (seit 1910, s. ESNAULT 1965:643b), arg. *dézinguer* (*une machine*) 'demontieren' (1903-1918, s. ESNAULT 1965:239b), *zincose* 'durch Einatmen von Zinkstaub verursachte Lungenkrankheit' (seit ~1950, s. GRAND ROBERT 2001:6,2020a), *zinquier* (ohne Bedeutungs- und Belegangabe in BEHRENS 1923:31); *fleur de zinc* 'Zinkblüte, Hydrozinkit' (ACADEMIE 1762:2,966b – 1878:2,966c)
Belegstellen: BARLET 1653:505[467], GLAUBER 1659a:51f.[468], DU RESPOUR 1667 Table, RICHELET 1680:2,559a, SAVARY DES BRUSLONS 1723:2,1954, WALLERIUS 1753:1,443, VALMONT DE BOMARE 1765:5,706, HAÜY 1809:102

HELLOT 1735:13 beschreibt die frühe (Bezeichnungs-)Geschichte von *zinc*:

„Il ne paroît pas que les Anciens ayent connu cette substance métallique [...]. Schroder semble être le premier qui en ait parlé: il nomme ce métal *Marchassita*[469] *pallida*: d'autres Auteurs Allemands l'ont appellé *Conterfeth*[470]: d'autres le nomment *Speauter* ou *Spiauter*[471], mais ce dernier nom appartient à une espece particuliére de Zinc, qui est jaune [...]."

---

[463] In dieser Bedeutung hat sich *zinc* so verfestigt, dass der Tresen gar nicht mehr aus Zink bestehen muss, ohne einen anderen Namen zu erhalten, vgl. das Wortspiel in Queneau, *Zazie dans le métro*, Paris:Gallimard 1972:20: „Charles [...] s'avança jusqu'au zinc en bois depuis l'occupation."
[464] Zu weiteren vereinzelt belegten Bedeutungen von *zinc* im Argot s. ESNAULT 1965.
[465] Laut BARBA 1751:2,12.
[466] *Zinquifère* in SACHS 1894:328C, *Zinguifère* in STELLHORN 1965:735b.
[467] „Purification, Dissolution, Sublimation, & Fixation du Bismuth, Zinch, & autres Marcaßites."
[468] „Par ce moyen sont facilement separez la pierre calamine, marcassite, kobolt, zain, talc & autres fossiles contenant de ☉ [= Gold]."
[469] Vgl. die Nennung von *bismuth* und *zinch* als „marcaßites" in BARLET a.a.O.
[470] Vgl. DEUTSCHES WÖRTERBUCH 15,1397 s.v. *Zink*: „*in legierungen, für welche die bezeichnung conterfey, d.h. 'nachbildung' [von Gold] kennzeichnend ist*."

Im 16. und 17. Jh. war Deutschland beinahe der ausschließliche Exporteur von Zink, s. auch CORNEILLE 1694:2,613 und 615. Daneben wurde Zink auch aus dem Orient bezogen, s. CORNEILLE a.a.O. und noch GEOFFROY LE CADET 1725:61: „Le Zinc est un Minéral métallique qu'on tire de l'Allemagne ou des Indes [...]."
Laut HELLOT 1735:12 ist das Zink „depuis long-temps entre les mains des ouvriers en cuivre, qui l'employent ou seul ou mêlé avec le Laiton pour en composer leur soudure." Wie lange genau Zink schon bekannt ist, verrät Hellot nicht, doch ist das Metall um 1640 französischen Mineralogen bereits ganz vertraut:

> „Mais quant aux metaux, d'ordinaire ils sont mixtionnez comme le mercure auec tous, le plomb auec l'antimoine & l'argent [...], l'estain auec le plomb & l'argent & le zain" (DE BERTEREAU 1640 in GOBET 1779:387)[472].

In diesen Fachkreisen ist *zinc* bzw. *zain* um die Mitte des 17. Jhs. bereits vollständig integriert, wie zahlreiche andere Belegstellen deutlich machen. Auch für lexikalische Konkurrenz finden sich kaum Anzeichen. Sofern nicht *marcassite d'or* verwendet oder *zinc* mit *spiauter* verwechselt wird, ist *zinc* oder *zain* als Bezeichnung alleine gültig. CORNEILLE 1694:2,615 merkt an: „Quelques-uns l'ont appelé *Antimoine femelle*", vgl. *zinc d'antimoine* bei DE RESPOUR a.a.O. In den von mir konsultierten Publikationen des 18. Jhs. spielt diese Bezeichnung aber keine Rolle (mehr). Außerhalb der mineralogischen Fachsprache ist *zinc* lange Zeit weniger oder gar nicht geläufig. So erwähnt z.B. FÉLIBIEN 1676:332 „une sorte de pierre métallique qu'on nomme *zein*" und scheint mit dem Wort weniger vertraut als die o.g. früheren Autoren. Bemerkenswert ist auch, dass CORNEILLE 1694 sowohl ein Lemma *zain* (2,613) als auch eines *zin* (2,615) aufführt, in denen offensichtlich das gleiche Metall beschrieben wird, und aus Unsicherheit s.v. *zin* auf *zain* verweist[473]. Noch 1729 zeigt der gebildete Montesquieu, der ohne Zögern Fachtermini wie *laiton*, *litharge*, *se calciner* gebraucht, eine völlige Unkenntnis des Metalls: in den Harzer Bergwerken zeigt man ihm „du métal qu'on appelle *zing*, qui, avec le cuivre, fait le métal de prince[474]"; dazu verfasst er eine eigene Fußnote: „Voir ce que c'est que le *zing*" (2,248). In der Medizin ist dagegen das Zink als heilkräftige Substanz schon im 17. Jh. bekannt, vgl. CHARAS 1676:20 zu verschiedenen zinkhaltigen Medikamenten. Durch die metonymische Verwendung in den verschiedensten Bereichen ist *zinc* spätestens im 19. Jh. popularisiert worden und in den erweiterten Grundwortschatz und den Argot gelangt. Nach 1797 ist *zinc* die einzige kanonisierte Variante, deren Aussprache zumeist [zɛ̃g], gelegentlich [zɛ̃k] lautet. Auf der gängigeren Variante beruhen die Ableitungen mit

---

[471] Auf diese Verwechslung weist u.a. ABOT DE BAZINGHEN 1764:2,709 hin. Als Synonym von *Zink* – im Deutschen! – wird *Spiauter* noch im BERGMÄNNISCHEN WÖRTERBUCH 1778:621b genannt. Die meisten Autoren unterscheiden jedoch zwischen den beiden Bezeichnungen, s. etwa DE RESPOUR 1667 Table („une matiere nommée vulgairement Espiauter, ou Zinc d'antimoine") oder DE BERTEREAU 1640 in GOBET 1779:1,403, die *spiautre* als eigenes Metall neben *zinc* nennt. Tatsächlich wird fr. *espeautre*, *(e)spiautre* (belegt seit 14. Jh.) für eine bestimmte Metallegierung gebraucht, vgl. FLASDIECK 1952:78-94.
[472] Als bisher bekannten Erstbeleg von *zinc* hatte bereits STOROST 1971:150 BARLET 1657:505 ermitteln können. Das wird im *TLF* gänzlich unterschlagen, wo weiterhin das schon von BOULAN 1934 angegebene 1666 als Erstbeleg erscheint.
[473] Ebenso TRÉVOUX 1721 zu *zinch* (5,896) und *zinck* (5,698); erstaunlicherweise enthält TRÉVOUX 1704:3 nur einen Eintrag *zinck*.
[474] Eine auch *pinchebec*, *tombac* oder *similor* genannte Kupferlegierung.

zing-, die größtenteils außerhalb der wissenschaftlichen Fachsprache, also möglicherweise ohne konkretes graphisches Vorbild entstanden sind. Auf die graphische Gestalt gehen die wissenschaftlichen Termini mit *zinc-* zurück. Unter dem Einfluss der deutschen Form, die vielen Autoren zweifellos vor Augen lag, ist schon sehr früh die Regermanisierung zu *zinch*, *zink* zu erkennen – ebenso wie das latinisierte *zincum* wohl letztendlich *zinc* zu Grunde liegt –, die der Integration allerdings keinen Abbruch tut. Die älteste Form *zain* ist zugleich die am stärksten assimilierte und mit einiger Sicherheit um einiges älter, als uns der Erstbeleg von 1640 verrät.

flus s.m. 'unechter Edelstein' < *Fluss*
(E)B2b: BOECE DE BOOT 1644:745
Lexikalische Konkurrenten: *fluor* (s. VALMONT DE BOMARE 1762:1,228), Sytagmen mit *faux* (vgl. WALLERIUS 1753:1,205-208)

Einen Beleg für die Entlehnung von *Fluss* liefert nur BOECE DE BOOT 1644:

„Les flus (qu'en trois ou quatre lieux de ce liure sont escrits flueurs comme l'errata l'indique) semblent obtenir le milieu entre les pierres precieuses, & les communes [...]."

Das hier verworfene *flueur* ist offenbar eine Entlehnung aus lat. *fluor*, vgl. oben. Möglicherweise hat dieses wiederum in Anlehnung an d. *Fluss* seine mineralogische Bedeutung erhalten. Flüsse ähneln verschiedenen Edelsteinen, vgl. MINEROPHILUS FREIBERGENSIS 1743:214b: „Flüsse, oder Edelgestein-Flösse, sind in hiesiger Gegend und Gebürge ganz gemein, als Amethysten, Smaragden, Hyacynthen und andere mehr [...]." Ebenso finden sich in WALLERIUS 1753 *faux saphirs* (1,206), *fausses émeraudes* (1,208), *faux rubis* (1,205).
Fluss ist nicht bedeutungsgleich mit d. *Flussspat* – ins Französische entlehnt als →*spath fusible* und →*spath fluor* –, einem Mineral, dessen Zusatz den Erzfluss beschleunigt. Es besteht aber offenbar eine äußere Ähnlichkeit, denn Denso schreibt in WALLERIUS 1750:87 zu Varianten des Glasspats – einem Synonym von *Flussspat* –, „beide sind Flüssen gleich" (87). *Fluss* wird zudem im Deutschen auch für 'Flussspat' verwendet, vgl. MINEROPHILUS 1743:214a. Im Französischen erscheinen für 'Flussspat' nur *spath fusible*, *spath fluor* und *spath vitreux*, *flus* bezeichnet nur (einmal) unechte Edelsteine.

TLF 13,424a datiert *pisolithe* 'erbsförmige Kalkablagerung' auf 1765 (*Encyclopédie*). Tatsächlich findet sich das Wort aber bereits mehr als ein Jahrhundert zuvor bei Boece de Boot: „[...] le pisolithe, que l'on trouue dans les estuues d'eau chaude de Charlemagne de Boheme, [prend son nom] d'vn pois à qui il ressemble" (1644:686). Da diese Erscheinungsform kalkhaltiger Ablagerungen namentlich in den Quellen Karlsbads, also in ehemals teilweise deutschsprachigem Gebiet, anzutreffen ist und in früheren Zeiten ausschließlich von dort bekannt war, ist eine gelehrte Lehnprägung nach gleichbedeutendem d. *Erbs(en)stein* nicht unwahrscheinlich, vgl. →*oolithe*. So lange aber Belege für *Erbs(en)stein* aus dem 17. Jh. fehlen[475], muss diese Herkunft hypothetisch bleiben. Vielleicht hat Boece de Boot die Bildung tatsächlich selbst vorgenommen; die Ähnlichkeit der Substanz mit Erbsen ist offensichtlich. Für die Theorie der Neubildung spricht, dass der Autor bei der Besprechung der ähnlich gearteten Oolithe das deutsche Wort *Rogenstein* erwähnt, für *piso-* bzw. *pysolithe* jedoch keine

---

[475] Das DEUTSCHE WÖRTERBUCH 3,740 liefert keine Datierung. Der früheste mir bekannte Beleg steht in LEHMANN 1751:104.

deutsche Entsprechung angibt – was in der französischen mineralogischen Literatur beinahe als Ausnahme bezeichnet werden kann:

> „[L'Hammite] ressemble aux œufs de poisson [...]. Elle s'appelle en langue Germanique *rogenstein* [...]. De ceste sorte on en trouue qui sont composées de petites pierres de la grosseur d'vn pois, ou orobe, que l'on peut appeler iustement grandes hammites ou pysolithes" (1644:544).

lait de lune s.m. 'weiße, kalkhaltige Mergelart' < *Mondmilch*
(*FEW* 5,110b)
EB1: BOECE DE BOOT 1644:531
EB2a: TREVOUX 1721:3,1258 (*lait de la lune*)[476]
EB2b: ELLER 1749:6
Varianten:
- äußere Form: *lait de lune fossile* (VALMONT DE BOMARE 1762:1,78 – BOISTE 1851:543c)

Lexikalische Konkurrenten[477]: *galactite* (seit 14. Jh.), *agaric fossile* (TRÉVOUX 1721:3,1258), →*moelle de pierre* (SAVARY DES BRUSLONS 1723 – LAROUSSE 1874:11,366d), *agaric minéral* (SAVARY DES BRUSLONS 1723 – BRONGNIART 1807:1,210), *lac lunae* (GUETTARD 1752b:332 – DE SAUSSURE 1786:1,240), *pierre de lait* (VALMONT DE BOMARE 1762:1,78), *farine fossile* (seit VALMONT DE BOMARE 1762:1,79), →*lait de montagne* (seit BERTRAND 1763:2,58a), *terre miraculeuse* (VALMONT DE BOMARE 1764:2,352 – MOZIN 1863:1,874b), *fleur de craie* (BUFFON 1783:1,206), *lithomarge*[478] (seit BERGMAN 1784:127), *farine calcaire* (DE SAUSSURE 1786:1,240), *chaux pulvérulente* (HAÜY 1822a:1,362), *mondmilch* (2002)
Belegstellen: WALLERIUS 1753:1,23, VALMONT DE BOMARE 1764:3,195, LAROUSSE 1873:10,87c
LB (in Wörterbüchern): LAROUSSE 1931:4,303c[479]

Den deutschen Ursprung von *lait de lune* verrät u.a. die Bemerkung BOECE DE BOOTS 1644:

> „Il semble qu'on peut rapporter à la pierre Galactite, ceste pierre que Gesnerus a descrit, laquelle il dict estre appellée laict de la Lune, & se trouue dans les creux de certaines montaignes d'Heluetie [...] comme à Stocchorne, dans le gouuernemt de Berne [...]. Les habitans l'appellent en

---

[476] Dass die Substanz den Autoren des Wörterbuchs wenig vertraut ist, verrät die Aufspaltung in zwei Lemmata, zum einen als „Terme de Chymie. *Lac Lunæ*. C'est ce qu'on appelle autrement fleurs d'argent [...]. C'est une tèrre blanche, poreuse, friable, insipide, mais qui se dissout dans de l'eau, & qui la teint en couleur de *lait*", zum andern als „l'Agaric fossile, qui n'est pas le vrai Agaric [ein Pilz], & qui n'en a qu'improprement le nom, & n'en a pas tous les éffets." *Fleur(s) d'argent* bezeichnet gemeinhin oxidiertes Silber.
[477] Es handelt sich bei den folgenden Einheiten nicht immer um Bezeichnungen der vollkommen identischen Substanz, da kalkhaltige Substanzen in zahlreichen leicht unterschiedlichen Erscheinungsformen auftreten. In der zeitgenössischen Literatur waren die genannten Konkurrenten aber weitgehend miteinander austauschbar.
[478] Entlehnt aus *lithomarga*, dies wiederum latinisiert aus *Steinmark*, namentlich von Cronstedt in seinem Mineralsystem verwendet. Belegt ist *lithomarga* aber auch schon in LEIBNIZ 1710:115. In - *marga* findet sich lat. *marga* 'eine Art Erde' (*OLD* 1,1079a) wieder, das laut DEUTSCHEM WÖRTERBUCH auch dem zweiten Bestandteil des deutschen Wortes zu Grunde liegt und volksetymologisch zu *Mark* umgedeutet worden ist; vgl. auch lat. *stenomarga* in VALMONT DE BOMARE 1762:1,79, laut WALLERIUS 1753:1,23 schon von Agricola gebraucht. Heute bezeichnet *lithomarge* ein Alumosilikat (Varietät von Halloysit).
[479] Heute aber durchaus noch geläufig, vgl. z.B. speleo.tripod.ca/terme.html, www.speleo-naye.ch/club/pages/pages_descriptif/gouffre_darennaz.html.

Allemagne *monmilch*, c'est à dire laict de la Lune, à cause de la substance blanche & escumeuse, dont ceste pierre semble estre accreuë"[480].

Die Übersetzung als „laict de la Lune" erfolgt hier noch spontan und ist nicht idiomatisch[481]. Im 18. Jh. wird *lait de lune* es jedoch schnell. Die mineralogische Literatur stellt *lait de lune* verschiedene lexikalische Konkurrenten zur Seite, unter denen *lac lunae* einen der der bedeutendsten darstellt. Dieses ist selbst aus der latinisierten Terminologie deutscher Mineralogen übernommen worden – schon bei Agricola anzutreffen – und als Vorbild für *lait de lune* ebenfalls denkbar, allerdings selbst erst einige Zeit später als jenes im Französischen bezeugt. *Lac lunae* verschwindet noch im 18. Jh. und macht den Weg frei für einen stark ausgedehnten Gebrauch von *lait de lune*[482].

moelle de pierre s.f. 'weiße, kalkhaltige Mergelart' < Steinmark
(*FEW* 6/1,635b)
EB2a: SAVARY DES BRUSLONS 1723[483]
EB2b: ELLER 1749:6
Varianten:
- äußere Form: *moelle des rochers* (VALMONT DE BOMARE 1762:1,79)

Lexikalische Konkurrenten: s. unter *lait de lune*
Belegstellen: BERTRAND 1763:2,61b
LB: LAROUSSE 1874:11,366d

D. *Steinmark* ist schon im 16. Jh. belegt (DEUTSCHES WÖRTERBUCH 10/2/2,2132) und zu lat. *medulla saxi* oder *saxorum* umgebildet worden. Bei der Entstehung von fr. *moelle de pierre* sind wahrscheinlich sowohl die deutsche als auch die lateinische Variante beteiligt gewesen.
Moelle de pierre ist neben im 18. Jh. ungebräuchlichem *galactite*, *agaric fossile/minéral* und *lait de lune* der älteste der zahlreichen Namen und im 18. und 19. fester Bestandteil der französischen mineralogischen Terminologie. Daran ändert auch die Kritik nichts, die BUFFON 1783:1,206 an einigen der Bezeichnungen übt. Sein Vorschlag *fleur de craie* hat wenig Durchschlagskraft.

quartz s.m. 'gesteinsbildendes Mineral (SiO_2)' < Quar(t)z
FEW 16,428b, *TLF* 14,119a, *EWFS* 736a, *DMD* 636b, *BW* 524b
EB1: GLAUBER 1659a:11 (*quartzen*)
EB2a: BOURGUET 1729:207 (*quertz*)
EB2b: HELLOT 1737:109 (*quartz*)
Varianten:
- äußere Form: *quarts* (DE GENSSANE 1776:1,97, MACQUER ²1778:3,302), *quarz* (HAÜY 1822b:2,509)

Lexikalische Konkurrenten: *silice* (seit MÉTHODE DE NOMENCLATURE 1787:63)

---

[480] Man vergleiche schweizerdeutsch *mämilch* in gleicher Bedeutung, das als *mamelk* etc. Eingang in einige Dialekte der französischen Schweiz gefunden hat (*FEW* 16,509a).
[481] CHORIER 1971[1662]:1,58 kennt den Terminus noch nicht: er spricht von einer „certaine terre blanche & tendre comme de la croye."
[482] Der Einwand Faujas de Saint-Fonds (1778:247), *lait de lune* werde „improprement" verwendet, hat der Vitalität der Lehnbildung nicht geschadet.
[483] In der Ausgabe Amsterdam 1726-1732: Band 2,756.

Wortfamilie: *quartzeux* 'quarzhaltig' (seit DE SAUVAGES 1749:732n), *quartzique* 'quarzartig' (seit POTT 1753:170), *quartzifère* 'quarzhaltig' (seit Haüy, *Traité de Minéralogie* 1801:2,184), *quartzite* 'quarzreicher Sandstein' (seit DAUBUISSON 1819:2,174), *quartziforme* 'quarzförmig' (LAROUSSE 1875:13,501b – STELLHORN 1965:651a), *quartzine* 'Chalzedonvarietät' (seit Wurtz, *Supplément au Dictionnaire de chimie* 1908:7,272), *quartzerie* 'Fabrik, in der Quarz verarbeitet wird' (1923, FEW – LAROUSSE 1949:2,592a), 'Quarzwaren' (2003), *quartzifié* 'zu Quarz geworden' (LAROUSSE 1932:5,874a)
Belegstellen: Buffon, *Histoire naturelle* 1749:1,263, WALLERIUS 1753:1,193, ENCYCLOPEDIE 1765:13,693a, VALMONT DE BOMARE 1764:4,545, FERAUD 1787:3,314b[484], HAÜY 1796b:29, LAROUSSE 1875:13,501c

Den Quarz als zweithäufigstes Mineral der kontinentalen Erdkruste (MARESCH 1996:27a) haben die deutschen Bergleute schon in mittelalterlicher Zeit erkannt und im 14. Jahrhundert so benannt. Im französischen Wortschatz sucht man eine präzise Entsprechung lange Zeit vergebens; das im BERGMÄNNISCHEN WÖRTERBUCH 1778:404a anachronistisch als Synonym angegebene *cailloux* macht deutlich, wie vage Wahrnehmung und daher Bezeichnung vormals in Frankreich waren. Da der präzisen französischen Bezeichnung die präzise Wahrnehmung des Minerals vorangehen musste und diese offenkundig erst von den Deutschen gelehrt wurde (s. EB1), lag es nahe, auch die deutsche Bezeichnung zu adoptieren. Belegt ist diese erstmals beim Schweizer Naturforscher Bourguet:

> „Les Métaux se trouvent […] 1. en Couches de peu d'épaisseur, renfermées entre une espéce de Crystallisation nommée Quertz, & formées de paillettes luisantes, liées les unes aux autres comme si c'étoient des Crystallisations irreguliéres […]" (1729:207).

Quertz gibt, sofern es sich nicht um einen Druckfehler handelt, den deutschen Plural *Quärze* wieder, den Bourguet vielleicht nur gekannt hat. Der Integrationsvorgang befindet sich hier offensichtlich noch im Anfangsstadium. Die in allen anderen französischen Texten gültige Form *quartz* wird nicht, wie in *TLF* und *FEW* angegeben, erst von Buffon 1749 eingeführt, sondern ist bereits Jahre zuvor in Gebrauch, wobei die Belege vom schnellen Voranschreiten der Integration Zeugnis ablegen; genannt seien HELLOT 1737:109 („quand la mine est pure, & sans beaucoup de *fluor* ou *quartz*"), MONNIER 1739 in GOBET 1779:1,250 („[la mine] est engagée dans une espèce de *quartz* qui la rend très-aisée à fondre") und ROTHE 1741:378. Bei keinem dieser Belege wird, wie sonst oft zu beobachten, auf deutsche Bergwerke, deutschen Wortgebrauch oder dergleichen verwiesen[485]. Von der baldigen vollständigen Integration zeugen nicht zuletzt die schon früh gebildeten Ableitungen *quartzeux* und *quartzique*. Dass der Plural in fast allen Fällen invariabel ist und *quartz*, nicht *quartzs* lautet[486], liegt begreiflicherweise an der Form ([kwarts]) und stellt keine fehlende morphologische Integration dar.

Das angesprochene Fehlen lexikalischer Konkurrenten war dem Vordringen von *quartz* natürlich besonders zuträglich. Die von Hellot wiederholt vorgenommene

---

[484] Die Aufnahme von *quartz* in Férauds puristisches Wörterbuch ist von nicht zu unterschätzender Bedeutung für die Beurteilung des Bekanntheitsgrades des Wortes: es ist der einzige dort enthaltene mineralogische Terminus dieses Korpus.
[485] Gleiches gilt für alle folgenden Belege. Es gibt nach 1729 im 18. Jh. kaum ein französisches Werk über Bergbau, Mineralogie oder naturkundliche Reisen, in dem *quartz* nicht erscheint.
[486] *Quartzs* ist sehr selten belegt, z.B. bei DE SAUSSURE 1787:4,461.

Gleichsetzung mit *fluor* (1737:109, 1738:294) ist irrtümlich[487]. Einen Einschnitt in der Wortgeschichte stellt wie für so viele andere lexikalische Einheiten die Reform der chemischen Nomenklatur durch Lavoisier dar: *quartz* soll durch *silice* abgelöst werden (MÉTHODE DE NOMENCLATURE 1787:63). Während sich letzteres namentlich in der chemischen Fachsprache als Bezeichnung des Siliziumdioxids etabliert, bleibt *quartz* ungeachtet dessen vital, insbesondere im Vor-Ort-Vokabular des Bergbaus. Im heutigen Französisch ist daher *silice* 'SiO_2' und *quartz* die kristalline Erscheinungsform desselben. Die hohe Frequenz im heutigen Sprachgebrauch verdankt *quartz* v.a. der Verwendung in Syntagmen wie *montre à quartz, pendule à quartz* etc.

spath s.m. 'Mineralgruppe von hoher Spaltbarkeit' < *Spat(h)*
FEW 17,172b, TLF 15,845b, EWFS 821b, DMD 724b, BW 604b
EB1: HELLOT 1737:230 (*spatt*)
EB2b: MONNIER 1739 in GOBET 1779:2,527
Varianten:
- äußere Form: *spat* (BERTRAND 1766:383 – BERGMÄNNISCHES WÖRTERBUCH 1778:509a), *spar* (WALLERIUS 1753:1,111 – BOISTE 1851:675c), *spalt* (NEMNICH 1798:3,1343 – BOISTE 1851:675c)
Wortfamilie: *spatheux* 'spatartig' (GUETTARD 1752a:49 – de Saussure 1780, FEW), *spathique* 'dass.' (WALLERIUS 1753:1,119/POTT 1753a:32 – ARMANET 1947:266a), *spathifier* 'in Spat umwandeln' (ACADEMIE SUPPLEMENT 1836:745c – LAROUSSE 1977:6,5670a), *spathiforme* 'spatförmig' (ARMANET 1947:266a); zu zahlreichen Zusammensetzungen s. REUSS 1798:409
Belegstellen: ENCYCLOPEDIE 1751:2,541b s.v. *calcite*, WALLERIUS 1753 a.a.O., VALMONT DE BOMARE 1765:5,296, ACADEMIE 1798:2,597c

D. *Spat*, älter *Spath*, ist ein sehr altes Wort (11. Jh.), und seine Verwendung in den Anfängen der neuzeitlichen Mineralogie hat es mit sich gebracht, dass es eine relativ weite Bedeutungsspanne hat. Dennoch haben es die französischen Naturforscher gerne aufgegriffen, weil ihnen selbst für eine derart allgemeine Gesteinsbezeichnung ein adäquater Terminus fehlte. In einigen frühen Belegen scheint *spath* noch wenig vertraut und die Bedeutung unklar; Rothes Übersetzer Clausier erklärt *spath* mit „marbre métallaire très-pur" (ROTHE 1741:378), an anderer Stelle wird es mit dem schon bekannten Gips(-Gestein) verglichen (POTT 1747:49, ART DE LA VERRERIE 1752:435). Nichtsdestoweniger wird *spath* von MONNIER 1739 bereits ohne vergleichbare Einschränkungen verwendet und erscheint hier bereits als vollständig integriert: „[...] à mesure qu'elle [la gangue] s'éloigne du filon, elle se change en un spath blanc, presque diaphane [...]". Von der schnell voranschreitenden Integration zeugen auch die frühen Ableitungen *spatheux* und *spathique*. *Spath* ist im 18. Jh. weitestgehend frei von lexikalischen Konkurrenten; „c'est la SELENITE de plusieurs Auteurs, quoique ce soit toute autre chose" (BERTRAND 1763:2,190b)[488].

---

[487] *Fluor* bezeichnet hier den Flussspat und ist Entlehnung aus lat. *fluor (mineralis)*, erstmals belegt in der *Alchymia* (1606) des Andreas Libavius (DIERGART 1900:512).
[488] Als Synonym aus der lateinischen Nomenklatur nennt z.B. WALLERIUS 1747:58 *Selenites* mit Verweis auf Brückmann. An anderer Stelle (61) erscheint für *Selenit* die lateinische Übersetzung *glacies Mariae, lapis specularis*. Dabei handelt es sich um Variationen von Gips, d. *Fraueneis* oder *Marienglas*, nicht um Spat.

Da schon im Deutschen mit *Spat* sehr verschiedenartige Substanzen bezeichnet wurden[489] – die in den modernen mineralogischen Nomenklaturen teilweise unter gänzlich unterschiedliche Kategorien fallen –, hat sich diese Bedeutungsspanne auf das Französische übertragen. Diese semantische Vagheit hat zu verschiedenen Kommentaren Anlass gegeben. Für eine Einschränkung der Verwendung von *spath* – „vû l'étendue que les Naturalistes donnent maintenant à ce nom" – spricht sich bereits GUETTARD 1754:88 (!) aus: „J'aimerois, par exemple, beaucoup mieux placer avec les *fluor* tous les spaths vitrifiables, & les appeler de ce nom." Dagegen ist es gerade die Unbestimmtheit des Wortes, die FAUJAS DE SAINT-FONDS 1797:1,15f. Stellung für die Beibehaltung von *spath* beziehen lässt:

> „Le mot générique de *spath*, que nous tenons des Allemands, nos premiers maîtres en minéralogie, quoiqu'insignifiant, n'est pas à rejeter, comme le voudroient les amis des nouvelles nomenclatures; car c'est par la raison qu'on ne trouve aucun sens dans la racine du mot, qu'on doit le considérer comme bon, en y ajoutant une épithète, telle que celle de *spath calcaire*, de *spath pesant*, de *spath cubique* ou *phosphorique*, etc."

Die von Faujas angesprochene Kritik an der Verwendung von *spath* äußert sich am deutlichsten in HAÜY 1822a:1,72f.:

> „Nous avons adopté cette nomenclature [chimique] partout où les connaissances acquises le comportaient, et, parmi une foule d'exemples que nous pourrions citer, pour prouver combien la Minéralogie a gagné à cette adoption, nous nous bornerons à celui que fournit le nom de *spath*. On avait d'abord réuni sous ce nom plusieurs espèces de minéraux, qui avaient un tissu lamelleux et chatoyant. Ainsi il y avait des *spaths calcaires*, des *spaths pesants*, des *spaths fluors*, des *spaths étincelants*, etc. [...] depuis, ces mêmes corps, ayant été mieux connus, furent séparés les uns des autres et placés dans différens genres, ou même dans différentes classes, et cependant on ne laissa pas de leur conserver la dénomination commune de *spath* [...]. Et comme si ce n'était pas assez de la confusion occasionnée par les spaths de l'ancienne Minéralogie, l'abus de ce mot a, pour ainsi dire, pullulé dans les dénominations modernes, et de là sont nés les spaths boraciques, les spaths adamantins, etc. La langue de la nouvelle Chimie, en supprimant le nom de spath dans les substances acidifères, a donné comme le signal, pour étendre la même réforme à quelques-unes des substances terreuses qui resistaient encore en possession de ce nom vicieux."

Spath, das in den Fachtexten des 18. Jhs. auch in absoluter Verwendung ebenso häufig ist wie *quartz*, hat unter diesen Benennungsreformen insofern gelitten, als es als selbständiges Wort seit dem 19. Jahrhundert in seiner Frequenz stark eingeschränkt ist. Wörterbücher führen *spath* zwar bis heute auf, aber schon HARTMANN 1825 bucht kein einfaches *spath* mehr, sondern nur Zusammensetzungen.

In zahlreichen Fach- und allgemeinen Wörterbüchern des 18. Jahrhunderts hat *spath* wie einen Zwilling *spar* neben sich. Ausgehend von WALLERIUS 1753 lautet der Lemmakopf „*Spath*, ou *spar*" (letztmals in BOISTE 1851:675c), doch im jeweils folgenden Text wird niemals *spar* verwendet. Lediglich das NOUVEAU DICTIONNAIRE

---

[489] Vgl. auch *spath calcaire*, ~ *pesant*, ~ *fluor* usf.

1790:2,1574b verrät den Lesern des 18. Jhs., dass es sich bei *sparr* um „ein gewisses Mineral, so in Engelland in den Ritzen der Steinbrüche gefunden wird", handelt. Tatsächlich ist *spar* die englische Bezeichnung des Spats, keinesfalls aber ein Lehnwort im Französischen.

cobalt testacé s.m. 'krummschalige Arsenaggregate' < *Scherbenkobalt*
EB2b: ROTHE 1741:378
Lexikalische Konkurrenten: *arsenic testacé* (WALLERIUS 1753:1,410), *cobalt écailleux* (LEHMANN 1759a:139, HENCKEL 1760:1,54), *cobolt d'un gris obscur* (BERTRAND 1763:1,55a), *arsenic natif* (seit BROCHANT ²1808:2,437)
Belegstellen: ENCYCLOPEDIE 1753:3,556a, ROME DE L'ISLE 1772:2,iv
LB: BROCHANT ²1808 a.a.O.[490]

Die deutsche Bezeichnung ist im Grunde unangemessen, da es sich bei dem Erz nur um eine bestimmte Erscheinungsform gediegenen, also reinen Arsens handelt (SCHUMANN ³1974:178). Daher wird schon in WALLERIUS 1753 *arsenic testacé* neben *cobalt testacé* verwendet. Da im Deutschen *Scherbenkobalt* aber völlig geläufig war (und ist), übernehmen andere Autoren des 18. Jhs. die Lehnbildung ohne Einwände. Schon in ROTHE 1741 wird sie ohne Einschränkungen gebraucht. Im 19. Jh. wird die irreführende Bezeichnung aufgegeben und die Varietät seitdem unter *arsenic natif* ('gediegenes Arsen') gefasst.

rotheguldenertz s.m. 'rötliches Silbererz (Ag_3SbS_3)' < *Rot(h)gültig-Er(t)z*
EB2a: ROTHE 1741:385
Varianten:
• äußere Form: *rothe-gulden-erts* (ROTHE 1741:415)
Lexikalische Konkurrenten: s. unter *mine d'argent rouge*
LB: VALMONT DE BOMARE 1765:5,36 (*roth-gulden-ertz*)

Eines der wichtigsten Silbererze in der deutschen Nomenklatur, die in ROTHE 1741 zum ersten Mal in Ansätzen rezipiert wird[491]. Für Rothes Übersetzer Clausier ist der Begriff selbst noch neu, daher übernimmt er die deutsche Bezeichnung wörtlich. Ein Verweis auf gleichbedeutendes älteres *rosiclere*, das aus den südamerikanischen Silberminen stammt, fehlt. *Rotheguldenertz* wird durch *(mine d') argent rouge* gänzlich verdrängt, sobald die deutsche Nomenklatur in ihrer Gänze französische Entsprechungen gefunden hat. Als Ausdruck der *Mineurs* erscheint es aber noch in VALMONT DE BOMARE 1765 neben *rosiclere*.

---

[490] Hier bereits als veraltet gekennzeichnet.
[491] Lange vor den französischen haben die deutschen Metallurgen und Mineralogen, begünstigt durch die reichen Silbervorkommen in deutschsprachigen Bergbaugebieten, eine detaillierte Terminologie der Silber- und anderen Erze erstellt. Manche der dort im 17. Jh. aufgenommenen Bezeichnungen sind sehr viel älter; in aller Ausführlichkeit wird diese Terminologie aber wohl zum ersten Male von SCHINDLER 1697 vorgestellt.

spath fusible s.m. 'Fluorit (ein Mineral, CaF$_2$)' < *Flussspat*
EB2a: POTT 1747:55
EB2b: GUETTARD 1752a:47
Lexikalische Konkurrenten: *fluor* (1723, als veraltet gekennzeichnet noch in GRAND ROBERT 2001:3,854b), →*spath fluor* (seit GUETTARD 1768:1,93), *spath vitreux* (WALLERIUS 1753:1,123 – MOZIN 1863:2,1042c), *fluorine* (seit 1833), *flusspath* (LAROUSSE 1962:5,79c), *fluorite* (2002)
Belegstellen: ENCYCLOPÉDIE 1765:15,440b, WALLERIUS 1772:171, MOZIN 1812:2,693b
LB: PRIVAT-DESCHANEL/FOCILLON 1870:2,2235b

POTT 1747 wählt diese Lehnbildung zur Wiedergabe des deutschen Wortes: „Quelque chose de beaucoup plus efficace, & plus prompt encore, c'est le spath fusible (que nous nommons *Flus-Spath*)." Der Flussspat trägt seinen Namen, weil sein Zusatz den Schmelzfluss der Erze beschleunigt. *Spath fusible* ist folglich in Anlehnung an *fusion* 'Schmelzfluss' gebildet worden. Die Bildung belegt gleichzeitig die bereits stark fortgeschrittene Integration von fr. →*spath*, das im Französischen bereits eigene Zusammensetzungen bilden kann. *Spath fusible* ist von den französischen Mineralogen rasch aufgenommen worden, auch wenn schon GUETTARD 1754:88 die Bezeichnung als *fluor* befürwortet[492]. Nicht aus diesem, aber aus →*spath fluor* erwächst *spath fusible* ein Konkurrent, dem die ältere der beiden Lehnbildungen letztendlich nicht standhält.

blende s.f. 'wichtigstes Zinkerz (Zinkblende, ZnS)' < *Blende*
FEW 15/1,155a, TLF 4,581b, EWFS 120a, DMD 85a, BW 74b
EB2a: POTT 1750:134
EB2b: HELLOT 1753:2,302 (*bleinde*)
Varianten:
- äußere Form: *bleinde* (HELLOT 1753 – DE DIETRICH 1786:1,xxxi), *blinde* (JARS 1770b:549 – DE LUCHET 1779:87)
- morphologisch: *blende* s.m. (SCHINDLER 1759:139)

Lexikalische Konkurrenten: *mine morte*[493], *fausse galène* (MACQUER ²1778 – PANSNER 1802:59), *sulfure de zinc* (MÉTHODE DE NOMENCLATURE 1787:115), *zinc sulfuré* (seit HAÜY 1796b:229), *mine de zinc dure* (REUSS 1798:393: Bucquet), *mine de zinc écailleuse* (REUSS 1798:393: Romé de l'Isle), *mine de zinc vitreuse* (REUSS 1798:393: Monnet), *mine de zinc sulfureuse* (PANSNER 1802:111: Romé de l'Isle), *pseudo-galène* (PANSNER 1802:143), *marasmolite* (WURTZ 1870:1,637b), *sphalérite* (seit DE LAPPARENT 1899)
Wortfamilie: *blenduleux* 'blendeartig' (DE GENSSANE 1776:2,142), *blendeux* 'blendehaltig' (LAROUSSE SUPPLEMENT 1877:1,382a – LAROUSSE 1960:2,173a)
Belegstellen: ENCYCLOPÉDIE 1751:2,281a, WALLERIUS 1753:1,449, VALMONT DE BOMARE 1764:1,327

---

[492] *Fluor* möchte er alle „spaths vitrifiables" nennen, vgl. unter *spath*. Zu diesen zählt der *spath fusible*, der etwa von WALLERIUS 1772 a.a.O. explizit mit *spath vitreux* gleichgesetzt wird.
[493] Laut HELLOT 1753:2,302n ist *mine morte* in der Sprache der französischen Bergleute eine Entsprechung zu *blende*. Wie lange dieses sich hat behaupten können, wäre noch zu ermitteln. Das Benennungsmotiv scheint ein ähnliches zu sein wie das, welches d. *Blende* zu Grunde liegt: das Mineral spiegelte den Bergleuten vor, Blei zu enthalten, blendete sie also. Blende ist daher wahrscheinlich eine *mine morte* „morte en plomb". Vgl. auch *Kobalt*, benannt nach dem Kobold, der nach dem Glauben der Bergleute das Silber raubte und ihnen nur das zum Zeitpunkt der Benennung (16. Jh.) nicht als wertvoll erkannte Kobalterz hinterließ. Entsprechend *Blende* ist auch *pseudogalena* > fr. *fausse galène* (s.o.) gebildet, denn *galena* bezeichnet den Bleiglanz, das häufigste Bleierz; vgl. auch *plumbago sterilis* in POTT 1750:134 (*plumbago* 'Bleiglanz').

Weil der Nexus *en* + Konsonant in französischen Lehnwörtern jüngeren Datums zumeist als [ɛ̃] realisiert wird[494], konnte die ursprüngliche Graphie für die dem Deutschen am nächsten kommende französische Realisation [blɛ̃d] beibehalten werden. Um aber Missverständnissen vorzubeugen, die zu einer fälschlichen Aussprache [blãd] hätten führen können[495], schreiben manche Autoren *bleinde*, andere *blinde*.
Als nicht-gelehrten Ausdruck haben die französischen Bergleute *Blende* vielleicht schon früher kennengelernt, als die Belege verraten. Möglicherweise schreibt DE GENSSANE deshalb stets *bleinde*, weil er das Wort in den Werken so gehört hat[496]. In die Fachliteratur führt POTT 1750:134 *blende* mit einer Erläuterung ein („La *Blende*, (*plumbago sterilis* ou *Pseudo-galena*) qu'on met aussi au rang des choses incombustibles"). Eine Erklärung ist aber schon bald nicht mehr notwendig, zumal *blende* auch in der *Encyclopédie* und der Übersetzung von WALLERIUS 1750 erscheint, die für Jahrzehnte maßgeblich sein wird. Gestützt wird das Lehnwort auch durch Bertrand, der ebenfalls vielfach rezipiert wird: „Le mot de *blende* vient des Allemands, & on a très-bien fait de le conserver."
Die verschiedenen Konkurrenten des 18. Jhs. hat *blende* sämtlich überdauert. *Zinc sulfuré* ist der entsprechende Ausdruck der Chemie; *sphalérite* koexistiert heute als mineralogischer Terminus mit (häufigerem) *blende*.

bley-bleinde s.f. 'wichtigstes Zinkerz (Zinkblende, ZnS) ?' < **Bleiblende*
(E)B2b: HELLOT 1750:1,18
Lexikalische Konkurrenten: s. unter *blende*
LB: [GOBET 1779:2,663]

„Autre filon de la même mine, où il y a beaucoup de Bley-Bleinde". Diese Passage aus Hellot ist nicht aus dem Deutschen übersetzt. Umso mehr verwundert, dass *bley-bleinde* hier völlig integriert erscheint. Die Bedeutung des Wortes dürfte der von *Blende* entsprechen, das ja sozusagen 'Blei-Blende' bedeutet, s. *blende*. Denkbar ist allerdings auch, dass es sich um eine bleihaltige Blende handelt, vgl. nl. *lood-blende* in dieser Bedeutung (WOORDENBOEK 2/2,2825, zu *lood* 'Blei'). GOBET 1779 übernimmt den o.g. Satz wörtlich; darüber hinaus wird stets das einfache *blende* gebraucht.

kupfernickel s.m. 'Rotnickelkies (ein Nickelerz, NiAs)' < *Kupfernickel*
FEW 16,600a
EB2a: HELLOT 1750:1,246 (*kupfer-nikel*, vermeintlich 'Kupferart'), ART DE LA VERRERIE 1752:590 (*kupfernikkel*)
EB2b: ROMÉ DE L'ISLE 1767:2,353 (*kupfernikkel*)
Varianten:
- äußere Form: *cupfernickel* (HELLOT 1750:1,249), *kupfer-nikkel* (VALMONT DE BOMARE 1764:3,188), *kupfer(-)nickel* (MACQUER ²1778:2,631 – SACHS/VILLATTE 1894:871b)

Lexikalische Konkurrenten: *mine arsenicale rouge* (ART DE LA VERRERIE 1752:590), *mine d'arsenic d'un rouge de cuivre* (WALLERIUS 1753:1,426, HENCKEL 1756:1,111), →*mine de Saint-Nicolas*

---

[494] S. TLF 4,581b s.v. *blende* mit zahlreichen Beispielen.
[495] Als korrekte französische Aussprache nur angegeben in Léon Warnant, *Dictionnaire de la prononciation française* ³1968 (laut TLF). In der vierten Auflage von 1987 steht nur [blɛ̃:(-)d(ə)] (77a).
[496] Aus dem gleichen Grund wahrscheinlich auch *blinde* bei DE LUCHET, der die Bergwerkssprache ebenfalls kennt.

(BERGMÄNNISCHES WÖRTERBUCH 1778:316a), *nickel sulfuré* (HAÜY 1796b:216), *mine de cobalt arsenicale d'un gris rougeâtre* (REUSS 1798:389: Sage), *pyrite d'arsenic* (REUSS 1798:403, PANSNER 1802:114), *nickel martial* (PANSNER 1802:114: von Born), *nickel métallique* (PANSNER 1802:114: von Born), *nickel arsénical* (HAÜY 1809:84), *nickéline* (seit Beudant, *Traité élémentaire de minéralogie* 1832), *niccolite* (seit Legrand des Cloiseaux, *Manuel de Minéralogie* 1874)
Belegstellen: ENCYCLOPÉDIE 1765:9,139b, ENCYCLOPÉDIE MÉTHODIQUE 1792:2,370a, MOZIN 1812:2,118b, LAROUSSE 1873:9,1276d
LB: SACHS/VILLATTE 1894

Die deutschen Bergleute nannten das Mineral *Kupfernickel*, weil es durch seinen rötlichen Glanz die Existenz von Kupfer vortäuscht; *Nickel* (*Nikolaus*) war der imaginäre Berggeist, der den Bergleuten das erhoffte Kupfer stibitzte. HELLOT 1750 hat offensichtlich noch keine genaue Kenntnis von diesem Erz, denn er nennt es „espece de cuivre qu'on nomme *Kupfer-Nikel*." Die Form hat er nachweislich unmittelbar aus LINCK 1726, den er explizit zitiert, übernommen, wo sich ebenfalls *Kupfer-Nikel* findet (238). Hellot lässt sich von der Komponente *Kupfer-* in die Irre leiten. In zutreffenderer Weise wird *kupfernikkel* dann in der ART DE LA VERRERIE 1752 gebraucht: „[Le cobalt se] rencontre aussi avec le *kupfernikkel* ou mine arsenicale rouge." In ähnlicher Weise erscheint *kupfernikkel* auch in anderen von d'Holbach übersetzten Werken (WALLERIUS 1753:1,426; HENCKEL 1756:1,111), so dass er als verantwortlich dafür bezeichnet werden kann, dass das Lehnwort im Französischen Fuß fasst. Ohne weitere Erklärung gebraucht dann z.B. schon ROMÉ DE L'ISLE 1767 *kupfernikkel*.
Die Bezeichnung als Arsenerz ist nicht falsch; tatsächlich ist Kupfernickel aber insbesondere als Nickelerz von Bedeutung. Bis etwa zur Mitte der 50er Jahre des 18. Jhs. kann dies den Gelehrten jedoch nicht bekannt sein, denn erst 1751 gelingt es dem schwedischen Mineralogen von Cronstedt, das Nickel als Metall zu isolieren. Ausgehend vom Kupfernickel, in dem er das Nickel findet, gibt ihm von Cronstedt den modernen Namen. Einige der o.g. Konkurrenten zeigen, wie versucht wird, diesen neuen Erkenntnissen Rechnung zu tragen. *Nickel martial* nennt von Born das Mineral wegen der roten Färbung[497]. Das von Beudant 1832 eingeführte *nickéline* wird bald zum vorwiegenden französischen Namen des Kupfernickels.

mine d'argent rouge s.f. 'rötliches Silbererz (Ag$_3$SbS$_3$)' < *Rot(h)gültig-Er(t)z*
(*FEW* 25,192a)
EB2b: HELLOT 1750:1,148
Varianten:
- äußere Form: *argent rouge* (BROCHANT ²1808:2,143 – DE MICHELE 1972:77a)
Lexikalische Konkurrenten: *ros(s)icler(e)* (FRÉZIER 1716:144 – ACADÉMIE 1798:2,514b), →*rotheguldenertz* (ROTHE 1741:385 – VALMONT DE BOMARE 1765:5,36), *argent antimonié sulfuré* (HAÜY 1796b:152 – LAROUSSE 1866:1,600c), *pyrargyrite* (DE LAPPARENT 1899:614), *pyrargyte* (LAROUSSE 1960 a.a.O. – DE MICHELE 1972:77a)
Belegstellen: ENCYCLOPÉDIE 1751:1,637b, WALLERIUS 1753:1,562, LAROUSSE 1866 a.a.O., LAROUSSE 1901:5,487c
LB: DE MICHELE 1972

---

[497] *Martial* bedeutet zunächst 'eisenhaltig', dann, weil der Eisengehalt oft eine rote Färbung mit sich bringt, auch 'rot'; vgl. *jaspe martial* s.v. →*sinople*. *Mars* ist die Bezeichnung des Eisens in der alchemistischen Terminologie.

Da die deutsche Terminologie Rothes Übersetzer noch nicht vertraut ist[498], übernimmt er →*rotheguldenertz* wörtlich und erklärt es mit „la mine rouge d'argent la plus excellente" (ROTHE 1741:385), was im Französischen zu diesem Zeitpunkt nicht idiomatisch ist. Das von HELLOT 1750 verwendete *mine d'argent rouge* soll dagegen in der mineralogischen Literatur des 18. Jhs. omnipräsent werden und steht im Zusammenhang mit den vergleichbaren Lehnbildungen *mine d'argent blanche, vitreuse, en plumes* usf., s. dort. Da der deutsche Einfluss auf die französische Mineralogie ungleich größer ist als der spanische, wird das ältere *rosiclere* immer seltener gebraucht. Bedeutende lexikalische Konkurrenten entstehen erst, als die mineralogische Nomenklatur um die Wende zum 19. Jh. stärker von der neuen, gelehrten chemischen Terminologie beeinflusst wird, und verdrängen *(mine d') argent rouge* recht bald als wissenschaftlichen Terminus[499], bis weit ins 20. Jh. aber nicht als innerhalb der bergmännisch-mineralogischen Fachsprache umgangssprachlichen Ausdruck.

mine d'argent vitreuse s.f. 'Silberglanz, Argentit (Ag$_2$S)' < *Glaserz*
EB2b: HELLOT 1750:1,148 (*mine d'argent vitrée*)
Varianten:
- äußere Form: *mine d'argent vitrée* (HELLOT 1750 – SCHINDLER 1759:70), *mine d'argent vitreuse* (WALLERIUS 1753:1,558 – PANSNER 1802:97), *argent vitreux* (VANBERCHEM-BERTHOUT/STRUVE 1795:156 – LAROUSSE 1866:1,600c)

Lexikalische Konkurrenten: *mine de cuivre vitreuse* (WALLERIUS 1753:1,509), →*glasertz* (SCHINDLER 1759:70 – DELIUS 1778:165), *argent sulfuré* (HAÜY 1796b:152 – DE LAPPARENT 1899:611), *argyrose* (seit LAROUSSE 1866 a.a.O.), *argentite* (seit 1869), *argyrite* (DE LAPPARENT 1899:676b)
Belegstellen: ENCYCLOPEDIE 1751:1,638 s.v. *argent*, VALMONT DE BOMARE 1768:6,66, ENCYCLOPEDIE MÉTHODIQUE 1792:2,367b
LB: LAROUSSE 1866

Im Frühstadium dieser Entlehnung zeigt sich die Neuartigkeit im Nebeneinander zweier konkurrierender Bildungen (~ *vitreuse* / ~ *vitrée*), von denen sich *mine d'argent vitreuse*, gestützt durch den Gebrauch in WALLERIUS 1753 als mineralogischem Standardwerk, bald als allein gültig etabliert. Die Lehnbildung ist weitaus häufiger bezeugt als das wörtlich übernommene →*glasertz. Mine d'argent vitreuse* wird früher als die meisten anderen entlehnten Silbererzbezeichnungen aufgegeben.

pechblende s.f. 'Uranpecherz (UO$_2$)' < *Pechblende*
FEW 16,618a, TLF 12,1241a, DMD 559a
EB2a: POTT 1750:134 (*pech-blende*)
Varianten:
- äußere Form: *pecheblende* (SACHS/VILLATTE 1894:1135a)

Lexikalische Konkurrenten: *blende de poix* (DÉMESTE 1779:2,178 – PANSNER 1802:24), *uranite noire* (VANBERCHEM-BERTHOUT/STRUVE 1795:168), *uranite sulfuré* (HAÜY 1796b:239), *pechurane* (seit Bescherelle, *Dictionnaire national* 1858), *pecherz* (BROCHANT ²1808:2,460)[500], *urane noir* (ebda.), *uraninite* (seit WURTZ 1874:3,546b)

---

[498] Vgl. auch FRÉZIER 1716:144, der ebenfalls das rote Silbererz nur als *rossicler* der peruanischen Bergleute kennt.
[499] S. HAÜY 1822a:3,269, der *mine d'argent rouge* als „vulgaire" aufführt.
[500] Hier ist das deutsche Uranpecherz gemeint, nicht zu verwechseln mit dem Kupferpecherz, s. *pecherz*.

Belegstellen: VALMONT DE BOMARE 1764:1,327, VON BORN 1790:2,343, KLAPROTH 1790:175, LAROUSSE 1874:12,471b, DE LAPPARENT 1899:509, DE MICHELE 1972:71b

POTT 1750 führt den Terminus ins Französische ein, in dem eine eigenständige Entsprechung noch nicht vorliegt: „[...] j'avois sous la main de la *Pech-blende*, (*plumbago sterilis picei coloris*,) je l'ai d'abord brûlée [...]." ENCYCLOPÉDIE 1751:2,281 führt *pech blende* nur als deutsches Wort auf; laut *TLF* tut das auch VALMONT DE BOMARE 1764:1,327[501]. Dieser spricht von verschiedenen Erscheinungsformen der Blende: „l'une est fort semblable à de la corne, & s'appelle *Horn-blende*; une autre est noire, luisante comme la poix, & porte le nom de *Pech blende*." Dass die beiden Lehnwörter hier noch am Anfang des Integrationsvorgangs stehen, kann nicht bestritten werden; dass sie aber nur von Deutschen gebraucht würden, sagt Valmont keineswegs. Größere Bedeutung erlangt *pechblende* erst im letzten Jahrzehnt des Jahrhunderts, als es als Bestandteil der Nomenklatur Werners auch als französisches Wort einen neuen Impetus erhält. Unter den zahlreichen Konkurrenten zur Bezeichnung des Uranpecherzes ist *pechblende* vom späten 18. Jh. bis heute der gebräuchlichste.

quis s.m. 'Eisensulfid' < *Kies*
EB2a: HELLOT 1750:1,188 (*kiesz*)
EB2b: DE GENSSANE 1763:163 (*kis*)
Varianten:
- äußere Form: *kiesz* (HELLOT 1750), *kyesz* (HELLOT 1753:2,549), *kis* (DE GENSSANE 1763 – MONNET 1772:273), *kiess* (SCHINDLER 1759:185), *quisse* (MORAND 1768:1,20f. – LANDAIS 1853:2,481a), *kiss* (BAILLET 1795:21), *quieste* (ebda.), *quis* (NEMNICH 1797:216a – LAROUSSE 1932:5.891a)
- semantisch: 'Kupferkies' (NEMNICH 1797– LAROUSSE 1932)[502]

Lexikalische Konkurrenten: *pyrite* (seit 12. Jh.), *marcassite* (seit 1478); in der Bedeutung 'Kupferkies' *chalcopyrite* (seit ENCYCLOPÉDIE 1753:3,20a, dort noch als lat. *chalcopyrites*)[503], *pyrite de cuivre* (seit ACADÉMIE 1798:2,390c (*pyrite cuivreuse*)), *marcassite de cuivre* (s. ACADÉMIE 1798:2,402c), *kupferkiess* (ACADÉMIE SUPPLÉMENT 1836 – SACHS/VILLATTE 1894)
Belegstellen: VALMONT DE BOMARE 1764:3,185, ENCYCLOPÉDIE 1765:14,761b (*kis*, s.v. *Schemnitz*), ACADÉMIE 1798:2,402c, BOISTE 1803:329c
LB: LAROUSSE 1932

Obwohl in Form von *pyrite* und *marcassite* bereits zwei in etwa gleichbedeutende Bezeichnungsmöglichkeiten vorlagen[504], hat sich *quis* im Vokabular der

---

[501] Hier wird, wie sonst im *TLF* kaum üblich, auf einen Erstbeleg der Kategorie „EB1" verwiesen. Unglücklicherweise ist die erfolgte Einordnung gerade in diesem Fall sehr zweifelhaft, s. die zitierte Stelle. Zudem fragt man sich, warum der entsprechende Verweis s.v. *hornblende* (10,926b), das Valmont an gleicher Stelle in gleicher Weise nennt, fehlt und der dort genannte Erstbeleg („VALMONT DE BOMARE 1775, s.v. *blende*") identischer Formulierung (zu Recht) als „französisch" gewertet wird.
[502] SACHS/VILLATTE 1894:869c buchen *kiess* als Wort der wallonischen Metallurgie in der Bedeutung 'zinkischer Ofenbruch' (im Französischen gemeinhin *tutie*). Dieses *kiess* steht offenbar nicht in Zusammenhang mit o.g. *quis*, da es sich dort stets um eine eisen- oder kupferhaltige Substanz handelt.
[503] In den konsultierten Quellen des 18. Jhs. überhaupt nicht gebräuchlich, vielleicht im 19. Jh. ganz neu gebildet.
[504] Die chemische Zusammensetzung von Pyrit und Markassit (im modernen mineralogischen Gebrauch) ist gleich (FeS_2). Die Mineralien unterscheiden sich zwar in spezifischem Gewicht, Kristallform und Bruch, oft sind die Aggregate aber äußerlich nicht voneinander zu unterscheiden

Grubenarbeiter etablieren können; als Terminus technicus der *Mineurs* wird *kies* in VALMONT DE BOMARE 1764 ausdrücklich genannt[505]. Wie die Varianten *kis*, *quis* und mehr noch *quisse* verraten, ist die Integration vermittels formaler Assimilation in einem hohen Maße erfolgt; auch wird nur in wenigen Fällen auf das entsprechende deutsche Wort verwiesen. Laut MORAND 1768:1,20f. ist das Lehnwort nur in einigen, nicht beim Namen genannten französischen Provinzen heimisch; er führt allerdings ein Champagné auf, womit wohl das nahe Plancher-les-Mines im Elsass gelegene Champagney gemeint ist. Auf eine regionale Beschränkung wird an keiner anderen Stelle hingewiesen[506].

Trotz der guten Integration von *quis* sind *pyrite* und *marcassite* übermächtige Konkurrenten gewesen, die auch in der mineralogischen Terminologie allein Verwendung finden. Vielleicht hängt es damit zusammen, dass die Bedeutung von *quis* sekundär zu 'Kupferkies' verschoben worden ist[507]. Wir haben es mit der außergewöhnlichen Situation zu tun, dass vor NEMNICH 1797 die Bedeutung 'Kupferkies' gar nicht belegt ist, ab diesem Zeitpunkt aber die alte Bedeutung 'Kies' (im Sinne von 'Pyrit, Markassit') völlig verschwunden scheint. In der neuen Bedeutung erscheint mit fr. *kupferkiess* zwar im 19. Jh. ein neuer Konkurrent, doch kann sich *quis* neben diesem behaupten, zumal *kupferkiess* eher der mineralogischen Terminologie angehört. Nicht behaupten kann sich *quis* dagegen gegenüber *pyrite de cuivre*, welches zunehmend bevorzugt wird und heute alleine gilt.

spath pesant s.m. 'Baryt (ein Mineral, BaSO$_4$)' < *Schwerspat*
(*FEW* 17,172b)
EB2a: HELLOT 1750:1,xiv
Varianten:
- äußere Form: *spath lourd* (1970, s. *TLF*; DE MICHELE 1972:89a)

Lexikalische Konkurrenten: *sulfate de baryte* (s. MÉTHODE DE NOMENCLATURE 1787:139), *baryte vitriolée spathique* (VON BORN 1790:1,270), *baryte sulfatée* (HAÜY 1796b:92 – 1822a:2,5), *barytine* (seit DE LAPPARENT 1899:525)
Belegstellen: ENCYCLOPEDIE 1765:15,440b, ROME DE L'ISLE ²1783:1,xxiv, MOZIN 1812:2,693b, DE LAPPARENT 1899:526
LB (in Wörterbüchern): LAROUSSE 1964:9,952c[508]

MARGGRAF 1750:144 spricht von „vrais spaths fusibles pesans", ohne dass klar ersichtlich wird, inwiefern das Mineral mit einem Schwerspat zu tun hat. Im gleichen Jahr tritt aber auch schon die noch heute gültige Form *spath pesant* auf. HELLOT 1750 nennt sie in dem Teil seines Werkes, der nicht unmittelbar aus SCHLÜTER 1738 übersetzt ist. Bis 1787 ist *spath pesant* die einzige französische Bezeichnungsmöglichkeit. In diesem Jahr kreieren de Morveau, Lavoisier etc.

(SCHUMANN ³1974:184). Das Fehlen einer differenzierten Verwendung von *pyrite* und *marcassite* in älteren Texten ist daher nicht verwunderlich.
[505] Wie BELON 1546-1549 (in GOBET 1779:1,70) berichtet, ist *Kies* auch in die Sprache der griechischen Bergleute von Siderocapsa eingedrungen: „Les autres disent *Quitz* ou *Ritz*, à la maniere des Alemans."
[506] *FEW* 16,321a kennt *kis'* in identischer Bedeutung aus Lüttich und Namur.
[507] Im Deutschen ist die Bedeutung 'Kupferkies' für *Kies* nicht nachzuweisen, s. DEUTSCHES WÖRTERBUCH 5,687f.
[508] Für die aktuelle Verwendung finden sich noch einige Belege, s. z.B. *www.china.org.cn/french/78218.htm*, *www.wipo.org/classifications/fulltext/nice/frbt0109.htm*.

ausgehend von griech. βαρύς 'schwer' fr. *baryte* als „terre du spath pesant" (MÉTHODE DE NOMENCLATURE 1787:156) und nennen den Schwerspat *sulfate de baryte*[509]. Als *baryte sulfatée* nimmt Haüy das Mineral in seine Terminologie auf und verwirft die alte Bezeichnung. Das hat zwar nicht zur Folge, dass *spath pesant* tatsächlich aufgegeben wird, doch werden ihm gelehrte Bildungen tendenziell vorgezogen. *Baryte* gelangt seinerseits ins Deutsche, bezeichnet hier allerdings den Schwerspat selbst (s. SCHUMANN [3]1974:38).

bleu de montagne s.m. 'Azurit (ein Mineral, $2CuCO_3 \cdot Cu(OH)_2$)' < *Bergblau*
(FEW 15/1,147a)
EB1: BOECE DE BOOT 1644:350 (*berglblau*)
EB2a: ENCYCLOPÉDIE 1751:2,283b
Varianten:
- semantisch: 'Azurit' (ENCYCLOPÉDIE 1751 – LAROUSSE 1948:1,204a), 'türkiser Farbstoff' (seit VALMONT DE BOMARE 1762:1,283)

Lexikalische Konkurrenten: *mine d'azur* (Malus, *Avis sur les riches mines d'Or & d'Argent* [...] *des Monts-Pyrenées* 1632[510] – DELIUS 1778:2,166), *pierre armenienne* (seit BOECE DE BOOT 1644:350), *lazur-ertz* (HELLOT 1753:2,458 – DE GENSSANE 1763:172), *mine de cuivre azurée* (DE GENSSANE 1795:26), *chrysocolle bleue* (s. LAROUSSE 1867:2,825d), *carbonate de cuivre bleu terreux* (HAÜY 1796b:179), *cuivre carbonaté bleu* (s. HAÜY 1822a:3,502), *azurite* (seit 1838); in der Bedeutung 'türkiser Farbstoff' s. unter *bérubleau*
Belegstellen: WALLERIUS 1753:1,506, VALMONT DE BOMARE 1764:1,328, ENCYCLOPEDIE METHODIQUE 1792:2,617a

Während zur Bezeichnung des Farbstoffes und dann auch der Farbe →*bérubleau* als Terminus der Malerei schon um 1700 entlehnt wurde, ist die Nachbildung von *Bergblau* durch *bleu de montagne* als Bezeichnung des Minerals, das diesen Farbstoff liefert, erst ein halbes Jahrhundert später nachzuweisen. Obwohl *bleu de montagne* auch als autochthone Bildung vorstellbar ist, ist eine Lehnbildung nach *Bergblau* aus folgenden Gründen mehr als wahrscheinlich: 1. BOECE DE BOOT 1644 nennt *Berglblau* bereits als deutsche Bezeichnung der *pierre armenienne*; von einem *bleu de montagne* spricht er nicht, obwohl auch die Verwendung als Farbstoff Erwähnung findet; 2. d. *Bergblau* ist bereits als Bezeichnung des Farbstoffs ins Französische entlehnt worden; 3. Komposita mit *Berg*- haben im Deutschen eine lange volkstümliche Tradition und liegen in Dutzenden von Beispielen vor, vgl. DEUTSCHES WÖRTERBUCH 1,1507-1521, während vergleichbare Bildungen im Französischen weitaus seltener und allesamt später belegt sind als mögliche deutsche Vorbilder, vgl. *chair de montagne*, *cuir de montagne* etc.
Das Mineral wird älter als *chrysocolle (bleue)* und *pierre armenienne* bezeichnet. Heute ist nur noch *azurite* gebräuchlich. In der Funktion von *bérubleau* wird *bleu de montagne* sekundär zur Bezeichnung der aus dem Azurit gewonnenen bläulichen Farbe gebraucht. In dieser Verwendung lebt es bis in unsere Zeit.

---

[509] Da *spath pesant* zu diesem Zeitpunkt im Französischen völlig geläufig ist, ist *baryte* wohl nicht als eine Art Lehnbildung nach d. *schwer* aufzufassen, sondern als eigenständige gelehrte Neubildung in Anlehnung an *pesant* 'schwer'.
[510] Laut BARBA 1751:2,12.

mine d'argent cornée s.f. 'hornähnliches, bleihaltiges Silbererz' < *Hornerz* oder *Hornsilber*
(*FEW* 25,192a)
EB2b: ENCYCLOPÉDIE 1751:1,640a
Varianten:
- äußere Form: *mine cornée* (WERNER 1790:81 – MOZIN 1863:2,325c), *argent corné* (METHODE DE NOMENCLATURE 1787:114 – DE MICHELE 1972:30b)

Lexikalische Konkurrenten: *muriate d'argent* (METHODE DE NOMENCLATURE 1787:114), *argent muriaté* (HAÜY 1796b:155 – 1822a:3,292), *argent chloruré* (LAROUSSE 1866:1,600c), *kérargyre* (LAROUSSE SUPPLEMENT 1877:2,1020c), *cérargyte* (DE MICHELE 1972:28b), *chlorargyrite* (ebda.)
Belegstellen: WALLERIUS 1753:1,561, VALMONT DE BOMARE 1764:1,198, ENCYCLOPEDIE METHODIQUE 1792:2,369b, LAROUSSE 1960:1,555a
LB: DE MICHELE 1972

Die aus dem Deutschen bezogene Terminologie der Silbererze ist frei von alchimistischen Relikten. Daher geht in MACQUER 1749:91 genanntes *lune cornée* – *lune ☽* steht in der Alchimie für Silber wie *soleil ☉* für Gold – nicht auf ein deutsches Vorbild zurück, zumal an gleicher Stelle *plomb corné* zu finden ist: *corné* ist hier nur Epitheton für bereits einmal zusammen mit Meersalz geschmolzene Erze, und die Bezeichnung steht in keinem Zusammenhang mit der hier behandelten Lehnprägung. Diese setzt sich ebenso schnell durch wie die vergleichbaren anderen Bildungen und bleibt – von Haüy aus der modernen Terminologie ausgeschlossen (1822a:3,292) – trotz der gelehrten Konkurrenten als *argent corné* bis ins 20. Jh. geläufig.

mispickel s.m. 'Arsenkies (FeAsS)' < *Misspickel*
EB2a: ENCYCLOPÉDIE 1751:1,640a (*misprekel*, s.v. *argent*)
EB2b: ROMÉ DE L'ISLE ²1783:3,411
Varianten:
- äußere Form: *misprekel* (ENCYCLOPÉDIE 1751), *mispikkel* (HENCKEL 1760:1,9 – VALMONT DE BOMARE 1764:3,448), *mispikel* (seit LAROUSSE 1874:11,336b), *misspickel* (DE LAPPARENT 1899:563)

Lexikalische Konkurrenten: *pyrite blanche* (ANON. 1751:109 – BUFFON 1785:3,404), *pyrite arsénicale* (WALLERIUS 1753:1,397 – WURTZ 1876:2,437b), *mine arsénicale blanche* (WALLERIUS 1753 a.a.O.), *pyrite blanche arsénicale* (ROMÉ DE L'ISLE 1769:1,51 – ²1783:3,22), *mine d'arsenic blanche* (BERGMÄNNISCHES WÖRTERBUCH 1778:353a), *mundic* (ROMÉ DE L'ISLE ²1783:3,411), *fer arsénical* (HAÜY 1796b:191 – DE LAPPARENT 1899:563), *sulfoarseniure de fer* (WURTZ a.a.O.), *arsénopyrite* (seit WURTZ a.a.O.)
Belegstellen: MOZIN 1812:2,119^{bis}a, DE MICHELE 1972:15b

Es hat den Anschein, dass das im Deutschen mit *Misspickel* bezeichnete Arsenerz den französischen Fachleuten schon vor der Entlehnung dieses Wortes bekannt war, denn das u.a. von MACQUER ²1778 und BUFFON 1785 in Konkurrenz zu *mispickel* gebrauchte *pyrite blanche* findet sich auch schon 1751[511]. Zur Bezeichnung des gleichen Erzes ist im 18.Jh. *pyrite (blanche) arsénicale* sehr geläufig und wird häufig zur Glossierung von *mispickel* eingesetzt. Obwohl also gut integrierte autochthone Einheiten vorliegen, wird *mispickel* übernommen, auch wenn es für lange Zeit nicht

---

[511] In LAROUSSE 1874:11,336b werden *mispickel* und *pyrite blanche* unterschieden: ersteres habe eine Dichte von 6,12, letzteres von etwa 5. Diese Unterscheidung, die auf jüngeren chemisch-mineralogischen Erkenntnissen beruht, wird im 18. Jh. noch nicht getroffen. Bei *pyrite blanche* im modernen Verständnis handelt es sich um Eisensulfid.

selbständig auftritt. Offensichtlich hat das Prestige, das *mispickel* als Wort der deutschen „maîtres en Minéralogie" besaß, bei der Aufnahme eine entscheidende Rolle gespielt.

pierre de corne s.f. 'Feuerstein, Jaspis' < *Hornstein*
EB2b: GUETTARD 1752b:538
Varianten:
- äußere Form: *pierre cornée* (POTT 1753a:16 – DUHAMEL 1787:1,47)

Lexikalische Konkurrenten: *pierre à fusil* (seit 1606), *silex* (so seit 1752), *pétrosilex* (seit WALLERIUS 1753:1,176), →*hornstein* (HELLOT 1753:2,337 – LAROUSSE 1962:5,962c), *caillou de roche* (ROME DE L'ISLE ²1783:3,525 – BOISTE 1841:538b), *palaiopètre* (Haüy, Traité de Minéralogie 1801), *cornite* (PANSNER 1802:44: Delamétherie), *iaspide* (PANSNER 1802:79), *silex corné* (seit LAROUSSE 1869:5,150b), *orthose corné* (LAROUSSE 1869 a.a.O.)
Belegstellen: s.u.
LB: LAROUSSE 1873:9,397a

Mit *Hornstein* bezeichneten die deutschen Bergleute verschiedene Mineralien, die in gewisser Weise durch ihre Färbung und Transparenz dem Horn ähneln, namentlich den Jaspis und den Feuerstein (Flint). Trotz mancher Unterschiede haben die so bezeichneten Mineralien miteinander gemein, dass es sich um Quarzaggregate handelt (s. SCHUMANN ³1974:50, 130). *Hornstein* ist durch *pierre de corne* im Französischen nachgebildet worden. Glaubers Übersetzer du Teil kennt eine solche französische Bezeichnung offensichtlich noch nicht: „Les pierres que les Allemans appellent *Quartzen*, & *Hornstein*, contiennent de l'Or pur & corporel [...]." GUETTARD 1752b scheint mit der beschriebenen „pierre de Corne jaunâtre & grainue" schon vertraut, d'Arclais de Montamy dagegen weniger; zu *pierre cornée* verfasst er eine Fußnote: „La Pierre cornée de M. Pott *Hornstein* est une espèce de Pierre à fusil. *Eclaircissement donné par l'Auteur*" (POTT 1753a:16), wie auch Pott im Original (²1757:2,32) vom „Hornstein oder gemeine[n] Feuerstein" spricht.

Der relativen begrifflichen Eindeutigkeit von *pierre de corne* oder *pierre cornée* steht prinzipiell nichts im Wege; als zeitgenössische Konkurrenten stehen der Lehnbildung insbesondere *pierre à fusil* und *pétro(-)silex* gegenüber. Die Sachlage verkompliziert sich dadurch, dass Wallerius in seiner lateinischen Nomenklatur *corneus* als Epitheton einer ganz anderen Gesteinsart einführt. Die *lapides cornei* stehen den deutschen Schörl und Hornblende nahe. D'Holbach übersetzt dieses *corneus* bzw. das d. *Hornfels* mit →*roche de corne* und legt damit den Grundstein nicht unbeträchtlicher Verwirrung. Denn aufgrund des identischen Beiwortes werden die Determinaten insofern miteinander verwechselt, als für *roche de corne* auch *pierre de corne* eintritt; umgekehrt geschieht dies nicht[512]. Daher ist eine *pierre de corne* z.B. im JOURNAL ÉTRANGER Okt. 1754:184 ein „marbre noirâtre", womit Wallerius' *Corneus cristallisatus niger* gemeint ist, oder „un schorl bien commun" (DESMAREST 1771:767), also kein Hornstein. Während es den meisten Autoren gelingt, die zwei Arten der *pierre de corne* auseinanderzuhalten, finden sich andere mit dieser

---

[512] Die einzige mir bekannte Ausnahme stellt MOZIN 1828:2/1,405c dar, wo *roche cornéenne* zusammen mit *pierre de corne* als Bezeichnung verschiedener *quartz-agates* aufgeführt wird. Bei diesen handelt es sich um Hornsteine im ursprünglichen Sinn; auch der Achat (*agate*) ist ein Quarzaggregat.

Homonymie nicht zurecht[513]. Zu Unrecht meint z.B. Monnet: „La véritable pierre cornée, ou l'*Hornstein* [sic] des Allemands, a des caractères essentiellement différentes du silex" (1773b:332). Die gleiche Verwirrung zeigt sich in Monnets Übersetzung der Reisen von Borns[514]. Ungezählt bleiben überdies die Nennungen von *pierre de corne*, bei denen nicht gesagt wird, um welche der beiden Mineralienarten es sich handelt und dies aus dem Zusammenhang nicht zu erschließen ist.
DAUBUISSON 1819:2,149 plädiert für die gänzliche Aufgabe der Bezeichnung *pierre de corne*. Aufgegeben werden aber nur *pierre de corne* im Sinne von 'hornblendeartiges Gestein' und *roche de corne*. *Pierre de corne* in seiner ursprünglichen Bedeutung hält sich bis zum Ende des 19. Jhs., als es hinter *hornstein* und *silex corné* zurücktritt. In letzterem ist die ursprünglich auf dem Deutschen beruhende Benennung nach dem hornartigen Aussehen bis heute bewahrt geblieben.

chair de montagne s.f. 'eine Asbestart' < *Bergfleisch*
(*FEW* 2,384a)
EB2a: WALLERIUS 1753:1,267
Varianten:
- äußere Form: *chair de montagne* (WALLERIUS 1753 – BERGMÄNNISCHES WÖRTERBUCH 1778:66b), *chair fossile* (ENCYCLOPÉDIE 1753:3,12a – LAROUSSE 1960:2,798c), *chair minérale* (LAROUSSE 1867:3,838d – 1960:2,798c)
Lexikalische Konkurrenten: *asbeste* (seit 12. Jh.), *amianthe* (seit 1555)
LB: LAROUSSE 1960

Im Französischen des 18. Jhs. erscheinen zahlreiche mineralogische Komposita, die *de montagne* enthalten. Wie gesagt, ist im Grunde eine selbständige Entstehung für all diese Bezeichnungen von Mineralien, die durch gewisse Ähnlichkeiten mit anderen Substanzen motiviert sind (*farine*, *lait*, *cuir* usf.), durchaus denkbar. Für eine gewisse Eigenständigkeit spräche auch, dass in vielen Fällen *fossile* statt *de montagne* bevorzugt wird, wofür kein unmittelbares deutsches Vorbild erkennbar ist. Ein deutscher Ursprung der in Frage kommenden Einheiten ist jedoch mehr als wahrscheinlich, weil 1. vergleichbare Komposita mit *Berg-* im Deutschen eine lange (zunächst volkstümliche) Tradition haben (s. *bleu de montagne*), 2. das Deutsche

---

[513] VALMONT DE BOMARE 1764:2,125f. betrachtet bereits das ursprüngliche *pierre de corne* als uneinheitlich:
„Il paroît que l'on donne ce nom à plusaieurs especes de pierre de nature différente. Henckel le donne à une pierre feuilletée qui se trouve en Saxe: elle est composée de petites couches de spath, d'améthyste, de quartz, de jaspe, de crystal, de calcédoine, qui sont entremêlées les unes sur les autres. D'autres donnent le nom de *Pierre de Corne* à ces pierres de fusil qu'on trouve souvent dans la craie, & à cause de leur couleur."
Die hier geschilderten Varianten fallen alle unter die deutsche Bezeichnung *Hornstein* und werden gemeinhin auch im zeitgenössischen Französischen als *pierre de corne* bezeichnet, das den weiten Bedeutungsumfang aus dem Deutschen übernimmt, vgl. das ebenso weit gefasste Synonym *pétro-silex* in BOISTE 1841:538b als *caillou de roche, concrétions de quartz, pierre à fusil*.
[514] VON BORN 1780:371n:
„Il paroît évidemment par ce passage, que M. de Born confond la pierre de corne avec le silex; cependant il y a une très-grande différence entre l'une & l'autre. Ce que nous appellons silex ou pierre à fusil, a été formé dans la craie, tandis que la roche de corne, selon les exemples que nous en avons en France, est une roche ancienne qui a beaucoup plus de rapport avec le quartz proprement dit, qu'avec le silex."
Es ist gerade die *roche de corne*, die nach überwiegendem Verständnis mit Quarz nichts zu tun hat.

Vorbild für Dutzende von mineralogischen Lehnbildungen des 18. Jhs. ist, 3. die jeweils korrelierenden Bildungen semantisch ausnahmslos übereinstimmen und 4. außer →*bleu de montagne* keine der französischen Einheiten vor 1753 nachweisbar ist, dem Jahr der Übersetzung von Wallerius' Mineralogie aus dem Deutschen ins Französische.

Bei *chair de montagne* handelt es sich nach BROCHANT ²1808:1,492 (*chair fossile*) um poröse Bruchstücke von Bergkork (s. *liège de montagne*), einer weiteren Asbestart. *Chair fossile* löst *chair de montagne* recht bald ab und setzt vielleicht eine andere Tradition der Namensgebung fort, vgl. schon BADER 1614:29 „Sal fossilis, [...], Berg Saltz." *Chair fossile* liegt aber zweifellos die Lehnbildung *chair de montagne* zu Grunde.

cuir de montagne s.m. 'eine Asbestart' < *Bergleder*
(*FEW* 2,1185b)
EB2a: WALLERIUS 1753:1,206
Varianten:
- äußere Form: *cuir fossile* (POTT 1753b:174 – LAROUSSE 1869:5,626a)

Lexikalische Konkurrenten: *amianthe feuilleté* (s. WALLERIUS 1753), *asbeste tressé* (HAÜY 1822a:2,494 – MOZIN 1863:1,108a), *palygorskite* (seit DE LAPPARENT 1899:688b)
Belegstellen: VALMONT DE BOMARE 1764:2,168, BUFFON 1785:3,617, DE LAPPARENT 1899:454
LB: LAROUSSE 1960:3,697c

DE GENSSANE 1776:1,236 verweist auf *corium fossile*, das schon der deutsche Naturforscher Andreas Libavius (~1560-1616) gebraucht habe. *Cuir fossile* und *cuir de montagne* treten gleichzeitig auf, das erste vielleicht auf lateinisch-deutscher, das zweite auf deutscher Grundlage. Während z.B. *chair fossile* →*chair de montagne* verdrängt, behauptet sich *cuir de montagne* länger als *cuir fossile*. Bedeutende lexikalische Konkurrenten treten erst im 19. Jh. auf; heute wird, sofern ein spezieller Name für diese Erscheinungsform des Asbestes vonnöten ist, *palygorskite* gebraucht.

glimmer s.m. 'Mineral von glitzerndem Aussehen' < *Glimmer*
EB2a: POTT 1753a:98
Lexikalische Konkurrenten: *mica* (seit 1735)
LB: WERNER 1790:102

Fast alle französischen Autoren gebrauchen ausschließlich *mica*. *Glimmer* tritt insbesondere in aus dem Deutschen übersetzten Werken auf. Es erscheint erstmals in POTT 1753a, ist hier jedoch unselbständig: wo Pott im Deutschen *Mica* gebraucht, findet sich dieses auch in der Übersetzung, wo *Glimmer* steht, wird im französischen Text dieses eingesetzt. Eine selbständige Anmerkung des Übersetzers, dass sich um das gleiche Signifié handelt, fehlt. Gänzlich ungewöhnlich ist der Gebrauch von fr. *glimmer* offenbar nicht gewesen; das legt zumindest LEHMANN 1759b:353 nahe, wo „le glimmer ou mica" für „Glimmer" in LEHMANN 1753:245 steht; da *Glimmer* so oft *mica* entspricht, wäre die Nennung von *glimmer* hier keineswegs nötig. In WERNER 1790 werden *mica* und *glimmer* mit etwa der gleichen Häufigkeit verwendet. Nach Lage der Belege findet Bertrands Plädoyer für die Verwendung des Lehnworts (1763:1,246a) insgesamt nur geringen Anklang.

guhr s.m. 'kalkhaltige, erdige Flüssigkeit' < *Gur* s.f.
FEW 16,98a
EB2a: POTT 1753b:53 / WALLERIUS 1753:1,25
EB2b: HENCKEL 1756:105
Varianten:
- äußere Form: *ghur* (DE GENSSANE 1763:173), *gur* (SCHMIDLIN 1777:7, 373b), *gurh* (ENCYCLOPÉDIE MÉTHODIQUE 1805:4,511b)
- semantisch: 'erdige Substanz mit metallischen Rückständen' (LAROUSSE 1930:908a)

Lexikalische Konkurrenten: *craie coulante* (WALLERIUS 1753:1,25 – NEMNICH 1798:3,1150), *suc minéral* (HENCKEL 1760:1,157n1a), *matière crétacée*, ~ *calcaire* (FAUJAS DE SAINT-FOND 1778:253), *ciment naturel* (PANSNER 1802:40)
Belegstellen: ENCYCLOPEDIE 1757:7,1000a, VALMONT DE BOMARE 1764:2,593, GATTEL 1797:1,741b
LB: ARMANET 1947:115a

Guhr ist offenbar durch die Übersetzung von Potts *Lithogeognosia* oder Wallerius' *Mineralogie* ins Französische eingeführt worden. WALLERIUS 1753 erläutert *guhr* durch *craie coulante*, welches noch NEMNICH 1798 aufführt; Potts Übersetzer spricht von „Guhr & d'autres Terres argileuses" (1753b:53). Nachdem *guhr* in dieser Weise erklärend vorgestellt worden ist, ist es schnell integriert worden und fester Bestandteil des französischen mineralogischen Vokabulars des 18. Jhs. Es bleibt unklar, warum DE GENSSANE 1779:5,20f. die übliche Verwendung von *guhr* ablehnt:

„Il faut bien se garder de confondre ce que nous appellons ici *guhr*, d'avec ces matières calcaires ou crétacées, que les eaux dissolvent en passant […] & auxquels [sic] plusieurs Naturalistes ont très-improprement donné le nom de *guhr*: celui dont nous parlons est une substance blanche, qui se prépare & s'élabore dans le sein de la terre […] & ne se condence [sic] que dans les endroits où elle trouve une température convenable."

Gemeinhin sind es genau diese kreideartigen Substanzen, die mit *guhr* bezeichnet werden. Gegen die Verwendung von *guhr* als solchem spricht sich im 18. Jh. nur Faujas de Saint-Fond aus[515]. In die moderne mineralogische Terminologie ist *guhr* nicht übernommen worden, da es eine zu generische Bezeichnung ist; Belege nach dem 18. Jh. sind rar.
Wie bei einer schriftlichen Entlehnung zu erwarten ist, ist das Wort [gyʀ] ausgesprochen worden. Die Angabe [guʀ] nach SCHMIDLIN 1777:7,357a („wie ein deutsches u ausgesprochen") orientiert sich fälschlicherweise am deutschen Vorbild.

guhr d'argent s.m. 'silberfarbene, erdige Flüssigkeit' < *Silbergur*
EB2a: POTT 1753a:115 / WALLERIUS 1753:1,572
EB2b: HENCKEL 1756:1,106
Lexikalische Konkurrenten: *argent en poussière* (PANSNER 1802:12: Valmont de Bomare)
Belegstellen: MONNET 1779:298
LB: PANSNER 1802:73

Guhr d'argent ist gleichzeitig mit →*guhr* im Französischen belegt. Aus der Tatsache, dass die Komponente *guhr* in dieser scheinbaren Lehnbildung beibehalten wird,

---

[515] „Ce mot stérile & peu significatif pourroit être facilement banni de l'histoire naturelle. Les mots craie, matieres crétacées, matieres calcaires sont plus expressifs, & remplissent le même objet d'une maniere plus intelligible" (1778:253).

könnte mit guten Gründen der Schluss gezogen werden, dass *guhr* bereits vorher bekannt war. Wie jedoch s.v. *guhr* zu sehen ist, ist auch dieses zu diesem Zeitpunkt noch erläuterungsbedürftig. Für eine gleichzeitige Entlehnung von *guhr* und *guhr d'argent* spricht auch, dass die Wörter in den Werken der gleichen Autoren, Pott und Wallerius, zum ersten Mal erscheinen. *Guhr* wird in *guhr d'argent* somit nur beibehalten, weil ein adäquater französischer Terminus technicus nicht existierte. Es handelt sich daher nicht um eine reine Lehnbildung, sondern um eine Teillehnbildung mit Übersetzung derjenigen Komponente, die einer französischen Entsprechung zugeordnet werden konnte, nämlich *Silber* = *argent*.

Potts Übersetzer erläutert die neue lexikalische Einheit als „*Terram tenacem, onctuosam ex fodinis, colore argenteo praeditam*" (POTT 1753a:115n).

hornstein s.m. 'Feuerstein, Jaspis' < *Hornstein*
BARRELL 1960:73
EB1: GLAUBER 1659a:11
EB2a: HELLOT 1753:2,337
Lexikalische Konkurrenten: s. unter *pierre de corne*
Belegstellen: LEHMANN 1759b:119, DAUBUISSON 1802:1,51, ENCYCLOPEDIE METHODIQUE 1815:6,302a, MOZIN 1828:2/1,28c, LAROUSSE 1873:9,397a, DE LAPPARENT 1899:401
LB: LAROUSSE 1962:5,962c

Ungefähr zeitgleich mit der parallelen Lehnbildung *pierre de corne* aufgenommen, jedoch viel seltener gebraucht als diese. Erst gegen Ende des 18. Jhs. wird *hornstein* frequenter. Delamétherie versucht, zwischen *hornstein* und dem ansonsten bedeutungsgleichen *pétro-silex* anhand der Schmelztemperatur zu differenzieren[516]; diese Unterscheidung wird nicht fortgeführt.

knospen s.? 'bestimmtes Kupfererz' < *Knospen*
EB2a: WALLERIUS 1753:1,504
LB: BERTRAND 1763:1,277a

Der Text in WALLERIUS 1753 ist wörtlich aus der deutschen Vorlage übersetzt und *knospen* im Französischen zuvor nicht bekannt gewesen:

„[Le verd de montagne strié] est rempli de stries qui lui donnent la forme de l'amianthe; ses stries sont quelquefois transparentes; il ressemble à des cristaux de Venus; il est brillant; c'est pourquoi on l'appelle *knospen* [...]"[517].

Nichtsdestoweniger ist *knospen* auf diese Weise in die französische Fachliteratur eingeführt und von einigen Autoren aufgegriffen worden. Die Angaben über den Integrationsgrad divergieren; in BERTRAND 1763 scheint das Wort französisch:

„Knospen. *Aerugo nativa striata*. C'est une sorte de cuivre précipité en cristaux ou en aiguilles [...]. C'est les Allemands qui ont appelé cette espèce de verd de montagne Knospen, ou *strahliches kupfergrün*."

---

[516] Er ordnet *hornstein* unter die „pierres quartzeuses, fusibles à un haut degré de chaleur" und *pétro-silex* unter die „pierres quartzeuses, fusibles à un léger degré de chaleur" (1795:461f.) ein.
[517] Bei Denso: „Strahliches Kupfergrün: [...] gleicht Kupferkristallen, und ist glänzend, daher man es auch Knospen nennt" (WALLERIUS 1750:359).

Der Verweis auf die Benennung durch die Deutschen hat hier für Bertrand nur etymologische Relevanz. Laut VALMONT DE BOMARE 1764:3,186 ist dagegen *knospen* lediglich ein „nom que les Minéralogistes étrangers donnent à la mine verte, striée & soyeuse de cuivre de la Chine"[518].

lazur-ertz s.m. 'Azurit (kupferhaltiger Edelstein, $2CuCO_3 \cdot Cu(OH)_2$)' < *Lasurer(t)z*
EB2a: HELLOT 1753:2,458
Lexikalische Konkurrenten: s. unter *bleu de montagne*
LB: DE GENSSANE 1763:172 (*l'asur erts*)

Im Gegensatz zum Silber hat die deutsche Nomenklatur der Erze anderer Metalle nur ganz vereinzelt ins Französische Eingang gefunden, und die jeweiligen lexikalischen Einheiten haben sich in den meisten Fällen nur bedingt durchsetzen können. HELLOT 1753 verwendet *lazur-ertz*, ohne dass sich in der Vorlage, SCHLÜTER 1738, eine entsprechende Stelle fände. Da das Mineral blau ist, erklärt Hellot das Wort mit „mine d'azur"; vergleichbar ist „mine de cuivre azur, l'asur erts" in DE GENSSANE 1763. Das deutsche Wort ist im letzteren Fall, offensichtlich auf mündlicher Ebene, ebenfalls wegen der Farbe, als *Azurerz* aufgefasst worden. Dieser Beleg des mündlichen Gebrauchs und die Tatsache, dass gerade de Genssane das Wort aufführt, der die Sprache der Bergleute kennt und auch frühe Belege für *pech-, glas-* und *fahlerz* liefert, lassen es wahrscheinlich erscheinen, dass *(l)asurertz* den französischen Grubenarbeitern geläufig war.

Auch der Konkurrent *mine d'azur* wird idiomatisch[519] und kann sowohl eine Lehnbildung als auch aufgrund des offensichtlichen Benennungsmotivs (azurblau) eine autochthone französische Bildung sein. In die moderne mineralogische Nomenklatur dringen beide Bezeichnungsmöglichkeiten nicht ein; statt ihrer wird hier *mine de cuivre azurée* oder *azurite* verwendet.

liège de montagne s.m. 'eine Asbestart' < *Bergkork*
EB2a: WALLERIUS 1753:1,268
EB2b: HENCKEL 1760:2,427
Varianten:
* äußere Form: *liège fossile* (POTT 1753b:174 – LAROUSSE 1962:6,745a)

Lexikalische Konkurrenten: *asbeste feuilleté* (s. VON BORN 1790:1,260), *asbeste tressé* (HAÜY 1822a:2,494 – MOZIN 1863:1,108a)
Belegstellen: VALMONT DE BOMARE 1764:3,250, ROME DE L'ISLE ²1783:2,517, LAROUSSE 1873:10,493d, DE LAPPARENT 1899:454
LB: LAROUSSE 1962

Liège de montagne und *liège fossile* erscheinen zur gleichen Zeit und haben die gleiche Lebensdauer. Nach Lage der Belege wird aber *liège de montagne* zumindest im 18. Jh. deutlich bevorzugt. Bergkork unterscheidet sich in der Erscheinungsform nur geringfügig von Bergleder, weswegen DE SAUSSURE 1787:3,170 *cuir* und *liège de montagne* als synonym bezeichnet. Laut BROCHANT ²1808:1,492 sind aber *cuir fossile*

---

[518] Es ist bezeichnend für den Status der deutschen Mineralogie, dass *étrangers* hier offensichtlich *allemands* bedeutet; hier liegt der Fall ähnlich wie bei *on* 'les Allemands', s.o. Ist daher „on l'appelle *knospen*" in VALMONT DE BOMARE 1762:2,195 auch in diesem Sinne zu verstehen?
[519] S. z.B. DELIUS 1778:2,166, ohne jegliche Erläuterung.

„plaques épaisses de liège de montagne." Haüy lehnt beide Bezeichnungen ab und ersetzt sie durch *asbeste tressé*. Die bildhafte Lehnbildung hält sich aber bis ins 20. Jh.

mine d'argent blanche s.f. 'weißliches Silbererz' < *weißgültig Silber*
(*FEW* 25,197a)
EB2a: WALLERIUS 1753:1,565
Varianten:
- äußere Form: *argent blanc* (LAROUSSE 1866:1,600c – 1960:1,555a)
Belegstellen: BERGMANN 1784:198
LB: LAROUSSE 1960

Ebenfalls im Zusammenhang der Übernahme der deutschen Silbererzklassifikation entlehnt. Nicht in der mineralogischen Nomenklatur, aber in der bergmännischen Fachsprache bis ins 20. Jh. verwendet; insgesamt seltener anzutreffen als vergleichbare Bildungen.

mine d'argent en plumes s.f. 'federartiges, antimonhaltiges Silbererz' < *Federerz*
EB2a: WALLERIUS 1753:1,569
Lexikalische Konkurrenten: *argent antimonial en aiguilles très-fines* (VON BORN 1790:2,440), *antimoine sulfuré* (HAÜY 1796b:236), *fédererz* (Boiste, *Dictionnaire universel de la langue françoise* 1819 – LAROUSSE 1961:4,940c)
Belegstellen: LEHMANN 1759a:115, VALMONT DE BOMARE 1762:2,221, ENCYCLOPEDIE 1765:9,738a, ENCYCLOPEDIE METHODIQUE 1792:2,370a
LB: RAYMOND 1832:1,578c

Die Bezeichnung dieses Erzes ist, obwohl als *mine d'argent en plume* in WALLERIUS 1753 aufgeführt, nur zögerlich aufgenommen worden und offensichtlich manchem Autor nicht als französische Einheit geläufig; so nennt z.B. Mongez in seiner Übersetzung von Bergmans *Sciagraphia* dieses Erz „*Argent avec fer, arsenic & antimoine, minéralisé par le soufre. Federez [sic] des Allemands*" (BERGMAN 1784:201). Außer vergleichbaren Paraphrasen bzw. Beschreibungen dieses Erzes finden sich im 18. Jh. keine lexikalischen Konkurrenten. Die geringe Frequenz von *mine d'argent en plumes* beruht mithin nicht auf lexikalischer Verdrängung, sondern anscheinend auf der geringen Bedeutung des Erzes. Erst im 19. Jh., unter der Bezeichnung *fédererz*, firmiert diese Varietät mit größerer Frequenz.

mine de fèves s.f. 'bohnenförmiges Eisenerz, Limonitvarietät ($Fe_2O_3 \cdot nH_2O$)' < *Bohnerz*
EB2a: WALLERIUS 1753:1,476 (*mine de feve*)
Varianten:
- äußere Form: *mine en fèves* (HENCKEL 1756:1,160), *mine de fèves* oder *fèves* (LEHMANN 1759fb:331 – PANSNER 1802:108)
Lexikalische Konkurrenten: *fer en grains* (DE DIETRICH 1789:3,285, WERNER 1790:168), *mine limoneuse en globules* (VALMONT DE BOMARE 1762:2,164, BERTRAND 1763:1,220), *mine de pois* (REUSS 1798:393), *fer oxidé globuliforme* (HAÜY 1822a:4,1059), *limonite pisolithique* (s. ARMANET 1947:42a)
Belegstellen: VALMONT DE BOMARE 1764:2,371
LB: PANSNER 1802

Da anders als bei der Silberklassifikation die – ebenso detaillierte – deutsche Nomenklatur der Eisenerze nur teilweise ins Französische entlehnt worden ist und das

Benennungsmotiv aufgrund der äußeren Form des Minerals auf der Hand liegt, ist eine polygenetische Entstehung von *Bohnerz* und *mine de fèves* nicht kategorisch auszuschließen. Für eine Entlehnung spricht aber mit Nachdruck, 1. dass der Terminus in der deutschen Fachsprache fest verwurzelt ist und 2. dass der französische Ausdruck zuerst in aus dem Deutschen übersetzten Werken auftritt. Auf eine genaue Bezeichnung dieser Limonitvarietät wird in vielen Fällen verzichtet.

mine hépatique s.f. 'leberfarbenes Kupfererz' < *Lebererz* oder lat.-d. *minera cupri hepatica*[520]
EB2a: WALLERIUS 1753:1,490
EB2b: HENCKEL 1760:1,63
Lexikalische Konkurrenten: s. unter *mine de foie*
Belegstellen: ROME DE L'ISLE 1783:3,339, DE GENSSANE 1795:26, ANON. 1797:401
LB: HAÜY 1822a:3,436 (*cuivre pyriteux hépatique*)

S. unter *mine de foie*.

oolithe s.f. 'rogenförmige kalkhaltige Versteinerung' < lat.-d. *oolithus* < *Rogenstein*
(*FEW* 7,357a), *TLF* 12,528b, *DMD* 524a, *BW* 445b
EB1: BOECE DE BOOT 1644:544 (*rogenstein*) / TRÉVOUX 1752:1,549 s.v. *ammonite* (*oolcïhe*)
EB2a: WALLERIUS 1753:2,9
EB2b: GUETTARD 1753:96
Varianten:
- äußere Form: *oolite* (seit ACADÉMIE 1762:2,253a)
Lexikalische Konkurrenten: (*h*)*ammite* (1562 – BOISTE 1851:361c), *ammonite* (in dieser Verwendung BOECE DE BOOT 1644:544 – BOISTE 1851:30a), *pierre ovaire*[521] (s. BERTRAND 1763:2,97b), *chaux carbonatée globuliforme compacte* (s. HAÜY 1822a:1,360)
Wortfamilie: *oolithique* adj. 'aus Oolithen bestehend' (seit Breislak, *Institutions géologiques* 1818:3,397), s.m. 'Kalkstein von oolithischer Gestalt' (seit LAROUSSE 1932:5,213a)
Belegstellen: VALMONT DE BOMARE 1764:4,51, ENCYCLOPÉDIE 1765:11,491b

Ausgehend von d. *Rogenstein* oder *Eistein* schuf Franz Ernst Brückmann 1721 ein lateinisches Pendant *oolithus*[522]. Bereits BOECE DE BOOT 1644 schreibt zu *hammite* bzw. *ammonite*: „[...] elle ressemble aux œufs des poissons [...]. Elle s'appelle en langue Germanique *rogenstein* [...]." S.v. *ammonite* wird in TRÉVOUX 1752 die Bildung Brückmanns erstmals erwähnt, allerdings nicht wie im *TLF* angegeben als französisches Wort: „Un Auteur Allemand, qui publia en 1721. une Dissertation latine sur cette pierre, l'appelle *Oolcïhe*." Die französischen Mineralogen rezipieren das Wort dagegen in korrekter Form; schon GUETTARD 1753 hält es nicht einmal mehr für erforderlich, das Wort zu erläutern. Dass HAÜY 1822a a.a.O. *oolithe* als „vulgaire" markiert, beeinflusst dessen Wortgeschichte nicht.
Ammonite wird heute nur noch in der Bedeutung 'versteinertes Ammonshorn (eine Muschel)' gebraucht. In der o.g. Verwendung liegt vielleicht eine Kontamination

---

[520] So übersetzt Wallerius das deutsche *Lebererz*.
[521] Es ist möglich, in *pierre ovaire* wiederum eine Lehnbildung nach d. *Rogen-* oder *Eistein* zu sehen, vgl. auch lat. *ovaria* in D.S. BÜTTNER, *Rudera Diluvii Testes*, Leipzig 1710:Inhaltsverzeichnis (zitiert nach ARVEILLER 1964:322). Ebenso denkbar ist aber auch eine selbständige französische Bildung nach *oolithe*.
[522] Im *Specimen physicum exhibens historiam naturalem oolithi, seu ovariorum piscium et concharum in saxa mutatorum*, Helmstedt.

durch *(h)ammite* vor, das auf Grundlage von griech. ἄμμος 'Sand' gebildet wurde und im eigentlichen Sinn Versteinerungen in Form noch kleinerer Kügelchen meint. *Oolithe* ist heute die einzige übliche Bezeichnung der genannten Art von Versteinerungen.

roche de corne s.f. 'eine Gesteinsart' < *Hornfels* / lat. *corneus*
EB2a: WALLERIUS 1753:1,256
Varianten:
- äußere Form: *pierre de corne* (s. dort)

Lexikalische Konkurrenten: s.u.
Belegstellen: VALMONT DE BOMARE 1765:5,11, DE SAUSSURE 1786:1,96 (*pierre de corne*), PANSNER 1802:152
LB: LAROUSSE 1875:13,1273c

Das Konzept dieser Benennung geht auf Wallerius zurück, der diese der Hornblende nahestehende Gesteinsart *corneus* nannte. Die französische Form *roche de corne* ist aber sicherlich nicht ohne das Zutun des d. *Hornfels* entstanden, das Denso als deutsche Wiedergabe von *corneus* gewählt hatte. Schon dieser weist auf die Gefahr hin, die von dieser Bezeichnung ausgeht:

„Man muss dieses Geschlechte mit dem auf deutsch so genannten Horngesteine nicht vermengen, welcher zuweilen auf lateinisch auch corneus, zuweilen silex, genannt wird […]. In Ansehung dessen nennen wir dieses Geschlechte Hornfelsstein, damit, so viel möglich ist, niemand einen Misverstand daraus schöpfe" (WALLERIUS 1750:183).

Da aber auch das genannte *Horngestein* bzw. *Hornstein* als →*pierre de corne* ins Französische entlehnt wurde, sind die zahlreichen unter →*pierre de corne* geschilderten Missverständnisse auch in dieser Sprache nicht ausgeblieben. Um sie einzudämmen, werden für das als unzutreffende Bezeichnung empfundene *pierre de corne* im Sinne von *roche de corne*[523] Ersetzungsmöglichkeiten gesucht. FAUJAS DE SAINT-FOND 1778:259 nimmt als erster die Einreihung unter die *schistes*, Schiefergesteine, vor und schlägt die Bezeichnung *schiste schorlique* vor. BUFFON 1783:1,371 und mit ihm DE GALLITZIN 1796:57 bevorzugen *schiste spathique*. Da die Bezeichnung ungenau ist, wird sie im 19. Jh. ganz aufgegeben.

sinter s.m. 'mineralische Ausscheidung aus fließendem Wasser' < *Sinter*[524]
PFEIFFER 1902:59
EB1: WALLERIUS 1753:1,25
EB2a: POTT 1753a:161n
EB2b: ROMÉ DE L'ISLE 1769:1,60

---

[523] „Ce nom consacré par M. Wallerius […] n'a pas été heureusement choisi, parce que ce même nom de pierre cornée, a été aussi donné à différentes especes de silex, dont la couleur & la demi-transparence réveillent l'idée de la corne bien plus naturellement que ne le fait celle dont il est ici question" (DE SAUSSURE 1786:1,95f.).
De Saussure schreckt noch davor zurück, eine neue Bezeichnung einzuführen: „Mais je trouve tant d'inconvéniens à changer les dénominations reçues, que je préfere de conserver celle-ci, après avoir averti de l'équivoque à laquelle elle pourroit donner lieu."
[524] D. *Sinter* kann auch 'Schlacke' bedeuten. In dieser Bedeutung ist es nicht entlehnt worden; es findet sich nur ein EB1 in DE COURTIVRON/BOUCHU 1762:4,143 (*sinder*).

Varianten:
- äußere Form: *sintor* (GUETTARD 1754:159)

Lexikalische Konkurrenten: *stalactite* (seit BOECE DE BOOT 1644:542), *incrustation* (LEHMANN 1759b:350), *concrétion* (s. ARMANET 1947:262b)
Belegstellen: DE GENSSANE 1776b:2,108, MOZIN 1812:2,664b, LAROUSSE 1875:14,760b, SACHS/VILLATTE 1894:1433c, STELLHORN 1965:685b

Potts Übersetzer erläutert *sinter* auf folgende Weise: „C'est une espéce de Terre argilleuse délayée, ou Terre molle, qui se trouve dans les Mines" (POTT 1753a:161n). Damit steht *sinter* in großer Nähe zu *guhr*, mit dem es bspw. in DE GENSSANE 1776b:2,108 in einem Atemzug genannt wird. Diese beiden Belege beruhen möglicherweise auf ungenauem Verständnis, denn d. *Sinter* bezeichnet im Grunde nur Gur, also eine flüssige kalkhaltige Substanz, in ihrer erhärteten Form[525]. In dieser „korrekten" Bedeutung ist *sinter* belegt bei GUETTARD 1754:159. Er berichtet von einem Stalaktit aus einem Mineralienkabinett:

„Un morceau de cette congélation [...], avec une note de M. de Tressan, paroît avoir été tiré d'une mine d'argent: il est du moins dit dans cette note que ce corps est un fluor nommé *sintor* par les Mineurs, & qu'il se trouve sur la superficie & dans les côtés du filon, des mines d'argent"[526].

Fr. *sinter* ist folglich nicht nur über die mineralogische Literatur, sondern auch in der Sprache der Bergleute entlehnt worden und in dieser wahrscheinlich um einiges älter. BERTRAND 1763:2,58a spricht sich ausdrücklich für die Beibehaltung von *sinter* aus. Belege erscheinen in der Folgezeit, den mir vorliegenden Daten zufolge, zwar nicht oft, aber doch mit einer gewissen Regelmäßigkeit bis heute[527]; die Konkurrenten *stalactite* und *concrétion* sind, genau genommen, weniger exakt und bezeichnen jede Art von kalkhaltigen Verhärtungen. In der französischen mineralogischen Nomenklatur erscheint *sinter* nicht, wohl auch weil es von Haüy hier nicht als Terminus technicus aufgenommen wird (s. 1822a:1,92).

spath calcaire s.m. 'Kalzit (ein Mineral, $CaCO_3$)' < *Kalkspat*
(*FEW* 17,172b)
EB2a: POTT 1753a:163
Lexikalische Konkurrenten: *carbonate de chaux* (seit METHODE DE NOMENCLATURE 1787:139), *calcite* (seit LAROUSSE 1867), *kalkspath* (Laveaux, *Nouveau dictionnaire de la langue française* 1820 – SACHS/VILLATTE 1894)
Belegstellen: VALMONT DE BOMARE 1765:2,159, LAROUSSE 1875:14,979d

Schon kurze Zeit nach dem Bekanntwerden des Spates und seiner Bezeichnung in Frankreich ist auch das Kompositum *Kalkspat* übernommen worden. Die Bezeichnung ist von ausnehmender Wichtigkeit, da das Kalzit das nach dem Quarz häufigste an der

---

[525] Vgl. auch WALLERIUS 1753:1,25: „[La guhr] se durcit quelquefois; alors on la nomme *Sinter* en Allemand."
[526] Der hier beschriebene Stalaktit soll eine Unterart von *flos ferri*, einer Erscheinungsform des Aragonits sein (d. *Eisenblüte*, vgl. gleichbedeutendes *fleur de fer* z.B. in ENCYCLOPÉDIE 1756:6,858b). Als ebensolche erscheint d. *Sinter* auch in ROMÉ DE L'ISLE 1767:2,86; desgleichen nennen DE COURTIVRON/BOUCHU 1761:1/1,8 einen Stalaktiten mit dem Namen *flos ferri*.
[527] S. z.B. *www.nrcan.gc.ca/mms/archive/nfo01/nick-f.pdf* (vom Dezember 2001), „le sinter d'oxide de nickel", oder *www.portdedunkerque.fr/internet/serveur/conf2001.htm*.

Erdoberfläche anzutreffende Mineral ist (SCHUMANN ³1974:36). Vielleicht unter dem Einfluss des latinisierten *spathum calcareum* gebildet, wird *spath calcaire* sogleich allgemein angenommen. Für die chemische Fachsprache kreieren Lavoisier etc. *carbonate de chaux* (Kalziumkarbonat); im 19. Jh. entsteht mit dem entlehnten *calcite* ein starker, aber bis heute nicht übermächtiger Konkurrent.

feldspath s.m. 'alumosilikathaltige Mineralienfamilie' < *Feldspat(h)*
FEW 15/2,120b, TLF 9,724a, EWFS 419a, DMD 294a, BW 257b
EB1: WALLERIUS 1753:1,126
EB2a: ANGERSTEIN 1755:558, Fußnote h *(feltspath)*
EB2b: ROME DE L'ISLE 1767:2,66
Varianten:
- äußere Form: *feld spalt* (DE GENSSANE 1776:1,204), *felts spath* (MACQUER ²1778:2,424 s.v. *granite*), *feld-spat* (WERNER 1790:96), *felspath* (BRONGNIART 1807:2,409)

Lexikalische Konkurrenten: *kaolin* (s. DE RÉAUMUR 1727:192), *pétuntsé (ebda.* – GIRAUD-SOULAVIE 1780:1,447), *spath dur qui donne des étincelles* (WALLERIUS 1753:1,125), *spath des champs* (VALMONT DE BOMARE 1762:1,227 – DE MICHELE 1972:89a), *quartz feuilleté* (REUSS 1798:404), *pierre de champ* (REUSS 1798:399, PANSNER 1802:131)
Wortfamilie: *feldspathique* 'feldspatartig' (ROMÉ DE L'ISLE ²1783:1,84), 'feldspathaltig' (seit COQUEBERT 1797d:681), *feldspathiforme* 'feldspatförmig' (seit ACADÉMIE COMPLÉMENT 1840:471b), *feldspathisation* 'Verwandlung in Feldspat' (seit LAROUSSE 1930:3,435a), *feldspathoïdes* 'Gruppe verschiedener Tektosilikate' (seit DE MICHELE 1972:43a)
Belegstellen: VALMONT DE BOMARE 1762:1,227, HAÜY 1796b:37, BOISTE 1803:177a

WALLERIUS 1753 spricht noch von einem *spath dur*, „que l'on appelle en Allemand *Feld-Spath*, spath des champs" (hier spontan übersetzt)[528]. Bei Angerstein ist das Wort dann französisch, versehen mit einer Erklärung: „Feltspath, en latin spathum durum, est un spath cristalisé en forme de cubes, avec des plans luisans [...]." Vollständig integriert tritt *feldspath* in ROMÉ DE L'ISLE 1767 auf, wo das Wort zusammen mit *spath* und *quartz* der einzige unter den zahlreichen aus dem Deutschen entlehnten Fachtermini ist, der nie kursiviert wird.

Zumindest die heute Kalifeldspäte genannten Feldspäte wurden zuvor mit *pétuntsé* oder *kaolin*, zwei ursprünglich chinesischen Wörtern, bezeichnet. Kaolin (Porzellanerde) weist wegen der gleichen chemischen Zusammensetzung wie Kalifeldspat (Kaliumalumosilikate) eine gewissen Ähnlichkeit mit manchem Feldspat auf und tritt in der Natur auch vermengt mit diesem auf (SCHUMANN ³1974:106). Das mit *kaolin* bedeutungsgleiche *pétuntsé* tritt noch einige Zeit als Konkurrent von *feldspath* auf, doch werden die Unterschiede bald erkannt. BOISTE 1841:538b nennt daher *petun-sé* einen „feldspath laminaire et granuleux". Ab dem letzten Fünftel des 18. Jhs. hat *feldspath* keine usuellen lexikalischen Konkurrenten mehr neben sich außer dem deutlich weniger frequenten *spath des champs*. Der Wunsch de Saussures ist somit in Erfüllung gegangen:

> „[...] ce nom, quoique sa tournure soit très-éloignée de la tournure françoise, a été pourtant adopté par plusieurs lithologistes; & il est bien à souhaiter qu'on le conserve, pour diminuer la confusion déjà si grande dans la nombreuse classe des spaths" (1786:1,71).

---

[528] Zu Grunde liegt die Benennung durch Linné als *spathum durum scintillans*, vgl. WALLERIUS 1747:65.

schorl s.m. 'ein Mineral' < *Schörl*
FEW 17,55b
EB1: WALLERIUS 1753:1,199
EB2a: ANGERSTEIN 1755:569, Fußnote 1 (*scheurte*)
EB2b: VALMONT DE BOMARE 1768:6,801f. (s.v. *zéolite*)
Varianten:
- äußere Form: *schorl* (seit WALLERIUS 1753:1,262), *schoerl* (VALMONT DE BOMARE 1768:6,666 – DE DIETRICH 1786:2,335n), *choerl* (MONNET 1772:94 – GIRAUD-SOULAVIE 1780:1,449), *chorl* (s. FAUJAS DE SAINT-FOND 1778:85), *schoërl* (DE DIETRICH 1786 a.a.O.), *schörl* (VON BORN 1790:1,170), *schoorl* (ENCYCLOPÉDIE MÉTHODIQUE 1796:3,189b)
- semantisch: s.u.

Lexikalische Konkurrenten: *roche de corne cristallisée* (WALLERIUS 1753:1,261), *gabbro* (DESMAREST 1773), *tourmaline (noire)* (seit HAÜY 1809:38), *schorlite* (s.u.)
Wortfamilie: *schorlique* 'schörlartig' (FAUJAS DE SAINT-FOND 1778:259, BRONGNIART 1807:1,450), *schorlacé* 'dass.' (bei Guyton de Morveau 1784 laut BRUNOT 6,632 – SACHS/VILLATTE 1894:1406a), *schorlite* 'schwarzer Turmalin' (seit PANSNER 1802:162, hier allerdings 'weißer Schörl'), *schorlifère* 'turmalinhaltig' (LAROUSSE 1875:14,374b – 1964:9,673b), *schorliforme* 'turmalinförmig' (LAROUSSE 1875 a.a.O. – 1964 a.a.O.), *schorlomite* 'ein Mineral' (seit WURTZ 1876:2,1454b); zu zahlreichen Zusammensetzungen s. etwa REUSS 1798:407
Belegstellen: ROME DE L'ISLE ²1783:2,304, BOISTE 1800:362a, DE LAPPARENT 1899:435

Durch WALLERIUS 1753 wird offenbar d. *Schörl* in der französischen Mineralogie bekannt gemacht: „Il y a des Minéralogistes qui mettent au rang des quartz cristallisés une espece de pierre qu'ils appellent Scho^{e}rl [...]" (1,199). Für das Französische wählt d'Holbach aber in Anlehnung an Wallerius' lateinische Terminologie (*corneus cristallisatus*) *roche de corne cristallisée* (1,261). *Roche de corne cristallisée* wird zwar in diesem Werk fast ausschließlich gebraucht, doch wie sehr sich deutsche Bezeichnungen in diesem Fachgebiet nachgerade von selbst aufdrängen, zeigt bspw. die Passage „mettre le *schorl* ou la roche de corne cristallisée dans la classe des roches de corne" (1,262), wo *schorl* – bereits assimiliert! – im Textfluss erscheint, obgleich es vorher ausdrücklich als deutscher Name genannt wurde. Wenig später tritt *schorl* dann auch als französisches Wort in Erscheinung, wenn auch noch anhand der Terminologie Wallerius' glossiert: „[...] on trouve dans [le porphyre] d'Égypte de petits grains d'un scheurte [sic[529]] noir (corneus crystallisatus)" (ANGERSTEIN 1755). Dann auch bald ganz ohne Erklärung: „Enfin la pierre qui a le plus de rapport avec la zéolite, est le *schorl* [...]" (VALMONT DE BOMARE 1768).

Schorl wird gelegentlich mit →*schirl* verwechselt, entweder wegen der Ähnlichkeit der Formen oder weil auch im Deutschen bisweilen *Schirl, Schierl* statt *Schörl* auftreten. So geschieht es z.B. in WALLERIUS 1772:317, SAGE 1772:116 („Basalte vert, opaque, Schirl"), SCHWAN 1784:2,752b und noch SACHS/VILLATTE 1894:1405c. Dagegen weist das GRAND VOCABULAIRE FRANÇOIS 1773:26,72b s.v. *schorl* ausdrücklich auf den Unterschied zu *schirl* hin.

---

[529] Wenn auch durch den Schreibfehler entstellt, stellt diese Form überraschenderweise die einzige dar, in der dem Wort die der deutschen Aussprache [šørl] entsprechende französische graphische Gestalt gegeben wird. Alle anderen Formen orientieren sich an der deutschen Schreibung und reduzieren im Endergebnis das ungewohnte *ö* zu *o*, daher die französische Aussprache [šɔrl], nicht [šørl] wie bei Angerstein und späteren Varianten, die noch das -*oe*- bewahren. FAUJAS DE SAINT-FOND 1778:85 spricht sich bewusst für *schorl* aus: „Cette [...] orthographe est la plus naturelle dans notre langue; c'est elle qui me paroît devoir être adoptée de préférence."

Abgesehen von diesen formalen Unsicherheiten setzt sich *schorl* wie gesehen schnell als Fachterminus durch. Ein weiterer Konkurrent neben *roche de corne cristallisée (noire)* erwächst ihm aus *gabbro*, durch das Desmarest *schorl* im Jahr 1771[530] ersetzen möchte:

> „[...] je regarde comme synonymes les diverses dénominations qui suivent: [...] *Gabbro nonnullorum, Basalte martial* de Cronstedt, *Schorl* des Auteurs Allemands, *Gabbro* du bas Limousin, & de quelques autres provinces de France. Je crois que pour éviter toute équivoque, il conviendroit de donner à cette pierre la dénomination de *gabbro*, qui n'a jusqu'à présent été appliquée à aucune sorte de pierre [in der Gelehrtensprache], & sous laquelle je l'ai fait connoître depuis mon retour d'Italie" (1773:617f.).

Recht bald erfolgt eine ablehnende Replik de Saussures[531]:

> „Mais M. DESMARET n'a sans doute pas pensé, que les naturalistes Italiens ont depuis long-tems consacré le nom de *gabbro* à une pierre d'un genre tout différent, puisqu'elle est du nombre des ollaires [i.e. Specksteine] ou serpentines" (1786:1,85ff.).

Der Vorschlag Desmarests verhallt daher.

Während Desmarest anscheinend ohne Not eine andere Bezeichnung für den Schörl in seiner eigentlichen Bedeutung 'schwarzer Turmalin' einsetzen möchte, erwächst die bald darauf einsetzende allgemeine Kritik an der Bezeichnung aus der Tatsache, dass sich *schorl* innerhalb des Französischen verselbständigt und zur Benennung sehr unterschiedlicher Mineralien herangezogen wird, vgl. *spath*. In REUSS 1798:407 sind über 30 Zusammensetzungen mit *schorl* aufgelistet – die zum Teil Mineralien ganz unterschiedlicher Art berzeichnen[532] – denen nur zu einem geringen Teil deutsche Bildungen mit *Schörl* entsprechen[533]. DE SAUSSURE 1786:1,86 vertritt eine zu diesem Zeitpunkt bereits isolierte Meinung:

> „Je conserverai donc au schorl le nom que les Allemands lui ont donné: ce nom est très-précisement déterminé, & n'expose à aucun équivoque; il n'a contre lui que sa rudesse; mais il n'est point nécessaire qu'il entre dans un poëme. Tous les naturalistes, qui sont les seuls qu'il intéresse, le connoissent & sont déjà habitués à le prononcer."

Schon 1787 betont dagegen Haüy die Mehrdeutigkeit von *schorl* (93), bevor er die Bezeichnung später ganz proskribiert. Delamétherie versucht noch, die Verwirrung

---

[530] Der 1773 abgedruckte Vortrag wurde im Mai 1771 gehalten.
[531] Die *Voyages dans les Alpes* wurden spätestens 1779 verfasst.
[532] Z.B. ist ein *schorl blanc* ein Albit (Kalknatronfeldspat), ein *schorl bleu* ein Disthen/Kyanit (Alumosilikat), ein *schorl aigue marine* ein Epidot (Kalzium-Aluminium-Eisensilikat), ein *schorl électrique* ein Turmalin (Borsilikat), ein *schorl olivâtre* ein Peridot/Olivin (Magnesiaeisensilikat) und ein *schorl rouge* Titanit (Kalzium-Titansilikat).
[533] Selbst über deren (geringere) Vielzahl erregt sich Monnet, s. die Fußnote zu *choerl bleu* in VON BORN 1780:72: „Voilà la dixième matière, au moins, que je vois nommer de ce nom."

durch eine Reduktion der verschiedenen *schorls* zu verhindern[534], doch Haüy gehen diese Bestrebungen nicht weit genug:

> „[...] je dois faire en peu de mots l'histoire du *Schorl*. Les minéralogistes, surtout ceux de France, avaient réuni sous ce nom [...] au moins quatorze autres substances qui forment aujourd'hui des espèces séparées dans la méthode. L'Histoire naturelle ne présente nulle part une association aussi nombreuse d'êtres mal sortis et étrangers les uns aux autres. Il paraît que c'est le caractère tiré de la fusibilité par le chalumeau, employé sans autre examen, qui a d'abord été pris pour le point de ralliement de tous ces schorls [...]. Cette réponse, *c'est un schorl*, était une manière scientifique de dire, *je n'en sais rien* [...]. On aurait pu conserver le nom de *schorl* à l'une des substances qui l'avaient porté, et le choix serait naturellement tombé sur la hornblende, qui était le schorl par excellence; mais ce nom aurait fait un double emploi, parce que les minéralogistes allemands l'appliquent à la tourmaline. D'ailleurs, peut-être convenait-il de faire pour ainsi dire un exemple de ce mot, qui avait occasionné tant d'erreurs, en le proscrivant de la langue minéralogique. Je lui ai substitué celui d'*amphibole*, c'est-à-dire, *douteux*, *équivoque*, comme pour avertir l'observateur de se défendre de l'illusion, qui a fait confondre ce minéral avec tant d'autres" (1822a:2,396f.).

Neben *amphibole* oder *hornblende* tritt für andere ehemalige Bedeutungen von *schorl* insbesondere *tourmaline* ein. Obwohl auch LAROUSSE 1875:14,374b darauf hinweist, dass *schorl* als ein Sammelbegriff in der modernen Terminologie keine Rolle mehr spiele, wird das Wort bis heute gebraucht, jedoch nur noch in der speziellen Bedeutung 'schwarzer Turmalin'.

gneiss s.m. 'feldspatführendes Metamorphitgestein' < *Gneiß, Gneis*
FEW 16,46b, TLF 10,304b, EWFS 482b, DMD 343a, BW 297b
EB1: WALLERIUS 1753:1,282
EB2a: HENCKEL 1756:1,66 (*kneis*)
EB2b: GELLERT 1758:1,58 (*kneiss*)
Varianten:
- äußere Form: *kneis* (HENCKEL 1756 – ROMÉ DE L'ISLE ²1783:3,557), *kneiss* (GELLERT 1758 – ROMÉ DE L'ISLE 1780:3,65), *geneis* (VON BORN 1780:75), *gneist* (BERGMÄNNISCHES WÖRTERBUCH 1778:216a), *gneiss* (seit DE SAUSSURE 1787:3,159), *kneusz* (DUHAMEL 1787:1,49), *gneuss* (BERTHOUT 1795:76), *gneïs* (DAUBUISSON 1802:1,42)

Lexikalische Konkurrenten: *roche schisteuse* (ROMÉ DE L'ISLE 1767:2,552), *roche refractaire noire* (ROMÉ DE L'ISLE 1767:2,375), *roche primitive feuilletée* (ROMÉ DE L'ISLE ²1783:2,354: de Saussure), *granite fissile* (BUFFON 1786:4,407), *granite feuilleté* (PANSNER 1802:70: von Born), *roche micacée* (DE SAUSSURE 1787 – PANSNER 1802:153)
Wortfamilie: *gneisseux* 'gneisartig' (seit DELAMÉTHERIE 1795:1,232), *gneissique* 'dass.' (seit LAROUSSE 1872:8,1330c), *gneissifié* 'zu Gneis geworden' (seit *Histoire générale des sciences* 1964:3/2,503)
Belegstellen: VALMONT DE BOMARE 1764:4,407, ENCYCLOPÉDIE 1765:9,133a, MOZIN 1811:1,746c, HAÜY 1822a:4,538

---

[534] „Nul genre n'est aussi confus parmi les minéralogistes que celui-ci. J'ai cherché à y répandre quelques lumières, & n'y ai laissé que les substances suivantes [i.e. zehn Stück]."

Wie etwa *Spat* ist d. *Gneis* eine recht generische Gesteinsbezeichnung. Nichtsdestoweniger fehlte im Französischen auch für den Begriff des Gneises eine Bezeichnung, wie z.B. WALLERIUS 1753:1,282 verdeutlicht: d. *Kneis* entspricht hier ein vages „roche d'un gris foncé". Daher erklärt sich leicht, dass das Wort bereitwillig aufgenommen und schnell integriert wurde[535]. Schon 1758 glaubt der Übersetzer Gellerts, auf eine Erläuterung verzichten zu können (GELLERT 1758:1,58). Obwohl in der Folgezeit die französischen Mineralogen auch autochthone Bezeichnungen entwickeln, können diese *gneiss*, das bis heute frequent bleibt, nicht verdrängen.

Die Vielfalt der Formen beruht nicht auf Assimilationsversuchen, sondern auf der Polymorphie des deutschen Vorbildes, das verschiedenen französischen Autoren offenbar in verschiedener Gestalt begegnet ist. Das DEUTSCHE WÖRTERBUCH 8,632 verzeichnet die Varianten *Gneus(s)*, *Gneis*, *Kneis(s)*, *Kneus(t)*, *Knaust*. Auch im Deutschen hat sich *Gneis* erst im 19. Jh. als allein gültige Form durchgesetzt.

mine d'argent merde d'oie s.f. 'grünlich-gräuliches Silbererz' < *gänseköthig Silber*
EB2b: HENCKEL 1756:1,85
Varianten:
- äußere Form: *mine fiente d'oie* (DE GENSSANE 1778:4,298), *mine d'argent crasse* (BERGMÄNNISCHES WÖRTERBUCH 1778:197b)

Lexikalische Konkurrenten: *mine d'argent molle de différentes couleurs* (WALLERIUS 1753:1,570), *cobalt arséniaté* (HAÜY 1796b:224), *cobalt arséniaté terreux argentifère* (HAÜY 1822a:4,234)
Belegstellen: ROMÉ DE L'ISLE ²1783:3,150, NEMNICH 1798:3,1247, BROCHANT ²1808:2,156
LB: HAÜY 1822a:4,234

Als Farbbezeichnung ist *merde d'oie* im Französischen bereits belegt seit COTGRAVE 1611 und wohl insgesamt als polygenetische Bildung zu betrachten, vgl. auch okz. *merda d'auque* (1476, *FEW* 6/2,22b). Im Zusammenhang mit dem Erz handelt es hingegen um eine Lehnbildung nach dem Vorbild in der deutschen Silbererzklassifikation[536]. Explizit auf den deutschen Ursprung hingewiesen wird z.B. in DE GENSSANE 1778:4,297f.[537]. Wie die übrigen Silbererze bezeichnenden Lehnbildungen um 1750 übernommen, wird *mine d'argent merde d'oie* schon in

---

[535] *Kneis(s) des Saxons* in FAUJAS DE SAINT-FOND 1778:253 und ROMÉ DE L'ISLE ²1783:3,557 dürfen nicht dahingehend missverstanden werden, dass *kneis(s)* hier nur als deutsches Wort verstanden würde. Den Autoren ist lediglich die deutsche Herkunft bekannt; wie die Belege zeigen, ist *gneiss* schon früher gut integriert. Es handelt sich hier letzten Endes um das gleiche Phänomen wie bei der fortgesetzten Kursivierung vollständig integrierter Wörter, deren deutschen Ursprungs sich die betreffenden Autoren bewusst sind (s. 2.1.3.). Sowohl „des Saxons" als auch derartige Markierungen sind mithin bloße Floskeln. So wie nicht jedes unmarkierte Wort ein integriertes Lehnwort sein muss, kann ein als „deutsch" markiertes bereits vollständig ins Französische eingedrungen sein, s.o.

[536] Der Vergleich mit Gänsekot ist in der französischen Mineralogie nicht in Bezug auf Silber, aber hinsichtlich des Muschelkalks (*falun*) auch autochthon nachweisbar, vgl. DE RÉAUMUR 1720:411:
„La matiere étrangere qu'on y trouve le plus ordinairement, est une matiere qui n'est ni de la nature des pierres ni de celles [sic] des Coquilles, on la rompt aisément, rompuë, on ne peut la prendre que pour l'excrement de quelque Animal; il y a tout lieu de croire que c'est celui de quelques oiseaux aquatiques. Ces excremens ressemblent assés à ceux des Oyes."

[537] „Mine de fer, d'une couleur verdâtre, fort semblable à celle de la Mine d'argent, connue en Allemagne sous le nom de *kants strack-erts*; c'est-à-dire, Mine fiente d'oie, parce que la couleur [...] ressemble beaucoup à celle des excrémens de cet animal."

Henckel 1756 ohne jeglich Paraphrase verwendet. Laut ROMÉ DE L'ISLE 1767:2,578 wird das Erz nur „vulgairement" so genannt und ist eine „mine d'argent molle". In anderen Werken des 18. Jhs. fehlt eine solche negative Markierung, und *mine d'argent merde d'oie* ist vollständig integriert. Wie allerdings zu erwarten, findet die Bezeichnung in der modernen Terminologie Haüys keine Aufnahme. Als „vulgairement" verwendet nennt sie aber auch noch HAÜY 1822a:4,234 selbst[538].

mine de foie s.f. 'leberfarbenes Kupfererz' < *Lebererz*
EB2a: HENCKEL 1756:1,118 (*mine de foye*) / JOURNAL ÉTRANGER Sept. 1756:56 (*~foye*)
EB2b: HENCKEL 1760:1,63 (*~foye*)
Lexikalische Konkurrenten: *mine d'argent d'un rouge brun* (WALLERIUS 1753:1,564), →*mine hépatique* (WALLERIUS 1753:1,490 – HAÜY 1822a:3,346), *lebererz* (MOZIN 1828:2/1,129c)
LB: MONNET 1772:74

Nur durch die Farbe der Mineralien motiviert, kann sich d. *Lebererz* auf Erze verschiedener Metalle beziehen (s. DEUTSCHES WÖRTERBUCH 6,462). Im Französischen meint *mine de foie* aber nur Kupfererz. Aufgrund der genannten Motivation wäre *mine de foie* auch als unabhängige französische Bildung vorstellbar. Da *Leber* enthaltende Erzbezeichnungen im Deutschen aber älter belegt sind[539] und *mine de foie* erstmals in Übersetzungen auftritt, ist eine Entlehnung anzunehmen. Die Bezeichnung hat nach den Belegen nur eine geringe Frequenz und konkurriert insbesondere mit *mine hépatique*..

schirl s.m. 'zinn- und eisenhaltiges Gestein' < *Schirl*
EB2a: HENCKEL 1756:1,126
EB2b: DE COURTIVRON/BOUCHU 1761:1/1,21 (*schrit*)
Varianten:
- äußere Form: *schrit* (DE COURTIVRON/BOUCHU 1761), *schirs* (MACQUER/DUCHESNE 1771:483b), *chirl* (VALMONT DE BOMARE 1791:7,324 – BOISTE 1851:651a), *schorl* (ROME DE L'ISLE 1767:2,430)

Belegstellen: VALMONT DE BOMARE 1765:5,176, GRAND VOCABULAIRE FRANÇOIS 1773:26,65b, ENCYCLOPEDIE METHODIQUE 1815:6,129b, LANDAIS 1853:2,589c
LB: MOZIN 1863:2,963b

Die semantischen Konturen von fr. *schirl* sind zu Beginn unscharf. Darauf weist BERTRAND 1763:2,174b hin: „Quelques-uns donnent ce nom au *Wolfram* avec lequel ils le confondent", so geschehen z.B. in HENCKEL 1756:1,126 („*Schirl* ou *Wolfram*"). Dagegen greift VALMONT DE BOMARE 1765:5,176 Bertrands Mahnung auf und betont bezüglich dieser *mine*: „elle differe du *Wolfram*." Tatsächlich ähneln sich die Mineralien durch ihren Eisengehalt. Nicht wegen der inhaltlichen, sondern der formalen Ähnlichkeit wird *schirl* auch mit →*schorl* verwechselt, zumal auch im Deutschen *Schirl* gelegentlich für *Schörl* erscheint (s. DEUTSCHES WÖRTERBUCH 9,1578). In ROMÉ DE L'ISLE 1767:2,430 ist mit *schorl* das Zinnerz gemeint; noch in ROMÉ DE L'ISLE ²1783:3,548 wird *schirl* als englische Aussprache des d. *Schörl*, in

---

[538] Die Farbbezeichnung *merde d'oie* hat offenbar mit der Zeit ihre Transparenz teilweise eingebüßt; wenn etwa VAUQUELIN 1799:88 von „la couleur jaune verdâtre, ou *merdoie*", spricht, scheint ihm das Benennungsmotiv nicht mehr vor Augen zu sein. Das Fortleben von *mine d'argent merde d'oie* ist indes nicht durch *diese* Entwicklung eingeschränkt worden.
[539] S. z.B. MINEROPHILUS FREIBERGENSIS 1743:360a.

3:304 als Variante desselben, also als 'Gesteinsart', aufgeführt. Da es nicht gelingt, *schirl* inhaltlich und formal eindeutig von →*wolfram* einerseits und *schorl* andererseits zu scheiden[540], scheint der lexikalische Status alles in allem zu instabil gewesen zu sein, um ein längeres Fortleben als bis zur Mitte des 19. Jhs. zu ermöglichen, wiewohl erkennbare lexikalische Konkurrenten fehlen.

wolfram s.m. 'Wolframit (wichtiges Wolframerz, (Mn,Fe)WO$_4$)' < *Wolfram*
FEW 17,608a, *TLF* 16,1393b, *DMD* 819b
EB1: WALLERIUS 1753:1,262
EB2a: HENCKEL 1756:1,126
Varianten:
- äußere Form: *wolffram* (SCHINDLER 1759:168), *volfram* (MONNET 1772:94 – BEURARD 1809:534a), *wolfrum* (BERGMÄNNISCHES WÖRTERBUCH 1778:609a), *volfran* (BUFFON 1786:4,323), *wolframe* (HAÜY 1796b:Reg.14), *wolfran* (RAYMOND 1832:2,774b), *wolfart* (*ebda*. – MOZIN 1863:2,1284a)[541]
- semantisch: 'Wolfram (W)' (seit Littré 1872 laut *TLF*)

Lexikalische Konkurrenten: in der Bedeutung 'Wolframit' *spuma lupi* (WALLERIUS 1753 a.a.O.), *mine de fer arsenicale* (*ebda*. – DE GENSSANE 1778:4,30), *tungstène ferruginé* (HAÜY 1796b:250), *tungstate magnésié* (REUSS 1798:413, PANSNER 1802:186), *schéelin ferrugineux* (PANSNER 1802:158 – DE LAPPARENT 1899:551), *tungstate de fer* (seit PANSNER 1802:186), *wolframite* (seit GUÉRIN 1892:1186c); in der Bedeutung 'Wolfram' *tungstène* (so seit 1800)
Wortfamilie: *wolframiate* 'wolframsaures Salz' (ACADÉMIE COMPLÉMENT 1842:1271c), *wolframate* 'dass.' (seit MOZIN 1863:2,1284a), *wolframique* 'Wolfram-' (MOZIN 1863 a.a.O.), *wolframite* 'Wolframerz' (seit GUÉRIN 1892:1186c), *wolframine* s.m. 'Wolframocker' (GUÉRIN 1892:1186c – LAROUSSE 1964:10,960b)
Belegstellen: ENCYCLOPEDIE 1765:17,629b, VALMONT DE BOMARE 1765:5,691, BOISTE 1800:475b, DE LAPPARENT 1899:551

Die lateinische Literatur verwendet das d. *Wolfram* nachgebildete *spuma lupi*, und bei diesem belässt es d'Holbach noch in der Übersetzung von Wallerius (1753). In der Übersetzung von Henckel (1756) übernimmt er dann aber das deutsche Wort: „espèce de minéral ferrugineux arsenical, qu'on nomme *Schirl* ou *Wolfram*." Ähnlich erscheint das Lehnwort in GELLERT 1759:110f.: „Le *Vvolfram* ou Mine der Fer arsenicale réfractaire." Bei Gellert wird *wolfram* allerdings zu Recht von →*schirl* unterschieden. Bis zu DE GENSSANE 1778 lässt sich der Irrglaube nachverfolgen, dass Wolfram(it) ein arsenhaltiges Erz sei. Die Erkenntnisse der modernen Mineralogie aus den letzten beiden Jahrzehnten des 18. Jhs. widerlegen diese Auffassung.

In der frühen Phase seiner Wortgeschichte ist *wolfram* in mehrerlei Hinsicht instabil. In Bertrand findet es einen Fürsprecher, der sich gegen eine vorgeschlagene Alternativbezeichnung ausspricht:

„Appellera-t-on cette substance *écume de loup* [< *spuma lupi*]? Mais cette dénomination est-elle plus lumineuse? Nous retiendrons donc ce mot d'origine Allemande [...]" (1763:2,247a).

Zu semantischen Verwirrungen bemerkt ROMÉ DE L'ISLE ²1783:3,263:

---

[540] Vgl. MOZIN 1812:2,628b mit dem Verweis auf *wolfram*, 1828:2/2,166b mit dem Verweis auf *schorl*.
[541] S. auch die deutsche Variante *Wolfert*.

„[...] on a quelquefois donné le nom de *wolfram* à des mines de fer grises, à des schorls en aiguilles prismatiques, & même à la molybdène [...], mais le véritable *wolfram* se trouve en masses solides & compactes, d'un noir luisant, dont le tissu est lamelleux, & quelquefois strié [...]."

Die Reformer um Lavoisier möchten *wolfram* als Bezeichnung des chemischen Elements durch *tungstène* ersetzen. Dieses ist bis heute im Französischen geläufiger, obschon das Element Nr. 74 im offiziellen (internationalen) französischen Wortgebrauch *wolfram* heißt, s. *TLF*. Schon in der mineralogischen Literatur des 19. Jhs. ist *wolfram* selten; Haüy nennt das Erz *schéelin ferruginé* (vgl. d. *Scheelit* für Tungstein), „autrefois nommé *wolfram*" (BRARD 1829:4). Für die Bezeichnung des Wolframerzes Wolframit wird 1892 auch im Französischen *wolframite* eingeführt, das heute *wolfram* vorgezogen wird. In selbiger Bedeutung setzt dieses aber noch den ursprünglichen Gebrauch fort[542].

bleu de Berlin s.m. 'preußischblauer Farbstoff' < lat.-d. *cœruleum Berolinense*
EB1: GEOFFROY L'AÎNÉ 1725:153 (spontan übersetzt)
EB2a: JOURNAL ÉTRANGER März 1758:107
Lexikalische Konkurrenten: *bleu de Prusse* (seit SAVARY DES BRUSLONS 1723), *prussite* (MÉTHODE DE NOMENCLATURE 1787:133 – LAROUSSE 1932:5,828a), *prussiate de fer* (s. MÉTHODE DE NOMENCLATURE 1787:115)
Belegstellen: LAROUSSE 1867:2,825a
LB (in Wörterbüchern): SACHS/VILLATTE 1894:162a

Zu Beginn des 18. Jhs. wurde von Diesbach, einem Berliner Farbenfabrikanten, ein blauer Farbstoff entdeckt, der aus der in der Nähe Berlins vorkommenden blauen Eisenerde gewonnen werden konnte. Da die bis dahin bekannten blauen Farbstoffe schnell verblassten und die einzige Ausnahme, das aus dem Lapislazuli gewonnenen Ultramarin, zu hohen Preisen gehandelt wurde, bot die neue Entdeckung mannigfache Vorteile:

„Hoc justum artificum desiderium cœruleus color, qui ante aliquot annos hîc Berolini inventus est, & nunc, post varia variorum accuratissima examina, in scenam prodit; si non explere, certè lenire potest [...]. Cæterum innocuus est, nihil hic arsenici est, nihil sanitati contrarium, sed potius medicina. Sine periculo ea, quæ ex Saccharo fiunt, hoc colore pingi, & comedi possunt [...]. Pretium denique, quo parabilis est, vix decimam partem carissimi Ultramarini attingit. Et copia ejus, quæ Berolini, apud Regiæ Societatis Scientiarum Bibliopolam haberi potest, tanta est, quantam vel prodiga artificum manus ad opera sua exornanda desiderare potest" (ANON. 1710:377f.).

Unabhängig von der lateinisch-deutschen Bezeichnung wurde das neue Blau im Französischen zunächst *bleu de Prusse* genannt[543]. Diese Bezeichnung bleibt stets

---

[542] Für Übersetzungen stellt dieser Wortgebrauch eine Falle dar: der im *TLF* zitierte Satz „Le tungstène se rencontre surtout sous forme de wolfram" (1929) wäre ins Deutsche zu übertragen als „Wolfram tritt v.a. in Gestalt von Wolframit auf."
[543] „La Société Royale de Berlin publia en 1710 le premier volume de ses Mémoires [...], où il est fait mention du *Bleu de Berlin*, & connu ici sous le nom de *Bleu de Prusse*" (GEOFFROY L'AINE 1725:153).

dominant[544]. Nach dem lateinischen Vorbild wurde aber mit *bleu de Berlin* eine alternative Bezeichnung gebildet. Als letztes Wörterbuch nennt LAROUSSE 1867 *bleu de Berlin* als Handelsausdruck; auch heute ist es noch gelegentlich anzutreffen. Als wissenschaftlicher Terminus, als der *bleu de Berlin* und *bleu de Prusse* im 18. Jh. durchaus gebraucht wurden, galt seit der Nomenklaturreform durch Lavoisier etc. *prussiate de fer*, das schon zuvor *prussite* genannt worden war[545], heute gilt vornehmlich *bleu de Prusse*.

guilbe s.f. 'gelbliche Erdart' < *Gilbe*
EB1: HENCKEL 1756:1,39 (*gilbe*); ENCYCLOPÉDIE 1765:9,738a (*gilben*); DUHAMEL 1780:715 (*gilben*)
EB2a: LEHMANN 1759c:382 (*gilben* pl.)
(E)B2b und LB: VOYAGES EN SIBÉRIE 1791:1,113
Lexikalische Konkurrenten: *terre jaune* (s. HENCKEL a.a.O.), *gelberde* (LITTRÉ 1865 – Guérin, *Dictionnaire des dictionnaires* 1887)

Gilbe wird als deutsches Wort zwar an mancher Stelle genannt (s.o.), ist ins Französische aber nur peripher eingedrungen. Der Beleg in HENCKEL 1756:1,39 täuscht: *harte gilbe* wird zwar mit *gilbe dure* „erklärt", doch an gleicher Stelle wird *terre jaune* als alleinige französische Entsprechung zu d. *Gilbe* angegeben. In LEHMANN 1759c:382 steht „des gilben ou terres jaunes" mit unassimilierter deutscher Pluralform. In Anbetracht dieser äußerst dünnen Beleglage überrascht, dass das Wort in den VOYAGES EN SIBÉRIE 1791 gut integriert erscheint: „On a aussi trouvé entre la pierre de corne & le spath [...] des ochres & des guilbes très-riches." Dominant bleibt stets *terre jaune*.

tête vitrée s.f. 'rotes, glasartiges Eisenerz' < *Glaskopf*
EB1: HELLOT 1750:1,229 (*Klas-Kopf*)
EB2a: SCHINDLER 1759:175 (*tête de verre*)
EB2b: DE COURTIVRON/BOUCHU 1761:1/1,13
Lexikalische Konkurrenten: *hématite* (seit 12. Jh.), *pierre sanguine* (s. DE COURTIVRON/BOUCHU 1761:1/1,13 – REUSS 1798:406), *fer oligiste concrétionné* (HAÜY 1822a:4,12)
LB: JARS 1774:71

Es gibt im Deutschen den braunen, schwarzen und roten Glaskopf. Mit *tête vitrée* ist stets der rote gemeint, wie aus der Gleichsetzung mit *hématite* ersichtlich wird[546]. *Glaskopf* als deutsche Bezeichnung eines Eisenerzes wird zwar oft genannt und spontan mit *tête de verre* oder *tête vitrée* übersetzt; ohne Nennung des Etymons verwenden *tête vitrée* indes nur DE COURTIVRON/BOUCHU 1761 und JARS 1774. *Hématite* und *pierre sanguine* überwiegen bei weitem.

---

[544] Daher wohl d. *Preußischblau*; engl. *Prussian blue* schon 1724.
[545] Die letztgenannten lexikalischen Einheiten sind ebenso wie *acide prussique* 'aus der blauen Eisenerde extrahierte Säure' (MÉTHODE DE NOMENCLATURE 1787:124) keine Deonomastika zu *Prusse* im eigentlichen Sinne, sondern Ableitungen zum integrierten französischen Syntagma *bleu de Prusse*. Daher wird ihnen in diesem Rahmen keine detaillierte Beschreibung gewidmet.
[546] D. *Hämatit* = roter Glaskopf.

letten s.m. 'lehmige Erdart' < *Letten*
EB1: POTT 1753a:95
EB2a: VALMONT DE BOMARE 1762:2,348
Lexikalische Konkurrenten: *argile* (seit 12. Jh.)
LB: MORAND 1776:2,746

In beiden mir bekannten Belegstellen scheint *letten* ein französisches Wort zu sein, das zwar erläutert, aber nicht als „mot allemand" genannt wird. Beide Passagen sind indes mehr oder weniger wörtlich kopiert aus POTT 1753a. VALMONT DE BOMARE 1762 nennt „Letten, espece de terre argilleuse, ainsi appellée des mineurs", vgl. POTT a.a.O.: „L'Argile est très-souvent nommée en Allemand, Letten, surtout par les gens qui travaillent aux Mines". Dem entspricht in MORAND 1776 „les Ouvriers de Mines donnent souvent ce nom à l'argile [...]." Wenn *letten* in diesen Fällen als französisches Wort verstanden werden soll, haben die beiden Autoren vergeblich versucht, es in die französische Terminologie einzuführen; die älteren Bezeichnungen, insbesondere *argile*, haben ihren Zweck zur Genüge erfüllt.

spath des champs s.m. 'alumosilikathaltige Mineralienfamilie' < *Feldspat*
EB1: WALLERIUS 1753:1,126 (spontan übersetzt)
EB2a: VALMONT DE BOMARE 1762:1,227
Lexikalische Konkurrenten: s. unter *feldspath*
Belegstellen: BROCHANT ²1808:2,362, PRIVAT-DESCHANEL/FOCILLON 1870:2,2235b
LB: DE MICHELE 1972:89a

Von Valmont als Lehnbildung wegen der Transparenz des Etymons neben wörtlich entlehntem *feldspath* eingeführt. *Spath des champs* wird nur vereinzelt statt *feldspath* benutzt.

bley-sweiff s.m. 'schwefelhaltiges Bleierz (Varietät des Bleiglanzes)' < *Bleischweif*
EB1: ENCYCLOPÉDIE 1751:2,285a
EB2a: BERTRAND 1763:1,98a
Lexikalische Konkurrenten: *mine de plomb sulphureuse et arsenicale* (WALLERIUS 1753:1,533), *galène compacte* (VANBERCHEM-BERTHOUT/STRUVE 1795:162); *galène* (seit 1553)
Belegstellen: SCHMIDLIN 1774:2,236b
LB: NOUVEAU DICTIONNAIRE 1790:2;314a (*bleyschweif*)

D'Holbach in WALLERIUS 1753:1,533 beschreibt die Erzvarietät, ohne sie mit einer französischen Bezeichnung zu versehen: „Mine de plomb sulphureuse & arsenicale. *Bleischweiff* German[ice]." Bei der Übersetzung HENCKELS verfährt d'Holbach zunächst in gleicher Weise („La mine de plomb, appellée Bleyscheweif par les Allemands", HENCKEL 1756:1,138), doch scheint ihm der deutsche Ausdruck dann doch praktischer: „[...] exige un œil bien exercé pour la distinguer du *Bleyschweiff*, ou mine de plomb grise, striée & pointée" (1,146). Endgültig akzeptiert ist *bley-sweiff* bei BERTRAND 1763[547]. Dennoch hat das Wort keine hohe Lebensdauer erreicht. Gemeinhin wird die Varietät einfach unter *galène* subsumiert.

---

[547] „Bley-sweiff. Mine de plomb sulfureuse & arsenicale, d'une couleur jaunâtre, mêlée de tâches [sic] cendrées & noirâtres: grasse à toucher. Ce mineral ressemble assez au plomb." Dagegen werden z.B. *bley-sack* und *bley-glantz* eindeutig als deutsche Wörter markiert.

eisenglimmer s.m. 'ein Eisenerz (Erscheinungsform des Hämatits, Fe_2O_3)' < *Eisenglimmer*
EB1: DE COUTIVRON/BOUCHU 1762:4,139
EB2a: BERTRAND 1763:1,246a
Lexikalische Konkurrenten: →*eisenmann* (WALLERIUS 1753:1,262 – PANSNER 1802:55), *mica ferrugineux* (WALLERIUS 1753:1,262 – BERGMÄNNISCHES WÖRTERBUCH 1778:149a), *(mine de) fer micacé* (seit VALMONT DE BOMARE 1764:2,370), *mine de fer micacé grise* (seit ROME DE L'ISLE ²1783:3,205, heute *fer micacé gris*), *fer oligiste écailleux* (HAÜY 1796b:257 – 1822a:4,12)
Belegstellen: RAYMOND 1835:1,490b, LAROUSSE 1870:7,283c
LB: DE LAPPARENT 1899:565

Im Deutschen wie im Französischen bedeutungsgleich mit *Eisenmann*, welches im Französischen des 18. Jhs. (*eisenmann*) deutlich bevorzugt wird. In der Mehrzahl aller Publikationen werden Komposita mit *fer* und *mica* 'Glimmer' bzw. deren Ableitungen vorgezogen. Bei diesen handelt es sich nicht um Lehnbildungen, denn sie erscheinen vornehmlich als Pendant zu d. *Eisenmann* und z.T. früher, als die Kenntnis des d. *Eisenglimmer* im Französischen nachzuweisen ist.

eisenram s.m. 'Erscheinungsform des Hämatits (Eisenoxid)' < *Eisenrahm*
EB1: WALLERIUS 1753:1,262
EB2a: DE GENSSANE 1763:172 (*eissen-raum*) / BERTRAND 1763:1,197b
EB2b: ROME DE L'ISLE 1772:2, 153
Lexikalische Konkurrenten: *mica ferrugineux rouge* (WALLERIUS 1753:1,486), *fleur de fer* (DE GENSSANE 1763), *mine de fer micacée rouge* bzw. *rougeâtre* (s. ROME DE L'ISLE ²1783:3,514, BERGMAN 1784:246), *hématite friable en paillettes* (ROME DE L'ISLE ²1783:3,281), *fleurs d'hématite* (DE DIETRICH 1789:3,109), *fer oxidé* (HAÜY 1796b:198), *mine de fer micacée* (DE GALLITZIN 1796:48), *fer oxidé rouge (luisant)* (seit HAÜY 1809:95)
Belegstellen: VALMONT DE BOMARE 1764:2,270, RAYMOND 1835:1,490b
LB: LAROUSSE 1870:7,284a

Von der chemischen Zusammensetzung her (Fe_2O_3) ist Eisenrahm von Hämatit (*hématite*), rotem Glaskopf (→*tête vitrée*) und Eisenglanz (*fer spéculaire*) nicht unterschieden, ist aber aufgrund der besonderen, knospenartigen Erscheinungsform von den deutschen Bergleuten mit einer eigenen Bezeichnung versehen worden. Auf der begrifflichen Seite ist diese Unterscheidung auch im Französischen getroffen worden, wie die Benennung als *fleur de fer* zeigt. Trotz dieser vorliegenden Bezeichnung ist das d. *Eisenrahm* zum einen – wie der Beleg in DE GENSSANE 1763 sehr wahrscheinlich macht – in die Sprache der französischen Bergleute, zum anderen in die der französischen Mineralogen entlehnt worden[548].
Trotz der Konkurrenz zahlreicher wissenschaftlicher Benennungen und auch der von →*eisenmann*, das nicht immer von *eisenram* unterschieden wird[549], ist *eisenram* als fachsprachlicher Terminus bis ins 19. Jh. verwendet worden, bis es gänzlich verdrängt bzw. unter *hématite* (s. unter *téte vitrée*) subsumiert wurde.

---

[548] Für eine doppelte Entlehnung spricht auch, dass die Form *eissen-raum* bei de Genssane die einzige ist, die offenbar im Zuge mündlicher Entlehnung umgestaltet worden ist, während die Form in den rein mineralogischen Fachwerken stets *eisen(-)ram* lautet. Zu hd. *Rahm* existiert niederdeutsches *Rohm*; vielleicht hieß die Substanz bei den Bergleuten aus dem Harz *Eisenrohm*.
[549] S. z.B. bei VALMONT DE BOMARE 1764 a.a.O., DE GALLITZIN 1796 a.a.O.

glantscobalt s.m. 'schwefelhaliges Kobalterz (CoAsS)' < *Glanzkobalt*
(E)B2b: DE GENSSANE 1763:147 (Druckfehler: *glautscobalt*)
Lexikalische Konkurrenten: *mine de cobalt cendrée* (WALLERIUS 1753:1,419), *cobalt éclatant* (PANSNER 1802:41), *cobalt gris* (HAÜY 1822a:4,225), *cobaltine* (seit DE LAPPARENT 1899:571)

Obwohl der Glanzkobalt oder Kobaltglanz das wichtigste Kobalterz darstellt (SCHUMANN ³1974:168), ist eine idiomatische (entlehnte) Bezeichnung dafür im 18. Jh. nur in DE GENSSANE 1763 nachzuweisen. Hier tritt das Wort allerdings ohne jegliche Erklärung auf, die de Genssane insbesondere im genannten Mémoire den meisten der aufgeführten Lehnwörtern zur Seite stellt. Das deutet darauf hin, dass *glantscobalt* bekannter war, als es nach der Beleglage den Anschein hat. Die in ROMÉ DE L'ISLE 1783:4,86 zu findende Umschreibung als „mine de cobalt grise, solide & cristallisée" zeigt ebenfalls, dass eine präzise autochthone Bezeichnung fehlt; *glandscobolt* wird allerdings an gleicher Stelle als *deutsches* Wort genannt. Erst in PANSNER 1802 ist mit lehngebildetem *cobalt éclatant* eine weitere Bezeichnungsmöglichkeit anzutreffen.

lait de montagne s.m. 'weiße, kalkhaltige Mergelart' < lat.-d. *lac montanum*, d. *Bergmilch*
EB2b: BERTRAND 1763:2,58a
Lexikalische Konkurrenten: s. unter *lait de lune*
Belegstellen: MOZIN 1812:2,5^{bis}a, LAROUSSE 1873:10,87c
LB (in Wörterbüchern): LAROUSSE 1931,4:303c[550]

D'Holbach greift bei der Übersetzung auf die schon im 16. Jh. latinisierte Variante zurück („Matthesius[551] rapporte [...] que souvent on a trouvé un *lac montanum* [...]", LEHMANN 1759b:181), obwohl im Original (LEHMANN 1753:125) *Bergmilch* steht. In die Gesamtheit des Lehnbildungsprozesses sind sicherlich sowohl die deutsche wie auch die lateinische Form eingeflossen. Bei Bertrand ist die Bildung bereits integriert: „La Fleur de Mars en particulier se nomme avant d'être endurcie *Lait-de-Montagne*, parce qu'elle découle sous la forme d'un liquide blanc [...]." Mit den zahlreichen Konkurrenten zur Bezeichnung dieser oder ähnlicher kreideartiger Erscheinungsformen des Kalksteins hält sich *lait de montagne* im 18. Jh. ungefähr die Waage.

pecherz s.m. 'pechschwarzes Kupfererz' < *Pecher(t)z*
EB2a: DE GENSSANE 1763:172 (*pech erts*)
EB2b: HASSENFRATZ 1812:1,113
Varianten:
- äußere Form: *pech-erts* (DE GENSSANE 1770:1,143), *pecherz* (ebda. 2,11 – LANDAIS 1853:2,353b), *péchertz* (ACADEMIE SUPPLEMENT 1836:604a)
- semantisch: 'Eisenerz' (ANON. 1796a:83n, *pechertz*)

Lexikalische Konkurrenten: *mine (de cuivre) bitumineuse* (DE GENSSANE 1763:172 – 1776b:2,192), *pechkupfererz* (MOZIN 1828:2/1,372a, RAYMOND 1832:2,202b)

---

[550] Es finden sich noch zahlreiche Belege eines aktuellen Gebrauchs, so z.B. unter parkscanada.pch.gc.ca/pn-np/bc/glacier/activ/activ3_F.asp, www.iquebec.ifrance.com/JardindesMuses/ouest12.htm, mineraux.free.fr/docs/calcite/calcite.html.
[551] Johann(es) Mat(t)hesius (1504-1565), lutherischer Theologe, dessen Bergbaupredigten wir viele frühe deutsche Belege aus der Grubenarbeit verdanken.

LB: LANDAIS 1853

Eine autochthone Bezeichnung dieses Erzes hat vor der Entlehnung von *pecherz* nicht existiert. Das wird z.B. deutlich aus DE GENSSANE 1776, wo es heißt: „la mine [...] que nous pouvons nommer mine de cuivre bitumineuse." Kanonisiert ist diese Benennung offensichtlich nicht. Der Versuch einer Lehnbildung wird bereits in HENCKEL 1756:1,119 unternommen („la mine de cuivre d'un noir luisant qu'on nomme *Mine de poix*"), in diesem Falle übersetzt aus dem lateinischen Werk Henckels, dort aber wiederum aus d. *Pecher(t)z*. Nur als wörtliche Entlehnung setzt sich *pecherz* durch. Vielleicht ist das französische Wort im 19. Jh. aufgegeben worden, um Verwechslungen mit dem im Deutschen ebenfalls als Pecherz bezeichneten Uranerz zu vermeiden, das den französischen Mineralogen des 19. Jhs. ebenfalls bekannt war (s. BROCHANT ²1808:2,460). Dazu kommt, dass es sich bei den anderen Entlehnungen, die *pech-* enthalten (→*pechblende, pechurane*) um Bezeichnungen für uranhaltige Substanzen handelt.

hornblende s.f. 'gesteinsbildende Mineraliengruppe' < *Hornblende*
TLF 10,926b, DMD 374b
EB1: BERTRAND 1763:46
EB2a: VALMONT DE BOMARE 1764:1,327 (s.v. *blende*)
Varianten:
- äußere Form: *hornbleinde* (DE DIETRICH 1786:2,335n), *horne-blende* (FAUJAS DE SAINT-FOND 1797:2,333 – ENCYCLOPÉDIE MÉTHODIQUE 1805:4,154b)

Lexikalische Konkurrenten: *schorl en masses informes lamelleuses* (ROMÉ DE L'ISLE ²1783:2,309), →*schorlblende* (Sage; BERGMAN 1792:1,295 – PANSNER 1802:162), *schorl lamelleux* (DELAMÉTHERIE 1795:1,406), *amphibole* (seit HAÜY 1796b:95), *schorl noir en roche* (FAUJAS DE SAINT FOND 1797:2,333), *schorl feuilleté, schorl spatheux* (REUSS 1798:407: Brisson), *schiste spathique, schorl opaque* (PANSNER 1802:161), *actinote lamellaire* (PANSNER 1802:1: Haüy)
Wortfamilie: *hornblendique* 'hornblendeartig' (seit REUSS 1798:407), *hornblendite* 'v.a. aus Hornblende bestehendes Eruptivgestein' (seit LAROUSSE 1930:3,1071a)
Belegstellen: MOZIN 1812:2,27c, LAROUSSE 1873:9,396b, DE LAPPARENT 1899:454

BERTRAND 1763 führt *hornblende* nur als deutsches Wort auf, VALMONT DE BOMARE 1764 verzichtet aber auf eine Markierung als solches (s.v. *blende*): „l'une est fort semblable à la corne, & s'appelle *Horn-blende* [...]." Die späteren Autoren übernehmen das Wort ohne Zögern, da eine exakte ältere Bezeichnung nicht existiert. Wegen der äußerlichen Ähnlichkeit der gemeinen Hornblende mit dem Schörl enthalten zahlreiche Bezeichnungsvarianten *schorl*, s.o.[552] Für die Bezeichnung der Hornblende – „le schorl par excellence"– hätte auch Haüy *schorl* gelten lassen (1822:2,397), doch hat er wegen der Mehrdeutigkeit der Bezeichnung schon 1797 *amphibole* eingeführt. In der modernen (auch deutschen) Terminologie werden sowohl *hornblende* als auch *amphibole* verwendet.

terre miraculeuse s.f. 'weiße, kalkhaltige Mergelart' < lat.-d. *terra miraculosa* < d. *Wundererde*
EB1: LEHMANN 1759c:355
EB2a: VALMONT DE BOMARE 1764:2,352

---

[552] Vgl. auch *pierre de corne*. Einem *corneus cristallisatus* des Wallerius entspricht der Schörl, dem *corneus spathosus* die Hornblende, vgl. DE SAUSSURE 1786:1,97.

Varianten:
- äußere Form: *terre admirable de Saxe* (WERNER 1790:108)

Lexikalische Konkurrenten: s. unter *lait de lune*
Belegstellen: HAÜY 1822a:4,558
LB: MOZIN 1863:1,874b

Lehmann weist auf den von einem Christian Richter[553] geprägten Ausdruck *terra miraculosa Saxoniae* hin. Die lateinische Form führt auch VALMONT DE BOMARE 1762:1,80 an, diesmal unter Verweis auf Potts *Lithogeognosia*. Eher dem in Deutschland geformten lateinischen Ausdruck als d. *(sächsische) Wundererde* wird folglich *terre miraculeuse* nachgebildet. Selbst Haüy verwendet diese Benennung. Da es sich nur um eine Spielart von Steinmark (→*moelle de pierre*) handelt, werden die hierfür gültigen Bezeichnungen anscheinend als ausreichend empfunden.

raucht-topas s.m. 'bräunlich gefärbter Bergkristall' < *Rauchtopas*
(E)B2a: ROMÉ DE L'ISLE 1767:2,239
Lexikalische Konkurrenten: s. unter *topaze enfumée*

Aus dem Mineralienkabinett des M. Davila nennt Romé de l'Isle: „Cinq canons de Cristal de Roche; [...] un de *Raucht-Topas* de Saxe." Die gleiche Spezies führt er in 1783:4,54 als „cristal de roche brun [...] de la variété de couleur que les Allemands nomment *Rauch-topas*" auf. Obwohl eine wissenschaftliche französische Bezeichnung zu diesem Zeitpunkt nicht existiert, ist *rauch(t)-topas* nicht definitiv ins Französische aufgenommen worden. Dies geschieht erst einige Jahre später in Form der Lehnbildung →*topaze enfumée*.

spath fluor s.m. 'Fluorit (ein Mineral, CaF_2)' < *Flussspath*
(*FEW* 17,172b)
EB2a: GUETTARD 1768:1,93
Lexikalische Konkurrenten: s. unter *spath fusible*
Belegstellen: FAUJAS DE SAINT-FOND 1778:260, LAROUSSE 1875:14,979d, DE LAPPARENT 1899:542, DE MICHELE 1972:89a

Zur Wortgeschichte s. unter *spath fusible*. Koexistiert heute mit *fluorine*.

mine de brique s.f. 'Gemisch von Cuprit (Rotkupfererz) und Limonit (Brauneisen)' < *Ziegelerz*
EB2a: 1770 in GOBET 1779:2,557
LB: ANON. 1797:401 (*mine briquetée*)
Lexikalische Konkurrenten: s. unter *ziegel-ertz*

Der Hinweis darauf, dass es sich um ein Kupfererz handelt, sowie die genannten Orte des Vorkommens[554] legen nahe, eine freie Lehnbildung nach d. *Ziegeler(t)z* zu vermuten. Die Variante *mine briquetée* erscheint zudem als unmittelbare Wiedergabe von d. „*Ziegel ertz*". Häufiger vetreten ist die wörtlich entlehnte Variante *ziegel-ertz*, s. dort.

---

[553] Es handelt sich wohl um Christian Friedrich Richter (1676-1711), einen Arzt und Chemiker.
[554] „Le Tillot en Lorraine, Freyberg en Saxe, & Sainte-Catherine en Bohême offrent de cette sorte de mine qui se distingue par le nom de *mine de brique*."

eisenmann s.m. 'Erscheinungsform des Hämatits (Eisenoxid)' < *Eisenmann*
EB1: WALLERIUS 1753:1,262
EB2a: MACQUER/DUCHESNE 1771:185a (*eisenmun*)
EB2b: SAGE 1772:213 (*eisenman*)
Lexikalische Konkurrenten: s. unter *eisenglimmer*
LB: PANSNER 1802:55

VALMONT DE BOMARE 1764:2,270 setzt *eisenmann* mit →*eisenram* gleich, doch ist der Eisenrahm durch sein blättriges, rötliches Aussehen (daher *mine de fer micacé rouge*) vom Eisenmann (*mine de fer micacé grise*) unterschieden. Semantisch identisch ist *eisenmann* dagegen mit →*eisenglimmer*. Wie dort bereits dargelegt, wird *fer* und *mica* enthaltenden, zum Teil älteren unabhängigen französischen Bildungen deutlich der Vorzug gegeben. Gut integriert ist *eisenmann* dennoch während einer begrenzten Zeitspanne.

sinople s.m. 'eisenhaltiger Jaspis' < *Sinopel*
(*FEW* 11,650a), (*TLF* 15,541b)
EB1: JOURNAL ÉTRANGER Sept. 1756:47 (*zinnople*)
EB2b: SAGE 1772:213 (*zinopel*)
Varianten:
- äußere Form: *zinopel* (SAGE 1772 – DE GALLITZIN 1796:113), *sinople* (WALLERIUS 1772:304 – LAROUSSE 1964:9,846a), *zinople* (DELAMÉTHERIE 1795:1,366)

Lexikalische Konkurrenten: *jaspe martial* (s. ROMÉ DE L'ISLE 1783:4,159), *quartz hématoïde* (seit HAÜY 1796b:31), *quartz hyalin rouge* (s. MOZIN 1828:2/2,198b)
Belegstellen: BOISTE 1800:414c
LB: LAROUSSE 1964

TLF, FEW u.a. schweigen sich s.v. *sinople* bzw. *sinopis* dazu aus, dass das Wort, als 'rote Farbe' seit dem *Perceval* belegt, in der o.g. Bedeutung einen anderen Ursprung haben könnte als das lat. *sinopis* (bzw. *sinopide-* Akk.) < griech. σινωπίς. Tatsächlich wird aber im Deutschen, zweifellos ausgehend von mhd. *sinôpel* 'rote Farbe', ein rotes Mineral *Sinopel* genannt, das v.a. in den ungarisch-slowakischen Bergbaugebieten gefunden wird. Als Ausdruck der dortigen deutschen Bergleute wird *zinnople* bzw. *zinnopel* schon im JOURNAL ÉTRANGER Sept. 1756 und in HENCKEL 1760:1,272n genannt, beide Male unter Berufung auf den *Grundriß des gesamten Mineralreiches* von Justis (1757). Um 1770 scheint die Bezeichnung aber ausreichend bekannt gewesen zu sein, dass SAGE 1772 auf eine Erklärung des Terminus verzichten kann, der bald an *sinople*[1] angeglichen worden ist.
Im *FEW* werden die Bedeutungen 'mine de fer [...] qu'on trouve en Hongrie' („Valmont 1780 – Lar 1875") und 'variété de quartz hyalin' („Boiste 1803 – Lar 1875") separat aufgeführt; es handelt sich indes nicht wirklich um einen Bedeutungsunterschied, sondern der Schwerpunkt der Bedeutungsangabe wird einmal auf den Eisengehalt, einmal auf die Trägersubstanz[555] gelegt.

SCHMIDLIN 1774:2,236a und das NOUVEAU DICTIONNAIRE 1790:2,313b führen *bleyglanz* s.m. 'Bleiglanz (ein Bleierz, Galenit)' als französisches (Lehn-)Wort auf. Es ist kaum anzunehmen, dass *bleyglanz* tatsächlich gebräuchlich gewesen ist. Zum einen liegt in Form von *galène* (s.o.) bereits eine

---

[555] Der Jaspis gehört zu den Quarzen, s. SCHUMANN ³1974:50.

äußerst rekurrente Bezeichnung vor, zum anderen lässt die schon vertraute Filiation NOUVEAU DICTIONNAIRE < SCHMIDLIN < GRAND VOCABULAIRE FRANÇOIS (1768:4,105b) < ENCYCLOPÉDIE (1751:2,284b) ein bloßes Kopieren des Lemmas vermuten. In letzteren beiden Quellen wird *bleyglantz* ausdrücklich als deutsches Wort aufgeführt.

fahlerz s.m. 'silber- und kupferhaltiges Erz' < *Fahler(t)z*
BARRELL 1960:73
EB1: HENCKEL 1765:1,116 (*fahl-ertz*)
EB2b: DE GENSSANE 1776b:2,213 (s.u., *falerts*); ENCYCLOPEDIE SUPPLEMENT 1777:3,2a (*fahlertz*)
Varianten:
- äußere Form: *fahlertz* (ENCYCLOPEDIE SUPPLEMENT, ROMÉ DE L'ISLE ²1783:4,49f.), *fahlers*[556] (WERNER 1790:226), *fahlerz* (seit ENCYCLOPEDIE METHODIQUE 1805:4,292a)
Lexikalische Konkurrenten: s.u.; dazu *mine de cuivre grise* (WALLERIUS 1753:1,510 – WERNER 1790:227)[557], *mine d'argent grise* (LEHMANN 1759a:115 – MOZIN 1863:1,859c), *cuivre gris* (seit HAÜY 1796b:170), *mine de cuivre antimoniale*[558] (REUSS 1798:390), *cuivre noir* (REUSS 1798:376, PANSNER 1802:50), *minerai fauve* (PANSNER 1802:111), *cuivre gris arsénifère* (HAÜY 1809:87, 1822a:3,447), *panabase*[559] (seit WURTZ 1873:2,733a)
Belegstellen: MOZIN 1811:1,629b, WURTZ 1870:1,1398a, LAROUSSE 1872:8,44b, DE LAPPARENT 1899:599
LB: LAROUSSE 1961:4,886b

Mit *Fahlerz* werden im Deutschen verschiedene schwefelhaltige Erze bezeichnet, unter anderem solche von Silber und Kupfer. Das Fahlerzmineral, in dem beide Metalle enthalten sind, wird um die Mitte des 18. Jahrhunderts im Französischen bspw. als „mine de cuivre tenant argent" (HELLOT 1750:1,10) oder „minéral gris […] tenant cuivre & argent" (HELLOT 1756:142) oder auch als „mine d'argent grise tenant cuivre" (ROMÉ DE L'ISLE 1767:2,557) beschrieben; eine einheitliche Bezeichnung fehlt noch. Diese wird im Folgenden *mine de cuivre grise* bzw. *mine d'argent grise* sein. Während bspw. bei →*glas-erts* eine deutliche Trennung von Fachsprache des Bergbaus und der Mineralogie (*mine d'argent vitreuse*) zu konstatieren ist, dringt *fahlerz* – ebenfalls im Bergbauvokabular beheimatet[560] – neben *mine d'argent* bzw. *de cuivre grise* auch in den Wortschatz der Mineralogen ein und verdrängt die genannten Bildungen und andere Syntagmen. In ENCYCLOPEDIE SUPPLEMENT 1777 wird zur Aufnahme des Wortes aufgefordert; dort findet sich s.v.: „Il n'est pas inutile de transporter dans notre langue les mots techniques des Allemands, qui ont beaucoup écrit sur la minéralogie."

glas-erts s.m. 'Silberglanz, Argentit (Ag$_2$S)' < *Glaser(t)z*
EB1: SCHINDLER 1759:70
EB2a: DE GENSSANE 1776a:2,372 (*glas erts*)
EB2b: DE GENSSANE 1778:4,130 (s.u.)

---

[556] Diese Form trotz der „korrekten" in der deutschen Vorlage. Fr. *fahlerz* ist folglich in mineralogischen Kreisen bereits bekannt und in der Aussprache assimiliert, vgl. Fußnote 560.
[557] Vgl. DE LUCHET 1779:78n.
[558] Eigentlich speziell das Antimonfahlerz, $Cu_{12}Sb_4S_{13}$.
[559] Wie Fußnote 558.
[560] S. DE GENSSANE 1776b:2,213 „le minéral est de la nature des mines de cuivre grises, vulgairement appellées *falerts*". Die Form zeigt deutlich die einer mündlichen Entlehnung folgende Assimilation des Lehnwortes.

Lexikalische Konkurrenten: s. unter *mine d'argent vitreuse*
LB: DELIUS 1778:165

Das mehrfache Auftreten von *glas-erts* bei de Genssane legt nahe, dass es sich dabei um ein Lehnwort der Bergleute gehandelt hat, das das Pendant zum wissenschaftlchen Terminus →*mine d'argent vitreuse* dargestellt hat. Besonders die folgende Stelle lässt es wahrscheinlich erscheinen, dass *glas-erts* de Genssane und den Bergleuten geläufig war, er das Wort aber für das gelehrte Publikum erläutern muss:

> „[...] nous trouvâmes dans les décombres deux à trois morceaux fort petits de *Glas-Erts*. C'est une espece de minéral qui rend cinquante à soixante pour cent en argent [...]" (1778:4,129f.).

Mit Ausnahme von DELIUS 1778 wird *glas-erts* in keinem mineralogischen Werk genannt. Da das Vokabular der Bergleute auch im 19. Jh. schlecht dokumentiert ist, ist es unmöglich, die genaue Lebensdauer von *glas-erts* zu bestimmen. Vielleicht ist *argent vitreux* schon im 19. Jh. aus der mineralogischen Fachsprache in die des Bergbaus gelangt.

atlas-erts s.m. 'Art Kupfererz (Kupferkarbonat)' < *Atlaser(t)z*
EB1: LEHMANN 1759b:350 (*atlas*)
(E)B2b: DELIUS 1778:2,166
Lexikalische Konkurrenten: *malachite* (seit 12. Jh.)

D'Holbach gibt die deutsche Bezeichnung folgendermaßen wieder: „la mine de cuivre que les Allemands nomment Atlas ou mine satinée" (LEHMANN 1759b), im Original „siehet fast einem Atlasertzte ähnlich" (LEHMANN 1753:243). *Mine satinée* ist andernorts nicht aufzufinden und stellt offenbar einen spontanen Glossierungsversuch dar, weil d. *Atlas* auch 'seidenener Stoff (Satin)' bedeutete. Vielleicht ist *atlas-erts* bekannter gewesen, als es die Beleglage vermuten lässt, denn in DELIUS 1778:2,166 wird das Wort ohne Erklärung aufgeführt: „Les verd-de-gris, bleu de cuivre, malachite, mine d'azur, atlas-ertz & ziegel-ertz, se séparent tous [...]", im Original „die kupfergrünen- kupferblau- malahite- [sic] Lasurerzte, Atlaßerzte und reine Ziegelerzte" (DELIUS 1773:420f.). Eine andere Möglichkeit ist natürlich, dass der Übersetzer Schreiber mit *Atlaß*- und *Ziegelerzte* nichts anzufangen wusste und die Bezeichnungen daher stillschweigend übernommen hat. Während *Ziegelerz(t)* weiteren Nachhall findet, tut *Atlaßerzt* dies nicht. Es handelt sich um eine Unterart des Malachits (s. DEUTSCHES WÖRTERBUCH 1,594), für die eine gesonderte französische Bezeichnung erlässlich schien.

blende de corne s.f. 'gesteinsbildende Mineraliengruppe' < *Hornblende*
EB1: BERTRAND 1763:46
EB2a: FAUJAS DE SAINT-FOND 1778:98f.
Lexikalische Konkurrenten: s. unter *hornblende*
LB: DEMESTE 1779:2,468 (*blende cornée*)

Nach Faujas de Saint-Fond ist *blende de corne* gelegentlich statt *hornblende* anzutreffen. Genauere Angaben macht er nicht; in den konsultierten Werken fehlt diese Lehnbildung. Lediglich Démeste hat *blende cornée*.

mine de Saint-Nicolas s.f. 'Rotnickelkies (ein Nickelerz, NiAs)' < *Kupfernickel*
(E)B2a: BERGMÄNNISCHES WÖRTERBUCH 1778:316a
Lexikalische Konkurrenten: s. unter *kupfernickel*

Trotz der archaischen Gestalt wird diese Bildung nicht alt sein. Sie kann allenfalls unter den französischen Bergleuten geläufig gewesen sein, die in *-nickel* richtig *Nicolas* erkannten.

ziegel-ertz s.m. 'Gemisch von Cuprit (Rotkupfererz) und Limonit (Brauneisen)' < *Ziegeler(t)z*
FISCHER 1991:107
EB2b: DELIUS 1778:2,166
Varianten:
- äußere Form: *ziegel-ertz* (DELIUS 1778– LAROUSSE 1876:1482b), *zigel-erz* (VON BORN 1780:69), *zigueline* (geprägt von Beudant, s. DE LAPPARENT 1899:602, – LAROUSSE 1933:6,1132a), *ziégéline* (LAROUSSE 1876:1482b)

Lexikalische Konkurrenten: *mine de brique* (M. S. 1770, in GOBET 1779:2,557), *mine tuilée* (VON BORN 1780:69, spontan übersetzt), *mine briquetée* (ANON. 1797:401), *ochre de cuivre* (VANBERCHEM-BERTHOUT/STRUVE 1795:158), *cuivre oxidulé terreux* (HAÜY 1822a:3,466)
Belegstellen: ANON. 1795b:73, RAYMOND 1832:2,202b (s.v. *pechkupfererz*), DE LAPPARENT 1899:602
LB: LAROUSSE 1933

Zum Kontext des Erstbeleges siehe unter *atlas-erts*. Anders als dieses wird *ziegel-ertz* für längere Zeit im Französischen aufgenommen. Neben der wörtlichen Entlehnung stehen auch verschiedene Versuche, das Wort als Lehnbildung zu übernehmen, s.o.

blende de poix s.f. 'Uranpecherz (UO_2)' < *Pechblende*
EB2a: DÉMESTE 1779:2,178
Lexikalische Konkurrenten: s. unter *pechblende*
LB: PANSNER 1802:24

Sehr viel seltener anzutreffen als das entsprechende Lehnwort →*pechblende*.

pechstein s.m. 'grauer oder brauner Obsidian (ein Gestein)' < *Pechstein*
FEW 16,618a
EB2a: DÉMESTE 1779:2,570
EB2b: ROME DE L'ISLE 1780:3,195
Lexikalische Konkurrenten: *spath picé* (DEMESTE 1779:2,654, ROME DE L'ISLE ²1783:2,639), *ménilite* (de Saussure in *Journal de Physique* Sept. 1787, 219 – HAÜY 1822a:2,271), →*poilite* (REUSS 1798:402, PANSNER 1802:140), *pierre de poix* (ROME DE L'ISLE 1780:3,195 – BOISTE 1851:546c s.v. *pissite*), *déodalite* (PANSNER 1802:53), *résinite* (HAÜY 1822a:4,580)
Belegstellen: DAUBENTON 1787:86, MUTHUON 1795:42, Haüy, *Traité de Minéralogie* 1801:2,435, MOZIN 1812:2,283b
LB (in Wörterbüchern): LAROUSSE 1963:8,277c

Im Fall von *pechstein* ist der Name offenbar mit der Sache bekannt geworden: „On apporte à Paris, depuis quelques années, des pierres de Saxe & de Hongrie, sous le nom de *pechstein*, pierre de poix", schreibt DAUBENTON 1787:86. DÉMESTE 1779

erläutert *pech-stein* zutreffend als „sorte de gæsten[561]"; ROMÉ DE L'ISLE 1780 verzichtet schon auf eine Erklärung („un morceau de *pech-stein* ou pierre de poix", das tatsächlich aus Ungarn kommt). In ROMÉ DE L'ISLE ²1783:3,538 dient das Lehnwort seinerseits bereits als Interpretament („*pierre de colophane*, sorte de *Pech-stein*").
Weil in Ménil-le-Montant (heute Ménilmontant, Ortsteil von Paris) ähnliche Steine gefunden wurden, nennt de Saussure diese und auch den deutschen Pechstein *ménilite*. *Pechstein* wird aber sogar von Haüy beibehalten; noch in LAROUSSE 1963 erscheint es ohne Angabe von Synonymen.

altenman s.? 'mineralisierte Abbauüberreste' < *Alter Mann*
(E)B2b: ROMÉ DE L'ISLE 1780:3,148

DE LUC 1779:3,298 nennt das deutsche Wort bereits, greift aber zur Erklärung auf das als Lehnbildung bereits seit 1768 belegte →*vieil homme* zurück[562] und meint die Relikte älterer Grubenarbeit, nicht das daraus neu entstandene Mineral. In uneingeschränkter Verwendung erscheint *altenman* nur in ROMÉ DE L'ISLE 1780, auch hier mit deutlichem Verweis auf die Herkunft: das „morceau d'Altenman" stammt aus Sachsen. Im französischen Bergbau geläufig waren *vieil homme* und die s.v. genannten lexikalischen Konkurrenten zur Bezeichnung der Abbauüberreste; das Mineral wurde nicht gesondert bezeichnet.

corallen-ertz s.m. 'korallenförmiges Quecksilbererz' < *Korallener(t)z*
PFEIFFER 1902:59
EB2a: ROMÉ DE L'ISLE 1780:3,130
Varianten:
- äußere Form: *korallen-erzt* (ROMÉ DE L'ISLE ²1783:3,169), *korallen(-)ertz* (LAROUSSE 1873:9,1250c – LAROUSSE 1931:4,261b)

Belegstellen: MOZIN 1828:2/1,116a, SACHS/VILLATTE 1894:870c
LB: LAROUSSE 1931

In ROMÉ DE L'ISLE 1780 wird *corallen-ertz* als „mine de mercure en cinabre [...] avec des mamelons de schiste bitumineux" eingeführt und im Folgenden mehrfach anstelle dieses umständlichen Ausdrucks verwendet. Der Vorteil des Lehnworts wird auch deutlich aus ROME DE L'ISLE ²1783:3,169: „On donne le nom de *korallen-erzt* à ceux de ces morceaux [de cinabre] qui s'élèvent en tubercules lamelleux très-friables & d'un noir luisant." Im Register (3,527) heißt es zwar „Korallen-erzt des Allemands", doch wie mehrfach gesehen, muss das nicht bedeuten, dass die Bezeichnung nicht auch schon im Französischen Fuß gefasst hat. Dank der Präzision und Kürze der entlehnten Bezeichnung wird diese lange beibehalten. Andere lexikalische Konkurrenten als die o.g. Umschreibungen sind nicht festzustellen.

---

[561] *Gæsten*, Lehnwort aus dem Schwedischen (*gästen*), bezeichnet ebenso wie *Pechstein* bzw. *Obsidian* eine vulkanische Gesteinsart.
[562] Dies geschieht allerdings in morphologisch sehr ungewöhnlicher Weise: „l'*Altermann* (vieux homme)".

pierre de poix s.f. 'grauer oder brauner Obsidian (ein Gestein)' < *Pechstein*
(FEW 8,621b)
EB2a: ROMÉ DE L'ISLE 1780:3,195
EB2b: HASSENFRATZ 1791b:104
Lexikalische Konkurrenten: s. unter *pechstein*
Belegstellen: ENCYCLOPÉDIE MÉTHODIQUE 1808:5,415a, MOZIN 1812:2,322b, ACADÉMIE SUPPLÉMENT 1836:623a
LB: BOISTE 1851:546c

Konkurrierende Lehnbildung zum wörtlich entlehnten *pechstein*, aber deutlich seltener verwendet. Obwohl letztmals in BOISTE 1851 aufgeführt, findet sich überraschenderweise noch ein aktueller Beleg[563]: „Ternie, partiellement altérée, l'obsidienne est connue [!] sous le nom de pierre de poix."

roschgewechs s.m. 'bestimmtes Silbererz' < *Röschgewächs*
EB1: JOURNAL ÉTRANGER Okt. 1754:182 (*roschgewüchs*)
EB2b: ROME DE L'ISLE 1780:3,79 (*roschgewechs*)
Varianten:
- äußere Form: *rosch-gewechs* (ROME DE L'ISLE ²1783:3,469 – COQUEBERT 1797b:477), *roschgewack* (BERGMAN 1784:194), *rosche-geweichs* (ROME DE L'ISLE 1783:4,151), *rochegewacks* (PANSNER 1802:154)
LB: PANSNER 1802

Dieses Silbererz ist nur in den ungarischen (slowakischen) Minen von den deutschen Bergleuten gefunden worden. Daher erscheint die Bezeichnung im Französischen sozusagen als mineralogischer Xenismus in der Mehrzahl der Fälle mit einem Verweis auf den ungarischen Bergbau[564], aber nichtsdestoweniger als französisches Lehnwort. *Roschgewechs* wird deswegen übernommen, weil die benannte Erzvarietät mit keinem der zahlreichen bekannten Silbererze genau übereinstimmt.

1780 hat Werner eine in Labrador gefundene Feldspatvarietät (Labradorit) als *Labradorstein* in sein Mineralsystem aufgenommen. Angesichts der prinzipiellen Rolle Werners für die französische Terminologie kann daher fr. *pierre de Labrador* – zunächst als „pierre dite de Labrador" in ROMÉ DE L'ISLE 1780:3,49 und *als pierre de Labrador* von BUFFON 1783:1,71 als vor kurzem eingeführt bezeichnet – durchaus deutschen Ursprungs sein. Zu beachten ist allerdings, dass die früheste Benennung des Steines anscheinend im Englischen erfolgt ist. Laut *OED*² 8,563 s.v. *Labrador* ist engl. *labradorstone* 1778 belegt. Der Name dürfte aber etwas älter sein, denn schon 1778 schreibt Brückmann:

> „Seit einigen Jahren sieht man den schönsten Feldspath, den je die Natur hervorgebracht hat. Man hat ihm den Namen des *Labradorsteins* beygelegt. Er soll sich auf der Küste von Labrador [...] finden, und zuerst durch die Herrnhuter nach Engelland gebracht worden seyn" (167).

Es ist auch zu bedenken, dass die Werner-Rezeption im Grunde erst nach 1780 einsetzt. Eine endgültige Entscheidung über das Etymon kann anhand der vorliegenden Belege nicht getroffen werden.
Pierre de Labrador findet sich schon bald in den meisten einschlägigen Veröffentlichungen. Nachdem das gleiche Mineral auch bei Sankt Petersburg entdeckt worden war, wollte Buffon die Bezeichnung *pierre de Russie* einführen (s. DE GALLITZIN 1796:67), die aber nicht lange beibehalten wird. Haüy

---

[563] Unter *www.chez.com/pgosse/gem/geo.htm*.
[564] So z.B. in ROMÉ DE L'ISLE 1783 und ²1783, BERGMAN 1784, COQUEBERT 1797b.

nennt den Labradorit *feldspath opalin*, aber auch weiterhin *pierre de Labrador*. **Labradorite** kommt im Französischen 1840 auf (ACADÉMIE COMPLÉMENT) und hat sich heute als alleinige Bezeichnung durchgesetzt.

MEYER 1/9,1048a weist *Feldstein* als mineralogische Bezeichnung eines „dichten Feldspats" auf. Dem entspricht fr. *feldstein* in LAROUSSE 1872:8,193a in der Bedeutung „silicate double d'alumine et de soude"; von dieser Angabe her könnte es sich um eine Natriumalumosilikat wie den Albit handeln. In deutschen Schriften des 18. Jhs. habe ich *Feldstein* als mineralogischen Fachterminus nicht auffinden können. Daher ist fraglich, was DE DIETRICH 1789:3,235 mit folgender Passage meint: „On sait qu'en général l'émeril est mêlé de beaucoup de mica et qu'il se trouve ordinairement avec des *feldstein* et *grunstein* [...]." *Feldstein* wird hier offensichtlich in mineralogischem Sinn gebraucht, nicht als 'Grenzstein' oder 'auf dem Feld liegender Stein' (DEUTSCHES WÖRTERBUCH 3,1490). Vielleicht hat de Dietrich unter Einfluss von *grunstein feldstein* statt *feldspath* geschrieben.

pierre rayonnante s.f. 'ein Mineral der Hornblendegruppe, Aktinolith' < *Strahlstein*
EB1: DE SAUSSURE 1796[1787][565]:6,296 (*strahlstein*)
EB2a: DE SAUSSURE 1796[1787]:6,296 (*rayonnante*) / DE GALLITZIN 1796:4 (*pierre rayonnée*)
Varianten:
- äußere Form: *rayonnant* (DELAMETHERIE 1795:1,409), *pierre rayonnante* (PANSNER 1802:135 – MOZIN 1863:2,584a)

Lexikalische Konkurrenten: *asbestoïde* (DELAMETHERIE 1795:1,409), *actinote* (seit HAÜY 1796b:44), *actinolite* (seit PANSNER 1802:2), *strahlstein* (WURTZ 1876:2,1679a)
Belegstellen:, BROCHANT ²1808:1,504
LB: MOZIN 1863

Das Deutsche kennt ein altes *Strahlstein*, das Französische ein *rayonnante* „pierre fine qui jette beaucoup de feu" (TRÉVOUX 1752:6,660). Sowohl Scheuchzers *Strahlstein*[566] als auch die *rayonnante* in TRÉVOUX bezeichnen aber andere Materien als das jüngere *Strahlstein/(pierre) rayonnante*. Bei letzterem ist wahrscheinlich gemeint, dass der Stein besonders stark Funken schlägt.

Das jüngere *rayonnante* ist von de Saussure neu geprägt worden, offensichtlich in Kenntnis der Nomenklatur Werners: „[...] je le laisse dans le genre des *strahlstein* de WERNER, auquel je donne en françois le nom de *rayonnante*" (1796:6,296). Eine andere Form der Lehnübersetzung wählt de Gallitzin mit *pierre rayonnée*. *Pierre rayonnante* führt offenbar diese beiden Varianten zusammen. Die Bezeichnung wird aber recht bald zu Gunsten von *actinote* und *actinolite* aufgegeben.

grunstein s.m. 'Sammelbezeichnung für grünliche Diorite (Gestein)' < *Grünstein*
EB2b: DE DIETRICH 1789:3,235
Varianten:
- äußere Form: *grünstein* (ANON. 1796a:73n – SACHS/VILLATTE 1894:756b), *grunsten* (ENCYCLOPÉDIE MÉTHODIQUE 1815:6,297a)

Lexikalische Konkurrenten: *binde* (BERGMÄNNISCHES WÖRTERBUCH 1778:245b), *diabase* (seit 1816), *diorite* (seit 1819)
Belegstellen: DAUBUISSON 1802:1,42, HASSENFRATZ 1812:4,341, DE BEAUMONT ~1847:17, LANDAIS 1853:1,843b, LAROUSSE 1872:1564b
LB: SACHS/VILLATTE 1894

---

[565] Die in den Bänden 5 bis 8 beschriebenen *Voyages dans les Alpes* haben spätestens 1787 stattgefunden.
[566] S. DEUTSCHES WÖRTERBUCH 10/3,792 und HENCKEL 1760:1,39: „Suivant Scheuchzer, en Suisse on nomme *Pierres rayonnées (Strahlstein)* les Pyrites en globules."

Von de Dietrich wird offenbar schon vorausgesetzt, dass *grunstein* allgemein verständlich ist: „On sait qu'en général l'émeril est mêlé de beaucoup de mica, et qu'il se trouve ordinairement avec des *feldstein* et *grunstein* [...]." Wenngleich die Belege relativ spärlich sind, zeigen sie stets *grunstein* als gut integriertes Lehnwort. Als Sammelbezeichnung (s. DEUTSCHES WÖRTERBUCH 4/1/6,962) ist *grunstein* in der mineralogischen Nomenklatur offenbar von geringerer Bedeutung als etwa die von Werner klassifizierten Mineralien wie *Graphit, Leuzit, Olivin*. Vielleicht hat deshalb der Ausdruck weniger Rückhalt und tritt schon im Verlauf des 19. Jhs. hinter *diorite* und *diabase* zurück.

kuhriémen s.m. 'metallarmes Eisenerz' < *Kuhriemen*
EB1: POTT 1753a:45 (*kuhriem*)
(E)B2b: DE DIETRICH 1789:3,259

Bereits in POTT 1753a wird *kuhriem* als Bezeichnung im „pays de Brunswick" für eine „espece de Marbre" erwähnt; hier handelt es sich um *Kuhriemen* in der Bedeutung *„eine art kalkstein, der zu zuschlägen beim eisenschmelzen gebraucht wird"* (DEUTSCHES WÖRTERBUCH 5,2581). Ins Französische übernommen worden ist *Kuhriemen* nur als *„armes, aber leichtflüssiges eisenerz, das den reichen eisensteinen statt des flusses zugeschlagen wird"*. Der Bedarf, dieses Erz mit einer eigenen Bezeichnung zu versehen, war aber offensichtlich gering; die Benennung als „mine de fer pauvre" wie z.B. in SCHWAN 1784:2,289b wurde als ausreichend genau empfunden.

préhnite s.f. 'ein Metamorphitmineral (Ca$_2$Al(OH)$_2$[AlSi$_3$O$_{10}$])' < *Prehnit*
(*DMD* 611a)
EB2a: KLAPROTH 1789b:201
EB2b: COQUEBERT 1795b:79
Lexikalische Konkurrenten: *chrysolite du Cap (de Bonne-Espérance)* (KLAPROTH 1789b:201 – REUSS 1798:374), *zéolithe du Cap (de Bonne-Espérance)* (VON BORN 1790:1,202 – PANSNER 1802:192), *semizéolithe* (REUSS 1798:408), *koupholite* (HARTMANN 1825:859 – DE LAPPARENT 1899:469), *édelithe* (WURTZ a.a.O.), *chiltonite* (WURTZ a.a.O., DE LAPPARENT 1899:669a)
Wortfamilie: *préhnitoïde* 'unreine Prehnitvarietät' (WURTZ 1876:2,1189a)
Belegstellen: BERGMAN 1792:1,305, HAÜY 1796b:52, BOISTE 1803:318c, DE LAPPARENT 1899:469

VON BORN 1790:1,202f. lemmatisiert das Mineral als

„Zéolithe verdâtre [...] *du Cap de Bonne Espérance*. Cette pierre a été apportée dernierement en Europe par le Colonel *Prehne*, et par cette raison, quelques Minéralogistes allemands la désignent sous le nom de la *Prehnite*. Elle n'est pourtant qu'une variété de la Zéolithe [...]."

Trotz dieser Einschränkung verwendet von Born *prehnite* auch an darauffolgenden Textstellen. Dass der Prehnit durchaus ein eigenständiges Mineral – aus der *Gruppe* der Zeolithe – darstellt, betont Picardet („[elle] mérite une place particulière dans les Systêmes de Minéralogie", WERNER 1790:113n). Schon 1789 lautet die Übersetzung eines Aufsatzes von Klaproth „Analyse chimique de la chrysolite du Cap de Bonne-Espérance ou Prehnite" (*Annales de Chimie* 1, 201-216). *Chrysolite du Cap* wird zwar noch für eine Weile benutzt, als wissenschaftlicher Terminus wird aber *préhnite* bald bevorzugt, so auch von Haüy.

schiste inflammable s.m. 'Schiefer in Steinkohlelagern' < *Brandschiefer*
EB2a: DE DIETRICH 1789:3,297
Varianten:
- äußere Form: *schiste combustible* (VANBERCHEM-BERTHOUT/STRUVE 1795:144)

Lexikalische Konkurrenten: *ardoise charbonneuse* (REUSS 1798:367), *schiste charbonneux* (REUSS 1798:406 – ARMANET 1947:47a), *schiste bituminifère* (HAÜY 1822a:4,560)
Belegstellen: WERNER 1790:103
LB: LAROUSSE 1875:14,354c

Im Deutschen so benannt, weil der Schiefer, der zwischen den Steinkohleflözen liegt, selbst gut brennbar ist. Heute ist ausschließlich das durch den Ort des Vorkommens motivierte *schiste charbonneux* üblich.

wurfelstein s.m. 'ein bor- und magnesiumhaltiges Mineral (Borazit)' < *Würfelstein*
EB1/2a: WESTRUMB 1789:101
Lexikalische Konkurrenten: s. unter *boracite*
Belegstellen: RAYMOND 1832:2,774c
LB: LAROUSSE 1876:15,1383c

WESTRUMB 1789 führt *wûrfelstein* in Etappen ins Französische ein. Zunächst heißt es über die würfelförmigen Mineralien: „Depuis long-tems on les connoissoit à Lunébourg sous le nom de Wûrfelsteine (pierres cubiques) […]" (101). Am Ende der chemischen Untersuchungen steht fest: „Il en résulte que 100 grains de wûrfelstein contiennent un grain d'oxide de fer […]" (110). Es hat den Anschein, als sei *wurfelstein* unmittelbar auf Grundlage des Durchforstens der *Annales de Chimie* in die Wörterbücher gelangt. Noch in BOISTE 1841:754b lautet die Bedeutungsangabe „borate magnésio-calcaire", exakt wie im Titel des Artikels von Westrumb. Außer in Wörterbüchern habe ich *wurfelstein* nicht nachweisen können. Die Vitalität des Wortes ist daher fraglich, zumal auch d. *Würfelstein* kein wissenschaftlicher Ausdruck ist; das Mineral heißt in der deutschen Nomenklatur *Würfelspat*. Allerdings lag im Französischen bis zur Entlehnung von →*boracite* (1795) keine idiomatische mineralogische Bezeichnung vor – volkstümlich heißen derartige mineralogische Erscheinungen *dés fossiles*; vielleicht hat *wurfelstein* in diesem Intermezzo einen gewissen Integrationsgrad erreicht.

zircon s.m. 'ein Edelstein (Zr(SiO)$_4$)' < *Zircon, Zirkon*
(*FEW* 4,520b), *TLF* 16,1426b, (*EWFS* 908a), (*DMD* 821b)
EB1/2a: CRELL 1789b:238 (nlat. *zirkones* s.f.)
EB2b: HASSENFRATZ 1790:1 (*zir-kons*)
Varianten:
- äußere Form: *zirkom* (HASSENFRATZ 1791c:106), *circon* (Macquer 1791, *FEW*[567] – COQUEBERT 1795b:81), *zirkon* (PANSNER 1802:194)

Lexikalische Konkurrenten: ['rotbrauner Zirkon': afr. *jacunce* (Rolandslied), *jargunce* (Brendan) u.a.]; *jargon* (seit 1723), *jargon de Ceylan* (s. DE GALLITZIN 1796:204), *sargone* (REUSS 1798:406)

---

[567] Diese Angabe wird im Beiheft nicht aufgeschlüsselt. Ein auf 1791 datiertes französisches Werk Pierre-Joseph Macquers, um den es sich hier handeln dürfte, habe ich nicht nachweisen können.

Wortfamilie: *zirconien* 'Zirkon-' (DELAMÉTHERIE 1795:1,290 – SACHS 1894:328c), *zircone* 'Zirkoniumoxid' (seit VAUQUELIN 1797b:97), *zirconie* 'dass.' (seit GUYTON 1797:94), *zirconate* 'zirkonoxidhaltiges Salz' (seit Haüy, *Traité de Minéralogie* 1801:2,465), *zirconique* 'Zirkon-' (seit PANSNER 1802:182), *zirconium* 'Zirconium (Zr)' (seit *Annales de Chimie* 2e série 2 (1816), 119), *zirconite* 'Zirkonvarietät' (seit *Nouveau Dictionnaire d'Histoire Naturelle* 1819), *zirconyle* 'zweiwertiges Zirkoniumradikal' (seit LAROUSSE 1933:6,1134b)
Belegstellen: HAÜY 1796b:32, BOISTE 1803:417c, DE LAPPARENT 1899:441

Im frühesten Beleg handelt es sich anscheinend um eine lateinische Wortform. Crell schreibt an Hassenfratz über Klaproths chemische Untersuchungen: „Il vient d'analyser la *zirkones*, espèce de pierre précieuse [...]" (1789). Dann verwendet Hassenfratz selbst eine ungewöhnliche Form: „L'analyse du zir-kons a donné beaucoup de peine à M. Klaproth [...]" (1790a). Trotz dieser anfänglichen Unsicherheiten wird *zircon* als Name des Edelsteins in der französischen Terminologie bald allgemein anerkannt. Schon früh sind auch zahlreiche Ableitungen nachzuweisen. Namentlich für die Bezeichnung der rotbraunen Varietät des Zirkons ist schon in altfranzösischer Zeit *jacunce, jargunce* (< lat. *hyacinthus* < griech. ὑάκινθος, *FEW* 4,520b) belegt, seit dem 17. Jh. auch *jargon* (< ital. *gergone*). Besonders in der Verbindung *jargon de Ceylan* bleibt dieses bis ins 19. Jh. ein Konkurrent in der Wissenschaftssprache.

apatite s.f. 'ein Mineral (Kalziumphosphat)' < *Apatit*
TLF 3,202a
EB2a: VON BORN 1790:1,363
Lexikalische Konkurrenten: *améthyste basaltine* (Sage, *Éléments de Minéralogie docimastique* ²1777:1,231)[568], *phosphate de chaux* (VON BORN 1790)
Wortfamilie: *apatitique* 'apatitartig' (seit DELAMÉTHERIE 1795:1,347)
Belegstellen: DE GALLITZIN 1796:4, BOISTE 1803:23b, LAROUSSE 1866:1,469d, DE LAPPARENT 1899:531

Werner benannte den Apatit nach griech. ἀπατᾶν 'täuschen', da man sich bei der Bestimmung des Minerals lange Zeit in die Irre hatte leiten lassen. Einmütig übernehmen daher die französischen Mineralogen das einheitsstiftende *Apatit*.

beurre de montagne s.m. 'ein gelblicher Ton (eisenhaltiges Alumosilikat)' < *Bergbutter*
(*TLF* 4,441a)
EB2b: WERNER 1790:117
Lexikalische Konkurrenten: *butyrite* (seit DE LAPPARENT 1899:628)
Belegstellen: VANBERCHEM-BERTHOUT/STRUVE 1795:151, BROCHANT ²1808:2,10, MOZIN 1826:1/1,132b, DE LAPPARENT 1899:531
LB: LAROUSSE 1960:2,110b / *TLF* 1975

Zwar führt schon BUFFON 1785:3,627 ein *beurre fossile* auf, doch geht *beurre de montagne* zweifellos auf d. *Bergbutter* zurück und ist keine – von der Komposition her

---

[568] Ganz ohne Benennung in ROME DE L'ISLE ²1783:2,254: „J'ai cette variété, non-seulement dans l'*émeraude du Pérou*, mais encore dans des cristaux qui accompagnent quelquefois les mines d'étain de Saxe, & dans la *chrysolite du Brésil* [...]."

mögliche – autochthone französische Bildung[569], vgl. das zu *bleu de montagne* Gesagte. Denn *beurre de montagne* tritt zunächst ausschließlich in Werken auf, die Bezug auf Werner nehmen.

chrysobéryl s.m. 'goldener Beryll (ein Edelstein, BeAl$_2$O$_4$)' < *Chrysoberyll*
(*FEW* 2,659a), LOFFLER-LAURIAN 2000:75n4
EB2a: VON BORN 1790:1,70 / WERNER 1790:115
Varianten:
- äußere Form: *chrysobéril* (seit VON BORN 1790)[570], *chrysobéryll* (REUSS 1798:374)
Lexikalische Konkurrenten[571]: *topaze de Saxe* (DUTENS 1776:34 – HAÜY 1817:190), *cymophane* (seit spätestens 1795, s. DELAMÉTHERIE 1795:3,462)
Belegstellen: BERGMAN 1792:1,264, DELAMÉTHERIE 1795:3,462, ENCYCLOPÉDIE MÉTHODIQUE 1805:4,1a, DE LAPPARENT 1899:510, DE MICHELE 1972:31a

Schon in der Antike war griech. χρυσοβήρυλλος bzw. lat. *chrysoberullus* der Name eines Edelsteines, somit auch im Frankreich des 18. Jhs. (s. z.B. VALMONT DE BOMARE 1764:1,642). Die heute gültige Einordnung des Chrysoberylls in ein mineralogisches System erfolgte indes erst durch Werner. In dieser speziellen wissenschaftlichen Verwendung liegt somit im Französischen eine Lehnbedeutung vor, daher „chrysobéril der Werner" in DELAMÉTHERIE 1795:3,462. Dieser erwächst sogleich ein Konkurrent in Form von *cymophane*, dem Vorschlag Haüys, auf den schon DELAMÉTHERIE a.a.O. verweist („cymophane de Haüy") und der in der französischen Terminologie bevorzugt wird.

graphite s.m. 'Modifikation des reinen Kohlenstoffs' < *Graphit*
(*FEW* 4,242a), (*TLF* 10,431b)[572], (*EWFS* 492b), (*DMD* 350a), (*BW* 303a)
EB2a: VON BORN 1790:2,298
Lexikalische Konkurrenten: *crayon noir* (WALLERIUS 1753:1,137 – PANSNER 1802:46), *craion noirâtre* (ROMÉ DE L'ISLE ²1783:3,507), *molybdène*[573] (ROMÉ DE L'ISLE ²1783:3,507 – DE GALLITZIN 1796:103), *plombagine grise* (VON BORN 1790:2,298), *plombagine* (DELAMÉTHERIE 1795:2,73 – DE MICHELE 1972:75a), *carbure de fer* (COQUEBERT 1795b:81 – WURTZ 1870:1,1639b), *craion d'Angleterre* (REUSS 1798:375, PANSNER 1802:46), *craion de plomb* (REUSS 1798:375), *mica des peintres* (PANSNER 1802:92)
Wortfamilie: *graphitique* 'graphithaltig' (seit ACADÉMIE COMPLÉMENT 1840:535c), *graphiteux* 'dass.' (seit ebda.), *graphitage* 'das Überziehen mit einer Graphitschicht' (seit 1896, GRAND ROBERT 2001:3,1491a), *graphitite* 'Graphitvarietät' (DE LAPPARENT 1899:676b), *graphiter* 'mit einer Graphitschicht überziehen' (seit 1907, GRAND ROBERT a.a.O.), ugs. 'schreiben' (2002), *graphité* 'mit Graphit überzogen' (seit Campredon, *Le bois* 1948:102), *graphitisation* 'Umwandlung in Graphit'

---

[569] *Beurre* ist bereits namentlich in der älteren Sprache der Chemie für Produkte butterähnlicher Gestalt verwendet worden, vgl. *beurre d'antimoine*, *beurre de zinc*, *beurre de bismuth*.
[570] GRAND ROBERT 2001:2,130b: „La graphie *chrysobéril* [...] semble archaïque."
[571] Ausgeklammert bleiben hier volkstümliche oder Handelsbezeichnungen wie *chrysolite opalisante*, *chrysolite orientale* oder *chrysopale*.
[572] Obwohl auf den deutschen Erstbeleg (1789) verwiesen wird und bei anderen Lehnwörtern der Verweis auf Werner erfolgt, wird *graphite* hier als französische Zusammensetzung nach griech. γράφειν und mit dem Suffix *-ite* vorgestellt.
[573] Seit dem 16. Jh. wurde *molybdène* (d. *Wasserblei*) synonym mit *plombagine* (*Bleiglanz*) verwendet (*TLF* 11,979a), bevor es im späten 18. Jh. als eigenes Metall (Mo, Nr. 42) erkannt wurde. Daher ist DE GALLITZIN 1796 der letzte mir bekannte Beleg einer Verwendung von *molybdène* in gleicher Weise wie *plombagine*, wenn auch in unzutreffender Weise für das nicht-metallische Graphit.

(seit LAROUSSE 1962), *graphitose* 'eine durch Einatmen von Graphitstaub verursachte Lungenkrankheit' (20. Jh., GRAND ROBERT 2001:3,1491b), *graphitiser* 'in Graphit umwandeln' (2002), *graphitisable* 'in Graphit umzuwandeln' (2002)
Belegstellen: REUSS 1798:381, BROCHANT ²1808:276, HAÜY 1809:70, MOZIN 1826:1/2,274a, LAROUSSE 1872:8,1462b

Lange vor der Benennung durch Werner 1789 war das Graphit als Schreibmaterial bekannt, wurde aber fälschlicherweise für Blei gehalten, daher d. *Schreibblei*, fr. *mine de plomb*, *plombagine* etc. Zu volkstümlichen Bezeichnungen s. oben; auch in der Mineralogie werden diese mangels genauerer Kenntnis lange Zeit verwendet, s. etwa *crayon noir* in WALLERIUS 1753. Daher wird das gelehrte, präzise *graphite* ohne Zögern aufgenommen und ist heute die einzige gültige – nicht nur wissenschaftliche – Bezeichnung der Materie.

spath en barres s.m. 'Erscheinungsform des Schwerspats' < *Stangenspat*
EB1: ROMÉ DE L'ISLE ²1783:1,610n36 (spontan übersetzt)
EB2a: WERNER 1790:277
Varianten:
- äußere Form: *spath pesant en barres* (PELLETIER 1797:142 – BROCHANT ²1808:1,631)
Lexikalische Konkurrenten: →*spath pesant* (seit HELLOT 1750:1,xiv), *baryte sulfatée en baguettes* (HAÜY 1822a:2,391n)
Belegstellen: DE GALLITZIN 1796:186
LB: MOZIN 1863:2,1042c

Laut DEUTSCHEM WÖRTERBUCH 10/2/1,819 wird der Stangenspat nur in Freiberg gefunden, daher ist die deutsche Bezeichnung sicherlich die ursprüngliche. Diese Annahme bestätigt ROME DE L'ISLE ²1783: „Les Saxons lui ont donné le nom de *spath en barres* (*stangen spath*)." Gut integriert tritt *spath en barres* seit WERNER 1790 auf. Präziser nennt erstmals PELLETIER 1797 die Spezies *spath pesant en barres*, da es sich tatsächlich um eine Schwerspatvarietät handelt. Daher auch *baryte sulfatée en baguettes* bei Haüy (*baryte sulfatée* 'Schwerspat'). Da es sich nur um eine besondere Gestalt, nicht aber um eine chemische Abwandlung des Schwerspats handelt, ist der Begriff offenbar in der Folgezeit unter *spath pesant* subsumiert worden.

speckstein s.m. 'dichte Varietät des Talkes (Steatit)' < *Speckstein*
EB1: POTT 1747:57
EB2b: WERNER 1790:307
Lexikalische Konkurrenten: *pierre ollaire* (seit 1732), *stéatite* (seit 1747), *pierre de lard* (seit VALMONT DE BOMARE 1762:1,128), *lardite* (ROMÉ DE L'ISLE 1767:2,298 – LAROUSSE 1962:6,608b), *stéatite blanche* (ROMÉ DE L'ISLE ²1783:2,520), *koirérite* (DELAMÉTHERIE 1795:3,465)
LB: WURTZ 1876:2,1640a

Neben dem vorherrschenden *stéatite* und dem ebenfalls frequenten *pierre de lard* hat sich *speckstein* nicht behaupten können. VALMONT DE BOMARE 1764:4,285 schreibt s.v. *pierre de lard*: „[...] c'est la *Stéatite* des Anciens, le *Gemma-Huya* du Dictionnaire de Trévoux, le *Speckstein* & *Smectites* des Modernes." Allem Anschein nach ist *Speckstein* für Valmont aber nur ein Wort der *Modernes allemands*, denn auch in 5,311 lautet das Lemma „Stéatites ou Speckstein", doch im Text wird ausschließlich *stéatite* gebraucht. Häufig ist zu beobachten, dass ein deutsches Wort namentlich in der Mineralogie in einem Lemmakopf auftaucht, ohne tatsächlich entlehnt worden zu

sein: die französischen Autoren sind stets um einen Abgleich mit der maßgeblichen deutschen Terminologie bemüht.
Nur in WERNER 1790 tritt *speckstein* im 18. Jh. selbständig auf, namentlich als *speckstein de Chine* (96). Da auch an anderer Stelle von diesem chinesischen Speckstein und Untersuchungen deutscher Gelehrter an demselben zumindest berichtet worden ist (BUFFON 1786:4,73), ist *speckstein* wohl von der Übersetzerin Picardet als im Französischen verständlich erachtet worden.

topaze enfumée s.f. 'bräunlich gefärbter Bergkristall' < *Rauchtopas*[574]
EB2a: WERNER 1790:129
Lexikalische Konkurrenten: *raucht-topas* (ROMÉ DE L'ISLE 1767:2,239), *diamant d'Alençon* (seit REUSS 1798:377)[575], *quartz enfumé* (seit HAÜY 1822a:2,248)
Belegstellen: MOZIN 1812:2,780c, HAÜY 1817:192
LB: LANGENSCHEIDT 1979:2,644a

Im nicht-wissenschaftlichen und sogar mineralogischen Wortschatz lange beibehalten, obwohl es sich nicht um einen Topas, sondern um Bergkristall handelt. Vgl. den Hinweis „appellation interdite pour un quartz enfumé" unter *www.gemmology.com*.

urane s.m. 'Uranoxid' < *Uranium*
FEW 14,59b, TLF 16,883b, (EWFS 879b), DMD 794b, BW 659a
EB1: CRELL 1789a:391 (*Vranite*)
EB2b: VON BORN 1790:2,343 (*uranite*)
Varianten:
- äußere Form: *uranite* (CRELL 1789a – REUSS 1798:413), *uranium* (KLAPROTH 1790:175 – 1804, *TLF*), *urane* (seit KLAPROTH 1790:175)
- semantisch: 'Uranoxid' (de facto schon vorher) (seit Péligot in *Comptes rendus de l'Académie des sciences* 13 (1841), 417)

Wortfamilie: *uranique* 'Uran-' (seit Berzelius, *Traité de chimie* 1831:4,321), *uranium* 'Uran' (seit Péligot a.a.O.), *uranate* 'uranhaltiges Salz' (seit ACADEMIE COMPLEMENT 1842:1239c), *uranite* 'Uranphosphat' (ebda. – DE LAPPARENT 1899:534), *uraneux* 'Uran-' (seit ebda.), *uranide* adj. 'uranähnlich' (ebda.), s.m. 'Sammelbezeichnung für Uran, Plutonium, Neptunium und Americium' (ebda. – 1986, *TLF*), *uraninite* 'Pechblende' (seit WURTZ 1874:3,546b), *uranyle* 'Uranoxid-Radikal' (seit WURTZ 1874:3,548a), *uranifère* 'uranhaltig' (seit WURTZ 1874:3,547a), *transuranien* 'Element mit höherer Periodenkennzahl als Uran (92)' (seit MUSSET/LLORET 1964:290b), *uranine* 'ein Uranerz' (seit STELLHORN 1965:725a), *uranien* 'Uran-' (1986, *TLF*)
Belegstellen: BERGMAN 1792:2,262 (*uranite*), HAÜY 1809:113, BOISTE 1803:405c

Nach dem 1781 entdeckten Planeten Uranus von Klaproth zunächst als *Uranit* benannt. Daher lauten auch die ältesten französischen Formen *uranite*[576]. Bald zieht Klaproth *Uranium* vor, was als *uranium* ebenfalls Nachhall findet, zumeist aber als *urane* wiedergegeben wird[577]. Zunächst wurde der Stoff für ein reines Element

---

[574] S. WERNER 1774:125, *Rauchtopaß*.
[575] *Diamant d'Alençon* bezeichnet auch den Bergkristall im Allgemeinen.
[576] Auch im EB1 ist die Form schon assimiliert: „M. Klaproth l'a nommé *Vranite*." Von Born zweifelt noch an der Existenz der Neuentdeckung: „Nous n'aurions pas hésité d'apporter l'*Uranite* comme un nouveau métal, s'il avoit jusqu'ici reussi à quelqu'autre chimiste d'obtenir ce régule."
[577] Erstmals in einem Text Klaproths (1790:175): „M. de la Métherie a donné à ses lecteurs […] une définition de la *pechblende* & du mica vert, comme des substances qui m'ont fourni le nouveau demi-métal, l'*urane* (*uranium*)."

gehalten; als sich diese Annahme als Irrtum herausstellte, wurde fr. *uranium* mit der Bedeutung 'Uran' versehen, *urane* mit der ihm in Wirklichkeit schon zuvor eigenen Bedeutung 'Uranoxid'. Fr. *urane* ist also mit d. *Uran* 'Uranium' nicht zu verwechseln.

chlorite s.f. 'ein grünliches Mineral (Alumosilikat)' < *Chlorit*
(*FEW* 2,642a), (*TLF* 5,734a)
EB1: VON BORN 1790:1,247
EB2a: HASSENFRATZ 1791a:327 (*la chlorit*)
Varianten:
- äußere Form: *chlorithe* (VAUQUELIN 1797a:106)
- morphologisch: s.m. in der Larousse-Serie

Lexikalische Konkurrenten: *terre talqueuse verdâtre* (VON BORN 1790 a.a.O.), *pierre talqueuse verdâtre* (DE DOLOMIEU 1794:263), *talc terreux* (PANSNER 1802:177)
Wortfamilie: *chloriteux* 'chlorithaltig' (seit COQUEBERT 1797d:681), *chlorité* 'dass.' (seit VON HUMBOLDT 1823:47), *chloritique* 'chloritartig' (seit VON HUMBOLDT 1823:83), *chloritoïde* 'eisen- oder magnesiumhaltiges Alumosilikat' (seit WURTZ 1870:1,876b), *chloritisation* 'Umwandlung in Chlorit' (seit LAROUSSE 1960:3,70b)
Belegstellen: DELAMÉTHERIE 1795:1,421, HAÜY 1796b:60, BOISTE 1803:85a, LAROUSSE 1869:4,158c

VON BORN 1790 kritisiert die Einführung der neuen Bezeichnung:

„Quelques Minéralogistes allemands, qui se persuadent d'étendre infiniment les connoissances minéralogiques en inventant de noms nouveaux et baroques, ont donné à la terre talqueuse verdâtre le nom de *Chlorite* [...]."

Da aber *chlorite* der Terminologie größere Präzision verleiht als die älteren Umschreibungen mit Hilfe von *talc*, wird es als wissenschaftlicher Terminus sehr schnell allgemein akzeptiert: schon recht bald entstehen auch Ableitungen. Diese Akzeptanz von *chlorite* in der modernen Bedeutung wird keineswegs dadurch gestört, dass mit lat. *chloritis*[578] bereits zuvor ein grüner Stein bezeichnet wurde, laut BERGMÄNNISCHEM WÖRTERBUCH 1778:50b der „Bachstelzenstein", als *chlorite* isoliert (1538, *TLF* 5,734a) auch im Französischen belegt.

cyanite s.m./s.f. 'ein himmelblaues Metamorphitmineral (Disthen, $Al_2O[SiO_4]$)' < *Cyanit, Kyanit*
TLF 6,644a
EB1: VON BORN 1790:1,182 (*cianite*)
EB2a: HASSENFRATZ 1791a:326[579]
EB2b: DE GALLITZIN 1796:88
Varianten:
- äußere Form: *cyanithe* (BOISTE 1803:117b)

---

[578] Schon bei Plinius, s. *ThLL* 3,1013.
[579] Bereits vor 1791 ist ein französisches *cyanite* nachzuweisen:
„Cyanite. *Cyanites*. Il n'est pas aisé de définir ce que M. d'Argenville & d'autres lithographes veulent désigner par ce nom. Pierre noire, dit ce Naturaliste, qui étant rompue représente une fève" (BERTRAND 1763:188a);
so noch in ROMÉ DE L'ISLE 1767:2,299. Es handelt sich hierbei um einen perpetuierten Schreibfehler: richtig ist die Graphie *cyamite* (ROMÉ DE L'ISLE 1767:Register), denn der Stein ist von bohnenförmiger Gestalt und sein Name daher aus griech. κύαμος 'Bohne' abzuleiten.

Lexikalische Konkurrenten: *schorl bleu* (VON BORN 1780:72 – BOISTE 1851:196b), *sappare* (de Saussure um 1780 – BOISTE 1851:196b), *disthène* (seit Haüy, Traité de Minéralogie 1801), *beril feuilleté en prismes tétraèdres* (REUSS 1798:370: Sage), *talc bleu* (PANSNER 1802:176: Sage)
Wortfamilie: *cyanitique* 'Disthen-' (2002)
Belegstellen: DELAMÉTHERIE 1795:1,397, HAÜY 1796b:39, LAROUSSE 1869:5,696b

Die Bezeichnung wird nicht mit dem Begriff bzw. der Kenntnis des Minerals entlehnt: schon in den 80er Jahren des Jahrhunderts nennt es de Saussure *sappare*, zuvor firmiert es häufig unter dem Namen *schorl bleu*. Diese Farbe gibt den Ausschlag für die Benennung durch Werner (griech. κύανος 'blau'). VON BORN 1790 s.v. *schörl bleu* nennt das Wort lediglich als eines aus Werners deutscher Nomenklatur („M. Werner le désigne par le nom de *Cianite*"), wobei durchaus schon eine formale Assimilation (-*ite*) zu beobachten ist. Endgültig französisch ist *cyanite* dann spätestens in HASSENFRATZ 1791a. Wie zu sehen ist, besteht eine beträchtliche Anzahl zeitgenössischer Konkurrenten. Von diesen bleibt nur *disthène*, der Vorschlag Haüys, übrig (> d. *Disthen*). Sowohl dieses als auch *cyanite* sind heute üblich, *cyanite* mit etwas höherer Frequenz.

Beim Exzerpieren der *Briefe über das Siebengebirge* C.G. Noses (Frankfurt 1789) übernimmt HASSENFRATZ 1791b:104 das dort gebrauchte *Bitterstein* 'Nephrit, Beilstein (ein Mineral)' als *bitterstein*, ohne es näher zu erläutern. Dieser Verzicht liegt aber offenbar nicht darin begründet, dass *bitterstein* schon allgemein bekannt wäre, sondern dass Hassenfratz mit dem Wort, das auch in der deutschen Terminologie selten ist – das DEUTSCHE WÖRTERBUCH und Werner führen es nicht auf –, nichts anzufangen weiß (*Horn-* und *Pechstein* gibt Hassenfratz als *pierre de corne* und *pierre de poix* zutreffend wieder). Tatsächlich handelt es sich um das im Französischen schon seit dem 17. Jh. *pierre néphrétique*, später auch *néphrite*, *lehman(n)ite* und →*pierre de hache* genannte Mineral. Daher hat der auf Unkenntnis beruhende Entlehnungsansatz durch Hassenfratz keinerlei Widerhall gefunden.

trémolite s.f. 'Asbestmineral aus der Hornblendegruppe' < *Tremolit*
EB2a: HASSENFRATZ 1791a:325 (*tremolith* s.m.)
EB2b: COQUEBERT 1795b:78
Varianten:
- äußere Form: *trémolithe* (COQUEBERT a.a.O.)
- morphologisch: *trémolite* s.f. (seit DELAMÉTHERIE 1795:1,405)

Lexikalische Konkurrenten: *hœpfnerite* (PANSNER 1802:75 – DE LAPPARENT 1899:678b), *schorl fibreux blanc* (PANSNER 1802:161), *grammatite* (PANSNER 1802:70: Haüy – DE LAPPARENT 1899:453), *nordenskjöldite* (seit DE LAPPARENT 1899:687b)
Wortfamilie: *trémolitique* 'tremolithaltig' (1998)[580]
Belegstellen: HAÜY 1796b:59, REUSS 1798.413, BROCHANT ²1808:1,514, MOZIN 1812:2,809b, LAROUSSE 1876:15,459c, DE LAPPARENT 1899:453

DE GALLITZIN 1796:88 zufolge ist der Tremolit von Höpfner[581] entdeckt und diesem zu Ehren zunächst *Höpfnerit* bzw. *hœpfnerite* genannt worden. Als französisches Wort ist *hœpfnerite* nur in PANSNER 1802 als von einigen Forschern gebrauchter Name des Tremolits zu finden. Die Umbenennung erfolgte durch Werrner, da das Mineral zunächst v.a. im Val Tremola (Schweiz) gefunden wurde. HASSENFRATZ 1791a spricht noch von einem gar nicht assimilierten „le tremolith", doch folgende Werke (DELAMÉTHERIE 1795, DE GALLITZIN 1796) verzeichnen bereits *trémolite* s.f. als gut

---

[580] Unter *www.mineralogicassociation.ca/doc/abstracts/ima98/ima98(11).pdf* vom 16. Juli 1998.
[581] Wahrscheinlich Johann Georg Albrecht Höpfner (1759-1813).

integriertes Lehnwort. Den verschiedentlich vorgeschlagenen Alternativbezeichnungen wird summa summarum *trémolite* stets vorgezogen.

corindon s.m. 'ein Mineral (Al_2O_3)' < *Korund*
(*FEW* 20,103a), (*TLF* 6,185b), (*EWFS* 262b), (*DMD* 186b), (*BW* 158b)
EB2: BERGMAN 1792:1,271 (*corrindon*)[582]
Varianten:
- äußere Form: *corrindon* (seit BERGMAN 1792), *corindon* (seit HAÜY 1796:38, heute weitaus üblicher)

Lexikalische Konkurrenten: *spath adamantin* (Pelletier/Delamétherie in *Journal de Physique* 1787 – Duval/Duval/Dolique, *Dictionnaire de la chimie* ²1959), *leïaste* (kurzzeitig von Haüy vorgeschlagen, s. FAUJAS DE SAINT-FOND 1797:2,413)
Wortfamilie: *corindonien* 'Korund-' (DELAMETHERIE 1795:1,290, FAUJAS DE SAINT-FOND 1797:1,16), *corindonique* 'dass.' (ACADEMIE COMPLEMENT 1838:278b – LAROUSSE 1948:1,439c), *corindoniques* s.f.pl. 'Gesteinsgattung, der der Schmirgel [Art Korund] angehört' (Bescherelle, *Dictionnaire national* 1845 – LAROUSSE 1869:5,137a)
Belegstellen: BOISTE 1803:106b, LAROUSSE 1869:5,136d, DE LAPPARENT 1899:507

Curundan, ein Wort des Tamil (*FEW*), ist bereits im 17. Jh. in Europa bekannt geworden und wird von Thévenot vor 1667 (s. *TLF*) als indisches Wort *corind* vorgestellt. 1789 schreibt Klaproth (im deutschen Original 1788) über den kurz zuvor entdeckten *spath adamantin* (Demantspat): „La seconde variété, qui vient des Indes, est appellée *Corrundum* par les habitans de Bombay" (1789a:185). Die mineralogische Analyse, Benennung und Klassifikation des Minerals erfolgt daraufhin ebenfalls durch Klaproth, der *cor(r)undum* zu d. *Korund* macht[583]. Im Französischen tifft man daraufhin *cor(r)indon* an. Offenbar handelt es sich hier um eine ausdrucksseitige Angleichung an *cor indum*, das in französischen Quellen des 18. Jhs. seit dem GRAND VOCABULAIRE FRANÇOIS 1768:7,37b nachweisbar ist und die Kerne einer Frucht einer indischen Pflanze (*Cardiospermum halicacabum*) bezeichnet, die „erbsen mit einer weißen herzförmigen rille gleichen" (*FEW*, vgl. *Herzerbsen* in SCHMIDLIN 1773:3,607a), als *corindum* noch in LAROUSSE 1869:5,137a. Vielleicht ist das semantisch gänzlich unverwandte *cor indum* herangezogen worden, weil weithin gar nicht bekannt war, was es eigentlich bezeichnete: statt des richtigen *pois de merveille* (BOISTE 1851:177b) steht z.B. im *Grand Vocabulaire François poix de merveille*; möglicherweise hielten einige Gelehrte *cor indum* für eine mineralogische Substanz (vgl. *poix de montagne*) und bedienten sich daher des Wortes bei der Umsetzung von Klaproths *Corrundum*.
Cor(r)indon tritt stets als Konkurrent von *spath adamantin* auf, nicht wie bei Klaproth als Varietät desselben. Geographisch etwas ungenau schreibt Delamétherie in BERGMAN 1792:1,271: „*Corrindon*. C'est le nom que porte à la Chine le spath adamantin, & que je préfère à ce dernier." Obwohl auch *spath adamantin* noch lange weiterlebt, etabliert sich *corindon* schnell in der mineralogischen Terminologie und wird wie schon von Delamétherie als Fachterminus bevorzugt.

---

[582] Die im *TLF* angegebene erste Übersetzung der *Sciagraphia* Bergmans durch Mongez 1781 enthält *corindon* noch nicht.
[583] Daher ist die Aussage FAUJAS DE SAINT-FONDS 1797:1,16 in lexikalischer Hinsicht ungenau: „Klaproth, qui a analysé en bon chymiste le spath adamantin, lui a donné, je ne sais pourquoi, le nom de *corrindon*": im Deutschen ist kein *Corrindon* nachweisbar.

schorlblende s.f. 'gesteinsbildende Mineraliengruppe' < *Schörlblende*
EB1: BERTRAND 1763:1,96a
EB2a: BERGMAN 1792:1,295
Lexikalische Konkurrenten: s. unter *hornblende*
LB: PANSNER 1802:162

In BERGMAN 1792 als Synonym von *hornblende* und *schorl lamelleux* aufgeführt; DE GALLITZIN 1796:58 verweist darauf, dass auch Sage *schorlblende* statt *hornblende* verwende. Das letztere Lehnwort, bereits fest verankert, hat man nicht nur im Folgenden vorgezogen.

pyrophane s.m. 'im Feuer durchsichtig werdender Stein (Feueropal)' < *Pyrophan* (*FEW* 9,647a)
EB1: HASSENFRATZ 1792d:93
EB2a: GRUVEL 1793:101
Lexikalische Konkurrenten: *opale de feu, quartz résinite miellé* (HAÜY 1822a:2,271)
Wortfamilie: *pyrophane* adj. 'durch Wärmeeinwirkung durchsichtig werdend (von Steinen)' (DE WAILLY 1811:662b – SACHS/VILLATTE 1894:1258c)
Belegstellen: SACHS/VILLATTE 1894:1258c
LB: DE LAPPARENT 1899:692a

HASSENFRATZ 1792d vermeldet eine Neuentdeckung durch von Born: „Cette pierre qui n'a aucune des propriétés de la demi-opale ni du pechstein, a été nommée *pyrophane* par M. de Born." Dieser erläutert seine Benennung folgendermaßen:

> „Sobald [der Stein] aber auf einem silbernen Löffel über Kohlen erwärmt wird, so wird er ganz durchsichtig, und beköммt eine braun-gelbe Farbe [...]. Das wäre nun also ein Pyrophan und das Gegenstück zum Hydrophan[584]" (1791:483).

Die Bezeichnung findet allgemeinen Anklang[585]; auch wenn sie in der Folgezeit kaum auf den Feueropal selbst bezogen wird, ist sie in adjektivierter Form im ganzen 19. Jh. vertreten.

bitter-spath s.m. 'ein Magnesiumerz (Magnesit, $MgCO_3$)' < *Bitterspat(h)*
EB2a: DE DOLOMIEU 1794:258n
Lexikalische Konkurrenten: *spath magnésien* (DELAMÉTHERIE 1795:1,342 – BROCHANT ²1808:1,561), *spath rhomboédrique* (s. ARMANET 1947:39b)
Belegstellen: COQUEBERT 1798:835, BROCHANT ²1808:1,561
LB: MOZIN 1863:1,185b

DE DOLOMIEU 1794 spricht vom „spath composé, dit *Bitterspath*"; aus DELAMÉTHERIE 1795:1,342[586] ergibt sich, dass es sich hier um Magnesit handelt. D. *Bitterspat* bezeichnet nämlich auch das nach ebenjenem de Dolomieu benannte Mineral Dolomit (fr. *dolomite*), ebenso wie das aus diesem Mineral aufgebaute

---

[584] Mit *Hydrophan*, fr. *hydrophane*, älter *Weltauge, œil du monde, oculus mundi* wird ein opalartiger Stein benannt, der durchscheinend wird, wenn er in Wasser getaucht wird.
[585] S. z.B. GRUVEL 1793:101: „M. de Saussure [fils] croit que le nom de *pyrophane* convient à cette pierre de préférence, parce que c'est le feu ou la chaleur qui la rend transparente & claire."
[586] „On trouve quelquefois des spaths magnésiens, bitter-spaths, c'est-à-dire de la magnésie combinée avec l'air fixe."

Dolomit-Gestein (fr. *dolomie*). Wenn sich also unter *www.navigationplus.com/ mineraux/b/_bitte.php* „bitterspath ou dolomie" findet, *bitterspath* hier folglich Gesteinsbezeichnung ist, liegt m.E. eine Neuentlehnung aus *Bitterspat* (unter Anlehung an fr. *spath*) vor, zumal fr. *bitterspath* ('Magnesit') zuvor letztmals in MOZIN 1863 nachzuweisen ist.

boracite s.f. 'ein bor- und magnesiumhaltiges Mineral' < *Borazit*
(*FEW* 19,32b)
EB2a: COQUEBERT 1795b:79 / VANBERCHEM-BERTHOUT/STRUVE 1795:150
Lexikalische Konkurrenten: *wurfelstein* (WESTRUMB 1789:101 – LAROUSSE 1876:15,1383c), *quartz cubique* (WESTRUMB 1789:101), *chaux boracique* (REUSS 1798:373), *magnésie boratée* (HAÜY 1822a:2,56 – WURTZ 1869:1,651b)
Belegstellen: LAROUSSE 1867:2,992a, DE LAPPARENT 1899:512

Von Werner 1789 benannt und von COQUEBERT 1795b unter die „espèces nouvelles" eingereiht. Laut VON KOBELL 1864:425 ist das Mineral schon 1791 von Haüy analysiert worden. Abgesehen von der chemisch orientierten Benennung durch denselben sind für *boracite* keine jüngeren französischen Konkurrenzbezeichnungen vorgeschlagen worden.

honigstein s.m. 'bestimmte Art Bernstein, Mellit' < *Honigstein*
EB2a: COQUEBERT 1795b:79
Lexikalische Konkurrenten: s. unter *pierre de miel*
Wortfamilie: *honigstique* 'Mellit-' (BOISTE 1841:372b – LANDAIS 1853:2,39c)
LB: ENCYCLOPÉDIE MÉTHODIQUE 1805:4,513b

HASSENFRATZ 1792b:214 weist auf die Benennung durch Werner hin[587], COQUEBERT 1795b nennt „le honigstein" unter den „espèces nouvelles". Zu Delaméthéries Kritik an dieser Bezeichnung s. unter *pierre de miel*. Obwohl fr. *honigstein* den vorliegenden Belegen zufolge nur ein kurzes Leben beschieden ist, hat es mit *honigstique*[588] eine Ableitung hervorgebracht, die allerdings erst in BOISTE 1841 (als synonym mit *mellitique* zu *mellite* 'Honigstein') nachzuweisen ist. Da diese kaum in bloßer Kenntnis des deutschen Wortes gebildet worden sein kann, ist entweder ein höheres Alter der Ableitung oder ein längeres Fortleben von *honigstein* anzusetzen.

chalcolite s.f. 'uranhaltiges Mineral (Kupferuranglimmer)' < *Chalcolit*
EB1: VON BORN 1790:2,343
EB2a: VANBERCHEM-BERTHOUT/STRUVE 1795:168 (*calcolithe*)
Varianten:
- äußere Form: *calcholithe* (COQUEBERT 1797c:611), *chalkolithe* (LAROUSSE 1867:3,849d), *chalcolite* (seit ebda.)

Lexikalische Konkurrenten: *mica vert* (KLAPROTH 1790:175 – PANSNER 1802:93[589]), *uranite carbonaté* (HAÜY 1796b:240), *torbernite* (seit DE LAPPARENT 1899:534)
Belegstellen: REUSS 1798:372, DE LAPPARENT 1899:534

---

[587] „On a trouvé à Arten, dans le Weymar, [...] un fossile jaune [...] que M. Werner a nommé *honigstein*, pierre de miel." Dabei handelt es sich nicht um den schon viel länger *Honigstein* und *melilites* genannten Stein, „welcher zu pulver zerstoszen einen weiszen süszen saft gibt" (DEUTSCHES WÖRTERBUCH 4/2,1755).
[588] Zur Bildungsweise vgl. *tungstique*, *tungstate* aus *tungstène*.
[589] In HAÜY 1822a:3,118 als veraltet und unzutreffend abgelehnt.

LELIÈVRE 1804[1800]:386 weist bei der Nennung verschiedener Uranit-Arten auf den „*uranites spathosus* de Klaproth", gleichbedeutend mit dem „*chalcolithus* de Werner", hin. Weniger präzise hatte VON BORN 1790 von einigen deutschen Mineralogen gesprochen, die *calcolithe* zur Bezeichnung einer phosphor- und kupferhaltigen Erdart verwenden. Da griech. χαλκός 'Kupfer' zu Grunde liegt, ist die Schreibung mit *ch*- nur natürlich. Fälschlicherweise, vielleicht aus Unkenntnis und/oder beeinflusst durch das frequentere *calci-* 'Kalk-', schreiben aber zahlreiche Autoren *calcolithe*. Werner hat sich bei der Benennung noch vom Kupfer leiten lassen, das das Erz durchaus enthält. Von Bedeutung ist es indes namentlich als Lieferant von Uran, das zum Zeitpunkt der Namensgebung gerade erst entdeckt worden war.

lazulite s.f. 'Lapislazuli' < *Lazulith*
(*FEW* 19,107b), (*TLF* 10,1047a), (*EWFS* 563a), (*DMD* 422a), (*BW* 49b)
EB2a: DELAMÉTHERIE 1795:3,462
Varianten:
- morphologisch: s.m. (DELAMÉTHERIE 1795 – Beudant, *Minéralogie* 1861:281)
Lexikalische Konkurrenten: *lapis lazuli* (seit 13. Jh.), *pierre d'azur* (COTGRAVE 1611 – HAVARD 1890:4,311a), *klaprothine* (seit WURTZ 1873:2,172b)
Belegstellen: HAÜY 1796b:51, COQUEBERT 1797a:275, REUSS 1798:384, BOISTE 1803:239a, ENCYCLOPÉDIE MÉTHODIQUE 1805:4,634a LAROUSSE 1873:10,281d, DE LAPPARENT 1899:535

Der bezeichnete Edelstein ist als *lapis lazuli* in zahlreichen europäischen Sprachen schon lange bekannt gewesen, im Deutschen wurde er auch *Lasurstein* genannt. Klaproth kreiert 1795 in Form von *Lazulith* erstmals eine der gelehrten Nomenklatur angemessene Bezeichnung (s. *OED*² 8,739a), die noch im gleichen Jahr ins Französische übergeht. Delamétherie hatte in der zweiten Auflage der *Sciagraphie* Bergmans (1792:1,306) noch *lapis lazuli* verwendet. Als volkstümliche Bezeichnung bleibt dieses bestehen, im wissenschaftlichen Diskurs setzt sich *lazulite* – gestützt durch die Aufnahme durch Haüy, vgl. schon COQUEBERT 1797a – alsbald durch. Im heutigen Deutschen wird *Lazulith* für 'Blauspat' (blaues, magnesium- und eisenhaltiges Mineral) gebraucht, so schon von Werner, der für Klaproths *Lazulith* das ältere *Lasurstein* beibehält (s. *lazulit de Werner* in HAÜY 1822:4,503).

leucite s.f. 'ein weißliches Mineral (K[AlSi$_2$O$_6$])' < *Leuzit*
TLF 10,1120b, (*DMD* 428a)
EB2a: DELAMÉTHERIE 1795:1,385
Lexikalische Konkurrenten: *grenat blanc* (DELAMÉTHERIE 1795:1,394, PANSNER 1802:71), *grenat volcanique* (REUSS 1798:381, PANSNER 1802:71), *leucolithe* (REUSS 1798:384), *grenat décoloré* (PANSNER 1802:72), *schorl en forme de grenat* (PANSNER 1802:160), *amphigène* (HAÜY 1809:33 – DE LAPPARENT 1899:419)
Wortfamilie: *leucitoèdre* 'trapezoide Fläche, die besonders oft beim Leuzit angetroffen wird (Kristallographie)' (HUARD 1854:41), *leucitite* 'stark leuzithaltiges Gestein' (seit DE MICHELE 1972:57a), *leucitique* 'leuzithaltig' (seit DE MICHELE 1972:97b)
Belegstellen: DE DOLOMIEU 1796:177, HAÜY 1796b:36, BOISTE 1803:240b, LAROUSSE 1873:10,433b, DE LAPPARENT 1899:419

Von Werner geprägt, motiviert durch die weiße Farbe des Minerals (griech. λευκός 'weiß'). Aus dieser erklären sich auch einige der lexikalischen Konkurrenten, die aber mit der Jahrhundertwende den gelehrten Bildungen weichen. Der Fremdheitsgrad von *leucite* (ANON. 1796b:78 noch „la *leucite de Werner*") nimmt rasch ab, und das von Haüy vorgeschlagene *amphigène* trifft auf einen bereits fest integrierten Terminus.

olivine s.f. 'Mineral der Hornblendegruppe (Peridot, $(Mg,Fe)_2[SiO_4]$)' < *Olivin*
(*FEW* 7,348a), (*TLF* 12,477a), (*DMD* 521b)
EB1: VON BORN 1790:2,486
EB2b: DELAMÉTHERIE 1795:1,385
Lexikalische Konkurrenten: *péridot* (seit 13. Jh., mineralogisch seit spätestens DAUBENTON 1750:30), *granitelle mêlangée de grains quartzeux verdâtres* (VON BORN 1790 a.a.O.), *chrysolite des volcans* (*Journal de Physique* 20 (1787), 397 – Lettre de M. Hubert l'Aîné à M. Bory de Saint-Vincent, 1802[590]), *pseudochrysolite* (REUSS 1798:403), *chrysolite en grains irréguliers* (PANSNER 1802:39)
Belegstellen: BROCHANT [2]1808:1,175, LAROUSSE 1874:11,1316b, DE LAPPARENT 1899:459

VON BORN 1790 weist auf die Prägung durch Werner hin und verwendet *olivine* noch nicht als französisches Wort, wohl aber schon in assimilierter Gestalt (*-ine*). Auch HASSENFRATZ 1792a:330ff. nennt *olivine* zunächst als Wort Werners, gebraucht es dann aber ausschließlich. Delaméthérie schreibt 1792 „M. Werner a appellé olivin [sic] la substance qu'on avoit désignée jusqu'ici par chrysolite des volcans" (BERGMAN 1792:1,269), benutzt dann aber 1795 *olivine* ohne Einschränkung. Verschiedene Umschreibungen mit *chrysolite* sind zwar nachzuweisen, aber der stärkste Konkurrent ist das schon seit dem Mittelalter bekannte *péridot*, das auch in der französischen mineralogischen Terminologie vor 1790 fest integriert ist. Obwohl Haüy an diesem festhält, behauptet *olivine* seinen Platz.

schéele s.m. 'ein Wolframerz (Tungstein, Scheelit)' < *Scheelium*
EB1: COQUEBERT 1795:62n
EB2: VANBERCHEM-BERTHOUT/STRUVE 1795:167 (*scheel*)
Varianten:
- äußere Form: *schéele* (BOISTE 1803:362a – MOZIN 1863:2,963a), *schéelin*[591] (PANSNER 1802:158 mit Verweis auf Haüy – LAROUSSE 1932:5,233b), *schéelite* (seit SACHS/VILLATTE 1894:1405a)

Lexikalische Konkurrenten: *tungstène* (seit 1765)
Wortfamilie: *schéelique* 'Tungstein-' (HAÜY 1822a:4,363), *schéelate* 'wolframsaures Salz' (LANDAIS 1853:2,1254b – LAROUSSE 1932 a.a.O.), *schéelaté* 'wolframsaures Salz enthaltend' (HAÜY 1822a:4,364), *schéelitine* 'wolfram-und bleihaltiges Salz' ($PbWO^4$)' (WURTZ 1876:2,1454a – DE LAPPARENT 1899:592)
Belegstellen: HAÜY 1809:118 (*schéelin ferruginé* 'Wolframit'), DE MICHELE 1972:85a
LB (in allgemeinen Wörterbüchern): LAROUSSE 1964:9,659b

HAÜY 1822a:4,364 bemerkt zu *tungstène* bzw. d. *Tungstein*:

„Aussi le célèbre Werner, qui professait la Minéralogie dans un pays où ce nom, tiré de l'idiome que l'on y parle[592], devait choquer davantage, lui avait-il substitué le nom de *schéel*, comme un hommage rendu au savant qui a fait disparaître l'erreur attachée à l'ancien nom";

---

[590] S. unter *perso.club-internet.fr/decobed/Borystvincent.html*.
[591] *Schéeling* in RAYMOND 1832 und LANDAIS 1853.
[592] Das ist falsch: *Tungstein* stammt aus schwed. *tungsten*, eigtl. 'schwerer Stein', 1758 von Cronstedt terminologisiert.

Carl Wilhelm Scheele (1742-1786) hatte als erster die Wolframsäure entdeckt. Daher benannte Werner ihm zu Ehren den Tungstein als *Scheel*. Da im Französischen *tungstène* durch Lavoisier etc., also maßgebliche Autoritäten, terminologisiert worden ist, besteht für eine neue Bezeichnung zunächst kein Bedarf[593], doch durch die explizite Verbreitung von Werners Mineralsystem durch Vanberchem-Berthout und Struve gelangt auch *scheel* als mineralogischer Terminus ins Französische. Da Haüy das Wort nicht ablehnt, kann es sich neben *tungstène* behaupten. Offenbar unter analogischen Gesichtspunkten werden einreihende Formen mit gelehrten Suffixen gebildet, zunächst *schéelin* (in RAYMOND 1832 und LANDAIS 1853 offensichtlich durch →*schilling, schelling* beeinflusst), dann als *schéelite*. Vielleicht ist letzteres seinerseits entlehnt worden: d. *Scheelit* kennt schon VON KOBELL 1864.

strontianite s.f. 'ein Sedimentmineral (SrCO₃)' < *Strontianit*
(*TLF* 15,980b), (*DMD* 733b)
EB2a: COQUEBERT 1795a:61 / DELAMÉTHERIE 1795:3,458
Varianten:
- morphologisch: s.m. (DELAMÉTHERIE 1795)

Lexikalische Konkurrenten: *strontiane carbonatée* (HAÜY 1796b:92 – WURTZ 1876:2,1679a)
Belegstellen: REUSS 1798:410, BROCHANT ²1808:1,637, MOZIN 1812:2,702b, WURTZ 1876:2,1679a

Charles Coquebert (1755-1831), der Chefredakteur des *Journal des Mines*, ist einer der Verantwortlichen für die Entlehnung des von Sulzer geschaffenen *Strontianit*[594]; daneben hat auch die Übernahme des Wortes durch Delaméthérie Gewicht. Die Neu- bzw. Fremdartigkeit zeigt sich hier noch im maskulinen Genus, bevor bald das für französische Stoffbezeichnungen auf *-ite* übliche Femininum auch bei *strontianite* zur Regel wird. PELLETIER 1797 möchte *strontiane* an die Stelle von *strontianite* setzen:

> „[...] je pense que le nom de strontiane, pris du lieu où elle a été rencontrée[595], pourroit lui être assigné, d'autant que ce nom ne signifie rien par lui-même, et ne peut par conséquent la faire confondre avec d'autres substances" (115).

Dieser Vorschlag setzt sich nicht durch; *strontiane* wird zwar beibehalten, bezeichnet aber in der Mineralogie und Chemie nicht das Strontiumkarbonat (SrCO₃), sondern das Strontiumoxid.

syénite s.f. 'ein Plutonitgestein' < *Syenit, Sienit*
(*FEW* 12,483b), (*TLF* 15,1223b), (*DMD* 743b)
EB1: VON BORN 1790:2,485
EB2b: COQUEBERT 1795b:79 (*sienite*)
Varianten:
- äußere Form: *sienit* (REUSS 1798:408), *siénite* (PANSNER 1802:166 – HARTMANN 1825:868), *syénite* (seit LAROUSSE 1875:14,1302a)
- morphologisch: *siènite* s.m. (DE GALLITZIN 1796:4)

Lexikalische Konkurrenten: *granite noirâtre* (REUSS 1798:381), *sinaïte* (Rozière laut VON HUMBOLDT 1823:196)

---

[593] Vgl. COQUEBERT 1795a:62n.
[594] S. COQUEBERT 1795a:61: „En rendant compte des travaux de quelques minéralogistes allemands [...], nous avons cru pouvoir emprunter aussi les noms dont la plûpart se servent pour les désigner."
[595] Strontian in Schottland.

Wortfamilie: *siéniteux* 'syenithaltig' (COQUEBERT 1795:78, *ardoise siéniteuse*), *syénitique* 'dass.' (seit VON HUMBOLDT 1823:72)
Belegstellen: DAUBUISSON 1802:1,42, BROCHANT ²1808:2,576, HAÜY 1822a:4,534, MOZIN 1828:2/2,193b, DE MICHELE 1972:91b

Bereits in der Antike wird mit griech. συηνίτης, lat. *syenites* der im ägyptischen Syene (heute Assuan) gebrochene rote Granit bezeichnet, daher fr. *syénite* in identischer Bedeutung (seit 1564, s. *TLF* 15,1223b) und auch in der älteren Mineralogie, s. WALLERIUS 1753:1,191. Das in der modernen Terminologie als *Syenit* bezeichnete Gestein unterscheidet sich jedoch v.a. durch seinen geringen Quarzgehalt deutlich vom Granit (SCHUMANN ³1974:82). DE GALLITZIN 1796 nennt „le *siènite* [...] de M. Werner" als eine der jüngsten Neuentdeckungen aus dem Mineralreich. In Gestalt und Genus noch stark von Werners *Sienit* s.m. beeinflusst ist die Form de Gallitzins, ähnlich wie *sienit* in REUSS 1798. Angesichts der Vielzahl der Belege und der baldigen uneingeschränkten Verwendung sowie formalen Assimilation durch die Anlehnung an *syénite*[1] ist der Integrationsprozess schon um die Jahrhundertwende als abgeschlossen zu betrachten.

terre corrindonienne s.f. (eigentlich inexistent) < *Korunderde*
EB2a: DELAMETHERIE 1795:1,290
LB: FAUJAS DE SAINT-FOND 1797:1,16

Delamétherie berichtet von Klaproths vorgeblicher Entdeckung („La terre *corrindoniène* ou terre du Corrindom, ou spath adamantin, à laquelle Klaproth a cru reconnoître des qualités nouvelles"); auch Faujas de Saint-Fond betrachtet Klaproths Klassifikation mit Skepsis („il lui a plu d'appeler cette terre corrindonienne"). Tatsächlich ist Klaproths ursprüngliche Vermutung, „es könne außer der gefundenen Thonerde vielleicht noch eine eigenthümliche Erde in dem Mineral [i.e. Korund] enthalten sein" (VON KOBELL 1864:527), von ihm selbst bald widerlegt worden.

terre strontianiène s.f. 'Strontiumoxid' < *Strontianerde*
EB2a: DELAMÉTHERIE 1795:3,458
Lexikalische Konkurrenten: *strontiane* (seit 1795)
LB: PANSNER 1802:181 (*terre strontianique*)

„C'est une nouvelle terre que Klaproth a retirée du strontianite", merkt Delamétherie an. Klaproth hatte diese Erde (Oxid) 1793 analysiert und benannt; im Französischen behält *strontiane* die Oberhand.

terre zirconienne s.f. 'Zirkoniumoxid' < *Zirkonerde*
EB2a: DELAMÉTHERIE 1795:1,290 (*terre circoniène*)
Varianten:
- äußere Form: *terre zirkonienne* (DE GALLITZIN 1796 – HAÜY 1797:170)
Lexikalische Konkurrenten: *terre du jargon* (DELAMÉTHERIE a.a.O.), *zircone* (seit VAUQUELIN 1797b:97), *zirconie* (seit GUYTON 1797:94)
LB: PANSNER 1802:182 (*terre zirkonique*)

Klaproth entdeckte bei der Analyse des Zirkons eine neue „Erde", von der Crell Hassenfratz berichtet: „La terre des *zirkones* est soluble dans les acides [...]." Bald darauf wird die Lehnbildung *terre zirconienne* geschaffen. DELAMÉTHERIE 1795 beurteilt die Existenz dieser Substanz mit Skepsis[596]. Das von Delamétherie gebrauchte *terre du jargon* lehnt GUYTON 1797:93f. ab[597].

titane s.m. 'weißes, sehr resistentes Metall (Ti)' < *Titanium*
FEW 13/1,355b, *TLF* 16,270a, (*DMD* 766a)
EB2a: GUYTON 1795:46n (*titanium*)
Varianten:
- äußere Form: *titanium* (GUYTON 1795 – ACADÉMIE COMPLÉMENT 1842:1201a), *titane* (seit VAUQUELIN/HECHT 1795:14)

Lexikalische Konkurrenten: *schorl rouge* (REUSS 1798:407 – ACADÉMIE SUPPLÉMENT 1836:802a)
Wortfamilie: *titané* 'titanhaltig' (seit VON HUMBOLDT 1823:80), *titanifère* 'dass.' (seit *ebda*. 144), *titanate* 'titanhaltiges Salz' (seit ACADÉMIE SUPPLÉMENT 1836:801c), *titanique* 'Titan-' (seit ACADÉMIE SUPPLÉMENT 1836:802a), *titaniate* 'titanhaltiges Salz' (ACADÉMIE COMPLÉMENT 1842:1201a), *titanides* 'Familie von Elementen, die das Titan beinhaltet' (ACADÉMIE COMPLÉMENT 1842:1201a – LAROUSSE 1933:6,713c), *titaneux* 'Titan-' (LAROUSSE 1875:15,241b – 1978:7,6088c), *titanisation* 'Behandlung einer Oberfläche mit Titan' (seit LAROUSSE 1977:6,6088c), *titaniser* 'mit Titan behandeln' (seit *ebda*.)
Belegstellen: HAÜY 1796b:244, BOISTE 1803:392c

Klaproth benannte das von ihm entdeckte Metall 1795 *Titanium*. Diese Form reflektieren auch die frühesten französischen Belege in GUYTON 1795:46n und KLAPROTH 1795:9, die beide unmittelbar auf die Untersuchungen Klaproths Bezug nehmen. Schon VAUQUELIN/HECHT 1795 führen die Variante *titane* ein, die von da an maßgeblich ist.

withérite s.f. 'ein Sedimentmineral (BaCO$_3$)' < *Witherit*
TLF 16,1393b
EB2a: DELAMÉTHERIE 1795:3,460
Lexikalische Konkurrenten: *spath pesant aéré* (DELAMÉTHERIE 1795 a.a.O.), *barolithe* (WURTZ 1874:3,722b)
Belegstellen: PELLETIER 1797:118, MOZIN 1812:2,896a, LAROUSSE 1976:15,1360b, DE LAPPARENT 1899:514

Werner benannte das Mineral nach dem britischen Gelehrten Withering, der es bei Anglesark/Lancashire zum ersten Mal antraf. In der mineralogischen Terminologie ohne nachhaltige Konkurrenz. Die von FOURCROY/VAUQUELIN 1799:63 vermutete Identität von Witherit und Strontianit und damit der Synonymie der Bezeichnungen hat sich schnell als unzutreffend herausgestellt.

---

[596] „La terre *circoniène* ou terre du Jargon, que Klaproth soupçonne être différente des autres terres", vgl. *terre corrindonienne.*
[597] „L'ayant découvert d'abord dans le jargon, [Klaproth] la nomma terre du jargon (Zirkonerde), que nous avons déjà traduit par zirconie, terre zirconienne, expressions plus conformes aux régles de la nomenclature, parce qu'en même tems qu'elles établissent un rapport étymologique suffisant pour aider la mémoire, elles s'identifient moins avec le composé, dont cette terre n'est qu'une des parties constituantes."

kohlblende s.f. 'Steinkohle mit besonders hohem Kohlenstoffanteil' < *Kohlblende*
(E)B2a: ANON. 1796a:93n
Lexikalische Konkurrenten: *pseudo-houille* (VANBERCHEM-BERTHOUT/STRUVE 1795:153 – PANSNER 1802:143), *anthracolite* (REUSS 1798:367 – BOISTE 1851:38a), *anthracite* (so seit BOISTE 1803), *anthracite schistoïde* (HAÜY 1822a:4,566), *blende charbonneuse* (LAROUSSE 1867:2,815d)

„La plombagine et la *kohlblende* sont des combinaisons du carbon", schreibt der ANON. 1796 in der Rezension von Werners *Neuer Theorie von der Entstehung der Gänge* (1791). Darüber hinaus wird das von Werner eingeführte *Kohlblende* nicht ins Französische aufgenommen. Selbst VANBERCHEM-BERTHOUT/STRUVE 1795, die Werners System in Frankreich propagieren, ersetzen das Wort.

schieffer-spath s.m. 'blättrige Erscheinungsform des Kalkspaths' < *Schieferspat(h)*
EB2a: DE GALLITZIN 1796:4
Lexikalische Konkurrenten: *spath schisteux* (BROCHANT ²1808:1,558), *chaux carbonatée nacrée* (s. ARMANET 1947:236b)[598]
LB: BROCHANT ²1808 a.a.O.

Das bereits ältere deutsche Wort wurde von Werner in sein Mineralsystem aufgenommen und hieraus für kurze Zeit entlehnt. Der Schieferspath verdankt seinen Namen der blättrigen Gestalt, die an Schiefer erinnert. Höchstwahrscheinlich ist *schieffer-spath* im Französischen nicht lange beibehalten worden, weil die Bezeichnung irreführend ist und an *schiste spathique* erinnert, das zur Bezeichnung der Hornblende dient[599]. Auf eine gesonderte Bezeichnung dieser Erscheinungsform des Kalkspaths haben die französischen Sprecher im Folgenden verzichtet.

grauwacke s.f./s.m. 'grauer bis brauner Sandstein' < *Grauwacke*
FEW 17,438b
EB1: ANON. 1796c:71
EB2b: ANON. 1796d:231 (*grauwakke*)
Varianten:
* äußere Form: *grauwakke* (ANON. 1796d, ESMARK 1798:815), *grauwacke* (seit BROCHANT ²1808:2,588n)
Lexikalische Konkurrenten: *grès gris* (VON TREBRA 1787:123 – PANSNER 1802:72), *brèche argileuse* (PANSNER 1802:27), *pseudo-porphyre* (PANSNER 1802:143), *roche porphyrique* (PANSNER 1802:153), *traumate* (DAUBUISSON 1819:2,202n)[600], *mimophyre* (HARTMANN 1825:861), *grès des houillères* (HAÜY 1822a:4,564 – ARMANET 1947:111a), *métaxyte* (HAÜY 1822a:4,564), *psammite commune* (HAÜY 1822a:4,563)
Wortfamilie: *subgrauwacke* 'Gestein mit weniger als 15% Grauwackenanteil' (DE MICHELE 1972:48b)
Belegstellen: ENCYCLOPÉDIE MÉTHODIQUE 1815:6,297a, RAYMOND 1832:1,669b, ARMANET 1947:111a, DE MICHELE 1972:48a

In ANON. 1796d wird *grauwakke* bei der Beschreibung hessischer Gebirgsketten ohne Einschränkung verwendet: „Cette chaîne [...] est composée principalement de montagnes de schiste argileux et de *grauwakke* [...]." Ob *grauwakke* hier schon als

---

[598] Vgl. dazu schon die Definition bei VON BORN 1790:2,483 als „Spath calcaire informe, couleur de nacre de perle, compacte, verdâtre [...]."
[599] Fälschlicherweise umschreibt z.B. VON BORN a.a.O. den Schieferspat als *schiste spathique*.
[600] Von Daubuisson vorgeschlagen, weil ihm *grauwacke* zu fremdartig erscheint, um als Wort der französischen Geologie beibehalten werden zu können.

bekannt vorausgesetzt wird oder dem Autor eine Erklärung mangels Kenntnis nicht möglich ist, lässt sich zwar nicht mit Bestimmtheit sagen, doch ist der zweite Fall für Mineralogen dieser Zeit, zumal wenn sie „Extraits d'ouvrages étrangers", d.h. zumeist deutscher Werke, herausgeben, wenig wahrscheinlich[601]. In jedem Fall ist *grauwacke* einige Jahre später gut integriert (s. DAUBUISSON 1819:2,202n: „Le mot *grauwacke*, qu'on emploie fréquemment chez nous [...]"). Nichtsdestoweniger existiert eine Vielzahl konkurrierender Benennungen, von denen allerdings keine eine uneingeschränkte Verwendung erfährt.

spath en table s.m. 'ein Metamorphitmineral (Wollastonit)' < *Tafelspat*
EB2b: HAÜY 1796a:7 (*spath pesant en table*)
Varianten:
- äußere Form: *spath en tables* (PANSNER 1802:170)
Lexikalische Konkurrenten: *wollastonite* (seit HAÜY 1822a:2,438)
Belegstellen: BRONGNIART 1807:2,406, HAÜY 1809:66
LB: MOZIN 1863:2,1042c

Das laut Pansner von Schütz, laut Brongniart von Stütz geprägte *Tafelspat* findet sich zunächst in einer zum Zeitpunkt des vorliegende Erstbeleges anscheinend bereits vertrauten Variante; HAÜY 1796 nennt die „cristaux connus sous le nom de *spath pesant en table*". In der mineralogischen Terminologie wird *spath en table* im 19. Jh. durch *wollastonite* ersetzt.

titanite s.f. 'ein Titanerz (Sphen, CaTiO[SiO$_4$])' < *Titanit*
(*FEW* 13/1,355b), *TLF* 16,270b, (*DMD* 766a)
EB2a: KLAPROTH 1796:55
Lexikalische Konkurrenten: *titane silicéo-calcaire* (HAÜY 1796b:247), *sphène* (seit Haüy, *Traité de Minéralogie* 1801)
Belegstellen: BOISTE 1803:392c, ACADÉMIE COMPLÉMENT 1842:1201b, DE LAPPARENT 1899:432

Der *TLF* bleibt zwischen einer möglichen französischen Ableitung zu →*titane* und einer Entlehnung des im Deutschen 1795 von Klaproth geschaffenen *Titanit* unentschlossen. Sehr viel wahrscheinlicher ist die zweite Möglichkeit. In Hechts Übersetzung von Klaproths „Analyse d'un fossile de l'évêché de Passau" (*Journal des Mines* germinal an IV, 51-56) zitiert er den deutschen Chemiker: „[...] je propose de lui donner le nom de *titanite*", so dass auf diese Weise Klaproths Vorschlag auch Frankreich erreicht. Eine Konkurrenzbezeichnung schafft Haüy 1801 in Form von *sphène* (auch > d. *Sphen*) nach griech. σφήν 'Keil', da die Titanitkristalle eine vergleichbare Form haben.

wacke s.f. 'eine Gesteinsart (Tonsilikat)' < *Wacke*
FEW 17,438b
EB1: VON BORN 1790:2,487
EB2b: SCHREIBER 1796a:35
Varianten:
- äußere Form: *wakke* (BEURARD 1798a:338 – BROCHANT ²1808:1,434), *wake* (VANBERCHEM-BERTHOUT/STRUVE 1795:146 – Littré, *FEW*), *vakke* (BROCHANT ²1808:1,435), *wacce* (REUSS

---

[601] Auch in ESMARK 1798 wird *grauwakke* nicht erläutert.

1798:415 – HAÜY 1822a:4,578), *vake* (BRONGNIART 1807:1,548 – ACADÉMIE COMPLÉMENT 1842:1244a)
Lexikalische Konkurrenten: *basalte informe* (REUSS 1798:370), *basalte fibreux* (PANSNER 1802:21)
Belegstellen: HAÜY 1809:65, MOZIN 1812:2,895a
LB (in Wörterbüchern): LAROUSSE 1949:2,1064b

Bereits in POTT 1753a:145 findet sich „les *Waacken*", erklärt als „*Saxum commune*", in der Form übernommen aus POTT 1751:41 (*Waacken*). Dieser erste Entlehnungsvorgang wird nicht fortgesetzt. Definitiv entlehnt wird *wacke* erst als Bestandteil des mineralogischen Systems Werners und wird in diesem Zusammenhang wie zahlreiche andere Entlehnungen schnell vollständig integriert, zumal auch Haüy *wacke* übernimmt. Trotz des Fehlens in Wörterbüchern nach 1949 ist *wacke* noch häufig als französisches Wort anzutreffen[602], besonders oft in Dokumenten aus Kanada[603].

zechstein s.m. 'Erdschicht des Paläozoikums' < *Zechstein*
BEHRENS 1923:30
EB1: MORAND 1768:1,127
EB2a: ANON. 1796d:239
Lexikalische Konkurrenten: *calcaire alpin* (seit VON HUMBOLDT 1823:21), *calcaire pénéen* (ARMANET 1947:331a)
Belegstellen: VON HUMBOLDT 1823:28, LAROUSSE 1876:15,1465d, SACHS/VILLATTE 1894:1628b, ARMANET 1947 a.a.O., LANGENSCHEIDT 1979:2,963a

Unter den verschiedenen Schichten der Erde erscheint in ANON. 1796d „8. Pierre calcaire, compacte, à cassure terreuse, qui est tendre et grise dans la partie supérieure de la couche, plus dure et plus foncée dans le bas. Cette espèce de pierre se nomme *zechstein*." Als geologischer Terminus ist *zechstein* noch heute integriert[604].

lépidolithe s.f. 'ein Mineral (Lithiumglimmer)' < *Lepidolith*
(*TLF* 10,1096b)
EB2a: KLAPROTH 1797:35
Lexikalische Konkurrenten: →*lilalite* (KLAPROTH 1797:45 – DE LAPPARENT 1899:683a)
Belegstellen: BOISTE 1803:240a, HAÜY 1809:64, LAROUSSE 1873:10,386b, DE LAPPARENT 1899:428

1792 von Klaproth wegen der Gestalt (schuppige Blättchen) benannt nach griech. λεπίς 'Schuppe'. Zum Konkurrenten *lilalite* s. dort. Die französische mineralogische Terminologie übernimmt ausschließlich *lépidolithe*.

---

[602] So z.B. unter *www.discip.crdp.ac-caen.fr/svt/pedagoj/ sortigeo/rochauxrenards.htm, cnum.cnam.fr/ILL/ 4KY28.12.html.*
[603] S. u.a. *www.mrn.gouv.qc.ca/inc/mines/quebec-mines/ 2003-10/images/geologieSakami-Guyer.pdf, www.mmmtm.qc.ca/boutique_souvenirs.htm, www.mrn.gouv.qc.ca/mines/points/ points-chauds-precieux.jsp.*
[604] Vgl. VON HUMBOLDT 1823:28 zum damaligen Zustand: „Aussi c'est comme par convention tacite que les mots: *zechstein de Thuringue, calcaire de Derbyshire, terrain de Paris*, etc., se sont introduits dans le langage minéralogique."

lilalite s.f. 'ein Mineral (Lithiumglimmer)' < *Lilalit*
EB2a: KLAPROTH 1797:45
Varianten:
- äußere Form: *lilalithe* (ENCYCLOPÉDIE MÉTHODIQUE 1805:4,642b – LAROUSSE 1873:10,514d)

Lexikalische Konkurrenten: →*lépidolithe* (seit KLAPROTH 1797:35)
Belegstellen: RAYMOND 1832:1,838a
LB: DE LAPPARENT 1899:683a

In der französischen Terminologie ist *lilalite* kaum tatsächlich gebraucht worden, denn die frühesten Nennungen finden sich in Abhandlungen über das stattdessen →*lépidolithe* genannte Mineral[605]. Aus diesen Quellen gelangt *lilalite* in französische Wörterbücher. Dass es sich bei *lilalite* um eine Abart des Lepidoliths handeln soll, wie in LAROUSSE 1873 behauptet wird, lässt sich anhand der Fachliteratur nicht untermauern.

pierre de miel s.f. 'bestimmte Art Bernstein' < *Honigstein*
(*FEW* 6,648b)
EB1: BERGMAN 1792:2,24 (spontan übersetzt)
EB2a: CRELL 1797:325
Lexikalische Konkurrenten: *succin transparent cristallisé* (BERGMAN 1792:2,24), *honigstein* (COQUEBERT 1795b:79 – ENCYCLOPÉDIE MÉTHODIQUE 1805:4,513b), *mellite* (seit PANSNER 1802:90: Haüy)
Belegstellen: REUSS 1798:400, BROCHANT ²1808:2,73, MOZIN 1812:2,322a, LAROUSSE 1874:12,975a
LB: LAROUSSE 1963:8,480c

Zunächst findet sich *pierre de miel* mehrfach nur als spontane Übersetzung der von Werner eingeführten Bezeichnung *Honigstein* (s. *honigstein*), so etwa in BERGMAN 1792, HASSENFRATZ 1792b:214, COQUEBERT 1795b:79. Delamétherie hält die Benennung für unangebracht: „Ce sont ces cristaux que Werner a appelés mal-à-propos hornistein [sic], *pierre-de-miel*, puisqu'ils ne sont pas de la pierre" (1795:2,98). Aufgrund der traditionellen Bezeichnung des Bernsteins als *succin* oder *ambre (jaune)* findet *pierre de miel*, wenngleich eine besondere Art bezeichnend, nur zögerlich Aufnahme ins Französische. Rascheren Erfolg hat das von Gmelin in Anlehnung an Werners *Honigstein* geprägte *mellites*, das auch Haüy als *mellite* aufnimmt[606].

aragonite s.f. 'rhombische Modifikation des Kalziumkarbonats' < *Aragon(it)*
(*TLF* 3,380a), LOFFLER-LAURIAN 2000:75n4
EB2a: REUSS 1798:369
Varianten:
- äußere Form: *arragonite* (REUSS 1798 – WURTZ 1869:1,393b), *arragon* (PANSNER 1802:16), *aragonite* (seit Landais, *Dictionnaire général et grammatical* 1834)

Wortfamilie: *aragonitique* 'aragonitförmig' (2003)
Belegstellen: PANSNER 1802, BOISTE 1803:30a, HAÜY 1822a:1,432, LAROUSSE 1866:1,545a, DE LAPPARENT 1899:514

---

[605] S. KLAPROTH 1797:45: „Je ne crois pas que la première dénomination de *lilalithe* [...] puisse lui rester; et j'ai proposé de la nommer *lépidolite* ou pierre d'écailles [...]" und LE LIEVRE 1798:222: „Ce fossile est connu en Allemagne depuis plus de huit ans, d'abord sous le nom de *lilalite* en raison de sa couleur [...]."
[606] Nicht zu verwechseln mit *mellite* 'versteinerter Seeigel' in BERTRAND 1763:2,24a.

Von Werner zunächst nach dem spanischen Fundort als *Ar(r)agon* benannt, dann als *Ar(r)agonit* in die Nomenklatur eingegliedert (VON KOBELL 1864:401). Laut von Kobell war bereits Romé de l'Isle das Mineral bekannt, das er aber für das dem Aragonit sehr ähnliche Kalzit (Kalkspat) hielt. Nachdem Klaproth 1788 die Unterschiede nachgewiesen hatte, war der Weg für *aragonite* als unangefochtene Bezeichnung frei.

asparagite s.f. 'Varietät des Apatits' < *Spargelstein*
(E)B2a: COQUEBERT 1798:834
Lexikalische Konkurrenten: s. unter *pierre d'asperge*

Versuch einer gelehrten Lehnbildung durch Coquebert („l'*asparagite* de Werner ne s'est encore trouvé que dans la partie du Zillerthal nommée Zem") mit noch geringerer Durchschlagskraft als →*pierre d'asperge*.

augite s.f. 'magmatitische Mineraliengruppe' < *Augit*
(*TLF* 3,918b)
EB2b: ESMARK 1798:816
Lexikalische Konkurrenten: *schorl volcanique* (PANSNER 1802:162), *pyroxène* (seit Haüy, *Traité de Minéralogie* 1801:3,109)
Wortfamilie: *augitique* 'augitartig oder -haltig' (seit LAROUSSE 1866:1,931d)
Belegstellen: BROCHANT ²1808:1,179, HAÜY 1822a:2,427, LAROUSSE 1866:1,931c, DE LAPPARENT 1899:448

Bereits in ENCYCLOPEDIE 1751:1,875a findet sich *augites* als „nom d'une pierre précieuse dont il est fait mention dans Pline". Daher wird *augite* im *TLF* als Lehnwort aus dem Latein der Antike klassifiziert. Als mineralogischer Terminus hat dieses *augites* aber keinerlei Bedeutung und fehlt in französischen Fachpublikationen vor 1798. Als mineralogischer Fachausdruck ist *augite* aus Werners Nomenklatur entlehnt worden. „[…] il n'a commencé à être mieux connu en Allemagne qu'à l'époque ou le célèbre Werner en a fait une espèce distincte, sous le nom d'*augite*", schreibt HAÜY 1822a über diese Mineraliengruppe und stellt *augite* den Terminus *pyroxène* gegenüber (> d. Pyroxen), der heute häufiger als *augite* verwendet wird.

braunkohle s.m. 'Kohle mit teilweise erkennbaren Pflanzenresten' < *Braunkohle*
EB2a: VAN MONS 1798:96
Lexikalische Konkurrenten: *lignite* (seit 1765), *houille schistoïde* (HAÜY 1822a:4,567)
LB: BROCHANT ²1808:2,47

Im Rahmen gebündelter Terminologieübernahme aus dem Deutschen wird in Ansätzen auch die Kohlenomenklatur rezipiert, vgl. *moorkohle* und weitere Beispiele in BROCHANT ²1808. Nur für kurze Zeit wird die Dominanz von *lignite* eingeschränkt.

cimolite s.f. 'ein lehmartiges Aluminiumsilikat' < *Cimolit*
(*TLF* 5,812b)
EB2a: REUSS 1798:374 / de Gallitzin in ANON. 1798:109
Varianten:
- äußere Form: *cimolithe* (PANSNER 1802:40 – LANDAIS 1853:1,399a)

Belegstellen: Haüy, *Traité de minéralogie* 1801:4,446, BROCHANT ²1808:1,329, DE LAPPARENT 1899:480
LB (in Wörterbüchern): LAROUSSE 1960:3,125a

Bereits im Altertum wurde von der Kykladeninsel Kimolos Seifenton ausgeführt, der sowohl zum Reinigen von Stoffen als auch als Arznei Verwendung fand. Auf dem lat. *(terra) cimolia* oder *cimolea* beruht das schon im 14. Jh. als *chimolee* bezeugte fr. *cimolée* (*TLF* 5,812a), das als volkstümliche bzw. Handelsbezeichnung bis ins 20. Jh. beibehalten worden ist. Entweder vom lateinischen Wort oder dem Namen der Insel ausgehend (lat. *Cimolus*), formte Klaproth *Cimolit* als wissenschaftliche Bezeichnung dieser Tonart (VON KOBELL 1864:500), die als *cimolite* schon um 1800 im Französischen fest integriert ist.

mandelstein s.m. 'Gestein mit mandelförmigen Hohlräumen' < *Mandelstein*
EB1: COQUEBERT 1795:82
EB2a: BEURARD 1798a:338
Lexikalische Konkurrenten: *amygdaloïde* (als Gesteinsbezeichnung seit COQUEBERT 1795:82)
Belegstellen: VON HUMBOLDT 1823:79
LB: RAYMOND 1832:2,17c

Beurard verwendet *mandelstein* mit einer Erläuterung: „[...] le genre de pierre qui y prédomine est une sorte de *mandelstein* ou *wakke* ferrugineuse à bulles pleines [...]." Traditionell werden zunächst mandelförmige Versteinerungen und dann auch das ähnlich strukturierte Gestein *amygdaloïde* genannt, so auch heute.

moorkohle s.m. 'eine Kohleart' < *Moorkohle*
EB2a: VAN MONS 1798:96
Lexikalische Konkurrenten: *houille limoneuse* (BROCHANT ²1808:2,48, HAÜY 1822a:4,568)
LB: BROCHANT ²1808:2,48

Im gleichen Zusammenhang wie →*braunkohle* kurzzeitig übernommen, im Französischen aber kaum von Bedeutung.

pierre d'asperge s.f. 'Varietät des Apatits' < *Spargelstein*
EB2a: REUSS 1798:399
Lexikalische Konkurrenten: *chrysolite* (ROMÉ DE L'ISLE ²1783:2,271, laut BROCHANT ²1808:1,588), →*asparagite* (COQUEBERT 1798:834), *asparagolite* (PANSNER 1802:19 – DE LAPPARENT 1899:664b), *spargelstein* (Bescherelle, *Dictionnaire national* 1845 – Guérin, *Dictionnaire des dictionnaires* 1890)
Belegstellen: ENCYCLOPÉDIE MÉTHODIQUE 1808:5,609a, BROCHANT ²1808 a.a.O.
LB: MOZIN 1863:2,583a

Von Werner wegen der grünlichen Färbung benannt. Wie *apatite* in der chemischen Terminologie *chaux phosphatée* ist, entspricht für Haüy *pierre d'asperge* einer *chaux phosphatée verte*. Offenbar ist die Bezeichnung aufgegeben worden, weil es sich nicht um ein eigenes Mineral, sondern nur eine Spielart des Apatits handelt.

pierre de hache s.f. 'eine Jadeart' < *Beilstein*
EB2a: REUSS 1798:400
Lexikalische Konkurrenten: *pierre néphrétique* (1660), *néphrite* (seit 1798), *beilstein* (BROCHANT ²1808:1,470), *lehmannite* (Pansner 1802:83: Delamétherie), *jade ascien* (HAÜY 1822a:4,498)

Belegstellen: BROCHANT ²1808 a.a.O., HAÜY 1822a a.a.O.
LB: MOZIN 1828:2/1,405b

In prähistorischer Zeit wurden aus dem sehr widerstandsfähigen Nephrit Werkzeuge gefertigt. Als mineralogischer Terminus wurde *Beilstein* von Stütz geprägt und davon ausgehend im Französischen nachgebildet. Sehr viel frequenter ist dann aber *néphrite*.

pinite s.f. 'magnesiumhaltiges Alumosilikat' < *Pinit*
EB2a: REUSS 1798:401
Wortfamilie: *pinitifère* 'pinithaltig' (LAROUSSE 1874:12,1087c)
Belegstellen: BROCHANT ²1808:1,456, HAÜY 1809:53, RAYMOND 1832:2,243a, LAROUSSE 1874 a.a.O., DE LAPPARENT 1899:431
LB (in Wörterbüchern): LAROUSSE 1997:12,8151b

Benannt nach dem *Pini* genannten Bergwerk bei Schneeberg, wo die Substanz bis dahin ausschließlich gefunden worden war[607]. Laut REUSS 1798 hat Estner (*Versuch einer Mineralogie*, 1795/1797) das Wort geprägt. Die französische Mineralogie übernimmt *pinite* einhellig, namentlich durch Haüy.

poilite s.f. 'grauer oder brauner Obsidian (ein Gestein)' < *Pechstein*
EB2a: REUSS 1798:402
Lexikalische Konkurrenten: s. unter *pechstein*
LB: PANSNER 1802:140

Kurzzeitig gebrauchte Lehnbildung.

savon de montagne s.m. 'eine Erdart (Alumosilikat)' < *Bergseife*
(*FEW* 17,4b)
EB2a: REUSS 1798:406 (*savon de roche*)
Varianten:
- äußere Form: *savon de montagne* (PANSNER 1802:157 – LAROUSSE 1964:9,637b)

Lexikalische Konkurrenten: *savon minéral* (s. LAROUSSE 1964 a.a.O.), *savon blanc* (DE LAPPARENT 1899:478 – LAROUSSE 1964 a.a.O.), *halloysite* (seit 1826)
Belegstellen: BROCHANT ²1808:1,451, MOZIN 1828:2/2,163b, LAROUSSE 1875:14,295d, DE LAPPARENT 1899:478
LB: LAROUSSE 1964

Untypisch für sonstige Lehnbildungen nach deutschen Komposita mit *Berg-* offenbar zunächst als *savon de roche* nachgebildet. Eine Entlehnung liegt aber sicher vor, zumal sich *Bergseife* in Werners Mineralsystem findet (ANON. 1792:123). Dass die volkstümliche Bezeichnung deutscher Prägung ist, legt auch das natürliche Vorkommen der Substanz in Deutschland (s. MEYER 1/4/4,550a), nicht jedoch in Frankreich nahe. In der französischen mineralogischen Terminologie gilt *savon de montagne* als chemisch nicht näher zu differenzierende Varietät von *halloysite*.

sel capillaire s.m. 'Verbindung von Eisenvitriol und Alaun' < *Haarsalz*
EB1: ROME DE L'ISLE 1767:2,317 (*haar-salh, sel chevelu*)
EB2a: REUSS 1798:408
Lexikalische Konkurrenten: *magnésie sulfatée ferrifère* (HAÜY 1822a:2,54)

---

[607] S. BROCHANT ²1808:1,458.

LB: PANSNER 1802:167

Capillaire als chemisches und mineralogisches Epitheton ist auch in anderen Verbindungen belegt (*argent capillaire, cuivre capillaire*) belegt, denen zwar z.B. ein d. *Haarigsilber* etc. entspricht, die aber wegen der haarig-fasrigen Erscheinungsform der jeweiligen Substanzen als autochthon betrachtet werden können. Gleiches ist folglich auch für *sel capillaire* denkbar, doch ist in diesem Fall zu bedenken, dass ein mögliches deutsches Vorbild bereits älter belegt und zugleich in einem französischen Text nachzuweisen ist. ROMÉ DE L'ISLE 1767:2,316f. führt aus dem Mineralienkabinett M. Davilas auf:

„Deux gros morceaux de Sel Gemme de Sowaer en Hongrie [...]; l'autre est comme formé de fibres longitudinales [...] ce qui l'a fait nommer *Haar-Salh* [sic] ou sel chevelu."

Sel capillaire ist offenbar noch nicht bekannt. Die Möglichkeit kommt daher durchaus in Frage, dass das hier spontan aus *Haarsalz* übersetzte *sel chevelu* als zeitweilige Arbeitsbildung gedient hat, auf deren Grundlage – analog zu anderen Salzbezeichnungen mit gelehrten Epitheta wie *sel marin, mural, ammoniacal* – *sel capillaire* gebildet worden ist.

spath brun s.m. 'ein Sedimentmineral (Ankerit)' < *Braunspat*
EB1: VON BORN 1790:1,331
EB2a: REUSS 1798:409
Varianten:
- äußere Form: *spath brunissant* (MOZIN 1812:2,693b – LAROUSSE 1964:9,952c)

Lexikalische Konkurrenten: *spath perlé* (Romé de l'Isle, *Essai de cristallographie* 1772:155 – PRIVAT-DESCHANEL/FOCILLON 1870:2,2235b), *braunspath* (BROCHANT ²1808:1,563, s. auch BEHRENS 1923:30), *ankérite* (seit WURTZ 1869:1,340a)
Belegstellen: PANSNER 1802:168, BROCHANT ²1808:1,563
LB: LAROUSSE 1964

Das Französische kennt auch *blende brune, schorl bleu, schorl rouge*, die sich von *spath brun* von der äußerlichen Bildungsweise her nicht unterscheiden. Während die erstgenannten Syntagmen aber autochthone Bildungen des Französischen sind, ist in *spath brun* eine Lehnbildung zu sehen, da d. *Braunspat* ein eigenes Mineral bezeichnet, das in den Nomenklaturen des späten 18. Jhs. erscheint, aus denen Dutzende weitere Bezeichnungen entlehnt worden sind, vgl. fr. *braunspath* in gleicher Bedeutung. Das Mineral ist auch den französischen Mineralogen bekannt und wird von ihnen in Anlehnung an Romé de l'Isles *Essai de cristallographie* von 1772 *spath perlé* genannt. Die deutsche Bezeichnung erscheint zuerst bei VON BORN 1790:

„On la trouve [i.e. la chaux manganésiée spathique] en abondance dans les mines de *Schemniz* et *Cremniz* en Hongrie, où elle a obtenu le nom de *Braunspath*, ou *Spath brun*",

hier noch spontan übersetzt. Als wissenschaftlicher Terminus verfestigt sich *spath brun* erst in den letzten Jahren des 18. Jhs. Als *spath brunissant*, das wohl auf die latinisierte Variante *spathum brunescens* (s. DEUTSCHES WÖRTERBUCH 2,327) zurückgeht, lebt die Bezeichnung bis ins 20. Jh.; seit dem späten 19. Jh. ist aber *ankérite* vorherrschend.

spath changeant s.m. 'ein Mineral mit Perlmutterglanz' < *Schillerspat*
EB1: ANON. 1796c:79 (*schillerspath*)
EB2a: REUSS 1798:409
Varianten:
- äußere Form: *spath chatoyant* (PANSNER 1802:169 – ARMANET 1947:238a)
Lexikalische Konkurrenten: *schillerspath* (Haüy, *Traité de Minéralogie* 1801:4,395 – LAROUSSE 1964:9,663a), *diallage métalloïde* (s. PRIVAT-DESCHANEL/FOCILLON 1870:2,2235b), *bastite* (WURTZ 1869:1,518b – Jacques Moutte, *Le massif de Tiébaghi, Nouvelle Calédonie, et ses gîtes de chromite*, 1977, Kapitel 2.3B.)
Belegstellen: BROCHANT ²1808:1,421, LAROUSSE 1875:14,979d
LB: ARMANET 1947

DE COURTIVRON/BOUCHU 1762:4,41 erwähnen einen *spath brillant*, doch wird nichts über dessen Eigenschaften berichtet, so dass nicht sicher ist, ob es sich um das gleiche glänzende Mineral handelt. Beim ANON. 1796c ist vom deutschen „*schillerspath*, c'est-à-dire, spath chatoyant" die Rede. Das hier nur spontan verwendete *spath chatoyant* hält sich im 19. Jh. mit *spath changeant* die Waage, doch wird letzteres früher aufgegeben. Die kurze Zeit nach diesen Lehnbildungen erfolgte wörtliche Entlehnung hat eine größere Lebensdauer und wird schon im 19. Jh. neben *bastite* bevorzugt verwendet.

tellure s.m. 'ein Halbmetall (Te)' < *Tellurium*
FEW 13/1,164a, *TLF* 16,26a, (*EWFS* 843a), *DMD* 756a, *BW* 628a
EB1: KLAPROTH 1798:145 (*tellurium*)
EB2a: COQUEBERT 1798:193
Lexikalische Konkurrenten: *or blanc de Nagyag, or graphique, or gris*, (alle PANSNER 1802:119), *or problématique*[608] (PANSNER 1802:120), *silvane* (BROCHANT ²1808:2.479, MOZIN 1812:2,725c (*sylvane*))
Wortfamilie: *tellurique* 'Tellur-' (seit *Dictionnaire de termes de médecine* 1823:536), *telluré* 'tellurhaltig' (seit *ebda.*), *tellurure* 'Verbindung von Tellur mit einem einfachen Stoff' (seit Beudant in *Annales de Chimie et de Physique* 31 (1826), 198), *tellurate* 'tellurhaltiges Salz' (seit RAYMOND 1832:2,605a), *telluride* 'Verbindung von Tellur mit einem einfachen Stoff' (*ebda.*[609] – ACADÉMIE COMPLÉMENT 1842:1178c), 'Verbindung von Tellur mit Stoffen, die eine geringere Elektronegativität besitzen' (LANDAIS 1853:2,692b), *tellureux* 'Tellur-' (seit Berzelius in *Annales de Chimie et de Physique* 58 (1835), 136), *tellurifère* 'tellurhaltig' (LAROUSSE 1875:14,1571a), *tellurite* 'tellurhaltiges Salz' (seit LAROUSSE 1875:1571a), 'Telluroxid' (*TLF*: Bsp. von 1981, schon 1842 entdeckt)
Belegstellen: RAYMOND 1832 a.a.O., DE LAPPARENT 1899:546

Im *Journal des Mines* wird über Klaproths Entdeckungen[610] berichtet:

„M. Klaproth, chimiste de Berlin, en soumettant à l'analyse chimique la mine aurifère connue sous la dénomination de *mine d'or blanche* […] a trouvé, dans ce minéral, un métal absolument différent de tous ceux connus jusqu'ici; il lui a donné le nom de *tellurium* […]" (KLAPROTH 1798:145).

---

[608] Diese Bezeichnung geht laut ENCYCLOPÉDIE MÉTHODIQUE 1815:6,285a auf einen Forscher namens Müller zurück, der schon 1782 im Tellur ein neues, goldähnliches Metall vermutete und es *aurum paradoxicum* bzw. *aurum problematicum* nannte. Auch Bergman hatte 1782 die Existenz eines neuen Elementes im *or blanc* vermutet, dieses jedoch nicht isolieren können und daher nicht benannt.
[609] Laut Raymond schon von Berzelius verwendet.
[610] *Chemische Annalen für die Freunde der Naturlehre* 1798/1,100.

Entsprechend *Titanium* > *titane* und *Uranium* > *urane* wird *Tellurium* zu *tellure* umgeformt⁶¹¹. Während die chemische Fachsprache ausschließlich *tellure* verwendet, begegnet in der mineralogischen im frühen 19. Jh. auch *silvane*, das einige deutsche Mineralogen als *Silvan* für eine Weile bevorzugen.

Angesichts der zahlreichen nachweislichen Lehnübersetzungen wie *pierre d'asperge, pierre de corne* usf. mag man leicht verleitet werden, parallele Bildungen im Deutschen und Französischen für Entlehnungen in letzteres zu halten, obwohl es sich um polygenetische Erscheinungen handelt. Als ein Beispiel seien hier d. *Schwein-, Sau-* oder *Stinkstein* und fr. *pierre-porc* oder *pierre puante* genannt. Da es sich hierbei um einen stark stinkenden Kalkstein handelt, ist das Benennungsmotiv in allen Fällen so offensichtlich, dass Entlehnungsvorgänge unwahrscheinlich erscheinen – zumal es sich um volkstümliche Namen handelt –, auch wenn z.B. *Schweinstein* (ZEDLER 1743:36,294) früher nachgewiesen ist als *pierre-porc* (GUETTARD 1752b:532); *Stinkstein* findet sich dagegen meines Wissens erst in Johann Heinrich Gottlob von Justi, *Grundriß des gesamten Mineralreiches* 1757:148, *pierre puante* ebenfalls schon bei GUETTARD a.a.O. Bekannt ist dieser Stein ohnehin seit sehr viel längerer Zeit, denn ROMÉ DE L'ISLE ²1783:1,574f. weist darauf hin, dass er bereits für die Statuen gotischer Kathedralen verwendet wurde.

3.5.2.2. Kristallographie

Die Beschreibung der Mineralien nach ihren äußeren Kennzeichen hat in Frankreich in Romé de l'Isle (*Essai de cristallographie* 1772, ²1783) ihren Wegbereiter gefunden. Zahlreiche Ausdrücke sind von diesem als Termini der Kristallographie eingeführt worden, so etwa *troncature, incristallisable, surtroncature*, auch ursprünglich rein geometrische Termini wie *parallélépipède* und dergleichen mehr. Einen neuen Impuls erhält die Wissenschaft in Frankreich durch die Übersetzung der von Werner bereits 1774 verfassten Abhandlung *Von den äußerlichen Kennzeichen der Foßilien* in der zweiten Auflage durch Picardet vor 1790. Die hieraus resultierenden Entlehnungen bereichern die französische Nomenklatur teilweise nachhaltig, teilweise werden sie nur für kurze Zeit beibehalten. Da Werners Terminologie z.T. ganz neue begriffliche Nuancen beinhaltet, sind für die meisten Termini keine (älteren) französischen Entsprechungen vorhanden. Wenn Entlehnungen aufgegeben werden, treten keine Konkurrenten an ihre Stelle, zumal in der rein geometrisch orientierten Richtung der Kristallographie die „äußerlichen Kennzeichen" kaum eine Rolle mehr spielen und daher auch auf der Begriffsebene verschwinden.

biselé adj. 'durch zwei schräg zusammenlaufende Schnitte verändert' < *zugeschärft*
EB2a: WERNER 1790:198
LB: KLAPROTH 1796:51

Nach dem deutschen Vorbild *zugeschärft* (WERNER 1774:179) hätte Picardet sich auch für *ébiselé* (*ébiseler* 'schräg ab-, zuschneiden', seit 1408) oder *biseauter* ('dass.', seit 1743) entscheiden können. Offenbar um eine bewusst neue Terminologie zu schaffen, kreiert Werners Übersetzerin aber *biselé* als Rückbildung aus *ébiselé* oder eher als

---

⁶¹¹ Vgl. COQUEBERT 1798:193 „le nom de *tellurium*, que nous traduisons par celui de *tellure*".

Ableitung zu *biseau* 'schräge Kante'[612], das als kristallographischer Fachterminus bereits vorher belegt ist[613].

bisellement s.m. 'Veränderung einer Kante oder Fläche eines Kristalls durch zwei schräg zusammenlaufende Schnitte' < *Zuschärfung*
EB2a: WERNER 1790:231, Table IV
Belegstellen: VANBERCHEM-BERTHOUT/STRUVE 1795:79, KLAPROTH 1796:51, BROCHANT ²1808:1,98, LAROUSSE 1867:2,771a, SACHS/VILLATTE 1894:158a
LB: LAROUSSE 1928:1,716b

Entsprechend →*biselé* wird Werners *Zuschärfung* (1790:231, Table IV) als *bisellement* wiedergegeben. Dieses wird zunächst durch die bekannten Propagatoren Werners im Französischen verwendet, findet aber auch Eingang in nicht unmittelbar von Werner abhängige Schriften.

dendritique[614] adj. 'von verästelter Gestalt' < *baumförmig* oder *dendritisch*
EB2a: WERNER 1790:158 (*dendritiforme*)
Belegstellen: VANBERCHEM-BERTHOUT/STRUVE 1795:62, HAÜY 1822a:1,106, SACHS/VILLATTE 1894:438b, BACKHAUS 1983:23

WERNER 1774 benutzt sowohl *baumförmig* (150) als auch *dendritisch* (154).

dentiforme adj. 'in Form eines Zahnes gewachsen' < *zähnig*
EB2a: WERNER 1790:158
LB: BROCHANT ²1808:1,87

Fr. *dentiforme* ist zuerst als Lehnbildung im kristallographischen Sinn nachweisbar. Da die Motivierung der Bildung aber offensichtlich ist, besteht zwischen dieser und dem z.B. in LAROUSSE 1870:6,457d als naturgeschichtlich und z.B. in LAROUSSE 1948:1,524b ohne fachliche Spezifizierung angegebenem *dentiforme* kein zwingender Zusammenhang. Ohne weiteres kann die kristallographische Bedeutung in den jüngeren Belegen subsumiert werden.

piciforme adj. 'von pechartiger Gestalt und Farbe' < *pechartig*
EB2a: WERNER 1790:236 (*pixiforme*)
Belegstellen: BROCHANT ²1808:2,49
LB: HAÜY 1822a:4,567

Im Vergleich mit anderen gelehrten Bildungen morphologisch angebrachter ist die nicht mit *pix*, sondern dem Stamm *pic*- gebildete Variante. Es ist kaum Resonanz in der Fachliteratur zu belegen. SACHS 1894:242c kennt zwar *piciforme*, doch nennt er keine speziell kristallographische Verwendung. Das Wort kann jederzeit neu gebildet worden sein.

---

[612] „On dit qu'un crystal est *biselé*, quand quelques-unes des faces de ses extrémités, ou même toutes, sont altérées de maniere qu'il se termine par deux plus petites faces qui, en se réunissant obliquement, forment un tranchant."
[613] S. z.B. ROME DE L'ISLE ²1783:1,446.
[614] In jedem Fall zu trennen von *dendritique* 'Dendriten [.....] beinhaltend' (1830, *TLF*)

pointement s.m. 'Ersetzung einer Kante, Ecke oder Fläche durch mindestens drei neue Flächen' < *Zuspitzung*
(*FEW* 9,578b), (*TLF* 13,672b), (*DMD* 595a)
EB2a: WERNER 1790:x
Lexikalische Konkurrenten: *amincissement* (s. BACKHAUS 1983:71)
Belegstellen: VANBERCHEM-BERTHOUT/STRUVE 1795:79, *Nouveau Dictionnaire d'histoire naturelle* 1803:14,511, BROCHANT ²1808:1,98, HUARD 1854:19, LAROUSSE 1874:12,1263b, DE LAPPARENT 1899:562, GRAND ROBERT 2001:5,874b

In der Einleitung zu ihrer Übersetzung schreibt Picardet:

„On ne sera pas surpris [...] de rencontrer quelques mots nouveaux, tels que *tronquement, pointement, tachure,* &c. Cependant ils sont en très-petit nombre, & je ne me suis permis de les introduire que quand l'idée de l'Auteur manquoit absolument d'expression dans notre Langue" (WERNER 1790:xf.).

Während *tronquement* keine terminologische Neuerung darstellt – schon ROMÉ DE L'ISLE ²1783 hat *troncature* im Sinne von 'Abstumpfung' (WERNER 1774:179) –, ist *pointement* eine solche:

„Le *pointement* est cette espece d'altération d'une crystallisation qui lui fait prendre quelques-uns, ou tous les angles, faces & arrêtes de ses extrémités, & qui les remplace par plus de deux faces, qui vont se réunir en suivant une ligne oblique" (WERNER 1790:199f.).

Pointement ist der langlebigste der allein auf Werner zurückgehenden kristallographischen Fachausdrücke des Französischen.

stalactiforme adj. 'von der Gestalt eines Stalaktits' < *tropfsteinartig*
EB2a: WERNER 1790:158
Varianten:
• äußere Form: *stalactitiforme* (DE LAPPARENT 1899:532)
Belegstellen: VANBERCHEM-BERTHOUT/STRUVE 1795:18, BROCHANT ²1808:2,64, MOZIN 1828:2/2,227c, SACHS/VILLATTE 1894:1463c

Stalactiforme beinhaltet einen impliziten haplologischen Schwund: eigentlich müsste die Form *stalactitiforme* lauten (so nur bei de Lapparent). Obwohl in modernen Wörterbüchern nicht aufgeführt, existiert *stalactiforme* im heutigen Französisch, u.a. in mineralogischer Verwendung.

tachure s.f. 'das Abfärben von Mineralien beim Anfassen' < *Abfärben*
EB2a: WERNER 1790:x
Wortfamilie: *tacher* 'abfärben' (WERNER 1790:272)
Belegstellen: VANBERCHEM-BERTHOUT/STRUVE 1795:63, BROCHANT ²1808:1,85
LB: MOZIN 1863:2,1089a

Tachure erhält eine Lehnbedeutung, indem es auch auf Mineralien angewendet wird. Picardet begründet ihre Wortwahl:

„Il y a dans le texte *abfarben* [WERNER 1774:139 das Abfärben], on verra dans la suite que l'Auteur a entendu par-là la couleur que quelques minéraux laissent sur les doigts, ce qui ne peut être autrement rendu sans périphrase. *Note du Traducteur*" (WERNER 1790:144n). In kristallographischer bzw. mineralogischer Verwendung ist das Wort nicht lange zu belegen. TLF 15,1304b kennt *tachure* nur als selten verwendete Bezeichnung für verfärbte Druckstellen auf Früchten.

tubuliforme adj. 'in Form eines kleines Rohres' < *rohrförmig*
(*TLF* 16,728b)
(E)B2a: WERNER 1790:158

In explizit kristallographischer Bedeutung nur bei Werner belegt. Als Terminus der anatomischen (Cuvier, *Anatomie comparée* 1805:4,166) und botanischen Fachsprache (s. MOZIN 1828:2/2,336c) ist *tubuliforme* sicherlich neu gebildet worden. Die Existenz des heute allgemein naturkundlichen Wortes kann sich aus all diesen Quellen speisen.

3.5.2.3. Geologische Theorie

géognosie s.f. 'Wissenschaft von der mineralogischen Zusammensetzung der Erde' < Geognosie[615]
EB2a: STRUVE/BERTHOUT VAN BERCHEM 1791:222
Lexikalische Konkurrenten: *géologie* (seit 1751)
Wortfamilie: *géognos(t)ique* 'die historische Geologie betreffend' (seit DAUBUISSON 1802:2,3), *géognoste* 'Gelehrter der Geognosie' (VON HUMBOLDT 1823:10 – LAROUSSE 1948:1,825c), *géognostiquement* 'nach den Methoden der Geognosie' (VON HUMBOLDT 1823:100)
Belegstellen: DAUBUISSON 1802:1,38n, HARTMANN 1825:857, MOZIN 1826:1/2,253c, LAROUSSE 1872:8,1182b, GRAND ROBERT 2001:3,1305a („vieux")

STRUVE/BERTHOUT VAN BERCHEM 1791 weisen darauf hin, dass die Fortschritte der Geognosie v.a. ein Verdienst deutscher Forscher seien. Sicherlich liegt es in der frühen wissenschaftlichen Perfektion der deutschen Forschungen begründet, dass auch die von den deutschen Gelehrten vollzogene begriffliche Unterscheidung in Geologie und Geognosie im Französischen Aufnahme gefunden hat. BROCHANT ²1808:1,26 merkt allerdings zu *géognosie* an: „C'est ce que nous nommons ordinairement en France, *géologie*." In der o.g. spezielleren Bedeutung hat sich *géognosie* behaupten können, wenngleich es als Simplex heute äußerst selten ist und zumeist unter *géologie* gefasst wird, vgl. GRAND ROBERT 2001: „on dit de nos jours *géologie*." Frequent ist die Ableitung *géognos(t)ique*.

neptunien s.m. 'Anhänger der geologischen Theorie des Neptunismus (s.u.)' < *Neptunier*
(*FEW* 7,98a), (*TLF* 12,89a), FISCHER 1991:115
EB2a: DELAMÉTHERIE 1795:2,57
Wortfamilie: *neptuniste* 'Neptunist' (seit *Annales des Mines* 3 (1804), 36), *neptunien* adj. 'neptunistisch' (seit Stendhal, *De l'Amour* 1822), 'durch Wasserkräfte entstanden' (seit J. von Charpentier, *Essai sur la constitution géognostique des Pyrénées* 1823), *neptunisme* 'Lehre der Neptunisten' (seit *Journal de Géologie* 3 (1831), 191)

---

[615] Um 1780 in Freiberg von Werner als Wissenschaft eingeführt, s. MEYER 1/12,499a.

Belegstellen: Haüy, *Traité de Minéralogie* 1801:4,481, MOZIN 1812:2,169c, LAROUSSE 1874:11,931b

Werner ist der Begründer der neptunistischen Theorie, die die Rolle des Wassers bei der geologischen Erdgestaltung hervorhebt. „Cette opinion a été embrassé par Bergman & plusieurs célèbres minéralogistes d'Allemagne, qu'on appelle en conséquence *neptuniens*" – nach dem römischen Meeresgott Neptun –, schreibt DELAMETHERIE 1795. Verständlicherweise findet sich eine entsprechende Bezeichnung bei Werner zunächst nicht, da *Neptunier* eine Fremdbezeichnung der von ihm begründeten Strömung ist; Werner spricht z.b. vom „nassen Ursprung" vieler Gebirgsarten (1787:25, Fußnote n). Vor Delamétheries *neptunien* ist aber nicht nur engl. *neptunian* 'aus Wasserkräften entstanden' (Kirwan, *Elements of Mineralogy* 1794) belegt, sondern auch ein d. *Neptunier*: kein geringerer als Goethe verfasst 1789 *Vergleichs Vorschläge die Vulkanier und Neptunier über die Entstehung des Basalts zu vereinigen*. Fr. *neptunien* ist daher als Lehnwort zu betrachten; eine Entstehung unabhängig vom deutschen Vorbild ist auch angesichts der in Deutschland geborenen neptunistischen Lehre unwahrscheinlich.

vulcaniste s.m. 'Anhänger der geologischen Theorie des Vulkanismus (s.u.)' < *Vulkanist*
(*FEW* 14,639b)
EB2a: DELAMÉTHERIE 1795:2,57
Lexikalische Konkurrenten: *plutoniste* (seit BOISTE 1823), *plutonien* (in dieser Verwendung seit ACADÉMIE COMPLÉMENT 1842)
Wortfamilie: *vulcanien* adj. 'vulkanistisch' (seit Stendhal, s. unter *neptunien*), s.m. 'Vulkanist' (seit BOISTE 1841:754a), *vulcanisme* 'vulkanistische Theorie' (seit BOISTE 1823 Add.)
Belegstellen: LANDAIS 1853:2,805c
LB (in Wörterbüchern): 1949:2,1063b

Als Gegenposition der →*neptuniens* nennt DELAMÉTHERIE 1795 die *vulcanistes*, die der vulkanischen Tätigkeit die entscheidende Rolle bei der geologischen Gestaltung der Erde zukommen lassen. Werner schreibt schon 1787: „Als ich im Jahr 1775. wieder nach Freyberg kam, fand ich das System der Vulkanisten [...] allgemein angenommen" (25, Fußnote n). Während die Prägung mit dem Wortstamm *Vulkan-* also offenbar von Deutschland ausgeht[616], ist die konkurrierende Wortsippe um *Pluto* der Beleglage nach autochthonen Ursprungs bzw. durch das Englische beeinflusst[617]. Sowohl *plutoniste* als auch *vulcaniste* sind heute noch gebräuchlich.

Pyritologie ist im Französischen des 18. Jhs. kein Bestandteil des appellativischen Wortschatzes. Es ist aber doch eine Adaptation des von Henckel 1725 in Deutschland gebildeten *Pyritologia* ('Lehre vom (schwefel- und eisenhaltigen) Kies') als Titel eines Werkes, das d'Holbach 1760 als *Pyritologie* ins Französische übersetzt. Schon 1753 spricht derselbe von Henckels Opus als der „*Pyritologie*" (WALLERIUS 1753:1,180n); auch in der *Encyclopédie* erscheint *Pyritologie* s.v. *pyrite* (1765:13,803a). Der lexikalische Status von *pyritologie* ist hier vergleichbar mit dem von →*ontologie* in seinem frühesten Beleg, in dem es ebenfalls als Titel eines Werkes genannt wird. Während *ontologie* schon bald in den appellativischen Wortschatz gelangt, widerfährt *pyritologie* zunächst keine vergleichbare

---

[616] Vgl. *vulkanistisch*, EB 1791 (SCHULZ/BASLER 5,292), engl. erst 1796 (*volcanist*), *OED²* 19,742b.
[617] Fr. *plutonien* 'vulkanisch entstanden' seit 1816, engl. *plutonian* 'Plutonist' 1828 (*OED²* 11,1094c); engl. *plutonist* 1799 (*OED²* 11,1095a), fr. *plutoniste* erst 1823.

Entwicklung. BOISTE 1841:586a verzeichnet aber *pyritologie* als Appellativum im Sinne von „traité des pyrites". Die Ursprünge dieser kurzlebigen Verwendung reichen folglich ins 18. Jh. zurück. Eine vergleichbare Entwicklung erfährt *lithogéognosie*. Im 18. Jh. nur Titel eines Werkes Johann Heinrich Potts, bedeutet das Wort im frühen 19. Jh. „l'art ou la science qui s'occupe de reconnoître la nature & les propriétés des terres & des pierres pour les employer à des usages avantageux" (ENCYCLOPEDIE MÉTHODIQUE 1808:5,653b) und bringt sogar die Ableitung *lithogéognosique* hervor (*ebda*.).

3.5.2.4. Geländeform

gletscher s.m. 'zusammenhängende Eismassen im Gebirge' < schweizerd. *Gletscher*
EB2a: DICTIONNAIRE GEOGRAPHIQUE 1747:226a
Lexikalische Konkurrenten: *glacière* (1730, *TLF* – JOURNAL ÉTRANGER Juni 1761:107), *glacier* (seit 1757)[618]
Belegstellen: JOURNAL ÉTRANGER Juni 1761:107
LB: SCHMIDLIN 1777:7,158b

Bei den Gletschern im *Dictionnaire géographique* geht um solche des deutschsprachigen Raumes: „Gletscher, ou les Glacieres, mont. de Suisse dans le can. de Berne, au Grindervald. Ce sont des mont. de glace qui ne fondent jamais [...]." Auch bei der Rezension von Theophil-Sigismund Gruners *Die Eisgebirge des Schweizerlandes* werden im JOURNAL ÉTRANGER u.a. „Les Gletscher, especes de glacieres" aufgeführt[619]. Schmidlin bemerkt s.v. fr. *gletscher*: „Man bedient sich zuweilen dieses schweizerischen Wortes, statt *glaciers*[620]." Dass das im 18. Jh. noch als deutscher Regionalismus zu bezeichnende *Gletscher* (DEUTSCHES WÖRTERBUCH 4/1/4,8336) eine Chance hat, neben dem schon bald alleine gültigen *glacier* als französisches Wort zu existieren, liegt darin begründet, dass *glacier* seinerseits ein Regionalismus des Alpenraums ist, der erst im 18. Jh im Standardfranzösischen Fuß fasst. Nach Abschluss dieses Prozesses ist für *gletscher* kein Raum mehr vorhanden.

marsch s.f. 'dem Meer abgewonnenes Weideland' < *Marsch*
(E)B2a: DE LUC 1779:4,106
Lexikalische Konkurrenten: Umschreibungen wie *région marécageuse* (LANGENSCHEIDT 1964:2,909a), *terre basse et fertile (conquise sur la mer)* (LANGENSCHEIDT 1979:2,539b), *région côtière basse; prés salés* (LAROUSSE 1994:1125a)

Bei der geologischen Beschreibung Norddeutschlands hat de Luc französische Entsprechungen für die von ihm genannten *Moor* (*tourbières*, 4,105) und *Geest* (*sol des bruyères*, 4,106) zur Hand; für *Marsch* fehlt ihm aber ein französischer Ausdruck: „Les *Marschs* enfin, sont des allongements du continent, produits par les dépôts de la Mer ou des Rivières" (4,106). Daher wird *marsch* als geologischer Xenismus mehrfach verwendet. Die geologische Terminologie des Französischen ist de Luc

---

[618] Im Frankoprovenzalischen seit dem 14. Jh. bezeugt.
[619] Diese Angabe ist zutreffender als die Gleichsetzung von *gletscher* und *glaciere* im *Dictionnaire géographique*: bei *glacieres* handelt es sich um dauerhaft schneebedeckte Berggipfel, nicht um Gletscher.
[620] Immerhin lautet auch der Lemmakopf in ENCYCLOPÉDIE 1757:7,691a „glaciers ou gletschers", bevor *gletschers* auf S. 706b als ausdrücklich als deutsches Wort genannt wird.

hierin nicht gefolgt, obwohl für das Designat bis heute keine idiomatische Bezeichnung vorliegt.

3.5.3. Meteorologie

fœhn s.m. 'warmer Südwind in den Alpen' < *Föhn*
FEW 15/2,161b, *TLF* 8,1013b, *DMD* 307a, *BW* 268a
EB2a: *Journal helvétique* Dezember 1767:612 (*fœn*)[621]
Varianten:
- äußere Form: *fohn* (Hugo, *Le Rhin* 1842:125)

Wortfamilie: *jour fœhnique* (Schweiz) 'föhnreicher Tag' (2002), *fœhneux* (Schweiz) 'föhnig' (2002)
Belegstellen: BAGGESEN 1810

Da der Föhn namentlich im Osten des französischen Sprachgebietes weht, sind die frühesten Belege des Lehnwortes in Texten aus der Schweiz zu finden. Während *fœhn* hier volkstümlich ist, ist es ins Französische Frankreichs nur als wissenschaftlicher Terminus gelangt, hier als solcher aber fest verankert und heute recht bekannt.

Wasserhosen werden im Französischen im 18. Jh. durchweg als *trombe* (seit 1666) bezeichnet. Fremdsprachliche Bezeichnungen sind aber offenbar von gewissem Interesse. So verzeichnen ENCYCLOPÉDIE 1765:8,293b und GRAND VOCABULAIRE FRANÇOIS 1770:13,435 *hoozen* als niederländischen Namen der Wasserhosen; HASSENFRATZ 1791b:109 gibt eine „Observation sur quelques *Wasser-hosen* de la mer Adriatique par M. Spallanzani" wieder. Man fragt sich, warum hier nicht *trombe* verwendet und *wasser-hosen* nicht erläutert wird[622]; in der meteorologischen Terminologie des Französischen hat das Wort aber keine weiteren Spuren hinterlassen.

3.5.4. Chemie

Bis ins 18. Jh. hinein sind Chemie und Alchimie kaum voneinander zu trennen gewesen. Die bis in vorhistorische Zeiten zurückreichenden magischen Denktraditionen verhinderten weitgehend, dass die Gelehrten zu einer „rationalen Auffassung der Wissenschaft" (STOROST 1971:215) gelangten[623]. Ebenso wird bis weit ins 18. Jh. hinein ein großer Teil der Fachliteratur in lateinischer Sprache verfasst; der traditionelle chemische bzw. alchimistische Wortschatz ist daher in weiten Teilen paneuropäisch. Namentlich seit dem 17. Jh. haben einige deutsche Forscher Bedeutendes zu dieser Universalsprache beigetragen; erwähnt seien an dieser Stelle Johann Rudolph Glauber (1604-1668) und Georg Ernst Stahl (1660-1734). Letzterer baute die Phlogistonlehre Johann Joachim Bechers (1628-1685) zu einer wissenschaftlichen Theorie aus ist und damit, wenn auch noch im 18. Jh. widerlegt,

---

[621] „Le fœn ou vent du sud, qui souffle au printems, et l'ardeur du soleil fondent la neige", zitiert nach PIERREHUMBERT 1921:701a.
[622] Das Original in der *Biblioteca fisica d'Europa*, Paris 1789, Bd. 7, war mir nicht einsehbar.
[623] Vgl. auch LENOBLE 1954:11.

ein entscheidender Wegbereiter der im modernen Sinne wissenschaftlichen Chemie[624]. Stahls Theorie findet in den ersten beiden Dritteln des 18. Jhs. beinahe bedingungslosen Anklang und beherrscht auch die in französischer Sprache geschriebene chemische Literatur großer Gelehrter wie Étienne François Geoffroys (1672-1731) und nicht zuletzt Pierre-Joseph Macquers (1718-1784), des Inhabers des bedeutendsten französischen Chemielehrstuhls im Jardin du Roi (1777), s. auch *stahlien*. Die endgültige wissenschaftliche Revolution, die der Chemie ihre noch heute gültigen Grundlagen schafft, geht dann von Frankreich aus. Durch die Widerlegung der Theorie Stahls werden Antoine-Laurent Lavoisier (1743-1794) und seine Mitstreiter zu den Vätern der modernen Chemie[625], auch auf der sprachlichen Ebene.

Trotz der Rolle Stahls ist der deutsche Beitrag zum chemischen Vokabular des französischen weitaus geringerer als in Bio- und Mineralogie. Das ist auf den alten lateinischen Fundus zurückzuführen, aus dem sich auch die deutschen Chemiker bedienten.

In diesem Rahmen sind auch die zahlreichen Namen chemischer Elemente zu berücksichtigen, die im 17. und 18. Jh. als zunächst mineralogische Termini entlehnt worden sind.

<u>sel admirable de Glauber</u> s.m. 'Natriumsulfat (Glaubersalz)' < lat.-d. *sal mirabile Glauberi*
FEW 16,44a
EB2b: GEOFFROY 1704:281 (*sel de Glauber*)
Varianten:
- äußere Form: *sel de Glauber* (seit GEOFFROY 1704), *sel merveilleux de Glauber* (GEOFFROY L'AÎNÉ 1718:209 – POTT 1747:52), *sel admirable* (seit BOULDUC LE FILS 1724:118), *sel admirable de Glauber* (POTT 1748:22 – Loysel, *Essai sur l'art de la verrerie* 1800, Kapitel 74)

Lexikalische Konkurrenten: *sel ammoniac fixe* (POTT 1753a:20), *vitriol de soude* (ROMÉ DE L'ISLE ²1783:1,300), *alcali minéral vitriolé* (BERGMAN 1784:52), *vitriol de natron* (DELAMÉTHERIE 1795:1,261), *sulfate de soude* (seit MÉTHODE DE NOMENCLATURE 1787:136), *sel de Lorraine* (LAROUSSE 1933:6,282a – 1977:6,5437c).

Johann Rudolph Glauber nannte das von ihm hergestellte Natriumsulfat *sal mirabile*, weil er dessen „wunderbaren" medizinische Qualitäten – insbesondere als Abführmittel – entdeckt hatte (STOROST 1971:209). Aus dem Lateinischen wurde *sel (merveilleux, admirable) de Glauber* lehnübersetzt – schon die lateinische Terminologie hatte die Bezeichnung mit dem Zusatz *Glauberi* versehen, weil Glauber auch als Vertreiber seines Heilmittels von sich reden machte. Obwohl erst später belegt, ist *sel merveilleux* bzw. *admirable de Glauber* wohl als die ursprüngliche Form anzusehen. Warum schon sehr bald die sozusagen rückgebildete Bezeichnung *sel de Glauber* Vorrang erhalten hat, erläutert MACQUER ²1778:2,421:

> „*Glauber*, émerveillé de la beauté de ce sel & des propriétés qu'il lui découvroit, lui a donné le nom de son *sel admirable*, nom qui lui est resté;

---

[624] Nach Bechers und Stahls Auffasung ist in brenn- und oxidierbaren Körpern ein Stoff enthalten, der diese Fähigkeit bewirkt. Nach griech. φλογίζειν 'in Brand setzen' nannte Becher diesen vermeintlichen Stoff *Phlogiston*.
[625] Vgl. ANDERSON 1984:14f.

mais comme le tems diminue peu à peu le merveilleux des nouveautés, on l'appelle simplement a présent *sel de Glauber*."

Als volkstümlicher Name ist *sel de Glauber* bis heute gebräuchlich. In der chemischen Fachsprache sind dagegen schon ab der Mitte des 18. Jhs. Bestrebungen festzustellen, die Bezeichnung durch eine wissenschaftlichere zu ersetzen. Den entscheidenden Vorstoß macht Lavoisier, der die Bezeichnung *sulfate de soude* einführt, die *sel de Glauber* aus der wissenschaftlichen Terminologie gänzlich verdrängt[626].

sel secret de Glauber s.m. 'natürlicher (geheimer) Salmiak' < *sal (ammoniacum) secretum Glauberi*
EB2a: BOULDUC LE FILS 1724:120 (*sel armoniacal secret*)
EB2b: ROTHE 1741:226 (*sel ammoniac secret de Glauber*)
Varianten:
- äußere Form: *sel armoniacal secret* (BOULDUC LE FILS 1724), *sel ammoniac secret de Glauber* (ROTHE 1741), *sel ammoniacal secret de Glauber* (MACQUER 1749:228, POTT 1753b:2,204), *sel secret de Glauber* (MACQUER ²1778:1,167 – HAÜY 1809:21)

Lexikalische Konkurrenten: *sel ammoniacal vitriolique* (MACQUER 1749:228 – ²1778 a.a.O.), *alkali volatil vitriolé* (BERGMAN 1784:55), *sulfate ammoniacal* (seit MÉTHODE DE NOMENCLATURE 1787:226)
Belegstellen: REUSS 1798:408
LB: HAÜY 1809

Neben dem berühmten *sal mirabile* (Glaubersalz) hat Glauber einer weiteren Schwefelverbindung einen Namen gegeben, die er *sal ammoniacum secretum* nannte, weil sie im Gegensatz zum *sal mirabile* mit ihren flüchtigen Bestandteilen (daher *secret*) als Riechsalz wirkte, vgl. BOULDUC LE FILS 1724, daher *alkali volatil vitriolé* bei BERGMANN 1784 neben *alkali minéral vitriolé* 'Glaubersalz'; fr. *sel volatil* bedeutet 'Riechsalz'. Auch in diesem Fall wird der Bezeichnungsvorschlag Lavoisiers (*sulfate ammoniacal*) maßgeblich und verdrängt die der modernen chemischen Terminologie nicht mehr angemessene Lehnbildung.

phlogistique s.m. '(vermeintlicher) Stoff, der Entzünd- bzw. Oxidierbarkeit verleiht' < griech.-d. *phlogiston*
FEW 8,393a, *TLF* 13,262a, *DMD* 574b, *BW* 482a
EB2a: Ménon in *Mémoires de mathématique et de physique* 1747:1,566
Varianten:
- äußere Form: *phlogiston* (Richelet, *Dictionnaire de la langue françoise* 1759 – SACHS/VILLATTE 1894:1162a)

Wortfamilie: *phlogistiquer* 'brennbar machen' (seit Bergman, *Traité des affinités chimiques* 1788:405), *phlogistication* 'Absorption des Phlogistons' (1777, *FEW*, – F.K. Achard in *Nouveaux Mémoires de l'Académie Royale des Sciences et Belles-Lettres* 1784), *air phlogistiqué* 'Wasserstoff' (*Réflexions sur l'agriculture* 1780:66f., s. BRUNOT 6,226), *air déphlogistiqué* 'Sauerstoff' (ebda.), *réphlogistiqué* 'wieder mit Phlogiston versehen' (DE SAUSSURE 1787:2,120), *phlogistiqué* 'oxidiert' (s. WESTRUMB 1790:240), *phlogisticien* 'Anhänger der Phlogistontheorie' (seit ACADEMIE COMPLEMENT 1842:936b)
Belegstellen: HELLOT 1753:2,255, ACADÉMIE 1762:2,365b[627]

---

[626] Wie *sulfate de soude* seinerseits erst integriert werden muss, zeigt z.B. HASSENFRATZ 1790:11, wo *sulfate de soude* noch anhand von *sel admirable de Glauber* erläutert wird.
[627] „C'est un synonyme de la Matière inflammable". In der Fachsprache wurde stets *phlogistique* gebraucht.

Da die Phlogistontheorie (s.o.) von Deutschland ausging und im 18. Jh. die beherrschende chemische Lehre war, ist auch ihre unmittelbare lexikalische Auswirkung nachhaltig. Das unverändert entlehnte *phlogiston* ist im Französischen nur von untergeordneter Bedeutung und erscheint nicht in Fachtexten: hier wird stets *phlogistique* verwendet. Dieses erklärt von Wartburg wohl zu Recht durch „sprachliche einpassung", vielleicht unter dem Einfluss eines neulateinischen *phlogisticus* (so *OED*² 11,692b für engl. *phlogistic* s.m., 1733), das laut *DMD* auch schon bei Becher (s.o.) zu finden ist.

stahlien s.m. 'Anhänger der Phlogistontheorie' < zu *Stahl* (PN)
BEHRENS 1923:35
EB2a: MACQUER ²1778:2,354
Varianten:
- morphologisch: *stahlien* adj. (RAYMOND 1832:2,558c – LAROUSSE 1949:2,836b)

Wortfamilie: *stahlianisme* (ENCYCLOPEDIE METHODIQUE 1796 – LANDAIS 1853:2,1285c)
Belegstellen: BUFFON 1783:3,241
LB: LAROUSSE 1949

MACQUER ²1778:2,354f. beschwert sich über das von ihm als Schmähbezeichnung empfundene Deonomastikon – zumal er selbst der letzte bedeutende Verfechter der Theorie Stahls ist:

„J'observerai au sujet de cette expression de *disciples de Stahl* & de celles [sic] de *Stahliens*, dont s'est servi ici M. *Bayen* qui pense, comme M. *Lavoisier*, sur le phlogistique, que [...] ces deux Savans [auroient dû éviter] ces dénominations, parceque, quand on les donne à ceux dont on combat le sentiment, elles ne peuvent guere se prendre qu'en mauvaise part [...]."

Mit welcher Konnotation *stahlien* von anderen Zeitgenossen gebraucht worden ist, ist nicht immer mit Bestimmtheit zu sagen; mit der endgültigen Anerkennung der Theorie Lavoisiers hängt *stahlien* zwangsläufig der Ruch des Rückständigen an, sofern es jeweils aktuelle Auffassungen meint. Darüber hinaus dient es nur noch als wissenschaftshistorischer Terminus.

3.6. Geisteswissenschaften
3.6.1. Geschichtswissenschaft und Heraldik

Fr. *gulpe* s.f. 'purpurne Scheibe' (Ausdruck der Heraldik) wird von *FEW* 16,430, *EWFS* 511a und *REW* 4790a. in der Nachfolge Brüchs (*ZrP* 38 (1914), 698) auf d. *Kulpe, Külpe* zurückgeführt. Das DEUTSCHE WÖRTERBUCH 5,2587 belegt *Kulpe* als 'stumpfes Ende' und hennebergisch *Külpe* 'Griff der Ackerpeitsche', mittelrheinisch *Külp* 'Schlagholz am Dreschflegel'. Schon auf semantischer Ebene macht diese Etymologie unverkennbare Schwierigkeiten und ist nicht recht nachzuvollziehen. *Gulpe* ist erstmals belegt in COTGRAVE 1611, letztmals in LAROUSSE 1973:3,2350c. Cotgrave definiert *gulpe* als „*A wound, or bloud-wipe*; (*in Blazon, a golp; and must be purple.*)." Erstaunlicherweise wird die Nennung des engl. *golp* in den genannten Veröffentlichungen nicht berücksichtigt. OED^2 6,662 führt *golpe* mit Nebenformen *golp, gulp* in der Bedeutung „a roundel of a purple colour" auf, erstmals belegt 1562 und entlehnt aus span. *golpe* in der Bedeutung 'Narbe, Verletzung' (vgl. *Gran Diccionario de la lengua castellana (de autoridades)* 3,205a). Vgl. auch den Beleg aus Guillim, *Heraldry* 1610:352: „If they [i.e. the roundels] be Purpure then we call them Golpes", hier also bereits in heraldischem Sinne verwendet. Fr. *gulpe* ist ein Lehnwort aus dem Englischen.

crancelin s.m. 'Kranzsymbol im Wappen' < *Kränzlein* oder mnl. *cranselijn*
FEW 16,357a, *EWFS* 279a
EB2b: MENESTRIER 1683:167 (*crantzelin*)
Varianten:
- äußere Form: *crantzelin* (MENESTRIER 1683 – LAROUSSE 1869:5,442b), *cancerlin* (FURETIÈRE 1690:1 – LAROUSSE a.a.O.), *crancelin* (seit FURETIÈRE 1690:1)

Belegstellen: ENCYCLOPÉDIE 1754:4,430b
LB (in Wörterbüchern): LAROUSSE 1960:3,620b[628]

Obwohl das DEUTSCHE WÖRTERBUCH 5,2060f. *Kränzlein* nicht gesondert als heraldischen Terminus aufführt, ist es als Etymon naheliegend. In der Variante *cancerlin* zeigt sich ein weiteres Mal, dass Remotivationsversuche undurchsichtiger Wörter anhand von bekannteren (*cancer*) keines konkreten Vergleichsmomentes bedürfen.
VALKHOFF 1936:193 weist darauf hin, dass *crancelin* 'diademartige Haartracht des 16. Jhs.' auf in gleicher Bedeutung belegtes mnl. *cranselijn* zurückgeht. Dieses ist m.E. auch für das o.g. *crancelin* als Etymon zumindest nicht auszuschließen, wenn auch ebenso wenig wie für *Kränzlein* eine ausdrücklich heraldische Verwendung bezeugt ist.

burglehn s.m. 'Lehnsbündnis, das die Verteidigung einer Burg beinhaltet' < *Burgleh(e)n*
EB2a: ENCYCLOPEDIE 1751:2,466b
Belegstellen: GRAND VOCABULAIRE FRANÇOIS 1768:4,381a, SCHMIDLIN 1774:2,422b, NOUVEAU DICTIONNAIRE 1790:2,370a
LB: LAROUSSE 1867:2,1424b

Als historischer Terminus von gewisser Bedeutung und zumindest noch aktualisierbar, vgl. aus dem 21. Jh. *perso.club-internet.fr/merloup/page09-11.html*, wo über die

---

[628] *Crancelin* ist in zahlreichen aktuellen Dokumenten, die sich mit Heraldik beschäftigen, noch zu finden, s. z.B. *users.skynet.be/soulme/taquede.htm* oder *www.gaso.fr/gloc.htm* („la banque du blason").

Geschichte der Schweizer Familie Imer berichtet wird: „Le 6 mai 1304 un contrat féodal de type «burglehen» est signé."

dinggrave s.m. 'Vorsitzender des (Ding-)Gerichts' < *Dinggraf*
EB2a: ENCYCLOPEDIE 1754:4,1012a
Belegstellen: GRAND VOCABULAIRE FRANÇOIS 1769:8,213b
LB: SCHMIDLIN 1775:4,291b

Fr. *dinggrave* bezieht sich auf deutsche Verhältnisse des Mittelalters: „On donnoit ce nom anciennement en Allemagne à un Magistrat préposé pour rendre la justice. Aujourd'hui, cette dignité n'existe plus" (*Encyclopédie*).

vrygrave s.m. 'leitender Richter des westfälischen Freigerichts' < nd. *Vrygrave*
(*FEW* 17,437a), BEHRENS 1923:39
EB2a: ENCYCLOPÉDIE 1765:17,515b
Varianten:
- äußere Form: *freygrave* (*ebda.*), *vrygraff* (ACADÉMIE COMPLÉMENT 1842 – LAROUSSE 1933:6,1052a)

Belegstellen: SACHS/VILLATTE 1894:1621b
LB: LAROUSSE 1933

Die *Encyclopédie* gibt an, welcher Fachsprache dieser Xenismus angehört:

„Vrygraves, ou Freygraves (Histoire moderne & Droit politique) mots allemands qui signifient *comtes libres*; c'est ainsi que l'on nommoit les assesseurs, echevins ou juges qui composoient *le tribunal secret de Westphalie* [...]",

eine Art Inquisitionsgericht. Das DEUTSCHE WÖRTERBUCH 4/1/1,110 gibt nur hochdeutsches *Freigraf* an; *Vrygrave* geht auf das Niederdeutsche zurück[629]. Da sich das Wort auf Westfalen bezieht, ist die Annahme eines niederländischen Etymons (*FEW*) unbegründet.
Um die Vitalität des Lehnwortes zu bestimmen, müssten mehr (rechts-)historische Quellen ausgewertet werden. Es ist daher nicht zu entscheiden, ob *vrygraff* in den Wörterbüchern auf einem kontinuierlichen fachsprachlichen Gebrauch beruht oder erneut entlehnt worden ist.

bourgfride s.m. 'besonders stark gesicherter Friede an bestimmten Orten' < *Burgfrieden*
EB2a: GRAND VOCABULAIRE FRANÇOIS 1768:4,226b
LB: SCHMIDLIN 1774:2,326b

Hat nur ephemeren Charakter, ebenso wie das bereits einmal 1408 in Metz belegte *bourgfride* (*FEW* 15/2,23a).

---

[629] Diese Form ist belegt im *Deutschen Rechtswörterbuch* 3,747.

3.6.2. Literatur und Musik

Während die Dichtungen der französischen Klassik in Deutschland rezipiert wurden, waren deutsche literarische Werke in Frankreich bis zur Mitte des 18. Jhs. beinahe gänzlich unbekannt. Dass deren Rezeption bewusst verweigert wurde, hängt eng mit dem bekannten Vorurteil von der geistigen Trägheit der nördlichen Völker zusammen. Erst um 1750 setzt ein allmählicher Umschwung ein, und gebildete französische Kreise finden auf einmal Gefallen an deutscher Dichtung, namentlich an idyllischen und „gemütsvollen" Werken (TROUILLET 1981:57). Michael Huber (1727-1804) schreibt 1766: „Il n'y a gueres plus de seize ans que la Poésie Allemande étoit encore entiérement inconnue en France, & qu'on n'en parloit qu'avec mépris [...]" (1,ix). Schon 1753 kann dagegen der deutschstämmige Baron Friedrich Melchior von Grimm mit Stolz behaupten:

> „Deutsche Poesie und Literatur sind in Paris in Mode gekommen. Hätte man vor zwölf Jahren von einem deutschen Dichter gesprochen, so wäre man recht lächerlich erschienen. Die Zeit hat sich geändert" (zitiert nach BONDY/ABELEIN 1973:15).

Die Begeisterung für die deutsche Literatur ist im 18. Jh. aber eine oberflächliche und soll sich erst im 19. Jh. (Romantik-Rezeption) zu einem ernsthafteren Interesse wandeln. Während sich Huber noch hoffnungsvoll über einen französischen Sinneswandel äußert[630], erkennt Helfrich Peter Sturz bereits den geringen Tiefgang des kurzzeitigen Enthusiasmus für die deutsche Dichtung:

> „Ich war arg in meiner Erwartung getäuscht, als ich, auf das Wort unserer Kunstrichter, glaubte, daß wir in Paris wenigstens ebenso berühmt, als in Leipzig sein. Sie kennen unsere Naturkundiger [sic], unsere Meßkünstler und unsere Mineralogen, wohl verstanden, wenn sie lateinisch schreiben, sie verehren Leibniz und Hallern, sie versichern, daß *Monsieur Gaucher* (Gottsched) ein großer Mann gewesen sei; aber von unserer Litteratur, von unserem Theater, von unseren Dichtern und Prosaisten wissen sie wenig, oder nichts" (1779:107f.[631]).

Im Sog der zeitgenössischen Entwicklung übersetzt und ediert Huber zwar seinen *Choix de poésies allemandes*, doch bald nach dem Erscheinen dessen letzten Bandes (1773) ist die Begeisterung für deutsche Literatur abgesehen von einem kurzzeitigen Werther-Enthusiasmus (s. HEITMANN 1966:78) wieder verflogen. Dennoch verdankt das Französische Huber und seinen Mitstreitern zumindest zwei dichtungsgeschichtliche Entlehnungen.

minnesänger s.m.pl. 'Lyriker der mittelhochdeutschen Zeit' < *Minnesänger, -singer*
TLF 11,857b
EB2a: JOURNAL ÉTRANGER Sept. 1761:96 (*minesænger*)
EB2b: HUBER 1766:1,x (*minnesingers*)

---

[630] „[...] dès que les poésies de M. de Haller eurent paru, on en conçut l'idée la plus avantageuse, & on revint de l'injuste prévention que les Allemands n'étoient pas capables d'enfanter des Ouvrages d'imagination" (1766:1,ix).
[631] Verfasst wurde dieser Brief am 4. Dezember 1768.

Varianten:
- äußere Form: *minnesänger* (seit JOURNAL ÉTRANGER 1761 (s.o.)), *minnesingers* (seit HUBER 1766), *minnesangers* (ACADÉMIE COMPLÉMENT 1840:736d), *minnesinger* (seit LAROUSSE 1874:11,303d), *minnesängers* (2002)[632]

Ein unbekannter Autor schreibt in seinem „Essai sur la Poésie Allemande": „Mon dessein n'est pas de commencer par le siecle brillant des Minesænger", mit der Fußnote „Les Minesænger étoient en Allemagne ce que les Troubadours étoient en France" (JOURNAL ÉTRANGER Sept. 1761). Schon hier ist vorgegeben, was sich bis heute nicht geändert hat: *minnesänger* wird fast immer pluralisch gebraucht und lemmatisiert, wobei der Plural in den seltensten Fällen durch ein *-s* markiert wird. Abweichend davon versieht HUBER 1766:1,x *minnesinger* mit dem Plural-*s* und gebraucht das Wort bereits ohne Erklärung. Dem angesprochenen, zu dieser Zeit für die deutsche Dichtung entbrannten Publikum war *minnesinger* offenbar bereits verständlich.
Zwischen den Varianten *minnesinger(s)* auf der einen und *minnesaenger(s)*, *minnesänger(s)* auf der anderen Seite ist im Französischen bis heute nicht entschieden worden, vgl. *TLF*. Das tut der fachsprachlichen Bekanntheit des Wortes aber keinen Abbruch, und trotz der zumeist fehlenden morphologischen Integration ist *minnesänger* im Französischen zweifelsohne fest verankert. Die GRANDE ENCYCLOPÉDIE ~1900:23,1071b-1974a widmet den *minnesingers* einen sechs Spalten langen Eintrag.

meistersinger s.m.pl. 'Zunfthandwerker als Lieddichter des 14. bis 16. Jhs.' < *Meistersinger*
EB2a: HUBER 1766:1,xix
Varianten:
- äußere Form: *meistersaenger* (LAROUSSE 1873:10,1454a[633]), *meistersingers* (2002)
Lexikalische Konkurrenten: *maîtres chantres* (seit ACADEMIE COMPLEMENT 1840:736d), *maîtres chantres* (s. BEHRENS 1923:37)
Belegstellen: SACHS/VILLATTE 1894:967c, GRANDE ENCYCLOPÉDIE ~1900:23,584b

Moderne Wörterbücher verzeichnen allenfalls *maîtres chanteurs* als Lehnbildung nach *Meistersinger* (vgl. *TLF* 11,209a, *FEW* 6/1,42a). *Meistersinger* ist hingegen auch als wörtliche Entlehnung ins Französische gelangt. Verantwortlich hierfür ist Huber: „Sous le nom de Meistersingers, maîtres Chanteurs, il se forma des Communautés de Poètes [...]." Das hier nur als spontane, verständnisfördernde Übersetzung auftretende *maîtres chanteurs* wird zwar später mit großer Mehrheit bevorzugt und statt *meistersaenger* in alle Wörterbüchern nach LAROUSSE 1873 aufgenommen, doch bleibt letzteres noch in Relikten lebendig: *meistersinger* statt *maîtres chanteurs* ist in einigen französischen Dokumenten anzutreffen, die keineswegs alle auf Wagners Oper *Die Meistersinger von Nürnberg* Bezug nehmen.
Zur überwiegend fehlenden Pluralmarkierung vgl. *minnesänger*.

---

[632] Ein aktueller Internet-Vergleich ergibt Vorkommen von *minnesänger* (188), *minnesinger* (47), *minnesängers* oder *-saengers* (16), *minnesingers* (14), stets pluralisch gebraucht.
[633] Hier immerhin mit gewisser lautlicher Assimilation: „maï-stre-sain-gheur."

Huber nennt weitere musisch-literarische Figuren des deutschen Mittelalters: „Si les Troubadours avoient leurs Musars, leurs Jongleurs & leurs Comirs, les Minnesingers avoient leurs Dichters, leurs Fidélers & leurs Singers" (1766:1,xv). Wie aber auch im Deutschen nur *Troubadour* entlehnt worden ist, haben es die Franzosen bei der Übernahme von *minnesinger/-sänger* belassen.

gluckiste s.m. 'Anhänger der Gluckschen Musikrichtung' zu *Gluck* (PN)
BEHRENS 1923:36, *TLF* 10,296b
EB2a: Beaumarchais, *Correspondance littéraire, philosophique et critique* 1777:11,461 (nach PROSCHWITZ 1956:310)
Wortfamilie: *gluckisme* 'Vorstellungen der Gluckisten' (seit Goncourt, *Journal* 1862:1030), *gluckiste* adj. 'im Sinne der Gluckschen Musikkonzeption' (2002)
Belegstellen: Leclercq, *Proverbes dramatiques* 1835:304, Sainte-Beuve, *Port-Royal* 1840, LITTRE 1869:2,1887b

Christoph Willibald Gluck (1714-1787) und Niccolò Piccinni (1728-1800) erhielten jeweils ein Angebot, in Paris musikalisch tätig zu werden, welches Gluck 1772 und Piccinni 1776 annahm. Ohne dass die beiden Komponisten einen aktiven Teil dazu beigetragen hätten, formierten sich unter Pariser Literaten bzw. so genannten Ästheten zwei Parteien, die zum einen Glucks dramatischen, zum anderen Piccinnis eher melodiösen Musikstil zu ihrem jeweiligen Ideal erhoben. Der Streit der *gluckistes* und *piccinnistes* beherrschte für einige Jahre die musikalische Kulturszene von Paris. Als Bezeichnung für Anhänger der entsprechenden musikalischen Konzeptionen ist *gluckiste* erhalten geblieben, auch nachdem die Polemik des Streits verklungen war.

3.6.3. Religionswissenschaft

rose-croix s.f. 'Geheimbund der Rosenkreuzer' < lat.-d. *rosea crux*
FEW 10,482a, *TLF* 14,1256b, *EWFS* 779b, *DMD* 675b
EB2b: NAUDE 1623 (*roze-croix*)
Varianten:
- morphologisch: *rose-croix* s.m. 'Mitglied einer esoterischen Gesellschaft' (seit Scarron, *Le Virgile travesti* 1648:1), 'Mitglied im Geheimbund der Rosenkreuzer' (seit J. Chapelain, *Lettres*, hg. Tamisey de Larroque, 1671:2,763a), 'hoher Rang der Freimaurer' (seit Quentin, *Dictionnaire maçonnique* 1825)
- semantisch: 'esoterisches Symbol mit Rosen und einem Kreuz', 'esoterische Gesellschaft' (s. *TLF*)

Wortfamilie: *rosicrucien* adj. 'Rosenkreuzer-' (seit 1907, *FEW*), *rosicrucianisme* 'Lehren der Rosenkreuzer' (seit *Encyclopédie universelle* 1972:14,439), *rosicrucisme* 'dass.' (seit *ebda*.)
Belegstellen: BOREL 1655:585, ENCYCLOPÉDIE 1765:14,366a, LAROUSSE 1875:13,1390b

Im Jahre 1604 wurden in Deutschland die Schriften *Fama fraternitatis Roseae Crucis* und *Confessio fraternitatis Roseae Crucis* veröffentlicht, die die Gründerlegende der geheimen Gesellschaft der Rosenkreuzer enthielten. Ihr Autor ist wahrscheinlich Johann Valentin Andreä (*RGG*³ 5,1185f.), dessen *Chymische Hochzeit Christiani Rosencreutz* 1616 erschien[634]. Die genannten Schriften postulieren ein neues Weltbild, „in dem der liber naturae gilt, astrologische vor alchimistischen Bestrebungen rechte Wege sind und die geplante Bruderschaft als weltlicher Orden erscheint" (*RGG*³ a.a.O.).

---

[634] Angeblich hat der imaginäre Gründer der Gesellschaft von 1378 bis 1484 gelebt.

Laut NAUDÉ 1623 ist der Geheimbund der Rosenkreuzer bzw. dessen Programm seit kurzem auch in Frankreich in Mode. Naudé zitiert ein drei Monate vor seiner Niederschrift in Paris ausgehängtes Plakat (S. 27): „Nous deputez du College principal des Freres de la Roze-Croix, faisons sejour visible & inuisible en cette ville [...].". Die französische Benennung des „Ordens" als *rose-croix* s.f. ist offenbar nach lateinischem Vorbild erfolgt, denn die von Naudé a.a.O. angesprochene Übersetzung der genannten Traktate ins Deutsche[635] lässt sich anhand bekannter Bibliotheksbestände nicht verifizieren. Dagegen ist *rose-croix* s.m. nach dem unmittelbaren Vorbild des d. *Rosenkreuzer* als Bezeichnung der Angehörigen des Geheimbundes gebildet worden. Als Name eines Ranges der Freimaurer erklärt sich *rose-croix* aus der engen Beziehung, die zwischen den beiden Geheimbünden bestand. Weitere Bedeutungsnuancen sind bedingt durch verschiedene im 20. Jh. gegründete esoterische, okkultistische u.a. Gesellschaften (vgl. *RGG*), die sich auf die Tradition der Rosenkreuzer berufen.

piétiste adj. 'zum Pietismus, einer protestantischen Glaubensrichtung, gehörig' < Pietist
FEW 8,441b, *TLF* 13,351b, *DMD* 579b, *BW* 484b
EB2a: BAYLE 1699 (s.u.)
Wortfamilie: *piétiste* s.m. 'Pietist' (seit *Mémoires de Trévoux* sept. 1702:170), *piétisme*[636] (seit TRÉVOUX 1732:4,841)
Belegstellen: ENCYCLOPÉDIE 1765:11,603b, JOURNAL ÉTRANGER Aug. 1756:58

D. *Pietist* (um 1675) ist ursprünglich eine Schmähbezeichnung der von P.J. Spener um 1670 ins Leben gerufenen Glaubensrichtung, die in einer stark ausgelebten Frömmigkeit Erfüllung sucht. Bayle schreibt am 8. Oktober 1699 an Janiçon:

„Vous avez sans doute ouï dire qu'il y a dans les cantons suisses protestants une espèce de quiétistes. On les appelle *la Société philadelphique, ou Fraternité piétiste*" (zitiert nach RITTER 1905:190).

Da im Französischen anders als im Deutschen die substantivische der adjektivischen Form der Buchwörter auf *-ist(e)* gleich ist, kann das deutsche *Pietist* hier ohne Weiteres adjektivisch umgesetzt worden sein, sofern die Vereinigung nicht bereits **Pietistische Bruderschaft* hieß. Als Substantiv ist *piétiste* kurz darauf belegt.

schwenkfeldiens s.m.pl. 'Anhänger einer protestantischen Glaubensrichtung' zu *Schwenkfeld* (PN)
EB2b: DE BERTEREAU 1640 in GOBET 1779:1,398 (*stentifeldistes*)
Belegstellen: CORNEILLE 1694:2,377, TRÉVOUX 1732:4,841 s.v. *piétisme* (*Schvvénekfeldiens*), *Revue Réformée* Nr. 212/Band 52 (März 2001), Kapitel 11

---

[635] „L'an 1615. Iean Bingern imprima à Francfort vn liure en Allemand contenant deux opuscules, intitulees [sic] Manifeste & confession de foy des Freres de la R.C."
[636] Auch d. *Pietismus* (1689) ist früher belegt als fr. *piétisme*. Da der Pietismus vom deutschsprachigen Raum ausgeht und als protestantische Strömung in Frankreich selbst – namentlich nach dem Revokationsedikt von Fontainebleau 1685 – kaum Anhänger gefunden haben kann, ist eine Entlehnung hier nicht unwahrscheinlich. Auf der anderen Seite beschäftigten sich französische Theologen ausreichend intensiv mit vergleichbaren, in ganz Europa diskutierten Glaubensfragen, so dass *piétisme* auch als deren eigene Bildung denkbar ist.

Corneille bucht die *schwenkfeldiens* als „Heretiques appellez ainsi d'un certain Schvvenkfeldius, Chef de leur Secte." Dabei handelt es sich um den Protestanten Kaspar von Schwenckfeld, einen Zeitgenossen Luthers, seit 1540 wegen seines besonderen Abendmahlsverständnisses verfolgt, dessen Lehre in verschiedenen Teilen Deutschlands bis ins 19. Jh. einige Glaubensgemeinschaften folgten (*RGG*³ 5,1620ff.). Bei den *stentifeldistes*, die de Bertereau um 1640 in den slowakisch-ungarischen Bergbausiedlungen angetroffen hat, handelt es sich wohl um Anhänger derselben religiösen Strömung. Einen *Stentifeld gibt es nicht; der Name *Schwenkfeld* ist anscheinend ungenau gehört worden.

An gleicher Stelle werden von de Bertereau auch *Schimidelistes* aufgeführt. Einen entsprechenden *Schmi(e)d(e)l* als Stifter einer Glaubensrichtung weisen die einschlägigen Nachschlagewerke nicht nach.

vigandistes s.m.pl. 'Anhänger einer protestantischen Glaubensrichtung' zu *Wigand* (PN)
(E)B2b: DE BERTEREAU 1640 in GOBET 1779:1,398

Nach de Bertereau sind zahlreiche der deutsch-ungarischen Bergleute *vigandistes*. Als Ableitungsbasis bietet sich lediglich der Name Johann Wigands an, eines Reformators des 16. Jhs. (1523-1587). *RGG*³ 6,1709 weist Wigand zwar nicht als Gründer einer eigenen Glaubensgemeinschaft aus, doch hat er zahlreiche Streitschriften veröffentlicht und ist 1573 wegen vom allgemeinen Kanon abweichender Meinungen aus Thüringen vertrieben worden. Offenbar haben einige Protestanten die Lehren Wigands, der bis 1575 als Bischof in Ostpreußen wirkte, zu einer gesonderten Konfession(svarietät) erhoben und noch im 17. Jh. danach gelebt.

weigéliens s.m.pl. 'Anhänger einer protestantischen Glaubensrichtung' zu *Weigel* (PN)
(E)B2a: TRÉVOUX 1732:8,841

Die Schriften Valentin Weigels (1533-1588) fanden v.a. ab 1609 viele Anhänger und führten zu einer Weigelianismus genannten protestantischen Glaubensvarietät (*RGG*³ 6,1560f.). Vielleicht hat schon ein latinisiertes *weigelianus existiert und liegt *weigélien* zu Grunde.

schmidliens s.m.pl. 'Anhänger einer protestantischen Glaubensrichtung' zu *Schmidlin* (PN)
(E)B2b: JOURNAL ÉTRANGER Aug. 1756:63

Im im *Journal Étranger* abgedruckten „Mémoire impartial de M. Jean Conrad Fuesslin sur les personnes qui dans les dernieres années ont été punies en Suisse pour cause d'heresie ou de sedition" werden die *schmidliniens* als Anhänger Jakob Schmidlins genannt. Dieser wurde 1699 in Luzern geboren und gründete 1736 unter pietistischen Einflüssen eine eigene Glaubensgemeinschaft, deren Lehre jedoch als Irrlehre verdammt wurde. Daher wurde Schmidlin und über 100 seiner Anhänger 1746 der Prozess wegen Ketzerei gemacht, wonach Schmidlin erwürgt, seine Leiche verbrannt und seine Anhänger vertrieben wurden. 1756 gibt es die *schmidliniens* de facto nicht mehr.

hernhutes s.m.pl. 'Anhänger einer protestantischen Glaubensrichtung' < *Herrnhuter*
EB1: JOURNAL ÉTRANGER Aug. 1756:59 (*Herrenhuter*)
EB2a: DE LUC 1779[1778]:4,266 (Brief vom 2. Juni 1778)
Varianten:
- äußere Form: *hernutes* (RAYMOND 1832:1,706b – LAROUSSE 1948:1,923b)

Lexikalische Konkurrenten: *frères Moraves* (seit JOURNAL ÉTRANGER Aug. 1756:59)
Wortfamilie: *hern(h)utisme* 'Glaubensrichtung der Herrnhuter' (SACHS/VILLATTE 1894:781b – LAROUSSE 1948:1,923b)
LB: LAROUSSE 1948

Mährische Mitglieder der pietistisch beeinflussten „Erneuerten Brüder-Unität" gründeten 1722 als Emigranten in der Oberlausitz die Kolonie Herrnhut. Der Herrnhuter folgten bald weitere Gemeindegründungen im ganzen deutschsprachigen

Raum. Daher berichtet DE LUC 1779: „Entre les Sectes établies à *Neu-wied*, se trouve celle des *Moraves* ou *Hernhutes*." Im 19. Jh. gelangt *hern(h)utes*, das sich in überraschend stark assimilierter Form präsentiert und wohl zumindest teilweise auf mündlichem Wege entlehnt worden ist[637], in französische Wörterbücher. Dort und darüber hinaus erscheint aber *frères Moraves* mit deutlich höherer Frequenz.

3.6.4. Philosophie, Rechtswissenschaft, Staatswissenschaft

ontologie s.f. 'Lehre vom Sein' < lat.-d. *Ontologia*
FEW 7,354b, (*TLF* 12,524a), (*EWFS* 658b), (*DMD* 524a), *BW* 445a
EB2b: LE CLERC 1692:49
Wortfamilie: *ontologique* 'mit Bezug auf die Ontologie' (seit ENCYCLOPEDIE 1765:11,486b), 'die Wahrnehmung der äußeren Welt betreffend' (seit Renan, *L'Avenir de la science* 1890:478), *ontologiste* 'Anhänger des Ontologismus' (seit Raymond, *Dictionnaire des termes appropriés aux arts et aux sciences* 1824), *ontologue* 'dass.' (seit RAYMOND 1832:2,143a), *ontologisme* 'der Ontologie folgende philosophische Strömung' (seit SOUVIRON 1868:374a), *ontologiser* 'über das Sein nachdenken' (seit 1868, *FEW*), 'als existent anerkennen' (2002), *ontologiquement* 'in ontologischer Sichtweise' (seit LAROUSSE 1874:11,1356c), *ontologisation* 'Anerkennung als Existenz' (2002)
Belegstellen: *Nouvelles de la République des Lettres* nov. 1704:531, ENCYCLOPEDIE 1751:1,xlviija, DE BEAUSOBRE 1753:139, BOISTE 1800:304b

Ontologia wurde 1646 von Johann Clauberg, einem deutschen Cartesianer, in seiner *Metaphysica* geprägt. In die Volkssprache ist es in Frankreich anscheinend früher als in Deutschland gelangt; der Schweizer Philosoph Jean le Clerc schreibt am 2. Januar 1692 an John Locke: „Il est vrai que j'ai sous la presse une *Logique*, une *Ontologie*, et une *Pneumatologie*." Die *Ontologia* erschien zwar in lateinischer Sprache (1692), doch wird sie im Französischen assimiliert *Ontologie* genannt (*Nouvelles de la République*). Wie schon von Wartburg betont, verleiht d'Alembert dem Lehnwort noch größere Bekanntheit, indem er es im Vorwort der *Encyclopédie* erwähnt.

psittacisme s.m. 'mechanische, unreflektierte Wiederholung von Gesagtem' < d. *Psittazismus*, lat.-d. *psittacismus*
TLF 13,1425b, *DMD* 627a
EB2b: LEIBNIZ 1703-1705:186
Wortfamilie: *psittacin* adj. 'mechanisch wiederholend' (Joséphin Péladan, *Typhonia* 1892:16), *psittaciser* 'mechanisch wiederholen' (Henri Bremond, *Histoire littéraire du sentiment religieux en France* 1921:3,391), *psittaciste* 'jemand, der mechanisch wiederholt' (seit ebda. 4:381)
Belegstellen: LAROUSSE 1875:13,369d

Laut *TLF* „[dérivé] du lat. *psittacus* [...] selon un type sav[ant] *psittacismus* ou all. *Psittazismus*." Auch wenn Leibniz sich des Französischen wie einer Muttersprache bediente, dachte er wohl doch in deutscher oder möglicherweise lateinischer Sprache. Da der Niederschrift der *Nouveaux Essais* ohne Zweifel theoretische Überlegungen vorausgingen, wird man tatsächlich in der Annahme nicht fehlgehen, dass Leibniz ein

---

[637] Das *-u-* statt *-ou-* legt einen zusätzlichen schriftlichen Einfluss nahe. Bei einer ausschließlich schriftlichen Entlehnung wäre aber eine Adaptation als *herrnhutiens zu erwarten. Die Ableitungsbasis *Herrnhut* war de Luc wahrscheinlich unbekannt, *Herrnhuter* folglich keine transparente Bildung.

lat. *psittacismus* oder d. *Psittazismus* bzw. *Psittacismus* entworfen hat, dem er das französische Wort folgen ließ[638].
Dass der Präger eines Wortes gleichzeitig für dessen Entlehnung verantwortlich ist, ist überdies kein Einzelfall, vgl. das in Schriften der in Paris lebenden deutschen Ärzte Spurzheim und Gall erstmals belegte *phrénologie* 'Schädellehre':

> „N'est-il pas possible qu'ils aient d'abord créé le mot *Phrenologie* dans leur langue maternelle et que le fr. *phrénologie* et l'angl. *phrenology* soient tous les deux emprunts à l'allemand?" (HÖFLER 1989:120n10).

<u>*harmonie préétablie* s.f. 'von Leibniz entwickeltes Konzept, um die Ordnung des Alls ohne direkte Wechselwirkung zu erklären'</u> < *prästabilierte Harmonie*
TLF 13,1040a
EB2a: Leibniz, *Essais de Theodicée* 1710, Vorwort
Belegstellen: ENCYCLOPÉDIE 1765:8,53a

Laut SCHULZ/BASLER 2,647 hat Leibniz den deutschen Terminus *prästabilierte Harmonie* bereits 1696 gebraucht. Im Vorwort zu seinen *Essais de Theodicée* verwendet er erstmals eine französische Entsprechung:

> „Comme pour expliquer cette merveille *de la formation des animaux*, je me servois d'une Harmonie préétable, c'est-à-dire, du même moyen dont je m'étois servi pour expliquer une autre merveille, qui est la *correspondance de l'Ame avec le Corps*, en quoi je faisois voir l'uniformité & la fecondité des principes que j'avois employés [...]" (hier zitiert nach 1747:1, Preface 315).

Im Zuge der großen Verbreitung, die Leibnizens Lehre erfuhr und die auch zur Verbreitung an und für sich älterer philosophischer Termini wie *monade* oder *entéléchie* führte, wurde auch das Konzept der prästabilierten Harmonie rezipiert und in der philosophischen Wissenschaft verankert.

Es ist in der Forschung umstritten, inwiefern in fr. *psychologie* im philosophischen Verständnis eine Lehnbedeutung nach der *psychologia* des deutschen Philosophen Christian Wolff (1679-1754) zu sehen ist. *TLF* 13,1434b und *FEW* 9,502b sehen die moderne Bedeutung im Französischen bereits bei Pierre Dionis, *Anatomie de l'Homme* 1690:125f. belegt, wo es heißt (zitiert nach *FEW*): „La première [partie de l'anthropologie] traite de l'âme, qu'on nomme *psychologie*." Die hier erfolgte Gegenüberstellung von *psychologie* und *anatomie* bzw. *somatotomia* weist BARRELL 1959:54 auch für andere, lateinisch schreibende Autoren des 17. Jhs. nach. Seiner Meinung nach ist der philosophische Hintergrund, der *psychologie* innewohnt, erst durch Wolff geschaffen worden (S. 53), so dass in fr. *psychologie* seit 1737 (*Recueil de Nouvelles Pieces Philosophiques concernant le Different renouvellé entre Messieurs Joachim Lange – et Chrétien Wolff*, 125) eine Lehnbedeutung vorläge; das *FEW* merkt zumindest an, dass *psychologie* „die weite verbreitung besonders durch Chr. Fr. Wolffs «Psychologia empirica» und «Psychologia rationalis» (1732-1734)" erhalten habe. Letzteres ist zweifellos richtig; fraglich ist nur, inwiefern bereits Dionis *psychologie* in der Weise einen philosophischen Hintergrund zugedacht hat, in der Wolff *psychologia* verwendet. Die von Wolff selbst gegebene Definition unterscheidet sich nicht merklich von der des 16. Jhs. Wolff schreibt in der *Philosophia rationalis sive Logica* (III,58, S. 29): „Pars philosophiæ, quæ de anima agit, psychologia a

---

[638] „Mais quand nous ne les envisageons point, nos pensées et raisonnemens contraires au sentiment sont une espece de *psittacisme*, qui ne fournit rien pour le présent à l'esprit [...]."

me appellari solet. Est itaque Psychologia scientia eorum, quæ per animas humanas possibilia sunt" (zitiert nach BARRELL 1959:53). Ähnlich äußert sich jedoch bereits Otto Casmann (†1607) (*Psychologia anthropologica, sive animae humanae doctrina* 1594:22): „Psychologia est prior pars anthropologicae quae docet naturam humani spiritus seu animae logicae per eiusdem facultates" (zitiert nach BARRELL 1959:54). Es ist nicht anzunehmen, dass Dionis *psychologie* in anderem Sinne gebraucht, ebenso wie andere Autoren des 17. Jhs (vgl. BARRELL a.a.O.)[639]. Wenn auch Wolff die Psychologie aus dem medizinischen Kontext löst und ihr den Rang einer eigenen philosophischen Disziplin einräumt, ist eine semantische Weiterentwicklung seinerseits nicht festzustellen. Ein deutsch-französischer Entlehnungsvorgang hat bei *psychologie* nicht stattgefunden.

téléologie s.f. 'Wissenschaft von finalen Zusammenhängen' < Teleologie
(*TLF* 16,16a), (*DMD* 756a), LÉVY 1950:1,193
EB2a: *nicht nach 1740 (s. *OED*² 17,728a)[640] / DE BEAUSOBRE 1753:165
Varianten:
- äußere Form: *télologie* (MOZIN 1812:2,745c – 1826:4,268c)
- semantisch: 'Doktrin von der Zielgerichtetheit aller weltlichen Zusammenhänge' (seit C. Bernard, *Notes* 1860:59)

Lexikalische Konkurrenten: in der Bedeutung 'Doktrin von der Zielgerichtetheit' *finalisme* (seit 1907)
Wortfamilie: *téléologique* adj. 'die Teleologie betreffend' (seit MOZIN 1812:2,745c (*télogique*)), *téléologiste* adj. 'dem Finalismus anhängend' (seit Bernard a.a.O.), *téléologue* 'Teleologieforscher' (seit MOZIN 1828:2/2,268b)
Belegstellen: ENCYCLOPÉDIE 1765:16,35a, MOZIN 1828:2/2,268b

Teleologie wurde 1728 von Christian Wolff gebildet. De Beausobre erläutert den neuen Ausdruck:

„Lorsque le Philosophe s'occupe de l'examen des corps, il a pour but [...] les fins, que la nature & son auteur se sont proposées dans les différens phénomenes qui tombent sous nos sens; & alors il s'attache à la *Teleologie* [...]."

Als philosophische Disziplin macht die Teleologie in Frankreich außerhalb der Fachkreise nur zögerlich von sich reden. Zahlreiche Wörterbücher des 19. Jhs kennen *téléologie* nur als 'die Kunst, sich über größere Entfernungen hinweg zu verständigen' (BOISTE, RAYMOND, s. *FEW*), wohl abgeleitet von *téléologue*, das ein dieser Kunst dienliches Instrument bezeichnet (1798, *FEW* 13,163b).
In der jüngeren Bedeutung erwächst *téléologie* mit *finalisme* ein bedeutender lexikalischer Konkurrent. Das entsprechende *finaliste* ist bereits 1827 nachzuweisen.

leibnizien adj. 'die Lehren Leibnizens betreffend' zu Leibniz (PN)
TLF 10,1086a
EB2b: VOLTAIRE 1741 (*Œuvres* 36,78, *leibnitzien*)
Varianten:
- äußere Form: *leibnitzien* (VOLTAIRE – LITTRE 1874:3,275c), *léibnitzien* (JOURNAL ÉTRANGER Juni 1762:148), *léibnitien* (1765, s. GRAND ROBERT 2001:4,742b)

---

[639] Die Verwendung von *psychologie* als 'Wissenschaft von den Geistererscheinungen' (EB 1588, so noch DE BEAUSOBRE 1753:144) scheidet hier aus.
[640] Hier wird auf den englischen Erstbeleg verwiesen, den Zollmann 1740 in den *Philosophical Transactions* 41, 299 in einem aus dem Französischen übersetzten Text liefert.

Wortfamilie: *leibnizien* s.m. 'Anhänger der Lehre Leibnizens' (seit Condillac, *Traité des systèmes* 1749), *leibnizianisme* 'Philosophie Leibnizens und seiner Schüler' (seit 1765, s. SCHWEICKARD 1992:205)

wolffien s.m. 'zur Philosophie Christian Wolffs gehörig' zu *Wolff* (PN)[641]
EB2b: Jean des Champs, Cours Abrégé de la philosophie wolfienne en forme de lettres 1747
Wortfamilie: *wolffianisme* 'Wolff folgende philosophische Schule' (2003)[642]

publiciste s.m. 'Fachmann für öffentliches Recht' < *Publizist*
(*FEW* 9,508a), (*TLF* 14,13a), (*DMD* 628a), (*BW* 519a), BEHRENS 1923:40
EB2b: NOUVELLE BIBLIOTHEQUE 1748:430
Belegstellen: BOISTE 1841:583b, LAROUSSE 1875:13,388b, SACHS/VILLATTE 1894:1253a, LAROUSSE 1977:6,4764a („vieux"), GRAND ROBERT 2001:5,1379b („vieux")

Für die Annahme, dass fr. *publiciste* in o.g. Bedeutung nicht aus dem Neulateinischen übernommen, sondern deutschen Ursprungs ist, spricht
1. die Tatsache, dass d. *Publizist* laut WEIGAND 2,487a bereits 1694 belegt ist und
2. der Kontext des französischen Erstbeleges, der sich in der *Nouvelle Bibliothèque Germanique, ou Histoire Littéraire de l'Allemagne, de la Suisse, & des Pays du Nord* befindet, die also vom Geistesleben des deutschsprachigen Raumes berichtet.
Es ist interessant, dass das Wort auch im Italienischen in der Mitte des 18. Jhs. auftaucht, s. die Belege in BATTAGLIA 14,879c; das deutsche Wort scheint in dieser Zeit stark ausgestrahlt zu haben. Bezeichnenderweise nennt Clemente Solaro della Margarita, *Avvedimenti civili* 1853:17 Deutsche unter den *pubblicisti*: „Puffendorf [sic], Burlamaqui e quasi tutti i pubblicisti protestanti ammisero il patto sociale […]" (zitiert nach BATTAGLIA a.a.O.). Auch die von Battaglia als ungebräuchlich klassifizierte Variante *pu̲blicista* könnte auf eine deutsche Herkunft schließen lassen. Das Zusammenspiel all dieser Umstände lässt fr. *publiciste* mit einiger Sicherheit als Lehnwort aus dem Deutschen erscheinen.

esthétique s.f. 'philosophische Lehre vom Schönen' < d. *Ästhetik*, lat.-d. *Aesthetica*
FEW 15/2,194a *TLF* 8,181b, *EWFS* 396a, *DMD* 270a, *BW* 236b
EB2a: DE BEAUSOBRE 1753:163 (*œsthétique*)
Varianten:
- äußere Form: *œsthétique* (DE BEAUSOBRE – BOISTE 1841:15a), *esthétique* (seit ENCYCLOPEDIE SUPPLEMENT 1776:2,873a), *estétique* (BOISTE 1803:170c), *œsthétique* („barbare", BOISTE 1841:497a)
- semantisch: 'individuelle Einschätzung des Schönen' (seit Maine de Biran, *Journal* 1819:217)

Wortfamilie: *esthétique* adj. 'ästhetisch' (seit SCHWAN SUPPLÉMENT 1798:1,15a), *esthétiquement* 'nach den Regeln der Ästhetik' (seit ebda.), *esthéticien* s.m. 'jemand, der sich der Ästhetik widmet' (seit Flaubert, *Correspondance* 1868), *esthétiser* '(spitzfindig) über Aspekte des Schönen nachdenken' (Goncourt, *Journal* 1870), 'an einer Sache etwas Schönes finden' (2002), *esthétisme* 'eine Kunstrichtung' (seit J. Claretie, *La Vie à Paris* 1881:420f.), *esthète* 'jemand, der nur dem Schönen anhängt' (seit Claretie a.a.O.), *esthéticisme* 'philosophische Strömung, nach der bei der Wahrnehmung des Schönen der Verstand keinerlei Rolle spielt' (seit E. Egger, *Histoire de la critique chez les Grecs* 1887:ix)
Belegstellen: MOZIN 1811:1,585c, LAROUSSE 1870:7,966d

---

[641] Vgl. auch die „Wolfische Philosophie" und „Philosophia Wolfiana" in ZEDLER 1748:58,883ff.
[642] Gefunden unter www.cerphi.net/all/all.htm.

Laut BARRELL 1959:49f. hat der deutsche Philosoph Alexander Gottlieb Baumgarten (1717-1762) schon 1735 *aesthetica* als philosophischen Terminus geprägt. Bekanntheit erlangte dieser durch Baumgartens *Aesthetica* (1750-1758); schon für das Jahr 1750 ist d. *Ästhetik* zu belegen. Ob fr. *esthétique* unmittelbar aus der deutschen Form übernommen worden ist (*FEW*), ist fraglich, da es das lateinische Opus war, das in Frankreich rezipiert wurde[643]. Baumgartens Wortschöpfung erfährt Anerkennung durch de Beausobre:

"Lorsqu'il s'agit au contraire [i.e. anders als in der Logik] d'orner la vérité, de persuader, de plaire à l'âme [...], on se contente de combiner legerement les idées, & de faire ensorte, qu'il y ait un sentiment de plaisir attaché à ce résultat de combinaisons. Cette science en général pourroit être appellée *Metaphysique du beau*, & le mot d'*Æsthétique* me semble bien exprimer cette idée" (1753:163).

Auch im JOURNAL ÉTRANGER Sept. 1761 wird Baumgartens Bestreben – etwas ungenau wiedergegeben als „renfermer le sentiment dans une méthode mathématique" – ausdrücklich gelobt: „Comme inventeur de ce procédé, il est très-remarquable." *Esthétique* wird gebucht in BOISTE 1803 und MOZIN 1812, und schon für 1798 ist die Ableitung *esthétiquement* nachgewiesen. Trotz der positiven Rezeption und der dichten Beleglage – und mehrerer Ableitungen – schon vor 1850 weisen BARRELL 1959:51 und *BW* a.a.O. darauf hin, dass das Wort erst um die Mitte des 19. Jhs. tatsächlich ins Französische integriert worden sei, weil man das dahinterstehende Konzept zuvor als zu theoretisch (*BW*) erachtet habe.

statistique[1] s.f. 'Staatswissenschaft' < d. *Statistik*, lat.-d. *statistica*, evtl. ital. *statistica*
(E)B2a: DE BEAUSOBRE 1753:159

Das im Italienischen 1633 (*BW* 608a) belegte *statistica* 'Staatswissenschaft' gelangte im 17. Jh. nach Deutschland (ins Lateinische, EB 1679) und dort im 18. Jh. auch ins Deutsche (*Statistic*, 1715). Diesem Wort wohnt noch nicht der moderne Sinn von *Statistik* inne, sondern es meint tatsächlich die Lehre vom Staat und seiner bestmöglichen Verwaltung. Da das Wort zuerst von de Beausobre als französisches erwähnt wird, dürfte der Ausgangspunkt in Deutschland zu suchen sein[644]:

"Politique. Il y en a qui [...] enseignent encore [i.e. zusätzlich] aux Souverains l'art de se soûtenir contre d'autres Princes, de tirer de leur amitié, de leur alliance, & même des guerres qu'ils ont avec eux, tous les avantages possibles: ceci est l'objet de la *Statistique*."

Weitere Belege für diesen Gebrauch des Wortes im Französischen fehlen indes. S. *statistique*[2].

---

[643] Vgl. die expliziten Hinweise im JOURNAL ÉTRANGER Sept. 1761:108 und ENCYCLOPEDIE SUPPLEMENT 1776:2,873a: „Feu M. Baumgarten, professeur à Francfort sur l'Oder, est le premier qui ait hazardé de créer sur des principes philisophiques la science générale des beaux-arts, à laquelle il a donné le nom d'*esthétique*."

[644] Charles Louis de Beausobre war Sohn eines emigrierten Hugenotten und zeitlebens in Deutschland beheimatet. Er war persönlicher Berater des preußischen Königs und wurde 1751 in die Berliner Akademie der Wissenschaften berufen.

*statistique*² s.f. 'Wissenschaft von der methodischen Erhebung den Staat betreffender Daten' < *Statistik*
FEW 17,223b, *TLF* 15,931a, *EWFS* 823b, *DMD* 730a, *BW* 608a
EB2a: Bachaumont, *Mémoires secrets* 1785:29,102[645]
Varianten:
- äußere Form: fam. *stat* (GRAND ROBERT 2001:6,705a, Bedeutung 'Statistik als mathematische Teildisziplin')
- semantisch: 'statistische Auflistung' (seit *Encyclopédie méthodique: Médecine* 1830), 'Statistik als mathematische Teildisziplin' (seit Jacquemot, *Correspondance* 1832:2,316)

Lexikalische Konkurrenten: *géographie politique* (DE WAILLY 1811:765b)
Wortfamilie: *statistique* adj. 'der Statistik folgend' (seit *Feuille du cultivateur* 1792:2,218), *statisticien* s.m. 'Statistikfachmann' (seit J.G.D Arnold in *Magasin encyclopédique* 1805:2,253), *statistiquement* 'nach den Methoden der Statistik' (seit *La lancette française* 18 (11.12.1828), 72b), *statistiquer* 'Statistiken machen' (seit Balzac, *Œuvres diverses* 1830)[646], *statisticien* adj. 'die Statistik betreffend' (seit Colette, *Ces plaisirs* 1932:44)
Belegstellen: BOISTE 1800:423c, LAROUSSE 1875:14,1066c

Zur älteren deutschen Wortgeschichte s. unter *statistique*¹. Im 18. Jh. prägten Martin Schmeitzel (1679-1747) und dann maßgeblich Gottfried Achenwall (1719-1772) d. *Statistik* in der o.g. Bedeutung, nach BARRELL 1959:58 spätestens 1749, als lateinisches Adjektiv *statisticum* schon 1747. Einen Vorläufer der statistischen Methode stellt die *arithmétique politique* dar, die von Jean-François Melon in seinem *Essai politique sur le commerce* (1736) eingeführt wurde (s. ENCYCLOPÉDIE 1755:5,678). Sie wird durch die ausgefeiltere moderne Statistik ersetzt. In der ursprünglichen Bedeutung ist *statistique*² offenbar spätestens in den 80er Jahren des 18. Jhs. verbreitet worden, vgl. Bachaumont. 1789 veröffentlicht Brion de la Tour ein *Tableau de la population de la France, avec la citation des auteurs* [...] *qui ont écrit sur cette partie de la «Statistique»*; 1792 ist der adjektivische Gebrauch von *statistique* nachzuweisen, der bald über rein politische Gegebenheiten hinausgeht (vgl. z.B. Timoléon Calmelet, „Fin du mémoire statistique sur les richesses minérales du département de Rhin-et-Moselle", in: *Journal des Mines* 25/149 (1809), 321-372). BOISTE 1800 bezeichnet die Statistik noch als neuartige Wissenschaft[647].

kantien adj. 'Bezug auf Kants Philosophie nehmend' zu *Kant* (PN)
TLF 10,845b, *DMD* 413b
EB2b: *Le Spectateur du Nord* 8 (1798), 364
Wortfamilie: *kantien* s.m. 'Anhänger der Philosophie Kants' (seit *ebda.*), *kantianisme* 'philosophische Lehre im Sinne Kants' (Ch. de Villers, *Philosophie de Kant* 1801:xxiii)
Belegstellen: BOISTE 1841:417a, LAROUSSE 1873:9,1159b

---

[645] Im *FEW* wird „1771" als Erstbeleg angegeben. Zumindest in TRÉVOUX 1771 ist das Wort nicht zu finden.
[646] „Rare" laut GRAND ROBERT 2001:6,706a.
[647] Insbesondere bezüglich der Statistik und auch der Ästhetik kann man Barrells Urteil nur unterschreiben:
„The Germans by providing a terminology and seeking to focus attention on the value of methodical study in fields where speculation has been rife & thinking largely undirected, have performed a very real service not only to France but to mankind in general" (1959:61).

3.6.5. Mythologie

vampire s.m. 'blutsaugendes Gespenst' < *Vampir*
FEW 20,51b, *TLF* 16,911a, *EWFS* 883a, *DMD* 799b, *BW* 663a
EB2b: MERCURE 1736:405[648]
Varianten:
- äußere Form: *wampire* (TRÉVOUX 1771:8,285a), *wampir* (VON BORN 1780:28), *vampyre* (SCHWAN 1784:2,1034b)
- semantisch: 'ausbeuterischer Mensch' (seit Mirabeau, *L'Ami des hommes* 1756:1,227), 'große, blutsaugende südamerikanische Fledermaus (Vampyrum spectrum)' (seit Buffon, *Histoire naturelle* 1763:10,57), 'Verbrecher mit sadistischen oder nekrophilen Neigungen' (seit Th. Gautier, Vorwort zu *Mlle de Maupin* 1835), 'Vamp' (veraltet, z.B. Diamant-Berger, *Le Cinéma* 1919:197)

Lexikalische Konkurrenten: in der Bedeutung 'Vampir' *oupire* (*Traité sur l'apparition des esprits* 1751:2,307 – BOISTE 1823:693b, verschrieben zu *onpire* in der Ausgabe von 1829) und *upire* (TRÉVOUX 1771:8,285a), in der Bedeutung 'ausbeuterischer Mensch' *rapace* (so seit 14. Jh.), *sangsue* (so seit 14. Jh.), in der Bedeutung 'Vamp' *vamp* (seit 1921), *femme fatale*
Wortfamilie: *vampirisme* 'Vampirzustand' (seit MERCURE 1736:403), 'Glaube an Vampire' (seit TRÉVOUX 1771:8,285b), 'Habsucht' (seit L.S. Mercier, *Néologie* 1801:2,307), 'Geisteszustand verbrecherisch-sadistischer Menschen' (seit Baudelaire, *Histoires extraordinaires d'Edgar Poe* 1856), 'Grausamkeiten der Vampire' (seit LAROUSSE 1876:15,757a), *archi-vampire* wohl 'besonders blutrünstiger Vampir' (MERCURE 1736:407), *vampiriste* s.m. 'jemand, der an Vampire glaubt' (seit ACADÉMIE SUPPLÉMENT 1836:835c), adj. 'ausbeuterisch' (2003), *vampirique* 'habsüchtig' (seit Mirabeau, *Collection complète des travaux* 1790), 'vampirartig' (seit Balzac, *Œuvres diverses* 1832), *vampiresque* 'vampirartig' (seit 1861, *FEW*), *vampiriser* 'jemanden systematisch ausnutzen' (seit 1795, s. BRUNOT 10,57n6), *vampiridé* 'auf Vampire bezogen' (LAROUSSE 1876:15,757a), *vampiridés* 'Familie der Vampir-Fledermäuse' (seit ebda.), *vampirologue* 'Vampirforscher' (seit Queneau, *Journal intime* in *Les Œuvres complètes de Sally Mara* 1950:173), *vampirologie* 'Vampirkunde' (2003)
Belegstellen: CALMET 1746:294, DYCHE 1756:2,529a, ENCYCLOPEDIE 1765:16,128b, VALMONT DE BOMARE 1768:6,187, FERAUD 1787:3,777a, BOISTE 1800:462b, LAROUSSE 1876:15,756b

Eher als serbokr. *vàmpîr* ist das daraus entlehnte d. *Vampir* (1732) als Etymon des fr. *vampire* und anderer europäischer Fortsetzer (engl. *vampire*, ital. *vampiro*) anzusehen, da Deutschland im 18. Jh. sehr viel mehr als der Balkanraum als kulturelles Ausstrahlungszentrum fungiert hat. Die Beschäftigung mit dem Vampirglauben gerät auch in Frankreich derart in Mode, dass schon 1756 mit DYCHE das erste Wörterbuch *vampire* aufnimmt. Hier wird noch auf *stryge* verwiesen. *Stryges* oder *striges* sind indes dem Vampir zwar vergleichbare Fabelwesen, die aber Frau und Hündin in sich vereinen und folglich mit dem klassischen Vampir in Menschengestalt wenig gemein haben. Virulent sind auch bald Ableitungen und Bedeutungsübertragungen.
Das in gleicher Funktion wie *vampire* direkt aus tschech. *upír* oder russ. *упырь* entlehnte fr. *oupire* hat dagegen nur einen Marginalstatus erreicht und weder morphologische noch semantische Folgeentwicklungen erfahren.

---

[648] Der im *TLF* angegebene Erstbeleg (d'Argens, *Lettres juives* 1738:4,150) ist eine wörtliche Kopie des Artikels im *Mercure*. Voltaire schreibt im *Dictionnaire Philosophique* (*Œuvres* 20, 549): „On n'entendit plus parler que de vampires depuis 1730 jusqu'en 1735 [...]." Das Wort ist also schon einige Jahre vor 1736 bekannt. Voltaire selbst kann diese Mode nur erstaunen: „Quoi! c'est dans notre XVIIIe siècle qu'il y a eu des vampires!" (547).

walhalla s.m. 'Wohnstätte Odins und der gefallenen Krieger (in der germanischen Mythologie)' < d. *Walhalla*
(*TLF* 16,1385b)
EB2a: TRÉVOUX 1752:7.502 (*valhalla*)⁶⁴⁹
Varianten:
- äußere Form: *valhalla* (TRÉVOUX 1752 – MOZIN 1863:2,1218b), *vaxhalla* (MOZIN 1828:2/2,353c – RAYMOND 1832:2,722b), *walhalla* (seit BOISTE Mythologie 1803:11e)

Belegstellen: LAROUSSE 1876:1255d

Im *TLF* als Entlehnung aus altnord. *valhǫll* in gleicher Bedeutung aufgeführt, in GRAND ROBERT 2001:6,1981b als Lehnwort aus dem „ancien allemand". Vor *walhalla* haben zwar im Französischen zunächst Formen auf *v-* existiert, die an das *val-* der altnordischen Form erinnern, aber ebenso gut aus der deutschen Variante mit *w-* stammen können, vgl. *vaguemestre*, *vake* und *vource*. Laut DEUTSCHEM WÖRTERBUCH 13,1241 hat Schütze die Form *Walhalla* im Jahre 1750 in Deutschland eingebürgert, während andere deutsche Autoren zu dieser Zeit noch *Valholl* schreiben. Schütze hat das altnordische Etymon in Anlehnung an mhd. *wal(stat)* 'Schlachtfeld' und *Halle*, offenbar mit latinisierendem Wortausgang, umgestaltet. Unter den als weiterer Ausgangspunkt denkbaren skandinavischen Sprachen kennen das Isländische sowie das Norwegische und Dänische keine ältere Form **valhalla*⁶⁵⁰. Dagegen vermerkt HELLQUIST 1993:1302b, dass statt heutigem schwed. *valhall* früher die Variante *valhalla* üblicher gewesen sei. Eine genaue Datierung ließ sich nicht ermitteln. Da d. *Walhalla* in jüngerer Zeit nachweislich auch in andere skandinavische Sprachen eingedrungen ist, ist nicht auszuschließen, dass auch schwed. *valhalla* deutschen Ursprungs ist. In Anbetracht des vorliegenden deutschen Erstbeleges und der wenig späteren Aufnahme durch TRÉVOUX ist wohl d. *Walhalla* nicht erst als Etymon der französischen Form *walhalla* ab 1803 anzunehmen.

krusmann s.m. 'Name einer vorchristlichen Gottheit' < *Krutzmanna*
EB2a: ENCYCLOPÉDIE 1765:9,138b (*kruzmann*)
Belegstellen: RAYMOND 1832:1,803c, BOISTE Mythologie 1841:120f
LB: LANDAIS 1853:2,122b

In den Zwischenbereich von appellativischem und onomasiologischem Teilbereich des Wortschatzes fällt die Entlehnung dieses vorchristlichen Götternamens, der als Lemma einiger Wörterbücher durchaus appellativischen Charakter trägt. Die *Encyclopédie* bucht *kruzmann* als s.m.:

„[...] divinité qui étoit autrefois adorée par les peuples qui habitoient sur les bords du Rhin, près de Strasbourg. Il y a tout lieu de croire que sous ce nom ils rendoient un culte à Hercule, que les Romains leur avoient fait connoître [...]."

Bei der etymologischen Suche wird man fündig in ZEDLER 1737:15,2000, wo berichtet wird:

---

⁶⁴⁹ „C'est le nom que les anciens Septentrionaux donnoient à un grand lieu délicieux dans lequel ils plaçoient les ames de ceux qui étoient morts de leurs blessures pour le service de la République."
⁶⁵⁰ S. FALK/TORP ²1960:1344 s.v. *val*²: hier wird nur *Valhal* aufgeführt, „ins deutsche in der form *Walhalla* aufgenommen."

„*Krutzmanna* welches so viel als Groß-Mann heissen soll, ist der Name einer metallenen Statue so noch im Jahr 1525 im Straßburgischen Münster gewesen, nachgehends aber nach Paris gekommen ist, und vor derer Teutschen *Herculem* oder *Alemannum* gehalten wird [...]. Andere meynen, der Name *Krutzmanna* heiße soviel, als Kriegs-Mann, und sey bey denen alten Teutschen der *Mars* also genennet worden."

3.7. Verschiedenes

chibre s.m. arg. 'Penis' < rotwelsch *Schieber*
FEW 17,36b
EB2a: O. Chéreau, *Le Jargon ou langage de l'argot réformé* 1628 (*chivre*)
Varianten:
- äußere Form: *givre* (1680, ESNAULT 1965:154a), *gibre* (CHEREAU 1741), *chibre* (seit VIDOCQ 1837:1,73), *gibremol* (1878, s. COLIN/MEVEL/LECLERE 1990:135a)[651]

Wortfamilie: *chibrer* arg. 'mit jdm. Geschlechtsverkehr haben' (seit R. Guerin, *Les poulpes* 1953:396), *chibreur* arg. wohl 'der oft mit einer Frau schläft' (s. CELLARD/REY 1991:185a), *chibré* arg. 'gut gemacht' (1947, ESNAULT 1965:154a), 'mit einem Penis versehen' (2002)
Belegstellen: CELLARD/REY 1991:184b

In Analogie zur sexualmetaphorischen Verwendung von *bouc* (vgl. *boucan, bocard* 'Bordell') möchte SAINÉAN 1920:379 *chibre* als Variante von *chèvre* 'Ziege' erklären, so noch vertreten in GRAND ROBERT 2001:2,68b mit dem Hinweis auf *chivre* als Form des frühesten Beleges. Dass aber der Name eines weiblichen Tieres zur Bezeichnung des männlichen Geschlechtsteils ausgewählt worden sein soll, scheint mir wenig einleuchtend. Da rotwelsch *Schieber* die gleiche Bedeutung hat wie fr. *chibre*, ist von Wartburgs Etymologievorschlag weitaus plausibler. Für eine Entlehnung, u.U. aus einer regionalen Variante *Schiever*, sprechen fernerhin die grenznahen Formen Lüttich *chîfe*, Mons *chibre*, Ollon (Waadt) *šibre*. Die in CHÉREAU 1741 aufgeführte Variante *gibre* liefert keiner der beiden vorgeschlagenen Etymologien ein stützendes Argument. *Chibre* ist heute noch geläufig und hat sogar mehrere Ableitungen hervorgebracht. Es ist müßig, hier die Gesamtheit der denkbaren lexikalischen Konkurrenten aufzuführen, die namentlich die Umgangssprache, wie in vergleichbaren Begriffsfeldern üblich, in großer Zahl hervorgebracht hat. Im Vergleich zu mancher spontanen, ephemeren Bildung gehört *chibre* aber zweifellos zu den langlebigeren unter diesen Bezeichnungen.

glass s.m. arg. 'Trinkglas' < *Glas*
FEW 16,44a, *TLF* 10,271b, *DMD* 341b
EB2a: O. Chéreau, *Le Jargon ou langage de l'argot réformé* 1628:91 (*glace*)
Varianten:
- äußere Form: *glace* (Chéreau a.a.O. – SACHS 1894:160b), *glass* (seit Courteline, *Les Gaîtés de l'escadron* 1886:6,85), *glasse* (s. ESNAULT 1965:335a)

---

[651] Ohne sich für eine bestimmte Etymologie zu entscheiden, schreiben die Autoren hierzu: „[...] l'ancienneté de ce mot est prouvée par la forme archaïque de l'adj. *mol*, qui l'accompagne souvent." Als normale Form des Maskulinums wird *mol* statt bzw. neben *mou* bis TRÉVOUX 1771 gebucht.

Wortfamilie: arg. *glacée* 'Glasvoll' (Anon., *Responce [au Jargon de Chéreau]* 1630), *glacis* 'Trinkglas' (Ansiaume 1821, s. ESNAULT 1965:335a, – LA RUE 1948:120), *glaçon* 'dass.' (Macé, *Mes lundis en prison* 1889)
Belegstellen: 1725 (*FEW*), DICTIONNAIRE D'ARGOT 1827:48, LARCHEY 1872:148b

Das Wort könnte laut *FEW* „auch aus fr. glace «spiegelglas» entstanden sein. Doch spricht das geschlecht für entlehnung aus dem d." Dieser Auffassung möchte ich mich anschließen; *glace* ist lediglich als schon bekannte Schreibweise für die Phonemkette [glas] übernommen worden. Der *TLF* trennt *glace* s.m. wohl zu Recht – anders GRAND ROBERT 2001:3,1362a – nicht von *glass* s.m. in gleicher Bedeutung, das seit 1886 belegt ist[652]. Lediglich die bei Queneau, *Zazie dans le métro*, Paris:Gallimard 1959:165 belegte Graphie *glasse* sei „prob. sous l'influence de l'angl." entstanden. Dieser Einfluss kann auch schon für die Form *glass* geltend gemacht werden, ist allerdings nicht zwingend anzunehmen. Die bisher nicht berücksichtigten Belege im DICTIONNAIRE D'ARGOT 1827 und in LARCHEY 1872 füllen eine lange Beleglücke, so dass eine Neuentlehnung im späten 19. Jh., wie sie die Belegkluft zwischen 1725 und 1886 suggeriert hat, nicht anzunehmen ist.
Wie es bei einem älteren Argotwort nicht verwunderlich ist, ist die Beleglage dünn, doch erlauben die Ableitung *glacée* und die Bedeutungsübertragungen auf *glacis* und *glaçon* immerhin den Rückschluss auf einen gewissen Integrationsgrad.

chenapan s.m. 'Wegelagerer an der deutschen Grenze' < *Schnapphahn*
FEW 17,45a, *TLF* 5,653b, *EWFS* 221a, *DMD* 147a, *BW* 126b
EB2a: RICHELET 1693:2,307a (*schnapan*)
Varianten:
- äußere Form: *schnapan* (RICHELET 1693), *schaphan* (MÉNAGE 1694:658b – TRÉVOUX 1771:7,588b), *chenapan* (seit Caylus, *Les Écosseuses* 1739:10,531)
- semantisch: 'Taugenichts, Spitzbube' (seit ACADÉMIE 1762:1,293b)[653], 'Schlingel (Kind)' (seit Barrès, *Les Déracinés* 1897:87)

Lexikalische Konkurrenten: in der ursprünglichen Bedeutung *brigand* (seit 15. Jh.), *détrousseur* (seit ~1500), *guetteur de chemin* (1538-1759), *larron de campagne*[654], *dévaliseur* (seit 1636)[655]
Wortfamilie: *chenapan femelle* 'Prostituierte' (s. BEHRENS 1923:97), *chenapane* (HEINE, „Chenapan et chenapane")[656]

Ein aus nl. *snaphaan* entlehntes frz. *snapane* ist bereits von 1561 bis 1653 bezeugt[657]. Da auch d. *Schnapphahn* in der Bedeutung 'Wegelagerer' schon seit 1494

---

[652] Bei der Erstellung des GRAND ROBERT 2001 scheint selbst der *TLF* nicht systematisch konsultiert worden zu sein: hier wird (3,1362a) 1891 als Erstbeleg der angeblichen Neuentlehnung angegeben.
[653] Diese im *FEW* bereits für MÉNAGE 1694 angegebene Bedeutung lässt a.a.O. nicht verifizieren.
[654] S. MAQUET 1958:91.
[655] Für Konkurrenten in den Bedeutungen 'Taugenichts, Spitzbube' und 'Schlingel (Kind)' gilt das zu *chibre* Gesagte.
[656] Wie Heine das Wort genau verstanden wissen will, ist ein Frage der Interpretation. Im Text heißt es:
  „Tandis que Laure me tenait embrassé sur le lit de repos, monsieur son mari, maître renard, subtilisait dans ma cassette mes billets de banque [...]. Les baisers de Laure n'étaient-ils aussi que mensonges?"
Laure, die *chenapane*, ist hier sowohl an einem Raub beteiligt als auch in der Position einer Prostituierten.
[657] S. BARBIER 1938:63ff.

nachgewiesen ist, ist es nicht unwahrscheinlich, dass die Franzosen schon einige Zeit vor 1694 mit diesen Wegelagerern auch entlang der an die niederländische anschließenden deutschen Grenze in Kontakt gekommen sind. Anscheinend schienen in diesem Zusammenhang Bezeichnungen wie *brigand, guetteur de chemin* o.ä. ausreichend genau. Trotz des Zusatzes „nous prononçons *Schenapan*" erweckt der Kommentar in MÉNAGE 1694 nicht den Eindruck, dass das Wort im Französischen bereits besonders geläufig wäre:

„On appelle ainsi dans les Armées d'Allemagne, du côté de la Lorraine, des Payïsans retirez dans les bois, lesquels volent les passans, & qui sans faire de cors, s'at[ta]chent au parti qui est en campagne, duquel ils ont la permission de faire des courses."

Den Hinweis „sur les frontieres allemandes" bringt auch noch DYCHE 1756:2,381b an. Auf der anderen Seite klingt aus dem von RICHELET 1693 aufgeführten Artikel an, dass das Wort durchaus schon seit einigen Jahren gebräuchlich ist: „SCHNAPAN, s.m. Mot Allemand, qui, depuis ces derniéres guerres, s'est fait François, & dont on se sert à propos dans les Gazettes."

Es mag an der Konkurrenz bedeutungsähnlicher Wörter gelegen haben, dass *chenapan* bei der Aufgabe seines Xenismuscharakters – es lag offenbar kein dauerhaftes Bedürfnis vor, Wegelagerer im Allgemeinen von denen an der deutsch-französischen Grenze lexikalisch zu unterscheiden – auch die Bedeutung 'Wegelagerer' abgelegt hat und zu einer undifferenzierten Bezeichnung für einen Taugenichts oder Schlingel geworden ist. Ausgehend von letzterer Bedeutung geht sogar die pejorative Nuance teilweise verloren, zumindest wenn von Kindern die Rede ist[658].

Unter *schnick* ist vorgebracht worden, das -e- in Formen wie *chenik, chenique* sei kein anaptyktisches, das zur Erleichterung der Aussprache eingeführt worden wäre. Wenn nun die Aussprache von *chenapan* z.B. in MÉNAGE 1694 und LE ROY [4]1752:542a mit *Schenapan* angegeben wird, mag man zunächst vermuten, dass es sich hier (und dann auch bei *chenik*) um einen notwendigen Sprossvokal handelt, wie er auch bei der Entlehnung von Wörtern mit dem Nexus (-)*kn*- erscheint. Analog zu vergleichbaren französischen Wörtern wie *chenil, chenille* oder auch *chemin, cheveu*, deren korrekte Aussprache im 17. Jh. [šəni(l)] statt [šni(l)] etc. lautete, soll aber wohl auch hier nur eine „korrektere" Aussprache [šənapã] statt durchaus möglichem, populärerem [šnapã] (so auch heute) etabliert werden. Schon im späten 18. Jh. scheint die so geforderte Aussprache faktisch nicht (mehr) existiert zu haben; TRÉVOUX 1771:589a betont: „C'est *chnapan* qu'on prononce, & M. Ménage devoit l'écrire ainsi, lui qui vouloit que l'écriture fût conforme à la prononciation."

capout maq v.tr. oder adj. 'abmurksen, aufmischen / erledigt' < *kaputtmachen* oder *kaputtgemacht*
FEW 2,277b
EB2a: LE ROUX 1718:91[659]
Belegstellen: SCHMIDLIN 1773:3,82a

---

[658] Andernfalls hätte die Marke *Pâturages* kaum ein Frischkäseprodukt „Les chenapans à la crème" auf den Markt bringen können.
[659] Auf die Auflistung möglicher lexikalischer Konkurrenten wird aus den unter *chibre* genannten Gründen verzichtet.

LB: *Mémoires de Vidocq* 1829

Da d. *kaputtmachen* erst um 1650 zu belegen und vielleicht einige Jahre älter ist, wird *capout maq* während des Dreißigjährigen Krieges aus der deutschen bzw. niederländischen[660] Soldatensprache ins Französische gelangt sein. LE ROUX 1718 führt *capout maq* als Äquivalent französischer Infinitive auf: „Dicton que les François ont inventé de la Langue Allemande, qui signifie, tuer, couper la tête, mettre en désordre"[661]. Die essentielle Bedingung eines Infinitivs aber, das Vorliegen eines diesen anzeigenden Morphems – das bei im 18. Jh. entlehnten Verben nur *-er* sein kann –, ist nicht erfüllt: **capoutmaquer*. Die Annahme liegt nahe, dass *capout maq* nicht als Vollverb gebraucht worden ist (**je capoutmaq*, **je maq capout*?), sondern, konträr zur o.g. Gleichsetzung mit Infinitiven, eher in Form eines (Partizipial-)Adjektives verwendet wurde, vgl. flandr. *être capotmack*. Als Etymon sind dann sowohl *kaputtgemacht* mit Elision der schwachtonigen Mittelsilbe als auch *kaputtmachen* denkbar, das den Franzosen bzw. französischen Soldaten als häufig gebrauchter Ausdruck der deutschen oder niederländischen Kriegsknechte offensichtlich in besonderer Weise aufgefallen ist[662]. Größere praktische Anwendung haben zweifellos die Lehnbildung *faire capout(e)* und das daraus rückgebildete, wenn nicht separat entlehnte *capout(e)* erfahren, vgl. die zahlreichen dialektalen Belege im *FEW*. Inwiefern *faire capout(e)* in unmittelbarem Zusammenhang mit der Entlehnung des 17. Jhs. steht, kann nicht mit Bestimmtheit gesagt werden, da es erst 1830 nachzuweisen ist (s. ESNAULT 1965:119b) und d. *kaputt* namentlich im Argot auch später neu entlehnt worden sein kann.

stuc s.m. arg. 'Beuteanteil' < *Stück*
FEW 17,265a
EB2b: Ragot de Grandval, *Cartouche* 1722[663]
Varianten:
- äußere Form: *stuc* (1722 – LA RUE 1948:179), *estuc* (DELESALLE 1896:111a – LA RUE 1948:110), *chtuc* (s. NOLL 1991:125), *estuque* (1827, s. Larchey, *Dictionnaire historique de l'argot* 1878 – VILLATTE 1888:112b), *stuq* (s. LARCHEY 1872:224)
- semantisch: 'Aufteilung einer Beute' (Leclair, *Histoire des bandits d'Orgères* 1800 – 1836, *FEW*), 'Stück, Anteil' (CARADEC 1977:229a)

Wortfamilie: arg. *stuquer* '(die Beute) teilen' (1821, s. ESNAULT 1965:587a, – DELESALLE 1896:275b), *stucquer* 'informieren' (Delvau, *Dictionnaire de la langue verte* ²1867 – DELESALLE a.a.O.)

---

[660] S. Lüttich *èsse po l'capot-mack* 'völlig fertig sein', flandr. *être capotmack* 'erledigt sein' mit *-o-* aus nl. *kapot*, *FEW* a.a.O.

[661] Offensichtlich hieraus bzw. aus LE ROUX 1752 kopiert SCHMIDLIN 1773:3,82a: „†Capout maq ist ein aus dem Deutschen corrumpirter Ausdruck, statt *couper la tête, tuer* [...]."

[662] Vgl. die Aktualisierung des Gebrauchs von *capout* im Zuge des 1. und 2. Weltkrieges, während derer sich das Vokabular der deutschen Soldaten im Vergleich zum Dreißigjährigen Krieg zumindest in Teilen nicht verändert hat: immer noch wird *kaputt* als charakteristisch empfunden. Das hat sich im Übrigen bis heute kaum geändert: versuchen Franzosen, einem Deutschen etwas zu erklären, sind viele von ihnen bekanntlich begeistert, wenn sie an irgendeiner Stelle ihres Diskurses ein pathetisches *capout*! einfügen können, oft in Zusammenhängen, die über den tatsächlichen modernen Gebrauch des deutschen *kaputt* hinausgehen.

[663] S. LARCHEY 1872:224 mit Verweis auf das Gedicht *Cartouche* Ragot de Grandvals, in erster Auflage angeblich 1723 veröffentlicht (Esnault gibt 1722 an), in zweiter 1725. In der Auflage von 1725 wird *stuc* auf S. 158 mit 'part du larcin' erläutert.

Belegstellen: DICTIONNAIRE D'ARGOT 1827:28, VIDOCQ 1837:1,128, VILLATTE 1888:274b, DELVAU 1889:447b, SACHS/VILLATTE 1894:1470a, 1951 in Salon-de-Provence, s. ESNAULT 1965:587a
LB: CARADEC 1977

Dass in der Sprache der Gauner *Stück* als 'Beuteanteil' gebraucht wird, ist plausibel, so dass fr. *stuc* in gleicher Bedeutung als deutsches Lehnwort am besten erklärt wird. Die von DAUZAT 1911:187 vorgenommene Herleitung aus ital. *stucco* 'Stuck' scheidet aus semantischen Gründen aus, das von SAINÉAN 1912:2,342 als Etymon vorgeschlagene okz. *estuc* ist in der von Sainéan postulierten Bedeutung 'Futteral, Versteck' nicht zu belegen[664]. Insbesondere die Variante *chtuc* stärkt die deutsche Etymologie; das für Neuentlehnungen im 18. Jh. insgesamt ungewöhnliche prosthetische *e* in *estuc* und *estuque* stellt für dieselbe kein Hindernis dar, vgl. noch arg. *estourbir* zu *(g)schtorbe* (1815), *estrèque* < *Strecke* (1907), ebenfalls mündliche Entlehnungen. Besonders im 19. Jh. sind *stuc* und seine Ableitungen zahlreich vertreten; für das 20. Jh. nennt Esnault 1965 *stuc* nur als 'Stück' aus Salon-de-Provence (1951). Da dass Wort im Süden Frankreichs nicht wie *stuck* 'Stück' im Elsass und Lothringen als junge Entlehnung aus dem Deutschen zu erklären ist, steht es wahrscheinlich in Zusammenhang mit o.g. *stuc*.
In der Bedeutung 'aufteilen' ist *stuquer* sicherlich als Ableitung zu *stuc* zu betrachten (s. aber auch d. *stückeln*), vgl. gleichbedeutendes *faire le stuc*. Die Bedeutung 'informieren' könnte dagegen m.E. unter Angleichung an älteres *stuquer* auf d. *jemandem etwas stecken* (schon im 18. Jh. belegt, DEUTSCHES WÖRTERBUCH 10/2/1,1318) zurückzuführen sein, da eine semantische Herleitung aus 'aufteilen' schwerlich nachzuvollziehen ist. Ebenso passt das im *FEW* als Ableitung von *stuc* aufgeführte *estuquer* 'verprügelt werden' (DICTIONNAIRE D'ARGOT 1827:17 – DELESALLE 1896:111a), erst später auch 'verprügeln', semantisch sehr viel besser zu d. *(Schläge) einstecken* und wäre dann formal ebenfalls an *stuquer* angenähert worden.

Fr. *fra(e)ulein* als Bezeichnung einer – nicht zwangsläufig deutschen – Gouvernante ist im frühen 20. Jh. aus d. *Fräulein* entlehnt worden, weil vornehmlich junge deutsche Frauen als Kindermädchen insbesondere in Paris Anstellung suchten (*FEW* 15/2,170b). Als xenistische Bezeichnung einer jungen deutschen Dame im Allgemeinen verwendet bereits einmal DE MONTESQUIEU 1729 das Wort: „J'allai avec Mad[e] de Stein et Mad[le] sa fille, Mad[e] de Felter et la *frœulein* sa fille [...] voir [...] la mine de Lautenthalsglück" (2,276n).

welche s.m. reg. 'deutscher Name der Franzosen' < *welsch, die Welschen*
FEW 17,554b, *TLF* 16,964a, *DMD* 802b
EB2a: BERTRAND 1758:58 (*welsches*)
EB2b: *Ami de la Vérité* 1798 (s. PIERREHUMBERT 1921:652b)
Varianten:
- äußere Form: *welsche* (BERTRAND – *Ami de la Vérité*)

Wortfamilie: *welche* adj. (Benoit, *Le Canton de Neuchâtel* 1861:118, s. PIERREHUMBERT a.a.O.)
Belegstellen: Michelet, *Journal* 1843, Rolland, *Jean-Christophe. La Révolte* 1907, GRAND ROBERT 2001:6,1724a („rare")

---

[664] MISTRAL 1,1078a kennt nur *estu*, *estuch*, *estui*, *estuit* und *istuei* in dieser Bedeutung, *estuc* bedeutet ausschließlich 'Stuck'.

In der o.g. Bedeutung geht fr. *welche* sicherlich auf d. *welsch* bzw. *die Welschen* zurück, das seit dem Mittelalter im Sinne von 'romanisch' bzw. 'die Romanen' gebraucht wurde und sich heute noch in der Benennung der französischen Schweizer durch die deutschen als *Welschschweizer* erhalten hat. *Welsch* kann und konnte abfällig, aber durchaus auch wertfrei verwendet werden.

Gemeinhin wird angenommen, dass insbesondere Voltaire zur Einführung des deutschen Wortes in Frankreich beigetragen habe. Dieser verfasste 1764 (nicht: 1749, *FEW, DMD*) seinen „Discours aux Welches", in dem er in distanzierter und spöttischer Weise die Geschichte Frankreichs seit keltischer Zeit[665] nachzeichnet und *welche* mit ausnehmend negativer Konnotation gebraucht. Voltaire hat das Wort indes nicht aus dem Deutschen bezogen; zum Titel seines Pamphlets verfasst er folgende Fußnote (25,230): „*Welch*, en anglais, signifie *Gallois*. C'était à peu près le nom des anciens Gaulois"[666]. Um eine *Gaulois* und *Français* umfassende Bezeichnung zu finden, hat sich Voltaire folglich des Englischen *welsh* bedient.

Welche in ausnahmslos pejorativer Verwendung findet sich an zahlreichen Stellen in Voltaires Werken (25,240; 47,83; 47,475), ebenso die Ableitung *welcherie*, in etwa 'Absurdität, die sich nur Franzosen ausdenken können' (47,83; 49,218). Ausschließlich auf Voltaire beruht die Lemmatisierung von *velche* als 'unkultivierte, oberflächliche Person' von Boiste, *Dictionnaire universel de la langue françoise* 1812 bis ACADÉMIE 1878 – bei Boiste mit explizitem Verweis auf den Aufklärer – und von *welcherie* (zuletzt LAROUSSE 1949:2,1018a), ebenso wie die Verwendung von *welche* in zitathafter Weise, s. Victor Hugo im *TLF*.

Unabhängig von Voltaire und namentlich in sprachlichen Grenzgebieten (Schweiz, Elsass, Lothringen) lebt das aus dem Deutschen entlehnte *welche*, das teilweise auch zur Selbstbezeichnung übernommen worden ist[667].

Wie die assimilierten Formen *zigueune, zigheune* (ACADÉMIE COMPLÉMENT 1842 – SACHS 1894) < *Zigeuner* zeigen, ist dieses Lehnwort per mündlichem Gebrauch entlehnt worden und folglich im Französischen – als Bezeichnung namentlich der osteuropäischen Zigeuner – geläufig gewesen. Auf Transsilvanien bezieht sich der Reisebericht von Borns 1774, in dessen Übersetzung Monnet *Zigeuner* aus dem Original (S. 89) als schriftlichen Vorläufer der mündlichen Entlehnung übernimmt (VON BORN 1780:153). Jeglicher Kommentar fehlt, wäre aber zu erwarten, da 1. *zigeuner* zu diesem Zeitpunkt kaum als in Frankreich allgemein bekannt anzusetzen ist und 2. andere ungewohnte Ausdrücke wie *zigel-erz* (69), *steinmarck* (66) *zinopel* (269) erläutert werden; hat Monnet das Wort verstanden? Er hätte auch auf *bohémien* zurückgreifen können; das als *cigain* (15. Jh.) und *tschinguenien* (1664) früher belegte *tsigane* (1843) ist ihm offenbar nicht bekannt gewesen. Dieses ist im Laufe des 19. Jhs. dominant geworden, so dass *zigueune* aufgegeben wurde.

paour s.m. 'Tölpel' < *Bauer*
FEW 15/1,82b, *TLF* 12,885b
EB2b: LA CARMAGNOLE 1792
Wortfamilie: *paour* adj. 'tolpatschig' (LAROUSSE 1874:12,137a – *TLF* a.a.O.)

---

[665] Daher die Bedeutung 'Gallier' noch 1840 bei Senancour, *Obermann*.
[666] Vgl. dazu auch Voltaires etymologische Deutung im *Dictionnaire philosophique* (Moland-Ausgabe 19,174):
„Les Gaulois sont presque les seuls peuples d'Occident qui aient perdu leur nom. Ce nom était celui de *Walch* ou *Wuelch*; les Romains substituaient toujours un *G* au *W*, qui est barbare: de Welche ils firent *Galli*, *Gallia*."
[667] S. *La Suisse libérale*, 23.4.1919 in PIERREHUMBERT a.a.O.

Belegstellen: LAROUSSE 1874 a.a.O., LITTRÉ 1874:926a, SACHS/VILLATTE 1894:1105a
LB: LAROUSSE 1975:5,3941c („vieux")

Aus der weiten Verbreitung des Wortes in ganz Nordfrankreich und darüber hinaus bis nach Lyon und ins Béarn ist zu schließen, dass die Entlehnung bereits einige Zeit vor dem uns bekannten Erstbeleg vollzogen wurde. In diesem ist *paour* als Schimpfwort allgemein verständlich: „Va, Louis [XVI.], gros paour, / Du Temple dans la tour", heißt es im 1792 erstmals dokumentierten Revolutionslied *La Carmagnole*. Bereits im 19. Jh. gilt *paour* einigen Lexikographen als archaisch, vgl. LITTRÉ 1874, „vieux terme populaire"; mit identischer Markierung wird *paour* allerdings noch von LAROUSSE 1975 gebucht. Auch hier wäre es vermessen, die Gesamtheit der Bezeichnungsmöglichkeiten für schwerfällige und tolpatschige Menschen aufführen zu wollen. In jedem Fall hat *paour* unter diesen eine Zeitlang einen stabilen lexikalischen Status genossen.
Die pejorative Konnotation verdankt das Wort vielleicht dem Umstand, dass es aus dem Deutschen stammt, vielleicht ist es aber auch bereits als depreziative Bezeichnung kennengelernt worden, vgl. im Französischen die parallele semantische Entwicklung von *rustre*.

chic s.m. 'Leichtigkeit, Ungezwungenheit' < Schick 'gefälliges Verhalten, gutes Aussehen, Geschicklichkeit'
FEW 17,34b, *TLF* 5,696a, *EWFS* 224b, *DMD* 149a, *BW* 128b
EB2b: 1793 (s. ESNAULT 1965:154a)
Varianten:
- äußere Form: *chique* (BOISTE 1823:127c – Balzac, *La Cousine Bette* 1846)
- semantisch: 'künstlicher Malstil' (seit C. de Bernard, *Gerfaut* 1832:315, heute veraltet), 'Eleganz' (seit George Sand, *Lettre à Rolinat* 1835)

Wortfamilie: *chic, chique* adj. 'elegant' (seit BALZAC, *La Rabouilleuse* 1842), 'sympathisch' (seit Goncourt, *Journal* 1886), *chicard* adj. 'schick' (seit E. de la Bedollière/A. Lorentz, *Les Français peints par eux-mêmes* 1840:2,218[668]), s.m. 'jemand, der gerne auf öff. Feste geht' (LAROUSSE 1869:4,81c), pop., arg. *chicardot* 'höflich' (*Argot et jargon* 1848 – DELESALLE 1896:67b), *chiquement* adv. 'auf sympathische Weise' (seit LARCHEY 1858:452), *chicandard* 'sehr schick' (1842, s. SAINEAN 1920:459, – LAROUSSE 1929:1929:2,211a), *chicocandard* 'sehr schick' (1842, *DMD* – LAROUSSE 1929:2,212a), *chicancardo* 'sehr gut' (Vacherot, *Chanson* 1851, s. LARCHEY 1872:92), *copurchic* 'sehr schick' (*Le Figaro* 1886, *DMD* – DELESALLE 1896:67b), arg. *superchic* 'sehr schick' (DELESALLE 1896:67b), *chicarder* 'sich sehr elegant geben' (Bescherelle, *Dictionnaire national* 1845 – LAROUSSE 1869:4,81c), *chicander* 'dass.' (VILLATTE 1888:62a), *chiquer* 'geschickt arbeiten (Malerei)' (1846, ESNAULT 1965:159a[669] – DELESALLE 1896:69b), *chiqué* adj. 'elegant gemacht' (1839, *FEW* – LAROUSSE 1869:4,143d), s.m. 'etwas elegant Gemachtes' (seit DELESALLE 1896:69a), *chiqueur* 'Maler ohne viel Talent' (LARCHEY 1865:79 – LAROUSSE 1971:1,717a), *chicos* 'schick, elegant' (seit 1984, s. COLIN/MÉVEL/LECLÈRE 1990:135b); *avoir le chic pour qc* 'etwas mit besonderer Geschicklichkeit tun können' (seit de Léris/Brisson, *Les Quatre quartiers de la lune* 1842:1,i)
Belegstellen: im Argot der Militärakademie von Saint-Cyr 1808 (s. Esnault in *Mercure de France* 237 (1932), 707), BOISTE 1823:127c, LAROUSSE 1869:4,80a

In der älteren Literatur wird *chic* gelegentlich als ursprünglicher Terminus technicus der Malerei angesehen, der von dort aus ins *français populaire* gewandert sei, vgl.

---

[668] Laut CELLARD/REY 1991:185a „sorti de l'usage".
[669] Laut *FEW* schon in BOISTE 1823, dort aber nicht aufzufinden.

etwa SAINÉAN 1920:431 und noch *BW* a.a.O. Da aber Esnault *chic* bereits für das Jahr 1793 im *français argotico-populaire* nachweist, also vierzig Jahre vor dem ersten Beleg des Wortes als Terminus der Malerei, ist der Entlehnungsvorgang nicht auf der Ebene des Jargons der Maler anzusiedeln[670].

Die Entlehnung der Bezeichnung für einen derart abstrakten Begriff wie 'Leichtigkeit, Geschicklichkeit' ist bemerkenswert. *Chic* ist aus dem Korpus deutscher Entlehnungen ins Französische im 17. und 18. Jh. nicht die einzige lexikalische Einheit, die unter die von HOPE 1965:151 *mots non-historiques* getauften Fälle einzuordnen ist, für die ein durch historische Umstände erklärbarer Hintergrund des Entlehnungsvorganges nicht konstruierbar ist (s. *stuc, paour, chibre*), bezeichnet jedoch den vagesten Begriff all dieser. Dass die Entlehnung von *chic* ohne einen solchen Hintergrund vollzogen worden ist, verdankt sie möglicherweise dem argotischen Umfeld des Vorganges. *Chic* wäre dann das früheste Beispiel für die Entlehnung allgemeiner bis *stricto sensu* abstrakter Ausdrücke, von denen im Argot des 19. Jhs. bezüglich deutscher Lehnwörter überproportional viele nachweisbar sind, vgl. *vase* < *Wasser* (NOLL 1991:134), *schtoss* < *Stoß* (133) und das gänzlich abstrakte *fruges* 'glücklicher Verkaufsgewinn' < *Früchte* (128). Im argotischen Milieu namentlich in Sprachkontaktzonen haben Tendenzen sprachlicher Entlehnungsvorgänge noch geringeren Regelcharakter, als sie ohnehin besitzen.

Nachdem *chic* einmal ins Französische Aufnahme gefunden hat, ist seine Integration äußerst schnell vorangeschritten. Bereits 1823 wird *chic* durch Boiste in ein Standardwörterbuch aufgenommen. „Sein klangwert hat sicher seine aufnahme in die sprache gewisser berufe erleichtert", meint von Wartburg. „Dazu kommt, dass die silbe *šik-* sich in vielen anderen wörtern schon vorfand und so den sprechenden geläufig war." Diese Annahmen sind sicherlich zutreffend. Tatsächlich ist ab etwa 1830 eine wahre Flut von Belegen des Wortes sowohl als Fachterminus als auch als Wort der Alltagssprache festzustellen, bald folgen die ersten der zahlreichen Ableitungen, von denen ein Großteil in der Umgangssprache geprägt worden ist. Um 1830 ist *chic* also bereits ein so fester Bestandteil des französischen Vokabulars und hat sich zudem vom Etymon und seiner Bedeutung so stark emanzipiert, dass es schon um 1850 als *Schick, Chic* ins Deutsche zurückentlehnt werden kann, ohne dass der Zusammenhang mit dem gleichlautenden autochthonen *Schick* noch gesehen würde. Unter den Entlehnungen des hier behandelten Korpus ist *chic* eine der frequentesten im heutigen Französisch.

---

[670] Ein elsässisches Etymon *gschickt*, das NOLL:1991123 postuliert, ist zwar angesichts der zahlreichen Alsazianismen im Argot seit etwa 1800 prinzipiell nicht unwahrscheinlich, scheidet aber aus, weil *chic* in adjektivischer Verwendung erst 1842 anzutreffen ist. Das u.a. im gesamten westdeutschen Raum beheimatete *Schick* kann allerdings durchaus als elsässisches Wort ins Französische gelangt sein.

4. Sprachliche Analyse
4.1. Auf der Ebene von Lautung und Graphie

Aufgrund der zwangsläufigen Wechselwirkung von schriftlicher und mündlicher Wortgestalt können die Aspekte der Lautung und der Graphie nicht vollständig voneinander getrennt behandelt werden. Zuerst seien jedoch rein lautliche Gesichtspunkte angesprochen.

4.1.1. Der Akzent

In Anbetracht der regelhaften französischen Endbetonung ist offensichtlich, dass Lehnwörter nur als integrierte Einheiten betrachtet werden können, wenn sie ebenfalls – sofern zuvor nicht ohnehin oxyton – diese prosodische Struktur übernehmen. Dazu bedarf es zugleich nur eines geringen Schrittes, denn schon bei nur zitathafter Verwendung fremdsprachlicher Wörter oder Namen versehen französische Sprecher diese praktisch ausnahmslos mit der ihrer Sprache eigenen Betonung. Es gibt keinen Grund, für das 17. und 18. Jh. andere Bedingungen anzunehmen.
Prinzipiell rückt daher der Wortakzent auch bei Lehnwörtern aus dem Deutschen – das als germanische Sprache von Hause aus eine überwiegende Initialbetonung aufweist – auf die letzte Silbe[671]. Ausgenommen von dieser Regel sind in älteren Zeiten die tonlosen deutschen Endungen -e, -el, -en, -er (s. PFEIFFER 1902:2), auf die der französische Wortakzent mit Ausnahme von -el nicht fallen kann[672] und bei dessen Fortrücken das *l, n, r* der Endsilbe gelegentlich verschwindet (*postophe, culave,* vielleicht *rolle*)[673]. Abweichungen von dieser Regel sind zuerst im 18. Jh. feststellbar, namentlich bei Entlehnungen auf schriftlicher oder zumindest gelehrter Ebene, so etwa *minnesinger*, nicht **minnesingre* wie bei *Reiter* > *reitre, Wagenmeister* > *vaguemestre* etc. Während sich die traditionelle Behandlung deutscher Wörter auf *-er* im 19. Jh. noch lebendig zeigt (*choumaque* < *Schuhmacher*), wird in jüngerer Zeit die zwangsläufig stets präsente graphische Gestalt des Vorbildes bewahrt und der französische Akzent auf die letzte Silbe des Etymons verlagert, so etwa bei *biedermeier, panzer, schnauzer*. Gleiches gilt für Wörter auf *-en*, vgl. *groche* < *Groschen, culave* < *Kühlhafen*, dagegen *spiegeleisen* (19.), *waldsterben, alpenglühen* (20.). Ausgenommen von dieser Entwicklung ist die deutsche Endung *-e*, die aufgrund eines fehlenden stützenden Konsonanten nie den Ton tragen kann (**windjacké, *klippé*, sondern *windjacke, klippe*). Während die Beibehaltung der Endungen *-el, -en* und *-er* (*groeschel, dietchen, dreyer*) im 18. Jh. noch als Kriterium unvollständiger Integration angesehen werden muss, da die fehlende lautliche Assimilation durch für

---

[671] Dass aufgrund dieses Mechanismus Wörter mit dem Hauptakzent auf oder vor der Antepänultima nur selten bzw. unter großen Schwierigkeiten entlehnt würden, wie ROUDET 1908:261 behauptet, widerlegen zahlreiche Beispiele, so z.B. *flackengangh, hameselack, bouterame, meistersinger*, von denen zumindest die letzten drei vollständig integriert sind.
[672] S. etwa *ridelle* 'Wagenleiter' < mhd. *reidel* (*FEW* 16,692a): dass die ursprüngliche Endsilbe als solche erhalten wird, verdankt sie wahrscheinlich dem Suffix *-elle*.
[673] Vgl. die ähnliche Behandlung italienischer Lehnwörter wie *barbero* > *barbe, maschera* > *masque, argano* > *argue*.

diese Kategorie von Wörtern untypische Prosodie gegeben ist, wäre ein vergleichbarer Schluss bei zeitgenössischen Entlehnungen nicht mehr zu ziehen. Bezüglich des wissenschaftlichen oder gelehrten, auf schriftlichem Wege vermittelten Vokabulars gilt Letzteres bereits in Ansätzen für das 18. Jh., denn in diesem Rahmen wären Formen wie *minnesingre, *eisenglimm(r)e, *gletsche fraglos eine Überraschung[674].

4.1.2. Die Behandlung der einzelnen Laute

Es ist hier weniger zwischen den Kategorien mündlicher und schriftlicher Entlehnung zu unterscheiden als zwischen den Fällen, in denen die ursprüngliche Aussprache bekannt ist, was auch bei vornehmlich schriftlichen Entlehnungen der Fall sein kann, und solchen, in denen einzig die Graphie für die Aussprache maßgeblich geworden ist, wie im Fall von *druse, guhr, bérubleau* und *rotengle*. Dagegen wird den entsprechenden Rezipientenkreisen weitgehend bekannt gewesen sein, dass *meistersinger* nicht als *[mɛstresɛ̃že] und *schieffer-spath* nicht als *[šifəspat] zu realisieren waren.
Bei der Wiedergabe fremdsprachlicher Wörter mit Lauten der eigenen Sprache stößt man zwangsläufig auf gewisse Schwierigkeiten, die in der fehlenden Kongruenz der Lautinventare der betroffenen Sprachen liegen. Trotz relativer Nähe durch relativ enge Sprachverwandtschaft ist das bei deutschen Lehnwörtern im Französischen nicht anders. Es geht daher stets darum, den dem deutschen Laut nächststehenden des eigenen Systems zu finden, was gelegentlich durch Positionsbindungen verhindert wird. Z.B. kann deutsches geschlossenes [e] in einer geschlossenen Silbe nur mit französischem offenem [ɛ] gleichgesetzt werden, daher [vermut] > [vɛrmut].
In der Mehrzahl der Fälle wirft die unmittelbare Umsetzung der deutschen Laute durch französische, abgesehen von geringfügig unterschiedlichen Tonfärbungen, keine Probleme auf. In den übrigen Fällen stehen der Lautersatz und die Lautvereinfachung als Behelfsmittel zur Verfügung. Selbige sind nicht immer gänzlich voneinander zu trennen, z.B. stellt die Umsetzung des Diphthongs [au] durch [o] sowohl eine Reduktion auf einen Laut als auch eine Ersetzung dar.
Vereinfachungen erfolgen namentlich bei den im Deutschen möglichen, im Französischen jedoch ungewohnten Konsonantennexus, so etwa [ksd]/[çst] > [sd]/[šd] (*Rieksdaler, *Rīchst(h)aler* > *risdale, richedale*), [çsf] > [sf] (*Reichsvogt* > *reissvogt*), [çsm] > [sm], [šm] (*Königsmark* > *konismarck, colichemarde*), [lts] > [ls] (*Walzer* > *valse*), [pfl] > [f] (*Knepfle* > *quenèfe*), [rsd] > [st] (*Borsdorfer* > *postophe*), [ršl] > [s], [sl] (*Hammerschlag* > *hamsa, hameselack*), [rst] > [rs] (*Wurst* > *vource*), [rtš] > [rš] (*Wirtschaft* > *wirschaf*). Um eine Vereinfachung der Aussprache handelt es sich auch bei prosthetischen bzw. anaptyktischen Vokalen. Die anaptyktische Auflösung des germanischen (-)*kn*-Nexus erfolgt im Französischen des 18. Jhs. noch in gleicher Weise, wie es seit den frühesten Entlehnungen (s.o.) nachzuweisen ist: *quenelle, quenèfe*. Die Verwendung eines prosthetischen *e*- ist dagegen nur noch vereinzelt

---

[674] Während *rotele* < *Rot(h)ele* folglich die zu erwartende wissenschaftliche Form darstellt, scheint *quenelle* als nicht-gelehrtes Lehnwort mit Betonung der ursprünglichen -*el*-haltigen Silbe ungewöhnlich, doch wie gesehen stellt die Endung -*elle* in diesem Fall eine Verschmelzung von [d] und [l] in *Knedel* dar.

anzutreffen: *strack* > *estrac*, *Stempel* > *estaimple* neben *steimple*, *Stück* > *estuc*, *estuque* neben *stuc*. Die Bewahrung des anlautenden *st*- oder *sp*- ist dabei keineswegs auf gelehrte Lehnwörter beschränkt, s. *stockwerck, speiss, stolle*. Allerdings wird innerhalb dieses Nexus mit Ausnahme der nicht aus dem 18. Jh. stammenden Variante *chtuc* [š] immer als [s] wiedergegeben.

Während der Ersatz deutscher desonorisierter Mediae durch französische Tenues (*paour, panne, pitre, trusslock*) nur akzidentell auftritt, erfolgt die Substitution der deutschen Laute [ç] und [x] regelmäßig. In Form einer phonemischen Unterdifferenzierung werden sowohl der palatale als auch der velare Frikativ als französischer Plosiv [k] realisiert, so in *abstrich, bivouac, bocambre, flackengangh, kaiserlique, loustic, pechblende*[675], *schlich, trusslock* und sicher auch in *achteling, pechstein, pecherz* und zumindest im 18. Jh. in *zechstein* (LAROUSSE 1876:15,1465d: „zèch-stain", zu lesen als [zɛsstɛn]). Die gleiche Behandlung gilt noch im 18. Jh. auch für deutsche Ortsnamen, vgl. im DICTIONNAIRE GÉOGRAPHIQUE 1747 etwa *Aurick* (52a), *Baccarach* (55b), *Waldkirck* (556a), *Wechterbac* (557b)[676], wo sich die Aussprache in der Graphie niederschlägt, neben zahlreicheren Einträgen, bei denen die deutsche Schreibweise bewahrt wird[677]. Von der modernen Differenzierung in [ç] > [š] und [x] > [R] fehlt im 17. und 18. Jh. noch jede Spur[678].

Während bei der Behandlung französischer Nasale im Deutschen (*chance* > [šaŋsə], *parfum* > [paRfœŋ]) mit MUNSKE 1983:572 von einer „Aufschnürung des Merkmalbündels" (Phonems) gesprochen werden kann, werden bei der Entlehnung entsprechender deutscher Einheiten ins Französische mehrere solcher Bündel sozusagen in einem zusammengeschnürt. Der deutsche Nexus Vokal+*n,m*+Konsonant wird dann regelmäßig als Nasal+Konsonant wiedergegeben, so bei *blende, blinde, bocambre* (sekundär), *crancelin, falltranck, rocambole, rotengle, sandre, steimples, zinc, zomf*; gelegentlich fällt der Konsonant ganz weg: *fenin* (sofern [pfɛniŋk] zu Grunde liegt), *traban*. Nasalisation erfährt auch die Kombination V+*n* im absoluten Auslaut (*chenapan, crancelin, dolman, uhlan*). Über die Aussprache von *eisenmann* kann nur spekuliert werden, doch dürfte die Doppelkonsonanz des namentlich in der Fachliteratur gebrauchten Wortes die Aussprache [-an] suggeriert haben, ebenso [-am] bei *schlamm*. Über die Aussprache von *eisenram* ist nichts bekannt; die Nasalisation von *wolfram* (heute [wɔlfʀam]) belegt indes die Variante *volfran* in BUFFON 1786:4,323.

Auf vokalischer Ebene können Allophone, die im Deutschen als zu einem bestimmten Phonem gehörig empfunden werden, im Französischen mit einem anderem Phonem assoziiert werden, obwohl das erstgenannte Phonem auch existiert. So wird das ungespannte [u] in *Krummhorn* im Französischen mit /o/, nicht mit /u/ in Verbindung gebracht, daher *cromorne*, nicht *croumorne. Ebenso erklärt sich vielleicht auch *obus* < *Haubitz(e)*, in dem das ungespannte [i] als dem französischen Phonem /y/ näherstehend empfunden wurde als /i/, vgl. *wurtchafft* < *Wirtschaft*.

---

[675] Die moderne Aussprachevariante [pɛšblăd] ist jüngeren Datums.
[676] S. im 17. Jh. z.B. *Baccarac* in DUEZ 1640:115, *Eisenac* (116).
[677] Es sind auch Schwankungen festzustellen, so z.B. bei *Hochstet* (251a), aber „la bataille d'Hocstet" [sic] s.v. *Kufstein* (285a).
[678] Vgl. noch im 19. Jh. *choumaque, krach* [krak] und das Deonomastikon *metterniquois* zu *Metternich* (FISCHER 1991:323)

Der deutsche Diphthong [au] wird in unterschiedlicher Weise behandelt. Bei gelehrten bzw. schriftlichen Lehnwörtern wird er stets als [o] umgesetzt (*grauwacke, bérubleau, augite*); unbekannt ist die zeitgenössische Aussprache von *knauer* und *raucht-topas*, die vielleicht nie ausgesprochen wurden. Auch bei auf mündlichem Weg erfolgten Entlehnungen wie *obus* und *sorcrotes* ist die Wiedergabe von [au] durch [o] festzustellen, vgl. aus jüngerer Zeit *l'ausweis* ([osvɛs]), das fraglos auch viel eher gehört als gelesen wurde. Offenbar wurde in diesen Fällen die Realisation des Diphthonges im Deutschen als einem französischen [o] bzw. [ɔ] nahestehend empfunden, weil weder *a* noch *u* im deutschen Diphthong ihre volle Klangfülle erreichen. Dagegen wird der Diphthong im Fall von *paour* in zwei Vokale aufgespalten, vgl. hierzu aus dem 20. Jh. *raousse* < *raus*. Es ist nicht festzustellen, dass diese Schwankungen von bestimmten lautlichen Umgebungen abhängig wären.

Der Diphthong [ai] wird grundsätzlich vereinfacht. Je nach lautlicher Umgebung resultiert daraus im Französischen [e] (*chéder, sche̱idise*) oder, in geschlossener Silbe, [ɛ] (*gneiss, hemvé, -mestre, reissvogt, speiss*[679]). Mitunter ist auch die Umsetzung als [i] anzutreffen (*rustine, sche̱idise*). Das Suffix *-lein* erscheint als *-lin* (*crancelin*, vgl. dial. *tandelin* < *Ständlein* (18. Jh.)). Nur ganz selten – und keinesfalls bei volkstümlichen Entlehnungen – begegnet die Aufspaltung des Diphthongs in zwei Vokale, so bei *meistersinger*, laut LAROUSSE 1873:10,1454a „maï-stre-sain-gheur" auszusprechen.

Bei nicht aus gelehrtem Wortgut bestehenden lexikalischen Einheiten gibt die lautliche Assimilation deutliche Hinweise auf den Grad der Integration. So stehen sich bspw. gegenüber

        quenelle   -   *pumpernickel*
        risdale, fenin   -   *dreyheller, ganze-kopf.*

Anhand der lautlichen Assimilation können mithin auch Aussagen über Wörter getroffen werden, die insgesamt oder bis zu einem gewissen Zeitpunkt nur spärlich belegt sind: *trusslock, postophe, falers, estaimple* oder *zomf* erlauben trotz geringer Belegzahl Rückschlüsse auf einen hohen Integrationsgrad zum jeweiligen Zeitpunkt.

4.1.3. Graphie

Der Unterschied von mündlicher und schriftlicher Entlehnung spiegelt sich mit besonderer Deutlichkeit auf der Ebene der Verschriftlichung wider. Während zum einen eine Wiedergabe ausschließlich nach einer *image acoustique* erfolgt[680], steht zum anderen das graphische Vorbild konkret vor Augen. Besondere Beweiskraft hat in dieser Hinsicht die Behandlung des Graphems ⟨u⟩, dem die auf vokalischer Ebene größte Divergenz der lautlichen Realisation in den beiden betroffenen Sprachsystemen zu eigen ist (d. [u], fr. [y]). So erweisen sich *druse* ([dʀyz]) und *guhr* ([gyʀ]) als

---

[679] Die Aussprachevarianten [spajs], [špajs] stellen jüngere Regermanisierungen dar.
[680] Für GEBHARDT 1974:173 scheint dieser Umstand ein Manko darzustellen: „Bei einer mündlichen Übermittlung des Lehnworts ist die folgende graphische Umschreibung immer nur approximativ." Tatsächlich ist eine solche Umschreibung bezüglich der tatsächlichen französischen Aussprache des entlehnten Wortes hingegen präziser als die der quellsprachlichen Graphie folgende Schreibweise.

eindeutig schriftliche Lehnwörter und zeigt *uhlan* ([ylã]) zumindest den zusätzlichen – maßgeblichen – Einfluss der schriftlichen Form, neben *houlan*[681]. Das aus Fällen schriftlicher Entlehnung oft resultierende Fehlen graphischer Assimilation (*feldspath* statt *felspate, *grauwacke* statt *grovaque) darf indes nicht als Zeichen fehlender Integration gewertet werden, während auf der anderen Seite die erfolgte graphische Assimilation eines Wortes an Graphem-Phonem-Korrespondenzregeln (GPK-Regeln) der Nehmersprache in den meisten Fällen als Indiz für einen fortgeschrittenen Integrationsvorgang gelten kann.

Postuliert man als Aufgabe der Graphie, die (in diesem Fall französische) Aussprache des jeweiligen Lehnwortes zu verdeutlichen bzw. eindeutig zu repräsentieren[682], mögen einige Elemente des vorliegenden Korpus als diesem Postulat nicht entsprechend und somit wenig integriert erscheinen, so etwa die Wörter auf *-stein*, die [-stɛn], nicht *[-stɛ̃] ausgesprochen werden, oder solche, die auf andere Konsonanten enden, die stets auszusprechen und nicht wie die meisten französischen graphischen Auslautkonsonanten stumm sind. Typischer französisch wären z.B. *bestèque statt *besteg*, **e(i)sse(n)rame* statt *eisenram*, *chlique* (so vereinzelt in ENCYCLOPÉDIE 1765:14,768a, MORAND 1776:2,1232) statt *schlich*, *quirche statt *kirsch* oder *spate statt *spath*. Namentlich die Graphien *-ch(-)* für [k], *sch-* für [š] und *k* für [k] sind dem Französischen des 17. und 18. Jhs. weitgehend fremd. Es fällt aber auf, dass bei der Mehrzahl der Entlehnungen – auch bei solchen, die zunächst oder ausschließlich auf mündlicher Ebene stattgefunden haben wie etwa *schlott* – die deutschen GPK-Regeln strikt beibehalten werden, ohne dass die vollkommene Integration darunter litte. Man mag das Fehlen einer graphischen Umgestaltung in einer Zeit, in der diese noch weitaus leichter vonstatten geht als heutzutage, zunächst tatsächlich für ein Zeichen mangelnder Integration halten; die reiche Beleglage widerlegt diese Annahme in den genannten Fällen jedoch, so dass *k-*, *-ch(-)*, *sch* als Allographe der entsprechenden Grapheme ‹c›/‹qu›, ‹-c(-)›/‹-qu(-)›, ‹ch› zu betrachten sind. Quellsprachliche GPK-Regeln sind hier sozusagen reihenbildend übernommen worden. In gewissem Sinne allographischen Charakter hat auch der Verzicht auf das Anhängen eines *-e* als Zeichen dafür, dass der vorangehende Konsonant auszusprechen ist, zu Gunsten verdeutlichender Graphien, denen man in der Terminologie Jungs (1999:55) einen alteristischen Charakter zusprechen kann, da sie insbesondere im Deutschen der damaligen Zeit häufig anzutreffen sind. Derartige Graphien sind namentlich *-ss* statt *-sse* (*glass*, *gneiss*, *floss*, *speiss*, *stross*), *-th* statt *-te* (*spath* und entlehnte deutsche Komposita), *-ck* statt *-que* (*falltranck*, *schnick*, *stockwerck*, *zinck*) und *-ff* statt *-fe*

---

[681] Anders verhält es sich mit der Behandlung der Diphthonge [ai] und [au], deren Monophthongierung nicht an die französischen Graphem-Phonem-Kombinationsregeln ‹au› → [o] bzw. ‹ei› → [e]/[ɛ] gebunden ist, sondern spontan auf lautlicher Ebene erfolgte.
[682] Dieses Postulat kann für das Französische des behandelten Zeitraums durchaus angelegt werden, wenn auch nicht in dem Maße, wie ihm etwa das moderne Spanisch mit fast vollständiger Eindeutigkeit von Laut und Graphie gefolgt ist. Prinzipiell ist noch im 18. Jh. *mitine* < *meeting* das zu erwartende Ergebnis und wäre engl. *footing* als *foutine oder *foutingue verschriftlicht worden, vgl. *poudingue* < *pudding(-stone)*. Die heute übliche graphisch unveränderte Übernahme von äußerem Lehngut ist im 18. Jh. noch ein Ausnahmefall, den es zu analysieren gilt.

(*schourff, zomff*). Ebenso verhält es sich bei *schla**mm*** und *flackengangh*[683]. Über die Aussprache der jeweiligen Einheiten hat sicherlich kein Zweifel bestanden[684].

4.1.4. Zum Grad der Umgestaltung

Zahlreiche der hier behandelten Lehnwörter weisen einen Grad formaler Umgestaltung auf, der namentlich aus heutiger Sicht, wo ausschließlich mündliche Entlehnungen ohne ein konkretes Schriftbild (zumindest vor Augen) gar nicht mehr denkbar sind, verblüffend wirkt. Drei grundlegende Ursachen können für besonders starke Deformationen geltend gemacht werden:

1. Häufiger Wortgebrauch auf mündlicher Ebene (s. ROUDET 1908:247f., BARRELL 1960:75). Der häufige orale Wortgebrauch kann zu Verschleifungen von erstaunlichem Ausmaß führen, so etwa *hamsa* aus *Hammerschlag*. Durch häufigen Gebrauch erklären sich wahrscheinlich auch Wortkürzungen wie *kirsch* < *kirschwasser*. Dass Wörter mitunter durch „Abweichung von der graphischen und/oder phonetischen Durchschnittsnorm" als „Entlehnungen in eine rein funktionale Subsprache" auszumachen sind (MÜLLER 1975:153), ist richtig, bezüglich jüngerer Sprachstufen aber zweifellos zutreffender als für den hier behandelten Zeitraum. Lehnwörter in handwerklichen Bereichen ohne jegliche Assimilation wie *presspahn, spitzkasten, spiegeleisen* sind im 17. und 18. Jh. kaum vorstellbar, vielmehr sind zahlreiche Lehnwörter aus vergleichbaren Bereichen auf den ersten Blick gar nicht als solche erkennbar, so etwa *chéder, culave, lagre, boquer, gible, tute*.

2. Ungenaue auditive oder visuelle Erfassung. In den meisten Fällen sind es Lese- oder Druckfehler, die zu bisweilen grotesken Formen führen wie *siebeuzebuter* aus *Siebenzehn(t)er*. Derartige Versehen können durchaus langlebig sein (*crohol* < *Krone* 1764–1869, *bérubleau* < *Bergblau* 1701–1892), und dies nicht nur in einander kopierenden Wörterbüchern (*rotengle* < *Roteugel*, seit 1765).

3. Versuch der Remotivation. Bei Lehnwörtern, die zwangsläufig einer einbettenden Motivation in der rezipierenden Sprache entbehren, setzt die Volksetymologie begreiflicherweise mit überdurchschnittlicher Häufigkeit an (s. PFEIFFER 1902:41). Betroffen sind sowohl grammatikalische als auch lexikalische Morpheme. Beispiele für das letztgenannte Phänomen sind *bonpournickel* < *Pumpernickel, blafard* < *Blaffert, fainin* < *Pfenning, havre-sac* < *Hammerschlag, cancerlin* < *Kränzlein*. Im anderen Fall werden französische Suffixe an die Stelle ähnlich

---

[683] Vgl. auch die Schreibweisen *Sleswig* statt *Schleswig* und *Kiell* statt *Kiel* im DICTIONNAIRE GÉOGRAPHIQUE 1747:276b (s.v. *Jutland*) bzw. 280b.
[684] Als Pseudogermanismen begegnen vergleichbare Graphien auch dort, wo sie für die Aussprache keinerlei Relevanz haben und gleichzeitig nicht auf ein deutsches Vorbild zurückgehen, so etwa *blanckmal, wurtchafft, steinmarck* (in VON BORN 1780:66 trotz *Steinmark* in der deutschen Vorlage); so erklärt sich vielleicht auch das *h-* in *héemer*. Noch vor kurzem konnte ein in ähnlicher Weise alteristisch als *Parcking* ausgeschilderter französischer Parkplatz ausgemacht werden, wenn auch hier eher englischer Einfluss vorliegen dürfte.

lautender Endungen entlehnter Einheiten gesetzt (s. PFEIFFER 1902:47f.), wobei die eigentliche Wortbildungsbedeutung des jeweiligen Suffixes keine Rolle spielen muss. Daher wird dieser Prozess hier nicht als Bestandteil morphologischer Assimilation verstanden. Beispiele sind *fetment* < *Fettmännchen*, *petriment* < *Petermännche*, *lécrelet* < *Leckerli*, vielleicht gehört auch *cravache* < *Karbatsche* hierhin. Nur im Fall von *lécrelet* wird tatsächlich ein quellsprachliches Suffix ersetzt. Das ist ferner der Fall bei *rollier* < *Roller*, wo ausnahmsweise – außerhalb des gelehrten Vokabulars, wo *-ite* statt *-it*, *-isme* statt *-ismus* usf. regelmäßig erscheinen – ein französisches Tätersuffix an die Stelle eines deutschen tritt. Eine tatsächliche Funktion übernimmt *-ier* hier jedoch ebenso wenig, da ein französisches Verbum *roller 'rollende Laute machen' nicht existiert. Mit Ausnahme des letztgenannten lassen die angeführten Beispiele nicht den Schluss zu, dass die *dame sémantique* bei den fraglichen Vorgängen mit von der Partie gewesen ist[685].

Inwiefern ein hoher Grad der Umgestaltung vonnöten ist, um das fragliche Wort als französisches zu verankern, hängt letztlich von der individuellen Gestalt des Etymons ab. Während ein unverändertes *hammerschlag im 17. und 18. Jh. als integrierte Einheit einer handwerklichen Fachsprache nicht vorstellbar wäre, hat bei *stockwerk* eine geringfügige Modifikation ([št-] > [st-]) genügt, um das Wort definitiv zu integrieren. Dass es als ursprünglich deutsches zu erkennen bleibt, stört diesen Vorgang nicht[686].

4.2. Auf der Ebene von Morphologie und Wortbildung

4.2.1. Verben

Die Entlehnung von Verben geht im Grunde mit einem automatischen morphologischen Assimilationsvorgang einher, indem das quellsprachliche Verbalmorphem durch eines der Nehmersprache ersetzt wird. Geschieht dies nicht, wie im singulären Fall von *capout maq*, kann nicht von einem entlehnten Vollverb gesprochen werden. Bedingung eines solchen ist, dass alle möglichen Verbformen

---

[685] Unter den Eindrücken des Krieges vermutete Colombani ein weiteres Motiv starker Deformation:
„Il y a un fait remarquable dans l'expression d'affectivité donnée à l'emprunt allemand par le peuple français. Nous sommes certain que la «mutilation» phonétique des mots allemands empruntés est à rechercher d'abord dans ce phénomène psychologique. «Estropier» un mot que l'on hait c'est déjà se venger d'avoir à le dire" (1957:185f.).
Das mag in einigen Fällen sogar zugetroffen haben, ist aber für die vorliegende Studie ohne Belang. Zeitgenössisch äußert sich de Genssane dagegen ablehnend über Assimilationsprozesse – denn um solche handelt es sich auch in Colombanis These :
„Je ne sais quelle manie nous avons d'estropier tous les noms propres étrangers que nous voulons franciser; c'est ainsi qu'on a fait le mot *Castine* de *Calc stein*, qui en Allemand signifie Pierre à chaux, & tant d'autres qui embarrassent les Lecteurs peu au fait de la valeur de ces mots forgés ou estropiés à propos de rien" (1776:1,40).

[686] Nicht aufrechtzuerhalten ist folglich die bislang nicht explizit zurückgewiesene These Roudets: „Pour qu'un mot devienne vraiment français, il faut que ceus qui l'emploient aient perdu connaissance de son origine étrangère" (1908:266). Zahlreiche Beispiele belegen das Gegenteil.

theoretisch gebildet werden können und das Verb folglich voll funktionsfähig ist. Dass Formen wie *nous chédassions* oder *vous boquâtes* höchstwahrscheinlich nie tatsächlich gebraucht worden sind, hängt dabei lediglich vom Verwendungskontext im mündlichen technischen Alltagswortschatz ab, in dem die volle Funktionalität bereits durch eine geringe Zahl von Verbformen gewährleistet ist.

Unter diesen Verbformen ist es nicht zwangsläufig der Infinitiv, der die dem Entlehnungsvorgang zu Grunde liegende Form geliefert hat, auch wenn das Verbum in abstrahierender Weise konventionell als Infinitiv lemmatisiert wird. Z.B. kann, je nach Situation, auch ein deutsches „ich scheide" ein französisches „je chède" ausgelöst haben, zu dem dann der konsequente Infinitiv *chéder* gebildet worden ist. Dagegen scheidet im Fall von *chéder* aus lautlichen Gründen z.B. eine etwaige Entwicklung *geschiedenes Erz > mine scheydée*, also eine Rolle des Partizips des Präteritums beim Entlehnungsvorgang, aus.

4.2.2. Substantive

Während die morphologische Assimilation somit die Grundbedingung für das Funktionieren eines Verbs darstellt, besteht eine solche Bedingung bei der Entlehnung von Substantiven, die stets den mit Abstand größten Teil eines Lehnwortkorpus bilden, prinzipiell nicht. Zwar kann ein Assimilationsprozess durch die Substitution deutscher Endungen durch französische Suffixe erfolgen, doch wie bereits erläutert, spielen hier in den meisten Fällen lediglich lautliche Aspekte eine Rolle. Einen Sonderfall stellt der gelehrte Wortschatz dar, innerhalb dessen die Substitution der Intermorpheme in der Variante der jeweiligen Herkunftssprache durch ihre nehmersprachlichen Äquivalente ebenfalls eine notwendige Bedingung für das Vorliegen einer integrierten Einheit darstellt, weil hier bereits Konventionen in der rezipierenden Sprache bestehen, was für nicht-gelehrte, unbekannte Lehnwörter bzw. Lexeme nicht gilt; daher nicht **teleologie* oder gar **teleologuie*, **leuzit*, **pietist*.

Darüber hinaus betreffen morphologische Assimilationsprozesse die Pluralbildung entlehnter Substantive. Während diese bei Internationalismen wiederum keine Probleme aufwirft, da sich hier auf grammatikalische Konventionen berufen werden kann (Sg. *-ite* → Pl. *-ites* etc.) – gleiches gilt für alle Lehnprägungen –, ist bei anderen Lehnwörtern gelegentlich ein Zögern zu konstatieren, die jeweilige lexikalische Einheit in das System der französischen Pluralbildung einzureihen. Die daher in Frage kommende Übernahme *deutscher* Pluralformen erfolgt zumeist nur in Form von EB1, so z.B. *Wismuth graupen* (WALLERIUS 1753:1,418), *Glantzertze* (ebda. 1,539), *erdfelle* (DE LUC 1779:4,586), *Waacken* (POTT 1753a:145), ist jedoch auch bei bereits entlehnten Wörtern anzutreffen, in diesem Korpus *les drusen* und eventuell *quertz*. Wie das berühmte Beispiel *le lied – les lieder* zeigt, kann ein Lehnwort trotz fehlender morphologischer Assimilation gut integriert sein. Nichtsdestoweniger stellt dies einen Ausnahmefall dar[687]; gemeinhin geht fehlende morphologische Assimilation mit einer unvollkommenen Integration einher. Daher ist die Integration von *druse* erst

---

[687] Dieser ist vielleicht dadurch bedingt, dass über das hier gemeinte deutsche Kunstlied namentlich des 19. Jhs. oft in pluralischer Weise gesprochen wurde, etwa „Schuberts Lieder", und daher die deutsche Pluralform der eigentliche Ausgangspunkt des französischen Lehnworts sein könnte.

abgeschlossen, als der Plural *druses drusen* und das tautologische *drusens* gänzlich verdrängt hat.

Öfter offenbart sich die fehlende Assimilation dadurch, dass den Lehnwörtern das *-s* als typisches französisches Pluralkennzeichen fehlt, z.B. „les hornblende, les feldspath, les micas [Herv. d. Verf.]" in DE DOLOMIEU 1796:177. Vergleichbare Fälle sind aber selten, und auch im zitierten Beispiel liegt die Vermutung nahe, dass die fehlende Markierung des Plurals lediglich aus der Kenntnis der fremdsprachlichen Herkunft heraus erfolgt[688]: sowohl *hornblende* als auch *feldspath* sind zu diesem Zeitpunkt längst allgemein bekannt. Wegen der allgemein geringeren Frequenz von Pluralformen erlaubt die Beleglage insgesamt keine umfassenden Schlüsse bezüglich der fortschreitenden morphologischen Assimilation einzelner Wörter. Überraschend ist das lange Zurückschrecken vor der Pluralform *albums*.

4.2.3. Wortbildung

In den Bereich morphologischer Integration fallen auch die Aspekte der Wortbildung. Zu den im vorliegenden Rahmen behandelten Einheiten des äußeren Lehnguts sind in 40% der Fälle Ableitungen, gelegentlich auch Zusammensetzungen, geschaffen worden, was in eindrucksvoller Weise die in Anmerkung 50 zitierte Einschätzung Catachs widerlegt. Zwar ist einerseits zu beachten, dass nicht jedes Wort dazu geeignet ist, Ableitungen hervorzubringen, so dass aus dem Fehlen von Ableitungen nicht auf mangelnde Integration geschlossen werden darf[689], doch kann auf der anderen Seite die Entstehung mehr oder weniger großer Wortfamilien als Beleg einer tiefgreifenden Verankerung des jeweiligen Lehnwortes im französischen Wortschatz bzw. dessen jeweiliger Varietät betrachtet werden. An der Spitze stehen hier *zinc* (25 Mitglieder der Wortfamilie), *rollier* (16), *chic* (15), *choucroute*, *urane* (je 13), *graphite* und *vampire* (je 10); nicht zu vergessen sind auch die zahlreichen zumeist kurzlebigen Zusammensetzungen mit *schorl*.

4.2.4. Genusfragen

Die grammatische Seite der Integration berührt die Behandlung des Genus der entlehnten Wörter. In Fällen, wo Suffixe im Spiel sind – im vorliegenden Fall stets Intermorpheme –, die im Deutschen und im Französischen an unterschiedliche Genera gebunden sind, wird das Genus teils zwangsläufig beibehalten (*-ismus/-isme*, *-ist/-iste* etc.), teils notwendigerweise verändert, namentlich bei *-it* m. / *-ite* f. und *-lith* m. / *-lithe* f. In 87% der übrigen Fälle wird das ursprüngliche Geschlecht beibehalten bzw. ein deutsches Neutrum zu einem französischen Maskulinum. Von diesen Einheiten verfügen 12% über ein natürliches Genus und kommen daher für einen Genuswechsel nicht in Frage. Auch bei schriftlicher Entlehnung, also fast im gesamten

---

[688] Vgl. das unter 2.1.3. zur Kursivierung Angemerkte.
[689] Daher missverständlich DUBOIS 1963:15, wonach die Integration eines Lehnwortes erst dann vollendet ist, wenn um es herum eine ganze Wortfamilie entstanden ist.

wissenschaftlichen Bereich, ist ein Wechsel des grammatischen Geschlechts verständlicherweise selten. Genuswechsel erklärt sich

1. durch die Assimilation des Genus an dasjenige homonymer autochthoner Einheiten: *croche, masse, gland¹* und *gland², marc*;
2. durch Wortendungen, die in besonderer Weise mit an ein bestimmtes Genus gekoppelten französischen Suffixen bzw. Suffixformen assoziiert werden: *quenelle, hermeline, rustine*;
3. möglicherweise durch das Genus eines sinnverwandten Wortes: *quenèfe* (wegen *boul(ett)e*), *postophe* (wegen *pomme*), *valse* (wegen *danse*), *breslingue* (wegen *fraise*);
4. möglicherweise durch den Umstand, dass bei mündlichen Entlehnungen die Tatsache eines auslautenden einfachen Konsonanten mit einer französischen Form -K+*e* in Verbindung gebracht worden ist, die tendenziell eher Feminina zu eigen ist (s. HUMBLEY 1974:68): *came, choucroute, culave, rixdale, salbande, schlitte, stolle*.

In einigen Fällen lassen sich denkbare Ursachen des Genuswechsels nicht ergründen: *bocambre, gible, hard, kaste, cromorne, obus, stross, velte*. Ein Wechsel hat auch vereinzelte schriftliche Entlehnungen ergriffen, nämlich *guhr* und *rotengle*[690].

4.3. Semantische Integration

Semantische Integration ist dadurch gewährleistet, dass die neue lexikalische Einheit in der rezipierenden Sprache eine scharf umrissene Bedeutung erhält. Wird eine Sache mit ihrer Bezeichnung übernommen, erfolgt diese semantische Einbettung gemeinhin automatisch, namentlich bei Erfindungen sowie Entdeckungen im naturwissenschaftlichen Bereich, deren zugehörige Bezeichnungen nur eine bestimmte Bedeutung haben. Darüber hinaus wird aus dem eventuellen Bedeutungsspektrum des Etymons immer nur eine Bedeutung mit dem Wortkörper übernommen; Gegenteiliges ist im untersuchten Korpus nicht festzustellen. Finden zwei, höchst selten mehrere Bedeutungen des Etymons Entsprechungen beim Lehnwort, ist von sukzessiver, also Mehrfachentlehnung auszugehen wie bei *druse* und wohl auch bei *havresac*.
Der beschriebenen Entwicklung können zwei Arten der semantischen Behandlung innerhalb des neuen Sprachsystems folgen. Namentlich wenn der Terminus einer technischen Fachsprache verhaftet bleibt, innerhalb derer die Monoreferentialität (MÜLLER 1975:163) das wichtigste Kriterium darstellt, wird diese eine Bedeutung zumeist beibehalten und erfährt keine Bedeutungserweiterung, -verschiebung oder dergleichen. Außerhalb der Fachsprachen ist dagegen eine sehr viel freiere

---

[690] Das vom ursprünglichen Etymon abweichende Genus von *orfe, nase, trolle* und *sandre* erklärt sich durch Latinisierungen mit vom Deutschen abweichendem Geschlecht.

semantische Entwicklung zu beobachten, im Verlauf derer von der Bedeutung des Etymons gänzlich unabhängige neue Bedeutungen entstehen, so etwa in besonderer Weise bei *chic, loustic, chenapan* oder *zinc*. Die ursprüngliche deutsche und zunächst auch französische Bedeutung ist bei einigen Wörtern ganz aufgegeben worden: *loustic, druse, chenapan, chic, quenelle, album, bivouac, obus, quis*. Nicht selten geht ein fachsprachlicher Gebrauch einer solchen Weiterentwicklung voraus; überschreitet ein Wort die fachsprachliche Grenze, zieht dies oft eine Determinologisierung mit sich, die in „semantischer Entgrenzung" (MÜLLER 1975:171) mündet. Dies ist namentlich der Fall bei *zinc* und *bivouac*. Angesichts vergleichbarer Beispiele hat Quemada das schöne Bild der Fachsprachen als „antichambre de la pénétration des mots étrangers dans la langue" geprägt (1978:1212).

Je stärker Lehnbeziehungen auf technischem und wissenschaftlichem Gebiet stattfinden, desto geringer ist die Rolle konnotativer Nuancen der entsprechenden lexikalischen Einheiten. Die oft zitierten stereotypen Klischees von der phantasielosen, schwerfälligen Gründlichkeit der Deutschen spiegeln sich im vorliegenden Korpus nicht wider. Allenfalls *paour* entspricht dem genannten Klischee, wird jedoch auch schon im Deutschen als Schimpfwort verwendet. Auch aus dem mit Fluchen und Saufen eng verbundenen militärischen Bereich ist mit *capout maq* nur eine konnotativ (negativ) besetzte Einheit zu nennen. Der einzige weitere zeitgenössisch negativ konnotierte Terminus, *chenapan*, ist mit der Kenntnis der Sache übernommen worden und hat in der Folgezeit sogar eine meliorisierende semantische Entwicklung erfahren. Vom den deutschen Lehnwörtern zumeist eigenen „Geruch des Niedrigen und Gemeinen" (KRATZ 1968:473) sind die deutschen Entlehnungen des 17. und 18. Jhs. weitestgehend verschont geblieben.

Im Rahmen der semantischen Integration entlehnter Einheiten stellt sich die Frage, inwiefern dieselbe auf das vorherige semantische Gefüge des Französischen Einfluss gehabt hat. In der Mehrzahl der Fälle sind sowohl Bezeichnung als auch Bedeutung neu und werden zum französischen Fundus einfach hinzugefügt: der Sinn älterer Wörter wird nicht tangiert, da keines derselben den neuen Sachverhalt bezeichnet hat. Wenn sekundäre Konkurrenzbezeichnungen entstehen, betrifft dieser Umstand dann erst dasjenige französische System, in das das Lehnwort oder die Lehnprägung bereits aufgenommen worden ist.

Nicht immer ist indes das Designat bzw. dessen Kenntnis aus dem deutschen Sprachraum übernommen worden. In solchen Fällen sind ältere französische Bezeichnungen vom Entlehnungsvorgang unmittelbar betroffen, indem eine Konkurrenzsituation entsteht. Im konkreten Fall besteht diese innerhalb der jeweiligen Fachsprache, in der dann bspw. *graphite* und älteres *crayon noir*, *mispickel* und *pyrite arsénicale*, *chéder* und *trier/séparer*, *kaste* und *échafaud/plancher*, *quartz* und *caillou* oder *tute* und *creuset* konkurrieren. Innerhalb der Fachsprachen besteht in den genannten Fällen kein Unterschied hinsichtlich der Art der Konkurrenz. Unter Betrachtung des gesamten französischen Wortschatzes ist hier jedoch zu differenzieren: während *pyrite arsénicale* oder *crayon noir* ausschließlich der gleichen Fachsprache angehören wie ihre Konkurrenten, werden z.B. *séparer, plancher, échafaud* oder *caillou* auch in anderen Zusammenhängen gebraucht. Es besteht also zum einen die folgende Situation (x bezeichnet den Entlehnungszeitpunkt):

crayon noir ──────── ─ ─ ─
graphite x───────────────⇒
    (*crayon noir* wird aufgegeben);

zum anderen die folgende:

plancher 'Fußboden' ─────────────────⇒
    'Gestell zum Abladen von Schutt im Bergbau' ───── ─ ─
neu: *kaste* x───────────
    (*plancher* lebt in anderen Bedeutungen weiter).

In einigen Fällen hat die Aufnahme von Lehnwörtern nachweislich zur Aufgabe älterer französischer Bezeichnungen geführt, so bei *hamster*, *rollier*, *graphite* und einigen anderen mineralogischen Termini. Die Beleglage erlaubt in zahlreichen Fällen keinen Aufschluss darüber, welche Wörter als ältere Bezeichnungskonkurrenten in Frage kommen; die gänzliche Ablösung solcher Wörter kann in weiteren Fällen stattgefunden haben.

In gleicher Weise haben die französischen Sprecher einige Entlehnungen nach einer gewissen Zeit der Koexistenz zu Gunsten a) älterer und b) jüngerer autochthoner Konkurrenten wieder aufgegeben:

a) *trier* 'taubes von erzhaltigem Gestein trennen' ─────────────────⇒
neu: *chéder* ─────────
    (*trier* konkurriert nur eine Zeitlang mit *chéder*);

b) *seiffenwerck* ────────
   minerai alluvionnaire ─────────────────⇒
    (*seiffenwerck* wird zugunsten von *minerai alluvionnaire* aufgegeben).

Während die Aufgabe einer älteren Bezeichnung zu Gunsten einer entlehnten einen schlagkräftigen Beweis für deren geglückte Integration darstellt, lässt auf der anderen Seite die lange Koexistenz zweier oder mehrerer Bezeichnungsvarianten nicht den Schluss zu, dass eine oder mehrere derselben unvollständig integriert seien. Volle Funktionsfähigkeit trotz lange währender Konkurrenz zeigen Dutzende der hier behandelten Einheiten.

5. Statistisches

5.1. Zeitpunkt der Entlehnung

Je weiter die folgenden Grafiken zurückreichen, desto geringer ist notwendigerweise ihre Genauigkeit, da uns die Belege mehr und mehr im Stich lassen. Ebenso sind die Spitzenwerte vor allen Dingen der Jahre 1723 (*Dictionnaire de Commerce* Savary des Bruslons') und 1751-1765 (Band 1-17 der *Encyclopédie*) zu relativieren, da hier zahlreiche sicher ältere Einheiten zum ersten Mal in schriftlich fixierter Form erscheinen. Auf dem Gebiet der Mineralogie hingegen, deren aus dem Deutschen entlehnter lexikalischer Anteil zum größten Teil auf schriftlichem Wege ins Französische gelangt ist, ist die graphische Genauigkeit weitaus größer, und es darf ab etwa 1750 *grosso modo* von Abweichungen von nicht mehr als fünf Jahren ausgegangen werden.

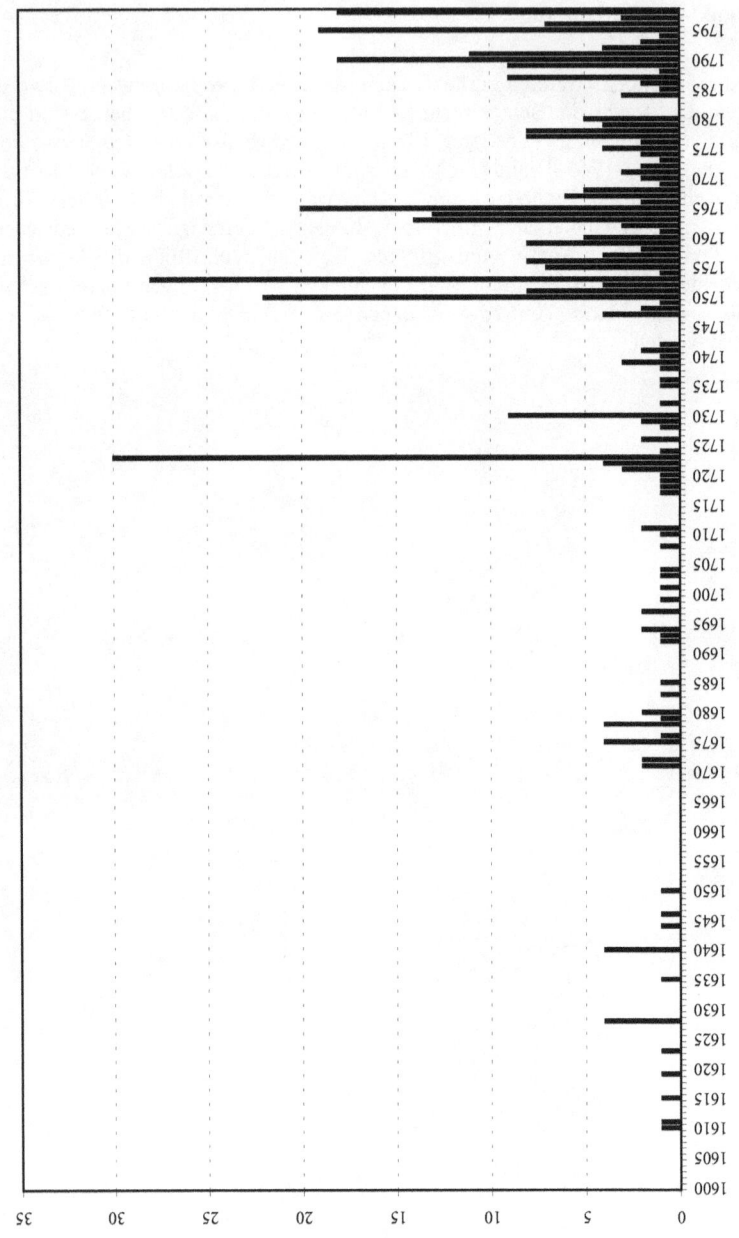

Abbildung 1: Gesamtanzahl der Entlehnungen im 17. und 18. Jahrhundert.

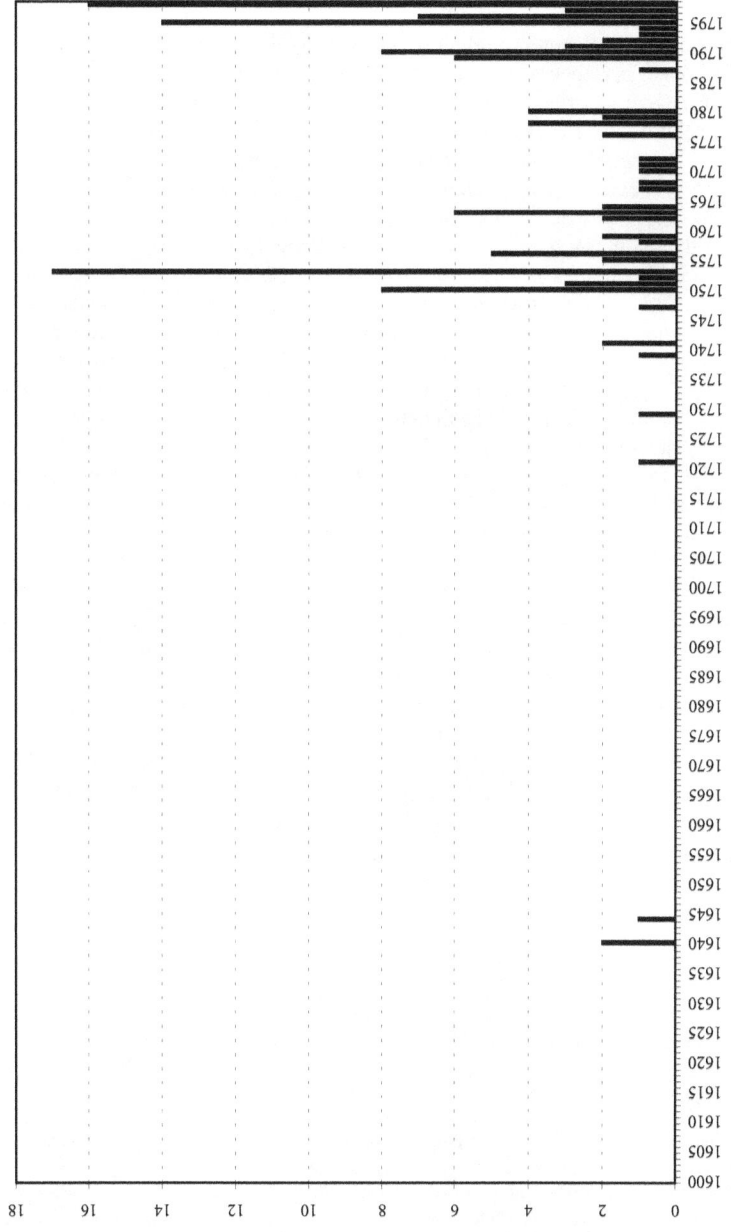

Abbildung 2: Anzahl der mineralogischen Entlehnungen im 17. und 18. Jahrhundert.

5.2. Lebensdauer

Die Lebensdauer entlehnter Einheiten ist neben dem Grad der Zentralität im Wortschatz das aussagekräftigste Kriterium zur Beurteilung der Intensität von Sprachkontakt bzw. Entlehnungsvorgängen innerhalb eines bestimmten Zeitraums. Eine durchschnittliche Lebensdauer lässt sich begreiflicherweise nicht errechnen, da Lehnwörter jüngerer Epochen in einer solchen Rechnung notwendigerweise im Nachteil wären. Festzustellen ist aber, dass von den 432 Entlehnungen des 17. und 18. Jhs. 150 (34,7 %), teilweise mit mehr oder minder starken formalen Modifikationen, bis auf den heutigen Tag gebraucht werden, s. Anhang 1. Im Bereich der Mineralogie als des Entlehnungsfeldes *par excellence* sind dies 52 von 141, was sogar 36,9 % entspricht. In den fachsprachlichen Bereichen im Allgemeinen und der Mineralogie im Besonderen sind diese relativ hohen Zahlen leicht zu erklären: das Lehngut war ausdrucksseitiger Repräsentant der vielen wissenschaftlichen und technischen Neuerungen, die aus Deutschland nicht nur nach Frankreich gelangten und bis heute Gültigkeit haben bzw. Verwendung finden. Über den fachsprachlichen Bereich hinaus waren die Umstände des 18. Jhs. mit seinem neu erwachten Durst nach Wissen, dem in Frankreich besonders ausgeprägten enzyklopädischen und aufklärerischen Geist, der Aufnahme von Neuem über alle Maßen zuträglich. Desgleichen hat das 17. Jh. bei all seinen radikalen Bestrebungen, den sprachlichen Wildwuchs des 16. Jhs. zurückzuschneiden, der Aufnahme und Verwendung von Lehnwörtern keine nachweislichen Steine in den Weg gelegt (WOLF ²1991:122). Das Schicksal, in den puristischen Wörterbüchern zum Großteil noch lange zu fehlen, teilen die Lehnwörter dieses Korpus mit vielen anderen Termini technici der behandelten Epoche, die – anders als im 16. Jh.[691] – von den sprachlichen Autoritäten des 17. Jhs. aus dem *bon usage* ausgeklammert wurden; ihr Fehlen in Wörterbüchern sagt über ihre Rolle in der französischen (Fach-)Sprache nichts aus.

Die bis heute beibehaltenen Entlehnungen des 17. und 18. Jhs. haben offenbar nachhaltig den sprachlichen Ansprüchen genügt, die unter 2.1.2. dargelegt worden sind[692]. Sofern auf der anderen Seite konkrete Gründe für das Aussterben eines Lehnwortes angeführt werden können, sind dies im vorliegenden Fall die folgenden:

---

[691] Man denke nur an Du Bellay, der zur *Deffence et illustration de la langue françoise* ausdrücklich zur Übernahme fachsprachlicher Wörter in die Standardsprache aufforderte.

[692] Einen weiteren besonderen Grund für die Beibehaltung eines Lehnworts sieht COLOMBANI 1957:183:

„Quelquefois, l'affectivité jouant, on lui laisse son nom d'emprunt pour bien marquer que si l'on fait usage de la chose on ne la dédaigne pas moins comme étant de provenance allemande et ne méritant pas, de ce fait, un appellatif français plus «gracieux» (Cf. ersatz, schnaps, schnick). Le mot est alors accompagné de son halo affectif."

Bezüglich des hier behandelten Zeitraums bedürfte diese Auffassung keiner Erwähnung, würden nicht *schnick* und *schnaps* genannt. Bei beiden zeugen zahlreiche Belege von guter Integration in der Umgangssprache sowie einigen Dialekten, wobei der Aspekt des „Deutschen" offenbar keine Rolle (mehr) spielt. Die von Colombani postulierte Motivation der Beibehaltung dieser Lehnwörter ist folglich inexistent.

1. In der größten Zahl der Fälle ist die Aufgabe der entlehnten Bezeichnung dadurch bedingt, dass die bezeichnete Sache selbst außer Gebrauch gerät; das ist namentlich der Fall bei allen Münz- und Maßbezeichnungen und ferner in den Fällen, in denen eine lehnwörtlich benannte Technik (oder ein Werkzeug etc.) durch ein moderneres Verfahren ersetzt wird. Der gleiche Typus des Wortuntergangs betrifft auch Bezeichnungen für Produkte, die augenscheinlich kein Interesse mehr hervorriefen und daher vergessen wurden, so etwa *mumme, quenèfe, pitre*.

2. In anderen Fällen ist es die fehlende Genauigkeit der entlehnten Bezeichnung, die zur gänzlichen oder weitgehenden Substitution durch andere zumeist wissenschaftliche Termini führt, so bei *speys* und *spath*, das als Simplex in der modernen mineralogischen Terminologie keine Rolle mehr spielt.

3. Namentlich im Bereich (natur-)wissenschaftlicher Nomenklaturen sind einige Entlehnungen offenbar nur bis zur „apparition d'un substitut national plus heureux" (QUEMADA 1978:1212) bewahrt worden, so etwa *pierre de corne, sel secret de Glauber, zisel*.

Für all diese Fälle ist festzuhalten, dass eine Regelhaftigkeit nicht zu beobachten ist; in stärkstem Maße ist eine solche im ersten Fall anzutreffen, doch leben auch zahlreiche Bezeichnungen heute faktisch inexistenter Gegebenheiten als historische Termini fort. Überdies kann die zwangsläufige etymologische Isoliertheit aller Lehnwörter – gelehrte Bildungen ausgenommen – zwar subjektiv bzw. im Einzelfall als störend oder verunsichernd empfunden werden und so zu Wortersatz führen, ist aber in zahllosen anderen Fällen – man bedenke auch die Prestigegründe – ohne weiteres akzeptiert worden. *Nicht immer ist erkenntlich, warum ein (Lehn-)Wort aufgegeben wird.*

5.3. Frequenz und Zentralität im französischen Wortschatz

Die miteinander einhergehenden Kriterien der hohen Frequenz und großen Zentralität der behandelten lexikalischen Einheiten sind ein weiterer maßgeblicher Gradmesser der Intensität und Nachwirkung der sprachlichen Lehnbeziehungen. Die Zufälligkeit bzw. Unzulänglichkeit namentlich fachsprachlicher Belege des 18. und noch stärker des 17. Jhs. erschweren präzise Aussagen über die Wortfrequenz zum jeweiligen Zeitpunkt. Zudem kann das damalige Sprachgefühl aus heutiger Sicht kaum nachvollzogen werden (vgl. GOOSSE 1973:65), zumal daran zu erinnern ist, dass Urteile über die Vertrautheit eines Wortes selten geäußert werden. Anhand der heutigen Sprache können zumindest Aussagen über das Fortwirken der Entlehnungsvorgänge des 17. und 18. Jhs. bis in unsere Zeit gemacht werden. In Juillands Frequenzwörterbuch von 1970 erscheint keine der hier vorgestellten Einheiten. Das ist in Anbetracht deren größtenteils fachsprachlichen Charakters nicht überraschend und sagt nur etwas über die Frequenz im *lexique total* aus, aber nichts über das fachsprachliche Vokabular. Bspw. wären in einem mineralogischen Frequenzwörterbuch deutsche Lehnwörter in großer Anzahl und in vorderen Positionen anzutreffen. Sicherlich unzutreffend ist die Einschätzung Wörtmanns, wonach *blockhaus, kirsch, ersatz* und *leitmotiv* die einzigen deutschen Lehnwörter

sind, die im heutigen Französisch häufig gebraucht werden (1990:134): zumindest gleichermaßen rekurrent – und weitestgehend bekannt – sind aus dem vorliegenden Korpus *album, bivouac, calèche, came, chenapan, chic, choucroute, cravache, esthétique, fœhn, hamster, loustic, lover, nouilles, obus, quartz, quenelle, sandre, schnaps, statistique, tsarine, valse(r), vampire, vasistas, vermouth* und *zinc*, nicht immer in ihrer ursprünglichen Bedeutung.
Der Grad der Zentralität kann unter Betrachtung verschiedener sprachlicher Subsysteme untersucht werden, so v.a. hinsichtlich der Graphie, Aussprache, morphologischer Assimilation und semantischer Charakteristik. Dies soll hier jedoch nicht im Einzelnen geschehen, da nur das Zusammenspiel dieser Kriterien Aufschlüsse darüber erlaubt, ob ein Wort eher an der Peripherie oder im Zentrum des Wortschatzes anzusiedeln ist. Im graphischen System des Französischen steht bspw. *schnaps* am Rand, insgesamt ist es jedoch eines der bekanntesten deutschen Lehnwörter. Auch der semantische Aspekt allein erlaubt z.B. nur geringe Aufschlüsse über den Zentralitätsgrad des jeweiligen Wortes. An der äußersten Peripherie bewegten sich *landsasse, bourgfride* oder *zunftmester*, doch dass ein solcher Xenismus durchaus zeitweilig eine zentrale Rolle einnehmen kann, zeigt das Beispiel *führer*. Insgesamt ist es folglich verfehlt, mit KOCOUREK ²1991:152 alle jüngeren Entlehnungen kategorisch am Rande des Wortschatzes anzusiedeln. Vielmehr finden sich unter ihnen sogar solche, die als *mots-témoins* eines bestimmten Fortschritts in Erscheinung treten; was etwa *coke* für die beginnenden Industrialisierung bedeutet (s. MATORÉ 1953:66), ist *quartz* – in kleinerem Rahmen – für die neuzeitliche französische Mineralogie.

Weitaus mehr deutsche Wörter, als man bisher angenommen hat, haben im 17. und 18. Jarhundert Eingang in die französische Sprache gefunden: im Rahmen der vorliegenden Studie konnten 211 Einheiten (49% der Lemmata) erstmals lexikologisch erfasst werden[693]. Namentlich der Wissensdurst ausgehenden 17. und des 18. Jhs. und die damit verbundenen Fortschritte ermöglichten deutschen Wörtern in vielen Bereichen „a kind of peaceful conquest" (BARRELL 1960:71). „Les écrivains du dix-septième siècle ont eu l'honneur de créer une langue nationale et d'établir une tradition", fasst GOHIN 1903:226 treffend zusammen,

„mais il fallait lui donner des fondements plus larges et plus solides; il fallait abolir les étroites conventions, rendre à la langue la liberté; c'est en ce sens que les novateurs du dix-huitième siècle ont accompli une œuvre utile et féconde".

In den Rahmen dieser Leistung ist die Entlehnung eines großen Teils der hier behandelten deutschen Wörter einzuordnen, die mithin nicht unerheblich zur Bereicherung und Funktionsfähigkeit des französischen Wortschatzes beigetragen haben.

---

[693] Zudem gelang bei 122 Lemmata eine Korrektur der Datierung (117 Vor- und 5 Nachdatierungen).

Anhang 1: Übersicht zur Lebensdauer

der im 17. und 18. Jh. aus dem Deutschen ins Französische entlehnten lexikalischen Einheiten[694]

	1600	1610	1620	1630	1640	1650	1660	1670	1680	1690	1700	1710	1720	1730	1740	1750	1760	1770	1780	1790	1800	1810	1820	1830	1840	1850	1860	1870	1880	1890	1900	1910	1920	1930	1940	1950	1960	1970	1980	1990	2000
aam												+	+	+	+	+	+	+	+	+	+	+	+	+	+	+	+	+	+	+	+	+	+	+	+	+	+				
abstrich																			+	+	+	+	+	+	+	+	+	+	+	+	+	+	+								
achteling														+	+	+																						+	+	+	+
album															+	+	+	+		+	+	+	+	+	+	+	+	+	+	+	+	+	+	+	+	+	+	+	+	+	+
albus															+	+	+	+		+	+	+	+	+	+	+	+	+	+	+	+	+	+	+	+	+	+				
altenman																			+																						
alve-taler																	+																								
andwal																	+	+	+	+																					
apatite																			+	+	+	+	+	+	+	+	+	+	+	+	+	+	+	+	+	+	+	+	+	+	+
aragonite																				+	+	+	+	+	+	+	+	+	+	+	+	+	+	+	+	+	+	+	+	+	+
asparagite																	+																								
atlas-erts																		+																							
attrebaste																		+																							
augite																					+	+	+	+	+	+	+	+	+	+	+	+	+	+	+	+	+	+	+	+	+
Auguste de Saxe											+					+	+	+	+	+	+	+	+	+	+	+	+	+	+												
avant-foyer																				+	+	+	+	+	+	+	+	+	+	+											
bergforelle																		+	+	+							+														
bergmeister																+	+	+	+																						
bernthaler																		+	+	+	+	+	+	+	+	+	+	+	+												
bérubleau																													+	+	+	+	+	+	+	+	+				
besteg											+	+							+	+	+	+	+	+	+	+	+	+	+												

[694] Die Spalte „1600" beinhaltet die zwischen 1600 und 1609 erstmals belegten Einheiten, die Spalte „1610" umfasst die Jahre 1610 bis 1619 etc.

	beurre de montagne	biselé	bisellement	bitter-spath	bivouac	blaffart	blare	bleke	blende	blende de corne	blende de poix	bleu de Berlin	bleu de montagne	bley-bleinde	bleysack	bley-sweiff	blindes	bocambre	bocquer	bons gros	boracite	bourgfride	braunkohle	breslingue	bune	burglehn	burgmann	butzkopf
					+				+			+	+				+				+							
					+				+			+	+				+				+							
					+				+			+	+				+				+							
					+	+			+			+	+				+				+							
	+				+	+			+			+	+				+				+							
	+				+	+			+			+	+				+				+		+					
	+				+	+			+			+	+				+				+		+					
	+		+		+	+			+			+	+				+				+		+					
	+		+		+	+			+			+	+				+				+		+					
	+		+		+	+			+			+	+				+	+			+		+					
	+		+		+	+			+			+	+				+	+			+		+					
	+		+		+	+			+			+	+				+	+	+		+		+					
	+		+	+	+	+	+		+			+	+				+	+	+		+				+	+	+	
	+		+	+	+	+	+		+			+	+				+	+	+		+				+	+	+	+
	+		+	+	+	+	+		+			+	+				+	+	+		+				+	+	+	+
	+		+	+	+	+	+		+			+	+				+	+	+		+				+	+	+	+
	+		+	+	+	+	+		+			+	+				+	+	+		+				+	+	+	+
	+		+	+	+	+	+		+		+	+	+				+	+	+		+				+	+	+	+
	+	+	+	+	+	+	+		+		+	+	+		+	+	+	+	+		+				+	+	+	+
			+	+	+	+	+		+		+	+	+		+	+	+	+	+						+	+	+	+
				+	+	+	+	+	+	+	+	+	+		+	+	+	+	+			+			+	+	+	+
				+	+	+	+	+	+		+	+	+			+	+	+	+			+			+	+	+	+
				+	+	+			+			+	+	+			+	+	+			+			+	+	+	+
				+	+	+						+	+	+			+	+	+				+		+	+	+	+
				+	+			+				+	+	+			+	+	+				+		+	+	+	+
				+	+							+	+	+			+	+	+									
				+	+							+	+	+			+	+	+									
				+			+					+	+	+			+	+										
				+								+	+	+			+	+										
				+								+					+	+										
				+								+					+	+										
				+								+					+	+										
				+								+					+	+										
				+	+							+					+	+										
												+					+	+										
																+												

	calèche	came	capout maq	carolin	chair de montagne	chalcolite	chéder	chenapan	chibre	chic	chien	chlorite	choucroute	chrysobéryl	cimolite	claire	cobalt testacé	comte sauvage	corallen-ertz	corindon	coureur de gazon	coureur de jour	crancelin	cravache	cromorne¹	cromorne²	croone	cruys-daelder	cuir de montagne
	+	+			+		+	+	+		+	+	+	+		+			+				+	+	+	+			
	+	+			+		+	+	+		+	+	+	+		+			+				+	+	+	+			
	+	+			+		+	+	+		+	+	+	+		+			+				+	+	+	+			
	+	+			+		+	+	+		+	+	+	+	+	+			+				+	+	+	+			
	+	+		+	+	+	+	+	+	+	+	+	+	+	+	+			+				+	+	+	+			+
	+	+		+	+	+	+	+	+	+	+	+	+	+	+	+			+				+	+	+	+			+
	+	+		+	+	+	+	+	+	+	+	+	+	+	+	+	+		+				+	+	+	+			+
	+	+		+	+	+	+	+	+	+	+	+	+	+	+	+	+		+	+			+	+	+	+			+
	+	+		+	+	+	+	+	+	+	+	+	+	+	+	+	+		+	+	+		+	+	+	+			+
	+	+		+	+	+	+	+	+	+	+	+	+	+	+	+	+		+	+	+		+	+	+	+			+
	+	+		+	+	+	+	+	+	+	+	+	+	+	+	+	+		+	+	+		+	+	+	+			+
	+	+		+	+	+	+	+	+	+	+	+	+	+	+	+	+		+	+	+		+	+	+	+			+
	+	+		+	+	+	+	+	+	+	+	+	+	+	+	+	+		+	+	+		+	+	+	+	+	+	+
	+	+		+	+	+	+	+	+	+	+	+	+	+	+	+	+		+	+	+		+	+	+	+	+	+	+
	+	+		+	+	+	+	+	+	+	+	+	+	+	+	+	+		+	+	+		+	+	+	+	+	+	+
	+	+		+	+	+	+	+	+	+	+	+	+	+	+	+	+		+	+	+		+	+	+	+	+	+	+
	+	+	+	+	+	+	+	+	+	+	+	+	+	+	+	+	+		+	+	+		+	+	+	+	+	+	+
	+	+	+	+	+	+		+	+	+	+	+	+	+	+	+	+		+	+	+		+	+	+	+	+	+	+
	+	+	+	+	+	+	+	+	+	+	+	+	+	+	+	+	+	+	+	+			+	+	+	+	+	+	+
	+	+	+	+	+	+	+	+	+	+	+	+	+		+		+	+	+	+		+	+	+	+	+	+	+	+
	+	+	+	+	+		+	+	+		+	+		+		+	+	+	+		+	+	+	+	+	+	+	+	+
	+	+	+	+	+		+	+	+		+	+		+		+	+	+	+		+	+	+	+	+	+	+	+	+
	+	+	+	+			+	+	+		+			+		+	+	+	+			+	+	+	+	+	+	+	+
	+	+	+			+	+	+	+					+		+		+	+			+		+	+	+	+		+
	+	+	+				+	+	+				+				+	+	+			+		+	+	+	+		
	+	+		+			+	+	+								+		+			+		+	+	+	+	+	
	+	+		+			+	+	+								+					+		+	+	+	+	+	
	+	+		+			+	+	+								+					+			+	+	+	+	
	+	+					+	+	+								+					+			+	+	+		
	+	+						+	+								+					+			+	+			
	+	+						+	+								+					+			+	+			
	+	+						+	+	+								+					+			+	+			
	+								+	+								+					+			+	+			

	culave	cyanite	dendritique	denier lubs	dentiforme	dietchen	dinggrave	dolman	dorsch	dreyer	dreyheller	dreyling	druse	duckstein	eisenglimmer	eisenmann	eisenram	embérize	esthétique	estrac	fahlerz	falltranck	farine	empoisonnée	feld-maréchal	feldspath	fenin	féoder	fertel
		+	+				+				+				+						+	+							
		+	+				+				+				+						+	+							
		+	+				+				+				+						+	+							
		+	+				+				+				+						+	+							
	+	+	+				+				+				+				+		+	+							
	+	+	+				+				+				+				+		+	+	+						
	+	+	+				+				+				+				+		+	+	+						
	+	+	+				+				+				+				+		+	+	+						
	+	+	+				+	+	+	+	+				+				+	+	+	+	+						
	+	+	+				+	+	+	+	+				+				+	+	+	+	+						
	+	+	+				+	+	+	+	+				+				+	+	+	+	+						
	+	+	+				+	+	+	+	+			+	+		+	+	+	+	+	+	+						
	+	+	+				+	+	+	+	+			+	+		+	+	+	+	+	+	+						
	+	+	+				+	+	+	+	+	+	+	+	+	+	+	+	+	+	+	+	+						
	+	+	+		+		+	+	+	+	+	+	+	+	+	+	+	+	+	+	+	+	+						+
	+	+	+		+		+	+	+	+	+	+	+	+	+	+	+	+	+	+	+	+	+						+
	+	+	+		+		+	+	+	+	+	+	+	+	+	+	+	+	+	+	+	+	+						+
	+	+	+		+		+	+	+	+	+	+	+	+	+	+	+	+	+	+	+	+	+						+
	+	+	+		+		+	+	+	+	+	+	+	+	+	+	+	+	+	+	+	+	+						+
	+	+	+		+		+	+	+	+	+	+	+	+	+	+	+	+	+	+	+	+	+						+
	+	+	+	+	+		+	+	+	+	+	+	+	+	+	+	+	+	+	+	+	+	+						+
	+	+	+	+	+		+	+	+	+	+	+	+	+	+	+	+	+	+	+	+	+	+						+
			+	+		+	+	+	+	+	+	+	+	+	+	+	+	+	+	+	+	+	+						+
			+	+		+	+	+	+	+	+	+	+	+	+	+	+	+	+	+	+	+	+	+	+				+
			+	+		+	+	+	+	+	+	+	+			+	+	+		+	+	+	+	+	+				+
			+	+		+	+	+	+	+			+	+			+	+	+		+	+		+	+	+			+
			+	+					+	+			+	+				+	+		+	+					+	+	+
				+											+				+		+						+	+	+
				+											+				+			+					+	+	+
															+				+									+	
															+				+										
															+				+										
															+				+										
															+				+										
															+				+										

	fetmen	fiel de verre	flackengangh	floss	flus	foehn	four à cristaux	Frédéric	ganze-kopf	général-feld-maréchal	géognosie	gibles	gland^h	gland^p	glantscobalt	glas-erst	glass	gletscher	glimmer	gneiss	golder	graphite	grauwacke	groeschel	groschen	grunstein	guhr	guhr d'argent
					+																							
																	+											
																	+											
																	+											
																	+											
																	+											
																	+											
																	+											
	+			+					+		+	+		+		+	+		+	+	+	+						
	+			+					+	+		+	+		+		+	+		+	+	+	+					
	+			+					+	+		+	+		+		+	+		+	+	+	+					
	+			+					+	+		+	+	+	+		+	+		+	+	+	+				+	
	+			+					+	+		+	+	+	+		+	+		+	+	+	+				+	
	+			+					+	+		+	+	+	+		+	+		+	+	+	+				+	
	+			+					+	+		+	+	+	+		+	+		+	+	+	+				+	
	+			+					+	+		+	+	+	+		+	+		+	+	+	+				+	
	+			+					+	+		+	+	+	+		+	+		+	+	+	+				+	
	+	+		+					+	+	+	+	+		+		+	+		+	+	+				+	+	+
	+	+		+					+	+	+	+	+		+		+	+		+	+	+				+	+	+
	+	+		+	+				+	+	+	+	+		+		+	+		+	+	+	+	+	+	+	+	+
	+	+		+	+	+			+	+	+	+	+		+		+	+		+	+	+	+	+	+	+	+	+
	+	+		+	+	+			+	+	+	+	+		+		+	+		+	+	+	+	+	+	+	+	+
	+	+		+	+	+			+	+	+	+	+		+		+	+		+	+	+	+	+	+	+	+	+
	+	+		+	+	+			+	+	+	+	+		+		+	+	+	+	+	+	+	+	+	+	+	+
	+	+		+	+	+			+	+	+	+	+		+		+	+	+	+	+	+	+	+	+	+	+	+
	+	+		+	+	+			+	+	+	+	+		+		+	+	+	+	+	+	+	+	+	+	+	+
	+	+		+	+	+			+	+	+	+	+		+		+	+	+	+	+	+	+	+	+	+	+	+
	+	+		+	+	+			+	+	+	+	+		+		+	+	+	+	+	+	+	+	+	+	+	+
	+	+		+	+				+	+	+	+	+		+		+	+	+	+	+	+	+	+	+	+	+	+
	+	+		+	+		+	+		+	+	+	+		+	+	+	+			+	+	+	+	+	+	+
	+	+		+	+		+	+		+	+	+			+	+	+	+			+		+	+	+	+	+
	+	+	+		+		+	+		+	+		+	+	+	+	+	+			+			+		+	+
	+	+	+		+		+	+		+	+		+		+	+	+	+		+				+		+	+
	+	+			+			+		+	+		+		+	+	+	+	+					+		+	+
	+	+					+			+	+		+				+	+						+			+	+
							+			+	+		+				+							+				
										+	+		+				+							+				
										+							+							+				
										+							+							+				
										+							+							+				
										+							+							+				
																	+							+				
																	+											
																	+											
																	+											
																	+											

guilbe	gulden	gutegrosches	halbekopf	halde	hameselack	hamster	hang	harmonie préétablie	hart	hautboïste	havresac	heemer	heidschmucke	heller	hemvé	hermeline	hernhutes	hinterhalt	holer	honigstein	hornblende	hornstein	je	kaiserlique	kanne	kardel	kaste
				+		+	+		+	+										+		+					
				+		+	+		+	+										+		+					
				+		+	+		+	+										+		+					
				+		+	+		+	+										+		+					
				+		+	+		+	+									+	+		+					
				+		+	+		+	+			+						+	+	+	+					
				+		+	+		+	+			+		+				+	+	+	+					
				+		+	+		+	+	+		+		+	+			+	+	+	+					+
				+		+	+		+	+	+		+		+	+			+	+	+	+					+
				+		+	+		+	+	+		+		+	+			+	+	+	+					+
				+		+	+	+	+	+	+		+		+	+			+	+		+					+
				+	+	+	+	+	+	+	+		+		+	+			+	+		+					+
				+	+	+	+	+	+	+	+		+		+	+			+	+		+					+
	+	+		+	+	+	+	+	+	+	+		+		+	+			+	+		+			+	+	+
	+	+		+	+	+	+	+	+	+	+		+		+	+			+	+		+			+	+	+
	+	+	+	+	+	+	+	+	+	+	+		+		+	+			+	+		+			+	+	+
	+	+	+	+	+	+	+	+	+	+	+		+		+	+			+	+		+			+	+	+
	+	+	+	+	+	+	+	+	+	+	+	+	+	+	+	+			+	+		+			+	+	+
	+	+	+	+	+	+	+	+	+	+	+	+	+	+	+	+			+	+		+			+	+	+
	+	+	+	+	+	+	+	+	+	+	+	+	+	+	+	+			+	+	+	+			+	+	+
	+	+	+	+	+	+	+	+	+	+	+	+	+	+	+	+		+	+	+	+	+			+	+	+
+	+	+	+	+	+	+		+	+	+	+	+	+	+	+	+		+	+	+	+	+			+	+	+
+	+	+	+	+	+	+	+	+	+	+	+	+	+	+	+	+			+	+	+	+			+	+	+
+	+		+	+	+	+	+	+		+	+	+	+	+					+	+	+	+			+	+	+
+	+		+	+	+	+	+	+		+	+	+	+	+					+	+	+	+			+	+	
+	+			+	+			+		+	+		+	+			+	+		+	+				+		
	+			+	+			+		+	+		+	+				+		+	+				+		
	+			+	+			+		+	+		+	+		+		+		+	+				+		
	+				+		+		+	+				+	+	+				+							
	+								+	+																	
										+																	
										+		+	+														

kirsch (-wasser)																		+	+	+	+	+	+	+	+	+	+	+	+	+	+	+	+	+	+	+	+	+	+	+	+
kiste													+	+	+	+	+	+	+	+	+	+	+	+	+	+	+	+	+	+	+										
kloufte																	+																								
knauer																+	+																								
kniest																+	+	+																							
kniper																+	+	+	+	+																					
knobbe																+	+	+	+																						
knospen																+	+																								
koelreuter																				+																					
kohlblende																				+																					
konigsdallre														+	+	+	+	+	+																						
kopfstuck														+	+	+	+	+	+	+	+	+	+	+	+	+	+	+	+	+	+	+	+	+	+	+	+				
krusmann																	+	+	+	+	+	+	+	+	+	+															
kuhriémen																			+																						
kupferhieckem																	+	+	+	+	+	+	+	+																	
kupferleeg																	+																								
kupfernickel																+	+	+	+	+	+	+	+	+	+	+	+	+	+	+											
kux																	+	+	+	+																					
laemmergeyer																	+	+	+	+	+	+	+	+	+	+	+	+	+												
lagre																				+	+	+	+	+	+	+	+	+	+	+	+	+	+	+	+	+	+				
lait de lune													+	+	+	+	+	+	+	+	+	+	+	+	+	+	+	+	+	+	+	+	+	+	+	+	+	+	+	+	+
lait de montagne																	+	+	+	+	+	+	+	+	+	+	+	+	+	+	+	+	+	+	+	+	+	+	+	+	+
landamman															+	+	+	+	+	+	+	+	+	+	+	+	+	+	+	+	+	+	+	+	+	+	+	+	+	+	+
landsasse																+	+	+																							
lazulite																				+	+	+	+	+	+	+	+	+	+	+	+	+	+	+	+	+	+	+	+	+	+
lazur-ertz																+	+																								
lécrelet																+	+	+	+	+	+	+	+	+	+	+	+	+	+	+	+	+	+	+	+	+	+	+	+		
lépidolithe																				+	+	+	+	+	+	+	+	+	+	+	+	+	+	+	+	+	+	+	+	+	+
letten																	+	+																							

	leucite	liège de montagne	ligeht	lilalite	loth	loustic	lover	lubes schelins	lyspondt	magnétisme animal	malder	mandelstein	mareschal de camp general	margravine	mariengros	mark	marsch	masse	max d'or	meistersinger	mine d'argent blanche	mine d'argent cornée	mine d'argent en plumes
	+				+	+			+				+		+				+				
	+				+	+			+				+		+				+				
	+				+	+			+				+		+				+				
	+				+	+			+				+		+				+			+	
	+	+			+	+	+		+				+	+	+				+	+		+	
	+	+			+	+	+		+				+	+	+				+	+	+	+	
	+	+			+	+	+		+				+	+	+				+	+	+	+	
	+	+			+	+	+		+				+	+	+				+	+	+	+	
	+	+			+	+	+		+				+	+	+				+	+	+	+	
	+	+			+	+	+		+				+	+	+				+	+	+	+	
	+	+		+	+	+	+		+	+			+	+	+				+	+	+	+	
	+	+		+	+	+	+		+	+			+	+	+				+	+	+	+	
	+	+		+	+	+	+		+	+			+	+	+				+	+	+	+	
	+	+		+	+	+	+		+	+			+	+	+				+	+	+	+	
	+	+		+	+	+	+		+	+			+	+	+				+	+	+	+	
	+	+		+	+	+	+		+	+			+	+	+				+	+	+	+	
	+	+		+	+	+	+		+	+	+	+	+	+	+				+	+	+	+	+
	+	+		+	+	+	+		+	+	+	+	+	+	+				+	+	+	+	+
	+	+	+	+	+	+	+		+	+	+	+	+	+	+				+	+	+	+	+
	+	+	+	+	+	+	+		+	+	+	+	+	+	+				+	+	+	+	+
	+	+	+	+	+	+	+		+	+			+	+	+	+			+	+	+	+	+
	+	+	+	+	+	+	+		+	+			+	+	+	+	+		+	+	+	+	+
	+			+	+	+	+		+	+			+	+	+		+		+		+	+	+
				+	+	+	+		+	+			+	+	+		+				+		+
					+	+	+		+	+			+	+	+		+						
					+	+	+		+				+	+	+		+						
						+	+		+								+						
						+	+	+				+											
							+	+															

mine d'argent	merde d'oie	mine d'argent rouge	mine d'argent vitreuse	mine de brique	mine de fèves	mine de foie	mine de St-Nicolas	mine hépatique	minnesänger	mispickel	moelle de pierre	moine	moorkohle	mopse	morguesoupe	mulder	mulm	mumme	nase	neptunien	none	nostalgie	nouilles	obus	olivine	ontologie
								+	+			+						+	+			+	+	+	+	+
								+	+			+						+	+			+	+	+	+	+
		+						+	+			+						+	+			+	+	+	+	+
		+						+	+			+						+	+			+	+	+	+	+
		+						+	+			+						+	+			+	+	+	+	+
		+						+	+		+	+						+	+			+	+	+	+	+
		+						+	+		+	+				+		+	+			+	+	+	+	+
		+						+	+		+	+				+		+	+			+	+	+	+	+
		+						+	+		+	+						+	+			+	+	+	+	+
		+						+	+		+	+						+	+			+	+	+	+	+
		+						+	+			+						+	+			+	+	+	+	+
		+						+	+		+	+					+	+	+		+	+	+	+	+	+
		+	+					+	+	+		+					+	+	+		+	+	+	+	+	+
		+	+					+	+	+		+					+	+	+		+	+	+	+	+	+
		+	+					+	+	+		+					+	+	+		+	+	+	+	+	+
+		+	+				+	+	+	+		+					+	+	+		+	+	+	+	+	+
+	+	+	+				+	+	+	+		+					+	+	+		+	+	+	+	+	+
+	+	+	+				+	+	+	+		+	+				+	+	+		+	+	+	+	+	+
+		+	+	+	+			+	+	+		+					+	+	+			+	+	+		+
+		+	+	+	+			+	+	+		+					+	+	+			+	+	+		+
+		+		+	+	+		+	+	+		+					+	+	+			+	+	+		+
+		+			+	+		+	+	+		+				+	+	+				+	+	+		+
+		+						+	+	+		+		+		+		+				+	+	+		+
								+				+		+		+					+			+		+
								+				+				+								+		+
											+					+								+		+
															+									+		+
																								+		+
																								+	+	+
																									+	+

	oolithe	orfe	orgeran	pamne	paour	pechblende	pecherz	pechstein	penin	petrememne	pfalzgrave	pflockfisch	phlogistique	pierre de corne	pierre d'asperge	pierre de hache	pierre de miel	pierre de poix	pierre rayonnante	piétiste	pinite	pitre	pixiforme	plachmall	plapper	plomb d'œuvre	poilite	pointement	postophe
	+	+		+		+		+					+							+	+					+		+	+
	+	+		+		+		+					+							+	+					+		+	+
	+	+		+		+		+					+							+	+					+		+	+
	+	+		+	+	+		+					+							+	+					+		+	+
	+	+		+	+	+		+					+							+	+					+		+	+
	+	+		+	+	+		+					+			+				+	+					+		+	+
	+	+		+	+	+		+					+							+	+					+		+	+
	+	+		+	+	+		+					+							+	+					+		+	+
	+	+		+	+	+		+					+							+	+					+		+	+
	+	+		+	+	+		+					+							+	+					+		+	+
	+	+	+	+	+	+		+					+							+	+					+		+	+
	+	+	+	+	+	+		+					+							+	+					+		+	+
	+	+	+	+	+	+		+					+							+	+					+		+	+
	+	+	+	+	+	+		+		+			+	+					+	+	+					+		+	+
	+	+	+	+	+	+		+		+			+	+	+				+	+	+					+		+	+
	+	+	+	+	+	+	+	+		+			+	+	+	+	+	+	+	+	+				+	+		+	+
	+	+	+	+	+	+	+	+		+			+	+	+	+	+	+	+	+	+				+	+		+	+
	+	+	+	+	+	+	+	+		+			+	+	+	+	+	+	+	+	+				+	+		+	+
	+	+	+	+	+	+	+	+	+	+			+	+	+	+	+	+	+	+	+				+	+		+	+
	+	+	+	+	+	+	+	+	+	+			+	+	+	+	+	+	+	+	+				+	+		+	+
	+	+	+	+	+	+	+	+	+	+			+	+	+	+	+	+	+	+	+		+	+	+	+	+	+	+
	+	+	+	+	+	+	+	+	+	+			+	+	+	+	+	+	+	+	+	+	+	+	+	+	+	+	+
	+	+	+	+		+	+	+	+	+	+		+	+		+	+	+	+	+	+	+	+	+	+	+		+	+
	+	+	+	+		+	+	+	+	+	+	+	+	+			+		+	+	+	+	+	+	+	+		+	+
	+	+	+	+		+		+	+	+	+	+	+	+			+		+	+		+	+	+	+	+		+	+
	+	+	+	+				+	+	+	+		+	+			+			+		+	+	+	+	+			+
	+	+	+	+					+	+	+		+							+		+		+	+				+
			+	+						+	+		+							+		+			+				+
			+	+							+									+		+			+				+
			+	+																+		+							+
			+	+																		+							+
			+	+																		+							+
			+	+																		+							+
			+	+																									+
			+	+																									+
			+																										+
			+																										+

préhnite	+	+	+	+		+	+			+				+					+	+		+	+		+		+
psittacisme	+	+	+	+		+	+			+				+					+	+		+	+		+		+
publiciste	+	+	+	+		+	+			+				+					+	+		+	+		+		+
pumpernickel	+	+	+	+		+	+			+				+					+	+		+	+		+		+
pyrophane	+	+	+	+		+	+			+				+					+	+		+	+		+		+
quartier-maître	+	+	+	+		+	+			+				+					+	+		+	+		+		+
quartz	+	+	+	+		+	+		+	+				+					+	+		+	+		+		+
quartz-drusen	+	+	+	+		+	+	+	+	+		+		+					+	+		+	+		+		+
quenèfe	+	+	+	+		+	+	+	+	+		+		+					+	+		+	+		+		+
quenelle	+	+	+	+		+	+	+	+	+		+		+					+	+		+	+		+		+
quis	+	+	+	+		+	+	+	+	+		+		+					+	+		+	+		+		+
rafraîchir	+	+	+	+	+	+	+	+	+	+	+	+		+					+	+		+	+		+		+
rafraîchissement	+	+	+	+	+	+	+	+	+	+	+	+		+					+	+		+	+		+		+
rappen	+	+	+	+	+	+	+	+	+	+	+	+		+					+	+	+	+	+		+	+	+
raucht-topas	+	+	+	+	+	+	+	+	+	+	+	+		+					+	+	+	+	+		+	+	+
reinfall	+	+	+	+	+	+	+	+	+	+	+	+		+					+	+	+	+	+		+	+	+
reissvogt	+	+	+	+	+	+	+	+	+	+	+	+		+					+	+	+	+	+		+	+	+
reissvogtey	+	+	+	+	+	+	+	+	+	+	+	+		+					+	+	+	+	+		+	+	+
reoder	+	+	+	+	+	+	+	+	+	+	+	+		+					+	+	+	+	+		+	+	+
rixdale	+	+	+	+	+	+	+	+	+	+	+	+		+					+	+	+	+	+	+	+	+	+
rocambole	+	+	+	+	+	+	+	+	+	+	+	+		+					+	+	+	+	+	+	+	+	+
roche de corne		+	+	+	+	+	+	+	+	+	+	+		+					+	+	+	+	+		+	+	+
rolle		+	+		+	+	+	+	+	+	+	+		+	+				+	+	+	+	+		+	+	+
rollier		+	+		+	+	+	+	+	+	+	+	+	+		+			+	+	+		+		+		+ +
roschgewechs		+	+		+	+	+	+	+		+	+		+					+	+	+	+	+		+		+
rose-croix		+			+	+						+		+					+	+			+		+		+
rotele		+			+	+				+				+			+		+	+			+		+		
rotengle		+			+	+										+			+	+			+		+		
rotheguldenertz			+		+	+													+	+			+		+		+ +

	rotschuer	rustine	sabretache	salbande	salvelin	sandre	savon de montagne	schapsigre	schéele, schéelite	scheffel	scheidise	schepel	schieffer-spath	schilling	schindel	schirl	schispond	schiste	inflammable	schlaguer	schlamm	schlich	schlitte	schlosser	schlott	schnap-han	schmaps	schnick
		+	+	+		+			+			+						+	+	+		+		+	+
		+	+	+		+			+	+			+						+	+	+		+		+	+
		+	+	+		+		+	+			+						+	+	+		+		+	+
		+	+	+		+		+	+			+						+	+	+		+		+	+
		+	+	+		+	+	+	+			+		+					+	+	+		+		+	+
		+	+	+		+	+	+	+			+		+					+	+	+		+		+	+
		+	+	+		+	+	+	+			+		+					+	+	+		+		+	+
		+	+	+		+	+	+	+	+			+		+					+	+	+		+		+	+
		+	+	+		+	+	+	+	+			+		+					+	+	+		+		+	+
		+	+	+		+	+	+	+	+			+		+					+	+	+		+		+	+
		+	+	+		+	+	+	+	+			+		+					+	+	+		+		+	+
		+	+	+		+	+	+	+	+			+		+			+	+	+	+		+		+	+
		+	+	+		+	+	+	+	+			+		+			+	+	+	+		+		+	+
		+	+	+	+	+	+	+	+	+			+	+		+	+	+	+	+	+		+		+	+
		+	+	+	+	+	+	+	+	+			+	+	+	+	+	+	+	+	+	+	+		+	+
		+	+	+	+	+	+	+	+	+			+	+	+	+	+	+	+	+	+	+	+		+	+
		+	+	+	+	+	+	+	+	+			+	+	+	+	+	+	+	+	+	+	+		+	+
		+	+	+	+	+	+	+	+	+			+	+	+	+	+	+	+	+	+	+	+		+	+
		+	+	+	+	+	+	+	+	+			+	+	+	+	+	+	+	+	+	+	+		+	+
		+	+	+	+	+	+	+	+	+			+	+	+	+	+	+	+	+	+	+	+		+	+
		+	+	+	+	+	+	+	+	+		+	+	+	+	+	+	+	+	+	+	+	+		+	+
	+	+	+	+	+	+	+	+	+	+		+	+	+	+	+	+	+	+	+	+	+			+	+
	+	+	+	+	+	+	+		+	+			+	+	+	+	+	+	+		+	+			+	
	+	+	+	+				+		+	+	+	+	+	+	+		+	+	+	+		+		+	
	+	+	+	+					+		+	+	+	+	+	+		+		+			+		+	
	+	+		+					+		+	+		+	+		+	+		+			+			
									+		+	+		+										+		
									+		+	+		+										+		
									+			+		+												
									+			+		+												
									+			+		+												
									+			+		+												
									+			+		+												

schorl	schorlblende	schourff	schraüser	sechsling	seiffenwerk	seilen	sel admirable de Glauber	sel capillaire	sel secret de Glauber	siebenzebuter	silver-gros	sinople	sinter	snak	soda	sol lubs	spalt	spath	spath brun	spath calcaire	spath changeant	spath des champs	spath drusen	spath en barres	spath en table	spath fluor
+						+						+					+		+							+
+						+	+					+					+		+							+
+						+	+					+					+		+							+
+						+	+					+					+		+	+						+
+						+	+	+	+			+					+	+	+	+						+
+						+	+	+	+			+					+	+	+	+	+					+
+						+	+	+	+			+					+	+	+	+	+					+
+						+	+	+	+				+	+	+	+	+	+	+	+	+					+
+						+	+	+	+				+	+	+	+	+	+	+	+	+					+
+						+	+	+	+				+	+	+	+	+	+	+	+	+					+
+						+	+	+	+			+	+	+	+	+	+	+	+	+	+					+
+						+	+	+	+			+	+	+	+	+	+	+	+	+	+					+
+			+			+	+	+	+			+	+	+	+	+	+	+	+	+	+					+
+			+			+	+	+	+			+	+	+	+	+	+	+	+	+	+			+	+	+
+			+			+	+	+	+			+	+	+	+	+	+	+	+	+	+			+	+	+
+			+		+	+	+	+	+			+	+	+	+	+	+	+	+	+	+			+	+	+
+			+		+	+	+	+	+			+	+	+	+	+	+	+	+	+	+			+	+	+
+			+		+	+	+	+	+			+	+	+	+	+	+	+	+	+	+			+	+	+
+			+		+	+	+	+	+			+	+	+	+	+	+	+	+	+	+			+	+	+
+	+		+		+	+	+	+	+			+	+	+	+	+	+	+	+	+	+			+	+	+
+			+	+	+	+		+	+			+	+	+	+	+	+		+	+	+			+	+	+
+			+	+	+	+		+				+	+	+	+	+	+		+		+			+	+	+
+			+	+	+	+		+				+	+	+	+	+	+		+		+			+	+	+
+		+	+			+		+				+	+	+	+	+	+		+		+				+	+
+					+	+		+		+	+		+	+	+	+			+			+	+			+
+					+	+		+			+		+	+	+	+										+
+					+	+					+		+	+	+	+										
					+	+					+		+	+	+											
						+							+	+	+											
														+	+											
														+												

	spath fusible	spath pesant	speckstein	speiss	speys	stalactiforme	starostine	statistique¹	statistique²	statmeistre	statthalter	steen	steimples	steinwein	stinges	stockwerk	stolle	stromling	strontianite	stross	stuber	stuc	syénite	tachure	téléologie	tellure	terre	corrindonienne	terre miraculeuse
		+		+		+					+					+			+	+				+		+	+		
		+		+		+					+					+			+	+				+		+	+		
		+		+		+					+					+			+	+				+		+	+		
		+		+		+					+					+			+	+			+	+		+	+		
		+		+		+				+	+					+			+	+			+	+		+	+		
		+		+		+				+	+					+			+	+			+	+		+	+		
		+		+		+				+	+					+			+	+			+	+		+	+		
		+		+		+				+	+					+			+	+			+	+		+	+		
		+		+		+				+	+					+			+	+			+	+		+	+		
		+		+		+				+	+					+			+	+			+	+		+	+		
		+		+		+				+	+					+			+	+			+	+		+	+		
		+		+		+				+	+					+			+	+			+	+		+	+		
		+		+		+				+	+					+			+	+			+	+		+	+		
+	+	+	+		+		+			+	+					+			+	+			+	+		+	+		
+	+	+	+		+		+			+	+					+			+	+			+	+	+	+	+		+
+	+	+	+		+		+	+		+	+					+			+	+			+	+	+	+	+		+
+	+	+	+		+		+	+		+	+					+			+	+			+	+	+	+	+		+
+	+	+	+		+		+	+		+	+					+			+	+			+	+	+	+	+		+
+	+	+	+		+		+	+		+	+	+	+			+			+	+			+	+	+	+	+		+
+	+	+	+		+		+	+		+	+	+	+			+			+	+			+	+	+	+	+		+
+	+	+	+		+		+	+		+	+	+	+			+			+	+			+	+	+	+	+		+
+	+	+	+		+		+	+		+	+	+	+	+		+			+	+			+	+	+	+	+	+	+
+	+		+				+	+		+	+	+	+	+	+	+				+	+	+	+			+			+
+	+		+					+		+	+	+		+	+	+	+			+	+	+			+	+			+
+	+		+					+		+					+	+	+	+		+	+	+			+	+			+
+	+		+	+				+								+		+			+	+				+			+
+	+		+	+		+		+										+			+	+				+			+
+				+				+													+								
				+																	+								
				+																	+								
				+																	+								
				+																	+								
				+																	+								
				+																	+								
				+																	+								
				+								+	+								+								
				+																	+								
				+																	+								

terre strontianiène													+	+																
terre zirkonienne														+																
tête vitrée			+	+																										
tinf-gulden			+	+																									+	+
titane				+																									+	+
titanite				+	+																									+	+
topaze enfumée				+	+																										
traban	+	+	+	+	+	+	+	+	+	+	+	+	+	+																	
trémolite				+	+																										
trolle					+									+																	
trusslock										+																					
tsarine									+	+	+	+	+	+																	
tubuliforme														+																	
tute				+	+									+	+																
tympe				+	+	+								+	+	+															
uhlan												+																			
urane				+	+									+	+																
vaguemestre													+																		
valse				+	+									+	+	+															
valser															+	+															
vampire																+															
varme													+																		
vasistas																															
vautour des agneaux				+	+									+	+																
velte					+									+	+																
vermouth				+	+									+	+																
vidrecome				+	+									+	+															+	
vieil homme																														+	

	vilcom	vrygrave	vulcaniste	wacke	walhalla	welche	wildfangiat	wildgrave	wirschaf	wispel	witherite	wolfram	wurfelstein	wurst	zarfisch	zechstein	ziegel-ertz	zimmer	zinc	zingel	zircon	zisel	zomf	zunftmester
			+	+	+	+				+	+				+			+	+	+				
			+	+	+	+				+	+				+			+	+	+				
			+	+	+	+				+	+				+			+	+	+				
			+	+	+	+				+	+				+		+	+	+	+				
			+	+	+	+	+			+	+				+		+	+	+	+				
			+	+	+	+	+			+	+				+		+	+	+	+				
			+	+	+	+	+		+	+	+				+		+	+	+	+				
		+	+	+	+	+	+		+	+	+	+			+	+	+	+	+	+				
		+	+	+	+	+	+		+	+	+	+			+	+	+	+	+	+				
		+	+	+	+	+	+		+	+	+	+			+	+	+	+	+	+				
		+	+	+	+	+	+		+	+	+	+			+	+	+	+	+	+				
		+	+	+	+	+	+		+	+	+	+			+	+	+	+	+	+	+			
		+	+	+	+	+	+		+	+	+	+			+	+	+	+	+	+	+			
	+	+	+	+	+	+	+	+	+	+	+	+	+		+	+	+	+	+	+	+			
	+	+	+	+	+	+	+	+	+	+	+	+	+		+	+	+	+	+	+	+			
	+	+	+	+	+	+	+	+	+	+	+	+	+		+	+	+	+	+	+	+			
	+	+	+	+	+	+	+	+	+	+	+	+	+		+	+	+	+	+	+	+			
	+	+	+	+	+	+	+	+	+	+	+	+	+		+	+	+	+	+	+	+			
	+	+	+	+	+	+	+	+	+	+	+	+	+		+	+	+	+	+	+	+			
	+	+	+	+	+	+	+	+	+	+	+	+	+		+	+	+	+	+	+	+			
	+	+	+	+	+	+	+	+	+	+	+	+	+		+	+	+	+	+	+	+			
	+	+		+	+	+	+	+	+	+	+	+	+	+	+	+	+	+	+	+	+			
	+	+		+	+	+	+	+	+	+	+	+	+	+		+	+	+	+	+	+			
	+	+		+	+	+	+	+	+		+	+	+	+		+	+	+	+			+	+	
	+	+		+	+	+		+	+		+		+	+			+	+	+			+		
	+			+	+			+			+			+			+	+						
																	+	+						
																	+	+						
																	+	+						
																	+							
																	+							
																	+							
																	+							
																	+							+
																	+							
																	+							

Anhang 2: Mineralsystem nach WERNER 1817

Hier erfasste, im 17. und 18. Jh. als Lehnwörter oder -prägungen ins Französiche gelangte Einheiten sind fett gedruckt[695]. Zu diesen findet sich rechts zum Vergleich der entsprechende Terminus Haüys, sofern der jeweilige Begriff in dessen System (1822a) auftaucht.

1. Klasse: Erdige Fossilien

1. **Demant-Geschlecht**
- *Demant*

2. **Zirkon-Geschlecht**
- ***Zirkon***   zircon
- *Hyazinth*

3. **Kiesel-Geschlecht**
- *Kaneelstein*
- ***Chrysoberyll***   cymophane
- *Chrysolith*
- ***Olivin***   péridot en masses granulaires

Sippschaft des Augits
- *Kokkolith*
- ***Augit***   pyroxène à cristaux noirs
- *Karinthin*
- *Baikalit*
- *Sahlit*
- *Diopsit*

- *Gehlenit*

Sippschaft des Granats
- *Fassait*
- *Vesuvian*
- *Grossular*
- ***Leuzit***   amphigène
- *Pyrenäit*
- *Melanit*
- *Allochroit*
- *Helvin*
- *Granat*
- *Staurolith*

- *Pyrop*

Sippschaft des Rubins
- *Automolit*
- *Ceylonit*
- *Spinell*
- *Saphir*
- *Schmirgel*
- ***Korund***   corindon
- *Demantspath*

- *Topas*
- *Phisalit*
- *Piknit*

Sippschaft des Berylls
- *Iolith*
- *Peliom*
- *Euklas*
- *Smaragd*
- *Beryll*
- *Turmalin*
- ***Schörl***   tourmaline noire

Sippschaft des Pistazits
- *Lievrit*
- *Pistazit*
- *Kalamit*
- *Diaspor*
- *Wavellit*
- *Omphazit*
- *Zoisit*
- *Egeran*
- *Anthophyllit*
- *Axinit*

Sippschaft des Quarzes
- ***Quarz***   quartz, silice
- *Eisenkiesel [Sinopel]*
- ***Hornstein***   quartz hyalin opaque grossier
- *Kieselschiefer*
- *Feuerstein*
- *Kalzedon*
- *Hyalit*
- *Opal*
- *Menilit*
- *Jaspis*
- *Heliotrop*
- *Chrysopras*
- *Plasma*
- *Katzenauge*
- *Faserkiesel*
- *Fettstein*

---

[695] Zahlreiche der hier aufgeführten Benennungen sind zusätzlich im 19. Jh. ins Französische übernommen worden.

Sippschaft des Pechsteins
- *Obsidian*
- **Pechstein**   *feldspath résinite*
- *Perlstein*
- *Sphärulit*
- *Bimsstein*

Sippschaft des Zeoliths
- **Prehnit**   *préhnite*
- *Natrolith*
- *Zeolith*
- *Ichtiophthalm*
- *Albin*
- *Analzim*
- *Chabasit*
- *Kreuzstein*
- *Lomonit*
- *Schmelzstein*

Sippschaft des Lasursteins
- *Lasurstein*
- *Lazulit*
- *Blauspat*

Sippschaft des Feldspats
- *Andalusit*
- **Feldspat**   *feldspath*
- *Spodumen*
- *Skapolith*
- *Meionit*
- *Nephelin*
- *Eisspat*

4. Ton-Geschlecht
Sippschaft des Tons
- *Reine Tonerde*
- *Porzellanerde*
- *Gemeiner Ton*
- *Tonstein*
- *Klebschiefer*
- *Polierschiefer*
- *Tripel*

- *Schwimmstein*
- *Alaunstein*

Sippschaft des Tonschiefers
- *Alaunschiefer*
- **Brandschiefer**   *schiste bituminifère*
- *Zeichenschiefer*
- *Wetzschiefer*
- *Tonschiefer*

Sippschaft des Glimmers
- **Lepidolith**   *lépidolithe*
- *Glimmer*
- **Pinit**   *pinite*
- *Topfstein*
- **Chlorit**   *chlorite*

Sippschaft des Trapps
- *Paulit*
- **Hornblende**   *amphibole*
- *Basalt*
- **Wacke**   *wacke*
- *Klingstein*
- *Eisenton*

- *Lava*

Sippschaft des Steinmarks
- *Grünerde*
- **Steinmark**
- **Bergseife**
- *Umber*
- *Gelberde*

5. Talk-Geschlecht
Sippschaft der Seifensteine
- *Reine Talkerde*
- *Meerschaum*
- *Bol*
- *Walkerde*
- **Speckstein**   *stéatite*
- *Bildstein*

Sippschaft des Talks
- *Nephrit* (u.a. **Beilstein**)   *jade*
- *Serpentin*
- *Schillerstein*
- *Vivianit*
- *Talk*
- *Asbest* (u.a. **Bergkork**)   *asbeste tressé*

Sippschaft des Strahlsteins
- **Strahlstein**   *amphibole à cristaux lucides*
- *Spreustein*
- *Karpholith*
- **Tremolit**   *amphibole*

Sippschaft des Kyanits
- *Rhätizit*
- **Kyanit**   *disthène*

6. **Kalk-Geschlecht**
A. **Luftsaure Gattungen**
- ***Bergmilch***   *chaux carbonatée spongieuse*
- *Kreide*
- *Kalkstein (u.a.* ***Rogenstein****,
  chaux carbonatée globuliforme compacte
  Kalkspat)   spath calcaire*
- *Kalktuff*
- *Schaumkalk*
- ***Schieferspat***   *chaux carbonatée nacrée*
- ***Braunspat***
    chaux carbonatée ferro-magnésifère
- *Schalstein*
- *Dolomit*
- *Rautenspat*
- *Stinkstein*
- *Anthrakolith*
- *Mergel*
- *Duttenstein*
- *Bituminöser Mergelschiefer*
- ***Aragonit***   *arragonite*

B. **Phosphorsaure Gattungen**
- ***Apatit***   *chaux phosphatée*
- ***Spargelstein***   *chaux phosphatée verte*
- *Phosphorit*

C. **Flusssaure Gattungen**
- *Fluss (u.a.* ***Flussspat***)   *chaux fluaté*

D. **Vitriolsaure Gattungen**
- *Gips*
- *Fraueneis*
- *Muriazit*

E. **Boraxsaure Gattungen**
- *Datholit*
- ***Borazit***   *magnésie boratée*
- *Botriolith*

7. **Baryt-Geschlecht**
- ***Witherit***   *baryte carbonatée*
- ***Schwerspat***   *baryte sulfatée*
  (u.a. ***Stangenspat***)
             baryte sulfatée bacillaire

8. **Strontian-Geschlecht**
- *Strontian*
- *Cölestin*

9. **Hallith-Geschlecht**
- *Kryolith*

2. Klasse: Salzige Fossilien

1. **Kohlensäure-Geschlecht**
- *Natürliches Mineralalkali*

2. **Salpetersäure-Geschlecht**
- *Natürlicher Salpeter*

3. **Kochsalzsäure-Geschlecht**
- *Natürliches Kochsalz*
- *Natürlicher Salmiak*

4. **Schwefelsäure-Geschlecht**
- *Natürlicher Vitriol*
- ***Haarsalz***   *magnésie sulfatée ferrifère*
- ***Bergbutter***
- *Natürliches Bittersalz*
- *Natürliches* ***Glaubersalz***   *soude sulfatée*

3. Klasse: Brennliche Fosslien

1. **Schwefel-Geschlecht**
- *Natürlicher Schwefel*

2. **Erdharz-Geschlecht**
- *Erdöl*
- *Erdpech*
- ***Braunkohle***   *houille schistoïde*
  (u.a. ***Moorkohle***)   *houille limoneuse*
- *Schwarzkohle*

3. **Graphit-Geschlecht**
- *Glanzkohle*
- ***Graphit***   *graphite, fer carburé*
- *Mineralische Holzkohle*

4. **Resin-Geschlecht**
- *Bernstein*
- ***Honigstein***   *mellite*

4. Klasse: Metallische Fossilien

1. **Platin-Geschlecht**
- *Gediegenes Platin*

2. **Gold-Geschlecht**
- *Gediegenes Gold*

3. **Quecksilber-Geschlecht**
- *Gediegenes Quecksilber*
- *Natürliches Amalgam*
- *Quecksilber-Hornerz*

- *Quecksilber-Lebererz*
- *Zinnober*

4. **Silber-Geschlecht**
- *Gediegenes Silber*
- *Spiesglas-Silber*
- *Arsenik-Silber*
- *Molybdän-Silber*
- **Hornerz**   argent muriaté
- *Silberschwärze*
- **Glaserz**   argent sulfuré
- *Sprödglaserz*
- **Rotgültigerz**   argent antimonié sulfuré
- **Weißgültigerz**

5. **Kupfer-Geschlecht**
- *Gediegenes Kupfer*
- *Kupferglas*
- *Buntkupfererz*
- *Kupferkies*
- *Weißkupfererz*
- **Fahlerz**   cuivre gris arsénifère
- *Schwarzerz*
- *Kupferschwärze*
- *Rotkupfererz*
- **Ziegelerz**   cuivre oxidulé terreux
- *Kupferlasur*
- *Kupfersamterz*
- *Malachit*
- *Kupfergrün*
- *Eisenschüssiges Kupfergrün*
- *Kupferschaum*
- *Kupfersmaragd*
- *Kupferglimmer*
- *Linsenerz*
- *Olivenerz*
- *Strahlerz*
- *Würfelerz*
- *Salzkupfererz*
- *Phosphorkupfererz*

6. **Eisen-Geschlecht**
- *Gediegen Eisen*
- *Schwefelkies*
- *Speerkies*
- *Magnetkies*
- *Magneteisenstein*
- *Chromeisenstein*
- *Menakeisenstein*
- *Eisenglanz* (u.a. **Eisenglimmer**)
                  fer oligiste écailleux
- *Roteisenstein* (u.a. Roter **Eisenrahm**,
                  fer oligiste luisant
Roter **Glaskopf**)   fer oligiste concrétionné

- *Brauneisenstein*
- *Eisensinter*
- *Spateisenstein*
- *Schwarzeisenstein*
- *Toneisenstein* (u.a. **Bohnerz**)
                  fer oxidé globuliforme
- *Raseneisenstein*
- *Eisenpecherz*
- *Blaue Eisenerde*
- *Grüne Eisenerde*
- *Gadolinit*

7. **Blei-Geschlecht**
- *Bleiglanz* (u.a. **Bleischweif**)
- *Blaubleierz*
- *Braunbleierz*
- *Schwarzbleierz*
- *Weißbleierz*
- *Grünbleierz*
- *Rotbleierz*
- *Gelbbleierz*
- *Vitriolbleierz*
- *Bleierde*

8. **Zinn-Geschlecht**
- *Zinnkies*
- *Zinnstein*
- *Kornisches Zinnerz*

9. **Wismut-Geschlecht**
- *Gediegener Wismut*
- *Wismutglanz*
- *Arsenikwismut*
- *Wismutocker*

10. **Zink-Geschlecht**   zinc
- **Blende**   zinc sulfuré
- *Galmei*

11. **Spiesglas-Geschlecht** [Antimon]
- *Gediegenes Spiesglas*
- *Grauspiesglaserz* (u.a. **Federerz**)
                   antimoine sulfuré
- *Schwarzspiesglaserz*
- *Rotspiesglaserz*
- *Weißspiesglaserz*
- *Spiesglasocker*

12. **Silvan-Geschlecht** [Tellur]
- *Gediegenes Silvan*
- *Schrifterz*
- *Weißsilvanerz*
- *Nagyagerz*

13. **Mangan-Geschlecht**
- *Grauer Braunstein*
- *Schwarzer Braunstein*
- *Piemontischer Braunstein*
- *Roter Braunstein*
- *Manganspat*

14. **Nickel-Geschlecht**
- ***Kupfernickel***　　　*nickel arsénical*
- *Haarkies*
- *Nickelocker*

15. **Kobalt-Geschlecht**
- *Weißer Speiskobalt*
- *Grauer Speiskobalt*
- ***Glanzkobalt***　　　*cobalt gris*
- *Schwarzer Erdkobalt*
- *Brauner Erdkobalt*
- *Gelber Erdkobalt*
- *Roter Erdkobalt*

16. **Arsenik-Geschlecht**
- *Gediegenes Arsenik*
- *Arsenikkies*
- *Rauschgelb*
- *Arsenikblüte*

17. **Molybdän-Geschlecht**
- *Wasserblei*

18. **Scheel-Geschlecht**　　　*schéelin*
- *Schwerstein*
- ***Wolfram***　　　*schéelin ferruginé*

19. **Menak-Geschlecht** [Titan]
- *Menakan*
- *Oktaedrit*
- *Rutil*
- *Nigrin*
- *Iserin*
- *Braunmenakerz*
- *Gelbmenakerz*

20. **Uran-Geschlecht**　　　*urane*
- ***Pecherz***　　　*urane oxidulé*
- *Uranglimmer*
- *Uranocker*

21. **Chrom-Geschlecht**
- *Nadelerz*
- *Chromocker*

22. **Cerin-Geschlecht**
- *Cerinstein*

Bibliographie

1. Konsultierte Quellen[696]

ABOT DE BAZINGHEN, FRANÇOIS 1764: *Traité des monnoies, et de la jurisdiction de la Cour des monnoies, en forme de dictionnaire*, 2 vol., Paris.
ACADEMIE 1694: *Dictionnaire de l'Académie françoise*, 2 vol., Paris.
ACADEMIE 1718: *Nouveau Dictionnaire de l'Académie françoise*, 2 vol., Paris.
ACADEMIE 1740: *Dictionnaire de l'Académie françoise*, troisiéme édition, 2 vol., Paris.
ACADEMIE 1762: *Dictionnaire de l'Académie françoise*, quatriéme édition, 2 vol., Paris.
ACADEMIE 1798: *Dictionnaire de l'Académie françoise*, revu, corrigé et augmenté, cinquième édition, 2 vol., Paris.
ACADEMIE 1835: *Dictionnaire de l'Académie française*, sixième édition, 2 vol., Paris.
ACADEMIE 1878: *Dictionnaire de l'Académie française*, septième édition, 2 vol., Paris.
ACADEMIE 1932: *Dictionnaire de l'Académie française*, huitième édition, 2 vol., Paris.
ACADEMIE COMPLEMENT 1838-1842: *Complément du Dictionnaire de l'Académie Française*, publié sous la direction d'un membre de l'Académie Française [...] et précédé d'une preface par M. Louis Barré, Paris[697].
ACADEMIE SUPPLEMENT 1831: *Dictionnaire de l'Académie française. Supplément* [...], rédigé par une société de grammairiens, 2 vol., Paris.
ACADEMIE SUPPLEMENT 1836: François Raymond, *Supplément au Dictionnaire de l'Académie française, sixième édition publiée en 1836* [sic], *complément de tous les dictionnaires français, anciens et modernes* [...], Paris.
*D'ALBIS, PAULINE-VICTOIRE 1787: *Lettres à Angletine. Millau – Lausanne 1786-1796*, [publiées par Jean d'Albis], Limoges 1985.
ALMANACH 1787: *Almanach des monnoies*, Paris.
ANDERSON, JOHANN 1747: *Nachrichten von Island, Grönland und der Strasse Davis* [...], Frankfurt/Leipzig.
ANDERSON, JOHANN 1750: *Histoire Naturelle de l'Islande, du Groenland, du Détroit de Davis et d'autres Pays situés sous le Nord*, traduite de l'Allemand par M. ***, 2 vol., Paris.
ANGERSTEIN 1755: „Remarques sur quelques montagnes et quelques pierres en Provence", in: *Mémoires de Mathématique et de Physique, présentés à l'Académie Royale des Sciences, par divers Savans, & lus dans ses Assemblées* 2, 557-565.
ANON. 1670: *Lettres curieuses, Ou Relations de Voyages, qui contiennent ce qu'il y a de plus rare & de plus remarquable dans l'Italie, la Hongrie, l'Allemagne, la Suisse, la Hollande, la Flandre, l'Espagne & l'Angleterre* [...], Paris.
ANON. 1710: „Notitia Cœrulei Berolinensis nuper inventi", in: *Miscellanea Berolinensia ad Incrementum Scientiarum, ex Scriptis Societati Regiae Scientiarum exhibitis edita* [...] 1, 377f.
ANON. 1727: „Observations chimiques", in: *Histoire de l'Académie Royale des Sciences de Paris* 1727:31-36.

---

[696] Mit einem Asterisk gekennzeichnete Werke sind nicht ausführlich ausgewertet, sondern nur zur Überprüfung von Belegangaben herangezogen worden.
[697] Datierung laut *FEW*, Supplement zur 2. Auflage des bibliographischen Beiheftes, Basel 1957:19a.

ANON. 1737: „Observations chimiques", in: *Histoire de l'Académie Royale des Sciences de Paris* 1737:62-64.
ANON. 1738: *Recueil d'Ordonnances du Roy et Reglemens du Conseil Souverain d'Alsace, depuis sa création jusqu'à présent* [1657-1737], Colmar.
ANON. 1751: Rezension von Macquer, *Elémens de Chymie théorique*, in: *Histoire de l'Académie Royale des Sciences de Paris* 1751:84-146.
ANON. 1756: „Machines ou inventions approuvées par l'Académie en M.DCCLVI", in: *Histoire de l'Académie Royale des Sciences de Paris* 1756, 127-132.
ANON. 1773: *Traité de l'exploitation des Mines, où l'on décrit les situations des Mines, l'art d'entailler la roche & la substance des filons* [...], *avec un traité particulier sur la préparation et le lavage des Mines. Le tout traduit de l'Allemand par M. Monnet*, Paris.
ANON. 1789: „Notice sur la fouille de la chrysoprase, & les terres & pierres qui l'accompagnent", in: *Annales de Chimie* 1, 142-147.
ANON. 1790a: „Extraits de Mémoires de Physique, Chimie & Histoire Naturelle, tirés des Mémoires de l'Académie Royale de Turin, pour les années 1786 & 1787", in: *Annales de Chimie* 4, 165-178.
ANON. 1790b: „Rapport sur l'art des essais d'or", in: *Annales de Chimie* 6, 64-85.
ANON. 1791: „Journal du mineur et du naturaliste, par MM. Henri Struve [...] et Jacob-Pierre Berthout van Berchem. Prospectus", in: *Annales de Chimie* 10, 221-224.
ANON. 1792: *Oryktognosie oder Handbuch für Liebhaber der Mineralogie* [...], Leipzig.
ANON. 1795a: „Ouvrages étrangers", in: *Journal des Mines* 1/5, 83-88.
ANON. 1795b: „Description des mines de mercure du Palatinat et du pays de Deux-Ponts", in: *Journal des Mines* 1/6, 69-78.
ANON. 1796a: „Analyse de l'ouvrage allemand intitulé: *Neue Theorie von der entstehung der gänge* [...] par Abr. Gottlob Werner", in: *Journal des Mines* 13/18, 61-99.
ANON. 1796b: „Extraits d'ouvrages français et étrangers", in: *Journal des Mines* 4/19, 75-85.
ANON. 1796c: „Extraits d'ouvrages français et étrangers", in: *Journal des Mines* 4/23, 51-84.
ANON. 1796d: „Extraits d'ouvrages étrangers", in: *Journal des Mines* 5/27, 231-244.
ANON. 1797: „Extraits d'ouvrages étrangers", in: *Journal des Mines* 5/29, 387-413.
ANON. 1798: „Livres étrangers", in: *Annales de Chimie* 27, 108-112.
ANON. 1857: *Catalogue des mammifères du Muséum National d'Histoire Naturelle*, [Paris].
ANTIDICO 2002: *L'ANTIDICO. Le dictionnaire des mots absents des autres dictionnaires*, zu finden unter http://membres.lycos.fr/antidico/index.html.
*D'ARGENSON 1748: *Journal et Mémoires du Marquis d'Argenson*, publiés [...] par E. J. B. Rathery, vol. 5, Paris 1863.
ARMANET, JEAN ET AL. 1947: *Lexique technique allemand-français (Industries extractives)*, Paris.
ART DE LA VERRERIE 1752: *Art de la verrerie, de Neri, Merret et Kunckel. Auquel on a ajouté le Sol Sine Veste d'Orschall* [...]. *Traduits de l'Allemand*, par M. D*** [i.e. d'Holbach], Paris.

BACKHAUS, KARL-OTTO 1983: *Wörterbuch Kristallografie. Englisch. Deutsch. Französisch. Russisch*, Thun/Frankfurt.
BADER, MATTHÄUS 1614: *Rerum naturæ ordo et series, seu Nomenclator latino-gallico-germanicus, in quo secundum Seriem Decem Prædicamentorum, rerum appellationes recensentur* [...], Straßburg.
*BAGGESEN, JENS IMMANUEL 1810: *La Parthénéide. Poëme*, traduit de l'Allemand [par Fauriel], Paris.
BAILLET 1795: „Rapport sur les mines de plomb du Vedrin", in: *Journal des Mines* 2/12, 17-32.
*LE BAL DE STRASBOURG 1763: *Théatre de M. Favart, ou Recueil des Comédies, Parodies & Opera-Comiques qu'il a donnés jusqu'à ce jour* (Théatre de la Foire 8), Paris.
BARBA, ALVARO ALONSO 1751: *Metallurgie, ou l'Art de tirer et purifier les Métaux*, traduite de l'espagnol [par Gosford], 2 vol., Paris.
*BARLET, ANNIBAL 1653: *Le vray et methodique Cours de la Physique resolutive, vulgairement dite Chymie* [...], Paris.
*BASSOMPIERRE 1615: *Journal de ma Vie. Mémoires du Maréchal de Bassompierre*, première édition [...] publiée par le Mis de Chantérac, vol. 2, Paris 1873.
BAZIN, GILLES AUGUSTIN 1737: *Traité sur l'acier d'Alsace, ou l'Art de convertir le fer de fonte en acier*, Straßburg.
BEAUJEAN, A. 1875: *Dictionnaire de la langue française. Abrégé du dictionnaire de É. Littré*, Paris.
BEAUJEU 1700: *Mémoires du chevalier de Beaujeu. Contenant ses divers voyages, tant en POLOGNE, en ALLEMAGNE, qu'en HONGRIE* [...] *depuis l'année MDCLXXIX*, Amsterdam.
*DE BEAUMONT, LEONCE ÉLIE ~1847: *Notes sur les émanations volcaniques et métallifères*, Paris.
BEAUNIER/GALLOIS 1804: „Exposé de la préparation des Minerais à Poullaouen", in: *Journal des Mines* 16/92, 81-116.
DE BEAUSOBRE, CHARLES LOUIS 1753: *Dissertations philosophiques, dont la premiere roule sur la Nature du Feu; et la seconde sur les différentes parties de la Philosophie, et des Mathématiques*, Paris.
BELON, PIERRE 1546-49: *Description des mines de Siderocapsa en Macedonie, suivant les ordres de François I.*, s.l.
BERGMAN, TORBERN 1784: *Manuel du Minéralogiste, ou Sciagraphie du Règne minéral*, [...] *distribué d'après l'analyse chimique*, [...] traduite et augmentée de notes par M. Mongez le jeune, Paris.
BERGMAN, TORBERN 1792: *Manuel du Minéralogiste, ou Sciagraphie du Règne minéral*, [...] *distribué d'après l'analyse chimique*, [...] traduite et augmentée de notes par M. Mongez le jeune. Nouvelle Édition, considérablement augmentée par J. C. Delamétherie, 2 vol., Paris.
BERGMÄNNISCHES WÖRTERBUCH 1778: *Bergmännisches Wörterbuch, darinnen die deutschen Benennungen und Redensarten erkläret und zugleich die in Schriftstellern befindlichen lateinischen und französischen angezeiget werden*, Chemnitz.

DE BERTEREAU, MARTINE 1632: *Veritable Declaration de la Decovverte des Mines et Minieres de France, par le moyen desqvelles sa Maiesté et ses Subjects se peuuent passer de tous les Pays estrangers*, s.l.

BERTHOUT 1795: „Description méthodique d'une suite de fossiles du Mont-Blanc", in: *Journal des Mines* 2/7, 67-79.

*BERTRAND, ELIE 1758: *Recherches sur les langues anciennes et modernes de la Suisse*, Genf.

BERTRAND, ELIE 1763: *Dictionnaire universel des fossiles propres, et des fossiles accidentels, contenant une description des terres, des sables, des sels, des soufres, des bitumes, des pierres [...], des minéraux, des métaux [...] avec des recherches sur la formation de ces fossiles, sur leur origine, leurs usages &c.*, 2 vol., Den Haag.

BERTRAND, ELIE 1766: *Recueil de divers Traités sur l'Histoire Naturelle de la Terre et des Fossiles*, Avignon.

BESCHERELLE, LOUIS NICOLAS 1853: *Dictionnaire national ou dictionnaire universel de la langue française*, deuxième édition, 2 vol., Paris.

BEURARD, JEAN B. 1798a: „Rapports sur quelques Mines de Mercure situées dans les nouveaux départements de la rive gauche du Rhin", in: *Journal des Mines* 7/41, 321-360.

BEURARD, JEAN B. 1798b: „Rapport abrégé sur les mines de houille des environs de Meisenheim [...]", in: *Journal des Mines* 8/44, 609-614.

BEURARD, JEAN B. 1809: *Dictionnaire allemand-français, contenant les termes propres a l'exploitation des mines, a la minéralurgie et a la minéralogie, avec les mots techniques des Sciences et Arts qui y ont rapport; suivi d'une Table des mots français indicative des mots allemands qui y correspondent*, Paris.

BLANCHET, ADRIEN UND DIEUDONNE, A. 1912-1936: *Manuel de numismatique française*, 4 vol., Paris.

BLOCH, MARC ÉLIESER 1785-1797: *Ichthyologie ou Histoire Naturelle générale et particulière des poissons*, 12 Teilbände, Berlin/Leipzig.

BOECE DE BOOT, ANSELME 1644: *Le parfaict Ioaillier, ou Histoire des pierreries [...], de nouueau enrichi de belles Annotations, Indices & Figures, par André Toll*, Lyon.

BOISTE, PIERRE-CLAUDE-VICTOIRE 1800: *Dictionnaire universel de la langue françoise, extrait composé des dictionnaires anciens et modernes, ou Manuel d'orthographe et de néologie*, Paris.

BOISTE, PIERRE-CLAUDE-VICTOIRE 1803: *Dictionnaire universel de la langue françoise [...]*, deuxième édition, Paris.

BOISTE, PIERRE-CLAUDE-VICTOIRE 1823: *Dictionnaire universel de la langue françoise [...]*, sixième édition, revue, corrigée et augmentée par l'auteur, Paris

BOISTE, PIERRE-CLAUDE-VICTOIRE 1841: *Dictionnaire universel de la langue françoise [...]*, dixième édition, revue, corrigée et augmentée par MM. Charles Nodier & Louis Barré, Paris.

BOISTE, PIERRE-CLAUDE-VICTOIRE 1851: *Dictionnaire universel de la langue françoise [...]*, treizième édition, revue, corrigée, considérablement augmentée par MM. Charles Nodier & Louis Barré, Paris.

BOIZARD, JEAN 1692: *Traité des Monoyes, de leurs circonstances & dépendances*, Paris.

BOLOGNA, GIANFRANCO 1980: *Les oiseaux du monde*, Paris.
*DE BONNEFOUS, NICHOLAS 1655: *Les Délices de la campagne. Suitte du Jardinier François* [...], seconde edition augmentée par l'Autheur, Amsterdam.
*BORJON, CHARLES 1672: *Traité de la Musette, avec une nouvelle methode, pour apprendre de soy-mesme à joüer de cét instrument facilement, & en peu de temps*, Lyon.
VON BORN, IGNATZ 1774: *Briefe über mineralogische Gegenstände* [...], Frankfurt/Leipzig 1774.
VON BORN, IGNATZ 1780: *Voyage minéralogique fait en Hongrie et en Transilvanie*, traduit de l'Allemand, avec quelques notes, par M. Monnet, Paris.
VON BORN, IGNATZ 1790: *Catalogue methodique et raisonné de la Collection de Fossiles de Mlle Éléonore de Raab*, 2 vol. Wien.
VON BORN, IGNATZ 1791: „Über eine neue Steinart, den Pyrophan", in: *Chemische Annalen für die Freunde der Naturlehre* [...] 1, 483f.
BOUGUER, PIERRE 1746: *Traité du Navire, de sa Construction, et de ses Mouvements*, Paris.
BOULDUC LE FILS 1724: „Mémoire sur la qualité & les propriétés d'un Sel découvert en Espagne [...]", in: *Mémoires de l'Académie Royale des Sciences de Paris* 1724:118-137.
BOURGUET, LOUIS 1729: *Lettres philosophiques sur la Formation des Sels et des Crystaux, et sur la Génération & le Mechanisme Organique des Plantes et des Animaux* [...], Amsterdam.
BOUTELOUP, R. 1982: *Vocabulaire de la mine souterraine allemand/anglais/ espagnol/français* (Supplément à la revue Industrie minérale, décembre 1982), St-Étienne.
BRARD, CYPRIEN P. 1829: *Élémens pratiques d'exploitation, contenant tout ce qui est relatif à l'art d'explorer la surface des terrains, d'y faire des travaux de recherche et d'y établir des exploitations réglées; la description des moyens employés pour l'extraction et le transport des minerais et des combustibles* [...], Paris u.a. 1829.
*BRIAND 1750: *Dictionnaire des Alimens, Vins et Liqueurs, leurs qualités, leurs effets, relativement aux différens âges, & aux différens tempéramens*, vol. 1, Paris.
*BRISSON, MATHURIN-JACQUES 1760: *Ornithologie ou Méthode contenant la division des Oiseaux en Ordres, Sections, Genres, Especes & leurs Variétés* [...], 5 vol., Paris.
BRISSON, MATHURIN-JACQUES 1762: *Regnum animale in Classes IX. distributum* [...], Leiden.
BROCHANT [DE VILLIERS], ANDRE J.M. ²1808: *Traité élémentaire de Minéralogie, suivant les principes du professeur Werner; rédigé d'après plusieurs ouvrages allemands* [...], seconde édition, 2 vol., Paris.
BRONGNIART, ALEXANDRE 1807: *Traité élémentaire de Minéralogie avec des applications aux arts*, 2 vol., Paris.
BRÜCKMANN, URBAN FRIEDERICH BENEDICT 1778: *Gesammlete und eigene Beyträge zu seiner Abhandlung von Gesteinen*, Braunschweig.
BRÜCKMANN, URBAN FRIEDERICH BENEDICT 1783: *Gesammlete und eigene Beyträge zu seiner Abhandlung von Gesteinen*, zwote Fortsetzung, Braunschweig.
BUCHOZ, PIERRE JOSEPH 1762-65: *Traité historique des plantes qui croissent dans la Lorraine et les trois Evechés* [...], 5 vol., Nancy.

BUCQUET, JEAN-BAPTISTE-MICHEL 1771: *Introduction à l'Étude des Corps naturels, tirés du règne minéral*, 2 vol., Paris.

BUFFON/DE MONTBEILLARD 1770-1783: Georges Louis Leclerc de Buffon / Philippe Guéneau de Montbeillard, *Histoire naturelle des Oiseaux*, 9 vol., Paris (*Histoire naturelle générale et particulière* vol. 16-24).

BUFFON 1783-88: Georges Louis Leclerc de Buffon, *Histoire naturelle des minéraux*, 5 vol., Paris.

BURNET, GILBERT 1687: *Voyage de Suisse, d'Italie, et de quelques endroits d'Allemagne & de France, faits és années 1685. & 1686.*, Rotterdam.

CALMELET, F. TIMOLEON 1809: „Fin du mémoire statistique sur les richesses minérales du département de Rhin-et-Moselle", in: *Journal des Mines* 25/149, 321-371.

*CALMET, AUGUSTIN 1746: *Dissertations sur les apparitions des Anges, des Démons & des Esprits, et sur les Revenants et vampires* [...], Paris.

CAMUS 1741: „Sur un instrument propre à jauger les tonneaux, et les autres vaisseaux qui servent à contenir des liqueurs", in: *Mémoires de l'Académie Royale des Sciences de Paris* 1741:385-402.

CARADEC, FRANÇOIS 1977: *Dictionnaire du français argotique et populaire*, Paris.

CARDINI, FRANÇOIS-JOSEPH 1848: *Dictionnaire d'Hippiatrique et d'équitation, ouvrage où se trouvent réunis toutes les connaissances hippiques*, 2. Auflage, 2 vol., Paris.

*LA CARMAGNOLE 1792: Pierre Barbier et France Vernillat, *Histoire de France par les chansons*, vol. 4: La Révolution, Paris 1957:101.

CELLARD, JACQUES/REY, ALAIN 1991: *Dictionnaire du français non conventionnel*, Paris.

CHAMEREAU 1744: *Nyt Dansk-Fransk og Latinsk Lexicon, indeholdende de almindelige og brugelige Ord, Navne og Tale-Maader, til det Danske og Franske Sprogs Oplysning*, 2 Teile, Kopenhagen.

CHAMPEAUX 1801: „Précis historique de la découverte de l'Urane oxidé en France [...]", in: *Journal des Mines* 10/55, 527-542.

CHAPPE D'AUTEROCHE, JEAN 1769f.: *Voyage en Sibérie, fait par ordre du Roi en 1761; contenant les Moeurs, les Usages des Russes, & l'Etat actuel de cette Puissance, &c.*, 2 vol., Amsterdam.

CHAPPUZEAU, SAMUEL 1671: *Suite de l'Europe vivante, contenant la Relation d'un Voyage fait en Allemagne aux mois d'Auril, May, Iuin, Iuillet & Aoust de l'année M.DC.LXIX* [...], Genf.

*CHARAS, MOYSE 1676: *Pharmacopée royale galénique et chymique*, Paris.

CHEREAU, FRANÇOIS 1747: *Nouveau Recueil des Troupes légeres de France* [...] *avec le date de leur création, le nombre dont chaque corps est composé; leur Uniforme & leurs Armes*, Paris.

CHEREAU, OLLIVIER 1741: *Le Jargon ou Langage de l'Argot reformé* [...], augmenté de nouveau dans le Dictionaire des mots les plus substantifs de l'Argotier, outre les précendentes Impressions, par l'Auteur, Troyes [approuvé 1728].

*CHORIER, NICOLAS 1971[1662]: *Histoire generale de Dauphiné*, vol. 1, Grenoble (Nachdruck der Ausgabe Valence 1869-1878, ihrerseits leicht modifizierter Nachdruck der Ausgabe Valence 1662-1671).

CLEIRAC, ETIENNE 1665: *Us, et Coustumes de la Mer divisées en trois parties. I. De la Nauigation. II. Du Commerce Naual & Contracts Maritimes. III. De la Iurisdiction de la Marine. Avec un Traicté des Termes de Marine* [...]. Le tout Reueu, Corrigé & Augmentée par l'Autheur en cette derniere Edition, Paris.
CLEMENT 1676: *Relation du voiage de Breme, en vers Burlesques*, Leiden.
CLEMENT, J.-M. 1977: „Lexique des termes de brasserie-malterie", in: *BM* 13, 69-88.
*LE CLERC 1692: *Lettres inédites de le Clerc à Locke*, edited, with an Introduction and Notes, by Gabriel Bonno (University of California Publications in Modern Philology 52), Berkeley/Los Angeles 1959.
*COHEN, GUSTAVE 1925: *Le livre de conduite du régisseur et le compte des dépenses pour le mystère de la Passion joué à Mons en 1501* (Hg.), Paris.
COLIN, JEAN-PAUL/MEVEL, JEAN-PIERRE/LECLERE, CHRISTIAN 1990: *Dictionnaire de l'argot*, Paris.
COMBES, CH. 1844-46: *Traité de l'exploitation des mines*, 3 vol., Lüttich.
COMPAGNIE DES CRISTALLERIES DE BACCARAT 1977: „L'art et la technique du cristal", in: *BM* 13, 129-136.
*COMPTES MAZARIN 1760-1762: *Comptes de la duchesse de Mazarin (1760-1762)* (Extrait de la *Revue rétrospective* du 1er Juin 1892), Paris.
CONSEIL DES MINES 1798: „Discours prononcés par le Conseil des mines [...] à la séance d'ouverture des cours de l'École des mines pour l'an VII [...]", in: *Journal des Mines* 9/51, 167-220.
COQUEBERT, CHARLES 1795a: „Sur la witherite et la strontianite", in: *Journal des Mines* 1/5, 61-81.
COQUEBERT, CHARLES 1795b :„Extraits d'ouvrages étrangers", in: *Journal des Mines* 2/9, 73-85.
COQUEBERT, CHARLES 1797a: „Extrait du Traité élémentaire de minéralogie que le C.^{en} Haüy s'occupe de rédiger", in: *Journal des Mines* 5/28, 249-268.
COQUEBERT, CHARLES 1797b: „Troisième extrait du Traité inédit de minéralogie", in: *Journal des Mines* 5/30, 457-478.
COQUEBERT, CHARLES 1797c: „Suite de l'extrait du Traité de minéralogie du C.^{en} Haüy", in: *Journal des Mines* 6/32, 575-618.
COQUEBERT, CHARLES 1797d: „Suite de l'extrait du Traité de minéralogie du C.^{en} Haüy", in: *Journal des Mines* 6/33, 655-692.
COQUEBERT, CHARLES 1798: „Notice de quelques minéraux du pays de Saltzbourg", in: *Journal des Mines* 8/47, 833-838.
CORBION, CHARLES 1989: *Le Savoir ... fer. Glossaire du haut fourneau*, 3. Auflage, s.l.
CORNEILLE, THOMAS 1694: *Le Dictionnaire des Arts et des Sciences*, 2 vol., Paris.
CORNUBERT., R. 1967: *Dictionnaire chimique allemand-français. Mots et locutions fréquemment rencontrés dans les textes de langue allemande* (Contributions au développement de la recherche chimique III), 3. Auflage, Paris.
*COURIER DE L'EUROPE 1785: *Courier de l'Europe, Gazette anglo-françoise*, Nr. 17.
DE COURTIVRON, GASPARD 1747: „Discours sur la nécessité de perfectionner la Métallurgie des Forges [...]", in: *Mémoires de l'Académie Royale des Sciences de Paris* 1747:287-304.
DE COURTIVRON, GASPARD UND BOUCHU, ÉTIENNE-JEAN 1761-1762: *Art des Forges et Fourneaux à Fer* (Description des Arts et Métiers), 4 vol., s.l.

LE COUTURIER, FRANÇOIS-GERVAIS-ÉDOUARD 1825: *Dictionnaire portatif et raisonné des connaissances militaires* [...], Paris.
CRELL, LORENZ 1789a: „Lettre de M. Crell, à M. de la Métherie; sur un nouveau démi-Métal", in: *Observations sur la Physique, sur l'Histoire Naturelle et sur les Arts* 35, 391f.
CRELL, LORENZ 1789b: „Extrait d'une lettre de M. Crell à M. Hassenfratz de Helmstadt", in: *Annales de Chimie* 1, 237-239.
CRELL, LORENZ 1797: „Extrait d'une Lettre de M. *Von Crell* au citoyen *Van Mons*", in: *Annales de Chimie* 23, 325f.
CUVIER, GEORGES 1798: *Tableau élémentaire de l'Histoire Naturelle des Animaux*, Paris.
DANET, PIERRE 1735: *Grand Dictionnaire françois et latin, enrichi des meilleures façons de parler en l'une et l'autre langue* [...], nouvelle édition reveuë, corrigée, et augmentée considerablement par l'Auteur, Lyon.
DAUBENTON, LOUIS-JEAN-MARIE 1750: „De la connoissance des Pierres précieuses", in: *Mémoires de l'Académie Royale des Sciences de Paris* 1750:28-38.
DAUBENTON, LOUIS-JEAN-MARIE 1756: „Sur les musaraignes", in: *Mémoires de l'Académie Royale des Sciences de Paris* 1756:203-213.
DAUBENTON, LOUIS-JEAN-MARIE 1784: *Tableau méthodique des minéraux, suivant leurs différentes natures, et avec des caractères distinctifs, apparens ou faciles à reconnoître*, Paris.
DAUBENTON, LOUIS-JEAN-MARIE 1787: „Mémoire sur la pierre de poix, pechstein des Allemands", in: *Mémoires de l'Académie Royale des Sciences de Paris* 1787:86-91.
DAUBUISSON [DE VOISINS], JEAN FRANÇOIS 1801: „Suite de la Description raisonnée de la préparation des minerais en Saxe [...]", in: *Journal des Mines* 13/76, 273-307.
DAUBUISSON [DE VOISINS], JEAN FRANÇOIS 1802: *Des mines de Freiberg en Saxe et de leur exploitation*, 3 vol., Leipzig.
DAUBUISSON [DE VOISINS], JEAN FRANÇOIS 1819: *Traité de géognosie, ou exposé des connaissances actuelles sur la constitution physique et minérale du globe terrestre*, 2 vol., Straßburg/Paris.
DECHELETTE, FRANÇOIS 1972[1918]: *L'Argot des poilus. Dictionnaire humoristique et philosophique du langage des soldats de la grande guerre de 1914*, Genf (Nachdruck der Ausgabe Paris 1918).
DELAMETHERIE, JEAN-CLAUDE 1795: *Théorie de la terre*, 3 vol., Paris.
DELESALLE, GEORGES 1896: *Dictionnaire Argot-Français et Français-Argot*, Paris.
DELIUS, CHRISTOPH TRAUGOTT 1773: *Anleitung zu der Bergbaukunst nach ihrer Theorie und Ausübung* [...], Wien.
DELIUS, CHRISTOPH TRAUGOTT 1778: *Traité sur la Science de l'exploitation des Mines, par théorique et pratique, avec un Discours sur les principes des finances*. Traduit en français par M. Schreiber, 2 vol., Paris.
DELVAU, ALFRED 1889: *Dictionnaire de la langue verte*. Nouvelle édition conforme à la dernière revue par l'Auteur, augmentée d'un supplément par Gustave Fustier, Paris.
*DEMACHY, JACQUES-FRANÇOIS 1775: *L'Art du Distillateur liquoriste* (Description des Arts et Métiers), Paris.

DEMESTE 1779: *Lettres du Docteur Démeste au Docteur Bernard sur la Chymie, la Docimasie, la Cristallographie, la Lithologie, la Minéralogie & la Physique en général*, 2 vol., Paris.
DESMAREST 1771: „Mémoire sur l'origine & la nature du Basalte à grandes colonnes polygones [...]", in: *Mémoires de l'Académie Royale des Sciences de Paris* 1771:705-775.
DESMAREST 1773: „Mémoire sur le basalte, troisième partie", in: *Mémoires de l'Académie Royale des Sciences de Paris* 1773:599-670.
DEZALLIER D'ARGENVILLE, ANTOINE JOSEPH 1742: *L'Histoire Naturelle éclaircie dans deux de ses parties principales, la Lithologie et la Conchyliologie* [...], Paris.
DICTIONNAIRE D'ARGOT 1827: *Dictionnaire d'Argot, ou Guide des gens du monde* [...], par un Monsieur comme il faut, Paris.
DG: A. Hatzfeld/A. Darmesteter/A. Thomas, *Dictionnaire général de la langue française du commencement du 17e siècle jusqu'à nos jours*, 2 vol., Paris 1890-1900.
*DICTIONNAIRE GEOGRAPHIQUE 1747: *Dictionnaire géographique portatif* [...], traduit de l'anglois [...], avec des additions & des corrections considérables, par Monsieur Vosgien, Paris.
DICTIONNAIRE DU VOYAGEUR 1732: *Nouveau Dictionnaire du Voyageur, François-Alleman-Latin* [...], septieme et derniere édition. Nouvellement Reveuë, Corrigée, & Augmentée considerablement, Genf.
DIEDERICK-WESSEL-LINDEN 1752: *Lettres sur la minéralogie et métallurgie pratiques*. Traduit de l'Anglois, Paris.
DE DIETRICH, PHILIPP FRIEDRICH 1786-89: *Description des gîtes de minerai, des forges et des salines des Pyrénées, suivie d'observations sur le fer mazé et sur les mines des Sards en Poitou*, 3 vol. (davon der dritte betitelt *Description des gîtes de minerai, forges, salines, verreries, tréfileries, fabriques de fer-blanc, porcelaine, faïence, etc. de la Haute et Basse-Alsace*), Paris.
DE DIETRICH, PHILIPP FRIEDRICH 1788: „Suite des extraits du Second volume des Annales de Crell, pour l'année 1788", in: *Annales de Chimie* 3, 284-312.
DE DIETRICH, PHILIPP FRIEDRICH 1800: *Description des gîtes de minerai, forges, salines, verreries, tréfileries, fabriques de fer-blanc, porcelaine, faïence etc. de la Lorraine méridionale*, Paris.
DONS DE COMUS 1739: *Les dons de Comus, ou les Délices de la table* [...], Paris.
DUEZ, NATHANAEL 1640: *Nova nomenclatura quatuor linguarum, Gallico, Germanico, Italico, & Latino idiomate conscripta*, Leiden.
DUEZ, NATHANAEL 1644: *Nova nomenclatura quatuor linguarum, Gallico, Germanico, Italico, & Latino idiomate conscripta*, Leiden.
DE DOLOMIEU, DEODAT GRATET 1794: „Mémoire sur les Roches composées en général, & particulièrement sur les Pétro-silex, les Trapps & les Roches de Corne [...]", in: *Journal de Physique, de Chimie et d'Histoire Naturelle* 1, 175-200/241-263.
DE DOLOMIEU, DEODAT GRATET 1797: „Sur la Leucite ou Grenat Blanc", in: *Journal des Mines* 5/27, 177-184.
DUHAMEL, JEAN-PIERRE-FRANÇOIS 1780: „Observations sur la Mine de plomb de Huelgoat en basse Bretagne", in: *Mémoires de Mathématique et de Physique,*

présentés à l'Académie Royale des Sciences, par divers Savans, & lus dans ses Assemblées 9, 711-716.

DUHAMEL, JEAN-PIERRE-FRANÇOIS 1786: „Observations sur le traitement des minérais de fer à la fonte", in: *Mémoires de l'Académie Royale des Sciences de Paris* 1786:456-464.

DUHAMEL, JEAN-PIERRE-FRANÇOIS 1787: *Géométrie souterraine, élémentaire, théorique et pratique. Où l'on traite des Filons ou Veines minérales, & de leurs dispositions dans le sein de la Terre; de la Trigonométrie appliquée à la connoissance des Filons, à la conduite des travaux de Mines & à la confection de leurs Plans & Profils*, vol. 1, Paris.

*DUHAMEL DU MONCEAU, HENRI-LOUIS 1768: *Traité des arbres fruitiers; contenant leur figure, leur description, leur culture, &c.*, vol. 1, Paris.

DUHAMEL DU MONCEAU, HENRI-LOUIS 1772-1777: *Traité général des Pesches, et Histoire des Poissons qu'elles fournissent* (Description des Arts et Métiers), 3 vol., Paris.

DUTENS, LOUIS 1776: *Des pierres précieuses et des Pierres fines, avec les moyens de les connoître & de les évaluer*, Paris.

DYCHE, THOMAS 1756: *Nouveau Dictionnaire universel des arts et des sciences, françois, latin et anglois, contenant la signification des mots de ces trois langues et des termes de chaque état et profession*, traduit de l'Anglois, 2 vol., Amsterdam.

EHRMANN, THEOPHIL FRIEDRICH 1787: *Dictionnaire de poche allemand-françois & françois-allemand contenant les mots les plus usités & autorisés par les auteurs les plus célebres des deux Nations*, 2 vol., Straßburg/Paris.

VON EISENBERG, FRIEDRICH WILHELM 1740: *L'Art de monter à cheval, ou Description du manege moderne* [...], Den Haag.

ELLER 1749: „Recherches sur la fertilité de la terre en général", in: *Histoire de l'Académie Royale des Sciences et Belles Lettres [de Berlin]* 1749, 3-15.

ENCYCLOPEDIE 1751-1780: *Encyclopédie, ou Dictionnaire raisonné des sciences, des arts & des métiers*, par une société de gens de lettres. Mis en ordre & publié par M. Diderot & quant à la Partie Mathématique, par M. Alembert, 17 vol. plus Planches, Supplement und Index, Paris.

ENCYCLOPEDIE METHODIQUE 1782-1791: *Encyclopédie Méthodique. Arts et Métiers Mécaniques*, 11 vol., Paris.

ENCYCLOPEDIE METHODIQUE 1787-1815: *Encyclopédie Méthodique. Chymie, Pharmacie et Métallurgie*, 6 vol., Paris/Lüttich[698].

*ENCYCLOPEDIE METHODIQUE 1790: Roland de la Platière, *Encyclopédie Méthodique. Manufactures, Arts et Métiers*. Seconde Partie, vol. 3, Paris.

ENCYCLOPEDIE SUPPLEMENT s. unter ENCYCLOPEDIE

VON ERBERG, MATTHIAS 1710: *Le Grand Dictionaire Universel et Parfait, divisé en III. Parties. Savoir I. Italien – François – Aleman. II. François – Italien – Aleman. III. Aleman – François – Italien*, Nürnberg.

---

[698] Verschiedene Autoren haben an den sechs Bänden mitgewirkt. Im ersten zeichnen de Morveau für die Chemie, Maret für die Pharmazie und Duhamel für die Metallurgie verantwortlich, im zweiten tritt Fourcroy an die Stelle de Morveaus, im dritten Chaussier an die Stelle Marets. Die Bände vier bis sechs sind nur „Chymie et Métallurgie" betitelt. Band vier und fünf hat Fourcroy allein verfasst, den sechsten zusammen mit Vauquelin.

ESMARK, JENS 1798: „Extrait d'un voyage minéralogique en Hongrie, Transylvanie, et dans le Banat, par M. *Jens Esmark*, publié à Freyberg, en l'an VI", in: *Journal des Mines* 8/47, 803-830.

*D'ESTERNOD, CLAUDE 1619: *L'Espadon Satyrique*, d'après l'édition originale de 1619 [Lyon] par Fernand Fleuret & Louis Perceau, Paris 1922.

FAUJAS DE SAINT-FOND, BARTHELEMY 1778: *Recherches sur les Volcans éteints du Vivarais et du Velay. Avec un Discours sur les Volcans brûlans, des Mémoires analytiques sur les Schorls, la Zéolite, le Basalte, la Pouzzolane, les Laves & les différentes Substances qui s'y trouvent engagées, &c.*, Grenoble und Paris.

FAUJAS DE SAINT-FOND, BARTHELEMY 1797: *Voyage en Angleterre, en Écosse et aux Îles Hébrides* [...]; *avec la Description minéralogique du pays de Newcastle, des montagnes du Derbyshire, des environs d'Edinburgh, de Glasgow, de Perth, de S.-Andrews, du duché d'Inverary et de la grotte de Fingal.* Avec Figures, 2 vol., Paris.

DU FAY 1728: „Memoire sur la teinture & la dissolution de plusieurs espéces de Pierres", in: *Mémoires de l'Académie Royale des Sciences de Paris* 1728:50-67.

FELIBIEN, ANDRE 1676: *Des Principes de l'Architecture, de la Sculpture, de la Peinture, et des autres Arts qui en dépendent. Avec un Dictionnaire des Termes propres à chacun de ces arts*, Paris.

FERAUD, JEAN-FRANÇOIS 1787: *Dictionaire critique de la langue française*, 3 vol., Marseille.

FERBER, JOHANN JACOB 1773: *Briefe aus Wälschland über natürliche Merkwürdigkeiten dieses Landes*, Prag.

FERBER, JOHANN JACOB 1776: *Lettres sur la Minéralogie et sur divers autres objets de l'Histoire Naturelle de l'Italie. Ouvrage traduit de l'allemand, enrichi de notes & d'observations faites sur les lieux par M. le Baron de Dietrich*, Straßburg.

*DE FEUQUIERE, ANTOINE DE PAS 1731: *Mémoires sur la Guerre, où l'on a rassemblé les Maximes les plus necessaires dans les operations de l'art militaire*, Amsterdam.

*DE FEUQUIERE, ANTOINE DE PAS 1736: *Mémoires de M. le Marquis de Feuquiere* [...], *contenant ses Maximes sur la Guerre, & l'application des Exemples aux Maximes.* Nouvelle édition revûe [...], vol.1, London.

FORGES DE BOURGOGNE 1740: „Les forges de Bourgogne vers 1740", *Revue d'histoire de la sidérurgie* 1/2 (1960), 61-65.

*FORGES FRANÇAISES 1772: Bertrand Gille, *Les forges françaises en 1772* (Affaires et gens d'affaires XXII), s.l. 1960.

DE FOUCHY 1750: Rezension von Hellot, *De la fonte des mines...*, in: *Histoire de l'Académie Royale des Sciences de Paris* 1750:78-98.

DE FOUCHY (?) 1753: Rezension von Hellot, *De la fonte des mines...*, vol. 2, in: *Histoire de l'Académie Royale des Sciences de Paris* 1753:201-214.

DE FOURCROY, ANTOINE-FRANÇOIS/VAUQUELIN, LOUIS-NICOLAS 1796: „Mémoire sur les propriétés de la baryte pure, et sur ses analogies avec la strontiane", in: *Mémoires de l'Institut National des Sciences et Arts, Sciences mathématiques et physiques* 2 (1799), 57-64.

FREZIER, AMEDEE-FRANÇOIS 1716: *Relation d'un voyage de la Mer du Sud aux côtes du Chily et du Perou, fait pendant les années 1712, 1713, & 1714*, Paris.

FURETIERE, ANTOINE 1687: *Essais d'un Dictionnaire universel, contenant généralement tous les mots françois, tant vieux que modernes, les termes de toutes les Sciences & des Arts*, Amsterdam.

FURETIERE, ANTOINE 1690: *Dictionnaire universel, contenant generalement tous les Mots françois tant vieux que modernes, & les Termes des Sciences & des Arts* [...], 3 vol., Den Haag/Rotterdam.

FURETIERE, ANTOINE 1701: *Dictionnaire universel, contenant generalement tous les Mots françois tant vieux que modernes, & les Termes des Sciences & des Arts* [...], seconde édition, revuë, corrigée & augmentée par M. Basnage de Bauval, 3 vol., Den Haag/Rotterdam.

FURETIERE, ANTOINE 1708: *Dictionnaire universel, contenant generalement tous les Mots françois tant vieux que modernes, & les Termes des Sciences & des Arts* [...], troisieme édition, revuë, corrigée & augmentée par M. Basnage de Bauval, 3 vol., Rotterdam.

DE GALLITZIN, DIMITRI 1796: *Traité de Minéralogie: ou Description abregée et methodique des Minéraux*, nouvelle Edition, revue, corrigée et considerablement augmentée par l'Auteur même, Helmstedt.

*GALTIER-BOISSIERE 1922: *Larousse médical illustré*, Paris.

GATTEL, CLAUDE-MARIE 1797: *Nouveau Dictionnaire portatif de la langue françoise*, 2 vol., Lyon.

GAZETTE 1717: *Recueil des Nouvelles ordinaires et extraordinaires, relations et recits des choses avenues, tant en ce Royaume qu'ailleurs, pendant l'année mil sept cent dix-sept*, Paris 1718.

GELLERT, CHRISTLIEB EHREGOTT 1758: *Chimie metallurgique, dans laquelle ou trouvera la Théorie & la Pratique de cet Art. Avec des Expériences sur la Densité des Alliages des Métaux, & des demi-Métaux, & un Abrégé de Docimastique.* Ouvrages traduits de l'Allemand, 2 vol., Paris.

DE GENSSANE, ANTOINE 1763: „Sur l'exploitation des Mines d'Alsace et Comté de Bourgogne", in: *Mémoires de Mathématique et de Physique, présentés à l'Académie Royale des Sciences, par divers Savans, & lus dans ses Assemblées* 4, 141-181.

DE GENSSANE, ANTOINE 1770-1776(a): *Traité de la fonte des Mines par le feu du Charbon de terre, ou Traité de la construction & usage des Fourneaux propres à la fonte & affinage des Métaux & des Minéraux par le feu du Charbon de terre*, 2 vol., Paris.

DE GENSSANE, ANTOINE 1776: *La Géométrie Souterraine, ou Traité de Géométriepratique, appliquée à l'usage des travaux des Mines*, Montpellier.

DE GENSSANE, ANTOINE 1776(b)-79: *Histoire naturelle de la Province du Languedoc, Partie minéralogique et géoponique. Avec un Réglement instructif sur la manière d'exploiter les Mines de Charbon de Terre*, 5 vol., Montpellier.

DE GENSSANE, ANTOINE 1795: „Mémoire sur les Mines d'une partie de la Corse", in: *Journal des Mines* 2/9, 25-44.

GEOFFROY 1704: „Maniere de recomposer le Souffre commun [...], avec quelques conjectures sur la composition des métaux", in: *Mémoires de l'Académie Royale des Sciences de Paris* 1704:278-286

GEOFFROY 1707: „Eclaircissemens sur la production artificielle du Fer, & sur la composition des autres métaux", in: *Mémoires de l'Académie Royale des Sciences de Paris* 1707:176-188.
GEOFFROY L'AINE 1718: „Table des differens Rapports observés en Chimie entre differentes substances", in: *Mémoires de l'Académie Royale des Sciences de Paris* 1718:202-212.
GEOFFROY L'AINE 1725a: „Observations sur la préparation du Bleu de Prusse, ou de Berlin", in: *Mémoires de l'Académie Royale des Sciences de Paris* 1725:153-172.
GEOFFROY L'AINE 1725b: „Nouvelles observations sur la préparation du Bleu de Prusse", in: *Mémoires de l'Académie Royale des Sciences de Paris* 1725:220-237.
GEOFFROY LE CADET 1725: „Observations sur un Métal qui résulte de l'Alliage du Cuivre & du Zinc", in: *Mémoires de l'Académie Royale des Sciences de Paris* 1725:57-66.
GEOFFROY 1738: „De l'étain. Premier Mémoire", in: *Mémoires de l'Académie Royale des Sciences de Paris* 1738:103-127.
GEOFFROY 1746: „Essais sur la formation artificielle du *Silex* [...]", in: *Mémoires de l'Académie Royale des Sciences de Paris* 1746:284-290.
GERSAINT, EDME FRANÇOIS 1736: *Catalogue raisonné de coquilles et autres curiosités naturelles*, Paris.
GERSAINT, EDME FRANÇOIS 1744a: *Catalogue raisonné d'une Collection considérable de diverses Curiosités de tous Genres, contenuës dans les Cabinets de feu Monsieur Bonnier de la Mosson*, Paris.
GERSAINT, EDME FRANÇOIS 1744b: *Catalogue raisonné de diverses Curiosités du Cabinet de feu M. Quentin de la Lorangere*, Paris.
GERSAINT, EDME FRANÇOIS 1745: *Catalogue raisonné des differens effets curieux & rares contenus dans le Cabinet de feu M. le Chevalier de la Roque*, Paris.
GESNER, CONRAD 1980[1669]: *Gesnerus redivivus auctus & emendatus. Oder: Allgemeines Thier-Buch* [...], Hannover (Nachdruck der Ausgabe Frankfurt am Main 1669).
GIRAUD-SOULAVIE, L'ABBE 1780-84: *Histoire naturelle de la France méridionale*, 7 vol., Paris.
GIRAUDEAU 1726: *Les Poids & Mesures des principales places de Commerce de l'Europe, réduits en Poids, Mesures & Argent de France* [...], Paris.
GIRAUDEAU, PIERRE 1751: *Abrégé du Cambiste, contenant la Valeur des Monnoies de Change & les Prix des Changes des principales Places de l'Europe*, Genf.
GLAUBER, JOHANN RUDOLPH 1659a: *La premiere partie de l'Oeuvre Minerale, ou est enseignée la separation de l'Or des Pierres à feu, Sable, Argile, & autres Fossiles, par l'Esprit de Sel* [...], mise en François par le S^r Du Teil, Paris.
GLAUBER, JOHANN RUDOLPH 1659b: *La seconde partie de l'Oeuvre Minerale. De la Naissance & Origine de tous les Metaux & Mineraux* [...], mise en François par le S^r Du Teil, Paris.
*LE GLAY, ANDRE JOSEPH GHISLAIN 1845: *Négociations diplomatiques entre la France et l'Autriche durant les trente premières années du XVIe siècle*, publiées par le Glay, vol. 2, Paris.
GLEDITSCH 1748: „Conjecture sur l'usage des corps diaphanes de Michelius dans les champignons à lames", in: *Histoire de l'Académie Royale des Sciences et Belles Lettres [de Berlin]* 1748, 60-66.

GOBET, NICOLAS 1779: *Les anciens minéralogistes du royaume de France*, 2 vol., Paris.
GOURLAY DE KERALIO 1757: *Reglemens pour l'infanterie prussienne*, traduit de l'Allemand par M. Gourlay de Keralio, 2 vol., Paris.
GRAND ROBERT 1985: *Le Grand Robert de la langue française. Dictionnaire alphabétique et analogique de la langue française de Paul Robert*, 2e édition entièrement revue et enrichie par Alain Rey, 9 vol., Paris 1985.
GRAND ROBERT 2001: *Le Grand Robert de la langue française*, 2e édition dirigée par Alain Rey, [édition augmentée], 6 vol., Paris[699].
GRAND VOCABULAIRE FRANÇOIS 1767-1774: *Le Grand Vocabulaire François, contenant l'explication de chaque mot considéré dans ses diverses acceptions grammaticales, propres, figurées, synonymes & relatives* [...], par une Société de Gens de Lettres, 30 vol., Paris.
*GRANDE ENCYCLOPEDIE 1885-1902: *La Grande Encyclopédie. Inventaire raisonné des sciences, des lettres & des arts*, par une société de savants et de gens de lettres, 31 vol., Paris.
GRIGNON 1775: *Mémoires de Physique sur l'Art de fabriquer le fer* [...], Paris.
GRUE, A. 1840: *Dictionnaire usuel des poids et mesures ou Guide des acheteurs et des vendeurs*, Paris.
GRUVEL 1793: „Extraits du premier Cahier des Annales de chimie de Crell, année 1792", in: *Annales de Chimie* 18, 98-109.
GUERIN, PAUL 1892: *Lettres, sciences, arts. Encyclopédie universelle. Dictionnaire des dictionnaires*, 6 vol., Paris.
GUETTARD, JEAN ÉTIENNE 1746: „Mémoire et Carte minéralogique sur la nature & la situation des terreins qui traversent la France & l'Angleterre", in: *Mémoires de l'Académie Royale des Sciences de Paris* 1746:363-392.
GUETTARD, JEAN ÉTIENNE 1752a: „Mémoire sur quelques montagnes de la France qui ont été des volcans", in: *Mémoires de l'Académie Royale des Sciences de Paris* 1752:27-59.
GUETTARD, JEAN ÉTIENNE 1752b: „Mémoire dans lequel on compare le Canada à la Suisse, par rapport à ses minéraux", in: *Mémoires de l'Académie Royale des Sciences de Paris* 1752:189-220/323-360/524-538.
GUETTARD, JEAN ÉTIENNE 1753: „Mémoire sur les poudingues", in: *Mémoires de l'Académie Royale des Sciences de Paris* 1753:63-96/139-192.
GUETTARD, JEAN ÉTIENNE 1754a: „Mémoire sur les stalactites", in: *Mémoires de l'Académie Royale des Sciences de Paris* 1754:19-43/57-93/131-171.
GUETTARD, JEAN ÉTIENNE 1754b: „Mémoire où l'on examine en général le terrain, les pierres & les différentes fossiles de la Champagne [...]", in: *Mémoires de l'Académie Royale des Sciences de Paris* 1754:435-494.
GUETTARD, JEAN ÉTIENNE 1756: „Description minéralogique des environs de Paris", in: *Mémoires de l'Académie Royale des Sciences de Paris* 1756:217-258.
GUETTARD, JEAN ÉTIENNE 1758: „Description des salines de l'Avranchin en Basse Normandie", in: *Mémoires de l'Académie Royale des Sciences de Paris* 1758:99-118.

---

[699] Nur auf S. VII des ersten Bandes erfährt man, dass es sich hierbei nicht um einen Nachdruck von GRAND ROBERT 1985 handelt, sondern eine vermehrte Ausgabe desselben, die Alain Rey zusammen mit Danièle Morvan besorgt hat.

GUETTARD, JEAN ÉTIENNE 1759: "Mémoire sur la Minéralogie de l'Auvergne", in: *Mémoires de l'Académie Royale des Sciences de Paris* 1759:538-576.
GUETTARD, JEAN ÉTIENNE 1762: "Second Mémoire sur la Minéralogie des environs de Paris", in: *Mémoires de l'Académie Royale des Sciences de Paris* 1762:172-204.
GUETTARD, JEAN ÉTIENNE 1763: "Observations minéralogique faites en France et en Allemagne", in: *Mémoires de l'Académie Royale des Sciences de Paris* 1763:137-166/193-228.
GUETTARD, JEAN ÉTIENNE 1768-70: *Mémoires sur différentes parties des Sciences et Arts*, 3 vol., Paris.
DE GUIGNEBOURG, ROBERT 1774: *Mémoire sur les forges à fer*, Paris.
GUILLET [DE SAINT-GEORGE], G. 1678: *Les Arts de l'homme d'épée, ou le Dictionnaire du gentilhomme*, Paris.
GUILLET, LEON 1948: *Les techniques de la métallurgie* (Que sais-je?), Paris.
GUILLOT-DUHAMEL FILS 1798: "Suite du rapport sur les mines de Giromagny", in: *Journal des Mines* 7/40, 243-314.
GUYOT-DESFONTAINES, P.F. 1728: *Dictionnaire néologique. A l'usage des beaux Esprits du Siécle. Avec l'Eloge Historique de Phantalon-Phoebus*, 3. Auflage, Amsterdam.
*GUY, PIERRE 1990: "De l'Avenir de la diversité biologique chez les végétaux", in: *Courrier de la cellule environnement* 12.
GUYTON DE MORVEAU, LOUIS-BERNARD 1795: "Lettre du C.^{en} *Guyton* (*Morveau*) sur une nouvelle substance métallique, trouvée par M. *Klaproth*, dans le schorl rouge", in: *Journal des Mines* 2/12, 45-48.
GUYTON DE MORVEAU, LOUIS-BERNARD 1797: "Mémoire sur l'Hyacinthe de France [...]", in: *Annales de Chimie* 21, 72-95.
HARTMANN, CARL 1825: *Handwörterbuch der Mineralogie, Berg-, Hütten- und Salzwerkskunde, nebst der französischen Synonymie und einem französischen Register*, 2 vol., Ilmenau.
HASSENFRATZ, JEAN-HENRI 1789: "Extrait du troisième volume des nouvelles expériences de M. Ingen-Housz", in: *Annales de Chimie* 3, 266-283.
HASSENFRATZ, JEAN-HENRI 1790: "Extrait du Journal de Crell de 1789", in: *Annales de Chimie* 6, 1-50.
HASSENFRATZ, JEAN-HENRI 1791a: "Extrait des Annales de Chimie de Crell, premier Cahier. Année 1790", in: *Annales de Chimie* 8, 319-327.
HASSENFRATZ, JEAN-HENRI 1791b: "Annonces d'ouvrages. Extraits des Annales de Crell", in: *Annales de Chimie* 9, 102-112.
HASSENFRATZ, JEAN-HENRI 1791c: "Annonces d'ouvrages. Extraits des Annales de Crell", in: *Annales de Chimie* 10, 103-111.
HASSENFRATZ, JEAN-HENRI 1792a: "Extraits des Annales de Chimie de Crell", in: *Annales de Chimie* 13, 330-333.
HASSENFRATZ, JEAN-HENRI 1792b: "Extrait du premier Supplément et du Cahier de Mai 1791, des Annales de Crell", in: *Annales de Chimie* 14, 214f.
HASSENFRATZ, JEAN-HENRI 1792c: "Extraits des Annales de Chimie de Crell", in: *Annales de Chimie* 15, 89-92.
HASSENFRATZ, JEAN-HENRI 1792d: "Extraits des sixième & septième cahiers des Annales de Chimie de Crell, de l'année 1791", in: *Annales de Chimie* 15, 93-101.

HASSENFRATZ, JEAN-HENRI 1812: *La Sidérotechnie ou l'art de traiter les minérais de fer pour en obtenir de la fonte, du fer, ou de l'acier*, 4 vol., Paris.

HATON DE LA GOUPILLIERE, JULIEN NAPOLEON 1896f.: *Cours d'exploitation des mines*, seconde édition revue et considérablement augmentée avec la collaboration de Maxime Pellé, 2 vol., Paris.

D'HAUTEL 1808: *Dictionnaire du bas-langage, ou des manieres de parler usitées parmi le peuple* [...], 2 vol., Paris.

HAÜY, RENE-JUST 1787: „Mémoire sur la structure des cristaux de schorl", in: *Mémoires de l'Académie Royale des Sciences de Paris* 1787:92-109.

HAÜY, RENE-JUST 1796a: „Exposé des observations et expériences faites sur le Wolfram de France [...] I. Partie minéralogique", in: *Journal des Mines* 4/19, 1-10.

HAÜY, RENE-JUST 1796b: *Extrait d'un Traité élémentaire de Minéralogie*, publié par le Conseil des Mines de la République, Paris.

HAÜY, RENE-JUST 1797: „Observations sur les pierres appelées jusqu'ici, par les Naturalistes, *Hyacinthe* et *Jargon de Ceylan*", in: *Annales de Chimie* 22, 158-178.

HAÜY, RENE-JUST 1809: *Tableau comparatif des résultats de la cristallographie et de l'analyse chimique, relativement à la classification des minéraux*, Paris.

*HAÜY, RENE-JUST 1817: *Traité des caractères physiques des pierres précieuses*, Paris.

HAÜY, RENE-JUST 1822a: *Traité de Minéralogie*. Seconde Édition, revue, corrigée, et considérablement augmentée par l'auteur, 4 vol., Paris.

*HAÜY, RENE-JUST 1822b: *Traité de Cristallographie* [...], 2 vol. und Atlas, Paris.

HEINE, HEINRICH: *Poésies inédites par Henri Heine*, Paris: Calmann Lévy 1885.

HELLOT, JEAN 1735: „Analise chimique du Zinc. Premier Mémoire", in: *Mémoires de l'Académie Royale des Sciences de Paris* 1735:12-31.

HELLOT, JEAN 1737: „Sur une nouvelle Encre sympathique, à l'occasion de laquelle on donne quelques essais d'Analyse des Mines de Bismuth, d'Azur & d'Arsenic dont cette Encre est la teinture", in: *Mémoires de l'Académie Royale des Sciences de Paris* 1737:101-120/228-247.

HELLOT, JEAN 1738: „Sur du Sel de Glauber trouvé dans le Vitriol [...]", in: *Mémoires de l'Académie Royale des Sciences de Paris* 1738:288-298.

HELLOT, JEAN 1750-1753: *De la Fonte des Mines, des Fonderies &c.* [...], traduit de l'Allemand [aus →SCHLÜTER 1738] [par König et Jean Hellot], 2 vol., Paris.

HELLOT, JEAN 1756: „Sur l'exploitation des Mines", in: *Mémoires de l'Académie Royale des Sciences de Paris* 1756:134-144.

HELLOT, JEAN ET AL. 1763: „Mémoire sur les Essais des matières d'Or & d'Argent", in: *Mémoires de l'Académie Royale des Sciences de Paris* 1763:1-14.

HENCKEL, JOHANN FRIEDRICH 1756: *Introduction à la Minéralogie; ou Connoissance des eaux, des Sucs terrestres, des Sels, des Terres, des Pierres, des Mineraux, et des Métaux: avec une Description abrégée des opérations de Métallurgie* [...], traduit de l'Allemand [par le Baron d'Holbach], 2 vol., Paris.

HENCKEL, JOHANN FRIEDRICH 1760: *Pyritologie, ou Histoire naturelle de la Pyrite* [...]; *on y a joint le Flora Saturnisans* [...] *et les opuscules minéralogiques* [...], ouvrages traduits de l'allemand [par le Baron d'Holbach], Paris.

HOMBERG 1702: „Essais de Chimie", in: *Mémoires de l'Académie Royale des Sciences de Paris* 1702:33-52.

HOMBERG 1713a: „Observation sur une separation de l'Or d'avec l'Argent par la fonte", in: *Mémoires de l'Académie Royale des Sciences de Paris* 1713:67-70.
HOMBERG 1713b: „Observations sur des Matieres qui pénetrent & qui traversent les Métaux sans les fondre", in: *Mémoires de l'Académie Royale des Sciences de Paris* 1713:306-313.
HUARD, AUGUSTE 1854: *Traité de Cristallographie*, Paris.
HUBER, MICHAEL 1766: *Choix de poésies allemandes*, Paris.
HÜBNER, JOHANN 1727: *Curieuses und reales Natur- Kunst- Berg- Gewerck- und Handlungslexicon*, Leipzig.
HULSIUS, LEVINUS 1656: *Dictionarium Teutsch-Frantzösisch-Italiänisch* [...]. *Sampt einer kurtzen und notwendigen Unterrichtung gemeldter drey spraachen / in gestalt einer Grammatika*, 5. Auflage von Franciscus Martinus Ravellus von Weylandt, Frankfurt.
VON HUMBOLDT, ALEXANDER 1823: *Essai géognostique sur le gisement des roches dans les deux hémisphères*, Paris.
HVASS, HANS 1966: *Les poissons du monde entier*. Adaptation du Professeur Jacques Arnoult, Paris.
JACOBSSON, JOHANN KARL GOTTFRIED 1781: *Technologisches Wörterbuch oder alphabetische Erklärung aller nützlichen mechanischen Künste* [...], hg. von Otto Ludwig Hartwig, 7 vol., Berlin/Stettin.
JARS, GABRIEL 1764: „Observations sur la circulation de l'air dans les mines", in: *Mémoires de l'Académie Royale des Sciences de Paris* 1768:218-228/229-235.
JARS, GABRIEL 1770a: „Observations métallurgiques sur la séparation des métaux", in: *Mémoires de l'Académie Royale des Sciences de Paris* 1770:423-436/514-525.
JARS, GABRIEL 1770b: „Observation sur les Mines en général, et particulièrement sur celles de la province de Cornwall en Angleterre", in: *Mémoires de l'Académie Royale des Sciences de Paris* 1771:540-557.
JARS, GABRIEL 1772: „Mémoire sur les Mines de la Norwège", in: *Mémoires de Mathématique et de Physique, présentés à l'Académie Royale des Sciences, par divers Savans, & lus dans ses Assemblées* 9 (1780), 451-469.
JARS, GABRIEL 1774: *Voyages métallurgiques, ou Recherches et observations sur les Mines & Forges de fer* [...], *faites depuis l'année 1757 jusques & compris 1769, en Allemagne, Suéde, Norwege, Angleterre & Ecosse*, Lyon.
*JAUBERT, LE COMTE 1858: *Glossaire du Centre de la France*, vol. 2, Paris.
JOLYCLERC, N. 1799: *Phytologie universelle, ou Histoire Naturelle des Plantes, de leurs Propriétés, de leurs Vertus et de leur Culture*, 5 vol., Paris.
JOURNAL ÉTRANGER: *Journal Étranger*, Paris, April 1754 – August 1762.
*JOURNAL DE POLITIQUE 1775: *Journal de Politique et de Littérature, contenant les principaux Evènemens de toutes les Cours* [...], vol. 12.
JOUVIN, ALBERT 1672: *Le Voyageur d'Europe* [...], vol. 2, Paris.
DE JUSSIEU 1719: „Observations sur ce qui se pratique aux Mines d'Almaden en Espagne pour en tirer le Mercure [...]", in: *Mémoires de l'Académie Royale des Sciences de Paris* 1719:349-362.
DE JUSSIEU, A.L. 1773: „Examen de la famille des renoncules", in: *Mémoires de l'Académie Royale des Sciences de Paris* 1773:214-240.

KARSTEN, DIETRICH LUDWIG GUSTAV 1792: *Tabellarische Übersicht der mineralogisch-einfachen Fossilien, zum Behuf seiner Vorlesungen herausgegeben*, zweite, mit Zusäzzen und Verbesserungen versehene Auflage, Berlin.

KLAPROTH, MARTIN HEINRICH 1789a: „Extrait d'un mémoire sur le Spath adamantin", in: *Annales de Chimie* 1, 183-187.

KLAPROTH, MARTIN HEINRICH 1789b: „Analyse chimique de la chrysolite du Cap de Bonne-Espérance ou Prehnite", in: *Annales de Chimie* 1, 201-216.

KLAPROTH, MARTIN HEINRICH 1790: „Note communiquée à M. Scherer", in: *Annales de Chimie* 6, 175f.

KLAPROTH, MARTIN HEINRICH 1795: „Analyse du *Schorl rouge* de Hongrie", traduite de l'allemand, par le C.^{en} Hecht, in: *Journal des Mines* 3/15, 1-9.

KLAPROTH, MARTIN HEINRICH 1796: „Analyse d'un fossile de l'évêché de Passau en Allemagne [...]", traduite par le C.^{en} Hecht, in: *Journal des Mines* 4/19, 51-56.

KLAPROTH, MARTIN HEINRICH 1798: „Extrait d'un Mémoire de M^r. Klaproth, sur un nouveau métal nommé *tellurium*", in: *Journal des Mines* 7/38, 145-150.

KRANE, WILLIBALD 1986: *Fish. Five-language Dictionary of Fish, Crustaceans and Molluscs*, Hamburg.

LANDAIS, NAPOLEON 1853: *Grand dictionnaire général et grammatical des dictionnaires français*, 12e édition avec complément, 3 vol., Paris.

LANDRIN, L. 1829: *Manuel complet du maître de forges, ou traité théorique et pratique de l'art de travailler le fer*, 2 vol., Paris.

LANGENSCHEIDT 1964: Ernst Erwin Lange-Kowal/Kurt Wilhelm, *Langenscheidts Taschenwörterbuch der französischen und deutschen Sprache*, Neubearbeitung 1964, 2 vol., Berlin/München.

LANGENSCHEIDT 1979: *Langenscheidt Großwörterbuch Französisch, Teil II Deutsch-Französisch*, völlige Neubearbeitung 1968, hg. v. Walter Gottschalk und Gaston Bentot, mit Nachtrag 1979, Berlin u.a.

DE LAPPARENT, ALBERT COCHON 1899: *Cours de minéralogie*, troisième édition, Paris.

LARCHEY, LOREDAN 1865: *Les excentricités du langage*, cinquième édition toute nouvelle, Paris.

LARCHEY, LOREDAN 1872: *Dictionnaire de l'argot parisien* [6. Auflage der *Excentricités du langage*], Paris.

LAROUSSE 1866-1879: Pierre Larousse, *Grand Dictionnaire Universel du XIXe siècle*, 15 vol. und 2 vol. Supplement, Paris.

LAROUSSE 1901: *Nouveau Larousse illustré. Dictionnaire universel encyclopédique*, publié sous la direction de Claude Augé, vol. 5, Paris.

LAROUSSE 1928-1933: *Larousse du XXe siècle en six volumes*, publié sous la direction de Paul Augé, Paris.

LAROUSSE 1948-1949: *Nouveau Larousse Universel. Dictionnaire Encyclopédique en deux volumes*, publié sous la direction de Paul Augé, 2 vol., Paris.

LAROUSSE 1960-1964:*Grand Larousse Encyclopédique en dix volumes*, Paris.

LAROUSSE 1971-1978: *Grand Larousse de la langue française en sept volumes*, Paris.

LAROUSSE GASTRONOMIQUE 1938: Prosper Montagné, *Larousse gastronomique*, Paris.

LAROUSSE GASTRONOMIQUE 1984: *Larousse gastronomique*, sous la direction de Robert J. Courtine, Paris.

LAROUSSE 1994: Pierre Grappin, *Grand Dictionnaire français-allemand/allemand-français*, nouvelle édition, Paris.
LAROUSSE 1997: *Grand Larousse Universel*, 15 vol., Paris.
LAROUSSE SUPPLEMENT s. LAROUSSE 1866-1879.
LEFEBVRE 1801: „Considérations relatives à la législation et à l'administration des mines", in: *Journal des Mines* 10/60, 887-922.
LEGER, ALFRED 1979: *Les travaux publics, les mines et la métallurgie aux temps des Romains. La tradition romaine jusqu'à nos jours*, Nogent-le-Roi (Nachdruck der Ausgabe Paris 1875).
LEHMANN, JOHANN GOTTLOB 1751: *Kurze Einleitung in einige Theile der Bergwercks-Wissenschaft*, Berlin.
LEHMANN, JOHANN GOTTLOB 1753: *Abhandlung von den Metall-Müttern und der Erzeugung der Metalle*, Berlin.
LEHMANN, JOHANN GOTTLOB 1759a: *L'Art des Mines ou Introduction aux connoissances nécessaires pour l'exploitation des Mines Métalliques* [...]. Traduit de l'Allemand [par le Baron d'Holbach], Paris.
LEHMANN, JOHANN GOTTLOB 1759b: *Traité de la formation des Metaux, et de leurs Matrices ou Minieres: Ouvrage fondé sur les Principes de la Physique & de la Minéralogie, & confirmé par des Expériences Chymiques*. Traduit de l'Allemand [par le Baron d'Holbach], Paris.
LEHMANN, JOHANN GOTTLOB 1759c: *Essai d'une Histoire Naturelle des couches de la terre* [...]. Ouvrages traduits [sic] de l'Allemand, augmentés de Notes du Traducteur [i.e. le Baron d'Holbach], Paris.
*LEIBNIZ, GOTTFRIED WILHELM 1703-1705: Gottfried Wilhelm Leibniz, *Philosophische Schriften*, hg. von der Leibniz-Forschungsstelle der Universität Münster, vol. 6: *Nouveaux Essais [sur l'Entendement humain]*, Berlin 1962.
*LEIBNIZ, GOTTFRIED WILHELM 1710: „Historia Inventionis Phosphori", in: *Miscellanea Berolinensia ad Incrementum Scientiarum, ex Scriptis Societati Regiae Scientiarum exhibitis edita* [...] 1, 91-118.
*LEIBNIZ, GOTTFRIED WILHELM 1747: *Essais de Theodicée sur la Bonté de Dieu, la Liberté de l'Homme, et l'Origine du Mal*, nouvelle édition [...], vol. 1, Amsterdam.
LELIEVRE 1800: „Notice sur l'uranite et sur sa découverte en France", in: *Mémoires de l'Institut National des Sciences et Arts, Sciences mathématiques et physiques* 5 (1804), 383-392.
*LEMERY, NICOLAS 1697: *Pharmacopée universelle, contenant toutes les compositions de pharmacie qui sont en usage dans la Medecine* [...]. *Avec un lexicon pharmaceutique, plusieurs remarques nouvelles, et des Raisonnements sur chaque Operation*, Paris.
LEMERY, NICOLAS 1729: *Pharmacopée universelle, contenant toutes les compositions de pharmacie qui sont en usage dans la Medecine* [...]. *Avec un lexicon pharmaceutique, plusieurs remarques nouvelles, et des Raisonnements sur chaque Operation*, quatrième Edition, Den Haag.
LEROY, ANDRE 1867-1879: *Dictionnaire de Pomologie, contenant l'Histoire, la Description, la Figure des Fruits anciens et des Fruits modernes les plus généralement connus et cultivés*, 6 vol., Angers/Paris.
LEXIS 1977: *Larousse de la langue française. Lexis*, hg. v. Jean Dubois, Paris.

LIEUTAUD 1769: *Précis de la Médecine pratique, contenant l'histoire des Maladies, & la Maniere de les traiter* [...], vol. 1, Paris.

LE LIEVRE 1798: „Mémoire sur la Lépidolite", in: *Journal des Mines* 9/51, 221-236.

*LINCK 1726 in: *The Philosophical Transactions (From the Year 1719, to the Year 1733) abridged, and disposed under General Heads*. By Mr John Eames and John Martyn, vol. 6/2, London 1734, 238ff.

LITTRE, ÉMILE 1863-77: *Dictionnaire de la langue française*, 4 vol. und Supplement, Paris u.a.

DE LUC, J.A. 1779: *Lettres physiques et morales sur l'Histoire de la Terre et de l'Homme*, adressées à la Reine de la Grande Bretagne, 5 vol., Paris.

DE LUCHET, JEAN PIERRE LOUIS 1779: *Essais sur la Minéralogie et la Métallurgie*, Maastricht.

MACDONALD, DAVID W./BARRETT, PRISCILLA 1995: *Guide complet des Mammifères de France et d'Europe*. Traduction et adaptation française par Michel Cuisin, Lausanne/Paris.

MACQUER, PIERRE-JOSEPH 1749: *Elémens de Chymie théorique*, Paris.

MACQUER, PIERRE-JOSEPH/DUCHESNE, HENRY-GABRIEL 1771: *Manuel du naturaliste*, Paris.

MACQUER, PIERRE-JOSEPH 1778: *Dictionnaire de Chymie, contenant la Théorie et la Pratique de cette Science, son application à la Physique, à l'Histoire Naturelle, à la Médecine, & aux Arts dépendans de la Chymie*, seconde Edition, 4 vol., Paris.

MALOUIN 1743: „Sur le Zinc. Second Mémoire", in: *Mémoires de l'Académie Royale des Sciences de Paris* 1743:70-86.

*MALOUIN 1767: *Description et détails des Arts du Meunier, du Vermicelier et du Boulenger* (Description des Arts et Métiers), Paris.

*MARCHE POITIERS 1610: „Marché entre le révérend père en Dieu messire Geoffroy de Saint-Belin, évêque de Poitiers, les députés du chapitre de l'église de cette ville, et le sieur Crespin Carrelier, facteur d'Orgues [21.12.1610]", in: *Bulletin archéologique* publié par le Comité historique des arts et monuments 3 (1844/45), 219-222.

MARGGRAF 1749: „Mémoire concernant certaines pierres, qui [...] etant exposées un peu de temps à la lumiere, [...] brillent ensuite dans un lieu obscur", in: *Histoire de l'Académie Royale des Sciences et Belles Lettres [de Berlin]* 1749, 56-70.

MARGGRAF 1750: „Examen des parties qui constituent cette espece de pierres [...]", in: *Histoire de l'Académie Royale des Sciences et Belles Lettres [de Berlin]* 1750, 144-162.

MARTEL, L. 1920: *La technique du mineur*, 2 vol., Alès/Paris.

*DE LA MARTINIERE 1671: *Voyage des pais septentrionaux, dans lequel se void les mœurs, maniere de vivre, & superstitions des Norweguiens, Lappons, Kiloppes, Borandiens, Syberiens, Samojedes, Zembliens, & Islandois*, Paris.

DE MAULDE, JEAN 1910: *Les mines de fer et l'industrie métallurgique dans le département du Calvados*, Caen.

*DE MAUVILLON, ELEAZAR 1764: *Remarques sur les Germanismes. Ouvrage utile aux Allemands, aux François, et aux Hollandois &c*. Nouvelle Edition, revue, corrigée, & augmentée de tout un Tome, 2 vol., Amsterdam/Leipzig.

*MEMOIRES D'ARTILLERIE 1697: *Mémoires d'artillerie*, recueillis par le Sr Surirey de Saint Rémy, 2 vol., Paris.

MENAGE, GILLES 1650: *Les Origines de la Langue Françoise*, Paris.
MENAGE, GILLES 1694: *Dictionaire étymologique, ou Origines de la langue françoise*. Nouvelle édition revue & augmentée par l'Auteur, Paris.
MENESTRIER, CLAUDE-FRANÇOIS 1683: *De la Chevalerie ancienne et moderne, avec la maniere d'en faire des Preuves, pour tous les ordres de la Chevalerie*, Paris.
*MENON 1755: *Les Soupers de la Cour, ou l'Art de travailler toutes sortes d'Alimens, pour servir les meilleures Tables, suivant les quatre Saisons*, vol. 1, Paris.
*MERCIER, LOUIS SEBASTIEN 1788: *Tableau de Paris*, nouvelle édition corrigée et augmentée, 12 vol., Paris 1781-1789, édition établie sous la direction de Jean-Claude Bonnet, Paris 1994.
MERCURE 1736: *Mercure historique et politique, contenant l'Etat présent de l'Europe* [...], vol. 101, Den Haag.
MERSENNE, MARIN 1986[1636]: *Harmonie Universelle contenant la Théorie et la Pratique de la Musique* [...], 3 vol., Paris (Nachdruck der Ausgabe Paris 1636).
METHODE DE NOMENCLATURE 1787: de Morveau, Lavoisier, Berthollet & de Fourcroy, *Méthode de nomenclature chimique. On y a joint un nouveau Système de Caractères Chimiques, adaptés à cette Nomenclature, par MM. Hassenfratz & Adet*, Paris.
DE LA METTRIE, JULIEN OFFRAY 1741: *Abrégé de la théorie chimique, tiré des propres écrits de M. Boerhaave. Auquel on a joint le Traité du Vertige*, Paris.
MICHE, ALEXANDRE 1795: „Essai d'un Manuel du voyageur métallurgiste", in: *Journal des Mines* 1/6, 3-25.
DE MICHELE, VINCENZO 1972: *Dictionnaire de minéralogie et de pétrographie*, adapté en français par les Éditions Encyclopédiques Alpha, Paris.
MIGDALSKI, EDWARD C./FICHTER, GEORGE S. 1979: *Les poissons du monde*. Traduit et adapté par Charles Roux, Paris.
MINEROPHILUS FREIBERGENSIS 1743: *Neues und wohleingerichtetes Mineral- und Bergwercks-Lexicon* [...], andere und vermehrte Ausgabe, Chemnitz.
MONET, PHILIBERT 1636: *Invantaire des deus Langves, françoise, et latine: assorti des plvs vtiles Cvriositez de l'vn, & de l'autre Idiome*, Lyon.
MONNET, ANTOINE GRIMOALD 1772: *Exposition des Mines, ou Description de la nature et de la qualité des Mines* [...], London/Paris.
MONNET, ANTOINE GRIMOALD 1773a: „Quel est le but véritable que semble avoir eu la nature à l'égard de l'Arsenic dans les mines [...]?", in: *Observations sur la Physique, sur l'Histoire Naturelle et sur les Arts* 2, 191-204.
MONNET, ANTOINE GRIMOALD 1773b: „Lettre [...] en réponse au Mémoire de M. Beaumer, sur la pierre cornée, inséré page 154, tome II", in: *Observations sur la Physique, sur l'Histoire Naturelle et sur les Arts* 2, 331f.
MONNET, ANTOINE GRIMOALD 1779: *Nouveau Système de Minéralogie, ou Essai d'une nouvelle exposition du Regne minéral* [...], Bouillon.
VAN MONS 1798: „Suite de l'extrait des Annales de Chimie de *Von Crell*, pour 1797", in: *Annales de Chimie* 27, 89-98.
DE MONTESQUIEU, CHARLES LOUIS DE SECONDAT 1728f.: *Voyages de Montesquieu*, publiés par le baron Albert de Montesquieu, 2 vol., Bordeaux 1894-96.
MONTET 1778: „Mémoire de minéralogie", in: *Mémoires de l'Académie Royale des Sciences de Paris* 1778:615-623.

DE MONTIGNY 1762: „Mémoire sur les salines de Franche-Comté [...]", in: *Mémoires de l'Académie Royale des Sciences de Paris* 1762:102-130.

MORAND, JEAN-FRANÇOIS-CLEMENT 1768-1779: *L'Art d'exploiter les Mines de charbon de terre* (Description des Arts et Métiers), 3 Teile, Paris.

MORIN, PIERRE 1674: *Traité pour la culture des Fleurs*, Paris.

MORIN, PIERRE 1677: *Instruction ou l'Art de cultiver toutes sortes de Fleurs* [...], Paris.

MOSCHEROSCH, JOHANN MICHAEL 1655: *Technologie Allemande & Françoise, Das ist kunst-übliche Wort-Lehre Teutsch und Frantzösisch*, Straßburg.

MOZIN, DOMINIQUE JOSEPH/BIBER, J.TH./HÖLDER, M. 1811f.: *Nouveau Dictionnaire complet à l'usage des Allemands et des Français*, 4 vol., Stuttgart und Tübingen.

MOZIN, DOMINIQUE JOSEPH/BIBER, J.TH. 1826-1828: *Nouveau Dictionnaire complet à l'usage des Allemands et des Français* [...], 2de édition, entièrement revue et augmentée de plus de 20.000 articles, 4 vol., Stuttgart und Tübingen.

MOZIN, DOMINIQUE JOSEPH 1863: Mozin-Peschier, *Dictionnaire complet des langues française et allemande*, quatrième édition, 4 vol., Stuttgart.

MÜLLER, ERNST 1973: *Symbolik und Fachausdrücke französisch und deutsch. Mathematik. Physik. Chemie*, Leipzig.

MUSSET, PAUL/LLORET, ANTONIO 1964: *Dictionnaire de l'atome*, Paris.

MUTHUON 1795: „Tableau minéralogique du Guipuscoa [...]", in: *Journal des Mines* 2/11, 25-42.

*NAUDE, G. 1623: *Instruction à la France sur la vérité de l'histoire des Freres de la Roze-Croix*, Paris.

NAULOT, CLAUDE 1711: *Nouveau traité des Changes etrangeres qui se font dans les principales places de l'Europe* [...], revû, corrigé & augmenté en differens endroits [...], Lyon.

NEMNICH, PHILIPP ANDREAS 1797: *Waaren-Lexicon in Zwölf Sprachen*, Hamburg.

NEMNICH, PHILIPP ANDREAS 1798: *Allgemeines Polyglotten-Lexicon der Naturgeschichte*, vol. 3, Hamburg/Leipzig.

NICOLAS 1797: „Extrait d'un mémoire sur les Salines nationales des départements de la Meurthe, du Jura, du Doubs et du Mont-Blanc", in: *Annales de Chimie* 20, 78-188.

*NIEBUHR, CARSTEN ²1993: *Reisebeschreibung nach Arabien und andern umliegenden Ländern* [...], Zürich (im Original: 2 vol., Kopenhagen 1774-1778).

*NIEBUHR, CARSTEN 1780: *Voyage en Arabie & en d'autres Pays circonvoisins*. Traduit de l'Allemand, vol. 2, Amsterdam.

NODIER, CHARLES 1829: *Examen critique des dictionnaires de la langue françoise* [...], deuxième édition, Paris.

NOLIN/BLAVET 1755: *Essai sur l'agriculture moderne, dans lequel il est traité des* [...] *Arbres Fruitiers* [...], Paris.

NOMS DES OISEAUX 1993: Commission internationale des noms français des oiseaux (Hg.), *Noms français des oiseaux du monde avec les équivalents latins et anglais*, Québec/Bayonne 1993.

NOUVEAU DICTIONAIRE 1677: *Nouveau Dictionaire françois-italien et italien-françois. Suivi d'un Dictionnaire latin-françois-italien. En faveur des autres Nations de l'Europe*, Genf.

NOUVEAU DICTIONNAIRE 1790: *Nouveau Dictionnaire françois-allemand, et allemand-françois à l'usage des deux Nations.* Nouvelle édition, corrigée et augmentée, Wien u.a.

NOUVELLE BIBLIOTHEQUE 1748: *Nouvelle Bibliothèque Germanique, ou Histoire Littéraire de l'Allemagne, de la Suisse, & des Pays du Nord. Avril, Mai & Juin 1748*, (=vol. 4/2), Amsterdam.

*NOUVELLE METHODE 1677: le Duc de Nievvcastle, *Nouvelle Methode pour dresser les Chevaux* [...]. Traduction nouvelle sur l'Original Anglois [...] par M. de Solleysel, Paris.

*OBERLIN 1775: *Essai sur le Patois Lorrain des environs du Comté du Ban de la Roche, fief Royal d'Alsace*, Straßburg.

*OLAUS LE GRAND 1561: *Histoire des pays septentrionaux*, Antwerpen.

ORSCHALL, JOHANN CHRISTIAN 1760: *Œuvres métallurgiques* [...]. *Contenant: I. L'Art de la Fonderie; II. Un Ttraité de la Liquation; III. Un Traité de la Macération des Mines; IV. Le Traité des trois Merveilles*; (Traduit de l'Allemand [par le Baron d'Holbach]), Paris.

PANSNER, JOHANN HEINRICH LORENZ 1802: *Französisch-deutsches mineralogisches Wörterbuch oder Namensverzeichniß der Mineralien in alphabetischer Ordnung, nebst einem deutschen Register*, Jena und Leipzig.

PELLETIER 1797: „Extrait d'Observations sur la Strontiane", in: *Annales de Chimie* 21, 113-143.

*PELLISSON 1674: *Lettres historiques de Monsieur Pellisson*, vol. 2, Paris 1729.

PETIT ROBERT 1993: *Le Nouveau Petit Robert. Dictionnaire alphabétique et analogique de la langue française,* nouvelle édition du *Petit Robert* de Paul Robert, texte remanié et amplifié sous la direction de Josette Rey-Debove et Alain Rey, Paris 1993.

PITTON TOURNEFORT 1694: *Elémens de Botanique, ou Methode pour connoître les plantes*, 3 vol., Paris.

PLATT 1835: *Dictionnaire critique et raisonné du langage vicieux ou réputé vicieux* [...], par un ancien professeur, Paris.

POMEY, FRANÇOIS 1676: *Dictionaire Royal des Langues françoise et latine*, Lyon.

POTT, JOHANN HEINRICH 1747: „Experiences pyrotechniques sur la Topaze de Saxe", in: *Histoire de l'Académie Royale des Sciences et Belles Lettres [de Berlin]* 1747:46-56.

POTT, JOHANN HEINRICH 1748: „Recherches sur la nature des propriétés du Fiel de Verre", in: *Histoire de l'Académie Royale des Sciences et Belles Lettres [de Berlin]* 1748, 16-27.

POTT, JOHANN HEINRICH 1750: „Essai sur la maniere de préparer des vaisseaux plus solides, qui puissent soutenir le feu le plus violent [...]", in: *Histoire de l'Académie Royale des Sciences et Belles Lettres [de Berlin]* 1750, 98-143.

POTT, JOHANN HEINRICH 1751: *Fortsetzung derer Chymischen Untersuchungen, welche von der Lithogeognosie, oder Erkäntnis und Bearbeitung derer Steine und Erden specieller handeln*, Berlin und Potsdam.

POTT, JOHANN HEINRICH 1753a: *Lithogéognosie ou examen chymique des pierres et des terres en général, et du Talc, de la Topaze & de la Stéatite en particulier, avec une dissertation sur le Feu & sur la Lumiere.* Ouvrages traduit de l'Allemand [par d'Arclais de Montamy], Paris.

POTT, JOHANN HEINRICH 1753b: *Continuation de la Lithogéognosie pyrotechnique, où l'on traite plus particuliérement de la connoissance des Terres & des Pierres, & de la maniere d'en faire l'examen* [ebenfalls aus dem Deutschen übersetzt], Paris.

POTT, JOHANN HEINRICH 1757: *Chymische Untersuchungen, welche fürnehmlich von der Lithogeognosia oder Erkäntniß und Bearbeitung der gemeinen einfacheren Steine und Erden ingleichen von Feuer und Licht handeln*, 2. Auflage, Berlin.

*PREVOST, L'ABBE 1750: *Manuel lexique ou dictionnaire portatif des mots françois dont la signification n'est pas familière à tout le monde*, 2 vol., Paris.

*PREVOST, L'ABBE 1770: *Manuel lexique ou dictionnaire portatif* [...], 2 vol., Paris.

*PRIVAT-DESCHANEL/FOCILLON, AD. 1870: *Dictionnaire des sciences théoriques et appliquées*, 2 vol., Paris.

DE LA QUINTINIE 1690[1999]: *Instruction pour les Jardins fruitiers et potagers* [...], Arles.

DE RAGOT DE GRANDVAL, NICOLAS 1725: *Le vice puni, ou Cartouche. Poëme*, Antwerpen.

RAY, JOHN 1713: *Synopsis methodica Avium & Piscium* [...], London.

RAYMOND, FRANÇOIS 1832: *Dictionnaire général de la langue française et vocabulaire universel des sciences, des arts et des métiers*, 2 vol., Paris.

RAYMOND, FRANÇOIS 1835: *Dictionnaire général de la langue française et vocabulaire universel des sciences, des arts et des métiers*, 2. Auflage, 2 vol., Paris.

DE REAUMUR, ANTOINE FERCHAULT 1715: „Observations sur les Mines de Turquoises du Royaume [...]", in: *Mémoires de l'Académie Royale des Sciences de Paris* 1715:174-202.

DE REAUMUR, ANTOINE FERCHAULT 1718: „Description d'une Mine de Fer du Pays de Foix; avec quelques Reflexions sur la maniere dont elle a été formée", in: *Mémoires de l'Académie Royale des Sciences de Paris* 1718:139-142.

DE REAUMUR, ANTOINE FERCHAULT 1720: „Remarques sur les Coquilles fossiles de quelques cantons de la Touraine, & sur les utilités qu'on en tire", in: *Mémoires de l'Académie Royale des Sciences de Paris* 1720:400-416.

DE REAUMUR, ANTOINE FERCHAULT 1722: *L'Art de convertir le fer forgé en acier, et l'Art d'adoucir le fer fondu, ou de faire des Ouvrages de fer fondu aussi fins que de fer forgé*, Paris.

DE REAUMUR, ANTOINE FERCHAULT 1725: „Principes de l'art de faire le Fer blanc", in: *Mémoires de l'Académie Royale des Sciences de Paris* 1725:102-130.

DE REAUMUR, ANTOINE FERCHAULT 1727: „Idée generale des différentes manières dont on peut faire la Porcelaine; & quelles sont les véritables matiéres de celle de la Chine", in: *Mémoires de l'Académie Royale des Sciences de Paris* 1727:185-203.

*DU RESPOUR 1667: *Rares expériences sur l'esprit mineral, pour la préparation et transmutation des corps métalliques* [...], Paris.

*RETZ 1782: *Lettre sur le scret de Mesmer, ou réponse d'un Médecin à un autre qui avoit demandé des éclaircissements à ce sujet*; extraite des numéros 19 & 20 de la Gazette de santé. Année 1782, Paris.

REUSS, FRANÇOIS AMBROISE 1798: *Dictionnaire de minéralogie contenant tous les mots en allemand, latin, français, italien, suédois, danois, russe et hongrois* rélatifs à l'oryctognosie et à la géognosie avec l'explication de leurs vrais sens conformément à la nouvelle nomenclature de Mr. Werner, Hof.

RICHELET, PIERRE 1680: *Dictionnaire François, contenant les mots et les choses* [...]*: Avec les Termes les plus connus des Arts & des Sciences* [...], Genf.

RICHELET, PIERRE 1693: *Dictionnaire François* [...]. Derniere Edition éxactement revuë, corrigée & augmentée d'un tres grand nombre de mots [...], Genf.

RICHELET, PIERRE 1735: *Dictionnaire de la langue françoise, ancienne et moderne* [...], *nouvelle édition corrigée & augmentée d'un grand nombre d'Articles*, 3 vol., Basel.

RIGOLEY 1775: *L'art du charbonnier, suivi d'Observations sur les moyens d'améliorer les fers aigres, & de leur ôter leur fragilité* (Description des Arts et Métiers), Paris.

DE LA RIVIERE/DU MOULIN 1738: *Methode pour bien cultiver les arbres à fruit, et pour élever des treilles*, Paris.

*ROBERT 1951: Paul Robert, *Dictionnaire alphabétique et analogique de la langue française*, vol. 1, Paris.

*RODEUR FRANÇAIS 1789: *Le Rôdeur français* 9, 20.12.1789.

RÖDING, JOHANN HINRICH 1794-1796: *Allgemeines Wörterbuch der Marine in allen europäischen Seesprachen nebst vollständigen Erklärungen*, 4 vol., Hamburg/Leipzig.

[DE] ROME DE L'ISLE, JEAN-BAPTISTE 1767: *Catalogue systématique et raisonné des curiosités de la nature et de l'art, qui composent le Cabinet de M. Davila, avec Figures en taille-douce, de plusieurs morceaux qui n'avoient point encore été gravés*, 3 vol., Paris.

[DE] ROME DE L'ISLE, JEAN-BAPTISTE 1769-1783: *Catalogue raisonné d'une Collection choisie de Minéraux, Cristallisations, Madrépores, Coquilles & autres Curiosités de la Nature & de l'Art* [de Jacob Forster], 4 vol., Paris.

[DE] ROME DE L'ISLE, JEAN-BAPTISTE ²1783: *Cristallographie, ou Description des formes propres à tous les corps du regne minéral, dans l'état de Combinaison saline, pierreuse ou métallique, avec Figures & Tableaux synoptiques de tous les Cristaux connus*, zweite Auflage, 4 vol., Paris.

ROTHE, GOTTFRIED 1741: *Introduction à la chymie, accompagnée de deux Traitez, l'un sur le sel des Métaux, & l'autre sur le Souphre Anodyn du Vitriol* [...]. Traduit de l'Allemand par J.L. Clausier, Paris.

*ROUSSEAU, JEAN-JACQUES 1780: *La Nouvelle Héloïse, ou Lettres de deux Amans, habitans d'une petite Ville au pied des Alpes*, vol. 3, Genf.

LE ROUX, PHILIBERT JOSEPH 1718: *Dictionnaire comique, satyrique, critique, burlesque, libre & proverbial* [...], Amsterdam.

LE ROUX, PHILIBERT JOSEPH 1752: *Dictionnaire comique* [...], nouvelle edition, revue & corrigée, Lyon.

LE ROUX, PHILIBERT JOSEPH 1786: *Dictionnaire comique* [...], nouvelle édition, 2 vol., „Pampelune" 1786.

LE ROY, CHARLES 1752: *Traité de l'orthographe françoise, en forme de Dictionnaire* [...], quatrieme Édition, considérablement augmentée & corrigée par M. Restaut, Poitiers.

LA RUE, JEAN 1948: *Dictionnaire d'argot et des principales locutions populaires*, nouvelle édition, Paris.

SACHS, KARL 1894: *Französisch-deutsches Supplement-Lexikon. Eine Ergänzung zu Sachs-Villatte, Encyklopädisches Wörterbuch, sowie zu allen bis jetzt erschienenen französisch-deutschen Wörterbüchern*, Berlin.

SACHS, KARL/VILLATTE, CÉSAIRE 1894: *Encyklopädisches französisch-deutsches und deutsch-französisches Wörterbuch*. Große Ausgabe, 9., durchgesehene und verbesserte Auflage, Berlin.

*DE SAINT-EVREMOND, CHARLES 1662: *Sir Politick Would-be*. Edition présentée, établie et anootée par Robert Finch et Eugène Joliat, Genf 1978.

DE SAUSSURE, HORACE-BENEDICT 1786-1796: *Voyages dans les Alpes, précédés d'un essai sur l'histoire naturelle des environs de Genève*, 8 vol., Genf.

DE SAUVAGES, FRANÇOIS BOISSIER 1749: „Mémoire concernant des observations lithologiques, pour servir à l'Histoire Naturelle du Languedoc & à la Théorie de la Terre", in: *Mémoires de l'Académie Royale des Sciences de Paris* 1746:713-758[700].

DE SAUVAGES, FRANÇOIS BOISSIER 1750: „Suite du Mémoire concernant des observations lithologiques, pour servir à l'Histoire Naturelle du Languedoc & à la Théorie de la Terre", in: *Mémoires de l'Académie Royale des Sciences de Paris* 1747:699.743[701].

SAVARY, JACQUES 1675: *Le parfait négociant, ou Instruction generale pour ce qui regarde le Commerce des Marchandises en France, & des Pays Estrangers [...]*, Paris.

SAVARY, JACQUES 1712: *Le parfait négociant, ou Instruction generale pour ce qui regarde le Commerce des Marchandises en France, & des Pays Estrangers [...]*, 6ᵉ édition, revûë, corrigée, & augmentée par l'Auteur, Lyon.

SAVARY DES BRUSLONS, JACQUES 1723-1730: *Dictionnaire universel de commerce: contenant ce qui concerne le commerce qui se fait dans les quatre parties du monde, par terre, par mer, de proche en proche, & par voyages en long cours, tant en gros qu'en détail [...]. Ouvrage posthume du Sieur Jacques Savary Des Bruslons, continué sur les mémoires de l'auteur, et donné au public par M. Philémon Louis Savary*, 3 vol., Paris.

SCHERENZ, HERMANN 1913: Besprechung von Paul Dorveaux, *Notes sur quelques annuaires médicaux au XVIIIe siècle et sur leurs auteurs*, in: *Mitteilungen zur Geschichte der Medizin und der Naturwissenschaften* 12, 74ff.

SCHINDLER, CHRISTIAN CARL 1697: *Metallische Probier-Kunst / Das ist: Eigentlicher Bericht von dem Ursprung und Erkäntnüs derer Metallischen Ertze [...]*, Dresden.

SCHINDLER, CHRISTIAN CARL 1759: *L'Art d'essayer les Mines et les Métaux*, traduit en François par feu M. Geoffroy, le fils, Paris.

SCHLÜTER, CHRISTOPH ANDREAS 1738: *Gründlicher Unterricht von Hütte-Werken [...] nebst einem vollständigen Probier-Buch [...]*, Braunschweig.

SCHMAUSS, JOHANN JACOB 1755: *Tableau du gouvernement actuel de l'Empire d'Allemagne [...]*, traduit de l'Allemand, avec des Notes Historiques & critiques, Paris.

---

[700] Der Vortrag de Sauvages', der in den *Mémoires de l'Académie Royale des Sciences de Paris* für das Jahr 1746 erscheint, ist erst 1749 gehalten worden.

[701] Dieser Vortrag ist erst 1750 gehalten worden.

SCHMIDLIN, JOHANN JOSEPH 1771-79: *Catholicon ou dictionnaire universel de la langue françoise. Catholicon oder Französisch-Deutsches Universal-Wörterbuch der französischen Sprache*, 9 Faszikel, Hamburg.

SCHMIDT, JOHANN ADOLF ERDMANN ~1845: *Vollständigstes französisch-deutsches und deutsch-französisches Handwörterbuch*. Achte Auflage, Leipzig.

SCHREIBER 1796a: „Rapport sur les mines de Mercure de Landsberg près d'Obermoschel", in: *Journal des Mines* 3/17, 33-51.

SCHREIBER 1796b: „Rapport sur les mines de Mercure de Stahlberg, situées dans le grand Bailliage de Meisenheim", in: *Journal des Mines* 5/25, 33-48.

SCHREIBER 1804: „Description raisonnée du procédé de fonte employé [...] dans la fonderie d'Allemont, canton d'Oisans, département de l'Isère", in: *Mémoires de l'Institut National des Sciences et Arts, Sciences mathématiques et physiques* 5, 423-441.

SCHWAN, CHRETIEN FREDERIC 1782-84: *Nouveau Dictionnaire de la langue allemande et françoise. Composé sur les Dictionnaires de M. Adelung et de l'Académie Françoise. Enrichi des termes propres des sciences et des arts*, 2 vol., Mannheim.

SCHWAN, CHRETIEN FREDERIC 1798: *Supplément au Nouveau Dictionnaire de la langue allemande et françoise* [...], Mannheim.

SNETLAGE, LEONARD 1795: *Nouveau Dictionnaire Français contenant les éxpressions de nouvelle Création du Peuple Français*, Göttingen.

SOLVAY & CIE 1977: „Terminologie des salines", in: *BM* 169-174.

SOUVIRON, ALFRED 1868: *Dictionnaire des termes techniques de la science, de l'industrie, des lettres et des arts*, Paris.

STELLHORN, KURT 1965: *Technologisches Wörterbuch Französisch. Deutsch-französisch, französisch-deutsch*, dritte Auflage, Essen.

*STURZ, HELFRICH PETER 1779: *Schriften. Erste Samlung* [sic!], Leipzig.

SWEDENBORG, EMANUEL 1734: *Regnum subteraneum sive minerale: de ferro deque modis liquationum ferri per Europam passim in usum receptis* [...], Dresden/Leipzig.

TASSAERT 1797: „Examen chimique de la Lépidolite, traduit de l'Allemand de M. Klaproth", in: *Annales de Chimie* 22, 35-46.

TILLET 1767: „Essai sur le rapport des poids étrangers avec le marc de France", in: *Mémoires de l'Académie Royale des Sciences de Paris* 1767:350-408.

*TISSOT, SAMUEL AUGUSTE ANDRE DAVID 1761: *Avis au peuple sur sa santé*, Lausanne.

VON TREBRA, FRIEDRICH WILHELM HEINRICH 1787: *Observations sur l'intérieur des montagnes*, avec un discors préliminaire et des notes de M. le baron de Dietrich, Paris.

TREVOUX 1704: *Dictionnaire universel françois et latin contenant la signification et la définition tant des mots de l'une & de l'autre langue, avec leurs différens usages, que des termes propres de chaque estat & de chaque profession* [...], 3 vol., Trévoux.

TREVOUX 1721: *Dictionnaire universel françois et latin* [...], 5 vol., Trévoux/Paris.

TREVOUX 1732: *Dictionnaire universel françois et latin* [...]. *Nouvelle édition corrigée*, 5 vol., Paris.

TREVOUX 1743: *Dictionnaire universel françois et latin* [...]. Nouvelle édition corrigée et considerablement augmentée, Paris.

TREVOUX 1752: *Dictionnaire universel françois et latin* [...]. Nouvelle édition corrigée et considerablement augmentée, 8 vol., Paris.

TREVOUX 1771: *Dictionnaire universel françois et latin* [...]. Nouvelle édition corrigée et considérablement augmentée, 8 vol., Paris.

TURQUET DE MAYERNE, THEODORE 1604: *Sommaire description de la France, Allemagne, Italie et Espagne* [...] *[avec] vn traicté des monnoyes & leur valeur esdits pays*, Rouen.

VALMONT DE BOMARE, JACQUES CHRISTOPHE 1762: *Minéralogie, ou nouvelle exposition du regne minéral* [...]. *Avec un dictionnaire nomenclateur et des tables synoptiques*, 2 vol., Paris.

VALMONT DE BOMARE, JACQUES CHRISTOPHE 1764-68: *Dictionnaire raisonné universel d'histoire naturelle; contenant l'histoire des Animaux, des Végétaux et des Minéraux, et celle des Corps célestes, des Météores, & des autres principaux Phénomenes de la Nature* [...], 6 vol., Paris.

VALMONT DE BOMARE, JACQUES CHRISTOPHE 1791: *Dictionnaire raisonné universel d'histoire naturelle* [...], quatrième édition, revue et considérablement augmentée par l'Auteur, 8 vol., Lyon.

VANBERCHEM-BERTHOUT, JACOB-P. UND STRUVE, HENRI 1795: *Principes de Minéralogie ou Exposition succincte des caractères extérieurs des Fossiles, d'après les leçons du Professeur Werner* [...], Paris.

VANDERMONDE/MONGE/BERTHOLET 1793: *Avis aux ouvriers en fer, sur la fabrication de l'acier*, publié par ordre du Comité de Salut Public, Paris.

VAUQUELIN, LOUIS NICOLAS/HECHT 1795: „Analyse du *Schorl rouge* de France", in: *Journal des Mines* 3/15, 10-27.

VAUQUELIN, LOUIS NICOLAS 1797a: „Extrait d'un mémoire sur les Grenats blancs, ou Leucite des Volcans", in: *Annales de Chimie* 22, 127-136.

VAUQUELIN, LOUIS NICOLAS 1797b: „Analyse comparée des Hyacinthes de Ceylan et d'Espailly", in: *Journal des Mines* 5/26, 97-118.

VAUQUELIN, LOUIS NICOLAS 1798: „Réflexions sur l'analyse des pierres en général [...]", in: *Annales de Chimie* 30, 66-106.

DU VERGER, FRANÇOIS-GUISLIER 1728: *Traité des Liqueurs, esprits ou essences, et la maniere de s'en servir utilement*, Louvain.

VIDOCQ, E.F. 1837: *Voleurs, physiologie de leurs mœurs et de leur langage*, 2 vol., Paris.

VILLATTE, CESAIRE 1888: *Parisismen. Alphabetisch geordnete Sammlung der eigenartigen Ausdrucksweisen des Pariser Argot* [...]. Zweite, stark vermehrte Auflage, Berlin.

*[DE] VOLTAIRE, FRANÇOIS-MARIE AROUET 1728, 1741: *Œuvres complètes de Voltaire*, nouvelle édition [...] [par Louis Moland], 51 vol., Paris 1873-1885.

*[DE] VOLTAIRE, FRANÇOIS-MARIE AROUET 1764: *Voltaire. Lettres inédites à son imprimeur Gabriel Cramer*, publiées [...] par Bernard Gagnebin, Genf/Lille 1952.

*VOYAGE A PARIS 1657-1658: *Journal d'un voyage à Paris en 1657-1658*, hg. A.P. Faugère, Paris 1862.

VOYAGES EN SIBERIE 1791: *Voyages en Sibérie, extraits de journaux de divers savans Voyageurs. Ornés de Planches & Cartes*, 2 vol., Bern.

*DE WAILLY, NOEL FRANÇOIS 1811: *Nouveau Vocabulaire françois, où l'on a suivi l'orthographe du Dictionnaire de l'Académie* [...]. Cinquième édition, corrigée et augmentée par l'auteur, Paris.

WALLERIUS, JOHAN GOTSCHALK 1747: *Mineralogia, eller Mineralriket* [...], Stockholm.

WALLERIUS, JOHANN GOTTSCHALK 1750: *Mineralogie oder Mineralreich* [...]. Ins Deutsche übersetzt von Johann Daniel Denso, Berlin.

WALLERIUS, JEAN GOTSCHALK 1753: *Mineralogie, ou Description générale des substances du regne mineral*. Ouvrage traduit de l'Allemand, 2 vol., Paris.

WALLERIUS, JEAN GOTSCHALK 1772: *Systema Mineralogicum, quo Corpora Mineralia in Classes, Ordines, Genera et Species, suis cum Varietatibus divisa, describuntur*, Stockholm.

WERNER, ABRAHAM GOTTLOB 1774: *Von den äußerlichen Kennzeichen der Foßilien*, Leipzig.

WERNER, ABRAHAM GOTTLOB 1780: *Axel von Kronstedts Versuch einer Mineralogie*. Aufs neue aus dem Schwedischen übersetzt und nächst verschiedenen Anmerkungen vorzüglich mit äussern Beschreibungen der Fossilien vermehret von A.G. Werner, Leipzig.

WERNER, ABRAHAM GOTTLOB 1787: *Kurze Klassifikation und Beschreibung der verschiedenen Gebirgsarten*, Dresden.

WERNER, ABRAHAM GOTTLOB 1790: *Traité des caracteres extérieurs des fossiles*, traduit de l'allemand de M. A.G. Werner. Par le traducteur des Mémoires de Chymie de Scheele [i.e. Mme Picardet], Dijon.

WERNER, ABRAHAM GOTTLOB 1817: *A.G. Werner's letztes Mineral-System*. Aus dem Nachlase herausgegeben und mit Erläuterungen versehen von Johann Carl Freiesleben, Freiberg/Berlin.

WESTRUMB, JOHANN FRIEDRICH 1789: „Analyse chimique du prétendu Quartz cubique, ou Borate magnésio-calcaire", in: *Annales de Chimie* 2, 101-118.

WESTRUMB, JOHANN FRIEDRICH 1790: „Nouvelles expériences sur la Combustion de différens Corps dans l'acide muriatique déphlogistiqué (*oxigéné*)", in: *Annales de Chimie* 6, 240-274.

WURTZ, ADOLPHE 1868-76: *Dictionnaire de chimie pure et appliquée comprenant la chimie organique, la chimie appliquée à l'industrie, à l'agriculture et aux arts, la chimie analytique, la chimie physique et la minéralogie*, 3 vol., Paris.

ZEDLER 1732-1750: *Grosses vollständiges Universal-Lexicon aller Wissenschaften und Künste, welche bishero durch menschlichen Verstand und Witz erfunden und verbessert worden*, 64 vol., Halle/Leipzig [bei Johann Heinrich Zedler].

2. Forschungsliteratur und lexikologische Hilfswerke

ADELUNG, JOHANN CHRISTOPH 1811: *Grammatisch-kritisches Wörterbuch der Hochdeutschen Mundart*, revidirt und berichtiget von Franz Xaver Schönberger, 4 vol., Wien.

AFANASSIEV, GEORGES 1891: *Tableau des mesures pour les grains qui étaient en usage en France au XVIII siècle*, Odessa.

ANDERSON, WILDA C. 1984: *Between the Library and the Laboratory. The Language of Chemistry in Eighteenth-Century France*, Baltimore und London.

ARVEILLER, RAYMOND 1964: „Sur l'origine de quelques mots français", in: *RLiR* 28, 307-326.

BÄCKER, NOTBURGA 1975: *Probleme des inneren Lehnguts dargestellt an den Anglizismen der französischen Sportsprache* (Tübinger Beiträge zur Linguistik 58), Tübingen.

BALDINGER, KURT 1951: „Autour du «Französisches Etymologisches Wörterbuch» (FEW)", in: *Revista portuguesa de filologia* 4, 342-373.

BALDINGER, KURT 1984: *Vers une sémantique moderne*. Première édition française revue et mise à jour par l'auteur (Bibliothèque française et romane A. Manuels et études linguistiques 46), Paris.

BALDINGER, KURT 1989: „Erstbelege in Larivey's [sic!] Esprits", in: *Studien zur romanischen Wortgeschichte*. Festschrift für Heinrich Kuen zum 90. Geburtstag, hg. von Gerhard Ernst und Arnulf Stefenelli, Stuttgart, 11-17.

BARBIER, PAUL 1927: „Miscellanea Lexicographica III. Etymological and Lexicographical Notes on the French Language and on the Romance Dialects of France", in: *Proceedings of the Leeds Philosophical and Literary Society, Literary and Historical Section* 1, 179ff.

BARBIER, PAUL 1938: „Miscellanea Lexicographica XX. Etymological and Lexicographical Notes on the French Language and on the Romance Dialects of France", in: *Proceedings of the Leeds Philosophical and Literary Society, Literary and Historical Section* 5, 61-112.

BARRELL, R. A. 1959: „Three Philosophical Terms Which France Owes to Germany: «Esthétique, psychologie, statistique»", in: *Archivum Linguisticum* 11, 48-61.

BARRELL, R. A. 1960: „German Mining and Metallurgical Terms in French", in: *NphMitt* 61, 68-76.

BARRELL, R. A. 1962: „Deutsche philosophische Lehnwörter im Französischen", in: *Muttersprache* 72, 221-229.

BATTAGLIA: Salvatore Battaglia, *Grande dizionario della lingua italiana*, 21 vol. und Index, Turin 1961-2002.

BECKER, KARLHEINZ 1970: *Sportanglizismen im modernen Französisch (auf Grund von Fachzeitschriften der Jahre 1965-1967)* (Untersuchungen zur romanischen Philologie 4), Meisenheim.

BEHRENS, DIETRICH 1906: „Wortgeschichtliches", in: *ZFSL* 30, 160-168.

BEHRENS, DIETRICH 1923: *Über deutsches Sprachgut im Französischen* (Gießener Beiträge zur Romanischen Philologie, Zusatzheft 1), Gießen.

[BENOIT, SERGE] 1990: *Musée de la Sidérurgie en Bourgogne du Nord; La Grande Forge de Buffon, monument historique*, Chassieu.

BERGMANN, KARL 1912: *Die gegenseitigen Beziehungen der deutschen, englischen und französischen Sprache auf lexikologischem Gebiete* (Neusprachliche Abhandlungen aus den Gebieten der Phraseologie, Realien, Stilistik und Synonymik unter Berücksichtigung der Etymologie XVIII), Dresden/Leipzig.

BERTAUD DU CHAZAUD, HENRI 2002: *Dictionnaire des synonymes et contraires*, édition revue et corrigée, Paris.

BETZ, WERNER 1949: *Deutsch und Lateinisch. Die Lehnbildungen der althochdeutschen Benediktinerregel*, Bonn.

BIERBACH, MECHTILD/VON GEMMINGEN, BARBARA 1999: „Perspektiven der Entlehnungsforschung", in: *Kulturelle und sprachliche Entlehnung: die Assimilierung des Fremden.* Akten der gleichnamigen Sektion des XXV. Deutschen Romanistentages [...], hg. von dens. (Abhandlungen zur Sprache und Literatur 123), Bonn, 1-13.

BLANK, ANDREAS 1995: „Lexikalische Entlehnung – Sprachwandel – Sprachvergleich. Beispiele aus dem Computer-Wortschatz", in: *Die romanischen Sprachen im Vergleich.* Akten der gleichnamigen Sektion des Potsdamer Romanistentages, hg. von Christian Schmitt und Wolfgang Schweickard, Bonn, 38-69.

BLANK, ANDREAS 1997: *Prinzipien des lexikalischen Bedeutungswandels am Beispiel der romanischen Sprachen* (Beiheft zur ZrP 285), Tübingen.

BLOCH, OSCAR 1917: *Les parlers des Vosges Méridionales (Arrondissement de Remiremont, Département des Vosges). Étude de dialectologie*, Paris.

BONDY, FRANÇOIS/ABELEIN, MANFRED 1973: *Deutschland und Frankreich. Geschichte einer wechselvollen Beziehung*, Düsseldorf/Wien.

BOULAN, HENRI RENE 1934: *Les mots d'origine étrangère en français (1650-1700)*, Amsterdam.

BOUSSINOT, ROGER 1988: *Dictionnaire Bordas des synonymes, analogues, antonymes*, troisième édition, Paris.

BRAUN, PETER 1990: „Internationalismen – Gleiche Wortschätze in europäischen Sprachen", in: Ders. u.a. (Hg.), *Internationalismen. Studien zur interlingualen Lexikologie und Lexikographie* (Reihe Germanistische Linguistik 102), Tübingen, 13-33.

BRAY, LAURENT 1999: „Du travail pour les arpètes: A propos des germanismes du français de la fin du 20e siècle", in: *Kulturelle und sprachliche Entlehnung: die Assimilierung des Fremden.* Akten der gleichnamigen Sektion des XXV. Deutschen Romanistentages [...], hg. von Mechtild Bierbach und Barbara von Gemmingen (Abhandlungen zur Sprache und Literatur 123), Bonn, 29-38.

BRUNOT: Ferdinand Brunot, *Histoire de la langue française des origines à nos jours*, [nouvelle édition], 13 vol., Paris 1966-1972.

BUGGE, SOPHUS 1874: „Etymologies françaises et romanes", in: *Romania* 3, 145-163.

BW: Oscar Bloch/Walther von Wartburg, *Dictionnaire étymologique de la langue française*, 6e édition, Paris 1975.

DU CANGE: *Glossarium mediæ et infimæ latinitatis.* Conditum a Carolo du Fresne Domino du Cange [...], editio nova aucta pluribus verbis aliorum scriptorum a Léopold Favre, 10 vol., Niort 1883-1887.

CATACH, NINA ET AL. 1971-1981: *Orthographie et lexicographie (Littré, Robert, Larousse)*, 2 vol., Paris.

CLYNE, MICHAEL 1967: „Zur Beschreibung des Gebrauchs von sprachlichem Lehngut unter Berücksichtigung der kontaktbedingten Sprachforschung", in: *Zeitschrift für Mundartfor-schung* 34, 217-225.

COLOMBANI, GEORGES 1952: *Les mots d'origine allemande dans la langue française moderne (1500-1952)*, Aix-en-Provence.

COLOMBANI, GEORGES 1957: „Essai d'une psychologie de l'emprunt allemand", in: *Mélanges de linguistique et de littérature romanes à la mémoire d'Istvan Frank, offerts par ses anciens maîtres, ses amis et collègues de France et de l'étranger* (Annales Universitatis Saraviensis VI), Saarbrücken, 183-190.

CORAGGIONI, LEODEGAR 1966: *Münzgeschichte der Schweiz*, Bologna (Nachdruck der Ausgabe Genf 1896).

CORBEIL, JEAN-CLAUDE 1974: „Problématique de la synonymie en vocabulaire spécialisé", in: *BM* 7, 53-68.

COTTEZ, HENRI 1980: *Dictionnaire des structures du vocabulaire savant*, 2ᵉ édition, revue et complétée, Paris.

CREVENAT-WERNER, DANIELLE 1998: *Bärschmannschprooch. Langage et travail dans les mines du Bassin houillier lorrain*, Straßburg.

CROUX, DANIEL 1972: „Un problème important: le vocabulaire technique", in: *Revue d'histoire des mines et de la métallurgie* 4, 67-89.

DARMESTETER, ARSENE 1972: *De la création actuelle de mots nouveaux dans la langue française et des lois qui la régissent*, Genf (Nachdruck der Ausgabe Paris 1877).

DAUZAT, ALBERT 1911: „Les emprunts dans l'argot", in: *Revue de philologie française et de littérature* 25/3, 181-197/286-308.

DAUZAT, ALBERT 1919: „L'argot de nos prisonniers en Allemagne", in: *Mercure de France* 132, 248-258.

DAUZAT, ALBERT 1946: *Études de linguistique française*, seconde édition, Paris.

DELI: Manlio Cortelazzo/Paolo Zolli, *Dizionario etimologico della lingua italiana*, seconda edizione in volume unico, Bologna 1999.

DEROY, LOUIS 1980a: *L'emprunt linguistique*, nouvelle édition avec corrections et additions (Bibliothèque de la Faculté de Philosophie et Lettres de l'Université de Liège, Fascicule CXLI), Paris.

DEROY, LOUIS 1980b: „Vingt ans après l'*Emprunt linguistique*: critiques et réflexions", in: *L'emprunt linguistique*. Colloque international organisé par H. le Bourdellès, C. Buridant, R. Lilly, in: *Cahiers de l'Institut de Linguistique de Louvain* 6.1-2, 7-18.

DEUTSCHES WÖRTERBUCH: *Deutsches Wörterbuch* von Jacob und Wilhelm Grimm, 16 vol., Leipzig 1854-1960.

DIERGART, PAUL 1900: „Etymologische Untersuchungen über diejenigen Namen der chemischen Elemente, welche ihren internationalen und nationalen Sigeln zu Grunde liegen […]", in: *Journal für praktische Chemie* N.F. 61, 497-531.

DINGEL, IRENE 1987: Beobachtungen zur Entwicklung des französischen Vokabulars: Petit Larousse 1968 – Petit Larousse 1981 (Heidelberger Beiträge zur Romanistik 21), Frankfurt am Main, Bern u.a.

DMD: Jean Dubois/Henri Mitterand/Albert Dauzat, *Dictionnaire d'étymologie*, Paris 2001.

DSR: *Dictionnaire suisse romand. Particularités lexicales du français contemporain. Une contribution au Trésor des vocabulaires francophones*, conçu et rédigé par André Thibault sous la direction de Pierre Knecht avec la collaboration de Gisèle Boeri et Simone Quenet, Genf 1997.
DUBOIS, JEAN 1963: „L'emprunt en français", in: *L'information littéraire* 15, 10-16.
DUCHACEK, OTTO 1968: „Les «lacunes» dans la structure du lexique", in: *Verba et Vocabula*. Ernst Gamillscheg zum 80. Geburtstag, hg. von Helmut Stimm und Julius Wilhelm, München, 169-175.
DUDEN [21]1996: *Duden. Rechtschreibung der deutschen Sprache*. 21., völlig neu bearbeitete und erweiterte Auflage. Hg. von der Dudenredaktion, Mannheim.
ÉLUERD, ROLAND 1993: *Les mots du fer et des lumières. Contribution à l'étude du vocabulaire de la sidérurgie française (1722-1812)* (Bibliothèque de littérature moderne 19), Paris.
ERNST, FRITZ 1949: *Vom Heimweh*, Zürich.
ESNAULT, GASTON 1919: *Le poilu tel qu'il se parle*, Paris.
ESNAULT, GASTON 1950: „Quelques datations (suite)", in: *FrMod* 18, 133-141.
ESNAULT, GASTON 1965: *Dictionnaire historique des argots français*, Paris.
ESPAGNE, MICHEL/WERNER, MICHEL 1987: „Figures allemandes autour de l'Encyclopédie", in: *Dix-huitième siècle* 19, 263-281.
ESPAGNE, MICHEL 1991a: *Bordeaux – Baltique. La présence culturelle allemande à Bordeaux aux XVIIIe et XIXe siècles*, Bordeaux.
ESPAGNE, MICHEL 1991b: *Les transferts culturels franco-allemands*, Paris.
EWFS: Ernst Gamillscheg, *Etymologisches Wörterbuch der französischen Sprache*, 2., vollständig neu bearbeitete Auflage, Heidelberg 1969.
FALK, H.S./TORP, ALF [2]1960: *Norwegisch-dänisches etymologisches Wörterbuch*, Heidelberg u.a.
FEW: Walther von Wartburg, *Französisches Etymologisches Wörterbuch. Eine darstellung des galloromanischen sprachschatzes*, bisher 24 vol. und Faszikel, Bonn, dann Leipzig, dann Tübingen, dann Basel seit 1922.
FISCHER, PAUL 1991: *Die deutsch-französischen Beziehungen im 19. Jahrhundert im Spiegel des französischen Wortschatzes* (Europäische Hochschulschriften, Reihe XIII: Französische Sprache und Literatur, Bd. 161), Frankfurt am Main, Bern u.a.
FLASDIECK, HERMANN M. 1952: *Zinn und Zink. Studien zur abendländischen Wortgeschichte*, Tübingen.
FOLLMANN, FERDINAND 1909: *Wörterbuch der deutsch-lothringischen Mundarten*. Bearbeitet von Michael Ferdinand Follmann (Quellen zur lothringischen Geschichte 12), Leipzig.
FRANKLIN, ALFRED 1906: *Dictionnaire historique des arts, métiers et professions exercés dans Paris depuis le treizième siècle*, Paris/Leipzig.
GARDIN, B. ET AL. 1974: „A propos du «sentiment néologique»", in: *Langages* 36, 45-52.
GARMS, HARRY 1969: *Pflanzen und Tiere Europas. Ein Bestimmungsbuch*, Braunschweig.
GEBHARDT, KARL 1974: *Das okzitanische Lehngut im Französischen* (Heidelberger Beiträge zur Romanistik 3), Bern/Frankfurt.
GECKELER, HORST 1974: „Le problème des lacunes linguistiques", in: *CLex* 25/2, 31-45.

GIESE, WILHELM 1979: „Lexikologisches", in: *Festschrift Kurt Baldinger zum 60. Geburtstag*, hg. v. Manfred Höfler, Henri Vernay und Lothar Wolf, vol. 2, Tübingen, 679-684.
GILBERT, PIERRE 1973: „Remarques sur la diffusion des mots scientifiques et techniques dans le lexique commun", in: *Langue française* 17, 31-43.
GILLE, BERTRAND 1952: „L'Encyclopédie, dictionnaire technique", in: *L'„Encyclopédie" et le progrès des sciences et des techniques*, hg. vom Centre International de Synthèse (Section d'histoire des sciences), Paris, 187-214.
GLASER, KURT 1903: *Die Mass- und Gewichtsbezeichnungen des Französischen: Ein Beitrag zur Lexikographie und Bedeutungsgeschichte*, Berlin.
GODDARD, K. A. 1969: „Loan-words and Lexical Borrowing in Romance", in: *RLiR* 33, 337-348.
GODDARD, K. A. 1971: „Quelques tendances et perspectives de l'étude des mots d'emprunt dans les langues romanes", in: *Actes du XIIIe Congrès international de linguistique et philologie romanes*, publiés par Marcel Boudreault et Frankwalt Möhren, Québec, 2,425-430.
GOHIN, FERDINAND 1903: *Les transformations de la langue française pendant la deuxième moitié du XVIIIe siècle (1740-1789)*, Genf 1970 (Nachdruck der Ausgabe Paris 1903).
GOLDBECK, INGEBORG 1951: „Le vasistas und the wanderlust. Deutsche Fremdwörter im Französischen und im Englischen", in: *Muttersprache* Jg. 1951, 257-263.
GOLDSCHMIDT, MORITZ 1902: „Germanisches Kriegswesen im Spiegel des romanischen Lehnwortes", in: *Beiträge zur romanischen und englischen Philologie*. Festgabe für Wendelin Foerster zum 26. Oktober 1901, Halle/Saale, 49-70.
GOOSSE, ANDRE 1973: „La date de décès des mots", in: *TraLiLi* XI/1 (*Mélanges de linguistique française et de philologie et littérature médiévales* offerts à M. Paul Imbs par ses collègues, ses élèves et ses amis, publiés par Robert Martin et Georges Straka), 63-76.
GREIVE, ARTUR 1976: „Contributions méthodologiques à la lexicologie des mots savants", in: *Actes du XIIIe Congrès international de linguistique et philologie romanes*, publiés par Marcel Boudreault et Frankwalt Möhren, Québec, 1,615-625.
GUIRAUD, PIERRE 1958: „Emprunts et Equilibre phonologique", in: *ZrP* 74, 78-88.
GUIRAUD, PIERRE ²1971: *Les mots étrangers* (Que sais-je ? 1166), Paris.
HASENKAMP, WILTRUD 1998: *Deutsche Entlehnungen im Französischen. Beiträge zur Entstehung der sprachwissenschaftlichen Terminologie im 19. Jahrhundert* (Philologia 26), Hamburg.
HAUBRICHS, WOLFGANG/PFISTER, MAX 1998: „Germanisch und Romanisch b) Deutsch/Niederländisch und Romanisch", in: *Lexikon der Romanistischen Linguistik*, hg. von Günter Holtus, Michael Metzeltin und Christian Schmitt, bisher 7 vol., Tübingen seit 1988, 7,245-266.
HAUGEN, EINAR 1950: „The Analysis of Linguistic Borrowing", in: *Language* 26, 210-231.
HAVARD, HENRY 1890: *Dictionnaire de l'ameublement et de la décoration depuis le XIIIe siècle jusqu'à nos jours*, nouvelle édition entièrement refondue et considérablement augmentée, 4 vol., Paris.

HEGER, KLAUS 1963: „Homographie, Homonymie und Polysemie", in: *ZrP* 79, 471-491.
HEISS, HANS 1907: *Studien über einige Beziehungen zwischen der deutschen und der französischen Literatur im XVIII. Jahrhundert I. Der Übersetzer und Vermittler Michael Huber (1727-1804)*, Erlangen.
HEITMANN, KLAUS 1966: „Das französische Deutschlandbild in seiner Entwicklung", in: *Sociologia Internationalis* 4, 73-101 und 165-195.
HEUCK, ELLEN 1929: *Die Farbe in der französischen Kunsttheorie des 17. Jahrhunderts*, Straßburg.
HELLQUIST, ELOF 1993: *Svensk etymologisk ordbok*, Malmö (Nachdruck der dritten Auflage von 1980).
HEYMANN, W. 1903: *Französische Dialektwörter bei Lexikographen des 16. bis 18. Jahrhunderts*, Gießen.
HÖFLER, MANFRED 1970: „Das Problem der sprachlichen Entlehnung", in: *Jahrbuch der Universität Düsseldorf* 1969/70, 59-67.
HÖFLER, MANFRED 1974: „Probleme der Datierung aufgrund lexikographischer Quellen", in: *ZrP* 90, 30-40.
HÖFLER, MANFRED 1980: „Methodologische Überlegungen zu einem neuen Historischen Wörterbuch der Anglizismen im Französischen", in: R. Werner (Hg.), *Sprachkontakte. Zur gegenseitigen Beeinflussung romanischer und nichtromanischer Sprachen* (Tübinger Beiträge zur Linguistik 124), Tübingen, 69-86.
HÖFLER, MANFRED 1981: „Für eine Ausgliederung der Kategorie «Lehnschöpfung» aus dem Bereich der sprachlichen Entlehnung", in: *Europäische Mehrsprachigkeit*. Festschrift zum 70. Geburtstag von Mario Wandruszka, hg. von Wolfgang Pöckl, Tübingen, 149-155.
HÖFLER, MANFRED 1989: „Le traitement des emprunts par substitution lexématique dans la lexicographie historique", in: *TraLiLi* 27, 115-125.
HÖFLER, MANFRED 1996: „Zur Datierung von Eurolatinismen in der französischen Lexikographie", in: Horst Haider Munske und Alan Kirkness (Hg.), *Eurolatein. Das griechische und lateinische Erbe in den europäischen Sprachen* (Reihe Germanistische Linguistik 169), Tübingen, 194-203.
HÖFLER, MANFRED/REZEAU, PIERRE 1997: *Variétés géographiques du français. Matériaux pour le vocabulaire de l'art culinaire* (Matériaux pour l'étude des régionalismes du français 11), Paris.
HOPE, THOMAS E. 1962: „Loan-words as cultural and lexical symbols", in: *Archivum Linguisticum* 14, 111-121.
HOPE, THOMAS E. 1963: „Loan-words as cultural and lexical symbols", in: *Archivum Linguisticum* 15, 29-42.
HOPE, THOMAS E. 1965: „L'interprétation des mots d'emprunt et la structure lexicale", in: *Actes du Xe Congrès international de linguistique et philologie romanes*, publiés par Georges Straka, Paris, 1,149-155.
HOPE, THOMAS E. 1971: *Lexical Borrowing in the Romance Languages. A Critical Study of Italianisms in French and Gallicisms in Italian from 1100 to 1900*, 2 vol., Oxford.
HUMBLEY, JOHN 1974: „Vers une typologie de l'emprunt linguistique", in: *CLex* 25/2, 46-70.

HUMBLEY, JOHN 1980: „L'intégration phonétique des mots d'emprunt français en anglais", in: *L'emprunt linguistique*. Colloque international organisé par H. le Bourdellès, C. Buridant, R. Lilly, in: *Cahiers de l'Institut de Linguistique de Louvain* 6.1-2, 193-206.

JABERG, KARL 1937: „Die alemannischen Lehnwörter in den Mundarten der französischen Schweiz", in: Ders., *Sprachwissenschaftliche Forschungen und Erlebnisse*, hg. von seinen Schülern und Freunden (Romanica Helvetica 6), Paris u.a., 55-69.

JÄNICKE, OTTO 1968: „Zu den slavischen Elementen im Französischen", in: *Festschrift Walther von Wartburg zum 80. Geburtstag*, hg. von Kurt Baldinger, Tübingen 1968, 2, 439-459.

JOLY, HUBERT 1977: „Qu'est-ce qu'un mot français?", in: *BM* 13, 15-28.

JUILLAND, ALPHONSE 1970: Ders./Dorothy Brodin/Catherine Davidovitch, *Frequency Dictionary of French Words*, with the collaboration of Mary Ann Ignatius, Ileana Juilland, Lilian Szklarczyk (The Romance Languages and Their Structures, First Series F1), Den Haag/Paris.

JUNG, MATTHIAS 1999: „Sprache als Gegenstand kultureller Entlehnung: Germanismen im modernen französischen Sprachgebrauch", in: *Kulturelle und sprachliche Entlehnung: die Assimilierung des Fremden*. Akten der gleichnamigen Sektion des XXV. Deutschen Romanistentages [...], hg. von Mechtild Bierbach und Barbara von Gemmingen (Abhandlungen zur Sprache und Literatur 123), Bonn, 52-72.

KAHNT, HELMUT/KNORR, BERND 1987: *Alte Maßen, Münzen und Gewichte. Ein Lexikon*, Mannheim u.a.

KLIMPERT, RICHARD 1896: *Lexikon der Münzen, Maße, Gewichte, Zählarten und Zeitgrößen aller Länder der Erde*. Zweite, vielfach verbesserte und vermehrte Auflage, Berlin.

KLUGE[17]: Friedrich Kluge, *Etymologisches Wörterbuch der deutschen Sprache*, 17. Auflage unter Mithilfe von Alfred Schirmer bearbeitet von Walther Mitzka, Berlin 1957.

KLUGE[23]: Friedrich Kluge, *Etymologisches Wörterbuch der deutschen Sprache*, 23., erweiterte Auflage, bearbeitet von Elmar Seebold, Berlin/New York 1999.

VON KOBELL, FRANZ 1864: *Geschichte der Mineralogie von 1650-1860* (Geschichte der Wissenschaften in Deutschland. Neuere Zeit, 2), München.

KOCOUREK, ROSTISLAV [2]1991: *La langue française de la technique et de la science. Vers une linguistique de la langue savante*, deuxième édition augmentée, refondue et mise à jour avec une nouvelle bibliographie, Wiesbaden.

KRATZ, BERND 1968: „Deutsch-französischer Lehnwortaustausch", in: Walther Mitzka (Hg.), *Wortgeographie und Gesellschaft*. Festgabe für Ludwig Erich Schmitt zum 60. Geburtstag, Berlin, 445-487.

LASCH, AGATHE/BORCHLING, CONRAD: *Mittelniederdeutsches Handwörterbuch*, fortgeführt von Gerhard Cordes, bisher 1 vol., Index und Faszikel, Neumünster seit 1956.

LENOBLE, ROBERT 1954: *La géologie au milieu du XVIIe siècle* (Les Conférences du Palais de la Découverte D 27), Paris.

LEVY: Emil Levy, *Provenzalisches Supplement-Wörterbuch. Berichtigungen und Ergänzungen zu Raynouards Lexique Roman*, 8 vol., Leipzig 1892-1924.

LEVY, PAUL 1950-1952: *La langue allemande en France. Pénétration et diffusion des origines à nos jours*, 2 vol., Paris.
LEXER: Matthias Lexer, *Mittelhochdeutsches Taschenwörterbuch*. Mit den Nachträgen von Ulrich Pretzel, 38., unveränderte Auflage, Stuttgart 1992.
LEXIKON DER KUNST: *Lexikon der Kunst. Architektur, bildende Kunst, angewandte Kunst, Industrieformgestaltung, Kunsttheorie*, 7 vol., Leipzig 1987-1994.
LIVET, CHARLES-L. 1895-1897: *Lexique de la langue de Molière comparée à celle des écrivains de son temps* [...], 3 vol., Paris.
LOFFLER-LAURIAN, ANNE-MARIE 2000: „Créativité lexicale dans les domaines aux traditions fortes: la minéralogie et la gemmologie", in: *BM* 60, 69-88.
MACHADO: *Grande dicionário da língua portuguesa*. Coordenação de José Pedro Machado, 6 vol., Lissabon 1991.
MARESCH 1996: Walter Maresch und Olaf Medenbach unter Mitarbeit von Hans Dieter Trochim, *Gesteine*. Hg. von Gunter Steinbach, neue, bearbeitete Sonderausgabe, München.
MARTIN, GERMAIN 1899: *La grande industrie sous le règne de Louis XIV (plus particulièrement de 1660 à 1715)*, Paris.
MARTIN/LIENHART: *Wörterbuch der elsässischen Mundarten*, bearbeitet von E. Martin und H. Lienhart, 2 vol., Straßburg 1899-1907.
MARTINET, ANDRE/WALTER, HENRIETTE 1973: *Dictionnaire de la prononciation française dans son usage réel*, Paris.
MARTINET, ANDRE 1977: „La prononciation française des mots d'origine étrangère", in: Henriette Walter (Dir.), *Phonologie et société* (Studia phonetica XIII), Montréal u.a., 79-88.
MARZELL: *Wörterbuch der deutschen Pflanzennamen*, bearbeitet von Heinrich Marzell unter Mitwirkung von Wilhelm Wissmann, 4 vol. und Register, Leipzig 1943-1958.
MATHOREZ, J. 1919-1921: *Les étrangers en France sous l'ancien Régime. Histoire de la formation de la population française*, 2 vol., Paris.
MATORE, GEORGES 1951: *Le vocabulaire et la société sous Louis-Philippe*, Genf/Lille.
MATORE, GEORGES 1953: *La méthode en lexicologie. Domaine français*, Paris.
MECKLENBURGISCHES WÖRTERBUCH: Wossidlo-Teuchert, *Mecklenburgisches Wörterbuch*, zuletzt hg. von der Sächsischen Akademie der Wissenschaften zu Leipzig, 7 vol., Neumünster 1937-1992.
METTMANN, WALTER 1962: „Zirkon und Hyazinth", in: *RF* 74, 123-126.
MEYER: *Das große Conversations-Lexicon für die gebildeten Stände*, hg. von Joseph Meyer, 38 vol., Hildburghausen u.a. 1840-1853.
MEYER-LÜBKE, WILHELM 1966: *Historische Grammatik der französischen Sprache, 2. Teil: Wortbildungslehre*, 2., durchgesehene und ergänzte Auflage von Joseph M. Piel (Sammlung romanischer Elementar- und Handbücher, Erste Reihe: Grammatiken, Bd. 2), Heidelberg.
MGG: *Die Musik in Geschichte und Gegenwart*. Zweite, neubearbeitete Ausgabe von Ludwig Finscher, bisher 18 vol. und Register, Kassel u.a. seit 1994.
MIGLIORINI, BRUNO 1957: „Calco e irradiazione sinonimica", in: Ders., *Saggi linguistici*, Florenz, 11-22.

MISTRAL: Frédéric Mistral, *Lou Tresor dóu Felibrige ou Dictionnaire Provençal-Français*, préfacé de Mme Frédéric Mistral, 2 Bde., Paris 1932 (Nachdruck der Ausgabe Aix-en-Provence 1878).

MOSER, WOLFGANG 1996: *Xenismen. Die Nachahmung fremder Sprachen* (Europäische Hochschulschriften XXI: Linguistik, 159), Frankfurt u.a.

MÜLLER, BODO 1975: *Das Französische der Gegenwart. Varietäten, Strukturen, Tendenzen*, Heidelberg.

MUNSKE, HORST HAIDER 1983: „Zur Fremdheit und Vertrautheit der «Fremdwörter» im Deutschen. Eine interferenzlinguistische Studie", in: *Germanistik in Erlangen. Hundert Jahre nach der Gründung des Deutschen Seminars*, hg. von Dietmar Peschel (Erlanger Forschungen Reihe A, 31), Erlangen, 559-595.

NDB: *Neue deutsche Biographie*, hg. von der Historischen Kommission der Bayerischen Akademie der Wissenschaften, bisher 20 vol., Berlin seit 1953.

NIEDERSÄCHSISCHES WÖRTERBUCH: *Niedersächsisches Wörterbuch* vol. 5, hg. von Dieter Stellmacher, Neumünster 1998.

NOLL, VOLKER 1989: „L'influence de l'allemand dans l'argot français", in: *Les relations entre la langue allemande et la langue française. Wissenschaftsforum 18-19-20 octobre 1988*, organisé par le Romanisches Seminar et l'Institut für Übersetzen und Dolmetschen der Universität Heidelberg, Paris, 125-128.

NOLL, VOLKER 1991: *Die fremdsprachlichen Elemente im Argot* (Heidelberger Beiträge zur Romanistik 25), Frankfurt am Main, Bern u.a.

NYROP, KRISTOFFER 1899-1930: *Grammaire historique de la langue française*, 6 vol., Leipzig.

OED[2]: *The Oxford English Dictionary*. Second Edition prepared by J.A. Simpson & E.S.C. Weiner, 20 vol., Oxford 1989.

OLD: *Oxford Latin Dictionary*, edited by P.G.W. Glare, 2 vol., Oxford 1982.

ORTHO 1971: André Sève/Jean Perrot, *Ortho. Dictionnaire orthographique et grammatical*, Nizza.

PAREYS VOGELBUCH 1983: Hermann Heinzel/Richard Fitter/John Parslow, *Pareys Vogelbuch. Alle Vögel Europas, Nordafrikas und des mittleren Ostens*, übersetzt und bearbeitet von G. Niethammer und H.E. Wolters, Hamburg/Berlin.

PFÄLZISCHES WÖRTERBUCH: *Pfälzisches Wörterbuch*, [...] bearbeitet von Julius Krämer und Rudolf Post unter Mitarbeit von Josef Schwing, vol. 4, Wiesbaden 1986.

PFEIFFER, GUSTAV 1902: *Die neugermanischen Bestandteile der französischen Sprache*, Stuttgart.

PIERREHUMBERT, W. 1921: *Dictionnaire Historique du Parler Neuchâtelois et Suisse Romand*, Neuchâtel.

PISANI, VITTORIO: „Sull'imprestito linguistico", in: Ders., *Linguistica generale i indoeuropea. Saggi e discorsi*, Mailand o.J., 1,55-63.

VON POLENZ, PETER 1967: „Fremdwort und Lehnwort sprachwissenschaftlich betrachtet", in: *Muttersprache* 77, 65-80.

PRATI, ANGELICO 1951: *Vocabulario etimologico italiano*, Turin.

PROPYLÄEN WELTGESCHICHTE: *Propyläen Weltgeschichte. Eine Universalgeschichte*, hg. von Golo Mann und Alfred Heuß, 10 vol., Berlin/Frankfurt 1961.

VON PROSCHWITZ, GUNNAR 1956: *Introduction à l'étude du vocabulaire de Beaumarchais* (Romanica Gothoburgensia V), Stockholm.

VON PROSCHWITZ, GUNNAR 1964: „En marge du Bloch-Wartburg", in: *Studia Neophilologica* 36, 308-331.
QUEMADA, BERNARD 1978: „Technique et langage", in: *Encyclopédie de la Pléiade. Histoire des techniques. Technique et civilisations. Technique et sciences*, publié sous la direction de Bertrand Gille, Paris, 1146-1240.
QUICHERAT, J. ²1876: *Histoire du costume en France depuis les temps les plus reculés jusqu'à la fin du XVIIIe siècle*, 2. Auflage, Paris.
RETTIG, WOLFGANG 1974: „Die pragmatische Beschreibung der Pluralbildung entlehnter Substantive im Französischen", in: *ZFSL* 84, 193-209.
RETTIG, WOLFGANG 1996: „Die Latinität des französischen und italienischen Wortschatzes", in: Horst Haider Munske und Alan Kirkness (Hg.), *Eurolatein. Das griechische und lateinische Erbe in den europäischen Sprachen* (Reihe Germanistische Linguistik 169), Tübingen, 204-218.
REW: *Romanisches Etymologisches Wörterbuch* von Wilhelm Meyer-Lübke (Sammlung romanischer Elementar- und Handbücher, Dritte Reihe: Wörterbücher, Band 3), 6., unveränderte Auflage, Heidelberg 1992.
REY-DEBOVE, JOSETTE 1973: „La sémiotique de l'emprunt lexical", in: *TraLiLi* XI/1 (*Mélanges de linguistique française et de philologie et littérature médiévales offerts à M. Paul Imbs par ses collègues, ses élèves et ses amis*, publiés par Robert Martin et Georges Straka), 109-123.
RGG³: *Die Religion in Geschichte und Gegenwart. Handwörterbuch für Theologie und Religionswissenschaft*. Dritte völlig neu bearbeitete Auflage, hg. von Kurt Galling, 6 vol. und Register, Tübingen 1957-1965.
RGG⁴: *Religion in Geschichte und Gegenwart. Handwörterbuch für Theologie und Religionswissenschaft*. Vierte völlig neu bearbeitete Auflage, hg. von Hans Dieter Betz u.a., bisher 5 vol., Tübingen seit 1998.
RHEINFELDER, HANS ⁵1976: *Altfranzösische Grammatik*, erster Teil: Lautlehre, München.
RHEINISCHES WÖRTERBUCH: *Rheinisches Wörterbuch*, bearbeitet von Josef Müller, später Heinrich Dittmaier, 9 vol., Bonn, dann Berlin 1928-1971.
RIEMANN: *Riemann Musik-Lexikon*. Zwölfte völlig neu bearbeitete Auflage, hg. von Willibald Gurlitt, 5 vol., Mainz 1959-1975.
RIEDERER, VICTOR 1955: *Der Lexikalische* [sic!] *Einfluß des Deutschen im Spiegel der französischen Presse zur Zeit des zweiten Weltkriegs* (Romanica Helvetica 56), Bern.
RITTER, EUGENE 1905: *Les quatre dictionnaires français*, Genf.
ROHR, KERSTIN INGEBURG 1987: *Geldbezeichnungen im Neufranzösischen unter besonderer Berücksichtigung des Argot* (Beiheft zur *ZrP* 214), Tübingen.
ROLLAND FAUNE: Eugène Rolland, *Faune populaire de la France. Noms vulgaires, dictons, proverbes, légendes et superstition*, 12 vol., Paris 1877-1915.
ROLLAND FLORE: Ders., *Flore populaire ou histoire naturelle des plantes dans leurs rapports avec la linguistique et le folklore*, 11 vol., Paris 1967 (Nachdruck der nicht angegebenen Originalausgabe Paris 1896-1914).
ROUDET, LEONCE 1908: „Remarques sur la phonétique des mots français d'emprunt", in: *Revue de philologie française et de littérature* 22, 241-267.
RUIZ, ALAIN 1984: „Die deutschen Emigranten in Frankreich vom Ende des Ancien Régime bis zur Restauration", in: *Deutsche Emigranten in Frankreich.*

Französische Emigranten in Deutschland 1685-1945. Eine Ausstellung des französischen Außenministeriums in Zusammenarbeit mit dem Goethe-Institut, 2., verbesserte Auflage, Paris, 61-63.

SAINEAN, LAZARE 1912: *Les sources de l'argot ancien*, 2 vol., Paris.

SAINEAN, LAZARE 1920: *Le langage parisien au XIXe siècle. Facteurs sociaux.- Contingents linguistiques.- Faits sémantiques.- Influences littéraires*, Paris.

SALVERDA DE GRAVE, J. J. 1907: „Quelques observations sur les Mots d'emprunt", in: *RF* 23 (*Mélanges Chabaneau.* Festschrift Camille Chabaneau zur Vollendung seines 75. Lebensjahres, 4. März 1906, dargebracht von seinen Schülern, Freunden und Verehrern), 145-153.

SARCHER, WALBURGA 2001: *Das deutsche Lehngut im Französischen als Zeugnis für den Wissenstransfer im 20. Jahrhundert* (Philologia 46), Hamburg.

SCHELER, MANFRED 1973: „Zur Struktur und Terminologie des sprachlichen Lehnguts", in: *NS* 72, 19-26.

SCHILLER, KARL/LÜBBEN, AUGUST: *Mittelniederdeutsches Wörterbuch*, 5 vol. und Nachtrag, Bremen 1872-1881.

SCHMEIL-FITSCHEN 1968: Schmeil-Fitschen, *Flora von Deutschland und seinen angrenzenden Gebieten* [...]. 82. Auflage von Werner Rauh und Karlheinz Senghas, Heidelberg.

SCHMIDT, W. FRITZ: *Die spanischen Elemente im französischen Wortschatz* (Beiheft zur ZrP 54), Halle/Saale 1914.

SCHMITT, HANS JOACHIM 1982: *Zur Geschichte der semantischen Motivation englischer Lehnwörter im Französischen. Untersuchungen an Anglizismen des Micro-Robert*, Gießen.

SCHULTE-BECKHAUSEN, MARION 2002: *Genusschwankungen bei englischen, französischen, italienischen und spanischen Lehnwörtern im Deutschen. Eine Untersuchung auf der Grundlage deutscher Wörterbücher seit 1945* (Regensburger Beiträge zur deutschen Sprach- und Literaturwissenschaft B 83), Frankfurt am Main, Berlin u.a.

SCHULZ/BASLER: *Deutsches Fremdwörterbuch*, begonnen von Hans Schulz, fortgeführt von Otto Basler, 6 vol. und Register, Straßburg, dann Berlin 1913-1988.

SCHUMANN, K. 1965: „Zur Typologie und Gliederung der Lehnprägungen", in: *Zeitschrift für Slavische Philologie* 32, 61-90.

SCHUMANN, WALTER ³1974: *BLV Bestimungsbuch Steine+Mineralien. Mineralien, Edelsteine, Gesteine, Erze*, München u.a.

SCHWÄBISCHES WÖRTERBUCH: *Schwäbisches Wörterbuch.* Auf Grund der von Adelbert v. Keller begonnenen Sammlungen bearbeitet von Hermann Fischer, zu Ende geführt von Wilhelm Pfleiderer, 6 vol., Tübingen 1904-1936.

SCHWEICKARD, WOLFGANG 1992: *«Deonomastik». Ableitungen auf der Basis von Personennamen im Französischen (unter vergleichender Berücksichtigung des Italienischen, Rumänischen und Spanischen)* (Beiheft zur ZrP 241), Tübingen.

SCHWEIZERISCHES IDIOTIKON: *Schweizerisches Idiotikon. Wörterbuch der schweizerdeutschen Sprache*, hg. mit Unterstützung des Bundes und der Kantone, 14 vol., Frauenfeld 1881-1987.

SÖLL, LUDWIG 1966: „Synonymie und Bedeutungsgleichheit", in: *GRM* N.F. 16, 90-99.

SOURIAU, MAURICE 1921: „La langue de Voltaire dans sa correspondance", in: *Revue d'Histoire littéraire de la France* 28, 105-131.
STOROST, JÜRGEN 1971: *Studien zur Herausbildung der chemischen Fachsprache in der französischen Sprachgeschichte*, Halle/Saale.
SÜPFLE, THEODOR 1886-1890: *Geschichte des deutschen Kultureinflusses auf Frankreich mit besonderer Berücksichtigung der litterarischen Einwirkung*, 2 vol., Genf 1971 (Nachdruck der Ausgabe Gotha 1886-1890).
TAPPOLET, ERNST 1914-1917: *Die alemannischen Lehnwörter in den Mundarten der französischen Schweiz. Kulturhistorische Untersuchung*, 2 vol., Straßburg.
TATJE, ROLF 1995: *Die Fachsprache der Mineralogie. Eine Analyse deutscher und französischer Fachzeitschriftenartikel*, Frankfurt am Main u.a.
TERLINGEN, JUAN 1943: *Los italianismos en español desde la formación del idioma hasta principios de siglo XVII*, Amsterdam.
ThLL: Academiae quinque germanicae/Academiae et societates diversas (Hg.), *Thesaurus Linguae Latinae*, bisher 9 vol., Leipzig seit 1900.
THOMAS, ANTOINE 1897: *Essais de philologie française*, Paris.
THOMAS, ANTOINE 1904: *Nouveaux Essais de philologie française*, Paris.
THOMAS, ANTOINE 1909: „Notes étymologiques et lexicographiques", in: *Romania* 38, 353-405.
THOMAS, ANTOINE 1927: *Mélanges d'étymologie française*, deuxième édition revue et annotée, Paris.
TLF: *Trésor de la Langue Française. Dictionnaire de la langue du XIXe et du XXe siècle (1789-1960)*, publié sous la direction de Paul Imbs, puis de Bernard Quemada, 16 vol., Paris 1973-1994.
TROUILLET, BERNARD 1981: *Das deutsch-französische Verhältnis im Spiegel von Kultur und Sprache* (Studien und Dokumentationen zur vergleichenden Bildungsforschung 20), Weinheim/Basel.
VALKHOFF, MARIUS 1931: *Etude sur les mots français d'origine néerlandaise*, Amersfort.
VALKHOFF, MARIUS 1936: „Notes étymologiques II", in: *Neophilologus* 21, 192-202.
VERDENHALVEN, FRITZ 1968: *Alte Maße, Münzen und Gewichte*, Neustadt an der Aisch.
VIDOS, BENEDEK ELEMER 1960: „Le bilinguisme et le mécanisme d'emprunt", in: *RLiR* 24, 1-19.
VIDOS, BENEDEK ELEMER 1965: „Les termes techniques et l'emprunt", in: ders. (Hg.), *Prestito, espansione e migrazione dei termini tecnici nelle lingue romanze e non romanze. Problemi, metodo e risultati* (Biblioteca dell'„Archivum Romanicum" II: Linguistica, 31), Florenz 355-378.
VOLLAND, BRIGITTE 1986: *Französische Entlehnungen im Deutschen. Transferenz und Integration auf phonologischer, graphematischer, morphologischer und lexikalisch-semantischer Ebene* (Linguistische Arbeiten 163), Tübingen.
VOLMERT, JOHANNES 1996: „Die Rolle griechischer und lateinischer Morpheme bei der Entstehung von Internationalismen", in: Horst Haider Munske und Alan Kirkness (Hg.), *Eurolatein. Das griechische und lateinische Erbe in den europäischen Sprachen* (Reihe Germanistische Linguistik 169), Tübingen, 219-235.

VON WALDBERG, MAX FREIHERR 1930: "Eine deutsch-französische Literaturfehde", in: *Deutschkundliches*. Friedrich Panzer zum 60. Geburtstage überreicht von Heidelberger Fachgenossen, hg. von Hans Teske (Beiträge zur neueren Literaturgeschichte 16), Heidelberg, 87-116.

WALTER, HENRIETTE 1992: "Le vocabulaire français d'origine étrangère: les chemins de l'emprunt", in: *Actas do XIX Congreso Internacional de Lingüística e Filoloxía Románicas*, A Coruña 1992, 2,547-562.

VON WARTBURG, WALTHER 1918: Besprechung von →TAPPOLET 1914-1917, in: *ASNS* 137, 248-256.

VON WARTBURG, WALTHER 1929: "Das Schriftfranzösische im Französischen etymologischen Wörterbuch", in: *Behrens-Festschrift*. Dietrich Behrens zum Siebzigsten Geburtstag dargebracht von Schülern und Freunden (Supplement zur *ZFSL*), Jena und Leipzig, 48-55.

VON WARTBURG, WALTHER 1930: "Der Einfluß der germanischen Sprachen auf den französischen Wortschatz", in: *Archiv für Kulturgeschichte* 2, 309-325.

VON WARTBURG, WALTHER 1970: *Einführung in Problematik und Methodik der Sprachwissenschaft*, 3., durchgesehene Auflage, Tübingen.

WEIGAND, F.L.K.: *Deutsches Wörterbuch*, fünfte Auflage, hg. von Herman Hirt, 2 vol., Gießen 1909f.

WEINREICH, URIEL 1977: *Sprachen im Kontakt. Ergebnisse und Probleme der Zweisprachigkeitsforschung*, hg. und mit einem Nachwort zur deutschen Ausgabe versehen von A. de Vincenz, München.

WERNER, REINHOLD 1981: "Systemlinguistische Aspekte der Integration entlehnter lexikalischer Einheiten", in: *Sprachkontakt als Ursache von Veränderungen der Sprach- und Bewußtseinsstruktur. Eine Sammlung von Studien zur sprachlichen Interferenz*, hg. von Wolfgang Meid und Karin Heller (Innsbrucker Beiträge zur Sprachwissenschaft 34), Innsbruck, 219-235.

WEXLER, PETER J. 1955: *La formation du vocabulaire des chemins de fer en France (1778-1842)*, Genf/Lille.

WIND, BARTINA HARMINA 1928: *Les mots italiens introduits en français aux XVIe siècle*, Deventer.

WOLF, HEINZ JÜRGEN ²1991: *Französische Sprachgeschichte*, Heidelberg.

WÖRTMANN, KONRAD 1990: "Vasistas – was ist das? Deutsches Wortgut in Nachbarsprachen", in: *Der Sprachdienst* 34, 129-141.

WOORDENBOEK: *Woordenboek der nederlandsche taal*, bewerkt door M. de Vries, L.A. te Winkel u.a., 29 vol. und Supplement, Den Haag/Leiden 1882-1998.

Wort- und Variantenindex[702]

1. Französisch

aam **109**, 117
abstrich **184**, 327
abstricht 184
acanthe d'Allemagne 214
achtelin 109
achteling 42, **109**, 111, 114, 327
acide prussique 254
actinolite 266
actinote 258, 266
actions 163
æsthétique 312
affleurements 148, 149
agaric fossile 222, 223
agaric minéral 222
aigreurs 81
ail d'Espagne 58, 59
ail poireau 58
ail rouge des Provençaux 58
aile 35
air déphlogistiqué 300
air phlogistiqué 300
aire 171
alb 129
albs 129
album **78**, 335, 342
albus **129**
alcali minéral vitriolé 299
alkali volatil vitriolé 300
alluvion métallifère 161
alpenglühen 14, 325
altenman **264**
alve-taler **134**
(mines en) amas 161
amas de décombres 148
amas entrelacés 161
ambre (jaune) 286

ame 109, 114
améthyste basaltine 269
amianthe 237, 238, 240
amincissement 294
amman 89
ammeistre 86
ammite 243, 244
ammonite 243
amphibole 249, 258, 360
amphigène 218, 278, 279, 359
amygdaloïde 288
anciens ouvrages 147
andwal **213**
ankérite 290
anthracite 283
anthracite schistoïde 283
anthracolite 283
antimagnétisme 84
antimoine femelle 219
antimoine sulfuré 242, 362
apatite 31, 50, **269**, 288
apatitique 269
apostofe 64
apostophe 64
apostrophe 65
apprenti blindeur 97
apprentie blindeuse 97
appui 157
apron 202, 203
aragonite **286**, 287
aragonitique 286
arbre 167, 168
arc 171, 172
archi-vampire 315
ard 166, 171, 172
ard (Vendée) 171

---

[702] Bei den als Lemmakopf auftretenden Wörtern bzw. Wortformen ist die Seite, auf der der zugehörige Wortartikel zu finden ist, durch Fettdruck ausgewiesen.

ardeur d'estomac	81, 82
ardoir	172
ardoise charbonneuse	268
ardre	172
argent antimonial en aiguilles très-fines	242
argent antimonié sulfuré	230, 362
argent aurifère	181
argent blanc	242
argent capillaire	290
argent chloruré	235
argent corné	235
argent en poussière	239
argent muriaté	235, 362
argent rouge	227, 230, 231
argent sulfuré	231, 362
argent vitreux	231, 262
argentite	231
argile	22, 154, 217, 255
argue	325
argyrite	231
argyrose	231
arithmétique politique	314
armelline	139
arnotte	215
arquebuse	101, 102
arquebuser	101
arragon	286
arragonite	286, 361
arsenic (vierge) en farine	182
arsenic en poudre	182
arsenic natif	227
arsenic testacé	227
arsénopyrite	235
asbeste	237, 238, 241, 242, 360
asbeste tressé	241
asbestoïde	266
asparagite	**287**, 288
asparagolite	288
asur erts	241
atlas-erts	**262**, 263
attaque à main armée	21
attrebaste	**134**
augite	**287**, 328
augitique	287
Auguste (de Saxe)	**134**
Auguste d'or	134
ausweis	328
avant-foyer	**173**
avant-toutes	64
avoir le chic pour qc	323
awu	109
azur d'Allemagne	196
azur de montagne	196
azurite	196, 234, 241
baleine à bosse	211
balle nette	33
bande	155, 159
barbe	325
barolithe	282
baryte carbonatée	10, 361
baryte sulfatée	233, 234, 271, 361
baryte vitriolée spathique	233
barytine	233
bas bleu	35
basalte fibreux	285
basalte informe	285
basches	124
bassin de réception	173
baste	124, 134
bastite	291
battant	199, 200
battiture(s)	186
batz	40
batze	124
bécabunga	215
beilstein	288
berce 'Heracleum sphondylium'	214
berce 'Wiege'	214
bergblau	195, 196
bergbleau	195, 196
bergforelle	**204**
berglbleau	196
bergmeister	**163**
beril feuilleté en prismes tétraèdres	274
berline	41, 150, 194
berlingot	194
bernthaler	**133**
bérubleau	**195**, 196, 234, 326, 328, 330
beson	110
besson	110
besteg	22, 154, **159**, 329
beurre d'antimoine	270
beurre de bismuth	270

beurre de montagne **269**	bleu de montagne 49, 196, **234**, 237, 241, 270
beurre de zinc 270	
beurre fossile **269**	bleu de Prusse..................177, 253, 254
biedermeier.............................. 14, 325	bley-bleinde...**229**
bihouac 98, 99	bleyglanz..260
binde 266	bleysack..**183**
biouac 98, 99	bleysak 183
bioüac 98	bleyschweif..255
biseau 293	bley-sweiff...**255**
biseauter.. 292	blindage...................................... 97, 175
biselé **292**, 293	blinde 'Abdeckung von Schützen-
bisellement................................. 34, **293**	gräben' 97, 98, 327
bismuth 145, 219	blinde 'ZnS' 228, 229
bisson 110	blindé... 97, 98
bitter 69	blinder 97, 98
bitter-spath 34, **276**	se blinder 97
bitter-stein.. 274	blindes **97**, 98
biv(ou)aquer 99	blindeur 97
bivac 53, 98, 99	blindisser 97
bivoie 98, 99	blindoche 97
bivouac 12, 27, **98**, 99, 327, 335, 342	se blindocher 97
bivouaqueur 99	blocaus 28
bivrac 99	blockhaus 28, 341
biwac 99	blocqueur...165
biwouack 99	blocs 47, 161
blabbert 128	bo(c)queur 165
blachmahl 177	bocage 165
blafard....................................... 129, 330	bocambre......12, 40, 105, 165, **166**, 167, 186, 327, 334
blaffart 128, **129**	
blaffert 128, 129	bocard..........................165, 166, 167, 317
blanche de Leipzig............................ 64	bocardage 165
blanckmal 177, 330	bocarder......................................165, 166
blande 97	bocardeur...165
blapert 128	bocardier..165
blare **124**	boccambre 166
blaze 124	bocquer...............41, **165**, 166, 167, 169
bleinde 228, 229	bocqueur..165
bleinduleux 43, 228	bondax 116
bleke **203**	bonpournickel............................67, 330
blende . 28, 48, 177, **228**, 229, 232, 258, 327	bons gros **133**, 137
	boquier 165
blende charbonneuse 283	boracite 268, **277**
blende cornée................................... 262	borstoff..64
blende de corne................................ **262**	borstorff..64
blende de poix 231, **263**	bouc 317
blendeux 228	boucan 317
bleu de Berlin **253**, 254	boudin 195

boues	168, 170
boues métalliques concentrées	168
bouillon	57
boule	62, 216
boulette	62
boulevard	59, 166
bourgfride	**303**, 342
bourgmestre	54, 93
bouterame	10, 59, 325
boxeur	32
boyau	146
branche-ursine d'Allemagne	214
branscatter	19
bras	167, 168
braunkohle	**287**, 288
braunspath	290
brebis des landes	214
brèche argileuse	283
brelinde	194
breline	194
brelingot	194
brelingue	194
breslinge	215
breslingue	**215**, 216, 334
brigand	318, 319
brinde	98
brindezingue	98
bringue	98
brochet-perche	203
brouails	168, 169
brouet	57
bruant	206
brûlures d'estomac	81
buffet	36
bune	**174**
bure 'Minenschacht'	145, 174
bure 'Teil des Hochofens'	174
burglehn	**302**
burgmann	**89**
buse	174
butyrite	269
butz-cof	210
butz-copf	210
butzkopf	**210**
buze	174
cabillaud	140
cabus surs	60
caillou creux	152
caillou de roche	236, 237
cailloux	224
caisses	170
calà (frankoprov.)	200
calamine	48, 219
calcaire alpin	285
calcaire pénéen	285
calcholithe	277
se calciner	220
calcite	225, 245, 246, 257
calcolithe	277, 278
cale	200
calèche	12, 27, **193**, 194, 342
caléchier	193
calege	193
caler	200
calesse	193
camage	167
came	**167**, 168, 334, 342
camme	167
camne	167
canapsa	62
canard	35, 207
cancerlin	36, 302, 330
canif	62
capout	319, 320, 331, 335
capout maq	**320**
carambole	59
carbonate de chaux	46, 245, 246
carbonate de cuivre bleu terreux	234
carbure de fer	270
carlin	211
carolin	**134**
carrolin	134
cartel	115
cartier maistre	92
castine	171, 174
cendre d'os	176, 177
cendre verte	195, 196
centre-demi	37
cérargyte	235
*chaider	169
chaideur	169
chair de montagne	234, **237**, 238
chair fossile	237, 238
chair minérale	237

chalcolite **277**
chalcopyrite 232
chalkolithe 277
chambre 166, 200
chance... 327
chandelier 98
chapsigre... 68
chapzigre 68
chariot.................................... 150, 151
charriot de montagne 151
châtaigne de terre............................ 215
chaux boracique.............................. 277
chaux carbonatée globuliforme testacée
.... 21
chaux carbonatée nacrée.......... 283, 361
chaux phosphatée verte 288, 361
chaux pulvérulente 222
chéder..... **169**, 184, 328, 330, 332, 335, 336
cheidage.. 169
chelin 120, 121
chemin 151, 319
chenal.. 73
chenapan...... 55, 73, 132, **318**, 319, 327, 335, 342
chenapane....................................... 318
chenik 73, 319
chenil 73, 319
chenille 319
chenique..................................73, 319
cheniquer 73
cheniqueur 73
chenu 73
chevet..................................... 13, 157
cheveu.. 319
chèvre 317
chibre **317**, 318, 319, 324
chibré 317
chibrer.. 317
chibreur.. 317
chic 22, 26, **323**, 324, 333, 335, 342
chicancardo.................................... 323
chicandard 323
chicander 323
chicard 323
chicarder 323
chicardot 323

chicos 323
chien **150**, 151
chîfe (Lüttich) 317
chiltonite...267
chimolee...288
chippond...116
chique...323
chiqué...323
chiquement.....................................323
chiquer..323
chiqueur..323
chirl 251
chlam..28
chlique....................................168, 329
chlitte (lothr.) 190
chlorargyrite...................................235
chlorit...273
chlorite 48, **273**, 360
chlorité 273
chloriteux.......................................273
chlorithe...273
chloritique......................................273
chloritisation..................................273
chloritoïde......................................273
chmoutz..32
chnic...73
chnick...73
chnikeû (Lüttich)............................73
chnique...73
choc...145
choerl......................................247, 248
choque..145
chorl..247
chou..60, 61
choucroutard...................................60
choucroute.....19, 41, 53, **60**, 61, 62, 63, 64, 333, 334, 342
chou-croute..............................60, 61
chou-croûte.....................................60
choucrouteman 32, 60
choucrouter.....................................60
se choucrouter les cheveux 60
choucrouterie..................................60
choucrouteur..................................60
choucroutier 60
choucroutisant 60
Choucroutland................................60

chou-kraut	61
choumaque	325, 327
choux salés	60, 62
choux surs	60, 62
choux-croute	60
choux-croûte	60
choux-croûtes	60
chromhorne	191
chrysobéril	270
chrysobéryl	**270**
chrysobéryll	270
chrysocolle bleue	234
chrysolite	267, 269, 270, 279, 288
chrysolite en grains irréguliers	279
chrysolite orientale	270
chrysopale	270
chtuc	320, 321, 327
cigain	322
ciment naturel	239
cimolée	288
cimolite	**287**, 288
cimolithe	287
circon	268
cisemus (afr.)	213
Citroën Berlingo Bivouac	99
claire	**176**, 177, 178
*clam(e)	197
clan	192, 193, 196
cnobbes	178
cobalt	145
cobalt arséniaté terreux argentifère	250
cobalt éclatant	257
cobalt gris	257
*cobalt en tessons	37
cobalt testacé	37, **227**
cobaltine	257
cobolt d'un gris obscur	227
coffres	169, 170
cognac	37
colichemarde	**102**, 103, 326
colismarde	102
colissemarde	102
colza	60
composition	179
comte du Rhin et sauvage	85
comte sauvage	**85**, 90
concrétion	245
cool	22, 27
copftruch	131, 134
copurchic	323
corallen-ertz	29, **264**
corbeau bleu	207
corindon	51, **275**, 359
corindonien	275
corindonique	275
corindoniques	275
corneille bleue	207
*cor morne	191
cornite	236
corrindon	275
couar	184
coup de main	36
courbache	105
coureur	155
coureur de gazon	33, 155, **160**, 215
coureur de jour	155, **160**
couronne	124
courtine	174
couverture	13, 156, 157
craie coulante	239
craion d'Angleterre	270
craion de plomb	270
craion noirâtre	270
crancelin	36, **302**, 327, 328
crantzelin	302
craque	152
crasse (d'airain)	186
cravachage	105
cravache	12, 74, **105**, 331, 342
cravache d'or	105
cravachée	105
cravacher	105
cravacheur	105
Le Cravacheur	105
cravate	105
crayon noir	270, 271, 335, 336
crécise	171
creuset	171, 175, 177, 178, 335
creux	125, 152, 153, 178, 222
crevasse	158
croard	184
croche 'Groschen'	121, 122, 334
croche 'krummer Stock etc.'	122
crochet	184

crohol	124, 330
cromehorne	191
cromohorne	191
cromorne[1]	**191**
cromorne[2]	**191**
croon	124
croone	**124**
croûte	61, 68, 152
cruche	124
cruts	123
crutz	40
cruys-daalder	125
cruys-daelder	121, **125**, 131
cueillir	197
cuir de montagne	234, **238**
cuir fossile	238, 241
cuivre capillaire	290
cuivre carbonaté bleu	234
cuivre gris	261, 362
cuivre gris arsénifère	261
cuivre noir	261
cuivre oxidulé terreux	263, 362
cuivre pyriteux hépatique	243
culave	100, **188**, 325, 330, 334
cunohe lu wazistas (wall.)	199
cupfernickel	229
cyamite	273
cyanite	**273**, 274
cyanithe	273
cyanitique	274
cymophane	270, 359
czarine	86, 87
czarissa	86, 87
czaritze	86
dame	41, 185
danse	80, 334
dasticot	19
déblais	147, 148
déchet	184
décombrements	148
décombres	147, 148, 149, 262
degrés	150
deidesheimer	73
délovage	197
délover	197
demi-batz	134
demi-creutzer	134
demi-florin	126
demi-max	134, 136
demi-once	117
demi-reichsthaller	134
demi-rixdale	134
dendritiforme	293
dendritique	**293**
denier lubs	121, 126, **130**
dentiforme	**293**
dents	167
déodalite	263
dépôt séléniteux	190
dés fossiles	268
déschlammage	170
détrousseur	318
deutschmark	127
dévaliseur	318
dézinguer	219
diabase	266, 267
diallage métalloïde	291
diamant d'Alençon	272
dietchen	**136**, 325
dinggrave	**303**
diorite	266, 267
directeur des mines	163
dirlingue	135
disthène	274, 360
doliman	74
dolman	**74**, 327
dolmen	74
dolomie	277
dolomite	276
dolyman	75
donner la schlague	103
dorche	140
dorsch	**140**
draban	92
dreyel	133
dreyeller	134
dreyer	**133**, 134, 135, 325
dreyes	133
dreyez	133
dreyheller	122, 133, **134**, 135, 328
dreyling	133, 134, **135**
drogue	139
drome	41, 185
drume	41

druse . 26, **151**, 152, 153, 159, 162, 326, 328, 332, 334, 335
drusen 151, 152, 159, 332
drusens 26, 151, 152, 333
druses de quartz 159
druses de spath 158, 159
drusiforme 152
drusillaire 152
drusique 152
duckstein **70**
duplicata 26
dütgen 136
easy 22
eau de cerise 71
eau-de-vie 72, 73
ébiselé 292
ébiseler 292
échafaud 149, 335
(travailler en) échelon(-montant) 150
écrelet 65
écu d'Allemagne 120
écume 184
écume de fer 186
écume de verre 187, 188
édelithe 267
eimer 111
eisenglimmer **256**, 260
eisenman 260
eisenmann 256, **260**, 327
eisenmun 260
eisenram **256**, 260, 327, 329
embérise 206, 207
embérize **206**
embérizidé 206
embériziné 206
embérizoïde 206
embrecelats 166, 185, 186
embrelin 166
emme (mfr.) 111
en druses 152
enclume 48
ennui à la suisse 105
entéléchie 310
envelope des veines 154
épaulard 210
*épée (de) Konigsmarck 103
éponte 154

équerlé 65
équeurlé 65
équeurlet 65
ermeline 138, 139
ernotte 215
errata 26, 221
escalin 120, 129
esclavage 36
espeautre 220
èsse po l'capot-mack (Lüttich) 320
estaimples 149
estétique 312
esthète 312
esthéticien 312
esthéticisme 312
esthétique **312**, 313, 342
esthétiquement 312, 313
esthétiser 312
esthétisme 312
estoc 186
estocq 41
estourbir 321
estrac **76**, 327
estrèque 321
estuc 320, 321, 327
estuque 320, 321, 327
étai 149
étain 48, 191, 269
etempe 175
être capotmack (flandr.) 320
être sur le qui-vive 199
exploitation en dressant 150
extrac 76
fahlers 261
fahl-ertz 47, 261
fahlerz 29, 42, 241, **261**
faine 123
faîne 123
fainin 123, 330
faire bonne chère 29
faire capout 320
faire la cour à quelqu'un 30
faire le stuc 321
falerts 261
falltranck **82**, 83, 327, 329
falltrank 82
faltran 82

faltranc	82
faltranch	82
faltranck	82
faltrank	82
falun	250
farine calcaire	222
farine empoisonnée	**182**
farine fossile	222
fausse galène	228
fausses émeraudes	221
faux rubis	221
faux saphirs	221
fédererz	242
feine	123, 133
*felchpat(e)	28
feld spalt	246
feld-maréchal	94, **96**
feld-maréchale	96
feldmarschal	96
feld-spat	246
feldspath	27, 28, 34, 44, **246**, 255, 266, 329, 333, 360
feldspath opalin	266
feldspathiforme	246
feldspathique	246
feldspathisation	246
feldspathoïdes	246
feldstein	266, 267
felspath	246
felts spath	246
feltspath	246
femme fatale	315
femme-obus	101
fenin	55, 62, 114, **123**, 129, 174, 327, 328
fening	123
fente	158
féoder	**110**
fer arsénical	235
fer en grains	242
(mine de) fer micacé	256
fer micacé gris	256
fer oligiste concrétionné	254, 362
fer oligiste écailleux	256, 362
fer oxidé	256
fer oxidé globuliforme	242, 362
fer spéculaire	256
fertel	**110**, 114
fertelle	110
fetmen	55, 129, **130**, 131, 134
fetment	130, 131, 132, 331
fiel de verre	**187**
fifre	62
fifrelin	62
filon en masse	161
filon tendant du midi en septentrion	155
filons branchus	155
fin	151
finalisme	311
fine	151
finne	151, 157
flackengangh	**155**, 325, 327, 330
fleur de craie	222, 223
fleur de fer 'Stalaktit'	245
fleur de fer 'Eisenrahm'	256
fleur de zinc	219
fleurs d'argent	222
fleurs d'hématite	256
flinquer	42, 197
florin polonois	129
floss	**183**, 185, 329
flueur	221
fluor 'unechter Edelstein'	221
fluor 'Flussspat'	226, 228
fluorine	228, 259
fluorite	228
flus	**221**
flusspath	228
fœhn	39, **298**, 342
fœhneux	298
fœhnique	298
fœn	298
fogasch	203
fogosch	203
fohn	298
fok	21
forme	175
foudre 'großes Fass'	107, 108, 110
foudre 'Hohlmaß'	110, 111
four à cristal	162
four à cristaux	152, 153, **162**
fourrier	92
fra(e)ulein	321
fraisier marteau	215

fraisier pilon	215
fraisier vert	215, 216
Frédéric	135
Frédéric (d'or)	**135**
frères Moraves	308, 309
freygrave	303
fridolin	17, 32, 38
fritz	32
fruges	324
fuder	110
führer	342
fusion	182, 228
gabbro	46, 247, 248
galactite	222, 223
galèche	193
galène	255, 260
galène compacte	255
galerie	146
gangue	51, 145, 225
ganze-kopf	**136**, 328
gardon	201, 203
gardon rouge	201
gas(se) (wall.)	75
gaste	75, 76
geai bleu	207
geai d'Alsace	207
geai de Strasbourg	207
gelberde	254
gelt	75, 122
Gemma-Huya	271
geneis	249
général-feld-marechal	**94**
géode	152, 153
géognos(t)ique	295
géognosie	**295**
géognoste	295
géognostiquement	295
géographie politique	314
géologie	217, 295
gernotte (norm.)	215
ghur	239
giblas	198
gible	198, 330, 334
gibles	**198**
gibre	317
gibremol	317
giernote (afr.)	215
giftmehl	182
gilben	254
givre	317
glace	297, 317, 318
glacée	318
glacier	257, 297
glacière	297
glacis	318
glaçon	318
glaçure	188
glaitz	197
gland de terre	215
gland^1	**192**, 196, 334
gland^2	**196**, 334
glantscobalt	**257**
glass	**317**, 318, 329
glasse	317, 318
*glet (afr.)	180
gletscher	198, **297**
glette	180
glimmer	**238**
gluckisme	306
gluckiste	306
gneïs	249
gneiss	22, 27, **249**, 250, 328, 329
gneisseux	249
gneissifié	249
gneissique	249
gneist	249
gneuss	249
godiveau	63
golder	**181**
gorge de pigeon	26
gould	122
goulde	122
(travailler en) gradins	150
grains du stock	186
grammatite	274
grand harle	207
grande rouë	168
granite feuilleté	249
granite fissile	249
granite noirâtre	280
granitelle mêlangée de grains quartzeux	279
graphitage	270

graphite 11, **270**, 271, 333, 335, 336, 361
graphité 270
graphiter 270
graphiteux 270
graphitisable 271
graphitisation 270
graphitiser 271
graphitite 270
graphitose 271
gratte-ciel 36
grauwacke **283**, 284, 328, 329
grauwakke 283, 284
gremille 202
grenat blanc 278
grenat décoloré 278
grenat volcanique 278
grès des houillères 283
grès gris 283
griffe 184
groch 121
groche 75, 121, 122, 126, 133, 325
grochen 121
groeschel 122, **137**, 325
gros 121, 122, 125, 132, 133, 290, 323
gros d'argent 132
gros noir d'Espagne 216
grosch 121
grosche 121, 122
groschel 137
groschen 75, **121**, 133, 137
grumillons 186
grunstein 34, **266**, 267
grünstein 266
grunsten 266
guédasse 138
guetteur de chemin 318, 319
gueulard 35, 166, 171
guhr 50, **239**, 245, 326, 328, 334
guhr d'argent 31, **239**, 240
guilbe **254**
gulden **122**
gulpe 302
gur 239
gurh 239
gutegrosches 133, **137**

gypaète (barbu) 208, 209
hâbler 33
habresac 100
hacker 21
*haille (afr.) 66
haillon 66
haire 171, 173
halbekopf 136, **137**
halbikopf 137
halde **147**, 148, 151
halebekopf 137
haler 122, 123
halle 148
halles 148
halloysite 289
hals 147, 148
hambrelin 166
hamecelach 185
hamecelack 185
hamecelagh 62, 185
hamesac 185
hameselack 41, 166, 174, **185**, 186, 325, 326
hammer-schlag 185
hammite 243
hamsa 185, 186, 326, 330
hamster **211**, 212, 336, 342
hamstérique 212
hamstérisation 212
hamuslade (wall.) 186
hang 13, **156**, 157
hard 171, 172, 334
harle bièvre 207
harmonica 192
harmonie préétablie **310**
harre 171
hart **171**, 172, 174, 175
haubitz 100, 101
hautbois 79, 80
hautboïste 39, **79**, 80
havre(-)sac 'Rucksack der Infanteristen' 10, **100**, 104, 334
havre-sac 'Schmiedeabfälle' ... 185, 186, 330
havresat 185, 186
hecmer 111
heemer 109, **111**, 114

heémer	42, 111, 114
héémer	111
heideschuken	214
heidschnucke	**214**
heimer	111
heimvé	105, 107
heimwé	105
heimweh	105, 107
heimwehe	105, 106
heller	**122**, 123
hématite	254, 256
hématite friable en paillettes	256
hemer	111
hemvé	83, 95, **105**, 106, 107, 198, 328
hermeline	**138**, 139, 334
hermine	138, 139
hern(h)utisme	308
hernhutes	**308**
hernutes	308
héroïne	86
herre	171
heydeschenuke	214
hinterhalt	**181**
hocbus (mfr.)	101
hochheimer	73
hocquebute (lothr.)	101
hoctoman	145
hœpfnerite	274
hold-up	21
holer	**125**
homme-obus	101
hond	116, 151
honigstein	**277**, 286
honigstique	277
hornbleinde	258
hornblende	44, 46, 232, 249, **258**, 262, 276, 333
hornblendique	258
hornblendite	258
horne-blende	258
hornistein	286
hornstein	34, 236, 237, **240**
hotu	205
houille limoneuse	288, 361
houille schistoïde	287, 361
houlan	95, 329
houtemant	130
houtman	163
hulan	95
hussard	55, 74, 104
hussarder	55
hydrophane	276
iaspide	236
ide (dorée)	204
imperial	120
impériale	120
incristallisable	292
incrustation	184, 245
jacunce (afr.)	268, 269
jade ascien	288
jargon	268, 269, 282
jargon de Ceylan	268, 269
jargunce	268, 269
jaspe martial	230, 260
jé	**111**, 112
*je maq capout	320
jez	111
jubarte	211
kaiserlich	96, 97
kaiserlick	**96**
kaiserlique	96, 327
kalkspath	245
kanne	**115**
kantianisme	314
kantien	39, 314
kaolin	246
kardel	115
kartel	115
kaste	**149**, 334, 335, 336
kasts	149
kérargyre	235
keyserlick	96
kiess 'Eisensulfid'	232
kiess (wall.) 'Ofenbruch'	232
kiesz	232
kinserlick	96
kinserlik	96
kirch	28
kirchen-wasser	71, 72
kirch-vaser	71
kirch-wasser	71
kirsch	28, 39, 71, 329, 330, 341
kirschen-wasser	71
kirschwasser	**71**, 330

kis	232, 233
kiss	232
kiste[1]	32, **139**
kiste[2]	184
kistel	139
kistre	184
klaprothine	278
klippe	325
kloufte	**158**
klufft	158
knauer	**153**, 328
knaur	153
knaver	153
kneff	62
knèfle	62
kneis	249, 250
kneiss	249
kneusz	249
kniest	**153**, 178
kniper	207
knobbe	62, **178**
knobben	178
knobes	178
knospen	182, **240**, 241
koelreuter	**205**, 206
kœlreutère	205
kohlblende	**283**
koirérite	271
konigs daler	130
konigs-daller	130
konigsdallre	55, **130**
konigsmark	**102**
konismarck	102, 326
konnings-daelder	130, 131
konningz dalder	130
kopfestuck	131
kopfstuck	15, **131**
kopfstyck	131
kopftuck	131
kopftyck	131
kopstick	131
korallen-erzt	**264**
kospfstuch	131
koupholite	267
krach	327
kreutzer	123
krusmann	**316**

kruzmann	316
kuhriémen	**267**
kupfer-hiechem	156
kupferhieckem	**156**, 157
kupferhieke	156, 157
kupferkiess	232, 233
kupferleeg	**182**
kupfernickel	48, **229**, 230, 263
kupfer-nikel	229
kupfernikkel	49, 229, 230
kupfer-riechem	156
kux	**163**
kyesz	232
labbe	209
laborantin	86
laborantine	86
labyrinthe	170
lac lunae	11, 222, 223
læmmergeier	208
læmmergeyer	166, **208**, 209
lagre	105, **188**, 330
lait de la lune	222
lait de lune	11, 17, 49, 215, **222**, 223, 257, 259
lait de lune fossile	222
lait de montagne	222, **257**
laiton	220
lampsa	185, 186
lancement	130
lanchebroter (Schweiz)	33
landaman	88
landamann	88
landamman	88
landammanat	88
landammann	**88**
landgrave	88
landsasse	**89**, 342
lansquenet	62, 77
lapin d'Allemagne	213
lapis lazuli	278
lardite	271
larron de campagne	318
last-gheldt	137
lazulit de Werner	278
lazulite	11, **278**
lazur-ertz	234, **241**
lebererz	251

leckerlé	65
leckerlet	65
leckerli	65
leckerly	65
lécrelet	32, **65**, 331
lehman(n)ite	274
leïaste	51, 275
léibnitien	311
leibnitzien	311
léibnitzien	311
leibnizianisme	312
leibnizien	311, 312
leitmotiv	341
lékerlé	65
lékerlet	65
lékerli	65
lékerly	65
lékrelet	65
lépidolithe	11, **285**, 286, 360
léquerlé	65
letten	**255**
leucite	**278**, 279
leucitique	278
leucitite	278
leucitoèdre	278
leucolithe	278
lied	26, 332
lieder	26, 332
liège de montagne	44, 238, **241**
liège fossile	44, 241
liespfund	116, 117
ligeht	13, **157**
lignite	287
ligt	157
liguet	157
lilalite	13, 51, 285, **286**
lilalithe	286
limandes	150
limon onctueux	159
limonite pisolithique	242
lisières	154
lispund	116, 117
litarge	180
litharge	180, 220
lithogéognosie	297
lithogéognosique	297
lithomarge	222
loir	212
loot	117
lot	117
loth	**117**
loth (Bern)	117
loupe	186
loustic	39, **94**, 95, 327, 335, 342
loustic adj.	95
loustig	94
loustique	94, 95
loustiquette	95
loûte (Malmedy)	117
lovage	197
lover	100, **197**, 198, 342
loveur	197
lube	126
lubes schelins	**120**, 121, 126
lune 'Silber'	215, 223, 323
lune cornée	235
lysipondt	116
lyspondt	**116**, 117
lyspund	116
macaroni	26, 67
macaronis	26
madriers	149
magnésie boratée	277, 361
magnésie sulfatée ferrifère	289, 361
magnétique	84
magnétisable	84
magnétisant	84
magnétisation	84
magnétiser	84
magnétiseur	84
magnétisme	84
magnétisme animal	**84**
magnétiste	84
magnétophile	84
maître des mines	163
maître des montagnes	163
maître mineur	163
maître quartier	92, 93
maîtres chanteurs	305
maîtres chantres	305
mal du pays	95, 105, 107
malachite	262
maladie du pays	83, 105, 106
malder	**112**

maldre	112
malter	112
mamelk (Schweiz)	223
mandelstein	**288**
manquer	22, 53, 143
marasmolite	228
marc 'deutsche Münze'	127, 334
marc 'Gewicht'	126, 127
marc lubs	120, 121, **125**, 126, 127
marcassite	53, 219, 232, 233
marcassite d'or	50, 219, 220
marcassite de cuivre	232
marcgravine	87
marc-lub	125
maréchal de camp	96
maréchal des logis	92, 93
mareschal de camp general	**94**
margrave	87, 88
margravial	87
margraviat	87
margravine	86, **87**, 88
marien	126
mariengros	**126**
mariengroschen	126
marien-grosche	126
mark	**127**
mark courant de Hambourg	126
marmotte de Strasbourg	212
marque	126, 127
marquise	88
marsh	**297**
mart(r)e-zibeline	138, 139
martial	248
masque	325
masse	**112**, 334
matière crétacée	239
matte	180, 182
matte de cuivre	182
max d'or	**136**
maxe	136
maximilien d'or	136
médecine-ball	37
médias	26
mégaptère	211
meistersaenger	305
meistersinger	**305**, 325, 326, 328
meistersingers	305

mellite 'Bernsteinart'	277, 286, 361
mellite 'versteinerter Seeigel'	286
mellitique	277
ménilite	263, 264
merde d'oie	26, 250, 251
merdoie	251
Mesmériade	84
mesmérien	84
mesmérique	84
mesmérisable	84
mesmérisation	84
mesmériser	84
mesmériseur	84
mesmérisme	84
mesmériste	84
métaxyte	283
metterniquois	327
mica	238, 256, 260
mica des peintres	270
mica ferrugineux	256
mica ferrugineux rouge	256
mica vert	272, 277
milieu	37
mimophyre	283
mine (de cuivre) bitumineuse	257
mine arsénicale blanche	235
mine arsenicale rouge	229, 230
mine bocarde	165
mine briquetée	259, 263
mine cornée	235
mine d'argent blanche	231, **242**
mine d'argent cornée	**235**
mine d'argent crasse	250
mine d'argent d'un rouge brun	251
mine d'argent en plumes	**242**
mine d'argent grise	261
mine d'argent merde d'oie	250, 251
mine d'argent molle de différentes	250
mine d'argent vitrée	231
mine d'argent vitreuse	**231**, 261, 262
mine d'arsenic blanche	235
mine d'arsenic d'un rouge de cuivre	229
mine d'azur	234, 241, 262
mine de brique	**259**, 263
mine de cobalt arsenicale d'un gris	230
mine de cobalt cendrée	257
mine de cuivre antimoniale	261

mine de cuivre azurée 234, 241
mine de cuivre grise 47, 261
mine de cuivre vitreuse...................... 231
mine de fer arsenicale...................... 252
mine de fer micacé grise.......... 256, 260
mine de fer micacée rouge............... 256
mine de fèves........................ **242**, 243
mine de foie........................ 37, 243, **251**
mine de foye 251
mine de paysan 49
mine de plomb 271
mine de plomb sulphureuse et
    arsenicale 255
mine de pois...................................... 242
mine de Saint-Nicolas 229, **263**
mine de zinc dure 228
mine de zinc écailleuse...................... 228
mine de zinc sulfureuse 228
mine de zinc vitreuse........................ 228
mine en féves 242
mine en masse 161, 162
mine fiente d'oie 250
mine hépatique 37, **243**, 251
mine limoneuse en globules 242
mine morte.. 228
mine pilée & lavée............................ 169
mine satinée 262
mine transportée 161
mine tuilée 263
minerai alluvionnaire 161, 336
minerai fauve.................................... 261
minerai pulvérulent........................... 157
minerais d'alluvion........................... 161
minerais en amas 13, 162
minéral pulvérisé 168
minéraux d'alluvion 161
mines accumulées............................. 161
minesænger....................................... 304
minnesänger........................... **304**, 305
minnesangers.................................... 305
minnesängers.................................... 305
minnesinger 305, 306, 325
minnesingers.......................... 304, 305
mispickel 22, 39, 51, **235**, 335
mispikel 235
mispikkel 235
misprekel 235

misspickel... 235
mitine 329
moelle de pierre.......... 44, 222, **223**, 259
moelle des rochers............................ 223
mofette 145
moine...................... 35, 177, **178**, 181
mol 317
mollue... 66
molue.. 66
molybdène................................ 253, 270
mom 70
mon...................... 70, 76, 81, 191, 248
Mon de Bronswic 70
monade 310
mondmilch 222
montre à quartz................................ 225
moorkohle 287, **288**
mops 211
mopse **211**
mordant 192
morguesoupe **57**
mortier 102
morue 66, 140, 141
mosa 60
moss 112
mou... 317
mouches 156, 157
mouillure 66
moule (inférieur) de coupelles 181
moule (supérieur) de la coupelle......178
moulin à pilons........................ 166, 167
moulme................................... 157, 158
moulue.. 67
mulder **112**
mulm **157**, 158
mum 70
mumme................................ **57**, **70**, 341
mundic 235
mur 13, 154, 157
muriate d'argent 235
musaraigne 213
mycétophage 210
nase 11, 42, 203, 204, **205**, 334
nasé.. 205
nep... 32
néphrite..............................274, 288, 289
neptunien............................... **295**, 296

neptunisme 295
neptuniste 295
nerf asiatique 36
nerf sciatique 36
niccolite 230
nickel arsénical 230, 363
nickel martial 230
nickel métallique 230
nickel sulfuré 230
nickéline 230
Nicolas (PN) 263
noix de terre 215
nombre 91, 166
none 177, 178, **181**
nonne 181
nordenskjöldite 274
nostalgie **83**, 105, 107
nostalgier 83
nostalgique 83
nostalgisme 83
nostalgiste 83
nostomanie 105
nostrasie 105
noudles 65, 66, 67
nouiller 66
nouilles 63, **65**, 66, 67, 342
nouillettes 66
noules 65, 66
nudeln 65, 66, 67
nul 67
nulles 66
oboïste 79, 80
obus .. 53, **100**, 101, 102, 327, 328, 334, 335, 342
obusement 101
obuser 101
obuserie 101
obusier 100, 102
obusiste 100
obusite 101
ochre de cuivre 263
œil du monde 276
œsthétique 312
oeuvre 179
ogelent 58
ohme 109
olivine **279**

omble-chevalier 204
ombre de montagne 204
onghelt (Bern) 109
onpire 315
ontologie 39, 296, **309**
ontologique 309
ontologiquement 309
ontologisation 309
ontologiser 309
ontologisme 309
ontologiste 309
ontologue 309
oolcïhe 243
oolite 243
oolithe 221, **243**
oolithique 243
opale de feu 276
or blanc de Nagyag 291
or graphique 291
or gris 291
or problématique 291
orange 26
orf 204
orfe 42, **204**, 334
orgeran **57**, 58
orgueil des Allemands 64
orphe 204
orque 210
orthose corné 236
ortolan jaune 206
os calcinés 176, 177
ouhlan 95
oullan 95
oupire 315
paillettes 186
palaiopètre 236
palmes 167
palygorskite 238
panabase 261
panne 39, **185**, 327
panner 185
pantalon 192
panzer 325
paour 23, 69, **322**, 323, 324, 327, 328, 335
parallélépipède 292
parfum 327

part de société civile minière 163	phlogistiquer 300
pâtes 65, 67	phlogiston 300, 301
pechblende .. 28, 46, **231**, 232, 258, 263, 272, 327	phosphate de chaux 269
	phrénologie 310
pecheblende 231	piccinnistes 306
pechertz 257	piciforme **293**
péchertz 257	pie bleue 207
pecherz 231, **257**, 258, 327	pierre à écorce 154
pechkupfererz 257, 263	pierre à fusil 236, 237
pechstein 34, 42, 44, **263**, 265, 276, 289, 327	pierre armenienne 195, 234
	pierre cornée 34, 236, 244
pechurane 231, 258	pierre d'asperge 287, **288**, 292
se pelotonner 197	pierre d'azur 278
pendule à quartz 225	pierre de champ 246
penin 114, **127**, 128	pierre de chaudron 184
pening 127, 128	pierre de corne ... 34, **236**, 237, 240, 244, 254, 258, 274, 292, 341
penne (afr.) 185	
pennin 127	pierre de hache 34, 274, **288**
perche du Rhin 203	pierre de Labrador 265, 266
perche-brochet 203	pierre de lait 222
péridot 279, 359	pierre de lard 271
périophthalme africain 205	pierre de miel 277, **286**
périophthalme d'Asie 205	pierre de poix 34, 44, 263, **265**, 274
perroquet d'Allemagne 207	pierre de Russie 265
perroquet d'Europe 207	pierre néphrétique 274, 288
perroquet de beaupré 21	pierre ollaire 271
perroquet de montagne 207	pierre ovaire 243
pétèrmène (Malmedy) 132	pierre puante 292
petermœnger 131	pierre rayonnante **266**
petite masse (supérieure) 174	pierre rayonnée 266
petremenne **131**, 134	pierre sanguine 254
petriment 131, 134, 331	pierre talqueuse verdâtre 273
pétrosilex 236	pierre-porc 292
pétro-silex 237, 240	piétisme 307
pétuntsé 246	piétiste 31, **307**
pfalzgrave **88**	piler 165
pfannkuchen 32, 38	pilon 166, 167
pfennig 123	pinchebec 220
pfennin 123	pinite **289**, 360
pfenning 123	pinitifère 43, 289
pflockfisch **211**	pinque 10
phalstgrave 88	pintes 110, 117
phening 114, 123	pisolithe 21, 221
phenning 123	pistoche 64
phlogistication 300	pistole 135
phlogisticien 300	pitre **69**, 70, 327, 341
phlogistique **300**, 301	pitrepite 69, 70

pixiforme	293
plachmall	69, **177**
plancher	149, 335, 336
plapper	40, **128**, 129
plappert	128
plomb corné	235
plomb d'œuvre	**179**
plomb frais	49
plombagine	270, 271
plombagine grise	270
plutonien	296
plutoniste	296
poche	34, 152
poilite	34, 263, **289**
pointe	185
pointement	**294**
pois de merveille	275
poix de merveille	275
poix de montagne	275
pomme	58, 64, 334
pomme de Borsdorf	65
pomme de Borstorf	64
pomme de Palestine	64
pompernickel	67
ponte	154
portions	163
portofe (Marne)	64
postoche	64
postophe	41, **64**, 65, 198, 209, 325, 326, 328, 334
potache	138
potage	57, 67
potasche	138
potasse	138
pottasche	138
poudingue	329
poudre d'os	176
poumpou nigel (auvergn.)	68
pournikel	68
préhnite	**267**, 268, 360
préhnitoïde	267
prés salés	297
presspahn	330
prévôt	87
prévôté	88
se promener	20
Prusse (ON)	254

prussiate de fer	253, 254
prussite	253, 254
psaltérion	192
psammite commune	283
pseudochrysolite	279
pseudo-houille	283
pseudo-porphyre	283
psittacin	309
psittaciser	309
psittacisme	**309**, 310
psittaciste	309
psychologie	310, 311
publiciste	**312**
puisard	166
pumpernickel	57, **67**, 68, 328
pyrargyrite	230
pyrargyte	230
pyrite arsénicale	51, 235, 335
pyrite blanche	235
pyrite blanche arsénicale	235
pyrite cuivreuse	232
pyrite d'arsenic	230
pyrite de cuivre	232, 233
pyritologie	296
pyrophane	**276**
pyrose	81
pyrosis	81
pyroxène	287, 359
quark	12
quarteel	115
quartéel	115
quartel	115
quartier maistre	92, 93
quartier-maître	10, 31, 37, **92**, 93
quartier-mestre	92, 93
quarts	223
quartz	28, **223**, 224, 226, 236, 237, 246, 335, 342, 359
quartz cubique	277
quartz enfumé	272
quartz feuilleté	246
quartz hématoïde	260
quartz hyalin rouge	260
quartz résinite miellé	276
quartz-agates	236
quartz-drusen	**159**
quartzerie	224

quartzeux 224
quartzifère 224
quartzifié 224
quartziforme 224
quartzine 224
quartzique 224
quartzite 224
quarz 223
quenef 62
quenèfe .. 41, **62**, 63, 174, 326, 334, 341
*quenèle 63
quenelle .. 39, 41, 53, 55, 62, **63**, 66, 73, 326, 328, 334, 335, 342
quénelle 63
quenelles à la lyonnaise 64
*queneule 63
quenif 62
quertz 223, 332
quieste 232
quilave 188
quinze reliques 96, 97
quinzerlique 96
quis 41, **232**, 233, 335
quisse 232, 233
race 22
rafraîchir 179, **181**, 182
rafraîchissement **179**, 181
ramasser en rond 197
ramequin 58
raousse 328
rapace 315
rape 128
rapen 128
rappe 128
rappen **128**
raps 128
rat-taupe 213
ratze 124, 134
raucht-topas **259**, 272, 328
rayonnant 266
réaliser 35
recueil personnel 78
région côtière basse 297
région marécageuse 297
registre personnel 78
reichdollar 118
reichstaller 119
reichsthale 119
reichsthaler 119
reichsvogt 87
reinette batarde 64
reinette d'Allemagne 64
reinette de Misnie 64
reinfall **71**
reissvogt **87**, 88, 90, 326, 328
reissvogtey **88**
relover 197
renoncule de montagne 216
reoder 108, 110, **112**, 113
réphlogistiqué 300
résinite 263, 360
rhingrave 85
richdale 119
richedal 118, 119
richedale 40, 118, 119, 126, 326
richedalle 119
richetale 118
ridelle 325
riksdhaller 119
risdale 118, 119, 121, 326, 328
risdaler 119
risdalle 118, 121
risque 22
rixdale 54, **118**, 119, 120, 334
rixdaler 119
rixdalle 118
rixdaller 119
rixdollar 119
roc vif 153
rocambole **58**, 59, 327
Rocambole 59
rocambolesque 59
rocambolle 58
roche cornéenne 236
roche de corne 236, 237, **244**
roche de corne cristallisée 247, 248
roche micacée 249
roche porphyrique 283
roche primitive feuilletée 249
roche refractaire noire 249
roche schisteuse 249
roche très dure 153
rochegewacks 265
roder 112

roeder 112
rolle à gorge bleue 209
rolle azuré 209
rolle de (la) Chine 209
rolle de Cayenne 209
rolle de Madagascar 207, 209
rolle oriental 209
rolle violet 209
rolles 207, **209**
rollier . 32, **207**, 208, 209, 331, 333, 336
rollier à ventre bleu 208
rollier d'Europe 207, 208
rollier d'Abyssinie 207
rollier de Cayenne 207
rollier de la Chine 207, 209
rollier de la Nouvelle Espagne 207
rollier de Madagascar 207
rollier de Mindanao 207
rollier de Paradis 207, 209
rollier de Temminck 208
rollier des Antilles 207
rollier des Indes 207
rollier du Mexique 207
rollier varié 208
roquambole 58
rosche-geweichs 265
roschgewack 265
rosch-gewæchs 265
roschgewechs **265**
rose 26
rose-croix **306**, 307
rosicrucianisme 306
rosicrucien 306
rosicrucisme 306
rotangle 201
rotele **203**, 326
rotelle 203
rotengle 39, **201**, 326, 327, 330, 334
rotheguldenertz **227**, 230, 231
roth-gulden-ertz 227
rothschair 140
rotschær **140**, 141
roze-croix 306
ruart 184
rudesheimer 73
*rustène 174
Rustin (PN) 175
rustine 62, 172, **174**, 175, 328, 334
rustre 323
sabeltache 104
saberdache 104
sabertasche 104
sable (fin) 170
sabre 34, 41, 104
sabretache 34, 74, **104**
sac 100, 183, 185, 186
sac à dos 100
saiga 212, 213
salband 154
salbande **154**, 159, 334
salbanque 154
salin 187
sallbande 154
salvelin **204**
salveline 204
sandat 202, 203, 204
sander 203
sandre 39, 201, 202, **203**, 204, 327, 334, 342
sangsue 315
sappare 274
saquement (mfr.) 130
sargone 268
sauer-kraut 60, 61
saur-craout 60
saurcroute 60
saur-kraudt 60
saur-kraut 60
savon de montagne 215, **289**
savon de roche 289
savon minéral 289
schabsigre 68
schabziger 68
schabziguer 68
schæffel 115
schaff[1] 115
schaff[2] 188
schapps 72
schapsigre 68
schapzieger **68**, 73
schapziguer 68
scheel 279, 280
schéelate 279
schéelaté 279

schéele	**279**
schéelin	36, 279, 280, 363
schéelin ferruginé	253, 279, 363
schéelin ferrugineux	252
schéeling	36
schéelique	279
schéelite	279, 280
schéelitine	279
scheffel	113, **115**
scheidage	169
scheider	169
scheideur	169
scheidise	**171**, 328
schelin	120
scheling	120
schelling	**120**, 121, 280
schelot	189, 190
schelotage	189
schelotter	189
schepel	**113**
scheppel	113
scheurte	247
schieffer-spath	**283**, 326
schiffpfund	116, 117
schiffund	116
schillerspath	291
schillict	168, 169
schilling	**120**, 121, 280
schiltems	42, 109, 114
schindel	**201**, 202, 203
schipond	116
schippond	116
schippondt	116
schippund	116
schirl	247, **251**, 252
schirs	251
schispond	**116**, 117
schiste bituminifère	268, 360
schiste charbonneux	268
schiste combustible	268
schiste inflammable	**268**
schiste schorlique	244
schiste spathique	244, 258, 283
schlag	103
schlague	103, 104
schlaguer	**103**, 104, 200
schlagueur	103, 104

schlam	170
schlame	170
schlamm	28, 73, **170**, 327, 330
schlammeux	170
schlammoir	43, 170
schlich	28, **168**, 169, 327, 329
schlicht	168
schlick	168, 169
schlieg	168
schlik	168
schlitt	190
schlittage	190
schlitte	27, **190**, 334
schlitter	190
schlitteur	190
schlosser	205, **206**
schlot	73, 189, 190
schlotage	52, 189
schloter	52, 189
schlott	42, **189**, 329
schlotte	189
schlotter	189
schmidliniens	308
schnapan	318
schnape	72
schnap-han	**132**
schnapps	72
schnaps	28, 29, 55, **72**, 73, 340, 342
schnapser	72
schnauzer	325
schnick	19, 55, 72, **73**, 319, 329, 340
schnik	73
schnipp	73
schnique	73
schniquer	73
schniqueur	73
schocke	145
schoerl	247
schoërl	247
schoorl	247
schorl	73, **247**, 248, 249, 251, 252, 258, 333
schörl	247, 274
schorl aigue marine	248
schorl blanc	248
schorl bleu	248, 274, 290
schorl électrique	248

schorl en forme de grenat 278
schorl en masses informes lamelleuses
.... 258
schorl feuilleté 258
schorl fibreux blanc 274
schorl lamelleux 258, 276
schorl noir en roche 258
schorl olivâtre 248
schorl opaque.................................. 258
schorl rouge 248, 282, 290
schorl spatheux 258
schorl volcanique 287
schorlacé 247
schorlblende 258, **276**
schorlifère 247
schorliforme 247
schorlique 247
schorlite 247
schorlomite 247
schourff **148**, 330
schraitser **202**
schreve 110, 113, 114
schrit 251
schtoss 324
schwenkfeldiens 307, 308
sechsling 122, **137**
seifenwerke 161
seiffen 161
seiffenwerck **160**, 161, 336
seiffenwerke 161
seilten **114**
seiltins 114
sel admirable 299, 300
sel admirable de Glauber **299**, 300
sel ammoniac fixe 299
sel ammoniac secret de Glauber 300
sel ammoniacal secret de Glauber ... 300
sel ammoniacal vitriolique 300
sel armoniacal secret 300
sel capillaire **289**, 290
sel chevelu 289, 290
sel de Glauber 177, 299, 300
sel de Lorraine 299
sel de verre 187
sel marin 290
sel merveilleux de Glauber 299
sel secret de Glauber **300**, 341

sel volatil 300
sélénite 190, 225
semizéolithe 267
séparateur 170
séparation 170
séparer 169, 170, 335
seyfenwerks 161
sheling 120, 121
shilling 121
šibre (Ollon) 317
siebeuzebuter **135**, 136, 330
sienit 31, 280, 281
sienite 280
siénite 280
siéniteux 281
silbergros 132
silbergroschen 132
silbers gros 132
silex 236
silex corné 236, 237
silice 223, 225, 359
silvane 291, 292
silver-gros **132**
similor 220
sinaïte 280
sinople 48, 230, **260**
sinter 15, **244**, 245
sintor 245
skeneffes 62
slague 103
slamme 170
snak **212**, 213
snapane 318
soda[1] **81**
soda[2] 81
sol 40, 121, 130, 134, 297
sol de gros 121
sol des bruyères 297
sol lubs 120, **121**, 126, 130
soleil 'Gold' 235, 298
solive 149
sols lubecks 121
sols lubes 121
sorcrotes 60, 328
sortcrotes 60
soucroute 60, 61
soude carbonatée translucide 187

souer-kraute	60
soufflet	171
souffrette	36
soufrette	36
soulic	213
sour croute	60
sourcroute	60, 61
sourcroutes	60, 61
souslic tacheté	213
souslik	213
spaceger	20
spagnen	216
spalt 'Spaltstein'	**176**
spalt 'Spat'	225
spalte	176
spalth	176
spar	225, 226
spargelstein	288
spat	34, 225
spath.. 28, 159, **225**, 226, 228, 248, 329, 341, 361	
spath adamantin	275, 281
spath brillant	291
spath brun	**290**
spath brunissant	290
spath calcaire 46, 177, 226, **245**, 246, 361	
spath changeant	**291**
spath chatoyant	291
spath cristallisé en groupes	158
spath des champs ... 34, 44, 49, 246, **255**	
spath drusen	**158**
spath dur qui donne des étincelles ... 246	
spath en barres	34, 49, **271**
spath en table	**284**
spath fluor	31, 221, 228, **259**
spath fusible	221, **228**, 259
spath lourd	233
spath magnésien	276
spath perlé	290
spath pesant 46, 226, **233**, 234, 271	
spath pesant aéré	282
spath pesant en barres	271
spath pesant en table	284
spath picé	263
spath rhomboédrique	276
spath schisteux	283
spath vitreux	221, 228
spatheux	225
spathifier	225
spathiforme	225
spathique	225, 290
speakerine	86
speckstein	**271**, 272
speck-stein de Chine	272
speis	180, 218
speise	180
speiss	**180**, 218, 327, 328, 329
speisze	180
speiz	180
spermophile d'Europe	213
speys	180, **218**, 341
sphalérite	228, 229
sphène	284
spiautre	220
spiegeleisen	325, 330
spirlin	203
spitzkasten	330
spuma lupi	252
stahlianisme	301
stahlien	299, 301
stalactiforme	33, 34, **294**
stalactite	245
stalactitiforme	294
staroste	89
starostine	51, 86, **89**
stat	314
statalter	**85**
statisticien	314
statistique[1]	**313**, 314
statistique[2]	313, **314**
statistiquement	314
statistiquer	314
statmeister	90
statmeistre	15, 86, **90**
statthalter	85
stéatite	271, 360
stéatite blanche	271
steen	**117**, 118
stéen	117
steimples	**149**, 327
stein	117, 145, 221, 331
stéin	117
steinwein	**72**

stempel... 149	syénite 31, 41, 48, **280**, 281
stentifeldistes 307, 308	syénitique 281
stettmeistre.. 90	sylvane 291
stettmestre... 90	table du marteau..............................185
stinges **149**	tacher...294
stoc 41, 185, 186	tachure....................................**34**, **294**, 295
stock.. 29, 186	taille montante.................................150
stockfisch.................................... 140, 141	talc bleu 274
stockverck................................... 161, 184	talc terreux.......................................273
stockwerck......... 13, 161, 162, 327, 329	talveg...28
stockwerk................... 42, 161, **162**, 331	tandelin...328
stole 146	tandrole...187
stoll 146	taque..173
stolle 12, **146**, 151, 327, 334	tartre..184
stolln 146	téléologie...................................39, **311**
stoln 146	téléologique......................................311
strahlstein....................................... 266	téléologiste 311
striges.. 315	téléologue 311
stromling.. **141**	tellurate...291
strontiane 280, 281	tellure **291**, 292
strontiane carbonatée 280	telluré..291
strontianite **280**, 281	tellureux..291
stross 30, **150**, 151, 329, 334	telluride...291
strosse 150	tellurifère..291
stuber **136**	tellurique 291
stuc....................... **320**, 321, 324, 327	tellurite..291
stucquer 320	tellurium 291, 292
stuiver 136	tellurure..291
stuq 320	télologie..311
stuquer 320, 321	télologique..311
stuyver 136	temple...175
style nouille 65	ternoi...215
subgrauwacke 283	terre admirable de Saxe...................259
suc minéral 239	terre argilleuse.........................159, 255
succin.. 286	terre basse et fertile (conquise sur la mer)...297
succin transparent cristallisé........... 286	terre circonière..........................281, 282
suint 187, 188	terre corrindonienne **281**, 282
sulfate ammoniacal......................... 300	terre du jargon 281, 282
sulfate de baryte 46, 233, 234	terre jaune...254
sulfate de soude 190, 299, 300	terre miraculeuse 222, **258**, 259
sulfoarseniure de fer 235	terre pulvérulente 157
sulfure d'argent............................... 177	terre strontianiène............................**281**
sulfure de zinc 228	terre strontianique 281
superchic.. 323	terre talqueuse verdâtre 49, 273
surcharge 181	terre verte 196
surcrute (Schweiz)........................... 60	terre zirconienne.......................**281**, 282
surtroncature 292	

terrein à laver	161
terre-noix	214, 215
terril	148
teste-morte	11
teston	124, 131
teston de France	131
tête de choucroute	60
tête de holz	31
tête de verre	254
tête plate	210
tête vitrée	33, **254**, 256
tête-morte	11
thalweg	28
thé suisse	82, 83
timbre (mfr.)	10, 139
timpe	175
timpf	129
timpfen	129
timpf-gulden	129
timplon	175
tinf-gulden	**129**
titanate	282
titane	**282**, 284, 292
titané	282
titane silicéo-calcaire	284
titaneux	282
titaniate	282
titanides	282
titanifère	282
titanique	282
titanisation	282
titaniser	282
titanite	**284**
titanium	282
toit	13, 154, 156
tombac	220
tombereau	150
topaze de Saxe	270
topaze enfumée	259, **272**
torbernite	277
touareg	26
tourbières	297
tourmaline (noire)	247
traban	12, **91**, 92, 327
trabant	92
transuranien	272
traquet blanc	206
traumate	283
travailler par stross	150
trémolite	**274**
tremolith	31, 274
trémolithe	274
trémolitique	274
triage	170
trier	169, 335, 336
trieur	170
trinquer	19
trolle	**216**, 334
trollier	216
trollière	216
trombe	298
troncature	292, 294
tronquement	294
truchement	130
truite des Alpes	204
trusslock	51, 151, **160**, 327, 328
tsarine	**86**, 89, 342
tschinguenien	322
tsigane	322
tubuliforme	**295**
tungstate	277
tungstate de fer	252
tungstate magnésié	252
tungstène	146, 218, 253, 277, 279, 280
tungstène ferruginé	252
tungstique	277
tut	177
tute	**177**, 178, 330, 335
tutie	232
tutte	177
tuyère	48, 171, 172, 175, 176
tymfe	129
tympanon	191, 192
tympanonique	192
tympe	40, 41, 53, 146, **175**
tzarine	86
uhlan	**95**, 96, 327, 329
uhlan(n)érie	95
upire	315
uranate	272
urane	**272**, 292, 333, 363
urane noir	231
uraneux	272
uranide	272

uranien	272
uranifère	272
uranine	272
uraninite	231, 272
uranique	272
uranite 'Uranoxid'	272
uranite 'Uranphosphat'	272
uranite carbonaté	277
uranite noire	231
uranite sulfuré	231
uranium 'Uran'	272
uranium 'Uranoxid'	272
uranyle	272
utilisateur d'ordinateurs non-professionnel gagnant accès non-autorisé aux données	21
vagislas	199
vagistas	199
vaguemestre	**93**, 94, 316, 325
vaidasse	138
vake	285, 316
vakke	284
valhalla	316
valse	39, **80**, 81, 209, 326, 334, 342
valser	39, **80**, 81
valser du bec	80
valserie	81
valseur	80
valseuses	81
valsomanie	80, 81
vamp	315
vampire	**315**, 333, 342
vampiridé	315
vampiridés	315
vampirique	315
vampiriser	315
vampirisme	315
vampirologie	315
vampirologue	315
vampyre	315
vantail (vitré)	199
varme	40, 41, 49, **172**, 173, 174, 175
vase	324
vasistas	17, 53, **199**, 200, 342
vaudre	107
vautour des agneaux	49, 208, **209**
vautour des Alpes	208
vaxhalla	316
védasse	138
velcome	79
vélo-calèche	193
veltage	108
velte	12, 100, **108**, 109, 110, 334
velter	108, 109
velteur	108, 109
verd de montagne	157, 159, 196, 240
verd de terre	196
verge	109
verle	108, 109
verme	173
vermicelle	65, 67
vermout	73, 74
vermouth	**73**, 74, 342
vermoux	74
vermut	74
vermuth	74
verne	172
vernetacque	172
vernetaque	172, 173
véron	204
vert-azuré	196
vertel	110
vètemène (Stavelot)	130
vetmannes	121, 130
vidercome	77
vidercum	77
vidrecome	77, 79, 105
vieil homme	**147**, 264
vielles gens	147
viertel	108, 109, 110
vieux homme	147, 264
vieux ouvrés	147
vieux travaux	147
vigandistes	308
vilcom	**79**
vilkome	79
vimpierre	37, 215
virte	108
virter	108
visa	26
vitriol de natron	299
vitriol de soude	299
voder	107
volfram	252

volfran 252, 327
volmetaque 172
vorscheidage 169
voudre 107
vource 62, 195, 214, 316, 326
vourscht 195
vourst 195
vourste 195
vrygraff 303
vrygrave **303**
vulcanien 296
vulcanisme 296
vulcaniste **296**
vulnéraires suisses 82, 83
wacce 284
wacke **284**, 285, 360
wagmestre 93
wague-maistre 93
waguemestre 93
wake 284
wakke 284, 288
waldgrave 90
waldsterben 325
walhalla **316**
walse 80
walser 80
walz 80
wampir 315
wampire 315
warme 172, 173, 174
wasistas 199
wasser-hosen 298
wass-ist-dass 199
webmestre 93, 94
wédasse 138
wedrecome 77
weigéliens 308
welche **321**, 322
welcherie 322
welsche 321
weltanschauung 14, 34
wermouth 74
wildfangiat **90**
wildgrave 85, **90**
wildgraviat 90
wilecome 79
wilkom 79
willkomm 79
windjacke 325
winspel 115
wirschaf 77, 326
wirthschaft 77
wirtschaf **77**
wispel 15, **115**
witherite 11
withérite **282**
wllan 95, 96
woas-ist-doas 199
wolfart 252
wolffianisme 312
wolffien 312
wolffram 252
wolfram 218, **252**, 253, 279, 327
wolframate 252
wolframe 252
wolframiate 252
wolframine 252
wolframique 252
wolframite 252, 253
wolfran 252
wolfrum 252
wollastonite 284
wource 195
woursch 195
wourst 195
wurfelstein **268**, 277
wurst 28, **195**
wurtchafft 77, 78, 327, 330
yune 114
zain 218, 219, 220, 221
zartfisch **141**
zechstein 15, **285**, 327
zeinc 218
zendel 202
zéolithe du Cap (de Bonne-Espérance)
 267
ziegel-ertz 259, 262, **263**
ziégéline 263
zigel-erz 263, 322
zigheune 322
zigueline 263
zigueune 322
zim 218
zimmer **139**

zin 218, 220
zinc 12, 50, **218**, 219, 220, 327, 333, 335, 342, 362
zinc sulfuré 228, 362
zincage 219
zincate 219
zinch 218, 219, 220, 221
zincides 219
zincifère 219
zincique 219
zincite 219
zinck 218, 220, 329
zincographe 219
zincographie 219
zincographier 219
zincograveur 219
zincogravure 219
zinconise 219
zinconite 219
zincose 219
zincosite 219
zincotechnie 219
zindel 202
zing 218, 220, 221
zingage 219
zingel **202**, 203
zingot 219
zingué 219

zinguer 219
zinguerie 219
zingueur 219
zingueux 219
zinguifère 219
zink 218, 221
zinopel 260, 322
zinople 260
zinquier 219
zircon **268**, 269, 359
zirconate 269
zircone 269, 281
zirconie 269, 281, 282
zirconien 269
zirconique 269
zirconite 269
zirconium 269
zirconyle 269
zirkom 268
zirkon 268
zirkones 268, 269, 281
zir-kons 268, 269
zisel **213**, 341
zizel 213
zomf 170, 327, 328
zomff **170**, 330
zunfftmester 86
zunftmester 19, **86**, 342

2. Deutsche und in Deutschland geprägte Einheiten

Abfärben 34, 294
Abstrich 184
*Acht(e)ling 109
Achtzehngröscher 129
Ahm 40, 109, 114
Alandbleke 203
Album amicorum 78
Albus 129
Alter Mann 147, 264
Ammann 89
Ammer 206
*and(e)rer Batzen, *Anderbatzen 134
Andwal 213

Apatit 31, 269, 361
Aragon(it) 286
Ästhetik 312, 313, 314
Atlaser(t)z 262
Atlaßerzt 262
Augit 287, 359
Augustd'or 134
Bahn 185
Barre 47
Bartsch 214
Batzen 124, 134
Bauer 23, 69, 322
Bauererz 49
baumförmig 293
Beilstein 34, 274, 288, 289, 360
Bekebunge (nd.) 215
Bergblau 49, 195, 196, 234, 330

Bergbutter 269, 361
Bergfleisch 237
Bergforelle 204, 205
Berggrün 196
Bergkork 238, 241, 360
Bergleder 238, 241
Bergmehl 11
Bergmeister 144, 163, 218
Bergmilch 257, 361
Bergseife 289, 360
Berlin (ON) 194
Bernthaler 133
berz (mhd.) 214
Besteg 159, 160
Bestieg 159, 160
Bitt(e)rer 69
Bitterspat(h) 34, 276
Bitterstein 274
bîwacht(e) (mnd.) 53, 98, 99
Biwak 99
*Blaarer 124
Blaffert 128, 129, 330
Blaustrumpf 35
*Bleiblende 229
Bleisack 183
Bleischweif 255, 362
Blende 98, 143, 228, 229, 362
Blende(n) 97
Blendung 98
bley-glantz 255, 261
bley-sack 255
Blicke 203
bochen 165, 166
*Bochhammer 105, 165, 166, 186
*Bochwerk 166
Bohnerz 242, 243, 362
Borazit 268, 277, 361
Borsdorfer 64, 65, 209, 326
Brandschiefer 268, 360
Braunkohle 287, 361
Braunspat 290, 361
Bresling 215
bring dir's 98
Bruder Lustig 94, 95
Bühne 174
Bundaxt 116
bûr (mhd.) 145

Burgfrieden 303
Burgleh(e)n 302
Burgmann 89
Butskopf 210
Butterram 59
Chalcolit 277
Chic 324
Chlorit 273, 360
Chloritschiefer 49
Chrysoberyll 270, 359
Cimolit 287, 288
cœruleum Berolinense 253
Cognac 69
cool 22
*Cruysdaelder 125
Cyanit 273
Dalder (nd.) 119
Dāler (nd.) 119
Damm 41
Dampfmaschine 36
dendritisch 293
Depesche 24
Dinggraf 303
Ditchen 136
Dolman 74
Dorsch 140
Drabant 92
Dreier 133, 135
Dreiheller 134
Dreiling 135
droge-fate (mnd.) 139
Drom 41
Druse 151, 152
Drusenloch 160
drusig 152
Duckstein 70
Dütchen 136
easy 22
Eimer 111, 114
(Schläge) einstecken 321
Eisenblüte 245
Eisenglimmer 256, 362
Eisenmann 256, 260
Eisenrahm 256, 260, 362
*Eisenrohm (nd.) 256
Eistein 243
Emberitz(e) 206

Emberiza	206
Ente	35
Erbs(en)stein	221
Erdfall	50
Erdfelle	50
Erdnuss	215
Erzhalde	148
Eschel	48
eschet	48
Fahler(t)z	261
fair	27
*Fairheit	27
Fairness	27
Falltrank (schweizerd.)	34, 82
Federerz	242, 362
Feldmarschall	31, 96
Feldspat(h)	34, 246
Feldstein	266
*Fettmann (rhein.)	130
Fettmännchen (rhein.)	55, 130, 331
Fettmönch (rhein.)	130
file (mhd.)	200
Fill (lothr.)	200
Finne	151
flacher Gang	155
Fliegenpulver	49
flinken	197
flinkern	197
Floß	183
Flügel	35
Fluss	221, 361
Flussspat	31, 221, 225, 361
Föhn	298
Forme	176
Frantzösisches Kopfsstuck	131
Fraueneis	225, 361
Freigraf	303
Friedrichsd'or	135
Frischblei	49
frischen	179, 181
Frischen	179, 183
Früchte	324
Fuder	107, 110, 112, 113, 114
Fünfer	136
Fußball	36
(einen Computer) füttern	35
gänseköthig Silber	250
Gang(stein)	145
*ganzer Kopf	136
*Ganzkopf	136
zu Gast gehen	76
gasten	75
Gastmahl	75
Geest	297
Gelätz	197
Geld	75
General Feldmarschall	94
Geognosie	295
Gestänge	149
Giebel	198
Giftmehl	182
Gilbe	254
glad (nd.)	180
Glantzertze	332
Glanzkobalt	257, 363
Glas	317
Glaser(t)z	261
Glasgalle	187
Glaskopf	33, 254, 256, 362
Glassalz	187
Glasur	188, 197
glat (nd.)	180
Glätte	180
Gletscher	297
Glette	180
Glimmer	238, 256, 360
Glötte	180
Gluck (PN)	306
Gneis	249, 250
Gneiß	249
Gneus	250
Gobius Koelreuteri	205
Gobius Schlosseri	206
Gölder	181
Goldorfe	204
Graphit	267, 270, 271, 361
Grauwacke	283
Gröschel	137
Groschen	75, 121, 122, 126, 133, 325
Grube	146, 173
Grünstein	34, 266
gschickt (els.)	324
gschtorbe (els.)	321
Guillotine	24

Gulden 118, 122, 126, 129
Gur 32, 239, 245
gute Groschen 133, 137
Haarigsilber 290
Haarsalz 289, 290, 361
Habersack 100
hadel (mhd.) 66
*Hafersack 100
Hakenbüchse 101
*halber Kopf 137
halber Taler 134
*Halbkopf 137
Halde 53, 147, 148
Halle 316
Haller 123
Hämatit 254, 256
Hammerbahn 185
(Meister) Hämmerling 166
Hammerschlack(e) 186
Hammerschlag .. 62, 166, 185, 186, 326, 330
Hamster 211, 212
Handstreich 36
Hangendes 156
harmo (ahd.) 138
Haubitz(e) 53, 100, 101, 327
*Haubütz 101
Hauptmann 130, 163
Hautboist 79, 80
haversak (mnd.) 100
*Hawersack 100
Heidschnucke 214
Heimweh 83, 105, 106, 396
Heller 122, 123, 125, 405
Herd 171, 172, 173, 174
Hermelin 138, 139
Herrnhut (ON) 308, 309
Herrnhuter 265, 308, 309
Herzerbsen 275
Hinterhalt 181
Hohler 125
Hohlmünze 125
Hohlpfenning 125
Holzkopf 31
Honigstein 277, 286, 361
Höpfnerit 274
Hornblende 53, 258, 262, 360

Hornerz 235, 361, 362
Hornfels 236, 244
Horngestein 244
Hornsilber 235
Hornstein ... 34, 236, 237, 240, 244, 359
Hulahnen 96
Hund 116, 150, 151
Hütte 146
Hydrophan 276
Igloit 10
Il (lothr.) 200
île (mhd.) 200
Immi 114
ze Jass jonn (rhein.) 75
Jez 111
Jus wildfangiatum 90
Kaiserliche pl. 96
Kaiserlicher 96
Kalesche 193
Kalesse 193
Kalkspat 245, 287, 361
Kalkstein 171, 174, 243, 292, 361
Kall (lothr.) 200
Kamm 167
Kämme 168
Kanne 115
Kant (PN) 314
Kapelle 176
kaputt 320
kaputtgemacht 319, 320
kaputtmachen 319, 320
Karbatsche 105, 331
Kardeel (nd.) 115
Karolin 134
Kasten 75, 149
Keil 200
Kesselstein 184
Kies 157, 232, 233, 296
Kiesel-Stein 48
kîl (mhd.) 200
Kīl (lothr.) 200
Kill (lothr.) 200
Kirsch(en)wasser 71
Kissel-steim 48
Kiste 139
Kister 184
Klamm 192, 196

klar	177
Kläre	176, 177
Kluft	158
Knappsack	62
Knauer	153
Knaust	250
Knedel (lothr.)	53, 63, 326
Kneifer	207
Kneiper	207
Kneis	250
Kneiss	250
Knepfle (els.)	62, 63, 326
Kneus	250
Kneust	250
Knieper (nd.)	207
Kniest	153
Knobben	178
Knödel	63
Knospen	240
Kobalt	11, 143, 145, 228, 363
Kohlblende	283
Königsmar(c)k (PN)	102
Königstaler	55, 130
Kopfstück	124, 131, 134
Korallener(t)z	264
Korund	275, 281, 359
Korunderde	281
Köste	184
Kränzlein	302, 330
Kren	57
Kreuztaler	125
*Kristallband	155, 159
Kristallofen	162
Krizīsə (els.)	171
Krone	124, 330
Krummhorn	191, 327
Krützer	124
Krutzmanna	316, 317
Kühlhafen	100, 188, 325
Kuhriemen	267
Külp (mittelrhein.)	302
Kulpe	302
Külpe (henneberg.)	302
Kupelle	176
Kupferhieken	47, 156
*Kupferlech	182
Kupferleg	182
Kupfernickel	12, 229, 230, 263, 363
Kurmeister	89
Küste	108, 184, 265
Kux	163
Kyanit	248, 273, 360
Labbe (nd.)	209
Labradorstein	265
lac montanum	257
Lager	105, 188
Lämmergeier	166, 208, 209
Landammann	88
Landgraf	88
Landsasse	89
Landsknecht	62
Landsmann	130
Landsprache	33
Lastgeld	137
Lasurer(t)z	241
Lasurstein	278, 360
Lebererz	37, 243, 251, 362
Leckerli (schweizerd.)	32, 65, 331
Leibniz (PN)	311
Lemmata	26
Lepidolith	32, 285, 360
Letten	255
Leuzit	218, 267, 278, 359
Liegendes	157
Likör	69
Lilalit	286
Līspunt	116
lofen (nd.)	100, 197, 198
Lot(h)	117
lub (nd.)	120
lubese Schellinge	120
lübisch	120, 126
lübische Schellinge	120
Lūt (niederrhein.)	117
Magenbitter	69
magnetismus animalis	84
Malder	112
Malter	112
māmilch (schweizerd.)	223
Mandelstein	288
Marienglas	225
Mariengroschen	126
Mark	118, 127, 222
Mark lub	125, 126, 127

Markgraf	87
Markgräfin	87, 88
Marsch	297
Maß	112
Maxd'or	136
Meistersinger	305
Mesmer (PN)	84
Metternich (PN)	327
minera cupri hepatica	243
Minnesänger	304
Misspickel	235
Mönch	35, 178
Mondmilch	11, 222
monmilch	11, 223
Moor	297
Moorkohle	288, 361
Mops	211
Mopshund	211
Morchen	121
Morgensuppe	57
Muff	145
Mulder	112
Mulm	157, 158
Mumme	70
Nase	11, 205
nasen (mhd.)	205
nasus	205
Nepper	32
Neptunier	295, 296
Nickel (PN)	11, 230
Nietenhosen	37, 38
Nikolaus (PN)	230
Nonne	181
nostalgia	83
Nudeln	65, 66, 67
Oboist	79, 80
Obsidian	264, 360
Ohm	40, 109
Ohmgeld	109
Olivin	248, 267, 279, 359
Ontologia	309
oolithus	243
Orf	204
Orfe	204
orgelingum	57, 58
ougeling (frnhd.)	57
pechartig	293
Pechblende	231, 263, 272
Pecher(t)z	257, 258
Pechstein	34, 263, 264, 265, 274, 289, 360
Penning	127, 130
Penning lub	126, 130
Perlziesel	213
*Perst	214
Petermännche (rhein.)	131, 134, 331
Petermännel (rhein.)	132
Petermenger (rhein.)	131
Pfalzgraf	88
Pfennig	123
Pfenning	55, 62, 123, 127, 330
pfifer (mhd.)	62
Pfifferling	62
Pflockfisch	211
phlogiston	299, 300
Pietismus	307
Pietist	31, 307
*Pietistische Bruderschaft	307
Pinit	289, 360
Pinke	10
Pirol	209
Pittermännche (rhein.)	131
Plappert	128
pochen	165, 166
Pochhammer	165, 166
Pochwerk	165
Pottasche	138
prästabilierte Harmonie	310
Prehnit	267, 360
Prest	214
Preußischblau	254
Probier-Tuten	177
psittacismus	309
Psittazismus	309
Publizist	312
Pumpernickel	67, 68, 330
Pyritologia	296
Pyrophan	276, 368
Quar(t)z	223
Quarteel (nd.)	115
Quartiermeister	31, 92
Quarzdrusen	159
Quärze	224
Quas	75

Quast	75
Rahm	58, 256
*Ramchen	58
*ramken (mnd.)	58
Rappen	128
Rauchtopas	259, 272
raus	328
realisieren	35, 326
Reichstaler	118, 119, 130, 134
Reichsvogt	87, 326
Reichsvogtei	88
reidel (mhd.)	325
Reinfal(l)	71
Rīchst(h)aller (alem.)	118, 326
Rieksdaler (nd.)	118, 119, 326
Rockenbolle	58, 59
Rogenstein	221, 243, 361
Rohm (nd.)	256
rohrförmig	295
Roller	32, 207, 208, 209, 331
Röschgewächs	265
rosea crux	306
Rotäugel	201
*Rotele	203
Roteugel	201, 330
Rothele	203
Rot(h)gültig-Er(t)z	227, 230
Rotschär	140
Rückstein	62, 174
Ruder	112, 113
Sabel	104
Säbel	104
*Sabeltasche	104
Säbeltasche	34, 104
sacman (mhd.)	130
sal (ammoniacum) secretum Glauberi...	300
sal mirabile Glauberi	299
Salband	154
Salbling	204
Salmling	204
Salvelin(us)	204
Sandat	204
Sander	203
Sauerkraut	60, 61
Sauerkrautsupp	62
Schabzieger	68
Schacht	144, 145, 146, 150, 174
Schaff[1]	115
Schaff[2]	188
Scheelit	253, 280
Scheelium	279
Scheffel	113, 115
Scheid(e)eisen	171
scheiden	169, 171
Scheider	169
Schelling	120
Schelling lub (nd.)	121, 126
Schepel (nd.)	113
Scherbenkobalt	37, 227
Schick	323, 324
Schieber	317
Schieferspat(h)	283
Schierl	247
Schiever	317
Schillerspat	291
schillinc (mhd.)	120
Schindel	201, 202
Schippunt (nd.)	116
Schirl	49, 247, 251, 252
schlagen	103, 104
Schlamm	158, 170, 189
Schlich	49, 53, 168, 169
Schlick	168
Schlitten	190
Schlotte	189
Schlotter	189
Schmidlin (PN)	308
Schmutz	32
Schna(c)ke	212
Schnapphahn	132, 133, 318
Schnaps	53, 72
Schnick	73
Schörl	53, 247, 251, 359
Schörlblende	276
Schraitzer	202
Schreibblei	271
schreve (mnd.)	113
Schreve (nd.)	113
Schuhmacher	325
Schurf(f)	148
Schweinstein	292
Schweizerkrankheit	106
Schweizer-Tee	83

Schwenkfeld (PN) 307
schwer 234
Schwerspat 233, 271, 361
Sechsling 137
Seidel 114
Seidlein 114
Seidlen 114
Seifen 161
Seifenwerk 160, 161
Shentegang 48
Sieb(en)zehner 135
Silbergur 31, 239
Silvergroschen (nd.) 132
Sinôpel 260, 359
sinôpel (mhd.) 260
Sinter 244, 245
slich (mhd.) 168
slîch (mhd.) 168
smart 27
*Smartness 27
Sod 81
sôt (mhd.) 81
Spalt 176
*Spanien 216
*Spanier 216
spanische Schalotte 59
*spanische Traube 216
Spargelstein 287, 288, 361
Spat(h) 225
Spat(h)drusen 158
Speckstein 271, 272, 360
Speise 180, 218
Speisigerz 218
Speiß 180
Sphen 284
Spiauter 219, 220
Stadtmeister 90
Städtmeister 90
Stahl (PN) 301
Ständlein 328
Stangenspat 34, 271, 361
Starostin 89
statistica 313
Statistik 313, 314
Statthalter 85
jemandem etwas stecken 321
Steen (nd.) 117, 118, 174

stehender Gang 48
Steinmark 222, 223, 259, 330, 360
Steinwein 72
Stempel 149, 327
Stinkstein 292, 361
Stock 29, 186
Stockwerk 161
Stollen 146
Stoß 324
strack 76, 250, 327
Strahlstein 266, 360
Strecke 321
Strömling 141
Strontianerde 281
Strontianit 280, 282
Strosse 150
im Strossenbau arbeiten 150
Stüber 136
Stück 320, 321, 327
Sumpf 170
Sūrkrūt (els.) 53, 60, 61
Syenit 280, 281
Tacke (nd.) 172, 173, 174
Tafelspat 284
Tagläufer 155
Tak (nd.) 173
Taler 119
Teleologie 311
Tellurium 291, 292
terra miraculosa Saxoniae 259
Tim(p)f 129
*Tim(p)fgulden 129
Titanit 248, 284
Titanium 282, 292
Trabant 91
Tremolit 274, 360
Trollblume 216
Trolle 216
Trollius 216
tropfsteinartig 33, 34, 294
Troubadour 306
Tümpel 53, 146, 175
Tungstein 279
Tüte 177
Tute 177, 178
Tym(p)f 129
U(h)lan 95

Umwelt	37
Uran	273
Uranium	272, 292
Valholl	316
Vampir	315
Vaterland	36, 107
Viertel	100, 108, 109, 110
Vorherd	173
Vrygrave (nd.)	303
Vulkanist	296
vulkanistisch	296
vuoder (mhd.)	107
Waacken	285, 332
Wacke	284, 360
Wagenmeister	93, 325
Waidasche	138
wal(stat) (mhd.)	316
Walhalla	316
walzen	80, 81
Walzer	80, 209, 326
warm	173
wärm (rhein.)	173
*warme Tacke (nd.)	173
*Wärmtacke (nd.)	172, 173
Was ist das?	17, 33, 53, 199, 200
Wasenläufer	33, 155, 160
Wasser	324
Wasserblei	270, 363
Weigel (PN)	308
Weinbrand	37
Weispfennig	121
weißgültig Silber	242
welsch	321, 322
die Welschen	321, 322
Welschschweizer	322
Weltauge	276
Werk	179
Werkblei	179
Wermut	73, 74
Wermuth	74
Wiederkomm	77, 105
Wigand (PN)	308
Wildfangsrecht	90
Wildgraf	85, 90
willekommen (mhd.)	79
Willkomm	79
wînstein (mhd.)	37, 215
Wirtschaft	77, 326, 327
Wismut	143, 145, 362
Wismuth graupen	332
Wispel	115
Witeke (nd.)	203
Witherit	282, 361
Witink (nd.)	203
Wolfert	252
Wolff (PN)	312
Wolfram	218, 252, 363
Wolkenkratzer	36
(sächsische) Wundererde	259
Würfelspat	268
Würfelstein	268
Wurst(wagen)	195
Yhre	114
Zacken	173
zähnig	293
Zander	201, 202, 203
Zarin	86, 87
zart	141
Zartfisch	141
Zechstein	285
Zi(e)sel	213
Ziegelerz	259, 262, 362
Zigeuner	322
Zimmer	139
Zingel	202
Zink	218
Zircon	268
Zirkon	268, 269, 359, 400
Zirkonerde	281, 282
zisimūs (ahd.)	213
zugeschärft	292
Zunftmeister	86
Zuschärfung	34, 293
Zuspitzung	294
*Zweier	110
*Zwilling	110

3. Andere Sprachen

Lateinisch

Acerina schraetzer 202
ala 35
augites... 287
aurum paradoxicum 291
aurum problematicum..................... 291
camera 166
caput mortuum................................... 11
carrus 193
chloritis... 273
Chondrostoma nasus....................... 205
chrysoberullus 270
Cimolus 288
cor indum... 275
Coracias Remminckii 208
corium fossile 238
corneus............................. 236, 244, 258
corneus cristallisatus............... 247, 258
corneus cristallisatus niger 236
corneus spathosus 258
Cyprinus nasus 11, 205
Cyprinus orfus 204
denarius grossus 122
farina fossilis 11
fel vitri.. 187
flos ferri 245
fluor 221
fluor (mineralis).............................. 225
forma 175, 305
galena....................................... 228, 229
glacies Mariae................................. 225
glittus 180
Gymnocephalus schraetzer............. 202
hyacinthus.. 269
lac lunae 11, 222, 223
lapides cornei 236
lapis specularis 225
lit(h)argirum 180
marga 222
medulla saxi..................................... 223
melilites 277
numeru... 166
oculus mundi 276
Oriolus aureus 209

ovaria 243
patria 36
Perca schraetser............................... 202
phlogisticus 301
pica antillarum 207
plumbago sterilis 228, 229, 232
plumbago 228
pseudogalena 228
psittacus... 309
salamarinus 204
Salmo salmarinus 203, 204
Salvelinus alpinus 204
sandra 204
selenites 225
sinopis 260
soda 81
solidus 121
spaltum 176
spathum brunescens 290
spathum calcareum 246
spathum durum scintillans 246
stenomarga 222
syenites 281
(terra) cimolia 288
terrae vitrescibiles 11
*weigelianus 308

Griechisch

ἄμμος 244
ἀπατᾶν 269
βαρύς 234
γράφειν 270
κύαμος 273
κύανος 274
λευκός 278
σινωπίς 260
συηνίτης 281
σφήν 284
τύμπανον 192
ὑάκινθος 269
φλογίζειν 299
χαλκός 278
χρυσοβήρυλλος 270

Germanische Sprachen

Voreinzelsprachlich

*erθhnot 215
*fōdra- 107
*knif 62
*skillinga- 120
*waizda- 138

Friesisch

koelhafen 188
*rügstien 174

Englisch

blue jeans 37
blue-stocking 35
centre-half 37
copper-hog 53
earth-nut 215
to feed (a computer) 35
field 36
football 36
footing 329
golp 302
golpe 302
gulp 302
howitts 101
howitzer 102
labradorstone 265
let ball 33
medicine-ball 37
meeting 329
phlogistic 301
plutonian 296
plutonist 296
Prussian blue 254
pudding(-stone) 329
to realize 35
roller 208
scavage 36
schelyng (mittelengl.) 120
schillinge (mittelengl.) 120
scilling (angels.) 120
sky-scraper 36
soda-water 81
sowre crud 60

spar 227
sparr 227
steam engine 36
vampire 315
volcanist 296
webmaster 94
welsh 322

Niederländisch

aardnoot 215
bijwacht 98, 99
bolwerc (mnl.) 59, 166
boterham 59
cranselijn 302
daalder 119, 125
daaler 119
daeler 119
dealder 119
dorsch 140
emmer 111
erdnote 214
flink(e) 197
flinken 197
te gast gaan 75
goede sier maken 29
gulden 122
hakebusse 101
hoozen 298
houvitsier 101, 102
kapot 320
kardeel 115
keurmeester 89
konings-daalder 131
koolzaad 60
kruis 125
kruysdaelder 125
kwartiermeester 92
leuwedaalders 119
lood 229
lood-blende 229
malder 112
penning 127
pink 10
potas 138
quarteel 115
rammeken 58
rijksdaalder 119

rijksdaler 118, 119
roede 113
ryksdaalder 119
scellinc (mnl.) 120
schepel 113
schreef 113
schreve 113, 114
schrewe 113
scillinc (mnl.) 120
snaphaan 318
snaphaen 133
timber (mnl.) 10, 139
timmer (mnl.) 10
veertel (mnl.) 110
viertel 108, 109
voeder 107
wagenmeester 93
weed(e) 138
weedas 138
willecome (mnl.) 79

Altnordisch

valhǫll 316
timbr 139
*jarđ-hnot 215

Schwedisch

gaesten 53
gästen 264
gruva 146
hytta 146
jordnöt 215
lab 209
labbe 209
nickel 12
rotskär 140
schakt 146
stoll(e) 146
timpel 146
torsck 140
torsk 140
tungsten 279
valhall 316
valhalla 316
wattu-stoll 146

Norwegisch

fil (amer. norw.) 36
rotskær 140
valhal 316

Dänisch

rødskær 140
valhal 316

Romanische Sprachen

Okzitanisch

alh porrou (béarn.) 58
bércétt (Pyrénées Orientales) 214
bergua (gask.) 109
bergue (Landes) 109
bèrtograno (Dordogne) 214
estu 321
estuc 321
estuch 321
estui 321
estuit 321
istuei 321
merda d'auque 250
soda 81

Italienisch

argano 325
arialla 148
armellino 139
arnese 53
barbero 325
bellicone 79
bilcomo 79
bivacco 53
blenda cornea 53
buffetto 36
calesse 193
chenella 53
dettaglio 22
dettaglio 22
fahlerz 53
gergone 269
mangiare 22

maschera ... 325
òbice ... 101, 102
obizo ... 101
oboista ... 80
pubblicisti ... 312
publicista ... 312
salamarino ... 204
salterio tedesco ... 192
schnaps ... 53
scorlo ... 53
slicco ... 53
soda ... 81, 82
spalto ... 176
statistica ... 313
stucco ... 321
vampiro ... 315
vasistas ... 53
verde azzurro ... 196
villaggio ... 22, 53

Spanisch

calesa ... 193
chucruta ... 53
feldespato ... 53
golpe ... 302
hablar ... 33
obús ... 53, 101
timpa ... 53
timpanón ... 192

Portugiesisch

soda ... 81

Katalanisch

calès ... 193

Rumänisch

halde ... 53

Slawische Sprachen

Russisch

го́сти ... 76
гость ... 76
идти́ в го́сти ... 76
сайга ... 212
стро́ить куры кому ... 30
упы́рь ... 315
утка ... 35
цари́ца ... 86

Polnisch

barszcz ... 214
karbasz ... 105
kolas(k)a ... 193
korbacz ... 105

Tschechisch

drabant ... 92
kachna ... 35
karabáč ... 105
koles(k)a ... 193
upír ... 315

Serbokroatisch

vàmpîr ... 315

Andere Sprachen

Arabisch

kurbāġ ... 105
tarğumān ... 130
tarqī ... 26
tawāriq ... 26

Türkisch

dolama ... 74
kırbaç ... 105

Tamil

cor(r)undum ... 275
curundan ... 275

www.ingramcontent.com/pod-product-compliance
Lightning Source LLC
Chambersburg PA
CBHW021927290426
44108CB00012B/748